HEYNE

CATHERINE MAYER

CHARLES

MIT DEM HERZEN EINES KÖNIGS

DIE BIOGRAFIE

Aus dem Englischen von Barbara Steckhan,
Christa Prummer-Lehmair, Sabine Lohmann
und Andreas Gressmann

HEYNE

Die Originalausgabe erschien 2015 bei WH Allen, einem Imprint von Ebury Publishing, London, unter dem Titel: *Charles. The Heart of a King*.

Verlagsgruppe Random House FSC® N001967
Das für dieses Buch verwendete FSC®-zertifizierte Papier
Munken Premium Cream liefert Arctic Paper Munkedals AB, Schweden.

›Always Look On The Bright Side of Life‹: Words and Music by Eric Idle
Copyright © 1990 Python (Monty) Pictures Limited. Universal Music
Publishing Limited. All Rights Reserved. International Copyright Secured.
Used by permission of Music Sales Limited.
›These Hands‹: Words and Music Copyright © Dave Gunning.
Used by permission.

2. Auflage
Copyright © 2015 by Catherine Mayer
Catherine Mayer has asserted her right to be identified as the author of this
work in accordance with the Copyright, Designs and Patents Act 1988
First published by WH Allen, an imprint of Ebury Publishing, London.
WH Allen is part of Penguin Random House UK.
Copyright © der deutschsprachigen Ausgabe by Wilhelm Heyne Verlag,
München, in der Verlagsgruppe Random House GmbH
http://www.heyne.de
Redaktion: Boris Heczko, Berlin, und Angela Kuepper, München
Umschlaggestaltung: Hauptmann & Kompanie Werbeagentur, Zürich,
nach einer Originalvorlage von Two Associates, London
Umschlagfoto vorne: © Ben A. Pruchnie/ Getty Images
Umschlagfoto hinten: © Tim Graham/ Getty Images
Satz: EDV-Fotosatz Huber/Verlagsservice G. Pfeifer, Germering
Druck und Bindung: GGP Media GmbH, Pößneck
Printed in Germany 2015

ISBN 978-3-453-20097-5

Für Andy, auf ewig

Inhalt

Vorwort.. 9

Kapitel 1: Ein Tag aus seinem Leben 39

Kapitel 2: Im Schatten der Mutter....................... 66

Kapitel 3: Ein Prinz unter Menschen 95

Kapitel 4: Der Herzbube............................... 119

Kapitel 5: Unter Wölfen 150

Kapitel 6: Vertrauen und Zuversicht 182

Kapitel 7: Regent im Wartestand 202

Kapitel 8: Architektur-Kontroversen 228

Kapitel 9: Der Ritter des Commonwealth 249

Kapitel 10: Eine Trumpfkarte im Ausland 270

Kapitel 11: Harmonien und Disharmonien................ 297

Kapitel 12: Gibt es Alternativen? 315

Kapitel 13: Der König schütze Gott 332

Kapitel 14: Heilige Räume 347

Kapitel 15: Glücklich und in aller Munde 364

Kapitel 16: Könige von morgen 382

Ausblick 400

Anhang 423

Anmerkung der Autorin 423
Dank 436
Auswahlbibliografie 439
Bildnachweis 444
Anmerkungen 446
Register 471

Vorwort

Willst du ein Fürst sein, so wie ich einer bin,
Rüge nicht meine Tat, sie war in deinem Sinn,
Denn seh ich hier Knechtschaft, denk ich, es ist die Pflicht
Eines Königs, dass er das Unrecht richt'.
Nun bracht ich die Hilfe, die doch dein Amt wär',
Und bin so im Grunde deines Volkes wahrer Herr.

John Dryden, *Almanzor and Almahide* or *The Conquest of Granada*

Der Prinz ist ein vollendeter Gastgeber. Dank jahrzehntelanger Übung hat er sich einen reichen Schatz nützlicher Tricks erworben, um seinen Gästen die Scheu zu nehmen. Seine hellen Augen wirken niemals unaufmerksam. Er hört konzentriert zu und speichert kleine Brocken an Informationen für den späteren Gebrauch. Er stimmt sich in Gesprächsthema und Ton voll und ganz auf sein Gegenüber ein und revanchiert sich für geschenktes Vertrauen mit kurzen Einblicken in sein eigenes Leben – nichts Intimes, einfach nur amüsante Anekdoten oder trockene Schilderungen des Leids von Eltern, in jüngerer Zeit auch häufiger glückliche Momentaufnahmen über die Freude an seinem Enkelkind –, um einen Kontakt herzustellen und gemeinsame Erfahrungen auszutauschen.

Letzteres dürfte an diesem Abend im September 2014 nicht einfach sein. Seine vierundzwanzig Gäste stammen aus Frankreich, Polen, Russland, Spanien, Südafrika, Taiwan, den Vereinigten Staaten, Usbekistan und verschiedenen Ecken Großbritanniens. Sie haben nur wenig gemeinsam – abgesehen davon, dass sie der Menschheit grundsätzlich Gutes wollen und dass etwa die Hälfte der Versammelten, die an diesem Abend im Tapestry Room in Dumfries House an ihrem Cocktail nippen, einen erstaunlichen Anteil am Reichtum dieser Welt besitzt. Böse Zungen in Charles' Belegschaft haben für diese Begüterten, die er in regelmäßigen Abständen zu Abendempfängen bittet, längst einen Namen geprägt: »Bond-Schurken«.

Seine Mitarbeiter sind dazu angehalten, potenzielle Spender zuvor gründlich zu durchleuchten, und so verkörpert auch dieses Grüppchen keinesfalls den Typ des Schurken als den des Menschenfreunds; die Gäste scheinen weniger daran interessiert zu sein, die Welt zu beherrschen, als ihr zu helfen. Sie fördern das Gute, sind Geldgeber bei Stiftungen, Mäzene für musische und bildende Künstler. Ein Mann bezeichnet sich als Kunstsammler. »Irgendeine besondere Richtung?« – »Ja«, antwortet er lässig, »alles, was mir gefällt.«

In Dumfries House hängen neben den Werken alter Meister Aquarelle des ältesten britischen Thronerben. 2007 scharte der Prinz ein Konsortium um sich, um dieses palladianische Anwesen in Schottland zu kaufen, und ersparte ihm damit (ergänzt durch ein paar unschöne Seitenflügel) eine Zukunft als Wellnesshotel und die Versteigerung seiner einzigartigen Sammlung von Chippendalemöbeln. Charles hat Dumfries House zu einem Paradebeispiel für den Denkmalschutz gemacht, zugleich dient es ihm als Basis für seine Stiftungen und Initiativen – beides Dinge, für die man Geld braucht.

Deshalb gibt es ein Mittagessen mit dem Prinzen in Dumfries House auch nicht umsonst, geschweige denn eine Abendeinladung. Die Cocktails vor dem Dinner trinkt man vor dem Hintergrund ausgelassener Gelage an der Wand. Die zu Beginn des achtzehnten Jahrhunderts in den Werkstätten von Leyniers-Reydams gestickten flämischen Gobelins wurden zur Restaurierung fortgeschickt und durch nahezu identische Kopien ersetzt. Und so sehen wir Bacchus im Kreis tanzender Mädchen und Günstlinge in eben jener glückseligen Selbstvergessenheit, die Prinz Harry im Jahr zuvor in die Regenbogenpresse gebracht hatte. (»Hier sind sie«, verkündete die Schlagzeile der *Sun* über einem grobkörnigen Bild des nackten Prinz Harry, der sich bei einer Partie Strippoker in einem Hotel in Las Vegas die Hände vor seine »Kronjuwelen« hält.) Einige Gäste dieses Abends haben bereits ihre Schatullen geöffnet und die Stiftungen des Prinzen mit Beiträgen unterstützt. Nun sind sie geladen, um enger an die Organisationen gebunden zu werden. Die anderen werden im Verlauf dieser Einladung, zu der ein Essen, eine Besichtigung des Hauses und am folgenden Tag ein von Charles persönlich angeführter Gewaltmarsch durch die Ländereien gehören, hoffentlich ihrem Beispiel folgen.

Während der Cocktails unterhält er seine »Bond-Schurken« mit harmloseren Anekdoten aus Harrys Kindertagen, ohne seinen Stolz, seine Zuneigung und sein leises Staunen zu verhehlen. Trotz all seiner Jovialität, seiner Witze und seiner Freude am Absurden, die ihn auf Harrys dreizehntem Geburtstag hemmungslos lachen ließen, als er mit Emma Thompson Filzbälle mit Klettbandhüten aufzufangen versuchte, ist Charles ein ernster Mensch. Sein jüngerer Sohn lebt für den Augenblick. Das ist schwer genug, wenn die Zukunft schon weit im Voraus und in stündlichen Abschnitten festgelegt ist, doch für jemanden mit Charles' Charakter und Erfahrungen ist es noch weit schwieriger.

Enthüllend wirkt ein Witz, den er so oft erzählt, dass er wie seine zwei Paar gewichsten und polierten und im Lauf der Jahrzehnte ausgetretenen Alltagsschuhe Patina angesetzt hat. Sein Timing ist gut, und seine modulationslose Sprechweise kommt ihm dabei ebenso zustatten wie seine unerschütterliche Miene. (Freunde und Mitarbeiter imitieren gelegentlich seine Stimme und den stoischen Gesichtsausdruck, bei dem er lediglich den linken Mundwinkel herunterzieht, wenn ihn etwas bewegt.) In einem anderen Leben hätte Charles sich als schräg aussehender Teenager mit Segelohren und einem für die große Windsornase zu schmalen Gesicht vielleicht für eine Laufbahn als Komiker entschieden. So aber wuchs er hinein in die Komödie eines Umfelds, das mit dem Leben gewöhnlicher Sterblicher nichts zu tun hat, und lernte, seine Verwirrung in unterhaltsame Routine umzulenken. Der Mann, der davon ausgeht, eines Tages über das Vereinigte Königreich und fünfzehn andere Staaten der Commonwealth Realms zu herrschen, bedient sich des Humors, um trockene Ansprachen aufzulockern oder seine Gäste zu unterhalten. Inzwischen geschieht das voller Selbstbewusstsein, denn er fühlt sich wohl in seiner Haut, die ihm mit dem Alter immer besser zu passen scheint – am 14. November 2014 wurde er sechsundsechzig. Er ist wortgewandt, schlagfertig und kann äußerst geistreich sein. Aber immer wieder erzählt er den gleichen abgedroschenen Witz.

»Wenn Sie befürchten, auf einer einsamen Insel zu stranden – vielleicht fliegen Sie gerade in einem Leichtflugzeug über die Südsee –, sollten Sie dafür sorgen, dass Sie einen Cocktailshaker im Gepäck haben und dazu einen zusammenfaltbaren Becher wie bei der Armee, ein kleines Glas Oliven, einige Cocktailspieße, eine kleine Flasche Wermut und einen Flachmann mit Gin oder Wodka«, rät er den Zuhörern. »Wenn das Unglück es will, dass Sie wie Robinson Crusoe ganz allein auf einer verlassenen Insel stranden, brauchen Sie sich keine Sorgen zu machen. Sie packen einfach Ihre Zutaten für den Martini aus und mixen sich einen Drink.«

Er verstummt einen Moment, um auf die kommende Pointe vorzubereiten. »Und ich garantiere Ihnen, in der nächsten Minute springt jemand aus dem Gebüsch und ruft: ›Nein, ein richtiger Martini wird anders gemixt!‹«

Stets erntet er damit herzliches Lachen, mehr, als vielleicht angebracht wäre. Aber dies ist das wirklich Komische an den Royals: Sie erleben die Welt nur ganz selten wie wir gewöhnlichen Sterblichen, weil sie sich durch ihre Gegenwart verändert. Der Prinz kennt die Menschheit von ihrer besten Seite und von ihrer schlechtesten – kriecherisch, geistlos, fordernd. Dass man jede seiner Äußerungen mit Applaus bedenkt und auf seine Witze mit lautem Gelächter reagiert, ist er gewohnt.

Doch die Münzen, die den Kopf seiner Mutter zeigen, haben auch eine Kehrseite. Ganz offenbar gibt es immer jemanden, der aus dem

Gebüsch springt und ihm erklärt, er könne keinen richtigen Martini mixen. Kommentare und Kritik verfolgen ihn im Lauf seines Lebens wie vorwurfsvolle Kammerdiener. Nie wurde ihm der Luxus zuteil, unbemerkt von anderen etwas auszuprobieren und zu scheitern. Als er zum ersten Mal eine Meinung äußerte, musste er entdecken, dass er wie durch ein Megafon sprach. Als die dünnen Bande seiner ersten Ehe brüchig wurden, fand er sich weithin missverstanden. Dabei hatte er bereits auf unvergessliche Weise seinem Unbehagen Ausdruck verliehen, als ein Interviewer nach der Bekanntgabe ihrer Verlobung fragte, ob er und Lady Diana Spencer »verliebt« seien. »Natürlich«, antwortete Diana. »Was immer das heißen mag«, fügte ihr Verlobter mit versteinertem Gesicht hinzu.

In seiner Unfähigkeit, die Frau zu lieben, die ihre Rolle in der Öffentlichkeit später zu Recht als die der »Königin der Herzen« bezeichnete, trat Charles sowohl als Joker wie auch als Bube in Erscheinung.[1] Er beging nicht den Fehler, in seiner Lehrzeit als König, die sich durch die Langlebigkeit seiner Mutter nun schon über mehr als ein halbes Jahrhundert hinzieht, nichts Bedeutendes zu leisten, und wird stattdessen getadelt, zu viel zu tun. Er ist ein Amateur, wagt sich in Gebiete vor, für die ihm die Fachkenntnisse fehlen. Und er mischt sich ein, ungeachtet der verfassungsrechtlichen Vorgaben, sich aus politischen Prozessen herauszuhalten. Wenn er den Thron besteigt – was er mit zunehmender Ungeduld herbeifiebert –, dürfte er als König Charles III. einen bleibenden Eindruck hinterlassen.

Vereint mit der Frau, die er liebt, verfolgt er voller Zuneigung, wie sich seine Söhne ihr eigenes Reich aufbauen. Er hingegen verfügt über ein karitatives Imperium, das eine Vielzahl von ihm geleiteter Initiativen und Kampagnen vereint, und wahrscheinlich ist er zufriedener denn je. Manchmal genießt er sein Leben. Charles kann ein ausgezeichneter Gesellschafter sein, trotz oder vielleicht sogar wegen seiner Witze, die er mit Talent zu erzählen weiß. Der Prinz wird nicht nur oft imitiert, sondern kann auch hervorragend andere imitieren. »Er hat die Fähigkeit, sein Gesicht zu verändern«, sagt sein Cousin und Patensohn Timothy Knatchbull. »Er hat es wirklich heraus, andere nachzuahmen. Entweder man kann es, oder man kann es nicht. Bei der Königin ist es ähnlich; zweifellos hat sie das Gen an ihn weitergegeben.«[2]

Der Prinz spricht mehrere Sprachen, verfügt über ein gewaltiges Wissen auf den verschiedensten Gebieten, ist ein respektabler Aquarellmaler und ein versierter Gärtner. Die Royals sind bekanntermaßen Pferdenarren, doch Charles hat eine Leidenschaft für Schafe. Als ihm bei einem Empfang im St James's Palace Emma Sparham vorgestellt wurde, die sich mithilfe des Prince's Trust hatte selbstständig machen können, erwähnte sie die seltene Rasse, die sie züchtet. »Wenn man ›Soay‹ sagt, wissen vielleicht fünf Menschen von hundert, was es bedeutet«, meinte sie später. »Aber er kannte die Rasse, er wusste, von welcher Insel sie stammen und welche Eigenschaften sie haben. Er fragte, ob ich sie einfangen kann, denn sie sind dafür bekannt, dass das bei ihnen kaum jemand schafft.«[3] Der Prinz hält an verschiedenen seiner Wohnorte Schafe; er hat Kampagnen für eine bessere Akzeptanz von Wolle und Hammelfleisch geführt. Im Jahr 2012 verlieh ihm der britische Schafzüchterverband für seine herausragenden Beiträge zum Wohl des Schafes den George Hadley Memorial Award.

Charles hat ein freundliches Wesen. Er verfolgt die Entwicklungen im Privatleben der Menschen in seinem Umkreis und erkundigt sich nach ihren Angehörigen. Er ist bestrebt, bei Anlässen zugegen zu sein, die ihnen wichtig sind. Bei den Trauerfeierlichkeiten für seinen Schwager Mark Shand im Mai 2014 war Charles so »außergewöhnlich einfühlsam«, Tee zu kochen und sich voller Anteilnahme um die anderen zu kümmern, sagt Ben Elliot, ein angeheirateter Neffe des Prinzen und Mitbegründer der Quintessentially Group.[4]

Charles bereitet Freunden und Menschen, die er bewundert, gern eine Überraschung. So veranstaltete er in Clarence House eine Party zum achtzigsten Geburtstag des Bühnenautors Ronald Harwood und der Schauspielerin Maggie Smith. Er weckt in anderen Ergebenheit, gelegentlich mehr, als gut für ihn ist. Und er ist außerordentlich treu, manchmal gegenüber den Falschen. »Er ist ein sehr empfindsamer Mensch, gefühlsmäßig ungeheuer wachsam. Er hat sensible Antennen, bekommt alles mit«, sagt Ian Skelly, ein BBC-Journalist, der Prinz Charles oft beim Redenschreiben assistiert und gemeinsam mit ihm ein erstaunliches Buch verfasst hat. »Denn letztlich steht er immer wieder vor der Frage, ob es jemand ehrlich meint oder ihm nur etwas vorsäuselt.«[5] Wenn Charles sich erkundigt: »Und was machen Sie?«, geschieht dies bei ihm im Gegensatz zu anderen aus seiner Familie als Ausdruck eines echten Interesses.

Hilfsbereitschaft ist bei ihm schon geradezu eine Obsession, wie die über fünfundzwanzig von ihm gegründeten Stiftungen zeigen. »Jede einzelne ist die kleine Initialzündung einer Flamme, die Licht ins Dunkel bringt«, sagt Lord Sacks, Großbritanniens ehemaliger Oberrabbiner. Er spricht dem Prinzen sogar Größe zu. »Das ist kein Begriff, den ich leichtfertig verwende. Wirklich nicht. Wissen Sie, warum ihn die Öffentlichkeit nicht als den sieht, der er ist? Weil uns ›Größe‹ kaum noch etwas bedeutet. Wir interessieren uns allein für Prominenz.«[6]

Doch Charles, im wahrsten Sinne des Wortes ein Prophet, der im eigenen Land nichts gilt, kann seine eigenen Leistungen nur selten würdigen. Für ihn ist das Glas nicht halb voll, sondern halb leer. Ein Mitglied seines engsten Kreises bezeichnet den Prince of Wales als »Prince of Wails«, den »traurigen Prinzen«. Ein anderer Vertrauter berichtet, dass Charles rasch explodiere. »Royal in Rage nenne ich ihn. Hier kommt der Royal in Rage.« In den dunkelsten Momenten seines Lebens litt er unter tiefer Verzweiflung. Selbst jetzt, in der Blüte seiner späteren Jahre, zitiert er endlose Listen von Ungerechtigkeiten und kann auch bei einem der seltenen offiziellen Gesprächstermine kaum einen anklagenden Unterton vermeiden. »Bei jedem meiner Projekte musste ich zunächst mit einer Menge Menschen reden, die mir mit allen möglichen Vorurteilen begegneten.«[7]

Diesen Vorurteilen wollen wir in der vorliegenden Biografie nachgehen, um zu den viel interessanteren Wahrheiten vorzustoßen. Ein guter Ansatzpunkt ist die Frage nach den Mechanismen, die die Wahrheit verbergen. Der Prinz beschuldigt oft eine feindselige Presse, und sicherlich zu Recht. Doch hinzu kommt eine komplexe Gemengelage, geprägt durch den sozialen Wandel und die Herausforderung der Globalisierung, republikanische Vorstellungen und einen lebhaften Prominentenkult in einem Land, das neuerdings um seine Identität ringt und weiterhin alte Klassenkämpfe austrägt. Statt auf lähmende Unterwürfigkeit trifft man auf ein verbreitetes Misstrauen gegenüber offiziellen Organen und Personen der Öffentlichkeit. Zugleich hat sich der Königshof mit aller Kraft bemüht, die Massenmedien in den Griff zu bekommen, die ihrerseits mit dem extremen Wandel der Medienlandschaft zu kämpfen haben und um ihre Existenz ringen. Angesichts sinkender Einnahmen steht die Presse unter wachsendem Druck, Geschichten zu produzieren, komme, was wolle. Rechtschaffene Journalisten müssen sich mit legitimen Anfragen und Recherchen durch einen Sumpf von Halbwahrheiten und Fiktionen rund um das Königshaus durchkämpfen, oft ohne zuverlässige Ansprechpartner und ausgebremst durch die Regelungen zur offiziellen Schweigepflicht. Das Internet, das ursprünglich eine neue Ära der Transparenz verhieß, hat diesen Sumpf nur noch vertieft.

Und im Mittelpunkt dieses Schlamassels steht Charles, die Hand in der Tasche, ein Mann, den man auch unter normalen Umständen nur schwer durchschauen könnte. Ein faszinierender Mensch, der wie wir alle seine Fehler hat und doch ganz anders ist als wir. Was ihn von uns unterscheidet, ist seine außergewöhnliche Erziehung, durch die er darauf getrimmt wurde, anders zu sein, und zu glauben, dass dies auch so bleiben müsse – ein Ureinwohner des Planeten Windsor. »Er identifiziert sich mit Menschen in Not. Oft habe ich den Eindruck, als wäre er ein völlig Fremder in seinem Umfeld, weil er so wahnsinnig engagiert ist und weil ihm die Dinge am Herzen liegen, Themen wie Menschen«, sagt Lucia Santa Cruz, eine Freundin aus der Studienzeit. »Ich glaube, er wird so verkannt wie kaum eine andere Figur der Geschichte.«[8] Damit hat sie wohl recht. Charles ist deshalb so schwer zu verstehen, weil wir ihn nicht nach den Maßstäben unserer eigenen Erfahrungen und Erwartungen bewerten können. Und die Missverständnisse in der Kommunikation rühren oft daher, dass es ihm mit uns genauso ergeht.

Er sucht die Nähe und pocht gleichzeitig auf Distanz, indem er sich von vielen seiner Freunde und allen seinen Angestellten »Sir« nennen lässt. (Persönliche Nachrichten signiert er manchmal mit »Carrick«, einem seiner Grafentitel.) »In Clarence House eifert man um die Wette, wer sich am tiefsten verbeugen kann, ohne hinzufallen«, sagt ein Angehöriger seines Haushalts. Als prominenter Nutznießer einer überkommenen Ungleichheit widmet er sich unermüdlich der Aufgabe, sie mithilfe seiner Stiftungen zu mildern. Mit seinem ganzen Tross von Angestellten zieht er von einer noblen Residenz zur anderen, hat allerdings in Highgrove und weiteren Wohnsitzen eine Reihe umweltfreundlicher energiesparender Technologien installieren lassen. Er sucht die Weisheit, hat aber gelegentlich auch Torheiten begangen und auf törichte Ratschläge gehört. Er ist leichter zu kritisieren als zu durchschauen. Der »weltweit wahrscheinlich kreativste Gründer karitativer Projekte«, wie Sacks ihn bezeichnet, wird oft als ein Mensch ohne Ziel und Motivation geschildert.[9] Als Pflanzenflüsterer karikiert, ist er tatsächlich ein Vordenker in Umweltfragen. Obwohl er von früh am Morgen bis spät in die Nacht arbeitet und eine wachsende Reihe königlicher Pflichten mit seiner selbst gewählten gigantischen Aufgabe verbindet, halten ihn viele für unausgelastet.

Von Geburt an zum König bestimmt, setzt er sich tatsächlich viel höhere Ziele. Was ihn selbst betrifft, sucht er nach Lebenssinn, Erkenntnis und Glück, doch für andere sind seine Anliegen sogar noch weiter gesteckt – da geht es ihm um nichts Geringeres als die Verbesserung der Lebensbedingungen der Menschen und die Heilung einer geschundenen Natur. »Ich stelle mich nur den allerschwierigsten Aufgaben. Denn ich möchte neue Perspektiven eröffnen und dafür sorgen, dass aus Resignation wieder neue Hoffnung erwächst und aus Mangel und Not Heil entsteht«, sagte er zu mir in seinem gemütlichen Arbeitszimmer in Birkhall auf Schloss Balmoral.[10] »Man spricht oft über Schuldgefühle bei privilegierten Menschen. Manchmal glaube ich, was ihn antreibt, ist das schlechte Gewissen«, überlegt Emma Thompson.[11]

Dies lässt sich leicht nachvollziehen. Birkhall ist eine der vier auf seiner Homepage aufgeführten Residenzen; außerdem stehen ihm Häuser in Schottland und Rumänien sowie Räumlichkeiten in den Palästen der Familie zur Verfügung. Seine Einkünfte legt er stets offen: Im Jahr 2013/2014 bezog er aus dem Herzogtum Cornwall, den 1337 zur Finanzierung der Ausgaben der Thronerben zusammengefassten Ländereien, ein Einkommen von 19,5 Millionen Pfund. Hinzu kamen 2,2 Millionen aus dem Sovereign Grant, den die Regierung als Gegenleistung für die Durchführung königlicher Pflichten zum Unterhalt der Royals beisteuert. Die Jahresbilanz des Prinzen und die Bilanz des Herzogtums Cornwall enthalten keine näheren Einzelheiten, doch im gleichen Jahr beliefen sich die offiziellen Kosten seines Haushalts auf 12,1 Millionen Pfund. Zieht man davon die beachtlichen Summen für seinen Beitrag zum Lebensunterhalt seiner Söhne und seiner Schwiegertochter, die Kosten größerer Projekte sowie die Steuerverbindlichkeiten von 4,2 Millionen Pfund ab, bleiben ihm immer noch geschätzte 2,5 Millionen Pfund – abgesehen von den Einnahmen aus privaten Investitionen.

Er ist also reich – vielleicht nicht so reich wie seine »Bond-Schurken«, aber sicherlich gut betucht. Einige seiner Kritiker vertreten deshalb auch den Standpunkt, er solle seine Stiftungen aus eigener Tasche finanzieren. »Die karitativen Einrichtungen arbeiten völlig selbstständig. Seine Königliche Hoheit ist zwar ihr Repräsentant, doch er hätte gar nicht die Mittel, sie alle am Leben zu erhalten, außerdem würde ihm das nicht helfen«, entgegnet ein Mitarbeiter. »Da jede Wohlfahrtsorganisation auf Spenden angewiesen ist, sind die Kontakte zu Wirtschaft, Regierung und Öffentlichkeit gleichermaßen wichtig. Wenn Seine Königliche Hoheit all die Stiftungen aus seinem Privatvermögen finanzieren würde, wären sie nicht mehr glaubwürdig und hätten weniger Kooperationspartner.«

Clarence House macht keine Angaben zu Charles' Privatvermögen oder zum Steuersatz der daraus erzielten Einnahmen. Bei einer Pressestunde zu Charles' Jahressteuererklärung 2013/2014 wimmelte sein Erster Privatsekretär eine entsprechende Frage ab. »Eins möchte ich klarstellen«, sagte Nye. »Wenn [der Prinz] private Einnahmen hätte, wären sie privat, und ich würde Ihnen nichts darüber sagen. Ich möchte jedoch betonen, dass er alle seine Einnahmen auch versteuert. Mit Sicherheit hat er keine Einkünfte, die in seinen Erklärungen nicht berücksichtigt sind.«[12]

Ähnlich undurchsichtig ist die Situation bei der Königin. Im Buckingham-Palast hieß es gewöhnlich, die Queen würde einen einzelnen Briten pro Jahr nicht mehr kosten als eine Tasse Kaffee. Dabei ging man von 56 Pence pro Brite aus, wobei gut gestellte Großstädter heute 2,85 Pfund für einen Cappuccino bezahlen müssen. Auf diese Summe kam man jedoch, indem man den aus dem Sovereign Grant im Jahr 2013/2014 gezahlten Betrag von 36,1 Millionen Pfund durch die Gesamtzahl der Bevölkerung des Vereinigten Königreichs teilte, nicht aber durch die der Steuerzahler, die diese Belastung eigentlich tragen. Deren jährlicher Beitrag dürfte eher bei etwa 1,19 Pfund liegen oder deutlich höher, wenn man die Aufwendungen für die Bewachung hinzurechnet. Die Kosten für die Sicherheitskräfte von Prominenten einschließlich der Royals werden auf rund 128 Millionen Pfund im Jahr geschätzt.

Die Queen hat also ihren Preis, ist aber auch nicht das teuerste aller Staatsoberhäupter (der mit rein repräsentativen Pflichten betraute deutsche Bundespräsident kostet laut einer Untersuchung nur unerheblich weniger als ein britischer Monarch).[13] Mit einem Präsidenten oder einer Präsidentin samt Apparat würde man in Großbritannien also wohl nur wenig einsparen. Allerdings würde dieser Präsident Bürgern vorstehen und nicht Untertanen. Das eigentliche Privileg aber besteht darin, dass Königin oder König das Amt des Staatsoberhaupts geerbt haben, anstatt es sich zu verdienen. Dies ist ein Grund, weshalb manch einer die Monarchie und die damit einhergehende Ungerechtigkeit, die in einem nachdenklichen Thronerben Schuldgefühle weckt, niemals akzeptieren wird. Die Monarchie stützt sich darauf, dass die Massen eine absurde Idee akzeptieren, ähnlich wie es Bertrand Russell in seiner Analogie der Teekanne beschreibt. Der britische Philosoph verglich eine Religion und ihre Glaubenssätze mit dem Konzept einer im All schwebenden Teekanne aus chinesischem Porzellan. »Niemand könnte meine Behauptung widerlegen, wenn ich vorsichtshalber hinzufügte, dass die Kanne zu klein sei, um selbst von unseren stärksten Teleskopen entdeckt zu werden«, betonte er. »Wenn ich aber darüber hinaus auf dem Standpunkt stünde, dass jeglicher Zweifel an meiner Behauptung, die ja nicht widerlegt werden kann, eine unerträgliche Anmaßung menschlicher Vernunft sei, könnte man mir zu Recht vorwerfen, ich redete Unsinn. Wenn die Existenz dieser Teekanne jedoch in alten Büchern bekräftigt werden würde, wenn man dies jeden Sonntag als heilige Wahrheit predigte, wenn man es dem Geist der Kinder schon in der Schule einimpfte, dann würde einer, der an ihrer Existenz zweifelt, als Exzentriker gelten.«[14] Im Vereinigten Königreich und in den Commonwealth Realms werden Untertanentreue und ein System der unfairen Verteilung von Rechten und Verantwortlichkeiten – wie auch von Wohlstand – von den Kanzeln gepredigt und in Schulen gelehrt.

Allerdings erfüllt die britische Königin mehr als nur repräsentative Pflichten. Durch die Verfassung sind ihr einige maßgebliche Funktionen vorgegeben. So ist sie die »Fount of Justice« – Quelle der Gerechtigkeit –, außerdem Oberbefehlshaberin der Streitkräfte, Oberhaupt der Church of England, sie verschafft Gesetzen mit ihrer Unterschrift Gültigkeit und hat die Macht, das Parlament zu vertagen. Sie berät den jeweils amtierenden Premierminister und sah sich zweimal genötigt, einen neuen zu benennen, als sich die Regierungspartei nicht auf einen Parteiführer einigen konnte. Meist aber folgte sie der Regel, sich als Souverän aus der Politik herauszuhalten. Ihr ältester Sohn tut das nicht.

Charles vollführt die gewagtesten Manöver, um »ein für ihn selbst und andere bedeutsames Thema ins Licht [zu] rücken, mit dem Ziel, eine öffentliche Debatte anzuregen … zu dem, was er als fundamental wichtig für die Gesundheit der Nation einschätzt, ohne dass dabei die Parteipolitik berührt wird«.[15] Seine Stellung bietet ihm eine Plattform zur Darlegung seiner Ansichten. Zugleich hat eben diese Stellung zur Folge, dass sich ein Teil seines Publikums taub stellt, das seinen Botschaften vielleicht zugestimmt hätte, wären sie von anderer Stelle formuliert worden. Doch da er in seinem Idealismus nicht durch die im Wahlkampf bestehenden Grenzen gebremst wird, da seine Visionen nicht von der nächsten Abstimmung oder von der Rücksichtnahme auf Parteigänger beeinflusst werden, konnte er sich zu einem hervorragenden Vermittler mit starker Überzeugungskraft entwickeln, der in vielen Bereichen schon jetzt einen größeren Einfluss ausgeübt hat, als es Anhänger wie Kritiker vielleicht wahrhaben wollen. Und sein Denken – ähnlich unbehindert von Restriktionen – führte ihn in exotischere philosophische Sphären, als die meisten Außenstehenden vermuten.

2010 veröffentlichte der Prinz ein zusammen mit Ian Skelly und dem Umweltpolitiker Tony Juniper verfasstes Buch, das mit einem erstaunlichen Satz beginnt: »Dies ist ein Aufruf zur Revolution.«[16] Das Werk ist sein Manifest. Am Hof war man besorgt über die aufrüttelnde Botschaft von *Harmonie: Eine neue Sicht unserer Welt* und gab sich alle Mühe, sie herunterzuspielen.

Schon 1994 hatte Charles in einigen Kreisen der anglikanischen Kirche Irritationen ausgelöst. Damals schlug er vor, die Titulierung des Monarchen von »Defender of the Faith« – »Verteidiger des Glaubens« – in »Defender of Faith« – »Verteidiger von Glauben« – umzuändern, was man ihm fälschlicherweise als Synkretismus auslegte.[17] *Harmonie* zeigt, welche persönlichen Überzeugungen seiner Beschäftigung mit scheinbar unzusammenhängenden Themen wie Architektur, ganzheitliche Medizin, Ökologie, Bildung, Aussöhnung der Religionen und Rückkehr des Schaffleischs auf britische Speiseteller zugrunde liegen. Er verbindet den sogenannten Perennialismus mit seiner Rückbesinnung auf altes Wissen, den Holismus, also die Idee vom Einklang aller Systeme der Natur, und andere mystisch angehauchte Konzepte mit dem enger gefassten Glauben der Kirche, deren Oberhaupt er eines Tages sein möchte. Eine für Kinder überarbeitete und lediglich in den Vereinigten Staaten erschienene Fassung des Buchs enthält einen anderen bemerkenswerten Satz: »Verteidiger der Natur, das möchte ich sein. Willst du mir dabei helfen?«[18]

Eine genauere Lektüre ergibt erhellende Einblicke in die Gedankenwelt des Autors: Seine Königliche Hoheit Prinz Charles Philip Arthur George, mit den Titeln Prince of Wales, Träger des Hosenbandordens, des Distelordens, des Order of the Bath, Ritter des Order of Australia, Mitglied des Order of Merit, des Queen's Service Order, des Privy Council sowie Aide-de-Camp Ihrer Majestät, Graf von Chester, Herzog von Cornwall, Herzog von Rothesay, Graf von Carrick, Baron von Renfrew, Lord of the Isles, Prince and Great Steward of Scotland – König im Wartestand, Verkörperung ewiger Anwartschaft, Symbol des Establishments – sieht sich selbst als Renegaten, also als Abtrünnigen.

Seit Jahren hat er mit seinen Ansichten öffentliche Debatten entzündet. »Seine Stellung gibt ihm die Möglichkeit, Ideen zu unterstützen und zu verbreiten«, sagt sein Freund Patrick Holden, Biolandwirt und Gründungsdirektor des Sustainable Food Trust. »Dieser Einsatz für andere ist ihm eine Herzensangelegenheit.«[19] Durch sein Engagement verschafft Charles manchmal wichtigen Themen Gehör, gelegentlich aber ist er auch viel zu laut. Republikaner wie Monarchisten fordern, der Prinz solle sich stärker an seiner Mutter orientieren, die Distanz wahrt, meistens schweigt und daher eine Projektionsfläche für Ideale wie Einigkeit und Dienst an der Allgemeinheit bietet. In dieser Hinsicht wird Charles seiner Mutter jedoch nie nacheifern. Er ähnelt eher seinem starrköpfigen, eigensinnigen, für seine unbedachten Äußerungen berühmten Vater, obwohl die Beziehung zwischen den beiden bekanntermaßen angespannt ist. Letztlich und paradoxerweise gleicht er in vielen seiner typischen Eigenschaften sogar seiner ehemaligen Frau Diana, die durch ihr Leben und Sterben sein Bild in der Öffentlichkeit so stark beeinflusst hat.

»Diana hat mir mehr als einmal erklärt, dass sie gerade wegen ihres tief empfundenen Leids in der Lage sei, eine Verbindung zu all den Benachteiligten aufzubauen«, sagte ihr Bruder Graf Spencer in seiner berühmten Grabrede. Empfindsam, mitfühlend und emotional wendet nun auch der Prinz seinen Schmerz nach außen und sucht Heilung für sich selbst, indem er anderen hilft. Wie Diana kann er aufbauen und niederreißen. Instinkt und Erfahrung haben aus Charles einen König der Herzen gemacht, jemanden, der aus sich herausgeht, um die Dinge zu verändern. Und seit Neuestem vertritt er die Überzeugung, dass sein Einsatz keineswegs unvereinbar ist mit seiner gegenwärtigen und zukünftigen ererbten Rolle, weil er der Monarchie eine neue Bedeutung verleihen kann.

Doch da er zunehmend Pflichten seiner Mutter als Staatsoberhaupt übernimmt, ist er im Interesse der Monarchie genötigt, diese Impulse und Anliegen immer öfter zu unterdrücken und mit jenen Kräften zusammenzuarbeiten, die unbeabsichtigt oder ganz bewusst das Ausmaß seiner Tätigkeiten und ihren Einfluss herunterspielen. Ich bin jedoch der Ansicht, dass man weder der Institution, deren Zukunft von Charles abhängt, noch den Erfordernissen einer Demokratie, deren konstitutionelle Stütze sie ist, einen Gefallen tut, wenn man Fakten verschleiert. Wenn meine Schilderung manchmal komisch wirkt, liegt es daran, dass Charles' Leben in vielen seiner Wendungen Stoff für eine Komödie böte, sei es durch das Verhalten der Menschen in seinem Umfeld wie auch durch sein eigenes. Er macht gern Witze, und gelegentlich macht man Witze über ihn. Wie Emma Thompson bemerkt, »hat das Ganze eine äußerst absurde Seite, und da er ein intelligenter Mensch ist, sieht er das selbst«.[20]

Ich verbinde mit diesem Buch aber auch eine ernste Absicht. Eine gesunde Demokratie braucht die sachkundige Auseinandersetzung über Sinn und Zukunft der in sie eingebetteten Monarchie. Bei allen Argumenten, die man gegen sie vorbringen kann, muss man die Funktion eines Staatsoberhaupts berücksichtigen, die Anziehungskräfte des Planeten Windsor und die Auswirkungen, die die Zerstörung dieses Himmelskörpers unten auf der Erde haben könnte. Dieses Buch unternimmt den Versuch, Befürwortern und Gegnern mehr Klarheit zu verschaffen.

Zumindest aber verdient es Charles, verstanden zu werden.

Am 4. März 2014 sprangen die Bewohner des Kensington Palace über ihren eigenen Schatten und gaben einen Empfang für Journalisten. Nicht für irgendwen, sondern für Hofberichterstatter, jene Umnachteten, die ihre Tage damit verbringen, sich Geschichten über das Haus Windsor aus den Fingern zu saugen. William und Harry, deren Widerwillen gegen den Berufsstand unverkennbar ist, fühlten sich allem Anschein nach nicht wohl in ihrer Haut. William machte ungelenk Konversation und verschwand dann so früh wie möglich. Sein jüngerer Bruder, hektische Flecken vom Hals an aufwärts, stellte sich dem Kampf und erkundigte sich bei den *Daily-Mail*-Reportern nach ihrer Arbeit in der auf kurzfristige Meldungen eingerichteten Onlineredaktion, insbesondere der von Paparazzi dominierten Spalte mit den Kurznachrichten, der sogenannten »Sidebar of Shame« (Spalte der Schande). Kate, den kleinen George auf der Hüfte, mischte sich ungezwungen unter die Gäste.

Es war eine merkwürdige Veranstaltung, und wie widerwillig die Gastfreundschaft gewährt wurde, ließ sich am gewählten Ort – einem Korridor mit mehreren Verwaltungsbüros – und am begrenzten Weinflaschenvorrat ablesen. Einige der Geladenen werteten dies allerdings nicht als Affront, sondern als positives Zeichen. Der Herzog und die Herzogin von Cambridge, wie William und Kate seit ihrer Hochzeit 2011 offiziell heißen, und Prinz Harry, der sitcomreif bei ihnen im Kensington Palace wohnt, wollen sich von der Förmlichkeit an den Höfen ihrer Großmutter und ihres Vaters distanzieren. Sie sind Vertreter ihrer Zeit und deshalb näher am Volk.

Dies jedenfalls verkündeten Palastvertreter, ehe das Trio erschien. Die jungen Prinzen seien erwachsen, William habe seine Militärlaufbahn beendet, und Harry sei vom Cockpit des Hubschraubers an den Schreibtisch gewechselt. Gemeinsam mit Kate wollten sie sich jetzt ihren Aufgaben als Repräsentanten des Königshauses widmen. Wie dies aussehen könnte, auf welche Anliegen sie sich konzentrieren würden, ließ man offen. Zweck der Einladung jedoch sei es, gegenüber den altehrwürdigen führenden Labels – Königin Elizabeth II. und dem Prince of Wales aus dem Mutterkonzern – ihren Anspruch als unabhängige Markenzeichen zu etablieren. Harry wollte in jener Woche eine der ersten von ihm selbst ins Leben gerufenen Veranstaltungen eröffnen, die Invictus Games, einen Sportwettbewerb für verwundete Soldaten. Und allen Anwesenden, mit denen er später ins Gespräch kam, erklärte er mit soldatischer Entschlossenheit, im Unterschied zu seinem Vater beabsichtige er nicht, ein weitverzweigtes Imperium karitativer Einrichtungen aufzubauen oder eine große Zahl von Mitarbeitern zu beschäftigen. Er habe andere Pläne.

Harry steht vor dem gleichen Problem wie Charles: in einem durch den Zufall der Geburt bestimmten Leben eine sinnvolle Aufgabe zu finden. Drei Generationen der britischen Königsfamilie – insgesamt achtzehn Personen – sind in derselben Branche tätig: die Königin und Prinz Philip, Camilla, Charles, seine Söhne und seine Schwiegertochter, Prinz Andrew, Prinz Edward samt Gattin Sophie Gräfin von Wessex, Prinzessin Anne sowie eine Reihe von Namen und Gesichtern, die selbst Kenner des Hofes nur schwer benennen können: der Herzog und die Herzogin von Gloucester, der Herzog und die Herzogin von Kent, Prinzessin Alexandra, Prinz und Prinzessin Michael von Kent. Sie alle leisten einen diffusen Dienst an der Allgemeinheit, für den es keinen allgemeinen Leitfaden gibt. »Ein Thronfolger bei uns hat keinen Rang. Er hat ein Kreuz zu tragen«, bemerkte Alan Bennett. Der Prinz wiederholt diesen Satz häufig in seinen Reden, und er meint ihn ernst.[21] Zur Bemessung des Arbeitspensums eines Thronfolgers zählt man die Termine, die er ableistet. Die Queen rauscht tagsüber noch immer durch eine Vielzahl kurzer Begegnungen und Veranstaltungen, ihr Ältester aber nimmt sich lieber Zeit für die einzelnen Punkte auf seinem Terminplan. Sein Wert lässt sich noch schwerer einschätzen, ist wie bei seiner Mutter eingebettet in schüchterne Bekenntnisse zu Stolz und Identität der Nation, jedoch ohne die Kernfunktion zu erfüllen, die ihr Substanz gibt: die Rolle als Staatsoberhaupt. Der Erfolg der Royals als Gruppe oder als Individuen hingegen lässt sich leichter feststellen: anhand der öffentlichen Meinung. Unter diesem Aspekt schlägt sich die Monarchie recht wacker.

Königin Elizabeth ist Oberhaupt des Commonwealth, einem freiwilligen Zusammenschluss von 53 Staaten, größtenteils, aber nicht ausschließlich, ehemaligen britischen Kolonien. Bei sechzehn von ihnen, den Commonwealth Realms, fungiert sie als Staatsoberhaupt. Dazu zählen Antigua und Barbuda, Australien, die Bahamas, Barbados, Belize, Kanada, Grenada, Jamaika, Neuseeland, Papua-Neuguinea, St. Kitts und Nevis, Saint Lucia, Saint Vincent und die Grenadinen, die Salomonen, Tuvalu und das Vereinigte Königreich. Sie ist außerdem Staatsoberhaupt der nicht zum Vereinigten Königreich gehörenden Kronbesitzungen Jersey, Guernsey und der Isle of Man sowie von zwölf britischen Überseegebieten, die einstmals zum Empire gehörten: Anguilla, Bermuda, das Britische Antarktis-Territorium, das Britische Territorium im Indischen Ozean, die Britischen Jungferninseln, die Kaimaninseln, die Falklandinseln, Gibraltar, Montserrat, die Pitcairninseln, St. Helena, Ascension und Tristan da Cunha, Südgeorgien und die Südlichen Sandwichinseln, die Souveränen Militärbasen Akrotiri und Dekelia auf Zypern und die Turks- und Caicosinseln.

Die jamaikanische Premierministerin Portia Simpson Miller versprach nach ihrem zweiten Wahlsieg im Jahr 2012, die Monarchie abzuschaffen. Bei einer Abstimmung sprachen sich jedoch ihre Landsleute mit knapper Mehrheit dagegen aus.[22] »Dieses Thema bleibt in Jamaika auf der Tagesordnung. Bislang wurde keine endgültige Entscheidung zu unserem genauen Kurs getroffen«, schrieb Diedre Mills, stellvertretende Hochkommissarin Jamaikas in London, im April 2014 auf eine E-Mail-Anfrage zur eventuellen Umsetzung von Simpson Millers Plänen.

Australien erwog 1999 die Möglichkeit, sich von der Krone loszusagen. In einem Referendum stimmten jedoch 54,87 Prozent für die Beibehaltung der Queen als Staatsoberhaupt. Offensichtlich sind die Monarchisten auch weiterhin in der Mehrheit. Nach Williams und Kates Ankunft in Sydney im April 2014 ergab eine Nielsen-Umfrage, dass so wenige Australier wie seit fünfunddreißig Jahren nicht mehr die Abschaffung der Monarchie fordern. Premierminister Tony Abbott, ehemaliger Leiter des Interessenverbands Australians for a Constitutional Monarchy, nutzte denn auch sein Amt, um die Verleihung von Adelstiteln nach britischem Vorbild wieder einzuführen.

Sein neuseeländischer Amtskollege John Key initiierte eine Debatte über die Neugestaltung der Nationalflagge, auf der immer noch der britische Union Jack integriert ist. Doch 2014 wurde Neuseeland ein weiteres Mal von Großbritannien erobert. Bei Williams und Kates Besuch füllten sich die Straßen mit jubelnden Menschen, die sich in britische und neuseeländische Flaggen hüllten. Key sah sich zu der Erklärung genötigt: »Tief in meinem Herzen halte ich es für unausweichlich, dass wir [eine Republik] werden, aber der Zeitrahmen hat sich beträchtlich weiter in die Zukunft verschoben.«[23]

Dies dürfte erst recht für Großbritannien gelten. Als man 1969 in Umfragen die an Hochverrat grenzende Frage aufwarf, ob das Land ohne die Windsors nicht besser dran sei, antworteten etwa 20 Prozent mit Ja. Diese Zahl blieb in der Folge erstaunlich konstant; kleinere Abweichungen nach oben gab es nur als Reaktion auf royale Fehltritte, Pannen und die Scharmützel während des zermürbenden Ehekriegs zwischen Charles und Diana. Im ersten Schock nach Dianas Tod hätte man eigentlich eine stärkere Abneigung gegen die Monarchie erwarten können, doch die Zahl der Gegner nahm drastisch ab. Die Zustimmungswerte für die Monarchie schrumpften allerdings ebenfalls. Dies zeigen die Ergebnisse der British-Social-Attitudes-Erhebungen, laut denen sich 1983 noch 86 Prozent der Befragten für die Beibehaltung der Monarchie aussprachen, während es 2006 lediglich 59 Prozent waren. Im Jahr 2012 ergab sich jedoch wieder ein völlig anderes Bild. Eine Ipsos-MORI-Umfrage im Vorfeld des diamantenen Thronjubiläums der Königin verzeichnete ein großes Minus bei den Anhängern der Republik und einen entsprechenden deutlichen Anstieg bei der Beliebtheit der Royals.[24] 2013 hielten 75 Prozent der Teilnehmer an der British-Social-Attitudes-Umfrage die Monarchie für unverzichtbar.[25]

Dieser Umschwung ist bemerkenswert, wenn man das zeitliche Umfeld betrachtet. Die Politik hat einen schlechten Ruf, die Banken und die Presse haben einen noch schlechteren. Das Vertrauen in die Polizei sowie in die gute alte BBC ist angeschlagen. Kirchen sind in

Skandale verwickelt, verzeichnen immer weniger Gottesdienstbesucher und haben mit dem sozialen Wandel zu kämpfen. Wo man auch hinblickt, stößt man auf die gleiche Tendenz – überall auf dem Globus wächst die Skepsis gegenüber den etablierten Institutionen. Eine starke Regierung ist in den meisten demokratischen Staaten ein Widerspruch in sich selbst. Im Zuge der unerfreulichen Nachwehen des Arabischen Frühlings und der Globalisierung der Anti-Globalisierungsbewegung ist es nicht der Stolz auf die Nation, der die Menschen auf die Straße treibt, sondern die Wut.

In Spanien wandte sich diese Wut gegen einen König, der wegen seines Einsatzes für Spaniens Rückkehr zur Demokratie nach dem Tod des Diktators Franco hoch verehrt worden war. Den Urlaub in Botswana in Begleitung einer Frau, die nicht die Königin war, hätte man ihm vielleicht nachgesehen, womöglich auch, dass er auf Elefantenjagd ging, obwohl er Ehrenpräsident des spanischen Zweigs der konservativen Umweltschutzorganisation World Wildlife Fund ist. Doch all dies geschah zur falschen Zeit: Sein Land befand sich in einer Wirtschaftskrise, in der ein Viertel der Spanier ihre Jobs verloren hatte und die Hälfte der jungen Menschen arbeitslos war. Der König hatte versichert, er sei voller Mitgefühl, die Situation bereite ihm schlaflose Nächte. Als seine Tochter Prinzessin Cristina 2014 in einem Korruptionsprozess als Zeugin zu den geschäftlichen Praktiken ihres Mannes befragt wurde, sank die Zustimmung zu Spaniens Königshaus zum ersten Mal seit Wiedereinsetzung der Monarchie unter 50 Prozent. Juan Carlos dankte ab.

Den Windsors aber jubeln die Menschen noch immer mehrheitlich zu. Anlässlich der Hochzeit von William und Kate versammelten sich 2011 eine Million Menschen in London. Zehntausende drängten sich auf dem Civic Square im neuseeländischen Wellington und vor der Oper im australischen Sydney, um das Paar willkommen zu heißen. Kates Foto war während dieser Reise ständig auf den Titelseiten zu sehen, und als es einmal in der *Times* fehlte, schrieb ein Leser an die Redaktion: »Sir, in Ihrer Ausgabe vom Mittwoch gab es kein Foto der Herzogin von Cambridge. Es geht ihr doch hoffentlich gut?«[26]

Wie die Schwiegermutter, die sie nie kennenlernte, besitzt Kate jenen Glamour, der den Windsors gänzlich fehlt.

Während der Feierlichkeiten zum diamantenen Thronjubiläum der Königin beobachteten die durchnässten Zuschauer am Themseufer, wie die damals sechsundachtzigjährige Monarchin eine zweistündige Flussfahrt durchstand und vom Bug des Schiffes aus der Menge zuwinkte, obwohl es so stark regnete, dass sechs Personen aus ihrem Gefolge später wegen Unterkühlung ins Krankenhaus gebracht wurden. »Man muss mich sehen, damit ich glaubwürdig bleibe«, hatte die Königin erklärt.[27]

Gemäß dieser Haltung kommen die Windsors weit herum, besuchen Fabriken, Geschäfte und Veranstaltungen, durchschneiden rote Bänder, enthüllen Tafeln, arbeiten sich an Absperrgittern entlang, werden gesehen und sind glaubwürdig. Und während sich die Königin und ihr Gemahl mit zunehmendem Alter eher auf kürzere Reisen und leichtere öffentliche Auftritte beschränken, treten die beiden nächsten Generationen in den Vordergrund. Nachdem Charles seinen Sohn mit den Feinheiten der Investiturzeremonie vertraut gemacht hatte, wozu auch eine Übungsstunde mit einem extra aus Birkhall herbeigebrachten Schwert gehörte, vertrat William die Queen im Oktober 2013 zum ersten Mal im Buckingham-Palast bei der Verleihung von Adelstiteln. Im darauffolgenden Monat hatte Charles sein Debüt und eröffnete anstelle seiner Mutter das im Zweijahresturnus stattfindende Gipfeltreffen der Regierungschefs des Commonwealth.

Dies war eine besonders heikle Mission, gehörte sie doch zu der Strategie, die Commonwealth-Mitglieder an den Prinzen zu gewöhnen, damit sie ihn als nächstes Oberhaupt des Verbunds akzeptieren – was keineswegs automatisch erfolgt, sondern von den Regierungschefs nach dem Tod seiner Mutter entschieden werden muss. Der freiwillige Zusammenschluss unabhängiger Staaten steht vor ganz eigenen Herausforderungen, wenn er über das zweite Elisabethanische Zeitalter hinaus Bestand haben will. Das Commonwealth verpflichtet seine Mitglieder durch eine Charta zu Demokratie, transparenter Politik und Rechtsstaatlichkeit. Unter besorgten Blicken offizieller Vertreter des Palasts hielt der Prinz die Eröffnungsrede der von Sri Lanka als Gastgeber veranstalteten Konferenz, während zur gleichen Zeit weltweit gegen die blutigen Menschenrechtsverletzungen in diesem Lande protestiert wurde und staatliche Eingriffe die Berichterstattung über die Veranstaltung behinderten. Ein Insider aus Clarence House bezeichnete dies trocken als »eines der lebhafteren Treffen der Regierungschefs des Commonwealth in den letzten Jahren«.

In diesem Buch werden wir Charles' Auslandsmissionen genauer untersuchen und durchleuchten, wie er die subtile Überzeugungskraft eines Royals nicht nur nutzt, um britische Interessen zu vertreten, sondern auch um Themen anzusprechen, die eine Regierung sonst gern vermeidet. Für den Dalai Lama und seine Anhänger ist der Prinz der Größte. In Armenien wird er verehrt. Die Rumänen heißen ihn als einen der Ihren willkommen, und das nicht nur, weil Charles die Abstammung von Vlad III. geltend machen kann, jenem Herrscher aus dem fünfzehnten Jahrhundert, der Bram Stoker als Vorbild für seine Romanfigur des Grafen Dracula diente. Charles besitzt in Transsilvanien zwei Häuser und setzt sich dort für den Erhalt der traditionellen Dörfer ein.

Königshäuser im Nahen Osten, die sich von Diplomaten kaum beeindrucken lassen, empfangen ihn als Gleichrangigen. »Was er dort macht, kann sonst niemand«, sagt ein Insider während seiner Reise nach Saudi-Arabien im Februar 2014, als die Bilder von Charles beim Schwertertanz um die Welt gingen. »Er liebt es, sich zu verkleiden und zu tanzen«, meint einer seiner Freunde. Doch das ist nicht der Punkt, auf den der Insider anspielt. Vielmehr geht es um Charles' substanzielle Unterstützung der britischen Geheimdienste. Der Prinz hat sich aus freien Stücken erboten, ihr erster königlicher Schirmherr zu sein, und entwickelte die Idee einer internen Preisverleihung für Angehörige eines Berufsstandes, dessen Leistungen ansonsten im Dunkeln bleiben. Großbritanniens Inlands- und Auslandsnachrichtendienste – der Security Service (MI5), der Secret Intelligence

Service (MI6) und das für elektronische Kommunikation zuständige Government Communications Headquarter – haben für dieses Buch eine gemeinsame Erklärung verfasst: »Der Einsatz Seiner Königlichen Hoheit für die Nachrichtendienste ist den Angehörigen der drei Dienste höchst willkommen und findet bei ihnen große Wertschätzung.« An späterer Stelle in diesem Buch werde ich schildern, wie dieser Einsatz aussieht und wie weit er reicht. »Er ist unglaublich – ein gewaltiger Aktivposten«, sagt ein Mitarbeiter des britischen Außenministeriums.

Angesichts solcher Lobeshymnen und des Glücks seiner Familie sollte man meinen, dass der Prinz bei der Bevölkerung in hohem Ansehen steht und große Zustimmung findet, während er immer mehr Aufgaben als Staatsoberhaupt übernimmt. Umfragen zeigen jedoch, dass er zwischen seiner unangreifbaren Mutter und der reizvollen jüngeren Generation einen schweren Stand hat. Er wird zwar nicht gehasst, aber auch nicht geliebt – außer in Kreisen der Republikaner, die in ihm ein wandelndes und sprechendes Argument für die Abschaffung der Monarchie sehen. Ist Charles also vielleicht eher eine Bürde für die Monarchie, für die Demokratie, für sich selbst?

Auf den folgenden Seiten werde ich diesen Fragen nachgehen und einen Ausblick in eine Zukunft wagen, die Charles, wie wir wohl vermuten dürfen, auf den Thron führen wird. Zu diesem Zweck müssen wir all seine verschiedenen Facetten betrachten, sowohl die humanitären Anliegen, die ihn umtreiben, als auch die Launen und Zwänge, die seine Bilanz gefährden könnten. Ich werde seine außergewöhnlichen Leistungen hervorheben wie auch seine manchmal ebenso kapitalen Fehler. Außerdem beleuchte ich das Umfeld und die Einflüsse, die einen Menschen mit derart starken Extremen hervorgebracht haben, und befasse mich mit dem breiten Spektrum seiner Anliegen, die ihn daran hindern werden, sich jemals mit der schlichten Rolle des Staatsoberhaupts zufriedenzugeben. Um eine Frage gleich vorweg zu beantworten: Dass er so gründlich unterschätzt wird, liegt daran, dass er gelegentlich selbst sein schlimmster Feind sein kann und auch nicht selten ist.

Charles erscheint wie der Prototyp eines Eingeweihten, geboren mit einem ganzen Bündel silberner Löffel im Mund und seit dem Tod seines Großvaters im Jahr 1952 nur einen Rang von dem höchsten aller Ämter entfernt. Dieses Privileg – oder die lebenslange Strafe – brachte es mit sich, dass er sich nie als Teil der Allgemeinheit fühlen konnte, sondern als Beobachteter und Beobachtender stets auf Distanz blieb. »Ich versuche mich in die Situation der anderen hineinzuversetzen, und weil ich unentwegt durchs Land reise, denke ich, wenn mich mein Weg durch einen Ort oder eine Straße führt, oft über das Leben der Menschen nach, die dort wohnen«, erklärte er mir.[28] Andere Mitglieder seiner Familie nehmen ihr Los offenbar nicht so schwer. »Die Leute fragen mich: ›Wollen Sie nicht mal für vierundzwanzig Stunden mit mir tauschen? Ihr Leben muss ganz außergewöhnlich sein‹«, sagt sein Bruder Prinz Andrew. »Aber ich kenne natürlich kein anderes Leben. Für mich ist es nicht außergewöhnlich. Nicht anders ist es für die Königin; sie kennt nur dieses.«[29]

Wenn man Prinz Charles die Möglichkeit gäbe, für einen Tag in ein anderes Leben zu schlüpfen, würde er nicht lange zögern. So aber sucht er sich Führer durch eine Welt, in der er nie ganz zu Hause ist. Im Jahr 1985 erschien er zu einem »Essen mit Gleichaltrigen« an meinem damaligen Arbeitsplatz, der Redaktion des *Economist*. Sein diesbezüglicher Wunsch – oder die Forderung – schloss mich aus: Ich war zu jung und kam – wie er – aus einer anderen Welt. In der dünnen Luft des Speisesaals der Führungskräfte im vierzehnten Stock hätte ich mich nicht wohlgefühlt. Als in Großbritannien aufgewachsene Amerikanerin, geprägt durch staatliche Schulen und eine wenig angesehene Universität, glaubte ich an das Prinzip Leistung statt Herkunft, das in meinen Augen Realität war. Doch als ich in die Redaktion des *Economist* eintrat, sah ich mich eines Besseren belehrt: Meine vorwiegend männlichen Kollegen schienen alle aus dem gleichen Nest von elitären Privatschulen und den Universitäten Oxford und Cambridge geschlüpft zu sein. Dreißig Jahre später ist der britische Alltag noch immer von Klassendenken geprägt. In der seriösen Presse wie in den meisten anderen Schlüsselpositionen des Landes dominiert weiterhin das überwiegend weiße, männliche und privilegierte Denken, verkörpert durch Mitarbeiter, die soziale Mobilität durch strukturelle und kulturelle Hürden blockieren. Eins der schlagkräftigsten Argumente gegen die Monarchie ist, dass sie als Bewahrerin des dysfunktionalen Status quo fungiert. Um das Ausmaß dieser Dysfunktion zu verstehen, braucht man sich nur anzusehen, wie die politische Führungsschicht sich abmüht, mit dem gemeinen Wähler in Kontakt zu kommen, wobei sie die Vermittlung ihrer Botschaften an die Redakteure der Boulevardpresse auslagert. Oder wie die Sprache und der Akzent eines Angehörigen der britischen Armee häufig auf seinen militärischen Rang schließen lässt.

Der *Economist* war in dieser Hinsicht stets noch ein Stück abgehobener als die restliche seriöse Presse. In jenen Jahren besaßen nicht wenige seiner Journalisten einen Landsitz, Dinnerjackets und genügend ererbtes Geld, um auf die Royals als deutsche Parvenüs herabzublicken. Unser Elfenbeinturm aus Glas und Beton – ein Beispiel jener brutalistischen Architektur, die der Prinz so verabscheut – schien also kaum geeignet, um Erkenntnisse über die reale Welt zu gewinnen. Dennoch herrschte in der Redaktion zumeist ein freundlicher und zivilisierter Umgangston. Meine Kollegen – das Beste, was Großbritannien zu bieten hatte – waren brillant, und Charles brauchte ihre Expertise dringender denn je.

Vier Jahre zuvor hatten einige Ereignisse seinem Leben eine ganz neue Wendung gegeben: die Heirat mit Lady Diana Spencer am 29. Juli 1981 und davor die Unruhen in englischen Großstädten – im April im Londoner Stadtteil Brixton und nur wenige Wochen vor seiner Hochzeit in Birmingham, Leeds, Liverpool und Sheffield. »Ich weiß noch, als es zu diesen schrecklichen Ausschreitungen kam, hatte ich den Eindruck, wir müssten Mittel und Wege finden, um diesen Personen mehr Möglichkeiten zu geben, denn das Ganze hatte seine Ursache in Frustration und Entfremdung«, sagte er später.[30] (Er spricht von »Menschen« oft als »Personen«, ein unglücklicher Begriff, der seine eigene Entfremdung zeigt.)

Aus diesem Gedanken entwickelte sich der Prozess, der seinen führungs- und orientierungslosen Prince's Trust zu einer einsatzfähigen und leistungsstarken Einrichtung machte, die heute stolz darauf hinweisen kann, dass sie jährlich mehr als 55 000 junge Menschen auf dem Weg in die Selbstständigkeit unterstützt oder ihnen zu einem Platz in einer Schule, einem Ausbildungsplatz oder einer Anstellung verhilft. Die Stiftung ist der am wenigsten umstrittene Bereich seines erstaunlich breit gefächerten und eigenwilligen Wirkens. In den 1980er-Jahren suchte der Trust ebenso wie sein Gründer nach seinem Platz in einem höchst politisierten Umfeld. Keine leichte Aufgabe, wenn man bedenkt, dass der Souverän – und damit letztlich auch der Thronerbe – über der Politik stehen soll.

Es gab eine bedeutsame Gemeinsamkeit zwischen dem Prince's Trust und der Regierung Margaret Thatcher: Beide propagierten den Unternehmergeist, nur dass der Staat die jungen Menschen bei der Entwicklung jenes Geistes schmählich im Stich ließ, während Charles' Stiftung sie auffing und mit praktischer Hilfe unterstützte. Thatcheristen machten ein die Empfänger verhätschelndes und entmündigendes Wohlfahrtssystem für die Probleme verantwortlich, die Linken hingegen den Thatcherismus, der nicht lange zögerte, Bereiche des Sozialsystems abzubauen und nicht mehr wettbewerbsfähige Staatsbetriebe umzustrukturieren. Während der Regierungszeit der ersten und bislang einzigen britischen Premierministerin sank die Produktivkraft des Landes von einem Bruttoinlandsprodukt von 17,62 Prozent im Jahr 1979 auf 15,18 Prozent bei ihrem elf Jahre später erfolgten Rücktritt. Zur gleichen Zeit wuchs der unterhalb der offiziellen Armutsgrenze lebende Bevölkerungsanteil von 13,4 auf 22,2 Prozent.[31]

»Ich habe lediglich nach Wegen gesucht, wie wir auf die zunehmende Arbeitslosigkeit reagieren könnten – es waren drei Millionen oder so was in der Art –, als die traditionellen Betriebe geschlossen wurden. Womit, um Himmels willen, wollte man die Arbeitsplätze für so viele Personen ersetzen? Es dauerte schrecklich lange, bis sich etwas Neues entwickeln konnte, deshalb dachte ich, was immer wir in kleinem Rahmen tun könnten, ist besser als gar nichts«, sagte

Charles.[32] Diese Hilfe in kleinem Rahmen war für Charles die große Antwort auf eine offene Frage, die ihn seit Jahren quälte: Wie konnte er seine Lehrzeit als Monarch für etwas Sinnvolles nutzen, obwohl sie keine konkreten Aufgaben beinhaltete? Es war jedoch ein ausgesprochen schwieriger Weg für einen Menschen, der im wahrsten Sinne des Wortes nicht von dieser Welt war, wie seine Gastgeber beim *Economist* rasch erkannten.

Michael Elliott, damals politischer Korrespondent und einer der wenigen Journalisten des *Economist*, die keine teure Privatschule besucht hatten, erinnert sich an die Gespräche, die bereits vor dem Kaffee wegen mangelnder Anknüpfungspunkte zu versiegen drohten. »Das Hauptthema waren gequält wirkende Betrachtungen über seine eigene Rolle als Prinz. Hinzu kam einiges königliche Gemurmel, dass Großbritannien seinen früher legendären Elan eingebüßt habe (was 1985 ein Gemeinplatz war). Ich sah das anders und wies den Prinzen auf die neue junge Unternehmenskultur hin, die man in jenen Tagen in den Straßen und Clubs erleben konnte, also die Boutiquen, Fernsehstudios, Werbeagenturen von Soho und Covent Garden. Noch heute sehe ich den völlig verständnislosen Gesichtsausdruck vor mir, mit dem er meinen Darlegungen folgte. Erst später machte mich ein Kollege auf das Offensichtliche aufmerksam, nämlich dass der Prinz – abgesehen von Besuchen des Royal Opera House – wohl kaum je nach Soho oder Covent Garden gekommen, geschweige denn durch die Straßen geschlendert war und die Lebenszeichen des neuen Großbritanniens gesehen hatte.«[33]

Nach Elliotts Ansicht war nur ein Mensch unter den Royals in der Lage, dies zu erkennen und seine demotische Sprache zu verstehen: Diana. Die Prinzessin hätte ihrem Gatten jene Wirklichkeit näherbringen können. Doch als sich ihre Beziehung verschlechterte, nutzte sie ihre Gaben, um ihn in seiner Position zu schwächen.

Trotz seiner einzigartigen exponierten Stellung – trotz all der dokumentierten Lebensetappen von seiner Geburt über den ersten Schultag, den ersten Drink in einer Bar, die ersten Freundinnen, die erste

Ehe, die ersten Anzeichen eines Zerwürfnisses, die ersten Anzeichen, dass Zerwürfnisse Leben zerstören können – bleibt Charles ein Rätsel. »Ich finde es schade, dass die Menschen ihn nicht verstehen. In einem größeren geschichtlichen Zusammenhang wird man ihn jedoch als den erkennen, der er ist«, sagt Elizabeth Buchanan.[34]

Sie hat recht. Allerdings haben sich der Prinz und sein Stab lange Zeit auch eher um Kontrolle als um Transparenz bemüht. Walter Bagehot, der große viktorianische Essayist und Herausgeber des *Economist*, bemerkte in seiner Abhandlung über die Monarchie: »Sie bezieht ihre Kraft aus dem Geheimnis. Wir dürfen nicht zulassen, dass ihr Mysterium enthüllt wird.«[35] Bagehot definierte die Rolle des Monarchen gegenüber der Regierung als eine Reihe von Rechten: das Recht, konsultiert zu werden, zu unterstützen und zu warnen. Das letzte dieser Rechte beanspruchte der Thronfolger während seiner Lehrzeit bislang mit großem Eifer.

Als der junge Charles vom Planeten Windsor nach unten sah, erblickte er des Menschen Werk, und was er sah, war nicht zu seinem Wohlgefallen. Zumindest nicht alles. »Ich konnte es nicht ertragen, dass sie ganze Stadtzentren und historische Stätten niederrissen, Hecken rodeten, Bäume fällten, um schreckliche, von Chemikalien verseuchte Brachen zu schaffen. Eben all dies. In meinen Augen war es Wahnsinn«, erinnert er sich.[36]

Selbst jetzt treiben ihn Einsamkeit und Rastlosigkeit um. Da er mehr reist und mehr Menschen trifft als die meisten Minister, lässt er sie gern an den Erkenntnissen teilhaben, die er bei diesen Begegnungen gewonnen hat. Seine langjährige Mitarbeiterin Julia Cleverdon nannte seine ausführlichen handschriftlichen Aufzeichnungen wegen ihrer nachträglichen Ergänzungen, Unterstreichungen und Ausrufezeichen in meist schwarzer Tinte »Black Spider Memos« (»Schwarze-Spinnen-Briefe«). Unermüdlich verfasst Charles manchmal zehn dieser Memos nach dem Abendessen und führt außerdem noch Tagebuch über seine Reisen. Angesichts der Vertraulichkeitsverpflichtung, die alle Angestellten des Palasts unterzeichnet haben, und mehrerer Geheimhaltungsstufen ging der Prinz davon aus, dass seine äußerst freimütigen Memos niemals an die Öffentlichkeit gelangen würden. »Ich habe nie ein Problem mit ihm gehabt«, meint ein ehemaliger Kabinettsminister. »Er hat das Recht auf seine eigene Meinung.«

Diese Ansicht teilt bei Weitem nicht jeder. Wie ich noch weiter ausführen werde, liegt dies an der dem Monarchen verfassungsmäßig zugewiesenen Rolle, weit häufiger aber noch an der oft kontroversen Natur von Charles' Ideen.

Denn der Prinz ist ein Mann mit starken Überzeugungen. Die braucht er auch, will er sich seine Moral bewahren in einer Welt, die zu durchlässig geworden ist, als dass man sich auf Geheimhaltung verlassen könnte. Halbwahrheiten und aus dem Zusammenhang gerissene Fakten sickern fast täglich an die Öffentlichkeit durch. Nach langwierigen juristischen Auseinandersetzungen, die der *Guardian* unter Alan Rusbridger anstrengte, hat der Oberste Gerichtshof entschieden, dass siebenundzwanzig handschriftliche Memos des Prinzen veröffentlicht werden dürfen.

Die meisten britischen Republikaner gehen wie Rusbridger davon aus, dass allzugroße Vertrautheit mit den Royals, und vor allem mit Charles, Verachtung erzeugen wird, weil die Aura des Geheimnisvollen für den Prinzen lebenswichtig ist. Wenn man offenlegt, wer und was er ist, könnte der Konsens zur Bewahrung der Krone zusammenbrechen. Vielleicht haben sie recht. Charles zu kennen bedeutet nicht zwangsläufig, ihn auch zu lieben – was immer das heißt. Er verfügt über liebenswerte Eigenschaften, ein ganzes Arsenal an Witzen und einen Haufen Empfindlichkeiten, die viele seiner Handlungen erklären, obwohl sie kein Freibrief sind. Er meint es gut. Ihm liegen Themen und Menschen am Herzen. Er verbringt sein Leben mit der Suche nach Nähe zur Welt, um sie zu retten. Er ist »ein Mensch, der keinen anderen Ehrgeiz hat, als die Dinge zum Besseren zu wenden und Gutes zu tun«, um es mit den Worten von Elizabeth Buchanan auszudrücken.[37] Außerdem ist er kompliziert, schwierig, häufig cholerisch, nicht selten starrköpfig und in manchen Bereichen schlichtweg im Irrtum. Diese Biografie möchte Prinz Charles mit seinen

Schwächen – und den Fehlern, die oft daraus entstehen – sowie seinen positiven Einflüssen und guten Werken gerecht werden, die gewöhnlich im Verborgenen bleiben. Wie die Rolle des Staatsoberhaupts und die ihm verordnete Neutralität zu verstehen ist, bleibt offen – ebenso offen wie die Frage, ob sich der König britischer Wohltätigkeitsorganisationen dazu eignet, dem Vereinigten Königreich vorzustehen. Enthüllen wir das Mysterium.

Kapitel 1

Ein Tag aus seinem Leben

Es scheint, als habe sich jeder einzelne der über sechstausend Einwohner des südwalisischen Örtchens Treharris an der schmalen Straße vor der Fleischerei Cig Mynydd Cymru aufgereiht. In den engen Ladenräumen beendet ein Angehöriger des SO14, der für die Royals abkommandierten Sondereinheit für Personenschutz des Metropolitan Police Service, soeben seine Inspektion. Trotz des möglichen Sicherheitsrisikos bittet er die Inhaber, die Hintertür offen stehen zu lassen. »Sorgen Sie dafür, dass es kühl ist«, rät der Beamte. »Er mag es so kühl wie möglich.«

Ben und Ryan, zwei Achtjährige, turnen an den Absperrgittern und rätseln, was der Besuch sonst noch alles verlangt haben mag. Denn sie wissen bereits, dass dieser bedeutende Prominente, der in Kürze in ihrer Mitte erscheinen soll, über besondere Macht verfügt. »Er kommandiert die Leute herum«, sagt Ben. Ryan – selbst ein »echter Waliser, kein bisschen englisch«, wie er stolz erklärt – ergänzt: »Er sagt, was die anderen tun müssen, und wenn sie nicht folgen, schlägt er ihnen den Kopf ab.«

Als das Auto des Prinzen in Sicht kommt, juchzen die Jungs, und die Menge klatscht und schwenkt walisische Fähnchen. Damit demonstriert sie ein Zusammengehörigkeitsgefühl, auf das sich die Weltmarke Windsor seit jeher berufen kann. Der letzte wirklich walisische Prince of Wales, Llywelyn ap Gruffudd, starb im Jahr 1282. Und wenn sich auch in einigen Landesteilen manchmal Stimmen gegen die englische Krone erheben, Treharris bereitet seinem Gast einen wahrhaft königlichen Empfang.

Es ist ein typischer Tag in Charles' Leben. Auch wenn er sich in den einzelnen Programmpunkten von dem Tag zuvor oder dem danach unterscheidet, in der Summe erscheinen sie von ermüdender Gleichförmigkeit: öffentliche Termine und Begegnungen am Absperrgitter wie am Fließband, ein paar Floskeln, ein rascher Rückzug ins Auto, dann wieder hinaus, winken, lächeln, die Menge unterhalten.

An diesem 3. Juli 2013, dem dritten Tag seiner alljährlichen Sommerreise nach Wales – der Wales-Woche –, ist Charles in dem weiß getünchten Farmhaus seines Guts Llwynywermod früh aufgestanden. Morgens macht Charles oft eine Serie von Gymnastikübungen, die ursprünglich als Fitnessprogramm für Piloten der Royal Canadian Air Force entwickelt wurden, bei ihm jedoch zur Eindämmung der Rückenschmerzen dienen sollen. »Gelegentlich«, sagt Julia Cleverdon, »hört man im königlichen Zug ein schreckliches Poltern.«[1]

Er hat wahrscheinlich ein bescheidenes Frühstück genossen, »ein paar Körner«, wie es eine Angestellte ausdrückt, und nicht nur eines von den bereitstehenden gekochten Eiern. Das muss bis zum Abendessen vorhalten. Er speist nie zu Mittag, wenn es sich vermeiden lässt, und seine Mitarbeiter haben es gelernt, für sich selbst einen geheimen Vorrat an Verpflegung mitzuführen. Außerdem wird er ausreichend Wasser getrunken haben, um versorgt zu sein, aber nicht so viel, um ungeplante Toilettenpausen zu riskieren. »Er kann seinem Körper genau die Menge Flüssigkeit zuführen, die er braucht«, schildert es sein Patensohn Timothy Knatchbull. »Eine unglaubliche Gabe. So wie jene, immer – oder zumindest fast immer – ausgesprochen liebenswürdig und menschlich zu sein, anderen mit Freude zuzuhören, sich zu unterhalten und Interesse zu zeigen. Man drängt ihn ständig zum Weitergehen, aber er begeistert sich für eine Sache, findet jemanden, mit dem er sich kurz unterhalten kann, und behält stets ein geruhsames Tempo bei.«[2]

Während des ersten Programmpunkts an diesem Tag hat der Prinz mit Außerirdischen gesprochen, mit Oods und Sontaranern, und sich überreden lassen, mittels Stimmmodulator einen Dalek in seiner Sprache anzureden. »Exterminieren!«, rief er lachend. »Exterminieren!« Ein Großteil der Gespräche rankte sich jedoch um Nachfolgeregelungen. Der herrschende Timelord in Gestalt des Schauspielers Matt Smith bereitet sich auf seinen Abgang vor, macht Platz für einen neuen Doctor Who, und als Charles gemeinsam mit Gattin Camilla das Filmset in den Roath Lock Studios der BBC in Cardiff besuchte, schien er sich besonders für die Choreografie der Amtsübergabe zu interessieren. Smith hatte sich 2010 gegen alle Zweifler behaupten können, als er die Rolle von seinem beliebten Vorgänger David Tennant übernahm. Sein Nachfolger findet große Fußstapfen vor, in die er treten muss.

Diese Situation dürfte dem Prinzen vertraut sein, bereitet er sich doch seit mehr als sechzig Jahren auf die Übernahme des Amts von seiner beliebten Vorgängerin vor. Die Königin hat ihrem Sohn zwei gewaltige Bürden aufgeladen. Durch ihre lange und erfolgreiche Regentschaft hat sie als Herrscherin hohe Maßstäbe gesetzt. Wenn Charles seine Mutter überlebt – und dies ist keineswegs selbstverständlich, denn die Queen ist nach einer kurzen Krankheit im Jahr 2013 offenbar wieder bei guter Gesundheit, und ihre Mutter erreichte ein Alter von 101 Jahren –, wird man ihm zwangsläufig vorhalten, dass er nicht ist wie sie. Und wenn er tatsächlich König wird, bleiben ihm höchstens ein oder zwei Jahrzehnte, um seinen eigenen Stil zu prägen.

In der nahezu endlos erscheinenden Zwischenzeit hat die Königin ihren Sohn zu einem Schicksal verdammt, das ebenso unentrinnbar und zugleich nebelhaft ist wie ein sontaranisches Kraftfeld. Bei den meisten Arbeitsstellen gibt es besondere Vorgaben und klare Umrisse. Ein Thronfolger muss jedoch ohne diesen Rahmen auskommen. Es ist ein zeitlich unbegrenzter Auftrag, und wie so vieles im Zusammenhang mit der ungeschriebenen, stets in Veränderung begriffenen Verfassung des Vereinigten Königreichs basiert er auf Konventionen, auf Überliefertem und auf der persönlichen Handschrift des jeweiligen Monarchen.

»Einige wenige Menschen haben das Glück, ganz genau zu wissen, was sie tun wollen. Sie haben ein Talent oder was auch immer. Und deswegen keine Probleme«, sagt Charles. »Aber es gibt verdammt viele, die nicht wissen, wohin, die keine besonders gute Schulbildung genossen haben und denen es an Selbstbewusstsein fehlt. Das begegnet mir immer wieder.« Seine Schultern heben und senken sich, doch nicht als Ausdruck eines akzeptierenden Achselzuckens, sondern als unwillkürliches Schaudern. »Das ist einer der Gründe, weshalb ich im Leben der Menschen etwas bewegen möchte.«[3]

Der Prinz, den die Einwohner von Treharris gleich treffen werden, scheint voller Selbstvertrauen in sich zu ruhen. Er weiß offenbar genau, wer er ist und wozu er auf Erden wandelt. Seine Jugend hingegen war geprägt von Selbstzweifeln und Orientierungslosigkeit, und er quält sich nach wie vor mit den großen existenziellen Fragen. Wie zahlreichen Philanthropen dient ihm die praktische Nächstenliebe dazu, sich selbst zu helfen.

Vor vielen Jahren entschied er sich für eine ganz persönliche ritterliche Mission und machte sich dann auf die Suche nach dem Sinn des Lebens, nach Erleuchtung und nach Glück. Diesen Gral aber kann er nur dann finden, wenn es ihm gelingt, die Rolle des Thronfolgers neu zu definieren – und das versucht er immer noch, wenngleich ihm die Erfüllung mittlerweile zum Greifen nahe scheint.

Auf seinem Weg hat er Feuer speiende Drachen geweckt und mehr als einmal selbst Feuer gespien, anstatt mit Worten zu fechten. Zeitweise erschien er als König Artus, der sich heldenhaft für die Grundwerte einsetzt, und dann wieder als Witzfigur, als Don Quichotte im Kampf gegen Windmühlen respektive -generatoren, die er einmal eine »schreckliche Verunstaltung der Landschaft« nannte,[4] nur um ihren Einsatz später in seinem Buch *Harmonie: Eine neue Sicht unserer Welt* zu empfehlen (auch wenn er sie immer noch lieber vor der Küste im Meer sieht).

Charles, der Spätentwickler, schien als junger Mann oft kaum besser als Ben oder Ryan zu wissen, was seine Rolle als Prince of Wales umfasste. Instinktiv aber hat er stets versucht, die Grenzen seiner Stellung auszudehnen. Nicht nur seine Söhne streben danach, ihren eigenen Stil zu entwickeln und ihre Besonderheiten zu betonen, auch ihm war daran gelegen, die Dinge anders zu machen als seine Eltern.

»Um Menschen unter natürlicheren Umständen zu begegnen, möchte ich Mittel und Wege finden, die endlose Reihe offizieller Verpflichtungen zu durchbrechen. Mit anderen Worten würde ich gern folgende Aufenthalte in Betracht ziehen: 1. drei Tage in einer Fabrik, um zu sehen, was geschieht; 2. drei Tage vielleicht auf einem Fischkutter (anstelle eines kurzen Besuchs); 3. drei oder vier Tage auf einem Bauernhof«, schrieb Charles 1978 als Dreißigjähriger an seinen Stellvertretenden Privatsekretär. In schriftlichen Verlautbarungen äußert er sich gern mit Nachdruck, unterstreicht Schlüsselbegriffe und streut Ausrufezeichen ein. »Außerdem erwäge ich 4. mehr Besuche in Immigrantenvierteln, um diesen Menschen das Gefühl zu geben, dass sie nicht vergessen sind oder verachtet werden und dass uns an ihnen als Individuen etwas liegt.«[5]

Den endlosen offiziellen Verpflichtungen konnte er nicht entkommen, und wenn er auch einen größeren Zeitrahmen für einzelne Besuche einplant als die Königin, füllt er jeden seiner anstrengenden Tage mit mehreren Terminen. Sein Wunsch, in die Welt des realen Lebens einzutauchen, ist im Wesentlichen ein Traum geblieben. Immerhin konnte er einige Abstecher in die Realität der anderen machen. »Er hat auf einer kleinen Farm auf den Äußeren Hebriden gelebt«, sagt Elizabeth Buchanan. »Er war auf Bergbauernhöfen, er war auf Schleppern, er war auf Fischerbooten unten in Cornwall. Er war überall im Land in den Stadtzentren, in allen möglichen Stadtzentren.«[6]

Zugleich aber erfüllt er auch viele ähnliche Aufgaben wie seine Mutter: Er hält etwa die Hälfte aller Investituren, er unterstützt die Streitkräfte und karitativen Einrichtungen durch Ehrenämter und Schirmherrschaften, er besucht in offizieller Funktion Veranstaltungen, er lauscht höflich Reden, wobei er in den Schuhen heimlich die Zehen beugt und streckt, um bei weitschweifigen Passagen nicht einzuschlafen, und er durchstreift das Königreich und das Commonwealth, um möglichst viele Menschen zu treffen, um gesehen zu werden und glaubhaft zu wirken. Denn er betrachtet es als seine Aufgabe, die Königin zu unterstützen, die für ihn der »Kristallisationspunkt für Stolz, Verbundenheit und Loyalität unserer Nation ist, um Menschen aus allen Schichten der Bevölkerung zu vereinen, ein Symbol für Stabilität und Kontinuität, um Leistungen herauszustellen und durch Ermutigung und eigenes Beispiel die Bedeutung von Dienst und Einsatz für die Gemeinschaft hervorzuheben«.[7] Dabei weichen seine Betrachtungs- wie auch seine Herangehensweise von denen seiner Mutter deutlich ab. Die in seinem Memo von 1978 geäußerten Vorstellungen verwiesen bereits darauf, dass er seine Stellung – anders als seine Mutter – nicht dazu nutzen möchte, um den Status quo zu wahren, sondern um sich für Änderungen einzusetzen.

In jüngerer Zeit hat er eingesehen, dass er seinen Einsatz für Gutes einschränken muss, wenn er König wird. Seine Wohlfahrtsarbeit und andere Engagements müssten in den Hintergrund rücken, wenn er den Thron besteigt oder auch nur die Amtsgeschäfte übernimmt, sollte seine Mutter nicht mehr in der Lage sein, ihre Rolle als Staatsoberhaupt auszufüllen. Michael Peat, einst sein Erster Privatsekretär, erläuterte die Art dieser Veränderungen im März 2007 in seinem Beitrag zu einer äußerst kritischen Fernsehdokumentation über den Thronfolger: »Man braucht wohl kaum zu betonen, dass der Prince of Wales am besten weiß, dass die Aufgaben und Pflichten eines Thronfolgers andere sind als die eines Herrschers und dass sich seine Rolle und seine Beiträge zum Leben der Nation ändern werden, wenn er König wird. Anders gesagt, es ist es falsch und beruht auf reiner Spekulation, wenn man Probleme erwartet, weil der Prince of Wales gedenke, als König seine bisherige Rolle fortsetzen zu wollen. Das wird er nicht.«[8]

Um seiner Mutter einen Teil ihrer Arbeit abzunehmen, hat Charles zahlreiche Verpflichtungen aufgegeben. Zu dieser Entwicklung gehört es auch, sich stärker in das Gefüge des Buckingham-Palasts einzugliedern und einige seiner Mitarbeiter in Erwartung jenes Übergangs in den dortigen Strukturen unterzubringen. Dies fällt Charles nicht leicht; er hat sich seine Unabhängigkeit schwer erkämpft. Doch der steigende Druck aus dem Buckingham-Palast hat auch dazu beigetragen, dass er eine Neueinschätzung traf: Wenn er König wird, kann er seine Rolle als Weltverbesserer vielleicht in einigen Aspekten ausbauen, anstatt sie aufzugeben – und dies nicht nur, weil die Macht eines Königs in ihrer Summe größer ist als die eines Thronfolgers. Als nachdenklichstes Mitglied der Königsfamilie hat sich Charles lange und ausführlich damit befasst, wie die Monarchie ihren Untertanen am besten dienen kann.

Dieser Denkprozess hat ihn in bislang unerforschte Gebiete geführt. Seit er erwachsen ist, haben andere (und am extremsten sein Vater) seine Interessengebiete verächtlich als aus dem Überfluss geborenen, exzentrischen Zeitvertreib abgetan – ob er sich nun den Außenseitern der Gesellschaft widmete, für die Rettung von Regenwäldern eintrat oder seltene Handwerke vor dem Aussterben bewahrte. Er ist jedoch inzwischen der Ansicht, dass sich diese Aufgaben mit seiner Stellung vereinbaren lassen, sogar in seine Arbeit als König einfließen und auf diese Weise die Bedeutung der Krone wieder stärker untermauern können.

Alle royalen Besuche innerhalb des Vereinigten Königreichs werden von Referenten des Palasts in Zusammenarbeit mit örtlichen Amtsträgern geplant. Im Commonwealth übernehmen die jeweiligen Regierungen die Verantwortung. Bei Auslandsreisen werden die einzelnen Besuchsstationen von britischen Diplomaten mit den örtlichen Behörden abgesprochen. Doch die Entwürfe mögen noch so ausgefeilt sein, letztlich wird jeder Terminplan die ganz persönliche Handschrift des Prinzen tragen.

Deshalb wird Wales an diesem einen Tag auch die vielen verschiedenen Gesichter des Prinzen zu sehen bekommen: Nachdem er sich im Studio bei *Doctor Who* von seiner umgänglichen, heiteren Seite gezeigt hat, erlebt man im Verlauf des Tages ernstere – und umstrittenere – Facetten seines Wesens, bis er sich am Abend in einen herzlichen Gastgeber verwandelt. In all diesen Rollen tritt er weit selbstsicherer und entspannter auf als der verstörte Junge, der, im Alter von neun Jahren zum Prince of Wales ernannt, zum ersten Mal diese Besuchstour absolvierte, um als einsamer Student und später als noch einsamerer Ehemann und schließlich als Witwer wiederzukehren. Dies ist der Charles aus dem Gespann Charles und Camilla, der endlich bei jener Frau seinen Frieden gefunden hat, die er als »seine liebste Gattin« bezeichnet – was wahr ist im doppelten Wortsinn. Bei gemeinsamen Auftritten kümmert sich einer um den anderen, sie lächeln sich verstohlen zu, berühren einander flüchtig am Arm oder der Taille. Und wenn er ohne sie erscheint, ist ihr Einfluss für alle, die ihn schon vorher kannten, auch aus der Ferne spürbar. Er hat eine enge Beziehung zu seinen Söhnen und schätzt seine Schwiegertochter ebenso wie sie ihn. Sein Enkelsohn macht ihm große Freude. Das königliche Barometer verheißt öfter Sonnenschein als Regen.

Nach dem Besuch der Studios in Cardiff gehen Charles und Camilla getrennte Wege, um ihre Zeit ökonomischer zu nutzen. Er fährt zur nahe gelegenen, neu eröffneten Geschäftsstelle des Prince´s Trust Cymru, dem walisischen Zweig seiner Stiftung, die wenigstens einigen aus der rasch anwachsenden Zahl arbeitsloser Jugendlicher – in Wales mehr als 25 Prozent – zu einer Ausbildung oder Anstellung verhelfen möchte. Camilla, die sich einen eigenen Wirkungskreis gesucht hat, fährt nach Porthcawl in der Grafschaft Bridgend, einer Region, die sich nach der Einstellung des südwalisischen Kohlebergbaus in den 1980er-Jahren nie vom wirtschaftlichen Abschwung erholt hat. Dort besucht sie eine Gruppe von Helfern, die in dem unter zurückgehenden Besucherzahlen leidenden Badeort eine Außenstelle der Obdachlosenhilfsorganisation Emmaus eröffnen wollen.

Derartige Ziele haben einen Beigeschmack, den manch einer für gefährlich politisch hält. Wenn man sich in einer Region mit Stellenmangel bei Jugendlichen nach ihren Erfahrungen bei der Arbeitssuche erkundigt oder Menschen ohne Wohnsitz fragt, weshalb sie auf der Straße leben, spricht man nicht nur schwierige private Lebensumstände an, sondern auch das Versagen der Politik. Eine Fernsehdokumentation aus dem Jahr 1986 beobachtete Charles beim Besuch eines Ferienlagers des Prince's Trust in Great Yarmouth. Man sieht ihn als Zuschauer, während eine Gruppe von Jugendlichen ihre Version des Pink-Floyd-Songs »Another Brick in the Wall« anstimmt. Unangekündigt singen sie Zeilen, die sie dem Text hinzugefügt haben und die sich gegen die damalige Thatcher-Regierung wenden: »We don't need no jobs creation / We don't want a fashist nation« – »Wir brauchen keine durch die freie Wirtschaft geschaffenen Jobs / wir wollen keinen faschistischen Staat.« Im Kommentar dazu heißt es trocken: »Ein Politiker würde diesen Augenblick wählen, um sich zu verabschieden, Prinz Charles aber entschloss sich, zu bleiben und mit ihnen zu sprechen.«[9]

Der Besuch der Fleischerei in Treharris ist Ausdruck eines anderen prinzlichen Anliegens. Alle Windsors sind eher Land- als Stadtmenschen, frönen seit ihrer Jugend ländlichen Freuden wie Pirsch und Jagd oder gehen dem Verwalter eines Guts zur Hand. Sie fühlen sich am wohlsten, wenn sie das Licht einer Natriumdampflampe in der Ferne verglühen sehen. »Ich bin ein Landkind – Städte kann ich nur schwer ertragen«, sagte Charles einmal.[10] In einem 1992 für die Dokumentation *Elizabeth R* verfassten Beitrag bemerkte die Königin über Sandringham, ihren Landsitz und ihr Gestüt in Norfolk: »Ich mag die Landwirtschaft. Ich mag Tiere. Würde ich nur Ackerbau betreiben, wäre ich nicht glücklich, denn das finde ich ausgesprochen langweilig.«[11] Ihre ganze Leidenschaft gilt Pferden und der Pferdezucht, ein Hobby, das schon ihre Mutter betrieb und das auch ihre Tochter heute pflegt.

Charles hatte ebenfalls ein gewisses Interesse an Pferden (wenn es auch nie so ernsthaft war wie seine Begeisterung für Schafe). Das Polospielen, das er einmal als seine »einzige große Marotte« bezeichnete, gab er allerdings im Alter von siebenundfünfzig Jahren nach fast ebenso vielen Verletzungen auf. Und seit dem Verbot der Fuchsjagd mit Hunden im Jahr 2004 ritt er auch nicht mehr mit den Einheimischen in Gloucestershire auf die Jagd. Doch es gibt vieles, was ihn mit dem Alltag des Landlebens verbindet, nicht zuletzt Cornwall, eins der beiden königlichen Herzogtümer, das sich unter seiner Leitung wandelte und erheblich expandierte. Im Jahr 2000 erwarb es von der Versicherungsgesellschaft Prudential mehr als 12 000 Hektar Ackerland, wodurch sich seine Grundfläche auf ungefähr 53 000 Hektar vergrößerte, die sich auf 23 Grafschaften verteilen. Sein Kapitalwert stieg von 408 Millionen Pfund im Jahr 2004 bis auf 835,9 Millionen im April 2014.

Das Herzogtum ist Charles' goldene Gans. Jeder Thronfolger wird automatisch Herzog von Cornwall und bestreitet seine Kosten mit dem Gewinn, den das Herzogtum erwirtschaftet. Hierzu bedient es sich inzwischen moderner Methoden wie Erschließung und Verpachtung, doch es verfügt auch weiterhin über Merkmale aus seiner Ursprungszeit. So ist es etwa von der Kapitalertragsteuer befreit und braucht keine Körperschaftsteuer zu zahlen, weil es rechtlich keine Körperschaft ist. Dieses Einkommen ermöglicht es Charles, weiterhin mit seinen Vorstellungen zu experimentieren, wenngleich der Sonderstatus des Herzogtums in der Öffentlichkeit Ressentiments gegenüber althergebrachten Privilegien nährt.

Das Herzogtum ist demnach ein weiterer Faktor, der Charles von anderen Menschen trennt. Zugleich aber bietet es ihm Kontakt zu Berufsgruppen, die sich von städtischen Politikern schlecht vertreten fühlen: zu Förstern, Tierhütern, Heckenwarten, Kleinbauern wie den Gründern der Fleischkooperative Cig Mynydd Cymru. Mit der Niederlassung in bäuerlichem Umfeld – das Herzogtum erwarb den Landsitz Highgrove in Gloucestershire und die nahe gelegene Duchy Home Farm im Jahr 1980 – konnte er seine Liebe zum Land ausleben. In Highgrove entwarf er eine neue Gestaltung des Parks und erklärte 1986 einem Fernsehteam: »Wenn ich hierherkomme, bin ich glücklich. Ich werkele herum, suche mir einen Platz und lese oder spaziere irgendwohin und spreche mit den Pflanzen.«[12] Dies war zwar einer seiner Scherze, doch seitdem heftet ihm das Etikett des Pflanzenflüsterers an, vor allem nachdem man ihn kurz vor seinem vierzigsten Geburtstag in der satirischen Fernsehsendung *Spitting Image* als Latexfigur gezeigt hatte, wie er einen Farn im Blumentopf zur Feier einlud.

Unter Leitung des Prinzen wurde die Duchy Home Farm zum Musterbeispiel organischer Landwirtschaft. Moderne Agrarbetriebe bieten oft den immer gleichen Anblick mit über die Landschaft verstreuten hässlichen Gebäuden. Auf der Duchy Home Farm hingegen grasen Kühe einer seltenen Rasse mit unwahrscheinlich glänzendem Fell auf von grünen Hecken gesäumten, organisch bewirtschafteten Wiesen. Gerste und Weizen wachsen in die Höhe und sind im Gegensatz zu den modifizierten Hochertragssorten noch kräftig genug, die eigenen Ähren zu tragen. Verschiedene Kohlsorten gedeihen in Beeten, die fast so ordentlich angelegt sind wie jene im Park von Highgrove, die Wedel des Grünkohls erinnern an die drei Federn im Wappen des Prince of Wales.

Es ist ein normaler landwirtschaftlicher Betrieb, aber auch ein Vorzeigeprojekt für organische Landwirtschaft, für dessen Errichtung – besonders vor dreißig Jahren – den meisten wohl die Zeit oder die Mittel gefehlt hätten. »Er war ein Wegbereiter [des Umweltgedankens], doch er hatte einen völlig eigenen Ansatz«, sagt Patrick Holden vom Sustainable Food Trust. »Da er so viel gereist ist wie sonst kaum jemand, konnte er das zerstörerische Eingreifen des Menschen in die Umwelt mit eigenen Augen verfolgen. Und er fühlte sich verpflichtet, etwas dagegen zu unternehmen.«[13]

Im Jahr 1990 war der Prinz erneut Vorreiter, als er unter dem Dach seiner Stiftung mit Duchy Originals eine der ersten Biomarken Großbritanniens gründete. Für ihr erstes Produkt – Haferkekse – verwendete man teilweise den Hafer seines Hofs. In der Folge erweiterte sich das Angebot auf mehr als zweihundert Produkte, die von verschiedenen Einzelhändlern vertrieben wurden. Die Kassen der Stiftung füllten sich. Dies änderte sich mit der Wirtschaftskrise und durch Managementfehler, woraufhin Duchy Originals auf finanzielle Zuschüsse der Stiftung angewiesen war. Doch der Prinz gibt so schnell nicht auf, wenn er etwas ins Leben gerufen hat. Bei Problemen greift er gern zu der Methode des Umstrukturierens und Umbenennens, hält an Unternehmen fest, die ohne seine Initiative niemals überlebt hätten, und gründet manchmal auch potentere Organisationen. 2009 schloss er einen Vertrag mit der Supermarktkette Waitrose, verlieh ihr exklusive Lizenzen und Vertriebsrechte, wodurch das Management von Duchy Originals voll und ganz in die Hände des Konzerns fiel. »Es geht nicht darum, dass Waitrose Duchy Originals aus der Klemme hilft oder rettet, denn wir treten nicht auf der Stelle«, behauptete Michael Peat. »Alles bei uns läuft gut, und sie helfen uns, die nächste Stufe zu erreichen.«[14] Die Berichte der beiden letzten Finanzjahre sprachen eine andere Sprache, aber es stimmt: Unter der Verwaltung von Waitrose hat Duchy Originals tatsächlich eine neue Stufe erreicht. Inzwischen schätzt man den Wert auf 72 Millionen Pfund, die Produkte sind in dreißig Ländern auf dem Markt und leisten einen jährlichen Beitrag zu den Einnahmen der prinzlichen Stiftungen, so etwa 2,8 Millionen Pfund im Jahr 2012. Die Marke Duchy Originals dient einem doppelten Zweck, erklärt Elizabeth Buchanan. Sie sorgt für stete Einnahmen der Stiftung, und da sie im Supermarkt vertreten ist, trägt sie auch zur Akzeptanz biologischer Lebensmittel bei. »Es bringt nicht viel, in seiner kleinen Nische herumzuhantieren. Für alle, die ein Handwerk pflegen, ist es natürlich prima, und der Prinz ist der Erste, der sie unterstützt. Aber zugleich möchte er auch erreichen, dass sich mehr Menschen mit biologischen Produkten ernähren.«[15]

Drei Jahre nach der Gründung von Duchy Originals konnte Charles die Grundsteinlegung eines weiteren seiner Projekte feiern: Poundbury, oft als sein Modelldorf bezeichnet, aber eigentlich ein Vorort der Stadt Dorchester in Dorset auf dem Territorium des Herzogtums. Wie die Duchy Home Farm und Duchy Originals ist es Prototyp und Plattform zugleich, diesmal für Gemeindebau, traditionelles Handwerk, kurze Wege, Diversifizierung von Berufs- und Einkommensgruppen und reduzierten CO_2-Ausstoß. Wir werden seine malerischen Straßen in einem späteren Kapitel noch genauer betrachten.

»Der Unterschied zwischen Prinz Charles und einem gewählten Politiker ist der Zeitrahmen«, sagt Fiona Reynolds, ehemals Generaldirektorin des National Trust, der sich um den Erhalt des britischen Kulturerbes kümmert und dessen Schirmherr Charles ist. »Ein gewählter Politiker hat stets die nächsten drei bis fünf Jahre im Blick, und bis morgen Nachmittag ist es in der Politik oft noch lange hin. Charles hingegen denkt ganz ungeniert längerfristig; als Thronfolger ist es sogar seine Pflicht, sich mit längeren Zeiträumen zu befassen. Seine Äußerungen waren zwar oft umstritten, aber er hat die Dinge auf den Punkt gebracht, so wie es ein Politiker vermutlich nie tun würde ... Er hat die Debatte mehr als einmal vorangetrieben und das Thema Klimawandel, das vor zwanzig Jahren noch als äußerst abseitig und umstritten galt, salonfähig gemacht.«[16]

Zum ersten Mal sprach Charles im Alter von einundzwanzig Jahren in der Öffentlichkeit über Umweltfragen. Damals warnte er, wir müssten uns »im Interesse unseres Wohlergehens ... Einschränkungen und Regulierungen auferlegen«.[17] Im Lauf der Jahre wurden seine Wortwahl und seine Ziele konkreter. »Meine größte Sorge ist es, dass wir in vollem Bewusstsein und in einem ungeheuren Tempo die Chancen zukünftiger Generationen zerstören, weil wir nicht erkennen, welchen Schaden wir der natürlichen Umgebung zufügen. Wir dürfen nicht vergessen, dass dies der einzige Planet ist, auf dem unseres Wissens Leben möglich ist«, lautete seine ernste und eindringliche Warnung. »Meiner bescheidenen Meinung nach ist es Wahnsinn, dieses wunderbare, im Weltraum schwebende Gebilde, das mit der außergewöhnlichen Harmonie des Universums verbunden ist, zu zerstören.«[18]

Viele von Charles' Aktivitäten – es sind nicht nur mehr als vierhundert Schirmherrschaften, sondern auch all die von ihm gegründeten karitativen Organisationen und Initiativen – werden zum Verdruss des Prinzen und seiner Mitarbeiter kaum wahrgenommen. »Als ich sein Privatsekretär war, haben mich die Leute gefragt: ›Was hat der Prinz für uns getan?‹ Ich habe daraufhin auf den Prince's Trust verwiesen. ›Ach ja‹, haben sie gemeint, ›damit hat er vielen ermöglicht, ihre Fähigkeiten zu entfalten, und dafür gesorgt, dass sie sich nicht mehr beim Arbeitsamt anstellen mussten‹«, erinnert sich

Clive Alderton. »Aber anschließend hieß es dann: ›Eigentlich tut er ja nicht viel.‹ Ich erwiderte: ›Er hat im vergangenen Jahr Hunderte von Besuchen absolviert, mindestens fünfhundert, wenn nicht mehr.‹ Darauf antworteten sie: ›Oh, das ist wirklich gut.‹ Aber in Gedanken sehe ich stets diese Szene von Monty Python vor mir: ›Und was haben die Römer für uns getan?‹«[19]

Vieles im Dasein des Prinzen erinnert an Monty Python. Manchmal wirkte er wie einer der Propheten in *Das Leben des Brian* oder wie Brian selbst, der sich mit seiner Rede vor einer gaffenden Menge in eine öffentliche Rolle gedrängt sah, die er nie angestrebt hatte. Seine Suche nach dem Gral und sein großer Kreis von Beratern lassen an *Die Ritter der Kokosnuss* denken. Zwar sind die vom Prinz beschäftigten Mitarbeiter hoch professionell, doch sie arbeiten in Clarence House in den Strukturen eines Hofstaats, mit allen Intrigen und Rivalitäten, die dazugehören. Die wenigen logistischen Strukturen, die es hier gibt, wurden nachträglich eingefügt. Mehr als vierzig Jahre lang hat Charles, oft auf Grundlage eines einzigen Gesprächs, vermeintliche Lücken im System der freiwilligen Wohlfahrtsarbeit aufgespürt. Um sie zu stopfen, schuf er den gewaltigen Apparat des weitreichendsten karitativen Imperiums im Lande, das er den brüchigen Strukturen seines Hofstaats aufgepfropft hat.

Charles scheut nicht davor zurück, seine Vorstellungen und Anliegen ins Ausland zu exportieren, entweder ins Commonwealth oder nach Rumänien, einem Land, dem er sich verbunden fühlt. Daheim betrachtet er es als seine Aufgabe, »bleibende Traditionen, Werte und Fertigkeiten unseres Landes zu schützen und zu fördern«. Dies versucht er durch ressortübergreifende Arbeit, Schirmherrschaften oder die Konzentration auf das ländliche Großbritannien zu erreichen, das in seinen Augen ansonsten vernachlässigt wird. Die Fleischkooperative Cig Mynydd Cymru (»Fleisch aus den walisischen Bergen«) in der Perrott Street in Treharris ist genau die Art von Unternehmen, die er dabei im Blick hat. Sie wurde im Jahr 2006 als Zusammenschluss lokaler Landwirte gegründet, um qualitativ hochwertige Fleischereiwaren zu erschwinglichen Preisen zu vermarkten.

John und Celia Thomas sind die Einzigen, die dem Beispiel des Prinzen folgen und biologische Viehhaltung betreiben, obwohl sie mit ihren teuren Produkten in einem Gebiet mit notorisch schlechtem Einkommen ein gewisses Risiko eingehen. Doch alle Produkte der Kooperative stammen aus Erzeugung mit Herkunftsgarantie, und zwischen Wiese, Schlachthof und Fleischerei liegen nur kurze Wege.

Zwischen summenden Kühlfächern voller Rind-, Hähnchen-, Enten-, Lamm-, Schweine- und natürlich Hammelfleisch und einer verlockenden Auswahl gebackener Pies und sogenannten Welsh Scotch eggs erklärt John Thomas, wie dankbar er sei, dass sich der Prinz für die kleinen, traditionell arbeitenden Agrarbetriebe einsetze. »Er hat für Hammelfleisch geworben, das jahrelang keinen Markt hatte, und viel erreicht für die Bauern und neuerdings auch für die Wolle, mit der man als Nebenprodukt der industriellen Landwirtschaft bislang nur wenig anzufangen wusste«, sagt Thomas. Er lobt die wie auch immer zu definierende Arbeit des Prinzen: »Anstatt sich irgendwo einen Platz zu erkämpfen, widmet er sich äußerst reellen Dingen, und dafür kann man ihn nur bewundern.«

Schließlich ist der königliche Besuch eingetroffen und schiebt sich unter einem Chor von Jubelrufen in die Fleischerei. Charles trägt den Anzug mit der geflickten Tasche und ein Paar alter Schuhe. Nach wie vor beharrt er auf dem strengen, tief über dem linken Ohr angesetzten Seitenscheitel, den er seit der Kindheit trägt. »Ich rede mir seit Jahren den Mund fusselig. Wenn er ihn wenigstens weiter oben oder notfalls auch weiter unten, also einfach irgendwo anders ziehen würde, anstatt immer nur an der gleichen Stelle«, meint Emma Thompson.[20] Der schon seit seiner ersten Ehe sichtbare kahle Fleck hat sich zur Tonsur ausgewachsen; überhaupt gleicht er eher einem Mönch als der Figur, die er geworden ist: ein fahrender Ritter in den Reichen des Commonwealth. Camilla bezeichnet ihn als »Workaholic«, und das nicht nur wegen seiner langen Arbeitstage. Augenblicklich aber scheint er einer eher unschädlichen Sucht zu frönen: dank seiner Stellung etwas zu tun, was seiner Überzeugung entspricht. Und obwohl er rasch zum Kern der Sache vordringt, wird er in seiner Begeisterung die für diesen Besuch eingeplante Zeit überziehen.

Er kann sich mit jedem unterhalten, fühlt sich aber am wohlsten bei Menschen auf dem Lande – so etwa den Gastgebern in der Fleischerei – und mit Jugendlichen, wie er sie beim Prince's Trust in Cardiff getroffen hat. Bei Thomas und den anderen Angehörigen der Kooperative erkundigt er sich ausführlich nach dem Markt und Preisen und erzählt ihnen von Kursen in Dumfries House, wo man Fleischer in der Zubereitung der von ihnen verkauften Waren unterweist. Laut Charles berichten Absolventen der Kurse von durchschnittlich 20 Prozent mehr Einkommen, weil sie ihren Kunden Rezepttipps geben und sie zu unterschiedlichen Fleischsorten und Zubereitungen anregen können. »Man muss ganz genau wissen, was alles mit dem Tier zusammenhängt.« Dann wechselt er das Thema, spricht über die Unverkäuflichkeit des Fleischs alter Schafe und wieder einmal über die »Renaissance des Hammelfleischs«. »Ich versuche, jedem klarzumachen, wie wunderbar Hammel in Wirklichkeit schmeckt.«

Der Prinz spielt seine Rolle, er unterhält die Zuschauer und posiert für die Kameras, die den Augenblick für die Ewigkeit festhalten sollen. »Wenn die Fotografen kein Interesse mehr hätten, müsste ich mir Sorgen machen«, meinte er 1982.[21] Es war eine mutige Feststellung angesichts seiner heftigen Abneigung gegenüber den Medien, und dies zu einer Zeit, als er noch nicht so stark im Zentrum ihres Interesses stand. Mit vierzehn ging er in eine Bar und bestellte sich einen Cherry Brandy, was für andere Jugendliche nur milde oder gar keine Konsequenzen gehabt hätte. Außerdem versuchte er einer Menschenmenge zu entkommen, die ihm auf den Fersen war. Doch er hatte das Pech, dass einer der Bargäste ein Journalist war und darüber schrieb. Die Geschichte machte Schlagzeilen, gegen den Pächter und die Kellnerin wurde Anzeige erstattet (die man später wieder fallen ließ), und Charles wurden Vergünstigungen in der Schule gestrichen. Am schlimmsten aber empfand er die Entlassung des Beamten aus der Personenschutzstaffel, dem man vorwarf, den prinzlichen Fehltritt zugelassen zu haben.

Doch wenn es um offizielle Termine und seine karitative Arbeit geht, erduldet und ermutigt Charles die Presse, weil er weiß, wie nützlich sie ist. »Ich muss Grimassen schneiden und es ertragen«, sagt er.[22] Als ihm die walisischen Schlachter einen Teller mit Frikadellen anbieten, verzieht er das Gesicht in amüsiertem Entsetzen. »Woraus haben Sie die gemacht? Doch hoffentlich aus keinem unverkäuflichen Stück?« Als ihn ein Fotograf bittet, in eine Steaksemmel zu beißen, lehnt er allerdings lachend ab. »Ich mache Ihnen doch hier nicht den Breitmaulfrosch.«

Die meistens aktiven Royals verbinden mit dieser Art von Besuchen im In- und Ausland zwei Absichten: Ihre Publicity dient dem Ansehen der Gastgeber, und durch glaubwürdige Auftritte werben sie für die Monarchie. Wie bei allen Aktivitäten der Windsors gibt es kaum konkretes Zahlenmaterial für eine wissenschaftliche Auswertung, etwa durch die Aufrechnung der wirtschaftlichen Einnahmen oder des Spendenaufkommens gegen die Kosten. Mit dem Gewinn des Herzogtums Cornwall werden Charles' und Camillas offizielle Verpflichtungen sowie die seiner Söhne und seiner Schwiegertochter finanziert, nicht aber der Unterhalt von Clarence House oder die Reisen. Die Kosten dafür beliefen sich im Rechnungsjahr 2014 auf 1,59 Millionen Pfund, die aus öffentlichen Mitteln bestritten wurden. Nach der Wales-Woche 2012 legte man zwei Transportrechnungen über je mehr als 10 000 Pfund vor, während diese Schwelle im Jahr 2013 bei keiner Reise überschritten wurde. Man bediente sich dabei der verschiedensten Transportmittel, so etwa flog Camilla mit einem Hubschrauber nach Porthcawl. Außerdem müssen die Steuerzahler für die Sicherheitsmaßnahmen aufkommen. Auf die Frage nach dem Aufwand für den prinzlichen Besuch in Treharris präsentierte der Rat von Merthyr Tydfil lediglich zwei Aufstellungen, eine für Straßensperren (15 Pfund) und eine für den Aufbau von Schutzplanken (150 Pfund).

Ohne einen kompletten Überblick lässt sich der Wert eines Besuchs nicht bemessen, zumal der Nutzen oft nicht greifbar ist. Celia Thomas von der Kooperative schrieb danach in einer E-Mail: »Wir alle haben uns über den Besuch des Prince of Wales und die Begegnung mit ihm sehr gefreut, und das Ereignis ist noch immer in aller Munde. Wir haben die schönen Aufnahmen, die an dem Tag gemacht wurden, auf ein Plakat geklebt und stolz im Laden an die Wand gehängt. Man kam mit ihm leicht ins Gespräch, und der Prinz zeigte aufrichtiges Interesse an unserer Arbeit. Als er neulich mit unserem Parlamentsabgeordneten Dai Harvard sprach, hat er sich sogar nach der Renovierung unserer Geschäftsräume erkundigt. Es war mit Sicherheit ein großer Gewinn für unseren Laden und hat uns ungeheuren Auftrieb gegeben.« Die öffentliche Aufarbeitung hingegen war enttäuschend: Nur die Lokalzeitungen berichteten über das Ereignis.

Dagegen weckten Williams und Kates Besuche in Australien und Neuseeland im folgenden Jahr weltweit ein riesiges Medieninteresse. Der neuntägige Aufenthalt in Neuseeland kostete etwa eine Million Neuseeland-Dollar und wurde, wie bei den meisten Reisen der Royals innerhalb des Commonwealth, von den Steuerzahlern des Zielorts getragen. Die Tourismuschefs in Australien und Neuseeland betonen jedoch, der Werbeeffekt sei nicht mit Geld aufzuwiegen. Er kam sogar der Monarchie zugute. »Jetzt gehöre ich offiziell zu den Royalisten«, twitterte Patrick Gower, politischer Redakteur beim Fernsehsender 3 News in Wellington. Das war vielleicht nicht ganz ernst gemeint, doch wie die Australier erlagen auch die Neuseeländer scharenweise der royalen Charmeoffensive.

Prinz Charles zählt kaum zu den Aushängeschildern unter dem »Nachwuchs der Monarchie«, und das nicht nur wegen seines fortgeschrittenen Alters. Zum Zeitpunkt seiner Heirat wusste er sehr wohl, dass er von nun an in Dianas Schatten stehen würde. Das zeigte sich auch auf der Australien-Rundreise des Paars im Jahr 1983: »Die Schaulustigen waren so verliebt in Diana, dass die Menge auf der Seite des Prinzen, also gegenüber von der Prinzessin, enttäuscht aufstöhnte, wenn das Paar zum Händeschütteln aus dem Auto stieg«, erinnert sich Jonathan Dimbleby.[23] Diese Erfahrung hat inzwischen auch Charles' Sohn William gemacht, der sich mit Kates Glanz arrangieren muss. Doch da hören die Gemeinsamkeiten auch schon auf.

William betrachtet seine Frau mit Stolz, was Charles nie getan hat, und empfindet sie beide als Team, was dem Thronfolgerpaar nie gelang. Außerdem ist William fotogener als sein Vater. »Man darf nicht vergessen, dass er auch ein Spencer ist«, sagt ein Vertreter des Buckingham-Palasts. Der frühere britische Premierminister John Major, der nach Dianas Tod als Treuhänder die Vermögensverwaltung für ihre Söhne übernommen hat, sieht »William und Harry auf der ganzen Welt umjubelt wie Rockstars«.[24] Die Prinzessin lebt in ihren Söhnen fort.

»Ich hoffe, Sie sind jetzt nicht enttäuscht. Denn das würde mich nicht weiter wundern«, erklärt Prinz Charles bei seiner Ankunft in der Ebbw Fawr Learning Community. Denn er hat gehört, dass einige der Schaulustigen bereits seit dem frühen Morgen vor der neuen staatlichen Schule warten, um einen Blick auf den Royal zu erhaschen. Einen Satz wie diesen wiederholt er oft in seinen Reden. »Ich bin ungeheuer dankbar, dass Sie sich die Zeit genommen haben, heute Nachmittag hier zu erscheinen – und sei es auch nur, weil Sie mich sehen wollten«, sagte er mehr als einmal.[25] »Meine Damen und Herren, höchst beeindruckt stelle ich fest, wie zahlreich Sie heute Abend hier erschienen sind, um sich im Interesse einer nachhaltigen Ökonomie als Investoren und insbesondere für Pensionsfonds zu engagieren. Dies kann ich nur als Kompliment für meine vier auf diesem Gebiet tätigen karitativen Einrichtungen werten – es sei denn, Sie sind einfach nur neugierig, was ich sonst noch zu sagen habe«, erklärte er bei einem anderen Anlass.[26] »Meine Damen und Herren«, begrüßte er eine weitere Gruppe, »ich bin sehr froh, dass ich heute Nachmittag die Möglichkeit habe, Ihnen zu begegnen. Und ich hoffe, ich halte Sie nicht von all dem ab, was Sie viel lieber tun würden, denn das wäre eine schreckliche Vorstellung.«[27]

Diese Selbstironie mag ein Mittel sein, um das Eis zu brechen, doch die darin aufscheinende Unsicherheit des Prinzen ist echt. Zwar werden ihm auf all seinen Stationen Freude und Zuneigung entgegengebracht, aber für jemanden, der das Glas nicht halb voll, sondern halb leer sieht, könnte die Menge stets größer und die Presse ausführlicher sein. Er verfolgt die Schritte seiner Söhne mit großem väterlichen Stolz, doch in dieses Gefühl mischen sich auch ein klein wenig Neid und eine ganze Menge Frustration – nicht weil er ihnen die Popularität verübelt, sondern weil er weiß, was er mit einem derartigen Rückhalt alles erreichen könnte. Im Gegensatz zu seinen charismatischeren Söhnen und seiner strahlenden Schwiegertochter empfindet er sich nicht nur als Thronfolger, sondern vor allem als Missionar mit einer Reihe dringlicher Botschaften. Es geht um Wichtigeres als um den Fortbestand der Monarchie.

Sein Besuch der Fleischerei Cig Mynydd Cymru verknüpft sich mit seiner Warnung vor den Gefahren der industrialisierten Landwirtschaft, vor der durch schlecht durchdachte Subventionen erzeugten Einseitigkeit. Sie basiert auf dem in seinem Buch *Harmonie* ausgeführten Gedanken, dass die »moderne hoch technisierte Landwirtschaft den Ackerbau inzwischen in ein Wettrüsten gegen die Natur verwandelt und alles vom Erdboden getilgt hat bis auf die Hochleistungsnutzpflanzen, die mit industriellen Produktionsmethoden angebaut werden und so gezüchtet wurden, dass sie gegen starke Pestizide resistent sind«. Der Prinz bezeichnet die Natur in seinem Buch durchgängig als »Wesenheit« im Gegensatz zu dem »Objekt«, zu dem sie in der Aufklärung wurde, wie er in *Harmonie* traurig feststellt. »Aus ›sie‹ wurde ›es‹.«[28]

Bei seinem nächsten Programmpunkt, dem Besuch der Schule, geht es um ein anderes seiner Themen: um die Ungleichheit bzw. soziale Ungerechtigkeit. Bei Ebbw Fawr wird er das erste von der Stiftung Teach First betreute Bildungsprogramm in Wales ins Leben rufen. Mit der walisischen Regierung als Partner soll es hoch qualifizierte Akademiker anwerben, die in benachteiligten Regionen in die Schulen gehen und jährlich 6000 Jugendlichen mit schlechter Ausgangsbasis zusätzliche Unterstützung bieten. Während der Prinz durch die Räume schlendert, unterhält er sich ungezwungen mit den fein gekleideten Honoratioren und noch ungezwungener mit den Schülern. Nach einem kurzen Treffen mit Vertretern der Organisation, der Bezirksverwaltung und ausgebildeten Lehrern hält der Prinz eine Rede (in der er sein Licht unter den Scheffel stellt) und lauscht diversen anderen. »Wir sind unglaublich stolz, dass der Prince of Wales zu uns gekommen ist«, schreibt Graeme Harkness, der Direktor von Ebbw Fawr, später in einer E-Mail. »Da die Schule erst vor wenigen Monaten eröffnet wurde, bedeutet das einen großen Ansporn für Schüler und Betreuungspersonal. Außerdem hat der Besuch unserer Gegend, die ... unter wirtschaftlichen Problemen und hoher Arbeitslosigkeit leidet, einen gewaltigen Schub gegeben ... Unseren Schülern wird der Prinz in guter Erinnerung bleiben. Wir haben sein Bild in unsere Mitteilungsblätter aufgenommen und zeigen es auf unseren elektronischen Anzeigetafeln.«

Teach First zielt darauf ab, soziale Ungerechtigkeiten im Bildungswesen auszugleichen. »Was Sie im Leben erreichen, sollte nicht vom Einkommen Ihrer Eltern abhängen«, heißt es auf der Website der Organisation. »Wobei dies in Großbritannien gewöhnlich der Fall ist.« Der Prinz als Schirmherr sieht keinen Widerspruch zwischen seinem Anliegen und seinem Rang, und tatsächlich lässt sich der Satz auch auf ihn übertragen. Er findet, dass die Stellung der Eltern nicht das Vorankommen eines Menschen behindern sollte – auch nicht das des britischen Thronfolgers.

Zurück in Llwynywermod, könnte sich Charles wahrscheinlich leicht in ein anderes Dasein versetzt fühlen, in das eines adligen Landherrn nämlich. Sein Wohnsitz in der Grafschaft Carmarthenshire ist zwar groß, hat aber nichts von einem Palast an sich und wirkt mit den Kalkputzwänden und dem Schieferdach eher rustikal. Wie eine immer größere Zahl von Gutsbesitzern vermietet er – wenn er abwesend ist – Zimmer an zahlende Gäste.

Er selbst bleibt ebenfalls höchstens ein paar Tage hier. Um eine gewisse Gemütlichkeit zu erzeugen, hat er stets einige unerlässliche Dinge im Gepäck: Fotos von Camilla und seinen Kindern, seine Leinwand, Gemälde und ein Kissen, das ihm die britische Presse mehr als einmal als Symbol der Verweichlichung ausgelegt hat, obwohl es ihm eher als Stütze bei seinen Rückenproblemen dient. Als man ihn im Alter von acht Jahren in ein Internat schickte, schrieb er treffend, ihm fehlten »seine Zuhause« (Plural).[29] Der Erwachsene hat ein Leben mit ständigem Heimweh akzeptiert und pendelt zwischen Häusern, die er zwar bewohnt, aber bis auf zwei Anwesen in Rumänien nicht wirklich besitzt. Dazu gehören Llwynywermod, Tamarisk auf den vor der Küste Cornwalls gelegenen Scilly-Inseln und Highgrove (alle drei im Besitz des Herzogtums Cornwall), Dumfries House (das einem Fonds gehört), Familienresidenzen wie Birkhall (das er von seiner Mutter mietet) und Villen auf den Landsitzen Balmoral und Sandringham; außerdem der Krone gehörende Immobilien wie der Komplex an der Mall mit dem Londoner Büro des Prinzen, der St James's Palace (seit 1988) und das benachbarte Clarence House (seit 2002).

Bevor Königin Victoria in den größeren und hässlicheren Buckingham-Palast am Ende der Mall umsiedelte, residierten die Monarchen im St James's Palace. In der eleganten, von Henry VIII. einst für Anne Boleyn erbauten Residenz im Tudorstil werden heute oft Tagungen, Treffen und Empfänge ausgerichtet. Prinz Charles beherrscht vielleicht nicht die Schlagzeilen wie manche jüngeren Royals und zieht, gemessen an deren Standards, auch keine Massen an, doch was ihm an Publikumswirksamkeit fehlt, macht er durch seine Rolle als Gastgeber wett. Das Spektrum der Persönlichkeiten, die er empfing – und bei denen er ein offenes Ohr fand –, ist erstaunlich breit, es reicht vom Dalai Lama über Aung San Suu Kyi bis zu Kylie Minogue, von Menschen im Rampenlicht bis zu jenen, deren Glanzzeit vorüber ist oder die gar in Verruf geraten sind. So empfing er mehrmals Jimmy Savile, ohne zu wissen, dass der den Sekretärinnen im Palast nachstellte, oder schüttelte 2002 lächelnd die Hand von Bashar al Assad.

Nur wenige lehnen die Einladung eines zukünftigen Königs ab. Dies erklärt seine manchmal zweifelhafte Gesellschaft, zugleich aber bietet ihm dieser Umstand ein Podium und außergewöhnliche Möglichkeiten. So nutzte er seinen Adventsempfang des Jahres 2013, zu dem der Erzbischof von Canterbury und andere religiöse Würdenträger geladen waren, um auf das Leid der syrischen Christen in dem von Assad so brutal ausgelösten Bürgerkrieg hinzuweisen. Er organisiert regelmäßig Wohltätigkeitsempfänge mit Vertretern von Wirtschaft und Industrie, auf denen er die Werbetrommel für mehr Nachhaltigkeit und die Förderung der Arbeit für die Allgemeinheit rührt. Voller Dankbarkeit erinnert er sich an den Hinweis des Diplomaten und Politikers Sir Christopher Soames – dem Vater eines seiner engeren Freunde, des Parlamentsabgeordneten Sir Nicholas Soames –, der ihn überhaupt erst darauf aufmerksam machte, wie leicht er hochrangige Repräsentanten zusammenbringen kann. »Dies ist ein Rat, den ich nie vergesse, den ich mir zu eigen gemacht und befolgt habe und der sich stets als richtig erwiesen hat«, sagt der Prinz. »Sicher gibt es in meinem Fall Vorteile, denn ich habe mit keinem irgendeine Rechnung offen, und das spüren sie offenbar. Wenn Sie die Teilnehmer dann an einem Tisch sitzen haben, stellen Sie oft fest, dass sie zum ersten Mal in dieser Runde versammelt sind. Auch wenn man das kaum für möglich hält. Sie müssen doch schon einmal miteinander gesprochen haben, denn es sind Leute, von denen man einen vernünftigen übergreifenden Ansatz erwarten würde. Aber nichts dergleichen ist geschehen.« Es erfüllt ihn mit Stolz, dass er »Vertreter aus Wirtschaft, Politik und Verbänden dazu bringen kann, sich mit Nichtregierungsorganisationen an einen Tisch zu setzen, während sie sonst miteinander kein Wort wechseln, sondern sich höchstens über eine gewaltige Kluft hinweg anbrüllen«.[30]

Im Jahr 2009 nahmen anlässlich des Prince's Rainforest Project, seines Regenwaldprojekts, eine ganze Reihe politischer Führungspersönlichkeiten und Prominenter auf den Goldstühlen an einem seiner ausladenden Tische Platz: acht gewählte Regierungschefs – Kevin Rudd aus Australien, Nicolas Sarkozy aus Frankreich, Angela Merkel aus Deutschland, Samuel Hinds aus Guyana, Susilo Bambang Yudhoyono aus Indonesien, Silvio Berlusconi aus Italien, Tarō Asō aus Japan und aus Norwegen Jens Stoltenberg – sowie die US-amerikanische Außenministerin Hillary Clinton, vier britische Kabinettsminister, José Manuel Barroso, der Präsident der EU-Kommission, der kanadische Finanzminister Jim Flaherty, UN-Generalsekretär Ban Ki-moon, Verteidigungsminister Ali-Ben Bongo Ondimba aus Gabun, der saudi-arabische Außenminister Saud Al-Faisal und Weltbankchef Robert Zoellick.

Das zwei Jahre zuvor gegründete Regenwaldprojekt des Prinzen zielt darauf ab, die wirtschaftlichen Triebkräfte für die Abholzung zu ermitteln und mögliche Alternativen vorzuschlagen. Zwar war die internationale Gemeinschaft bereits mit der Entwicklung eines Marktmechanismus im Stil der CO_2-Emissionszertifikate befasst, durch den ein lebender Baum wertvoller sein soll als ein toter, doch Charles fürchtete, dass diese Maßnahme zu spät in Kraft treten und zu wenig ausrichten würde. Der Gipfel von 2009 diente ihm als Plattform, um sein Konzept eines Notfallplans vorzustellen. Dies führte zur Gründung eines Sekretariats der norwegischen und britischen Regierung mit dem Ziel, ein internationales Abkommen voranzutreiben. Und tatsächlich verpflichteten sich im Mai 2010 35 Geberstaaten in Oslo, über einen Zeitraum von drei Jahren vier Milliarden US-Dollar in Projekte zur Verringerung des CO_2-Ausstoßes zu investieren.

Doch damit gab sich der Prinz nicht zufrieden. Auch in der Folge war er im St James's Palace Gastgeber von Gipfeltreffen und Redner auf hochkarätig besetzten Konferenzen. Das Regenwaldprojekt des Prinzen, inzwischen umbenannt in International Sustainability Unit (ISU), lebt fort, hat allerdings jetzt ein erweitertes Aufgabengebiet. Es soll den Konflikt zwischen Land- und Forstwirtschaft überbrücken und einen Kompromiss fördern, die Nachhaltigkeit und den Fortbestand der Fischerei herstellen und vor allem die Nahrungsmittel- und Wasserversorgung sichern. Nur wenige seiner Gäste bekleiden heute noch dasselbe Amt wie damals oder sind überhaupt noch tätig – unter den gewählten Politikern ist es im Januar 2015 allein Angela Merkel.

Charles' unverrückbare Position hat jedoch ihren Preis. Der Prinz hat kein demokratisches Mandat und kann nicht abgewählt werden. Dies kommt ihm zwar bei seinem Engagement am meisten zugute, ist anderseits aber der Grund, weshalb ihm manch einer die Legitimation abspricht.

In der Kreisstadt Llandovery trifft man in einem Pub eine andere Gruppe von Menschen, die der Prinz zusammengeführt hat: Beamte vom Personenschutz, Fahrer und Referenten, Angehörige eines Gefolges, das Charles auf den meisten seiner Termine begleitet, reisemüde Veteranen, deren Treue sich an der Zahl der fern ihrer Heimat verbrachten Tage und ihrer Kenntnis von diversen Unterhaltungsspielen ablesen lässt. Letztere werden im Verlauf des Abends und im Zuge der genossenen Drinks immer ausgelassener.

Ausgelassen ging es früher am Abend auch bei der Einladung im nahe gelegenen Llwynywermod zu. Zum Abschluss ihrer Tage in Wales haben Charles und Camilla Anwohner der Gegend zu einem Abend mit walisischen Liedern und Tänzen eingeladen. Die Gäste, die in einer umgebauten Scheune Platz nehmen, sind Vertreter der verschiedenen Interessengebiete des Paares: Kulturschaffende, Menschen, die sich durch ihren Einsatz für andere hervorgetan haben, Geschäftsleute, die sich vielleicht zu Spenden für eine der prinzlichen Stiftungen überreden lassen, und einige echte Freunde – wie Patrick Holden und seine Frau, Landwirte aus der Gegend. Zunächst lassen sich die Zuschauer von der Stimmgewalt der Sänger und ihren a cappella dargebotenen oder lediglich von Mundharmonika und Geige begleiteten Liedern begeistern – sowie vom Gesang der in den Dachbalken nistenden, spät brütenden Amseln, der die Pausen füllt. Nach zwei weiteren Liedern kommt der erste walisische Stepptanz, darauf folgen erneut Lieder und ein Solo auf der Mundharmonika. Dann wieder ein Tanz, von vier Solisten dargeboten. Camillas Schultern beginnen zu beben. Die königlichen Gastgeber sitzen ganz vorn, und da sie den meisten den Rücken zukehren, nehmen die Gäste vermutlich an, Camilla sei von der Musik gerührt. Doch während sie um Fassung ringt, wird deutlich, dass der ebenso sportliche wie kunstvolle Tanz ihr Lachtränen in die Augen treibt. Der Prinz streicht ihr – mahnend oder tröstend – über die Hand, aber seine Schultern zucken ebenfalls. Und bei ihr fließen Tränen und Mascara.

Das ist nicht gerade ein königliches Verhalten, und die Queen würde sich so etwas nie gestatten. Die Öffentlichkeit empfindet dies bei Camilla jedoch als positiv, und für Charles ist sie zweifellos auch gerade deshalb so anziehend. Wärme, Spontaneität und Humor hat er seit frühester Kindheit im Leben oft vergebens gesucht.

In ihrer Gesellschaft ist er heiterer als sonst, doch wie üblich wird er auch an diesem Abend nicht gleich schlafen gehen, sondern noch arbeiten. »Ich versuche ihn immer wieder zu mehr als nur einem Gin zu überreden«, sagt Emma Thompson. »Trink noch einen, lautet mein Spruch.«[31] Er aber muss Briefe lesen und beantworten und füllt hartnäckig Bogen um Bogen mit schwarzer Tinte.

Wer den Prinzen verstehen will, muss das ganze Spektrum der Institution berücksichtigen, der er entstammt und der er dient. Es sind nicht nur republikanische Kreise und die Teekränzchen der Erzkonservativen, die sein Engagement hinterfragen. Auf den Korridoren, in den Hinterzimmern und in den Privatgemächern des Buckingham-Palasts wächst die Sorge, da für die Regierung der Queen »die unvermeidliche Abenddämmerung« anbricht, wie ein Insider es nennt. Durch die Ausgestaltung seiner Rolle als Thronerbe lässt Charles erkennen, dass er die Monarchie mit neuen Inhalten füllen wird. Und außer der Königin fürchten noch manche andere am Hof, dass weder die Krone noch die Untertanen den Schock des Neuen werden ertragen können.

Elizabeth II. setzte Maßstäbe, die ihr Sohn oft zu erreichen suchte und an denen er gemessen werden wird. Ihre Herrschaft verweist auf die Notwendigkeit, ständig den Anschluss an Neues zu suchen, zugleich aber die Illusion ungebrochener Tradition und Kontinuität zu wahren. Das nächste Kapitel wird ihren Regierungsstil, ihre Rolle und die so selten sichtbare Privatperson genauer beleuchten. Ob ihre Verfügungen für den Wechsel von Bestand sind, wird sich nach ihrem Ableben zeigen. Dann wird man sehen, ob die Entscheidungen jenseits ihrer Kontrolle auch weiterhin ihren Stempel tragen. Wie Charles seine Rolle als König ausfüllen wird – und wie sicher er dies tun wird –, hat er großenteils der Königin zu verdanken, nicht als Vorbild, sondern als Mutter, sowie Prinz Philip, dem Vater, den er fürchtet und nach dessen Anerkennung er sich noch immer sehnt.

Seine Eltern schulten ihn in Pflichterfüllung und ermöglichten ihm eine Verankerung in der normalen Welt, weil sie erkannt hatten, dass die Monarchie die Erfahrungen der Bürger aufgreifen muss. Seine einsame Jugend voller Privilegien und die entbehrungsreiche Zeit auf Privatschulen sind die Wurzeln für sein Ringen, seinen Aktivismus, seine Unbeholfenheit, seine drängende Suche, die Welt zu verstehen und zu verbessern – seine Suche nach dem Gral. Und all dies begann mit einer Kindheit, wie sie außergewöhnlicher nicht sein kann.

Kapitel 2

Im Schatten der Mutter

Man weiß, dass sie sich nähert, denn wie der bösen Königin im Märchen laufen auch ihr in den Fluren des Palasts geifernde Hunde voraus. Es sind vier – Holly und Willow, Candy und Vulcan – zwei Welsh Corgis und zwei Dorgis, die Frucht der nicht standesgemäßen Liaison eines Corgis mit einem Dackel. Einer der Dorgis liebt offenbar das natürliche Salz auf der menschlichen Haut und leckt mit rauer Zunge über jeden zufällig unbedeckt gebliebenen Fußknöchel. Will man ihn davon abhalten, knurrt er. Seine Besitzerin erweist sich als mindestens ebenso einschüchternd: klein, eisern und undurchsichtig. Elizabeth II. zeigt in der Regel jenes Pokergesicht, dessen Vervollkommnung sie in mehr als acht Jahrzehnten gelernt hat.

Im Lauf ihres Lebens wurde die Welt in ihren Grundfesten erschüttert, erzitterte wie ein Werwolf im Vollmond und ließ sich ein neues Fell und neue Fänge wachsen, worauf die alten, vertrauten Züge unter einer Flut von Phänomenen verschwanden, die von vielen ihrer Generation als grässlich empfunden werden. Als Elizabeth im Jahr 1926 geboren wurde, umfasste das britische Weltreich noch ein Viertel der Erde. Zur Zeit ihrer Krönung fingen die Reste dieses Imperiums an zu bröckeln und hinterließen den ehemaligen Kolonien und der um ihre Identität, ihren Platz in der Welt und ihre Stellung unter den Großmächten ringenden Nation ein schwieriges Erbe. Großbritannien hatte zwar den Krieg gewonnen, lief aber Gefahr, sich selbst zu verlieren.

Die junge Monarchin begegnete diesem Wandel mit der Unergründlichkeit, die sie kultiviert hatte, seit sie durch die dramatische Abdankung ihres Onkels Edward VIII. in den ersten Rang der Thronfolge katapultiert worden war. Mit der gleichen Undurchdringlichkeit betrachtete sie die durch die neuen Technologien ausgelösten gesellschaftlichen und kulturellen Veränderungen, die die Welt zwar enger zusammenwachsen ließen, zugleich aber auch mehr Unruhe und Verwirrung mit sich brachten. Scheinbar ungerührt sieht sie zu, wie sich die Völker des Commonwealth neue Moden in Sprache, Kleidung, Denken und Verhalten aufstülpen lassen, die lediglich gewissen Altersgruppen oder einer importierten globalisierten Kultur entsprechen, und die Bevölkerung sich immer stärker aus den verschiedensten Nationalitäten zusammensetzt. Zur Zeit ihrer Krönung waren lediglich vier Prozent der Einwohner Großbritanniens ausländischer Herkunft, heute sind es nahezu zwölf Prozent, und das sagt nur wenig aus über die Vielzahl der Kulturen in den britischen Städten und die aus dieser Entwicklung herrührenden Spannungen. 1952 heirateten die meisten Frauen wie die Queen mit einundzwanzig und bekamen bald darauf ihr erstes Kind. Nur 35 Prozent hatten eine Arbeitsstelle (und keine eine Arbeit wie die Queen), während heute 71 Prozent der Frauen Großbritanniens berufstätig sind. Als sie das Steuer des Familienunternehmens übernahm, besaß ein Viertel der Haushalte ein Auto, nun hat nur noch ein Fünftel keinen fahrbaren Untersatz. Der Kirchenbesuch ist während ihrer Regentschaft drastisch zurückgegangen, das Durchschnittsalter der Gemeindemitglieder hingegen gestiegen. Immer weniger Menschen heiraten oder bleiben verheiratet, ziehen eine große Familie auf oder haben überhaupt Kinder, während sich die durchschnittliche Lebenserwartung seit Beginn des zwanzigsten Jahrhunderts um dreißig Jahre verlängert hat. Wie ihre Königin werden die Briten alt und grau.

Ihre grauen Haare sind allerdings ein Zeichen einzigartiger Erfahrungen. Zu ihren wöchentlichen Audienzen erschienen bislang zwölf verschiedene Premierminister, und elf von ihnen überreichten ihr ein Rücktrittsgesuch. Sie besprach die Suezkrise mit Anthony Eden,

den Falklandkrieg mit Margaret Thatcher, den ersten Golfkrieg mit John Major, die Konflikte im Kosovo, in Sierra Leone, Afghanistan, im Irak und den Krieg gegen den Terror mit dem Interventionisten Tony Blair und mit David Cameron die Umwälzungen in Libyen sowie die ihm durch ein widerspenstiges Parlament aufgezwungene Entscheidung, militärische Maßnahmen gegen Syrien vorzubereiten. John Major, Premierminister von 1990 bis 1997, beschreibt die Audienzen als »äußerst wertvoll und bereichernd … In der Politik muss man stets sorgfältig auf seine Wortwahl achten, so nah einem der Gesprächspartner auch stehen mag. Mit der Königin aber war eine derartige Vorsicht nicht nötig.« Die wöchentlichen Gespräche glichen für ihn »einer Beichte bei einem besonders vertrauenswürdigen Priester«.[1]

Ehe die Konservativen ein offizielles Verfahren für die Wahl ihres Parteiführers entwickelt hatten, machte die Königin zwei Mal von ihrem Vorrecht Gebrauch und ernannte einen Premierminister. Beide Male, 1957 und 1963, überging sie den bekannten Richard Austin (Rab) Butler und entschied sich zunächst für Harold Macmillan und später für Alec Douglas-Home. Letzterer hatte seine Adelstitel aufgegeben, um auf den Bänken des Unterhauses als schlichter »Sir« zu wirken. Butler war ein Wegbereiter des kostenlosen Schulbesuchs gewesen und hatte in der Nachkriegszeit die Einrichtung eines staatlichen Wohlfahrtssystems durch die Labour Party unterstützt. Mit der Ernennung Macmillans missachtete sie die Empfehlung des scheidenden Premiers Anthony Eden und gab dem Drängen von dessen Vorgänger Winston Churchill und anderen Größen der Konservativen nach. Und mit ihrer Entscheidung für Douglas-Home bevorzugte sie gegenüber dem charismatischen, eher links stehenden Butler nicht nur einen Mann vom eindeutig rechten Flügel der Partei, sondern auch von adliger Herkunft. Der Historiker Vernon Bogdanor meint, sie habe in Wahrheit kaum eine andere Wahl gehabt; sie könne mit ihrem Votum »nicht ernstlich von der Haltung der Konservativen jener Zeit abgewichen sein«.[2] »Ein Premierminister in direktem Kontakt mit der Königin könnte Ihnen auch nach Jahren nicht mit

Sicherheit sagen, wie ihre parteipolitischen Ansichten aussehen«, urteilt John Major.[3]

Die Queen verbirgt ihre politischen Sympathien wie das Blatt beim Poker, und fast ebenso konsequent schweigt sie sich über ihre von der Parteipolitik unabhängigen Vorlieben und Abneigungen auf persönlicher Ebene aus. Die ihr liebsten Premierminister stammten beide aus der unteren Mittelschicht: Harold Wilson von der Labour Party und der Tory John Major. Zwischen Margaret Thatcher und ihr kam keine Wärme auf, und zu Tony Blair fand sie nie wirklichen Zugang, wie wir von Palastexperten und von den Premiers selbst wissen. In späteren Jahren war die Königin nie wieder gezwungen, ihren Vorlieben öffentlich Ausdruck zu verleihen. Die Konservativen entwickelten ein Verfahren zur Wahl ihres Parteiführers, das eine königliche Intervention unnötig machte, und das britische Mehrheitswahlrecht erbrachte bis 2010 zuverlässige Ergebnisse, sodass die Queen den jeweilig zuvor ernannten Parteiführer nur noch zu bestätigen brauchte.

Als die Meinungsumfragen vor den Wahlen des Jahres 2010 ein Patt voraussagten, wurde spekuliert, ob die Queen ein weiteres Mal in die Entscheidung für einen Premierminister eingreifen müsse. »Man hat uns gesagt, die Monarchie sei ›ihr Geld wert‹«, schrieb Graham Smith, der Führer der antimonarchistischen Vereinigung Republic. »Dann soll sich unsere Monarchin jetzt einmal ihre Brötchen verdienen. Wenn sie sich vor der Verantwortung drückt, bestätigt sie ein für alle Mal, wie nutzlos sie für unser Staatswesen ist, ein politischer Eunuch, aufs Trockene geschwemmt von der Woge moderner demokratischer Prinzipien, die unsere Führer auf ein feudales System zu übertragen trachten.« Er fügte hinzu: »Wenn die Königin sich heraushalten möchte, weil sie fürchtet, eine falsche Entscheidung zu treffen, lässt sie uns zurück mit undurchsichtigen Abmachungen und geheimen Memos, die dazu führen, dass unser nächster Premierminister ohne Kontrolle der Öffentlichkeit bestimmt werden wird. Wie immer diese Wahl auch ausgeht, es bleibt unerlässlich, dass die Ernennung des Premierministers ein offenes Verfahren ist.«[4]

Die Queen musste sich nicht »ihre Brötchen verdienen«, wie Graham Smith es ausdrückte. Fünf Tage lang rang der amtierende Premier Gordon Brown um eine Koalition mit den Liberal Democrats, ehe er sich entschloss, gemeinsam mit David Camerons Conservative Party zu regieren. Die Königin hielt sich aus sämtlichen Verhandlungen heraus. Eine Quelle aus dem Palast meint, dies bedeute nicht die Abkehr von ihrer verfassungsmäßigen Rolle, sondern deren Umsetzung. Zu wissen, dass sie da sei, beruhige die Nerven in der Zeit eines Regierungswechsels, der sich ohne Unruhe in den Straßen und ohne Erschütterungen der Finanzmärkte vollzog.

Einer der Wünsche Graham Smiths wurde zumindest teilweise erfüllt. Nach wenigen Monaten hatte die neue Koalition den Entwurf eines Kabinettshandbuchs mit Richtlinien zur Regierungsbildung erarbeitet. Im Vorwort zum endgültigen Text spricht David Cameron vom »Streben nach einem noch transparenteren und verlässlicheren politischen System, das auf der ganzen Welt bewundert wird … Zum ersten Mal werden die Übereinkünfte zur Arbeit der Regierung offen dargelegt. Die Entschlüsselung und Veröffentlichung dieser Vorgänge erhellen auf willkommene Weise, wie die Regierung mit anderen Bereichen unserer Demokratie umgeht.«[5] Vertreter der Downing Street betonen, man dürfe in diesem Dokument nicht den Ansatz zu einer schriftlich formulierten Verfassung sehen, doch es ist weiterhin die einzige offizielle Veröffentlichung in der Moderne, die die Rolle des Staatsoberhaupts zu definieren versucht.

Dies leistet sie mit nur einem markigen Satz, der weniger die Funktionen des Monarchen beschreibt als das Wirken der jetzigen Königin: »Der Souverän ist das Staatsoberhaupt im Vereinigten Königreich Großbritannien und sorgt für Stabilität, Kontinuität und Ausrichtung der Nation.« Das ist also die Aufgabe, die Prinz Charles erben wird. Republikaner würden das auf Erblichkeit gründende System lieber von gewählten Staatsoberhäuptern ersetzt sehen, mit einer offenen Auseinandersetzung zwischen den unterschiedlichen Vorstellungen vom britischen Staat. Dies könnte belebend sein, wäre aber sicherlich nicht bequem. »Anders als in einer Republik gibt es bei uns keine Wahl und keine Debatte zur Frage, wer der nächste Monarch sein wird. Deshalb wird auch nicht das halbe Land denken, wir hätten den oder die Falsche gewählt«, sagt John Major.[6]

Indem Elizabeth inmitten all der Veränderungen um sie herum scheinbar unerschütterlich die Stellung hielt, verkörperte sie eine Wegmarke beim Vorstoß auf unbekanntes Terrain und war in einer Zeit, in der alles nach Auflösung strebte, Kernpunkt des Zusammenhalts. Das Projekt Europa zeigt Risse. Das Konzept der »Britishness« ist fadenscheinig geworden. Beide Konzepte geraten zunehmend unter Druck, während nationalistische und populistische Bewegungen immer stärker an Boden gewinnen, so diffus diese Reaktion auf die Globalisierung auch sein mag. Als Schottland den Austritt aus dem Vereinigten Königreich in Erwägung zog, versicherten die Repräsentanten der Unabhängigkeitsbewegung ihren Wählern, dass sie zwar das Joch des britischen Parlaments in Westminster abschütteln könnten, dabei aber nicht auch zwangsläufig die Königin und die durch sie verkörperte Verheißung von Stabilität aufgeben müssten. Zwar hoffte die Monarchin auf eine Mehrheit gegen die Abspaltungspläne, doch obwohl ein engeres Familienmitglied sie zum Eingreifen drängte, äußerte sie lediglich den Wunsch, die Schotten möchten »sehr sorgfältig über ihre Zukunft nachdenken«. Ihre Berater haben »unermüdlich auf die unantastbare Stellung der Königin hingewiesen«, berichtet ein Insider aus dem Palast. Nach dem Referendum im September 2014, in dem sich 55 Prozent für den Verbleib Schottlands im Vereinigten Königreich aussprachen, veröffentlichte der Buckingham-Palast eine Erklärung der Queen: »Bei unseren nächsten Schritten sollten wir uns stets vor Augen halten, dass uns trotz allen in der Vergangenheit geäußerten unterschiedlichen Ansichten eine unverbrüchliche Liebe zu Schottland eint. Dies gehört zu den Werten, die uns das Zusammenleben erleichtern.«

Versöhnliche Gesten wie diese fallen ihr leicht. Schwieriger war es für sie offenbar, die Entschuldigung des Premierministers anzunehmen, den ein Fernsehteam während seiner Reise Ende September 2014 zur UN-Vollversammlung in New York gefilmt hatte. Cameron brüstete sich im Gespräch mit dem ehemaligen New Yorker Bürgermeister Michael Bloomberg, er habe der Königin das Ergebnis des Referendums mitgeteilt. »Wenn Sie wissen wollen, was Erleichterung ist, stellen Sie sich vor, Sie als Premierminister rufen die Queen an und sagen ihr: ›Alles in Ordnung, es ist okay!‹« Und weiter erzählte er: »Das war schon etwas ganz Besonderes. Sie schnurrte am Telefon wie ein Kätzchen.« Niemand im Palast wird bestreiten, dass sich Elizabeth privat über das Abstimmungsergebnis freute, doch über ihre geheimen Gedanken zu sprechen ist in den Augen ihrer Mitarbeiter ein ärgerlicher Verstoß gegen das Protokoll. John Major kann sich an keinen vergleichbaren Vorfall im Umgang mit der Queen erinnern. »So weit Sie auch zurückdenken, sind die Premierminister stets allgemein geblieben und niemals konkret geworden. Hätten sie das getan, wäre die private Audienz bei der Monarchin wertlos geworden.«[7]

David Camerons Beschreibung der Queen als schnurrendes Kätzchen rief nicht nur Ärger, sondern auch Zweifel hervor. Im Umgang mit Prinz Philip mag sie manchmal verspielt sein, aber gegenüber anderen – und gerade gegenüber Cameron – bleibt sie unnachgiebig und im wörtlichen wie im übertragenen Sinne unberührbar. Die Queen ist niemand, der sich streicheln lässt.

In ihrer Funktion als Regentin ist sie beliebter denn je. Und womöglich muss man ihr auch dankbar sein. In einigen Staaten haben rechtsgerichtete Gruppierungen beträchtlich an Boden gewonnen; wenn Wähler Politikern etablierter Parteien nicht länger vertrauen, verpassen sie ihnen einen Denkzettel und schieben bequemerweise Einwanderern die Schuld an wirtschaftlichen Problemen zu. Der französische Front National gewann bei den Europawahlen im Mai 2014 nahezu ein Viertel der Stimmen und unter allen anderen Parteien die Mehrheit. Sein Äquivalent in Großbritannien, die British National Party, verlor ihren bis dahin gehaltenen Sitz im Europaparlament, während es eine andere immigrantenfeindliche und euroskeptische Partei, die United Kingdom Independence Party (UKIP), auf vierundzwanzig Sitze brachte. Letztere vereint viele Eigenschaften von Gruppierungen ganz rechts außen; sie nährt beispielsweise deren zentralen Mythos, Ausländer und Außenseiter würden Kultur und Wohlstand einer Nation bedrohen. Den Erfolg verdankt sie einer Äußerung ihres Parteiführers Nigel Farage, es sei ganz berechtigt, wenn sich Briten Sorgen machten, sobald Rumänen bei ihnen nebenan einzögen.[8] Abgesehen davon hat die Partei allerdings auch öffentlichkeitswirksam Mitglieder zurechtgewiesen, die »inakzeptable« Ansichten geäußert haben, wie den Anwalt David Silvester, der die schweren Überschwemmungen in England eine Strafe Gottes für die Gesetzesreform zur gleichgeschlechtlichen Ehe nannte. So etwas mag bei einer kleinen Gruppe von Wählern vielleicht gut ankommen, doch nach Meinung der Parteiführung und neutraler Beobachter schmälert es ihre Chancen, breitere Bevölkerungsgruppen zu erreichen und sich als Partei erfolgreich zu etablieren.

Dass die Briten offenbar weniger anfällig für die Lockrufe der Ultrarechten sind als manche anderen Europäer, hat viele Gründe. So will es den Rechten in diesem Lande nicht gelingen, kompetente Führungspersönlichkeiten hervorzubringen. Richard Chartres, der Bischof von London und Vertrauter des Prinzen seit ihrer gemeinsamen Studienzeit in Cambridge, macht allerdings auch die konstitutionelle Monarchie und die standhafte Königin dafür verantwortlich. »Die Monarchie in unserem Land – und das ist einer ihrer wirklich positiven Einflüsse – hat dafür gesorgt, dass der rechte Flügel respektabel bleibt«, sagt er. »Wenn Sie betrachten, was in all den Ländern geschah, in denen die Monarchie nach dem Ersten Weltkrieg zusammenbrach, dann sehen wir als eine der Folgen eine fanatische, auf den Straßen agierende rechte Bewegung. Sie entstand aus einem Mangel an Identifikationsfiguren, in denen sich der Stolz auf die Nation bündeln kann. Die Königin besetzt diesen Platz. Sie verkörpert außerdem Gewissheit und Kontinuität in einer Zeit, in der es auf der Welt für uns alle furchtbar eng geworden ist.«[9]

Für alle jene, die in der Königin einen Schutz vor Extremismus und Auflösungsprozessen sehen, bleibt die quälende Frage: Wird ihrem Sohn das auch gelingen?

Wenn sich die Ansicht des Geistlichen zur Rolle der Königin auch nicht beweisen lässt, so steht eins zweifelsfrei fest: Elizabeth II. ist im öffentlichen Leben eine feste Größe. »Neben meiner Schwester ist sie die einzige Person, die immer da war, seit ich denken kann. Die Königin ist ein Fels in der Brandung«, sagt Helen Mirren.[10] Nach einer vierzigjährigen Karriere als Bühnen-, Fernseh- und Filmschauspielerin in Avantgardeproduktionen wie auch in Hollywood nahm sie die Rolle an, für die sie 2007 den Oscar bekam und mit der sie sich beinahe ebenso fest im Bewusstsein der Öffentlichkeit verankert hat wie die Figur, die sie verkörperte. Der Film *Die Queen* dramatisierte die größte Fehleinschätzung Elizabeth' II. und versucht sie auf menschlicher Ebene zu ergründen: ihr Unvermögen, nach Dianas Tod die Stimmung in Großbritannien – und der Welt – zu erfassen. Während die Königin noch privat trauerte, entwickelte sich in der Bevölkerung Unmut gegen die Windsors. Schließlich ließ sich die Queen zu einer Fernsehansprache bewegen. »Jeder von uns hat auf eigene Weise versucht, dieses Unglück zu bewältigen«, sagte sie. »Es ist nicht leicht, seinem Kummer Ausdruck zu verleihen, denn auf den anfänglichen Schock folgt oft eine ganze Skala von Gefühlen: Unglauben, Fassungslosigkeit und Wut – und Sorge um die Hinterbliebenen; Emotionen, die uns alle in den letzten Tagen bewegt haben.«

Das war das Mindeste, was gesagt werden musste, doch kein Wort mehr. Fehler wie diese gab es nur wenige und in großen Abständen in ihrer Regentschaft, und sie alle waren sich ähnlich. Es wirkte kalt und gefühllos, als die Königin 1966 erst sechs Tage nach einem Haldenrutsch, bei dem einhundertsechzehn Kindern und achtundzwanzig Erwachsene ums Leben kamen, das südwalisische Aberfan besuchte. Sie war auch nicht auf dem Begräbnis des zehnjährigen Opfers des Terroranschlags auf den Pan-Am-Flug 103 über der schottischen Stadt Lockerbie. »Wenn die ganze Nation trauert, wenden wir uns natürlich und zu Recht an die Königin als Leitfigur«, schrieb die Kolumnistin Jean Rook im *Daily Express*. »Briten, die fassungslos den Fernseher einschalten, möchten eine Monarchin sehen, die ihren Schmerz teilt.« Der Buckingham-Palast veröffentlichte eine frostige

Erklärung: Die Königin besuche grundsätzlich keine Trauerfeiern oder Begräbnisse.[11]

Diese Konvention hat Elizabeth inzwischen abgeschafft; soweit sie gefühlsmäßig dazu in der Lage ist, passt sie sich an eine Welt an, die sie trauern sehen muss, um es zu glauben. Sie gestattete sich auch mehr Mütterlichkeit und umgab Andrew und Edward, ihre später geborenen Kinder, mit einer Wärme, die Charles und Anne versagt geblieben war. Sie liebt ihre Erst- und Zweitgeborenen, doch in der Anfangszeit ihrer Regentschaft konzentrierte sie sich stärker auf ihre Pflichten als Monarchin, wodurch manches andere auf der Strecke blieb.

Insbesondere Charles hat schon früh im Leben gelernt, dass Pflichten Verzicht bedeuten und Verzicht ihm in die Wiege gelegt wurde. Dass es ihm vorherbestimmt war, die Krone zu tragen, »dämmerte mir eines Tages mit grausamer Unerbittlichkeit«, sagt der Prinz.[12] Als er ein Jahr alt war, befand sich seine Mutter sechs Wochen lang auf Reisen und nahm sich nach ihrer Rückkehr vier Tage Zeit, um Geschäftliches aufzuarbeiten – und kurz bei den Pferderennen vorbeizuschauen –, ehe sie sich ihrem Sohn widmete. Nach ihrer Krönung wurden derartige Trennungen sogar noch ausgeprägter. 1953 bereiste sie mit Prinz Philip sechs Monate lang die Länder des Commonwealth. Als Charles nach der langen Abwesenheit seiner Eltern begeistert auf die Jacht kam, stellte er sich in die Reihe der Honoratioren, die das Paar bei ihrer Heimkehr begrüßten. »Du nicht, mein Lieber«, sagte die Queen.[13]

Charles Charakter wurde geprägt von persönlicher Anlage und familiärem Umfeld, aber vielleicht ebenso stark vom Fehlen des Letzteren. Er wurde in eine ganz einzigartige, seltsame Welt hineingeboren. Darüber hinaus entstammt er einer Epoche, in der man davon abriet, Kindern allzu viel Zärtlichkeit zu zeigen, um sie nicht zu verwöhnen. Seine Mutter reflektiert ihre Zeit – und bewegt sich mit ihr voran –, auch wenn es scheint, als würde sie sich nicht ändern.

Die Windsors möchten uns gern glauben machen, dass das, was sie tun, schon immer so getan wurde, doch das ist reines Blendwerk.

Die Dynastie erneuert sich ständig mit Bedacht und bewältigt mitunter sogar radikale Neuerungen. Die wichtigsten Repräsentanten des britischen Nationalcharakters bezeichnen sich selbst als »europäische Mischlinge«, wie Prinz Andrew es einmal formulierte. Damit hatte er recht, obwohl das Haus Windsor im Wesentlichen deutschstämmig ist.[14] 1917, auf dem Höhepunkt des Ersten Weltkriegs, als in Großbritannien alles Deutsche radikal abgelehnt wurde, änderte König George V. den Titel seines Geschlechts von Sachsen-Coburg und Gotha in Windsor, den vertrauenswürdig englisch klingenden Namen ihres Schlosses in Berkshire. Er drängte seinen Vetter, den mit einer von Königin Victorias Enkeltöchtern verheirateten Prinzen Ludwig Alexander von Battenberg, seinen Namen ebenfalls zu anglisieren. Battenberg, der in der Royal Navy rasch Karriere gemacht hatte und vor Kriegsausbruch bereits zum Ersten Seelord aufgestiegen war, folgte dem Rat. Dieser Schritt ersparte der Monarchie weitere Peinlichkeiten, vor allem als sein Enkelsohn Prinz Philip von Griechenland und Dänemark 1947 die britische Staatsbürgerschaft und vor seiner Heirat mit der zukünftigen Königin Elizabeth II. rasch noch den schwerfälligen neuen Familiennamen Mountbatten annahm, ehe er zum Herzog von Edinburgh ernannt wurde.

Die meisten Änderungen innerhalb der Institution der Monarchie vollzogen sich unter Elizabeth, ohne große Wogen zu schlagen; in ihrer Gesamtheit waren sie jedoch tief greifend und strukturell. Zu ihren Entscheidungen kam sie nicht durch Analyse oder eine spezielle Ausbildung, sondern traf sie rein instinktiv. »Ich hatte keine Lehrzeit«, sagte sie einmal. »Mein Vater starb viel zu jung, und so geschah es ganz plötzlich, dass ich das Amt übernahm. Ich handelte nach bestem Wissen und Gewissen, musste durch tägliche Praxis hineinwachsen und meine Aufgabe akzeptieren, weil sie mir nun einmal vorbestimmt war. Denn ich glaube, Kontinuität ist sehr wichtig.«[15]

Im Gegensatz zu ihrem eigenen Thronfolger blieben ihr nach der unerwarteten Krönung ihres Vaters nur wenige Jahre der offiziellen Vorbereitung auf die Regentschaft; sie konnte lediglich in praktischer Arbeit Erfahrung sammeln und auf den Privatunterricht durch Henry Marten zurückgreifen, den Direktor der Universität Eton, der sie in Verfassungsgeschichte unterwies.

Eine greifbarere Geschichtslektion hatte ihr die deutsche Luftwaffe erteilt. Im September 1940 fiel die Bombe eines deutschen Kampfflugzeugs direkt auf den Buckingham-Palast. »Wir hörten das unverkennbare Geräusch eines deutschen Fliegers. ›Aha, ein Deutscher‹, sagten wir, und im nächsten Augenblick hörten wir ihn mit großer Geschwindigkeit in den Sturzflug gehen und dann das Pfeifen einer Bombe«, schrieb die beherzte Mutter von Elizabeth. »Dies alles geschah so schnell, dass wir uns nur dumm anschauen konnten, da rauschte das Pfeifen auch schon an uns vorbei und detonierte mit einem gewaltigen Lärm im Innenhof.« Der Brief endet mit einem Postskriptum, in dem die Schlüsselbegriffe nach Art der Familie unterstrichen sind. »Der gute alte BP [Buckingham-Palast] steht noch, und das ist die Hauptsache.«[16]

Ihre Tochter hat gelernt, dass kein Werk der Menschen, und sei es noch so solide und noch so berühmt, unzerstörbar ist. Sie hat ihr Leben der Aufgabe gewidmet, die Monarchie zu bewahren.

1947 feierte Prinzessin Elizabeth ihren einundzwanzigsten Geburtstag auf einer Reise der Royals nach Südafrika, einem vergeblichen Versuch, das Ansehen des probritischen Feldmarschalls und Aparteidbefürworters Jan Smuts zu stärken. Dabei wurde die junge Elizabeth als zukünftige Königin präsentiert und gab einen Vorgeschmack auf die Ernsthaftigkeit, mit der sie ihre Rolle ausfüllen würde. In einer Rundfunkansprache aus Kapstadt sagte sie: »Dies ist für mich ein glücklicher Tag, aber er ist auch begleitet von ernsten Gedanken, Gedanken an das Leben, das vor mir liegt mit all seinen Herausforderungen und Möglichkeiten.« Sie sprach über die »schrecklichen und ruhmreichen Jahre des Zweiten Weltkriegs« und freute sich darauf, mit anderen aus ihrer Generation »unseren Älteren, die gekämpft und gearbeitet und gelitten haben, um unsere Kindheit zu schützen, einen Teil der Last von ihren Schultern zu nehmen«.

»Es gibt da ein Motto«, sagte sie, »dem viele meiner Vorfahren gefolgt haben, ein nobles Motto: ›Ich diene.‹ Diese Worte waren eine

Inspiration für viele frühere Thronerben, wenn sie sich bei Erreichen des Mannesalters zu ihrer ritterlichen Aufgabe verpflichteten. Ich kann es nicht so handhaben wie sie. Aber dafür erlaubt mir die Erfindung der Technik etwas, was ihnen nicht möglich war: Ich kann das feierliche Gelöbnis der Hingabe ablegen, während das ganze Empire zuhört. Dieses Gelöbnis möchte ich jetzt ablegen. Es ist ganz einfach. Ich erkläre vor Ihnen allen, dass mein ganzes Leben, ob es lang währt oder kurz, dem Dienst an Ihnen und der großen Empire-Familie, der wir alle angehören, gewidmet sein soll.«

1952, nach dem Tod ihres Vaters, wurde es ernst mit diesem Dienst. Elizabeth war gerade mal fünfundzwanzig Jahre alt. Ihre Tochter Anne hielt man für zu klein, um bei der Krönung anwesend zu sein, doch der vierjährige Charles, bereits mit strengem Seitenscheitel, stützte müde den Kopf in die Hände, als er zusah, wie man seiner Mutter die Krone aufsetzte. Vor der Zeremonie hatte sie anscheinend stundenlang geübt und sich dabei zusammengeheftete Laken umgelegt, um ein Gefühl für die Roben zu bekommen, die sie durch die Westminster Abbey schleppen musste. Außerdem trug sie die Imperial State Crown im Palast spazieren, um sich an ihr Gewicht zu gewöhnen. »Die Zeremonie dauert eine ganze Weile, und man kann damit schreckliche Kopfschmerzen bekommen«, erklärte Prinz Charles. »Ich erinnere mich, wie meine Mutter mit der Krone auf dem Kopf die Treppe hochkam, als wir Kinder gerade gebadet wurden. Das war lustig. Ich sehe es noch heute ganz deutlich vor mir.«[17]

Die neue Königin stand an der Spitze eines Palastgefüges voller Höflinge, die ebenso wie sie ein erbliches Amt ausübten. Einige der an malerisches Gepränge erinnernden, blumigen Amtsbezeichnungen behielt sie bei. So gibt es immer noch eine Mistress of the Robes – die Oberhofmeisterin –, und bei zeremoniellen Auftritten begleitet ihre Kutsche hoch zu Ross der Master of the Horse – der Oberstallmeister. Jeden Morgen um neun bekommt sie ein Ständchen vom Queen's Piper – Dudelsackspieler der Königin –, obwohl sie einmal zugab, dass sie seine Musik langweilig findet. Die Schlüsselpositionen sind heute allerdings mit professionellen Mitarbeitern besetzt. Der Keeper of the Privy Purse – Oberstkämmerer – hat zwar einen traditionellen Titel, verwaltet aber als Finanzdirektor die privaten wie öffentlichen Einnahmen der Queen und trägt die Verantwortung für den komplexen Haushalt sowie für den Rechenschaftsbericht vor den parlamentarischen Komitees. Sir Alan Reid, der diesen Posten seit 2002 ausfüllt, war zuvor Seniorchef bei der Management-Beratungsfirma KPMG. Und Sir Christopher Geidt, der achte Privatsekretär ihrer Amtszeit, diente beim Militär und nach einem Abstecher zu einer Denkfabrik als Diplomat in Sarajewo, Genf und Brüssel, ehe er zum königlichen Hofstaat stieß.

1957 wurde in Sandringham zum ersten Mal die Weihnachtsansprache der Königin von einem Fernsehteam aufgezeichnet. »Ich habe die große Hoffnung, dass meine Weihnachtsbotschaft Sie mithilfe dieses neuen Mediums persönlicher und direkter anspricht«, erklärte sie. »Es lässt sich nicht vermeiden, dass ich für viele von Ihnen eher eine Fremde bin, eine Nachfolgerin von Königen und Königinnen der Vergangenheit oder jemand, dessen Gesicht Ihnen durch Zeitungen und Filme vielleicht vertraut geworden ist, der Sie in Ihrem privaten Leben jedoch kaum berühren dürfte. Doch jetzt möchte ich Sie zumindest für einige Minuten in meinen eigenen vier Wänden willkommen heißen.« Seitdem hat Elizabeth immer wieder nach Mitteln und Wegen gesucht, um die Kluft zwischen sich und ihren Untertanen zu überbrücken. 1958 hat sie auf Anraten des Herzogs von Edinburgh stillschweigend die Vorstellung der Debütantinnen bei Hofe abgeschafft und ihre Türen stattdessen einem breiteren Kreis von Gästen geöffnet. Nun wird sie von unabhängigen Organisationen wie Wohlfahrtsvereinen aufgesucht oder von Repräsentanten bestimmter Gruppierungen: Frauen in Wirtschaftsunternehmen, in Großbritannien ansässige Iren, Angehörige der asiatischen Gemeinde. Sie gibt diverse Audienzen, nicht nur für den Premierminister, sondern auch für andere hochrangige Vertreter des britischen Establishments, und trifft auf ihren Reisen so viele Menschen, wie sich an ihr vorbeischleusen lassen. Mehr als dreißigtausend Personen erscheinen, gut behütet, jährlich auf ihren Gartenpartys. »Sie bevorzugt einen raschen Durchlauf«, sagt einer ihrer Mitarbeiter.

In den Jahren vor Prinzessin Dianas Tod erließ die Königin Verfügungen, die das Verhältnis der Monarchie zum Staat maßgeblich veränderten. Beraten wurde sie dabei von der sogenannten Way Ahead Group, einer Schar hochrangiger Mitarbeiter und Royals, denen klar geworden war, dass sich die Monarchie ernsthaft mit einigen offenen Fragen auseinandersetzen musste. Am 20. November 1992, kurz vor Ende jenes elenden Jahres, in dem Andrew Mortons Diana-Biografie erschien und in dem bei drei von Elizabeths Kindern die Ehen scheiterten, wütete ein Feuer in Schloss Windsor. Es richtete einen Schaden von 36,5 Millionen Pfund an, zerstörte aber auch die sichere Gewissheit, dass die Briten bereitwillig beispringen und für den Erhalt der Symbole ihrer Monarchie zahlen würden. Zu diesem Zeitpunkt kämpfte John Majors Regierung erfolglos gegen eine Rezession und die Nachwirkungen einer Währungskrise an, durch die das Pfund Sterling aus dem Europäischen Währungssystem gefallen war. Als sie nun verkündete, sie werde für die Instandsetzung des Schlosses aufkommen, ging ein Aufschrei durchs Land. »Da wurden wir kurz ausgebremst«, sagt John Major heute. »Aber selbst in den schwierigsten Momenten der 1990er-Jahre, und ganz gleich, wo in unserem Lande, gab es keine Sekunde, in der die Monarchie ernstlich infrage gestellt wurde. Sie hat tiefe Wurzeln ... und die reißt man nicht so schnell heraus.«[18]

Hochrangige Royals fürchteten jedoch, dass sich die Briten in immer größerer Zahl massiv wehren würden. Vier Tage nach dem Brand hielt die Königin anlässlich des vierzigsten Jahrestags ihrer Thronbesteigung eine Rede in der Guildhall. »Zweifellos«, so sagte sie, »ist Kritik etwas Gutes für Menschen und Institutionen, die zum öffentlichen Leben gehören. Keine Einrichtung – Stadt, Monarchie, was auch immer – sollte ausgenommen sein vom prüfenden Blick durch jene, die ihr Treue und Unterstützung schenken, ganz zu schweigen von jenen, die es nicht tun.«[19]

Dennoch hielt man sich in der Frage der Finanzierung der Monarchie bewusst bedeckt. 1972 wurde zwar zum ersten Mal in einer Ergänzung des Gesetzes zur Zivilliste eine Überprüfung der königlichen Ausgaben durch das Schatzamt angesetzt, doch verfügte man dafür zukünftig einen Turnus von zehn Jahren. Eine häufigere Durchsicht, so das Gesetz, sei nicht »vereinbar mit der Ehre und Würde der Krone«. Licht im Dunkel könnte gefährlich sein. Außer in einer Überprüfungsphase ist es Parlamentsabgeordneten nicht gestattet, Fragen zu den Kosten der Monarchie zu stellen.

Seit George III. im Jahr 1760 Güter aus dem Besitz der Krone an den Staat übereignete, werden die Ausgaben für die offizielle Repräsentation eines Monarchen und seine Jahreszinsen aus der Civil List (Zivilliste) gezahlt, später ergänzt um Zuwendungen aus verschiedenen Ministerien. Zusätzlich hat die Königin heute beträchtliche – und steuerfreie – Einnahmen aus der Privy Purse (ihrem Hausschatz), im Wesentlichen aus dem Herzogtum Lancaster, das treuhänderisch für sie verwaltet wird und dessen rechtlicher Status dem des Herzogtums Cornwall ähnelt. Vor dem Brand auf Schloss Windsor hatte die Queen erwogen, dem Beispiel von Prinz Charles zu folgen und freiwillige Steuerzahlungen zu leisten. Bis zu seiner ersten Hochzeit führte der Prinz 50 Prozent seiner Erträge aus dem Herzogtum Cornwall ans Schatzamt ab und danach 25 Prozent.

Jede Überprüfung der Zivilliste war von Schlagzeilen über »Gehaltserhöhungen« der Queen begleitet. Um möglicher Kritik zu begegnen, hatte Prinz Charles bereits in den 1980ern nach Möglichkeiten gesucht, die finanziellen Regelungen zwischen dem Staat und den diversen Hofstaaten zu ändern. Er hatte sich damals auf die Idee versteift, die Zivilliste abzuschaffen und sich wieder allein auf die Krongüter und deren Einkommen zu stützen. Dies stieß jedoch auf Kritik, nicht nur, weil die Kosten der Monarchie die Einnahmen aus den ererbten Gütern bei Weitem überstiegen. Sobald sich die Monarchie aus eigenem Vermögen finanzierte, wäre sie dem Parlament gegenüber nicht mehr rechenschaftspflichtig, unnahbarer und von ihrer Stellung her herrschaftlicher, ja sogar mächtiger.

Der Brand in Schloss Windsor hatte einen Kompromiss zur Folge. Die Regierung verkündete, die Königin werde ihr privates Einkommen und Kapitalgewinne versteuern und außerdem die Zahl der vom öffentlichen Haushalt finanzierten Mitglieder des Königshauses reduzieren, indem sie für deren Kosten selbst aufkomme. Charles griff diesen Ansatz auf und erklärte sich bereit, den höchsten Einkommenssteuersatz auf den Gewinn seines Herzogtums zu zahlen. Zusätzlich ließ die Königin ein Konzept zur Kostendämpfung entwickeln und sicherte zu, dass sich ihre Haushaltsausgaben in den nächsten zwanzig Jahren nicht erhöhen würden. Dennoch schwelten die Proteste gegen die Übernahme der Instandsetzungskosten von Schloss Windsor durch den Staat weiter. »Wenn wir feststellen, dass aus unseren Steuergeldern mindestens 60 Millionen Pfund an die reichste Frau Englands gezahlt werden, damit sie einen ihrer Wohnsitze renovieren kann, ohne dass sie einen eigenen Beitrag leistet, während nur 400 Meter entfernt von einem ihrer anderen Wohnsitze, dem Buckingham-Palast, Menschen in Pappkartons hausen und Rentner in diesem Winter an Unterkühlung sterben – müssen wir da nicht von einer schreienden Ungerechtigkeit sprechen?«, fragte Dennis Skinner von der Labour Party bei einer Unterhausdebatte. Obwohl er die Kosten des Wiederaufbaus zu hoch ansetzte, stimmte ihm eine große Zahl der Abgeordneten im Grundsatz zu.[20] Nachdem eine private Spendensammlung zugunsten von Schloss Windsor lediglich 25 000 Pfund eingebracht hatte, verschaffte sich die Königin die Mittel für die Reparaturen, indem sie den Buckingham-Palast für Touristen öffnete. Seitdem trotten jeden Sommer ungefähr eine halbe Million Besucher aus aller Herren Länder durch die Gemächer. Sie bringen nicht nur stattliche Einnahmen, sondern sorgen auch dafür, dass eine breitere Öffentlichkeit einen kleinen Einblick in das Leben der Royals erhält.

Als den Mitarbeitern des Palasts die Praxis des strategischen Denkens in Fleisch und Blut übergegangen war, löste sich die Way Ahead Group wieder auf. Sie brachte Reformen im Kleinen und einige wenige ins Auge stechende Maßnahmen auf den Weg. Im Jahr 2011 unterzeichnete die Königin ein Gesetz zur Finanzierung ihrer selbst und künftiger Staatsoberhäupter, auf das sich die nach schwierigen Geburtswehen im Jahr zuvor gebildete Regierungskoalition geeinigt hatte. Im sogenannten Sovereign Grant wurden die zuvor durch die Zivilliste und Ministerien gewährten Zuwendungen an sie und die Einkommen der Monarchen festgeschrieben. Die Abwicklung verläuft jedoch transparenter, die Vermögensverwalter sind ein bisschen stärker rechenschaftspflichtig, und die Königin hat nun ein klein wenig mehr von der Unabhängigkeit, nach der Prinz Charles gestrebt hatte. Die Berechnung ist nach wie vor kompliziert, doch die Überprüfung soll jetzt alle fünf Jahre stattfinden. 2012/2013, im ersten Jahr seiner Gültigkeit, gewährte das Sovereign Grant der Königin insgesamt 31 Millionen Pfund, hinzu kamen Einnahmen wie 11,6 Millionen aus kommerziellen Verpachtungen von Immobilien und Anlagen außerhalb des Buckingham-Palasts, aus den Palastbesichtigungen und aus dem Verkauf von Andenken. So stattlich dies klingt, es reicht doch nicht für die Gesamtkosten des royalen Haushalts von 44,9 Millionen Pfund und erst recht nicht für die längst überfälligen Renovierungen der königlichen Residenzen wie Buckingham-Palast, St James' Palace, Clarence House und Schloss Windsor, die unter der zwanzigjährigen Einfrierung des öffentlichen Einkommens der Queen gelitten haben.

Gäste und zahlende Touristen im Buckingham-Palast sehen eine Kulisse, die eine herrschaftliche Aura ausstrahlen soll. Im Jahr 2000 gab der Reiseführer *Which? Guide to Tourist Attraction* dem Rundgang durch den Buckingham-Palast nur einen Stern und bezeichnete ihn als »kalt und steril«. Darauf meldete sich ein Palastmitarbeiter mit einem herablassenden Kommentar. »Der Verfasser dieses Berichts muss einem gewissen Missverständnis erlegen sein, wenn er die Prunkgemächer eines Palasts auf diese Weise beurteilt. Wenn man sie als kalt bezeichnet, verwendet man Begriffe des einundzwanzigsten Jahrhunderts für die Kritik an einem Gebäude, das zweihundert Jahre früher errichtet wurde«, schrieb Hugh Roberts, bis zu seiner Pensionierung im Jahr 2010 Direktor der Royal Collection, dem für die Organisation der Führungen verantwortlichen Gremium.[21]

Bei näherem Hinsehen entdeckt man Risse in den Bauten der Monarchie, weniger im übertragenen Sinn als im realen Mauerwerk. 2007 brach ein Stück Dach ab und hätte beinahe Prinzessin Anne getroffen, die gerade in ihr Auto steigen wollte, und zwei Jahre später löste sich ein Steinbrocken aus einer Wand und hätte um ein Haar einen diensthabenden Polizeibeamten zu Boden gerissen. Im März 2010 erklärte der Haushaltsausschuss des Britischen Parlaments, dass 39 Prozent des königlichen Besitzes dringend renoviert werden müssten. Die Ausschussvorsitzende Margaret Hodge kritisierte den Hofstaat der Königin: »Das Ganze muss effizienter werden. Sie müssen sich stärker den Realitäten stellen.«[22]

Niemand, der die hinteren Flure des Buckingham-Palasts gesehen hat, würde sie als steril bezeichnen oder ihren Bewohnern einen mangelnden Realitätssinn zuschreiben. Wo das Auge der Öffentlichkeit nicht mehr hinfällt, liegen in den Korridoren zu den diversen Bereichen nicht mehr schwere Teppiche, sondern abgetretene Läufer. Das verzweigte Netz führt in Büros, Küchen, den Maschinenraum einer internationalen Firma und noch weiter hinten in die Zimmer der Mitarbeiter, die Gäste-Suiten und die Apartments der Royals. Die Anlage des Palasts spiegelt Elizabeths Leben: Niemand kann mit Sicherheit sagen, wo die öffentlichen Pflichten der Monarchin enden und ihr Privatleben beginnt. Papiere und Mitarbeiter begleiten sie ebenso regelmäßig wie ihre Corgis. Ein königliches Heim ist wohl nur selten wirklich heimelig, doch keins ist so karg wie der Buckingham-Palast. Umgeben von mehr als 800 Angestellten und einem Haufen unerwünschter Geschenke und ungenutzten Mobiliars, zwischen abgestellten Gummistiefeln und Hundehaaren widmen sich die Königin, Prinz Philip und eine stetig wechselnde Schar von Bewohnern – gelegentlich ihre Kinder Anne, Andrew und Edward sowie Cousine Alexandra – ihren außergewöhnlichen Aufgaben und ihrem noch außergewöhnlicheren Leben.

»Die meisten Menschen haben eine Arbeit und gehen dann nach Hause. Hier aber laufen Arbeit und Leben parallel«, erklärt die Königin den Zuschauern der Fernsehdokumentation *Elizabeth R.* sachlich. »Denn man kann es nicht wirklich aufteilen. Ständig werden Kartons und Mitteilungen geliefert, und durch die modernen Kommunikationswege treffen sie sogar noch rascher ein. Zum Glück lese ich schnell, daher kann ich eine Menge Geschriebenes in recht kurzer Zeit bewältigen ... Mir tut es nur leid um die Stunden, in denen ich mich damit befassen muss und nicht draußen sein kann.«[23]

Eine Klage wie diese hört man selten. Meistens geht die Königin dem Geschäft nach, Königin zu sein, und akzeptiert ein Dasein mit begrenzten Möglichkeiten und eingeschränktem Freiraum. Von ihren Kindern erwartet sie die Hinnahme ihres Schicksals mit ähnlichem Stoizismus. Ursprünglich hatte sie den Innenminister anlässlich der Geburt des Thronerben einladen wollen, so wie es, wie man ihr beigebracht hatte, bei früheren Generationen üblich gewesen war. Genauer gesagt beruhte es auf einer Tradition aus dem Jahr 1688, als die Gegner von James II. das Gerücht verbreitet hatten, sein Erbe sei tot geboren; der König habe daraufhin ein Kind in einer Wärmepfanne in den Palast schmuggeln lassen und als sein eigenes ausgegeben. Sir Alan Lancaster, der Privatsekretär ihres Vaters, brachte Elizabeth jedoch die frohe Kunde, dass diese Tradition wie so viele andere königliche Bräuche nur einem einzigen Zweck diene: Sie sei entwickelt worden, damit sich die Würdenträger »täglich und insbesondere in Momenten von besonderer Bedeutung wie bei Geburt, Eheschließung und Tod in den Privatgemächern der Regenten« versammeln konnten.[24]

Am 14. November 1948 tat also Charles im Buckingham-Palast seinen ersten Atemzug, ohne dass ein Innenminister zugegen gewesen wäre, der seine Herkunft hätte bezeugen können. Er erscheint im königlichen Nest oft wie ein Wechselbalg – häufiger mit seinen Eltern im Zwist als im Einklang –, doch niemand käme je auf die Idee, sein Erbe anzuzweifeln. Zu ähnlich sind seine Züge, seine Mimik, die Angewohnheit, ganz wie sein Vater die Hände im Rücken zu falten.

Eins hat er jedoch nie gelernt: dem Beispiel seiner Mutter zu folgen und eine Maske zu tragen. Wenn man sich nicht verstecken kann, so sollte man wenigstens seine Gefühle verbergen. Die Ungerührtheit, die ihr Bild in der Öffentlichkeit bestimmt, ist nicht vorgespielt, aber erworben. Sogar im Kreis ihrer Angehörigen zeigt sie nur wenig von sich selbst und pflegt mit ihrem Gatten eine Familienkultur, in der Verzicht und Stoizismus einen hohen Stellenwert haben. Freunde berichten von einem Vorfall, bei dem ihre Corgis in eine Beißerei mit Prinzessin Annes Hunden gerieten. Ein Hund starb. Weder die Queen noch die Prinzessin sprachen über das Ereignis.

Ihre Mitarbeiter lernen, auf minimale Anzeichen von Unmut zu achten: Sind ihre Mundwinkel etwas stärker heruntergezogen, oder ist ihre Aura noch eisiger als sonst? Trotz der Maske aber entgeht ihr nur wenig. Ihr Detailwissen ist legendär. Sie kennt Einzelheiten aus dem Palastleben – welche Mitarbeiter des Hofstaats was getan haben –, die das feine Gehör einer Fledermaus und eine geradezu übernatürliche Beobachtungsgabe voraussetzen. Sie achtet auf jede Kleinigkeit. Als Angestellte von Rupert Murdochs Zeitung *News of the World* 2014 wegen Bestechung und illegalen Abhörens von Telefonen angeklagt waren, erfuhr man im Prozess, dass die Monarchin im Buckingham-Palast einen diensthabenden Polizisten zurechtgewiesen hatte, weil er sich von für Gäste bereitgestellten Speisen bedient hatte; Zeugen behaupteten, sie habe Schüsseln mit Linien markiert, um den Füllstand zu überwachen.[25] Lob – und ein Lächeln, das sie völlig verwandelt – ist so selten wie Regen in der Wüste.

Ihr Prinzgemahl und Gefährte, Stütze und Mittelpunkt ihres ansonsten verborgenen Privatlebens, der Herzog von Edinburgh, kommt am ehesten in diesen Genuss. Noch immer spricht er eine weichere Seite in Elizabeth an. Zu Gerüchten über Seitensprünge hat er nie öffentlich Stellung bezogen, gegenüber Verwandten äußerte er jedoch einmal die Frage: »Wie könnte ich der Königin untreu sein? Wo sie nicht die geringsten Möglichkeiten hat, Gleiches mit Gleichem zu vergelten?«[26] Welche Vereinbarungen das Paar auch getroffen hat, sie führen eine Ehe, in der sie liebevoll miteinander umgehen und sich professionell als Partner akzeptieren. »Auch wenn mein Großvater dem Anschein nach sein eigenes Ding durchzieht, wie ein

Fisch flussabwärts auf Wanderschaft geht, ist er in Wirklichkeit da – persönlich glaube ich, dass [die Königin] nicht ohne ihn auskommen könnte, vor allem nicht in dem Alter, in dem die beiden sind«, sagte Prinz Harry 2011.[27]

Der unvermögende und staatenlose Philip war keineswegs die erste Wahl als Gemahl des zukünftigen Oberhaupts dieses regierenden Königshauses, obwohl seine Anwartschaft von seinem Onkel Louis »Dickie« Mountbatten unterstützt – oder belastet – wurde. Dessen ungehemmte Begeisterung für das Projekt dämpfte König George VI., Vater der angehenden Braut, mit den Worten: »Ich bin zu dem Schluss gelangt, dass wir zu schnell vorgehen.«[28] Mountbattens Eifer ging so weit, dass Philip seinen Onkel in einem Brief um mehr Abstand bat: »Bitte, nicht zu viele Ratschläge in einem Anliegen des Herzens. Sonst sehe ich mich gezwungen, mich eines Brautwerbers zu bedienen.«[29] Was Elizabeth betraf, bedurfte es keiner Überredung. Es war vielleicht das einzige Mal in ihrem Leben, dass sie ihr Herz über den Kopf bestimmen ließ und ihre persönlichen Wünsche höher ansetzte als die Pflicht. Am Hof hielt man das für einen Fehler. Philip wirkte ungehobelt, ihm mangelte es an Schliff. Er sprach vielleicht das Englisch der Könige, doch bei ihm fehlte ein Filter zwischen Hirn und Mund. So ist es noch heute.

Seine Fauxpas sind inzwischen Legende. »Laufen Sie vor irgendwas davon?«, fragte der Herzog bei einem Besuch in Abu Dhabi lebende Briten. Mädchen in roten Schuluniformen bezeichnete er als »Draculas Töchter«, und er meinte, der nigerianische Präsident Olusegun Obasanjo sehe in seiner Nationaltracht aus, als wolle er »gleich zu Bett gehen«. »Verdammt blöde Frage«, bekam ein Journalist zu hören, der sich erkundigt hatte, ob der Königin ihre offizielle Reise gefalle. Als jemand wissen wollte, wie sein Flug verlaufen sei, antwortete Philip: »Sind Sie schon mal geflogen? Nun, so war er.« Seine sexistischen und rassistischen Kommentare können es zahlenmäßig gut und gern mit denen eines rüden UKIP-Kandidaten aufnehmen. »Sie tragen doch keine Höschen aus Nerz, oder?«, fragte er eine Modejournalistin. Einen britischen Studenten in China warnte er: »Bleiben Sie nicht zu lange, sonst haben Sie Schlitzaugen, wenn Sie heimkommen.« Seine Popularität verdankt er der Fehleinschätzung, dass politisch nicht korrekte Bemerkungen ein Merkmal von Authentizität seien. Dabei ist er tatsächlich authentisch, und zwar in dem Sinne, dass er niemals um eines Vorteils willen seine Ansichten ändern würde, obgleich er sie in der Öffentlichkeit oft verbirgt. Als Modernisierer – zumindest nach den Maßstäben der Familie seiner Gemahlin – erfüllte er seine Aufgaben jenseits des Rampenlichts der Öffentlichkeit, indem er stets seine unerschütterliche Gattin unterstützte und ermutigte und die Erziehung der Kinder beaufsichtigte.

Bei seiner Geburt am 10. Juni 1921 auf Korfu trug Philip den Familiennamen Schleswig-Holstein-Sonderburg-Glücksburg. 1922 war sein Onkel, König Konstantin I. von Griechenland, zum zweiten Mal zur Abdankung gezwungen, und da im Zuge des Militärputschs auch das Leben von Prinz Andreas, Philips Vater, in Gefahr war, musste dieser mit seiner labilen Frau, den drei Töchtern und seinem einzigen Sohn ins Exil gehen. Philips Schwestern heirateten allesamt deutsche Aristokraten. Der Mann der Jüngsten, Sophie, kam 1943 als hochrangiger SS-Offizier bei einem Flugzeugabsturz in Italien ums Leben. Als die Ehe der Eltern scheiterte, verschlechterte sich der psychische Zustand der Mutter, bei der Schizophrenie diagnostiziert wurde, und sie musste mehrfach in Kliniken eingewiesen werden. Sie erholte sich aber und gründete sogar einen Nonnenorden. Ihr Gatte strandete derweil in Südfrankreich, wo ihn zunächst die Annehmlichkeiten des dortigen Lebens und dann der Ausbruch des Zweiten Weltkriegs festhielten: Er zog politische und logistische Grenzen zwischen sich und den anderen Mitgliedern dieser ohnehin schon entzweiten Familie.

Seit seinem neuntem Lebensjahr pendelte Philip zwischen den Häusern entfernter Verwandter und Schulen in Frankreich, England, Deutschland und Schottland hin und her. Zuletzt besuchte er zwei von dem Visionär und Exzentriker Kurt Hahn gegründete Internate. Philip kam nach Salem am Bodensee, als Hahn, ein Jude, wegen öffentlich geäußerter Kritik an den Nationalsozialisten gerade nach Großbritannien emigrierte. In Gordonstoun, einem leerstehenden

Anwesen aus dem achtzehnten Jahrhundert, fand er einen sichereren Ort, um seine Vorstellungen zu verwirklichen. Philip folgte ihm 1934.

Die Schule im Nordosten Schottlands erlegte ihren Schülern ein striktes, spartanisches Körperertüchtigungsprogramm auf. Der Romancier William Boyd, der sie später besuchte, schrieb: »Wenn in Besserungs- oder Jugendstrafanstalten ähnliche Bedingungen herrschten, würde die Öffentlichkeit lautstark protestieren.« Ihren pädagogischen Ansatz sucht Gordonstoun allerdings eher in Athen und bei Platons *Der Staat* als in Sparta.[30] »Hahn folgt Platon insofern, als er die Tugend des Einzelnen als Harmonie oder Ausgewogenheit zwischen den einzelnen Kräften der Psyche sieht, einfacher und im Schuljargon ausgedrückt, als Ideal des ›Allrounders‹«, schrieb Robert Skidelsky. »›Was machen Sie mit einem Extrovertierten?‹, wurde Hahn gefragt. ›Ich drehe ihn von außen nach innen‹, war die Antwort. ›Und mit einem Introvertierten?‹ ›Den drehe ich von innen nach außen.‹«[31] Hahns Methode gelang es zwar nicht, den nach außen gepolten Philip zu mehr Innerlichkeit zu bringen, doch sie festigte im künftigen Gatten der Königin die Ansicht, dass aus Jungs am ehesten Männer werden, wenn man sie vor schwere Aufgaben stellt. Dieser Ansatz steht hinter dem von Philip 1956 gegründeten Duke of Edinburgh Awards Scheme, das bei uns als Internationales Jugendprogramm in Deutschland e.V. fungiert, aber er prägte auch das Erziehungskonzept für seine drei Söhne.

Der Herzog selbst hat Herausforderungen stets geliebt und gemeistert. In Gordonstoun wurde er Schülersprecher und Kapitän der Kricket- und Rugbymannschaft der Schule. In der Marineakademie Dartmouth gewann er Auszeichnungen als herausragender Kadett. Im Zweiten Weltkrieg wurde er als Fähnrich auf der HMS *Valiant* für seine Leistungen in der Schlacht von Matapan 1941 vor der Küste Griechenlands, bei der fünf italienische Schiffe versenkt wurden, lobend erwähnt. Gegen Kriegsende diente er in der britischen Pazifikflotte, nahm an der Schlacht um Iwojima teil und gehörte zur Besatzung eines der Begleitschiffe der USS *Missouri* und der HMS *Duke of York* bei der Entgegennahme der japanischen Kapitulation.

Die überraschend frühe Thronbesteigung seiner Frau setzte seiner vielversprechenden Karriere ein Ende, und er fand sich wie alle Windsors mit Ausnahme der Queen in der unangenehmen Rolle eines Prominenten ohne konkrete Aufgaben wieder. In der Seeschlacht von Matapan konnte er sich noch aus dem Scheinwerferlicht fortducken und es stattdessen auf den Feind richten. Als Prinzgemahl ist er darin gefangen, obwohl er – zwei Schritte hinter der Frau, auf die es sich richtet – stets am äußeren Rand des Kegels bleibt. Seine Frau hat es gelernt, im Rampenlicht nichts von sich preiszugeben. Und in Philip fand sie einen Gefährten, der gelernt hatte, seine Gefühle sogar vor sich selbst zu verbergen.

Als zwei Menschen ohne Selbstzweifel und voller Selbstbeherrschung waren die Königin und Prinz Philip einander stets genug und brauchten nicht viel außer der Gegenwart des anderen und einem recht eigenwillig gemixten Martini (Anders als Charles liebt Philip seinen mit viel Zitrone, wenig Wermuth, dreimal soviel Gin, auf Eis – und lässt ihn dann zehn Minuten stehen.)

Für ihren Ältesten aber bestand die Kindheit aus Prüfungen, aus Verunsicherung und Unbehagen. Ihn prägten nicht allein positive Beispiele, sondern ebenso die psychische Not: bei Abwesenheit der Eltern, aber auch bei Reibereien mit dem Vater. Während sich die Königin mit ihrer neuen Rolle als Staatsoberhaupt vertraut machte, übernahm er die Verantwortung für die Kindererziehung. Dabei ging er die Probleme – und Charles war seiner Ansicht nach von Anfang an ein Problemkind – mit der für ihn typischen Direktheit an. Im Gegensatz zu Anne, der robusten Zweitgeborenen, fand Prinz Philip in Charles ein sensibles Kind vor, ein Umstand, den man seiner Meinung nach am besten durch Abhärtung kurierte. Dieser Abhärtungsprozess konnte gelegentlich auch die Form des Spotts annehmen. Wenn der Sohn zuckte, setzte ihm der Vater nur noch härter zu.

An dieser Beziehungsstruktur hat sich bis heute kaum etwas geändert. In vielem, was Charles tut – in seiner Leidenschaft, Dinge zu bewahren, in seinem Einsatz für junge Menschen, sogar in seinem

Hobby, dem Malen – strebt er dem Vater nach, was die beiderseitige Erfahrung mit der Pädagogik Kurt Hahns nur noch verstärkt. Dennoch ist die Kommunikation zwischen ihnen belastet und die ersehnte Anerkennung eine Seltenheit. Stattdessen gibt es oft scharfe Kritik, wenn sie am wenigsten erwartet wird. Bei einem Fernsehinterview 2008 ergriff Prinz Philip die Gelegenheit zu einem Seitenhieb, der durch keine der gestellten Fragen gerechtfertigt war. »Ökologisch«, sagte er, »das ist kein ungeteilter Segen, und wir wissen längst noch nicht mit Sicherheit, ob es so nützlich ist, wie es klingt … Man braucht dazu ein emotionales Engagement. Aber wenn man mit etwas Abstand herangeht und versucht, es unvoreingenommen zu sehen, muss man sich schon sehr anstrengen, um darin wirklich einen Nutzen zu finden.«[32] Den Zuschauern war natürlich bekannt, dass sich Prinz Charles seit den 1980er-Jahren für ökologischen Landbau einsetzt. Kaum einer aber wusste, dass die Wendung »emotionales Engagement« aus dem Mund des reizbaren Herzogs einer vernichtenden Kritik gleichkommt. Genau dies aber prägt die Herangehensweise, mit der sein Sohn alle seine Projekte betreibt.

Nach dem Tod von Sir Christopher Soames schrieb Prinz Charles seinem Freund Nicholas, dem Sohn des Verstorbenen, einen Beileidsbrief. »Mit meinen Gedanken und meinen Gefühlen war ich oft bei Dir in diesen letzten Tagen, als Du zusehen musstest, wie Dein Vater vor Deinen Augen immer weniger wurde«, heißt es darin. »Immer wieder dachte ich, es könnte auch mein Vater sein, und ich kann mir gut vorstellen, was Dir vor und nach seinem Ableben durch den Kopf gegangen sein muss und was Dich bewegt hat. Die Beziehung zum Vater ist oft kompliziert – ich weiß noch, dass wir uns häufig über unser Verhältnis zum Vater, das oft kein leichtes war, unterhalten haben … Und wie oft wünscht man sich, man hätte sich besser verstanden oder wäre offener gewesen im Gespräch über die Dinge, auf die es wirklich ankommt, wovon man sich wegen seiner Scheu aber hat abhalten lassen.«[33] Diese Scheu bestand, generationsbedingt, immer auf beiden Seiten. Die Königin und ihr Prinzgemahl sind nicht nur das Produkt ihrer eigenen außergewöhnlichen Kindheit, sondern auch beeinflusst vom Geist der Nachkriegszeit. »Die Berufsoffiziere der Marine und des Heeres haben gesehen, wie ihren Kameraden die Köpfe oder Gliedmaßen weggeschossen wurden, und dann kommen sie nach Hause und versuchen sich wieder im Zivilleben einzurichten«, sagt Timothy Knatchbull.[34] »Instinktiv haben die Überlebenden, koste es, was es wolle, ein beherztes Auftreten an den Tag gelegt.«

Knatchbull hat die Königin nicht als distanziertes Staatsoberhaupt erlebt, sondern als liebevolle, hilfsbereite Cousine und Freundin der Familie. Sein Vater John Knatchbull, Lord Brabourne, gelangte durch die Heirat mit Mountbattens ältester Tochter Patricia in den engeren Kreis um die Königin und den Herzog von Edinburgh. Beide Paare bekamen Ende der 1940er-Jahre Kinder und erzogen sie laut Knatchbull »gemäß dem Vorbild von Kindheit und Elternschaft aus der Zeit der vorigen, von Empire und Indien geprägten Generationen«.[35] Als sich die Ehepaare ihren jüngsten Sprösslingen widmeten – Prinz Edward, Timothy Nicholas und sein Zwillingsbruder Nicholas Timothy sind alle Jahrgang 1964 –, hatte sich bereits ein sensiblerer Erziehungsstil durchgesetzt. Während die Pädagogik der früheren Jahre in Knatchbulls Augen an den Preobraschenski-Marsch russischer Militärparaden erinnert, bekamen er, sein Zwillingsbruder und Edward ihr Fläschchen bei den entspannteren Melodien aus der Beatles-Ära: »Die Königin, Prinz Philip und meine Eltern waren sehr kluge, schicke, moderne, intelligente und vorwärtsblickende Menschen, interessiert an der Jugend, an den Revolten, von denen Europa damals ergriffen wurde, an der kulturellen und gesellschaftlichen Revolution. Sie verfolgten dies eher mit Sympathie und wurden von den anderen aus ihrer Generation als Avantgardisten angesehen, weil sie sich einige Vorstellungen der ›Swinging Sixties‹ rasch zu eigen machten. Darunter auch die Gedanken zur Kindererziehung, nämlich dass man seinem Kind ganz viel Zeit widmet. Das taten sie bei Edward. Und bei mir.«[36] Bei Charles hingegen nicht.

Während eines Ferienaufenthalts der Knatchbulls in dem irischen Schloss Classiebawn im Jahr 1979 zündeten IRA-Aktivisten auf einem von der Familie benutzten Boot eine Bombe. Knatchbull und seine Eltern wurden schwer verletzt und mussten Monate im Krankenhaus bleiben. Alle anderen, die an Bord gewesen waren, kamen ums Leben: sein Großvater Lord Mountbatten, seine Großmutter Lady Brabourne, ein fünfzehnjähriger Junge aus dem Ort namens Paul Maxwell und sein Zwillingsbruder Nicholas.

Während seiner langen Genesungszeit lud die Queen ihn und seine Schwester Amanda nach Balmoral ein. Dort begegnete sie ihm mit »fast unendlicher Mütterlichkeit«.[37] »Keiner weiß, dass die Königin ein außerordentlich fürsorglicher, mütterlicher Typ ist, und sie sich auch für ihre Familie, für den Haushalt und für Kleinigkeiten interessiert«, sagt Knatchbull, dessen Narben verblasst, aber immer noch sichtbar sind, in seinem Londoner Büro. »Die Menschen sehen in ihr eine abgehobene Persönlichkeit, unser Staatsoberhaupt, aber eigentlich ist sie stets in erster Linie die Frau des Hauses und sorgt sich um alle, die in ihrem Heim leben.«[38]

Andrew und Edward, ihre jüngeren Söhne, kamen in den Genuss dieser gut verborgenen Mütterlichkeit. Elizabeth hat ausgezeichnete Beziehungen zu ihren Enkelkindern und anderen Familienangehörigen wie Knatchbull. Prinzessin Anne, der Liebling ihres Vaters, war stets mindestens ebenso unerschütterlich wie ihre Eltern. Doch Charles, der Erstgeborene und Sensibelste, bei der Thronbesteigung seiner Mutter im Februar 1952 gerade mal drei Jahre alt, zog den Kürzeren. Hinzu kam das Pech, dass er nicht unter der Obhut von Privatlehrern und abgeschirmt von den Augen der Öffentlichkeit im Palast aufwachsen durfte. Charles war der erste Thronerbe, der eine Schule besuchte, eine Änderung, die wie viele der sorgfältig abgewogenen Entscheidungen in Elizabeths Regentschaft eigentlich zum richtigen Zeitpunkt erfolgte. Die Monarchie muss sich entwickeln, in Kontakt mit den Menschen bleiben. So kommt es, dass dem Prince of Wales alles daran gelegen ist, seine zukünftigen Untertanen zu verstehen und von ihnen verstanden zu werden, dass ihm jedoch manche der Eigenschaften fehlen, dies auch umzusetzen.

Er hat sich nie das von seinem Vater erhoffte dickere Fell zugelegt, vor allem nicht im Kontakt zu ihm. 2012, als die Rundreise zum diamantenen Thronjubiläum die Königin und den Prinzgemahl nach Burnley führte, nutzte Charles die Gelegenheit, ihnen die Früchte seiner Arbeit vorzuführen. Sechs seiner Stiftungen hatten sich dafür eingesetzt, das Weaver's Triangle, ein Viertel, das unter dem Niedergang der Baumwollindustrie schwer gelitten hatte, wieder neu zu beleben. »Keine Gruppe von karitativen Einrichtungen hätte die gleiche Rolle spielen oder Ähnliches erreichen können wie die des Prinzen«, lobte ein von der Cass Business School an der Londoner City University herausgegebener Bericht. Als sich das royale Trio auf einer Barke dem Weaver's Triangle näherte, dämpfte Philips Stimme die freudige Erwartung. »Keine Ahnung, warum du all diese schrecklichen alten Gemäuer bewahren willst«, sagte er. Dabei hätte der Herzog die Antwort eigentlich am besten wissen müssen.

Kapitel 3

Ein Prinz unter Menschen

Charles ist ein passionierter Gärtner, er hegt und pflegt Ideen und Initiativen ebenso wie Gärten. »Diese Dinge sind im Laufe der Jahre ins Kraut geschossen, weil ich sah, was meinem Gefühl nach getan werden muss«, kommentiert er seine Wohltätigkeitsarbeit. »Ich konnte nicht alles auf einmal machen. Der Garten in Highgrove ließ sich nicht in einem oder zwei Jahren gestalten. Man geht Stück für Stück vor.«[1]

Die Landschaften, die er kreiert, ob real oder im übertragenen Sinn, haben auffällige Ähnlichkeiten. Obwohl er einsieht, dass man Pflanzen beschneiden muss, um sie gesund zu erhalten, und Organisationen zurechtstutzen muss, damit sie tragfähig bleiben, scheut er vor allzu starken Eingriffen zurück. »Wir fragen nach, bevor wir irgendetwas schneiden«, sagte Suzie Graham, eine der beiden Chefgärtnerinnen in Birkhall.[2] Charles' Bestreben liegt darin, Zufluchtsorte zu schaffen, für andere Menschen wie für sich selbst. »Mein ganzes Leben lang wollte ich Dinge heilen, sei es die Erde, die Landschaft oder die Seele«, erklärte er bei der Vorstellung eines seiner sieben Bücher über Highgrove, die als Produkt seines grünen Daumens entstanden sind.[3]

Seine Gärten sind voller Verstecke, verschlungener Pfade und uriger Unterstände. »Das Auge muss gelenkt werden; man soll sich denken: Was mag wohl hinter dieser Ecke liegen? Auch kleine ›Follies‹, extravagante Zierbauten, sind äußerst wichtig, da sie einen Anziehungspunkt darstellen, den man erreichen oder wo man sitzen möchte«, meinte er einmal.[4] Viele der »Follies« bieten Sitzgelegenheiten, die gerade groß genug für einen Prinzen und sein Kissen sind. In Highgrove errichtete er auch ein größeres Refugium aus Stein, Lehm und Gerstenstroh, gestaltet nach den geometrischen Prinzipien, die ihm heilig sind, und ausgestattet mit einem Holzofen. Die in der Sprache der Pikten – ein einstmals in Britannien ansässiges Volk von Bauern, das von Königen regiert wurde – verfasste Inschrift über der Tür bedeutet: »Wir bitten dich, o Herr, erhelle unsere Finsternis.« Sein alter Freund Richard Chartres, Bischof von London, der das Gebäude im Jahr 2000 einweihte, bezeichnet es als Einsiedelei, wohin sich der Prinz zurückzieht, um die *Philokalie* zu lesen, eine Sammlung von Kontemplationstexten, die im vierten und fünften Jahrhundert von den Mönchen vom Berg Athos verfasst und im achtzehnten Jahrhundert zusammengetragen und veröffentlicht wurde.[5] Charles hat privat mehrere Male den Berg Athos besucht und im Kloster Vatopedi gewohnt, was zu Spekulationen führte (es hieß, er sei insgeheim zum orthodoxen Glauben konvertiert) und Kritik hervorrief (weil Frauen der Zutritt zu dieser Halbinsel verwehrt ist). Charles, der in Palästen ohne Privatsphäre aufgewachsen ist und sich in Gegenwart von Menschen oft am einsamsten fühlt, suchte auf Athos Einsamkeit und Zeit zum Luftholen. Stattdessen erregte sein Aufenthalt dort manche Gemüter.

An seinem sechzigsten Geburtstag nimmt er hocherfreut eine weitere »Folly« in Besitz, ein strohgedecktes Sommerhaus mitten auf einer Insel im Muick, einem durch die Ländereien von Birkhall verlaufenden Nebenfluss des Dee. An einem strahlenden Septembertag im Jahr 2013 weilt er zu einem Kurzaufenthalt in Birkhall und sollte eigentlich die Abgeschiedenheit seines Sommerhäuschens genießen oder kostbare Zeit mit der Familie verbringen – etwas, was ihm in seiner Jugend allzu oft verwehrt blieb. William und Kate haben ihr Baby George mitgebracht. Camilla ist im Obergeschoss beschäftigt. Doch der Prinz sitzt im Wohnzimmer mit einer Journalistin, während Bedienstete draußen den Teppich klopfen. Für den nächsten

Tag ist bereits eine lange Sitzung mit den Leitern seiner Wohltätigkeitsorganisationen anberaumt. Charles funktioniert immer noch so, wie man ihn in Gordonstoun programmiert hat: Je aufreibender sein eigenes Leben ist, je mehr er durch Pflichten und Termine eingeengt wird, desto mehr Aufgaben halst er sich zusätzlich auf. Diese Haltung – man könnte es auch als Fluch bezeichnen – hat er von Kurt Hahn übernommen, und sie ist ihm in Fleisch und Blut übergegangen.

In der Schule hat er gelernt, dass man sich nicht zurücklehnen darf: »Ich habe immer das Gefühl, dass Reflexion und Diskussion zu praktischem Handeln führen sollten.« Er beugt sich vor. »Ich habe auch das Gefühl, dass es vor allem meine Aufgabe ist, mich um die Menschen in diesem Land und um ihr Leben zu kümmern und einen Weg zu finden, die Dinge, wenn möglich, zu verbessern.«[6]

Plus est en vous – Es steckt mehr in dir: Das Motto von Gordonstoun spiegelt den beständigen Ehrgeiz wider, die Schüler zu Individuen zu formen, die nicht nur akademisch bewandert, sondern auch sozial engagiert sind. Ihr Gründer Kurt Hahn orientierte sich an Platon, der schrieb, die ganze Erziehung solle dem Erwerb von solchem Wissen dienen, das den Menschen lehre, das Böse zurückzuweisen und sich für das Gute zu entscheiden.[7] Um dieses Ziel zu erreichen, entwarf Hahn einen Plan, der mit Körperübungen oder »Gymnastik« begann. Während des Zwangsaufenthalts des Prinzen in Gordonstoun sah der Schultag eine Menge Körperübungen vor – Läufe in der Kälte, kalte Bäder, in denen noch die Hinterlassenschaften der Vorgänger herumschwammen –, doch der Lehrplan unterschied sich ansonsten kaum von dem anderer britischer Privatschulen zu dieser Zeit. Der Thronerbe studierte Literatur und alte Sprachen, schlug sich mit Algebra herum und staunte über die helle Flamme, die aufblitzt, wenn man einen Magnesiumstreifen an einen Bunsenbrenner hält. Ansonsten gab es wenig Anlass zu Frohsinn. »Es ist eine solche Hölle hier, besonders nachts«, schrieb er in einem Privatbrief. »Ich kriege so gut wie keinen Schlaf ab … Die Leute in meinem Schlafsaal sind gemein. Meine Güte, sie sind schrecklich. Ich weiß nicht, wie man so fies sein kann. Sie bewerfen mich die ganze Nacht mit Hausschuhen oder prügeln mich mit einem Kissen oder laufen im Raum herum und schlagen mich, so fest sie können, und dabei wecken sie noch alle anderen im Schlafsaal auf.«[8]

Viele ehemalige Schüler von britischen Eliteinternaten berichten über ähnliche Erfahrungen. Die neuartigen Vorstellungen von Erziehung, die die Familienbeziehungen in den 1960er-Jahren definierten – der Übergang zu einem fürsorglicheren Ansatz, wie ihn Timothy Knatchbull beschreibt –, hielten erst mit Verzögerung Einzug in die privaten Internatsschulen. Üblicherweise vertraute man bereits siebenjährige Kinder Institutionen an, die ebenso wie die Eltern dieser Kinder der Auffassung waren, dass ein paar Unannehmlichkeiten durchaus charakterbildend wirken. Tagsüber ging die Disziplinierung vom Lehrkörper aus, aber nachts und in den verborgenen Winkeln der Schulen herrschte ein weiteres Zwangsregime, wenn Mitschüler ihre eigenen Anpassungsprobleme auslebten, indem sie noch Schwächere schikanierten.

Charles war eine offensichtliche Zielscheibe. »Es war Ehrensache, [bei sportlichen Wettkämpfen] Körperkontakt mit dem Prince of Wales herzustellen«, erinnerte sich einer seiner Mitschüler in Gordonstoun. »Und je brutaler, desto besser.«[9] Doch sein Elend hatte noch andere, schlimmere Gründe. In Hill House in London, Charles' erster Schule, gab es eine kleine Pressekampagne, losgetreten auf Wunsch des Buckingham-Palasts durch dienstfertige Redakteure, die Charles als Außenseiter darstellten. Er nahm die Peinlichkeit und das Unbehagen mit zu den nächsten Schulen. Mit acht Jahren wurde er auf die Cheam School geschickt, ein Internat, das bereits sein Vater eine Weile besucht hatte. Seine Bemühungen, sich anzupassen, die weder ihn selbst noch seine Mitschüler so richtig überzeugten, liefen am Ende des ersten Schuljahrs vollends ins Leere, als die Schüler sich gemeinsam die Abschlusszeremonie der Empire and Commonwealth Games ansahen. Ohne ihren Sohn vorzuwarnen, verkündete die Queen, sie verleihe ihm nunmehr den Titel Prince of Wales. Kurz danach, als man ihn in seinem neuen Fürstentum der Öffentlichkeit präsentierte, wurde er von Menschenmengen bedrängt, die in ihrem übersteigerten Patriotismus Absperrungen durchbrachen. Derselbe Status, der ihm die erdrückende Aufmerksamkeit der Massen einbrachte, sorgte dafür, dass er zutiefst isoliert blieb. Klassenkameraden mieden ihn, um nicht der Speichelleckerei bezichtigt zu werden.

In Cheam machte der Abgesandte des Planeten Windsor auch Bekanntschaft mit einer anderen britischen Institution: der Prügelstrafe. Hofbeamte hatten darauf bestanden, dass er genauso wie die anderen Jungen behandelt werden sollte. Die Schulleitung konnte vielleicht nicht seine Mitschüler dazu zwingen, dieser Anweisung zu folgen, nahm sie jedoch selbst ernst genug, um den Thronerben zweimal wegen Beteiligung an Schlafsaalraufereien körperlich zu züchtigen.

In Gordonstoun spiegelte das Bestrafungssystem Hahns ungewöhnliche erzieherische Vision wider. Der Rohrstock gehörte zum Instrumentarium des Direktors – als Charles 1962 an die Schule kam, war Hahn bereits im Ruhestand und sein Nachfolger Robert Chew am Ruder –, aber symbolische und rituelle Strafen spielten eine größere Rolle. Die unterschiedlichen Rangstufen der Jungen wurden durch Uniformen und sogenannte Trainingspläne definiert, in denen ihre nicht akademischen Aufgaben und Aktivitäten aufgelistet waren. Nach dem skandalösen Cherry-Brandy-Vorfall stufte Chew seinen königlichen Zögling auf die Stufe eines »Neulings« zurück und entzog ihm damit seinen so mühsam erkämpften Rang, was Charles' Kummer zusätzlich vergrößerte.

Ein Ziel der Schule bestand darin, den Schülern ein Gefühl der Eigenverantwortung mitzugeben. Jeden Abend füllten sie Fragebögen aus, in denen sie einschätzen mussten, inwieweit sie selbst gestellte Ziele erreicht hatten. Hahn hatte seine Lehrmethoden entwickelt, um zeitgenössischen Übeln entgegenzuwirken, die seiner Befürchtung nach die jüngere Generation in Genusssucht erschlaffen ließen. Er führte diese »Krankheiten« in einer Abhandlung auf, die er im selben Jahr schrieb, in dem Charles nach Gordonstoun kam: angefangen beim »Verfall der Fitness und körperlichen Tauglichkeit« über den »Verfall der Initiative und Unternehmungslust«, den »Verfall der Fantasie und Erinnerung«, »Verfall der Sorgsamkeit und Vertiefung« und den »Verfall der Selbstzucht und Entsagung« bis hin zum »Verfall des Mitleids und Erbarmens: besonders begünstigt durch die Schwächung des Gemeinschaftslebens und den sich ausbreitenden Subjektivismus, Individualismus und Egoismus«.[10]

Lange vor dem Aufkommen – und dem Niedergang – des Couch-Potato hatte Hahn in der Weimarer Republik Anzeichen dafür erkannt, dass der soziale und technologische Wandel, den der Großteil der Welt als Fortschritt betrachtete, womöglich auch eine Kehrseite hatte. Die Absolventen seiner Schulen in Deutschland und Schottland teilten diese Skepsis gegenüber der Moderne. Und sie fühlten sich dem Dienst an der Öffentlichkeit verpflichtet. »Es gibt drei Wege, die Jugend für sich zu gewinnen«, sagte Hahn. »Die Überredung, den Zwang und Anreize. Man kann ihnen Predigten halten, das ist ein Angelhaken ohne Wurm; man kann sagen: ›Du musst dich freiwillig melden‹, das ist teuflisch; und man kann ihnen sagen: ›Du wirst gebraucht.‹ Dieser Ansatz ist fast immer erfolgreich. Ich bin ziemlich sicher, dass die jungen Leute von heute besser auf Gefälligkeiten ansprechen, die zum Wohl anderer von ihnen verlangt werden, als auf solche, die ihnen zu ihrem eigenen Nutzen und Vorteil zuteilwerden.«[11] Heute geht es in Gordonstoun deutlich lockerer zu als zu Charles' Schulzeiten, die Klassen sind gemischt, und das Schülerwohl hat höchste Priorität. Dennoch ist die Schule ihren Gründungsidealen treu geblieben – es gibt immer noch die Schülerfeuerwehr, die Bergwacht, Rettungsschwimmer und eine Küstenwache, all das, was schon dem jungen Prinzen kurze Freuden in seinem düsteren Alltag bot.

Wie sich der Junge an sein Bettlaken klammerte, um sich gegen tyrannische Mitschüler zu verteidigen, so klammert sich der Erwachsene an das Positive, das er aus Gordonstoun mitnahm. Seine eigenen Söhne schickte er nicht an diese Schule – William und Harry durften das gemäßigtere Klima von Eton genießen –, doch in seinen karitativen Bestrebungen, in der unaufhörlichen Kampagnenarbeit, dem unermüdlichen Spendensammeln setzt Charles weiterhin die zentralen

Grundsätze der Ausbildung, die seine Eltern für ihn vorsahen, in die Tat um. »Unter dem Strich hatte es eine äußerst positive Wirkung. Es war kein Ferienlager. Aber andererseits hat es den Charakter geformt«, sagt er. »Und ich bin der Ansicht, dass die Formung des Charakters lebenswichtig ist. Das ist ein weiterer Grund, warum ich seit Jahren darauf poche, dass dies auch innerhalb des Erziehungssystems und als Teil der außerschulischen Erziehung möglich sein muss.«[12]

Die Königin und Prinz Philip sind nicht immer einverstanden mit ihrem Sohn, der durch ihre Gene, ihre Erziehung und ihre Schulwahl geprägt wurde. »Er sagt immer: ›Wenn sie nicht wollen, dass ich diese oder jene Dinge tue und Ideen verfolge, dann hätten sie mich nicht auf eine Kurt-Hahn-Schule schicken sollen‹«, erzählt ein Mitarbeiter des Hofs.

Gegen Ende seiner Schulzeit gab es für Charles einen Lichtschimmer, der aufblitzte wie eine Magnesiumflamme: ein halbes Jahr in Timbertop, einer Schule mitten im australischen Busch, die nach den Prinzipien Hahns geführt wurde. Obwohl es dort mindestens ebenso rau zuging wie in Gordonstoun (nur dass es nicht eiskalt, sondern heiß wie im Backofen war), gefiel Charles das Leben dort; und durch die Entfernung zu vielem, was ihn belastete, nicht zuletzt seine Eltern, konnte er sich ein selbstsicheres Auftreten aneignen. Zurück in Gordonstoun, wurde er Schulsprecher, was ihn ebenso sehr überraschte wie seinen Vater. Und Charles war der erste Thronerbe, der die Hochschulreife erwarb.

Sein B in Geschichte und C in Französisch deuteten vielleicht nicht unbedingt auf akademische Neigungen hin und schon gar nicht auf ein Studium mit den intelektuellen Eierköpfen und Blaustrümpfen in Cambridge. Doch bei dieser wie bei anderen wichtigen Entscheidungen hatte der Prinz ohnehin nichts mitzureden, und die Queen äußerte keine Meinung dazu. Sie saß schweigend mit am Tisch, als 1965 bei einem Dinner im Buckingham-Palast, zu dessen Gästen Premierminister Harold Wilson, der Erzbischof von Canterbury sowie hochrangige Offiziere und Akademiker, nicht aber

Charles zählten, eifrig Pläne für seine weitere Zukunft geschmiedet wurden. Demgemäß sollte er zunächst das Trinity College in Cambridge besuchen und anschließend, kaum dass er sich eingewöhnt hatte, ein Semester am University College of Wales in Aberystwyth absolvieren, um vor seiner Krönung zum Prince of Wales Walisisch zu lernen. Damit sollten walisische Nationalisten besänftigt werden; die Wünsche des Prinzen waren zweitrangig.

Einem BBC-Reporter erklärte er in einem Interview: »Solange ich nicht mit allzu vielen Eiern und Tomaten beworfen werde, ist es in Ordnung.«[13] Bei seinem ersten Fernsehinterview mit David Frost witzelte er nervös: »Ich glaube nicht, dass ich da einfach so hereinschneien und die Republik ausrufen oder die Selbstverwaltung einführen kann, wissen Sie.« Frost wollte wissen, ob der Prinz seine Kindheit als Vor- oder Nachteil betrachte. »Nun, es ist wohl ein Nachteil in dem Sinn, dass man versucht, ein möglichst normales Leben in der Schule und in Cambridge zu führen«, erwiderte Charles. »Aber andererseits ist es auch kein Nachteil, weil es nicht … Wenn man ein sehr behütetes Leben führt, wissen Sie, weil man offensichtlich so erzogen wurde …« Er brach ab und setzte erneut an. »Es ist eine sehr … Es ist eine Art zweigleisige Erziehung, die man unter einen Hut zu bringen versucht, und ich glaube, die Tatsache, dass ich im Unterschied zu all meinen Vorgängern ganz normal zur Schule und Universität und so gegangen bin, war wohl ein Experiment bei der Ausbildung des Thronfolgers. Und es war natürlich ein bisschen schwierig, und in manchen Momenten, in denen ich es bedauerte, hatte es Nachteile, aber ich denke, darüber kommt man hinweg.«[14]

Er sollte sein halbes Leben brauchen, um darüber hinwegzukommen. An der Universität integrierte er sich etwas besser als an der Schule, aber trotzdem hatte er immer das Gefühl, aus dem Rahmen zu fallen, war nie wirklich entspannt. »Die Aussicht, dass er von hier weggehen und man ihn [zum Prince of Wales] krönen würde, nahm seine Aufmerksamkeit immens in Anspruch, und daher führte er ein sehr schwieriges Leben«, sagt Richard Chartres, damals sein Kommilitone. »Er ist außerordentlich intelligent, was die Menschen oft nicht anerkennen. Er hat einen wirklich sehr guten Abschluss gemacht, wenn man bedenkt, mit welch anderen Dingen er gleichzeitig zu kämpfen hatte. [Charles schloss mit einer Zwei minus ab.] Aber er war für sein Alter vielleicht noch ein bisschen jung. Unerfahren.« Chartres fügt hinzu: »Mich beeindruckten Eigenschaften an ihm, die ihn noch immer prägen. Ausgesuchte Höflichkeit, der aufrichtige Wunsch, dass Menschen sich wohlfühlen, ein Sinn für Humor und ein gutes Gedächtnis dafür, was man gesagt hat. Ich erinnere mich an großartige Gespräche über Zauberei … Ein sehr angenehmer, höflicher Mensch, der sich nie wichtigmachte oder sich Freiheiten herausnahm. Er war ein prima Kerl, wirklich ein prima Kerl.«

Lucia Santa Cruz, die Tochter des chilenischen Botschafters, traf den Prinzen anlässlich einer Abendgesellschaft bei Rab Butler, für den sie als Rechercheassistentin arbeitete. Der konservative Politiker, der zweimal als Premierminister übergangen worden war, war inzwischen Lord und Master des Trinity College. »Charles war geistig sehr reif, in Bezug auf seine Interessen und seine Wissbegierde, aber emotional vielleicht nicht ganz so reif, was verständlich ist, weil er nur sehr begrenzte Erfahrungen mit Freundschaften und Beziehungen hatte«, erzählt sie.[15] Diese Ambiguität sollte noch jahrelang fortbestehen.

Charles, der sich der Billigung seines Vaters und der Liebe seiner Mutter nie ganz sicher war, hat schon immer dazu geneigt, Bindungen zu älteren Männern und Frauen einzugehen, und auch bei Freundschaften zu Gleichaltrigen schimmert die Kinderseele des Prinzen durch. Er blickt auf zu dem ungewöhnlich selbstbewussten Richard Chartres, kann sich entfalten in der heiteren Gesellschaft von Patrick Holden, entspannt sich neben dem lebensfrohen Nicholas Soames, blüht auf durch die Lebhaftigkeit von Emma Thompson oder auch seiner geliebten Frau Camilla. Im Laufe der Jahre hat er immer wieder warmherzige, Geborgenheit ausstrahlende Frauen engagiert, wie etwa seine langjährige Beraterin Julia Cleverdon, Martina Milburn, die sich um den Prince's Trust kümmert, und seine ehemalige Privatsekretärin Elizabeth Buchanan. Er genießt die Gesellschaft von Menschen, die seine Stellung respektieren, aber keinen Wert auf Förmlichkeiten legen. Im Gegenzug hat er gelernt, seine Reserviertheit abzulegen, ein Erbe der Generation und des Standes seiner Eltern. »Dass Prinz Charles so ein großer Küsser ist, ist wunderbar, denn wie um alles in der Welt soll er all dem Druck, der auf ihm lastet, gewachsen sein, ohne seine Söhne oder auch Cousins und Patenkinder zu küssen? Aber ich bin in solch einer Beziehung zu ihm aufgewachsen, und das ist immer noch so«, sagt Timothy Knatchbull.[16]

Zwei ältere Familienmitglieder stellten für den jungen Prinzen so etwas wie Ersatzeltern dar und prägten ihn in vielerlei Hinsicht. Die Königinmutter war das fürsorglichste Element in der Königsfamilie und kümmerte sich gern um ihren Enkel, wenn ihre Tochter auf Reisen war. Als er älter wurde, war sie eine seiner Hauptstützen. Der Prinz verdankt ihr nach eigenem Bekunden seine Liebe zu Kunst und Musik. Sie half ihm, Turbulenzen zu meistern, gab ihm jedoch nur selten kluge Ratschläge. »Das war nicht ihr Stil«, erklärt William Shawcross, der offizielle Biograf der Königinmutter. »Sie gestand Unannehmlichkeiten innerhalb der Familie nur ungern ein, geschweige denn, dass sie sich mit ihnen auseinandersetzte. Das war eine Eigenschaft, die ihr unter einigen Mitgliedern des [königlichen] Haushalts den Spitznamen ›imperialer Vogel Strauß‹ einbrachte. Sie fand, dass ihre Aufgabe nicht darin bestand, den Kurs anderer Leute zu ändern, sondern darin, ihnen ein Anker zu sein.«[17]

Trotzdem konnte sie andere ihr Missfallen ebenso gut spüren lassen wie ihre Tochter, und sie impfte ihrem Enkelsohn ein »enormes Pflichtgefühl« ein, wie Nicholas Soames erklärt. Als Junge wollte Soames Jockey bei Hindernisrennen werden und arbeitete für den Pferdetrainer Peter Cazalet. »Mein Vater hatte Pferde [in Cazalets Stall], und die Königinmutter hatte viele Pferde dort stehen, und ich kümmerte mich um zwei Pferde der Königinmutter«, erinnert sich Soames. »Sie kam sonntags nach der Kirche vorbei, um sich ihre Pferde anzusehen, und sie wurden ihr alle vorgeführt. Ich weiß noch, dass sie mit Peter Cazalet und seiner Frau den Hügel heruntergeschlendert kam, und auf einmal sah sie – das habe ich nie vergessen, das blieb mir immer im Gedächtnis – eine Gruppe von Menschen aus dem Dorf, die gekommen waren, um ihr zuzujubeln, und sie fingen an zu klatschen, als sie den Hügel herunterkam, und plötzlich schlenderte sie nicht mehr, sondern hielt sich stockstelf. Sie nahm Haltung an wie ein Paradepferd. Unglaublich. Ein ganz anderes Wesen. Einmal Paradepferd, immer Paradepferd.«[18]

In seinem Großonkel Louis Mountbatten fand Charles eine Vaterfigur, die seinem wirklichen Vater sehr stark ähnelte. Mountbatten besaß einen geschmeidigen, verwegenen Charme, und als Staatsmann, Kriegsheld, letzter Vizekönig Indiens und erster Generalgouverneur Indiens nach der Unabhängigkeit war er eine faszinierende Gestalt. Im Gegensatz zu Philip äußerte er sich so gut wie nie abfällig über Charles, weder offen noch hinter seinem Rücken. Und im Gegensatz zur Königinmutter verteilte er Ratschläge – sogar ziemlich eifrig. Mountbatten nahm Charles ab 1972 unter seine Fittiche, als der Prinz im Zuge seiner Marineausbildung in Portsmouth stationiert war und häufig im Hause seines Großonkels in Hampshire, Broadlands, zu Besuch war. Mountbattens Tipps in Bezug auf Frauen und Ehe sollten sich als desaströs erweisen, doch was Charles' Rolle als Thronfolger betraf, war er ein besserer Ratgeber. Er warnte Charles oft vor Verhaltensweisen, die an einen anderen Großonkel des Prinzen erinnerten, den schwachen Edward VIII., im Familienkreis David genannt. Seine Zügellosigkeit habe zu seiner »unehrenhaften Abdankung und einem anschließenden Leben in Müßiggang« geführt.[19] Als Charles unerwartet seine Reisepläne ändern wollte, rügte Mountbatten den Prinzen, weil er dadurch anderen Menschen Unannehmlichkeiten bereitet hätte. Es sei »unfreundlich und gedankenlos – ganz typisch dafür, wie dein Onkel David angefangen hat«.[20] Dieser nützliche Tadel erfolgte im April 1979, nur wenige Monate vor Mountbattens Ermordung.

Nach dem gewaltsamen Tod des Großonkels wollte er selbst sterben. Charles schrieb in sein Tagebuch: »Auf außergewöhnliche Weise war er mir gleichzeitig Großvater, Großonkel, Vater, Bruder und

Freund.«²¹ Das Schicksal meinte es besser mit der Königinmutter, die 101 Jahre alt wurde. Doch als sie 2002 nur wenige Wochen nach ihrer Tochter Prinzessin Margaret starb, war der Prinz zutiefst betrübt. Obwohl er an ein Leben nach dem Tod glaubt, obwohl ihm sein Glaube und eine breitere Weltsicht, die den Tod als notwendigen Bestandteil des Ökosystems sieht, Trost spenden sollten, hat Charles seinen Kummer nie ganz überwunden. An seinen Wohnsitzen hat er zur Erinnerung an seine Großmutter kleine Schreine und Denkmäler aufgestellt; wenn er in seine Gärten geht, dann nicht, um mit den Pflanzen zu sprechen, sondern mit den Verstorbenen. Er versucht die Königinmutter, Mountbatten, Laurens van der Post und viele andere verstorbene Seelen in seinem Herzen lebendig zu halten. Einen Geist namens Diana, der ihn in ständig neuen Facetten immer wieder heimsucht, würde er allerdings manchmal lieber vergessen.

Ein Film aus dem Jahr 1998 handelt von Truman Burbank, einem Versicherungsangestellten, der erst im Alter von neunundzwanzig Jahren herausfindet, dass sein Leben eine erfundene Geschichte ist, die man sich für die Fernsehserie *The Truman Show* ausgedacht hat. Auf diese Entdeckung reagiert er mit Rebellion gegen den Regisseur im Hintergrund und steigt schließlich aus der Show aus. Charles hat ebenfalls eine Variante dieser Geschichte durchlebt, er stand immer unter Beobachtung, aber anders als Burbank war er sich dieser Tatsache stets schmerzlich bewusst. Er verließ nie das Set, mochte die Versuchung auch noch so groß sein, und er begehrte auch nicht bewusst auf. Doch indem er seine Pflicht akzeptierte und sie gleichzeitig nach den von seinen Eltern und seiner Erziehung vorgegebenen Bedingungen neu definierte, schuf er einen Erzählstrang für die Windsor-Show, die ihre Regisseure nicht vorhergesehen hatten und nicht kontrollieren konnten.

Man muss dem jungen Thronfolger zugutehalten, dass er kaum andere Optionen hatte. Es gab so gut wie keine würdigen Vorbilder und inspirierenden Beispiele. Seit dem achtzehnten Jahrhundert hatten die männlichen Thronerben ihr Schicksal nicht als Herausforderung begriffen, sondern als Einladung, sich ausgiebig zu amüsieren, solange ihre Vorgänger noch am Ruder waren. »Die Geschichte der Beziehungen zwischen den Princes of Wales zu Schauspielern reicht weit zurück«, sagt Emma Thompson. »Nicht nur zu Schauspielerinnen, nicht nur unschickliche Beziehungen, wie Seine Königliche Hoheit es formulieren würde«, scherzt sie. »Obwohl ich es weiß Gott versucht habe, und wie – er hat einfach nicht angebissen.«[22]

Es ist ein gängiges Thema unter Freunden und Angehörigen des Haushalts des Prinzen. »Wäre er leichtlebiger und weniger fleißig gewesen, hätte das vielleicht seine Popularität gesteigert«, meint Richard Chartres. »Wenn man darüber nachdenkt, welche Möglichkeiten eine solche Position bietet, sich dem Müßiggang hinzugeben – sie sind enorm.«[23] »Er könnte es so machen wie die meisten seiner Vorgänger – er könnte an einem Strand in der Karibik sitzen, mit schnellen Autos, flotten Frauen, Rennpferden und Rennbooten und all den Dingen, von dem Geld leben, welches das Herzogtum Cornwall abwirft, und es sich gut gehen lassen«, sagt Elizabeth Buchanan.[24] »Seine Königliche Hoheit hat jedes Recht, uns alle zu feuern und auf einer Jacht um die Welt zu schippern«, meint Andrew Wright, der sich um die Finanzen von Charles und Camilla kümmert und außerdem Geschäftsführer der Prince of Wales's Charitable Foundation ist. »In den vergangenen vierzig Jahren hätte er sagen können: ›Ich verbrauche das ganze Geld für mich selbst und engagiere mich nur hier und da, um den Schein zu wahren.‹«[25] »Er ackert wie ein Pferd«, sagt sein ehemaliger Privatsekretär Clive Alderton. »Das ist einer der Gründe, warum die Menschen, die ihm nahestehen, an ihn glauben. Wenn man im Jahr 19 Millionen Pfund verdient, könnte man sich ein schönes Leben machen. Ich glaube, das Vereinigte Königreich und andere Commonwealth-Staaten können sich glücklich schätzen, einen Mann zu haben, der nicht den bequemen Weg eingeschlagen hat.«[26]

Würden Presse und Öffentlichkeit gnädiger auf einen Playboy-Prinzen blicken als auf den Problem-Prinzen? George, Prince of Wales, späterer Prinzregent und König George IV., wurde zum Objekt herrlich schonungsloser Karikaturen, die sich über sein rundes

Hinterteil lustig machten und seinen extravaganten Lebensstil verspotteten. Ein Jahrhundert später erfuhr Victorias ältester Sohn Edward, bekannt als Bertie, in den 59 Jahren als Thronanwärter – die längste Wartezeit vor Charles – eine ähnliche Behandlung und erhielt den boshaften Spitznamen »dicker Edward« und »Edward der Streichler«.

Zu Berties vielen Geliebten zählten Theaterstars wie Lillie Langtry und Sarah Bernhardt, die adelige Lady Randolph Churchill (Urgroßmutter von Nicholas Soames) und Alice Keppel, die beim Scheitern der Ehe von Charles und Diana als Camillas Urgroßmutter posthum ein weiteres Mal Berühmtheit erlangte. Seine Thronbesteigung als Edward VII. ließ die Kritik nicht lauter werden, sondern trug dazu bei, sie zu zerstreuen. Nach Victorias langer und zunehmend düsterer Regentschaft fühlte sich die Gesellschaft durch seine offen zur Schau gestellte Lebensfreude eingeladen, selbst die Zügel ein wenig schleifen zu lassen.

Doch es gibt auch ein Beispiel dafür, wie das dekadente Verhalten eines Prince of Wales sein Scheitern als König vorwegnahm. Mountbatten hatte zu Recht Charles' Großonkel David als schlechtes Vorbild hingestellt. »Nachdem ich 1920 in seinen Dienst trat, hegte ich einige Jahre lang große Zuneigung und Bewunderung für den Prince of Wales«, schrieb Alan Lascelles, ehemaliger Privatsekretär des Mannes, der als Edward VIII. gerade einmal 325 Tage im Amt sein sollte. »In den folgenden acht Jahren sah ich ihn Tag für Tag. Ich sah ihn nüchtern und oft auch stockbetrunken; zweimal reiste ich mit ihm quer durch Kanada; ich zog mit ihm zeltend durch Zentralafrika; ich kannte ihn bestimmt besser als jeder andere. Aber 1927 hatte die weiße Weste meines Idols sichtbare Flecken bekommen.

Noch während unserer Kanadareise in diesem Jahr war meine Verzweiflung über ihn so groß geworden, dass ich Stanley Baldwin (damals Premierminister und Mitglied unserer Reisegesellschaft) anvertraute, der Thronfolger sei durch seine maßlose Gier nach Wein und Frauen und durch seine selbstsüchtigen Launen, denen er jederzeit nachgab, auf dem besten Weg, vor die Hunde zu gehen, und sei bald kein geeigneter Träger der britischen Krone mehr. Ich erwartete, dass er mir den Kopf abreißen würde, aber er stimmte jedem meiner Worte zu. Ich fuhr fort: ›Wissen Sie, manchmal, wenn ich auf das Ergebnis irgendeines Geländejagdrennens warte, an dem er teilnimmt, denke ich unweigerlich, es wäre das Beste für ihn und für das Land, wenn er sich den Hals brechen würde.‹ – ›Gott vergib mir‹, sagte SB. ›Ich habe mir oft dasselbe gedacht.‹«[27]

Edward VIII. tat ihnen nicht den Gefallen, vom Pferd zu fallen. Er fiel weitaus tiefer, dankte als König ab und entzog sich seiner Verantwortung. Durch seine Heirat mit einer Geschiedenen konnte er nicht auf dem Thron bleiben; seine Bewunderung für Hitler und die Unterstützung der Appeasement-Politik hätten vielleicht neue Probleme heraufbeschworen, wäre er König geblieben. Er ist ein Schreckgespenst, das immer noch das Denken im Palast beeinflusst, und nicht ohne Grund. Denn an seinem Beispiel erkennt man, welche Gefahren dieser Institution durch Personen erwachsen können, die ihre Wünsche vor die Pflicht stellen. Einige der schärfsten Kritiker von Prinz Charles im Palast (wie eine gut unterrichtete Quelle anführt, steht ganz oben auf dieser Liste sein Vater) bezichtigen den derzeitigen Thronerben eines ähnlich egoistischen Verhaltens. Ihr Vorwurf lautet nicht, dass er Camilla Diana vorgezogen hat. Vielmehr haben sie das Gefühl, dass er seinen intellektuellen Interessen – seinem Aktivismus – Vorrang vor seinen royalen Pflichten einräumt. Sie sind alles andere als überzeugt von Charles' Standpunkt, der sich immer deutlicher herausschält: nämlich dass Kampagnenarbeit und die Königswürde durchaus miteinander zu vereinbaren sind.

Andererseits: Selbst wenn ein Prinz mit einer Mission unweigerlich Kontroversen hervorruft, so werden doch oft gerade jene Mitglieder der königlichen Familie, denen es an Zielen mangelt, zur Belastung. Charles wuchs nicht nur mit den Geschichten über die katastrophale Regentschaft und noch katastrophalere Abdankung seines Großonkels auf, sondern konnte auch beobachten, wie seine jüngeren Brüder strauchelten. Trotz der Ähnlichkeiten zwischen den Geschwistern, der gleichen Gene, ihrer Prägung durch den Planeten

Windsor und ihre Erziehung in Gordonstoun scheinen bei Andrew und Edward nicht die alchemistischen Prozesse in Gang gesetzt worden zu sein, die in Charles das Bedürfnis weckten, etwas zu bewegen.

Der Militärdienst scheint den Royals zu liegen; von Geburt an in eine Institution gepresst, fühlen sie sich wohl in einem System, in dem jeder seinen Rang kennt. Die verhältnismäßige Anonymität der Uniform bietet ihnen außerdem eine gute Chance, sich zu integrieren. Doch selbst das ist keine hundertprozentige Gewähr dafür, dass jemand auch wirklich auf Tuchfühlung mit der realen Welt geht. »Für mich ist es nicht so richtig normal [in Camp Bastion stationiert zu sein], weil mich alle anstarren, wenn ich in die Kantine gehe, und das ist eines der Dinge, die mir hier nicht gefallen«, sagte Prinz Harry während eines seiner Einsätze als Captain Wales beim Gardekavallerieregiment der Blues and Royals in Afghanistan.

Mit ihrer Entscheidung, Königin und Vaterland zu dienen, folgten er und sein älterer Bruder William traditionellen Pfaden. Ihr Vater und ihre Windsor-Onkel hatten alle eine Zeit lang Uniform getragen. Nur Prinz Edward versagte in dieser Hinsicht. Angeblich zog er sich den unversöhnlichen Zorn seines Vaters zu, als er 1987 nach nur wenigen Monaten Grundausbildung den Dienst bei den Royal Marines quittierte. »Edward musste ein schreckliches Martyrium durchleiden und hat keinen Fürsprecher«, sagte Romy Adlington, die den jüngsten und sensibelsten Sohn der Queen als eher mittelmäßigen Studenten in Cambridge kennenlernte und in der Presse als seine Exfreundin dargestellt wird. »Als einer seiner engsten Freunde möchte ich der Öffentlichkeit mitteilen, dass er ein ganz normaler Mensch ist, der eine wichtige Entscheidung treffen muss. Er trägt nicht dieselbe Verantwortung wie seine Brüder, und trotzdem kann er nicht losziehen und tun, was immer er möchte. Oft hat er mich gefragt: ›Wie ist das, einfach so allein im Park spazieren zu gehen? Wie fühlt es sich an, ein Geschäft zu betreten, ohne dass einen jeder anstarrt?‹ Mehr verlangt er gar nicht.«[28]

Charles' Dienst bei der Marine dauerte länger – fünf Jahre – , aber obwohl er die Erkennungsmarke eines Soldaten trug, wagten es seine Vorgesetzten nicht, ihn in gefährliche Einsätze zu schicken. »Ich sehnte mich nach irgendwelchen Taten – einer konstruktiven, sinnvollen Marineoperation, bei der man sich vielleicht einen Orden verdienen konnte«, schrieb er in einem Brief.[29] Dieser Wunsch blieb ihm verwehrt, und trotz seines Pilotenabzeichens konnte er seine Flügel nie ganz ausbreiten, weil man ihm die sichersten Fluggeräte und Einsätze zuteilte. Er wurde ein kompetenter Pilot, aber ein mittelmäßiger Seemann und schließlich zum Kapitän eines Minensuchboots ernannt. Seine Offiziere dienten gern unter ihm, weniger wegen seiner seemännischen Fähigkeiten als wegen seiner freundlichen Art. Sie wunderten sich auch über sein mangelndes Selbstvertrauen.

Prinz Andrew schienen nie Zweifel an seinen Fähigkeiten zu quälen, überhaupt schien er wenige Fragen zu stellen, obgleich er sich selbst eine unersättliche Wissbegier bescheinigt. Nicht ohne eine gewisse Ironie sagen Insider, sein Selbstbewusstsein rühre nur daher, dass die Queen ihn so sehr bemuttert habe. Sie hat ihren zweiten Sohn mehr verhätschelt als ihre älteren Kinder und hält immer noch ihre schützende Hand über ihn. Er tat sich leicht bei der Marine und profitierte von den größeren Handlungsspielräumen, die er im Gegensatz zu seinem älteren Bruder besaß, denn er war eben nur der Ersatzthronfolger. Als er aus dem Falklandkrieg heimkehrte, wurde er eher wie ein Popstar denn wie ein Veteran begrüßt. »Liegt es an seinem fröhlichen Charme, seiner Natürlichkeit, seinen Heldentaten als Hubschrauberpilot auf den Falklandinseln oder an seinem Ruf als Frauenheld? Oder hat eine Kombination von alledem Andrew zu dem charismatischsten der jungen Prinzen gemacht?« Das schrieb der Journalist Andrew Morton 1983, neun Jahre bevor er ein Buch vorlegte, das höhere Wellen schlug. »Sein Auftritt hat den Buchstaben HRH [His Royal Highness] eine ganz neue Bedeutung verliehen. Bei Andrew stehen sie für His Royal Heart-throb [königlicher Frauenschwarm].«[30] Nach einer solchen Lobhudelei konnte es nur noch abwärtsgehen. Ab 1997 wurde er an den Schreibtisch abkommandiert, 2001 verließ er die Marine, um fortan »in Vollzeit als Mitglied der königlichen Familie tätig zu sein«, wie der Buckingham-Palast verlautbarte. Schon bald haftete ihm ein weniger schmeichelhafter Spitzname an: »Air Miles Andy«. Das bezog sich auf die verbreitete Meinung, dass er sich weitaus besser auf das lockere Leben verstand als sein älterer Bruder – und das auf Kosten der Steuerzahler.

Nach dem Ausscheiden aus der Armee übte Andrew fast zehn Jahre lang so etwas wie eine offizielle Funktion aus: Als Sonderbeauftragter der britischen Regierung für den Außenhandel und Investitionen wurde er von der Regierung zu Missionen ins Ausland geschickt, um den internationalen Handel anzukurbeln. Als der Herzog von York – Andrew trägt den Titel »Duke« seit seiner Heirat mit Sarah Ferguson – auf einer solchen Reise im Jahr 2004 in Peking eintraf, fand er über dem Eingang zu seinem Hotel ein Spruchband mit der Aufschrift: »Welcome to the Duck of York«. Er lachte lauthals darüber. Allem in China begegnete er ähnlich gut gelaunt, arbeitete unermüdlich und konnte offensichtlich für eine Reihe britischer Firmen manches erreichen, nicht zuletzt auf dem »Landwirtschaftssektor, wo wir eine Menge Zuchtsperma und Zuchttiere für den [chinesischen] Schweinemarkt produzieren wollen«, wie er damals erklärte.[31] Das royale Dasein war noch nie übermäßig glamourös, aber im einundzwanzigsten Jahrhundert hat ein Mitglied der königlichen Familie die Aufgabe, alle möglichen Produkte und Konzepte an den Mann zu bringen.

Andrew gab eine Reihe von Kommentaren ab, die die Kluft zwischen den Windsors und seinen Gastgebern verdeutlichten und sich nicht allein durch geografische oder sprachliche Unterschiede erklären ließen. Beispielsweise sagte er zu chinesischen Studenten, sie sollten sich keine Sorgen machen, dass die chinesische Kultur durch die Globalisierung verwässert würde, da in der britischen Kultur ja auch kein amerikanischer Einfluss erkennbar sei. Später fragte er die Journalistin, die über diese Bemerkung lachte (die Autorin dieses Buches), was sie so lustig gefunden habe, und runzelte eher verwundert als verärgert die Stirn. Im Jahr 2008 schickte die amerikanische

Botschafterin in Kirgistan, Tatiana Gfoeller, eine Depesche nach Washington, in der sie Andrew bei einem zweistündigen Geschäftsbrunch während einer anderen Handelsmission als »erstaunlich freimütig« beschrieb. »Das Gespräch bewegte sich teilweise am Rand der Unhöflichkeit.« Während dieses Brunchs teilte er offenbar kräftig gegen Journalisten des *Guardian* aus, die »ihre Nase überall hineinstecken«. Die Zeitung veröffentlichte die ihr von Wikileaks überlassene Depesche prompt.[32]

Die Freimütigkeit, die die amerikanische Botschafterin in Kirgistan verstörte, kam ihrer Beobachtung nach bei britischen Geschäftsleuten gut an. Ebenso wie in China, und was vielleicht noch wichtiger war: Der königliche Status öffnete Andrew in der Volksrepublik Türen, die einfachen Ministern vielleicht verschlossen geblieben wären. Ob seine PR-Bemühungen für Großbritannien zu Geschäftsabschlüssen führen, die mehr einbringen als seine Reisekosten, ist eine müßige Überlegung, nicht zuletzt, da er 2001 als Handelsbeauftragter zurücktrat. Auf seiner Website erklärte er dazu, er wolle »die Rolle, die ich für die Regierung und die Wirtschaft einnehme, weiterentwickeln, sodass ein breiteres Spektrum an Aktivitäten entsteht, das diese Veränderungen reflektiert«. In Wirklichkeit war es nach Presseenthüllungen über seine Verbindungen zu Jeffrey Epstein schwierig geworden, ihn als offiziellen Fahnenträger für Großbritannien zu entsenden. Andrew brach die Verbindung zu dem amerikanischen Investmentbanker auch dann nicht ab, als dieser eine Gefängnisstrafe wegen Missbrauch einer Minderjährigen verbüßt hatte. Die Freundschaft zwischen dem Prinzen und Epstein geriet infolge eines Skandals von 2010 in den Fokus, als Sarah Ferguson auf den Enthüllungsjournalisten Mazher Mahmood hereinfiel, der sich als Geschäftsmann aus dem Nahen Osten ausgab. Die Herzogin, die angeblich mit über 5 Millionen Pfund verschuldet war, bot ihm gegen Bezahlung Zugang zu ihrem Exmann. Weitere Nachforschungen förderten die Verbindungen der beiden zu Epstein zutage. Er hatte der Herzogin zur Abtragung ihres Schuldenbergs Geld verschafft und den Herzog mit jungen Frauen bekannt gemacht, darunter auch Virginia Roberts. Diese behauptete, Epstein habe sie für Sex bezahlt, als sie erst fünfzehn gewesen sei. Auf einem Foto, das Roberts im Alter von siebzehn zeigt, legt ihr Prinz Andrew den Arm um die Schulter. Er leugnete jedes unschickliche Verhalten, und der Buckingham-Palast stützte im Januar 2015 Andrews Behauptung »mit Nachdruck«. In einem Zivilprozess gegen Epstein in Florida hatte die anonym auftretende Klägerin dem Gericht Papiere vorgelegt, wonach sie angeblich zum Sex mit dem Prinzen gezwungen wurde. Laut einem Interview mit Roberts in der *Mail on Sunday* gab es angeblich drei Begegnungen mit Andrew.

Der Herzog hatte sich schon länger stärker aus der Öffentlichkeit zurückgezogen, und obwohl er nach wie vor offizielle Termine wahrnimmt und einer kleinen Wohltätigkeitsstiftung vorsteht, räumen Palastkenner ein, dass sich die Bandbreite möglicher sinnvoller Einsatzgebiete weiter verringert hat. »Es war seine Tragödie, dass er nicht bei der Marine bleiben durfte«, heißt es aus der betreffenden Quelle. Nicholas Soames teilt diese Ansicht: »Wirklich glücklich war er in der Marine, und er hätte sie nicht verlassen sollen, denn dort war er ziemlich gut.«[33]

Aber Andrew hatte wahrscheinlich sein Pulver bei der Armee verschossen. Er war eher ein Praktiker als ein Stratege; als Rekrutierungs-Sergeant – und junge Prinzen sind immer die besten Rekrutierer – hatte er ausgedient. Als er die Marine verließ, sagte er einmal wehmütig, er hätte gerne einen Beruf erlernt, vielleicht Klempner, aber er durfte ja nicht.

Der Traum, sich in der realen Welt zu beweisen, taucht auf dem Planeten Windsor immer wieder auf, aber die Vorstellung, dass ein Mitglied der königlichen Familie in einem Haushalt erscheint, um ein undichtes Toilettenrohr zu reparieren oder die Dachrinne auszuräumen, bleibt abwegig. Schmutz und Geld liegen nahe beisammen, und daher setzt man sich auch leicht dem Vorwurf aus, Beziehungen zum Palast für den eigenen Profit zu nutzen.

Als Sophie, Gräfin von Wessex, in die königliche Familie einheiratete, wollte sie weiterhin in der Werbebranche arbeiten. Ein Enthüllungsbericht von Mazher Mahmood in der *News of the World* von 2001 bedeutete das Ende ihrer Tätigkeit in der freien Wirtschaft. Angelockt durch vermeintliche Aussichten auf Geschäfte im Nahen Osten, ließen sie und ihr Geschäftspartner sich zu Bemerkungen darüber hinreißen, wie vorteilhaft es sich auswirken könne, ein Mitglied der königlichen Familie damit zu beauftragen. »Wenn die Leute herausfinden, dass wir für Sie arbeiten, weckt das möglicherweise ihr Interesse: ›Donnerwetter, die haben die Werbefirma der Gräfin von Wessex engagiert‹«, sagte Sophie zu Mahmood, den sie für einen künftigen Kunden hielt.[34]

Ihr Ehemann Prinz Edward, der jüngste Sohn der Queen, versuchte sich ebenfalls als Geschäftsmann. Da die königliche Familie ohnehin oft als Unterabteilung der Unterhaltungsbranche empfunden wird, sah er keinen Grund, warum er sich nicht als Showbiz-Royal neu erfinden sollte. Als er 2002 als Mitgeschäftsführer von Ardent Productions zurücktrat, hatte die TV-Produktionsfirma sicherlich Aufsehen erregt – allerdings nicht durch die wenigen produzierten Sendungen, die weder bei Kritikern noch beim Publikum Anklang fanden, sondern weil sie sich zu einer Entschuldigung gezwungen sah. Denn sie hatte eine Übereinkunft mit dem Rest der britischen Medien gebrochen, Prinz William während seines Studiums an der Universität St. Andrews in Ruhe zu lassen. »Sie sind in der Branche wirklich ein schlechter Witz«, erklärte ein anonymer Fernsehmanager gegenüber dem *Guardian*. »Im Laufe der Zeit ist ihre Inkompetenz immer offensichtlicher geworden. Es gab zuvor bereits kleinere Beispiele für aufgeblasene TV-Firmen, aber nicht in diesem Ausmaß. Jede Firma in jeder Branche, die so viel Aktienkapital verschleudert hat, ohne Profite zu erwirtschaften, wäre schon vor Jahren von ihren Investoren dichtgemacht worden.«[35]

Edwards mangelnder Instinkt für die leichte Unterhaltung war nur Monate nach seinem Abschied von der Marine offensichtlich geworden, als er den bizarrsten PR-Versuch in der Geschichte der Windsors startete. Er erfand *The Grand Knockout Tournament*, das Promi-Revival einer Gameshow namens *It's a Knockout*. Schauplatz war eine Schlossattrappe aus Sperrholz im Themenpark Alton Towers. Vier Teams traten gegeneinander an, und zwar unter der Führung von ihm selbst, dem Herzog und der Herzogin von York und Prinzessin Anne. Unglücklicherweise war es die einzige von ihm konzipierte Sendung, die ein Massenpublikum anzog: 18 Millionen Zuschauer im Vereinigten Königreich und über 400 Millionen weltweit. Obwohl einer von Charles' Freunden mitwirkte, der Komiker und Schauspieler Rowan Atkinson, waren der Prince of Wales und seine damalige Frau Diana klug genug, weit auf Distanz zu gehen. Stuart Hall, der Präsentator der ursprünglichen Gameshow, der sich das Turnier zusammen mit Edward ausgedacht hatte, stellte den Kandidaten slapstickhafte Aufgaben und hielt den Teamkapitänen immer wieder das Mikrofon vor die Nase, damit sie Kommentare abgaben. »Was wollen wir? Gold, Gold, Gold!«, brüllte Edward, aber seine Mannschaft erreichte gerade mal den dritten Platz. Seine Schwester hingegen beschrieb ihre Taktik als »kühl, ruhig und gesammelt«. »Dann kümmert Sie all die künstliche Aufregung gar nicht?«, fragte Hall. »Nein, wir sind vom starken, schweigsamen Typ«, entgegnete Anne.[36]

Ganz anders ihr kleiner Bruder. Als es die Journalisten auf der Pressekonferenz versäumten, das Spektakel mit Lob zu überschütten, verließ er die Veranstaltung mit dem Vorwurf: »Danke, dass Sie so verdammt begeistert sind!« Hall verwahrte sich später scharf gegen Kritiker, die behaupteten, das Turnier gefährde die Marke Windsor. »Wir sind ein gigantischer Themenpark, und sie sind die Hauptattraktion«, sagte er. »Wir haben sie nicht in Verruf gebracht.«[37] (Seine eigene Karriere endete allerdings in tiefster Schande: 2014 bekannte er sich schuldig, sich während der zwanzig Jahre vor dem Turnier an vierzehn jungen Mädchen vergangen zu haben, eines erst neun Jahre alt.)

Das Team von Prinzessin Anne – und Save the Children, die Wohltätigkeitsorganisation, der sie seit 1970 vorsteht – wurde Sieger. Unter den Kindern der Queen ist sie die Einzige, die regelmäßig Erfolge vorweisen kann und die den schwierigen Spagat zwischen dem Planeten Windsor und dem Planeten Erde fast mit Leichtigkeit bewältigt. Ihre Teilnahme an dem Turnier zählt zu den wenigen Fehlern in ihrer stabilen und weitgehend unaufgeregten Beziehung zur realen Welt, die Zeuge werden durfte, wie sie als Krönung ihrer Reiterkarriere 1971 Military-Europameisterin wurde, 1975 bei demselben Wettbewerb zwei Silbermedaillen errang sowie an den Olympischen Spielen 1976 in Montreal teilnahm. »Wenn es nicht furzt oder Heu frisst, interessiert es sie nicht«, witzelte ihr Vater, aber ihr Talent und ihre Zielstrebigkeit halfen Anne dabei, eine Richtung zu finden und ihrem Weg treu zu bleiben, was ihren Brüdern nicht gelang. Sie züchtet Pferde auf ihrem Landgut Gatcombe Park und veranstaltet dort mehrere Turniere, darunter das alljährliche Festival of British Eventing. Sie entwirft im Kundenauftrag und für Gatcombe Park Vielseitigkeitsparcours, betreibt den Gutshof als Landwirtschaftsbetrieb und geht gleichzeitig höchst effizient ihren royalen Verpflichtungen und ihrer Wohltätigkeitsarbeit nach.

Ihren Kindern blieb ein solcher Balanceakt erspart. Anne lehnte Adelstitel für sie ab, sodass ihr Sohn Peter und ihre Tochter Zara Untertanen der Krone, nicht jedoch ihre Repräsentanten sind. Peter ist Banker; Zara eine Reiterin, die die respektablen Leistungen ihrer Mutter zumindest erreicht, wenn nicht gar übertroffen hat. Es zeichnet sich bereits ab, dass ihre königlichen Cousinen schlechter abgeschnitten haben. Auf Andrews Website wird vermeldet, seine ältere Tochter Beatrice arbeite »Vollzeit in der Wirtschaft«. Von seiner jüngeren Tochter Eugenie heißt es, sie verfolge »eine Karriere in der Kunstwelt«. Sie ist nach New York gezogen, was ihr vielleicht eine kleine Atempause von der medialen Aufmerksamkeit verschafft, aber obwohl beide Prinzessinnen ebenfalls Schirmherrinnen von Wohltätigkeitsorganisationen sind, liefert ausgerechnet ihr soziales Engagement Futter für die Boulevardpresse. Edwards und Sophies Kinder, Lady Louise Windsor und James, Viscount Severn, die 2003 beziehungsweise 2007 geboren wurden, werden wahrscheinlich mit ähnlichen Schwierigkeiten und Zwangslagen zu kämpfen haben.

William und Harry indes stehen vor Lebensentscheidungen, die ihren Vorgängern als Thronfolger respektive Ersatzthronfolger sehr unterschiedliche Wege bescherten. William weiß, wie beschränkt seine beruflichen Optionen sind, aber er versuchte einen Kompromiss und wurde Luftretter für eine gemeinnützige Organisation in East Anglia. Harry schlägt sich bei der Armee mit seinem Schreibtischjob herum, während er seine nächsten Schritte überlegt. Beide Brüder sehen ein, dass die traditionellen royalen Pflichten – Bänder durchschneiden, Schiffe taufen, die Großmutter unterstützen, indem man möglichst den Mund hält – vielleicht nicht genügen, um populär oder bei gesundem Verstand zu bleiben. Der royale Frauenschwarm von heute ist vielleicht der glücklose royale Katzenjammer von morgen. Ihr Vater hat mit seinem humanitären Engagement eine andere Richtung eingeschlagen, doch nachdem die beiden Jungen seinen Kampf mit den Kritikern und seine Selbstzweifel miterlebt haben, suchen sie einen dritten Weg.

Hierbei orientieren sie sich auch am Vorbild ihrer Mutter, sowohl im Hinblick auf ihre Ziele als auch darauf, der unablässigen öffentlichen Aufmerksamkeit zu entfliehen. Als sie starb, waren sie noch zu jung, um zu verstehen, welche Kräfte in der Beziehung ihrer Eltern walteten, welche Probleme beide schon mit in die Ehe brachten und warum das Scheitern der Beziehung nicht nur privat, sondern über die Medien ausgetragen wurde. Diana ist 1997 gestorben, und dennoch durchdringt ihr Einfluss immer noch jeden Winkel des Palastlebens.

Kapitel 4

Der Herzbube

Sie sind beide Naturtalente; sie verfügen über Rhythmusgefühl, eine gute Körperhaltung und eine präzise Beinarbeit. Er beherrschte die Schritte bereits in jungen Jahren – jeder in seiner Familie lernt Gesellschaftstänze und Highland Reels. Das Tanzparkett gehört zu den wenigen Sphären, wo er sich ganz frei entfalten kann. Seine Frau nahm früher Ballettunterricht und hegte vorübergehend den Ehrgeiz, professionelle Tänzerin zu werden. Sie ist größer als ihr Mann, sogar in Strümpfen, aber es fällt nicht sehr auf. Früher war sie ein bisschen pummelig, hatte runde Wangen und ein üppiges Dekolleté, doch inzwischen ist sie so rank und schlank wie er. Ihr asymmetrisch geschnittenes, türkisfarbenes Abendkleid entblößt eine knochige Schulter und ein hervorstehendes Schlüsselbein. Als die Kapelle Stevie Wonders wundervolle Liebeshymne »Isn't She Lovely?« anstimmt, beginnt das Paar sich zur Musik zu drehen. Die anderen Gäste im Southern Cross Hotel in Melbourne bleiben sitzen, sehen sich die Darbietung an und klatschen bei kleinen Einlagen, wenn der Mann seine Partnerin wie eine Ballerina über die Tanzfläche wirbelt. Es ist eine perfekte Vorstellung, doch zugleich wirkt sie seltsam und angestrengt. Das Paar kämpft sich durch den Raum, zwei elegante Erscheinungen, die zusammen sonderbar ungraziös wirken. Es fehlt die Chemie. Charles und Diana mögen vielleicht im Gleichschritt tanzen, aber ohne Harmonie.

Zwei Jahre zuvor tanzten sie das erste Mal für die Kameras, ebenfalls in Australien. Damals war noch Feuer in ihrer Ehe, und der

Prinz strahlte, während er Diana durch die Drehungen führte. Auf ihrer Reise von 1985 ist die Fröhlichkeit aufgesetzt, und das Publikum lässt sich gerne täuschen. Die Ehe hat bereits ihr dynastisches Ziel erreicht und mit William und Harry einen Thronfolger sowie einen Ersatzthronfolger hervorgebracht. Der Prinz und seine Frau sind vernarrt in ihre Söhne, können einander aber kaum noch ertragen. Die meiste Zeit gehen sie getrennte Wege. Binnen eines Jahres werden beide Ehebruch begehen. Diana glaubt, dass Charles dies bereits seit Beginn ihrer Ehe getan hat. Dieses Detail und andere Behauptungen und Gegenbehauptungen werden zigmal durchgekaut werden: in Zeitungsartikeln, Büchern – Sachbüchern, Belletristik und Genres, die irgendwo dazwischen liegen – sowie in Dokumentarsendungen, Filmen, Kunstprojekten und nicht zuletzt in diversen gerichtlichen Untersuchungen. Das Internet wird eine Plattform für alles Mögliche bieten, von pathetischen Gedenk-Websites bis hin zu den absurdesten Verschwörungstheorien. Mit der Zeit lässt das Interesse nach, flackert jedoch immer wieder auf.

Es erscheint ungewöhnlich, dass eine Beziehung, die 1996 durch ein vorläufiges Scheidungsurteil und im Jahr darauf durch den Tod endgültig beendet wurde, so vielen Menschen immer noch wichtig ist. Der Grund dafür ist, dass die Auflösung eines Bundes, der als Symbol und Garant für die Tradition gedacht war, zur treibenden Kraft des Wandels wurde. Die Hochzeit hatte mehr als eine kleine Erholungspause von der trostlosen Realität der Rezession und einer zu harten Reformen entschlossenen Regierung geboten: 21,7 Millionen Briten und ganze 850 Millionen Zuschauer weltweit saßen gebannt auf ihren Sesseln, um an einem »Märchen« teilzuhaben, wie es Robert Runcie, der Erzbischof von Canterbury, mit ungewolltem Scharfblick in seiner Hochzeitspredigt formulierte. Es war ein bedeutendes Ereignis, nicht nur für die beiden Hauptpersonen und die etablierten Institutionen, die sie repräsentierten, sondern auch für eine globale Fangemeinde, die in ihrer Geschichte ein verbindendes Ideal fand. Das Scheitern dieses Ideals hat noch immer spürbare Nachwirkungen.

Prinz Charles ist ein Aktivist und Provokateur. Sein größter Ehrgeiz besteht darin, Veränderungen anzustoßen. Doch er hätte bestimmt niemals gedacht oder gehofft, dass seine erste Ehe eine skeptischere Gesellschaft und eine aggressivere Medienlandschaft zur Folge haben würde. Diese Veränderungen erschrecken ihn und fallen auf ihn zurück. Diana verfolgt ihn.

Und obwohl das längst alte Kamellen sind, ist diese Episode seines Lebens auch heute noch lebendig, sie ist die Brille, durch die ihn der Großteil der Welt betrachtet. Er wurde 1948 geboren, doch das öffentliche Bild von ihm wurde am stärksten im Jahr 1992 geprägt, dem »*annus horribilis*«, wie es seine Mutter nannte. Im Juni dieses Jahres veröffentlichte Andrew Morton seine Diana-Biografie, und im Dezember gab Premierminister John Major dem House of Commons die Trennung des Prince of Wales von seiner Frau bekannt.

Der Charles von heute, der in diesem Buch genauestens unter die Lupe genommen wurde, hat sich inzwischen ein selbstsicheres Auftreten angeeignet, das von echtem Selbstvertrauen getragen wird. In seiner Gesellschaft ist man geneigt, derjenigen Interpretation seiner ersten Ehe zu folgen, die sich weitgehend durchgesetzt hat: dass ein Mann aus eher dynastischen Gründen als aus Zuneigung eine viel jüngere Braut gewählt hat, dass er nicht für sie da war, als sie unter der Belastung des Lebens in der Öffentlichkeit und am Hof zusammenbrach, und dass er sie betrogen hat. Vieles davon stimmt, und doch fehlt ein Puzzleteil, das dieses Gesamtbild ein wenig verändert. Das entschuldigt keineswegs den Kummer, den der Prinz Diana zugefügt hat, aber es hilft, die Vorgänge zu verstehen.

Ein Altersunterschied von zwölf Jahren und sieben Monaten trennte das Paar, eine Generationenkluft. Doch auf dem Planeten Windsor gehen die Uhren anders als auf der Erde. In Menschenjahren gerechnet, war der Bräutigam fast ebenso unerfahren wie die Braut, kaum dem Teenageralter entwachsen.

Nicholas Soames lacht so schallend, dass die Papierstapel auf seinem Schreibtisch umzustürzen drohen. Ihn erheitert die Vorstellung, er und sein Jugendfreund seien weltgewandter gewesen als ihre Altersgenossen, weil sie in Palästen ein und aus gingen. »Wir waren keine erfahrenen Männer. Völliger Unsinn. Das ist einfach nur komisch. Eine ganz und gar abwegige Idee. Charles war in Gordonstoun, das er hasste, und ich in Eton, und wir sahen uns in den Ferien und führten ein unglaublich simples, schnörkelloses Leben – na schön, wir hatten ziemliches Glück –, aber wir lebten ein sehr einfaches Leben«, sagt er. »Die Vorstellung, das sei herrlich glamourös gewesen …«[1] Als der konservative Parlamentsabgeordnete für Mid Sussex anstelle weiterer Worte eine Grimasse zieht, was er während des ausführlichen Gesprächs in seinem Büro in Portcullis House ziemlich häufig macht, ist die Ähnlichkeit mit Winston Churchill, seinem Großvater mütterlicherseits, unverkennbar.

Seit ihrer ersten Begegnung im Alter von zwölf Jahren ist Soames ein enger Freund des Prinzen, abgesehen von einer Zeit der Entfremdung, als Charles Diana zu besänftigen versuchte, indem er die Verbindung zu alten Freunden kappte. »Ich werde morgen sechsundsechzig«, sagt Soames. »Ich bin sechsundsechzig Jahre alt. Das ist ein ganzes Leben. Und während zweier Jahre in der Mitte dieser Lebensspanne habe ich ihn überhaupt nicht gesehen. Zwei Jahre lang war er mit Lady Diana verheiratet. Da war er hinter Schloss und Riegel.«

Der Versprecher über die Dauer der königlichen Ehe – die vor dem Gesetz über fünfzehn Jahre lang bestand und in der öffentlichen Wahrnehmung vom Tag der Hochzeit bis zur Zerrüttung, also mindestens ein Jahrzehnt – ist aufschlussreich. In den ersten Ehejahren unternahm der Prinz konsequente Anstrengungen, seiner Frau zu gefallen und zu einer ausgeglichenen Beziehung mit ihr zu finden. Während dieser Zeit, so Soames, hat es Charles »meiner Einschätzung nach verzweifelt versucht. Er tat alles dafür, dass es klappte, und hat dafür völlig zu Recht jedes Zugeständnis gemacht.«

Diana sah in Soames immer einen Feind, und das nicht ohne Grund. Als einer der wenigen Freunde des Thronfolgers äußerte er Bedenken gegen die Verlobung und zeigte sich immun gegen Dianas Charmeoffensive. Seine Loyalität dem Prinzen gegenüber ist unendlich, die beiden sind sich wirklich sehr nah, fast wie Brüder. »Er ist einfach großartig«, sagt Soames. »Das ist jetzt keine übertriebene Schwärmerei. Es ist einfach so.« Anhänger von Diana – und nach all den Jahren teilen sich die Welt und die Hofkreise immer noch in zwei Lager – halten Soames' Urteil für zu parteiisch, um aussagekräftig zu sein. Und doch illustriert seine Begeisterung sehr deutlich, dass Charles den Großteil seines Lebens von Menschen umgeben war, die ihn bedingungslos unterstützten. Außerdem ist Soames so etwas wie ein Spiegelbild des Prinzen, eine Persönlichkeit, wie man sie bei seinem Hintergrund und seiner Erziehung erwartet, herzlich und im Großen und Ganzen unkompliziert. »Er liebte das Landleben«, sagt Soames. »Ich habe nicht studiert; ich bin gleich zur Armee gegangen; doch der Prinz ging nach Cambridge, und ich glaube, Cambridge bedeutete ein sehr kultiviertes Leben für ihn. Er war nicht kultiviert in dem Sinne, wie Sie das Wort verstehen. Sein Benehmen war kultiviert, und er hatte einen kultivierten Geschmack, nehme ich an, aber er war nicht kultiviert im Sinne von weltgewandt.«

Soames untermalt diese These mit einem Beispiel. Im Jahr 1970 wurde er zum Kammerherrn des einundzwanzigjährigen Prinzen ernannt, und die beiden jungen Männer unternahmen gemeinsame Reisen. »Wir besuchten die erstaunlichsten Orte. Wir wohnten bei dieser Frau. Sie war eine sehr berühmte Schauspielerin und hieß – Himmel!« Soames fasst sich an die Stirn. »Ich weiß nicht mehr, wie sie hieß. Ich habe mein ganzes Leben nicht mehr so viel gelacht. Wir logierten in ihrem Haus. Sie war eine Freundin von Lord Louis [Mountbatten] und Prinz Philip. War es vielleicht Merle Oberon? Wir wohnten also in ihrem Haus, und dort funktionierte alles elektrisch. Das gab es damals sonst nicht. Man drückte einen Knopf, und die Vorhänge gingen auf. Ich weiß noch, dass ich dachte: ›Das ist weit jenseits unseres Budgets.‹ Es war so, wie mit einem ferngesteuerten Auto zu spielen.«[2]

Der Prinz fand elektrische Vorhänge aufregend und hübsche junge Mädchen elektrisierend. Dennoch hielten sich hartnäckig Gerüchte zu seiner sexuellen Präferenz, nicht zuletzt deshalb, weil ein Date mit ihm eine keusche Angelegenheit war. Es war schwer genug für ihn, mögliche Freundinnen kennenzulernen, und noch schwerer, »sich die Hörner abzustoßen und so viele Affären wie möglich zu haben«, wie ihm sein Onkel Mountbatten in einem Brief riet.[3] Eine trostlose Kindheit, in der man ihm einerseits ein Gefühl der gesellschaftlichen Überlegenheit, andererseits ein tiefes Minderwertigkeitsgefühl einimpfte, hatte Charles denkbar schlecht auf eine partnerschaftliche Beziehung vorbereitet. Aufgrund seiner Position hatte er so gut wie keine Möglichkeit, sich unbeachtet von der Öffentlichkeit darin zu üben.

Mädchen, die erwarteten, den Thronfolger aus den Presseartikeln kennenzulernen – einen schneidigen, tatkräftigen Mann, den begehrtesten Junggesellen überhaupt –, wurden von der Realität enttäuscht.[4] Als Student und später als Marineoffizier besaß Charles weder geistige Freiheit noch Bewegungsfreiheit. Die Isolation, die seine Schulzeit geprägt hatte, blieb bestehen. Lucia Santa Cruz, eine der wenigen engen Freundinnen von der Universität – aber entgegen anderslautenden Berichten niemals mit ihm liiert, wie sie nachdrücklich betont –, erinnert sich, dass der Prinz sie einmal in einem Brief bat, ihn nach einem sechsmonatigen Marineeinsatz beim Einlaufen seines Schiffs am Hafen abzuholen. Er hatte sonst niemanden, der ihn bei seiner Rückkehr willkommen geheißen hätte. »Alle wurden von irgendwem abgeholt, und er tat mir so leid«, erzählt sie. »Ich war schon verlobt, und es war sehr schwierig wegen dem, was die Presse [über ihr Verhältnis] schrieb, aber ich dachte, ich kann ihn nicht im Stich lassen. Das war wirklich ein Beispiel dafür, wie wenig emotionale Unterstützung er erhielt.«[5]

Tagebücher und deprimierte Briefe aus dieser Zeit belegen eine Reihe von Begegnungen, die eher komisch als romantisch anmuten. In einem Nachtclub in Acapulco saß der Prinz wie festgewurzelt auf seinem Stuhl, bis er endlich den Mut aufbrachte, ein »einsam wirkendes Mädchen« zum Tanzen aufzufordern. Doch sie gab ihm mit einem »grässlichen amerikanischen Akzent« einen Korb.[6] Laut Jonathan Dimblebys Biografie folgte Charles nach seiner Ankunft auf Hawaii zaghaft zwei Frauen in ihre Wohnung, nur um festzustellen, dass die einzige Ungezogenheit, die sie im Sinn hatten, im Rauchen eines Joints bestand. Seine Leibwächter und die örtliche Polizei warteten draußen. Er empfahl sich unter einem Vorwand.

Zurück in Großbritannien, waren seine Möglichkeiten, Frauen kennenzulernen, noch begrenzter. Freunde und der stets fürsorgliche Mountbatten versuchten ihm zu helfen, indem sie Unternehmungen und Partys mit möglichen Kandidatinnen für eine royale Romanze veranstalteten. Eine dieser Kandidatinnen – die lieber anonym bleiben möchte – traf den Prinzen zusammen mit weiteren jungen Anwärterinnen in der königlichen Loge im Theater. Sie und er wechselten nur ein paar Worte, aber am nächsten Tag rief er an und bat sie stockend um ein Rendezvous. Damals traf man sich gewöhnlich im Kino oder Pub zu einem ersten Date. Charles lud sie zu einem Lunch mit der Queen und Prinz Andrew nach Windsor ein, gefolgt von einem Polospiel.

Die nächsten Verabredungen folgten einem ähnlichen Muster, eingeengt durch das Protokoll und die Bedenken des Thronfolgers wegen der Presse. »Er machte sich große Sorgen darüber, welche Folgen die ungerechtfertigte Aufmerksamkeit für mich haben würde«, sagt seine ehemalige Flamme. »Aber es hat einen niemand darauf vorbereitet, weder damals noch später, es gab keine Tipps von Hofbeamten, wie man den Weg plante und der Presse entkam, was merkwürdig war, da sie doch der Feind war.« Der Terminplan des Prinzen, der schon Monate im Voraus auf die Minute hin ausgebucht war, machte das Ganze noch schwieriger. Für Spontaneität war kein Platz. Dinnerpartys waren eine biedere Angelegenheit. »Die Leute amüsierten sich, waren entspannt, bliesen den Zigarettenrauch aus dem geöffneten Fenster, aber kurz bevor er eintraf, drückten sie die Zigaretten aus und nahmen Habtachtstellung an.« Die Gäste, darunter auch seine Freundin – die inzwischen vom Prinzen und von der Presse so genannt wurde –, sprachen ihn mit »Sir« an und verbeugten sich oder knicksten, wenn er den Raum betrat. Einmal stieß sie sich die Stirn an Charles' Kinn an, weil sie gerade in die Knie ging, als er sich vorbeugte, um sie zu küssen. Sie bezweifelt, dass er ihren Mund angesteuert hatte. Während ihrer nicht unbeträchtlichen Zeit als offizielle Freundin des Thronfolgers küssten sie sich fast nie auf den Mund, geschweige denn, dass sie eine Nacht miteinander verbracht hätten.

In der verzerrten Welt des Planeten Windsor wurden die damals herrschenden Anstandsregeln noch strenger gehandhabt. Mädchen, die als Freundinnen des Prinzen infrage kamen, mussten auch das Zeug zu einer künftigen Ehefrau haben. Charles durfte ihre Jungfräulichkeit nicht antasten. Mountbatten riet seinem Großneffen, dass ein Mann in seiner Position sich ein »passendes, attraktives und gutmütiges Mädchen suchen sollte, bevor sie jemanden kennenlernt und sich in ihn verliebt. Schließlich hat [deine] Mummy, nachdem sie mit dreizehn Jahren in Dartmouth [Prinz Philip] kennengelernt hatte, nie mehr ernsthaft an einen anderen gedacht!« Er schob noch die hilfreiche Erkenntnis nach: »Ich glaube, für Frauen ist es verstörend, vor der Ehe Erfahrungen zu machen, wenn sie danach auf einem Sockel stehen müssen.«[7] Royale Freundinnen, die diesen Kriterien nicht entsprachen, lernten schnell, wie frostig die Königin und ihre Hofbeamten sein konnten.

Sexuelle Erfahrungen musste der Prinz bei erfahrenen Frauen sammeln, am besten bei verheirateten. Lady Tryon, Australierin und Frau eines englischen Lords, war laut Aussage von Freunden und Journalisten, die sie anlässlich einer Werbekampagne für ihre Modefirma Kanga kontaktierte, eine solche Liebschaft. Wie sie verriet, war Kanga der Spitzname, den Charles sich für sie ausgedacht hatte. Die Affäre mit einer verheirateten Frau, im Normalfall eher schwieriger zu regeln als eine voreheliche Beziehung, bereitete dem Prinzen weniger logistische Probleme als sein offizielles Liebesleben. Der Landadel veranstaltete regelmäßig Gesellschaften und nahm den ungebundenen Thronerben gern als Übernachtungsgast auf. Als ihn die Nachricht von Mountbattens Ermordung erreichte, machte er gerade mit Kanga und ihrem Mann in ihrem Haus auf Island Urlaub.

In solchen Beziehungen wurde dem Prinzen Wärme und Intimität zuteil, wenn auch nur in kleinen Dosen. Er musste sich nie mit seinen Geliebten auseinandersetzen, außer über die Planung ihrer Verabredungen. (Ein illegaler Mitschnitt eines Telefongesprächs aus dem Jahr 1989 zwischen Charles und Camilla, damals Mrs Parker Bowles, enthält eine ausführliche Debatte darüber, welches Haus eines Freundes sie für ein Treffen nutzen könnten, ob auf der möglichen Route mit Verkehr zu rechnen war und sogar, welchen Weg sie nehmen sollten. »Wie machst du es? Du nimmst die M25 und dann die M4, oder?«, fragt Charles. »Ja«, entgegnet Camilla. »Und du fährst, ähm, irgendwie über Royston oder die M11 um diese Zeit in der Nacht.«[8] Die geografischen Angaben sind fast ebenso rätselhaft wie die Frage, wie es zu einer Aufzeichnung des Gesprächs kam.) Solche Romanzen hatten fest umrissene Grenzen: Sie gingen von der Voraussetzung aus, dass sie niemals offiziell anerkannt werden konnten; die Forderungen, die diese Frauen an ihn stellen konnten, waren minimal.

Sich nicht an diese Regeln zu halten war gefährlich. Als Kanga im November 1997 mit nicht einmal fünfzig Jahren starb, gehörte sie nicht mehr dem engsten Kreis des Prinzen an. Nach ihrem unerklärlichen Sturz aus dem Fenster der Entzugsklinik Farm Place, wo sie ihre Schmerzmittelsucht bekämpfen wollte, war sie an den Rollstuhl gefesselt; später wurde sie vorübergehend in eine psychiatrische Einrichtung eingewiesen. Vier Monate vor ihrem Tod durch Blutvergiftung entdeckte sie Charles bei einem Poloturnier und versuchte vergebens, in ihrem Rollstuhl zu ihm vorzudringen. Beamte versperrten ihr den Weg. Laut einer Quelle hat er sie nicht gesehen. Womöglich hat er sie aber überhaupt niemals wirklich erkannt.

Nur Camilla ist es gelungen, im Umgang mit Charles sie selbst zu bleiben, weil sie nichts vor ihm zu verbergen hat. Als unerschütterliche Frohnatur ging sie ohne jegliche Neurosen in diese Beziehung und, Ironie des Schicksals, ohne jede Aussicht, Königin zu werden. Lucia Santa Cruz brachte das Paar 1971 zusammen. »Mein Vater war fünf Jahre lang Botschafter in London, bevor er nach Chile zurückkehrte«, sagt Lucia Santa Cruz. »Ich blieb hier, und Camilla und ich wohnten im selben Haus. Sie im Erdgeschoss, ich im ersten Stock. Zwar hatten wir uns schon zuvor gekannt, aber in dieser Zeit wurden wir sehr, sehr enge Freundinnen, weil ich ganz auf mich allein gestellt war und sie unglaublich nett und großzügig war. Wir sahen uns täglich. Ich werde nie das erste Weihnachten vergessen, an dem ich ganz allein war: Ich verbrachte es mit ihrer Familie. Sie überreichten mir einen ganzen Sack voller Geschenke.«

Als Lucia Santa Cruz auf die Idee kam, dass ihre Freundin gut zu Prinz Charles passen würde, legte sie dabei nicht die Maßstäbe des Hofes an. Camilla Shand war sechzehn Monate älter als Charles und hätte Mountbattens »Sockeltest« nicht bestanden. Der Prinz war nicht ihr erster intimer Freund. Sie hatte eine leidenschaftliche Beziehung zu einem seiner Freunde, Andrew Parker Bowles. Früher hatte sie Lederklamotten getragen und war mit dem Motorrad durch die Vereinigten Staaten gebraust. Sie rauchte und trank und genoss das Leben allzu offensichtlich. Aber Lucia Santa Cruz erkannte ganz richtig, dass Camilla Charles gefallen würde. »Ich fand immer, dass bei Charles das Gefühlsleben zu kurz kam«, sagt sie. »Und ich dachte, dass Camilla so eine menschliche, bodenständige, warmherzige Person sei und eine gute Ergänzung für sein Leben wäre. Ich dachte, sie könnte ihn ungeachtet seiner Position wertschätzen, und das war es, was er am meisten brauchte: dass man ihn dafür schätzte, was er war, und nicht dafür, was er darstellte. Jedenfalls kam er zu mir auf einen Drink oder um mich abzuholen, und ich fragte: ›Kann Camilla hochkommen?‹«

Der Rest ist Geschichte, wenn auch vieles davon falsch wiedergegeben wurde. Laut einer Medienlegende sprach Camilla Charles auf einem Polofeld an und stellte sich anscheinend mit einer frechen Bemerkung vor: »Meine Urgroßmutter war schon die Geliebte deines Ururgroßvaters, also wie wär's mit uns?« Bei ihrer ersten Begegnung wurde tatsächlich ein ähnlicher Witz gemacht, allerdings nicht von Camilla. Lucia Santa Cruz stellte Camilla dem Prinzen vor: »… und ich sagte: ›Ihr beiden müsst jetzt aufpassen wegen eurer Gene‹ – wegen Alice Keppel.«[9]

Mit Camilla führte Charles endlich seine erste – und wohl einzige – wirklich erwachsene Beziehung, geprägt von Liebe und Leidenschaft, Respekt und Ebenbürtigkeit und von einem Sinn für Humor, der beide oft Tränen lachen lässt. Camilla ist »derb und vulgär«, meint Emma Thompson anerkennend.[10]

Charles und Camilla bereichern und ergänzen einander. Es scheint auf der Hand zu liegen, dass sie von Anfang an besser zusammengeblieben wären: Damit hätten sie allen, besonders ihren Ehepartnern, beträchtlichen Kummer erspart. Aber Charles hatte noch nicht gelernt, ein guter Partner in einer Beziehung zu sein. Ihm fehlte ein Vergleichsmaßstab für das, was er für Camilla empfand, und es mangelte ihm immer noch an Selbstvertrauen. Sich für sie zu entscheiden hätte bedeutet, sich gegen seine Familie, den Palastapparat und seine eigene Überzeugung zu stellen, dass er damit der Monarchie schaden würde, der zu dienen man ihn gelehrt hatte.

»Es kam [für den Prinzen] überhaupt nicht infrage, Camilla zu heiraten, weil sie älter war, und es herrschte die Vorstellung, dass die Braut Jungfrau sein sollte und keine Vergangenheit haben durfte, die die Presse ausschlachten konnte«, sagt Lucia Santa Cruz. »Lord Mountbatten hatte diesbezüglich sehr kategorische Ansichten, und er hatte großen Einfluss auf Prinz Charles. Und so ging [der Prinz] zur Marine, und dann fing Camilla an, wieder mit Andrew auszugehen, und heiratete ihn schließlich. Gefühle sind etwas Kompliziertes, und sie war irgendwie besessen von Andrew. Eine andere Möglichkeit stand nicht zur Debatte, und sie war der Ansicht, sie könne [Charles] nicht an sich binden, weil es seine Pflicht war, zu heiraten und Nachkommen zu zeugen.«[11]

Als Charles davon erfuhr, war er am Boden zerstört, aber er tat nichts, um es zu verhindern. Mountbatten versuchte den Thronfolger zu trösten, indem er seine Bemühungen verstärkte, ihm seine Enkelin Amanda Knatchbull, Timothys Schwester, als künftige Braut schmackhaft zu machen. Engen Freunden des Prinzen fällt es nicht immer leicht, seine Interessen von ihren eigenen zu trennen, und Mountbatten wollte seine Dynastie noch enger an die Monarchie binden, die bereits durch Prinz Philip mit den Windsors verwoben war.

Amanda Knatchbull, die mehr als acht Jahre jünger war als Charles, lehnte seinen Heiratsantrag letztendlich ab. Sie hatte genug von seinem Leben mitbekommen, um zu wissen, was es bedeuten würde, Princess of Wales zu sein. Mountbatten erlebte nicht mehr mit, wie Prinz Charles eine Braut zum Traualtar führte, die alle von ihm geforderten Heiratsvoraussetzungen mitbrachte, und auch nicht, welche giftigen Früchte seine Ratschläge trugen.

Bis zum heutigen Tag bleibt der Prinz bei der Behauptung, die er in Jonathan Dimblebys Filmporträt von 1994 aufstellte: dass er seine Beziehung zu Camilla erst wieder aufnahm, als die Ehe mit Diana bereits unwiderruflich zerrüttet war. Dieser Punkt scheint ihm sehr wichtig zu sein – eine Frage der Ehre. Dabei könnte man es auch Wortklauberei nennen, doch das will er laut einer Quelle selbst nach allem, was passiert ist, immer noch nicht eingestehen. Ob er und Camilla ihre Affäre in den Anfangsjahren seiner Ehe mit Diana nun weiterführten oder nicht, sie gaben sie nie ganz auf. In ihrer Ehe waren sie, wie Diana feststellte, zu dritt.

Lady Diana Spencer hatte den Antrag des Thronfolgers in dem Glauben angenommen, dass sie in ihn und er in sie verliebt war, auch wenn er in aller Öffentlichkeit darüber sinnierte, was »verliebt sein« bedeuten mochte. Sie konnte die Mechanismen nicht durchschauen, warum die Wahl ausgerechnet auf sie gefallen war, und auch nicht vorhersehen, was für ein Leben sie erwartete. Und doch ahnte sie bereits fünf Monate nach ihrer Verlobung etwas von der Liaison ihres Verlobten. Während eines gemeinsamen Fernsehinterviews, das am Vorabend ihrer Hochzeit ausgestrahlt wurde, beteuerte sie, Charles sei ein »Fels in der Brandung« gewesen, als sie lernte, mit dem ungewohnten Druck durch die mediale Aufmerksamkeit umzugehen. »Zu gütig!«, warf er ein, weil er ein solch unverdientes Lob instinktiv ablehnte. »Das musste ich doch sagen, du sitzt ja neben mir«, gab sie zurück und lächelte, obwohl das vielleicht nicht als Witz gemeint war.

Ihre Antworten verrieten auch, dass sie keinerlei Vorstellung von ihrer Zukunft hatte. Sie hatte sich jede Sekunde des dreiminütigen Gangs zum Altar der St Paul's Cathedral genauestens ausgemalt, aber keinen einzigen Moment ihres Lebens danach. »Lady Diana, wie sehen Sie Ihre künftige Rolle als Princess of Wales?«, fragte einer der Interviewer. »Nun, ich freue mich sehr, nach Wales zu reisen und alle kennenzulernen«, antwortete sie stammelnd. »Aber mein Leben wird eine große Herausforderung sein.«[12]

Das war es bereits. Hinter den Kulissen hatten sowohl die Braut als auch der Bräutigam mit Ängsten zu kämpfen und kamen jeder für sich zu dem Schluss, dass ein Rückzieher mehr Schaden anrichten würde, als dem Schauspiel seinen Lauf zu lassen. Wie einen vergifteten, in einem Berg von Hochzeitsgeschenken und Glückwunschkarten versteckten Apfel hatte Diana ein Armband mit den Initialen »GF« entdeckt, das für Camilla gedacht war. (Ein Schmuckstück für Kanga entging ihrer Aufmerksamkeit.) Diana spürte bereits, dass Camilla keine potenzielle Freundin war, sondern eine Rivalin. Die Prinzessin erzählte Andrew Morton, dass die Initialen für »Gladys« und »Fred« standen, angeblich Camillas und Charles' Kosenamen füreinander; laut dem Charles-Biografen Jonathan Dimbleby standen sie für »Girl Friday«, Charles' Spitzname für Camilla. Beide Versionen sind plausibel, erstere illustriert den Sinn der beiden für Humor, letztere die Tatsache, wie sehr der Prinz von ihr abhängig war.

Seit ihrer ersten Begegnung gab es nur wenige Bereiche in Freds Leben, die für Gladys' Ratschläge tabu waren. Sie war sein Resonanzboden, auch bei Angelegenheiten, die sie direkt betrafen, was eigentlich ein Ausschlusskriterium hätte sein sollen. Er zog sie zurate, als er wegen der Heirat mit Diana zögerte, und bekam dann kurz vor der Zeremonie kalte Füße. Er vertraute ihr an, wie sich Dianas Kummer manifestierte, der größtenteils durch ihre berechtigte Eifersucht hervorgerufen wurde.

Vor der Verlobung, die gerade mal fünf Monate dauerte, machte er Diana nur kurz den Hof. Er verstand sie überhaupt nicht und wusste nichts von dem Gepäck, das sie mit in die Ehe brachte, durch eine

Kindheit, die auf ihre Weise ebenso schwierig gewesen war wie seine. Je mehr er spürte, dass sie nicht das fröhliche Mädchen vom Land war, das er sich vorgestellt hatte, je mehr sie ihre schwachen Seiten zeigte und von Essstörungen gequält wurde, an denen sie fast bis an ihr Lebensende litt, desto weniger gefiel ihm der Gedanke, sie zu heiraten. Seine Verwandten und die meisten Freunde ermutigten ihn, Nägel mit Köpfen zu machen, aber es gab auch andere Stimmen, darunter Nicholas Soames. Am Vorabend der Hochzeit war der Prinz, so ein Mitglied des engsten Kreises, »verzweifelt. ›Ich kann das nicht durchziehen … ich kann nicht.‹ Ich habe ihm später immer gesagt, wenn es eine katholische Ehe gewesen wäre, hätte man sie annullieren können. Weil sie nicht wirklich [vollzogen] war, weil das mit der Bulimie und all das schon vor der Hochzeit anfing.«

Die Angehörigen des britischen Königshauses und ihre Berater glauben – vermutlich zu Recht –, dass die Monarchie nur dann überleben kann, wenn die Traditionen unverändert bestehen bleiben. Solange die Show ohne offenkundige Störungen weitergeht, solange alles vor sich hin plätschert, unterbrochen durch die eine oder andere Aufregung in Form von Hochzeiten und Geburten, scheinen die meisten Untertanen der Krone zufrieden zu sein. Brüche werfen nur Fragen auf. Ältere Hofbeamte – und die Queen – erinnern sich mit Schaudern an die nationale Selbstbespiegelung infolge der Abdankung von Edward VIII., weil dieser die zweimal geschiedene Amerikanerin Wallis Simpson heiraten wollte. Man hatte sein Gesicht bereits auf Krönungssouvenirs gedruckt, als er am 10. Dezember 1936 unwiderruflich auf sein Geburtsrecht verzichtete. Vierundvierzig Jahre später reichte die Aussicht auf nutzlos gewordene Souvenirs, um die ängstliche Diana dazu zu bewegen, ihre Hochzeit durchzuziehen. Nachdem sie das Armband für Camilla gefunden hatte, erwog sie, alles abzublasen. »Also ging ich nach oben, aß mit meinen Schwestern, die gerade da waren, und sagte: ›Ich kann ihn nicht heiraten, ich kann das nicht tun, das ist absolut unglaublich.‹ Sie waren wundervoll und sagten: ›Tja, Pech gehabt, Duch [ihr Spitzname, die Abkürzung von

Duchess], deine Initialen sind schon auf den Geschirrtüchern, es ist zu spät zum Kneifen.‹«[13] Sie konnte nicht wissen, dass man auch ihren Bräutigam mithilfe von Überredungskünsten zum Altar locken musste.

Also gaben sich Charles und Diana das Jawort, bekamen ihre Söhne und versuchten, eine gute Ehe zu führen – aber sie waren viel besser darin, ihre Ehe zu zerstören. Nicht nur wegen dieser Zeit, aber meistens im Hinblick auf Diana wird der Prinz oft fälschlicherweise für gefühllos gehalten. Ein Mann, der noch nicht wusste, was Liebe bedeutet, hätte vielleicht tiefere Gefühle für eine schwache Partnerin entwickelt. Schuldgefühle bringen oft die schlechten und nicht die guten Seiten eines Menschen zum Vorschein. In seiner Jugend hatte man ihm beigebracht, seine Gefühle dadurch zu bewältigen, dass er sie verbarg, und ihn kritisiert, wenn ihm das nicht gelang. Jetzt verhielt er sich seiner Frau gegenüber manchmal ähnlich, wie ein geschlagenes Kind, das als Erwachsener selbst zum Schläger wird.

Die Frage, ob er sie je geliebt hat, ist problematisch, wie alles in ihrer Beziehung. Zu Beginn ihrer Ehe stellte er sich vor, dass er sie lieben könnte. Er liebte die Vorstellung, einen Hausstand zu gründen und Kinder zu bekommen. Er hat seine Jungen immer geliebt. Aber was den Umgang mit seiner Frau betraf, geriet er ins Straucheln. In seinem Bemühen, auf ihre offensichtlichen Probleme einzugehen, erbat er von den falschen Leuten die Unterstützung, die er ihr nicht geben konnte: nicht nur bei Laurens van der Post, sondern überraschenderweise auch bei Jimmy Savile. Aber auch noch so gute Ratschläge hätten die beiden nicht miteinander versöhnt. Ihr kurzes gutes Einvernehmen basierte auf dem Gefühl, dass sie ein gemeinsames Projekt gemeistert hatten: Sie schwelgten in dem Bewusstsein, die Queen und das Land zufriedengestellt zu haben. Doch die Kräfte, die sie auseinandertrieben, waren stärker. Es war nicht nur das Aufeinanderprallen zweier Menschen, die nicht zusammenpassten, die Schöne und das Biest, und auch nicht die Rivalität zwischen ihren Höflingen und Anhängern, obwohl es all das auch wurde. Es lag nicht nur an Dianas Erkenntnis, dass sie den Palast nicht mehr brauchte, um ein Star zu sein. Es lag nicht nur an fehlenden Gemeinsamkeiten. Camilla teilt nur einige von Charles' Interessen. In vielerlei Hinsicht – in ihrer Emotionalität, ihren glühenden Leidenschaften, ihrem Wunsch, Eindruck zu hinterlassen – ähnelten sich Charles und Diana mehr. Beide hungerten in ihrer Jugend nach Zuneigung. Bei beiden äußerte sich diese Bedürftigkeit zuweilen in Akten großer Güte, dann wieder in übertriebener Selbstbezogenheit. Die größte Kluft war allerdings der Altersunterschied.

»In [Diana] manifestierte sich ein enormer Wandel in der Art unserer Beziehungen zueinander, der sich in den vergangenen vierzig Jahren vollzogen hat und bei dem das Gefühl völlig die Oberhand über den Verstand gewonnen hat«, sagt Lucia Santa Cruz. »Der Generation vor uns brachte man bei, dass Gefühle ein schlechter Ratgeber sind, dass man sie hintanstellen muss, weil zu ihnen auch Angst, Hass, Abneigung, Unruhe und so weiter zählen, die es zu kontrollieren gilt. Er war sehr stark ein Produkt dieser alten Erziehung.«[14]

Hierin liegt eine gewisse Ironie. Heute vertritt der Prinz eine Philosophie, auf die ich in späteren Kapiteln näher eingehen werde, wonach ein betont rationaler Ansatz zu einseitig ist; eine ganzheitliche, harmonische Beziehung zur Umwelt und vermutlich auch zur Ehefrau setzt voraus, dass gleichermaßen der Geist – und die Gefühle – beteiligt sind. »Er ist durch und durch intuitiv«, sagt Timothy Knatchbull. »Ich kenne nur sehr wenige Menschen, die eine ähnliche emotionale Intelligenz besitzen wie Prinz Charles, weil diese auch ein wesentlicher Bestandteil der spirituellen Intelligenz dieses Mannes ist. Es geht nicht nur um das Tun, sondern um das Fühlen. Es geht um die Intuition und um den Glauben. Es geht um das Metaphysische. Es geht um Liebe. Und wenn man sich auf diesem Terrain bewegt, geht es selbstverständlich auch um Gefühle. Er ist ein sehr emotionaler Mensch. Und viele sehr emotionale Menschen in meinem Bekanntenkreis, die sich nach außen hin nicht so geben, tragen diese Eigenschaft doch in sich und drücken sie auf andere Weise aus, in ihrer Liebe zu großer Kunst oder Musik oder Ballett oder was auch immer ihr Ventil ist.«[15]

Wenn man Charles heute beobachtet, merkt man sofort, dass seine Emotionen immer ganz dicht unter der Oberfläche liegen. Er ist vom Wesen her dünnhäutig, seine Adern schwellen, wenn er sich ärgert, manchmal bricht eine kindliche Freude aus ihm hervor. Doch als junger Mann, der in der Nachkriegszeit von äußerst strengen Eltern erzogen wurde, fehlte dem Prinzen nicht nur das Rüstzeug, um seine junge Frau zu verstehen, sondern er schreckte vor dem Gefühlschaos zurück, das sie verbreitete. In die explosive Beziehung der beiden brachte sie eine Kindheit mit, die ebenso dysfunktional war wie seine, aber mit grundlegend anderen Konsequenzen. Er hatte aus seiner Erziehung das homöopathische Prinzip übernommen, Gleiches mit Gleichem zu behandeln. Wenn die Last des Lebens am Hof dich krank macht, muss die Antwort lauten, dir noch mehr Last aufzubürden.

Erzbischof Runcie erinnerte sich daran, wie er einmal mit Sarah, der Herzogin von York, in einer »ziemlich prunkvollen Ecke des Buckingham-Palasts« Tee trank. Es war in der Zeit, als sie sich gerade von Andrew trennte. »Sie war von irgendeinem öffentlichen Auftritt zurückgekehrt und versuchte sich an diesem Ort mit den hallenden Räumen zurechtzufinden. Sie tat mir leid ... Und sie sagte: ›Ich kann das Steife-Oberlippe-Syndrom einfach nicht ertragen. Und das Nie-krank-sein-Syndrom. Daran leidet Diana.‹«[16]

Wenn die Prinzessin vor dem Altar einen Rückzieher gemacht hätte oder wenn die bohrenden Zweifel am Vorabend der Hochzeit ihren Bräutigam dazu gebracht hätten, die Verlobung zu lösen, hätte das für die Monarchie zweifellos unmittelbare Folgen gehabt. Doch später war es die Auflösung der unüberlegten Verbindung zweier zu unterschiedlicher Menschen, die die größte Bedrohung für die Monarchie seit Edwards Abdankung darstellte. Im Jahr 1992, dem *annus horribilis*, ließ sich auch Prinzessin Anne von ihrem ersten Ehemann Captain Mark Phillips scheiden, und Prinz Andrew trennte sich von der quirligen Sarah. Die gescheiterten Ehen der Geschwister entsprachen zwar dem demografischen Trend im Vereinigten Königreich, wo die Scheidungsraten nach oben schnellten, doch sie untergruben eine der wichtigsten Symbolfunktionen der Monarchie: ihren Untertanen eine glückliche, strahlende Idealvorstellung von sich selbst zu präsentieren.

Diana verstand die Mechanismen dieses Geschäfts, und sie wusste auch, welche Folgen es haben würde, die Illusion zu zerstören. Man kann vieles über sie sagen, aber sie war nicht dumm, obwohl sie sich einmal selbst als »dumm wie Bohnenstroh« bezeichnete.[17] Sie besaß die Fähigkeit, Menschen zu durchschauen, auch ihren Mann, und zwar besser als er sie. Wenn sie es darauf anlegte, konnte sie so ziemlich jeden um den Finger wickeln, Männer wie Frauen. Charles erlag ihr nie voll und ganz. Das war eine ihrer wenigen Niederlagen, die einen Kampf um die Sympathie der Öffentlichkeit zur Folge hatte. Noch heute gibt es eine weltweite Fangemeinde, die Diana wacker verteidigt, und die globalen Medien schlagen sich weiterhin immer wieder auf ihre Seite, auch wenn sich viele ihrer heutigen Fans kaum noch an sie erinnern können.

Im letzten Jahrzehnt des zwanzigsten Jahrhunderts polarisierte der Konflikt zwischen Charles und Diana die britische Presse und ergoss sich auf Fernsehbildschirme und in Bücherregale. Dass die Öffentlichkeit nach royalem Klatsch gierte, war offensichtlich, seit 1950 *The Little Princesses (Die Kleinen Prinzessinnen)* herauskam, ein Kindheitsbericht über die Königin und ihre Schwester Margaret von einer ehemaligen Gouvernante. Das Buch wurde ein Bestseller und brachte seiner Autorin, Marion »Crawfie« Crawford, einen ansehnlichen Batzen Geld ein, führte jedoch auch zur schmerzlichen Entfremdung von ihren ehemaligen Schützlingen. Nach heutigen Maßstäben waren ihre Enthüllungen reichlich zahm. Der dreizehnjährigen Prinzessin Elizabeth hatte es wohl bei einem Besuch des Royal Naval College in Dartmouth ein achtzehnjähriger Kadett angetan, Prinz Philip von Griechenland, ein »blonder Junge, der einem Wikinger ähnelte, mit scharf geschnittenen Gesichtszügen und stechend blauen Augen … gut aussehend, aber mit einem reichlich flapsigen Benehmen«. Auf dem Tennisplatz gaben die Jungs »ziemlich an, was die kleinen Mädchen jedoch sehr beeindruckte«, erinnerte sich Crawfie. »Lilibet sagte: ›Wie gut er ist, Crawfie. Wie hoch er springen kann.‹«[18]

Solcher Stoff war Wasser auf die Mühlen von Satirikern, die stetig am Kult um die Monarchie kratzten und sich nie eine Selbstzensur auferlegten wie die Nachrichtenredaktionen in der ersten Hälfte von Elizabeths Regentschaft. 1963 lief in der Comedy-Serie *That Was The Week That Was* ein Sketch, in dem die Reportagen von Richard Dimbleby, Jonathan Dimblebys Vater, verulkt wurden. Er war der erste Kriegsberichterstatter der BBC und brachte später Titelberichte über die Krönung der Königin und andere große Augenblicke am Hof. In dem Sketch sinkt die königliche Jacht, und die Königin fällt ins Wasser. »Die Königin lächelt strahlend, während sie um ihr Leben schwimmt«, kommentiert ein Dimbleby-Imitator. »Ihre Majestät trägt ein Seiden-Ensemble in Kanariengelb.«

Die Gummipuppen-Windsors, die 1984 für die Fernsehsendung *Spitting Image* erfunden wurden, stellten die Royals als dumm und korrupt dar, als Menschen, die übereinander und über die Bürger herziehen und die Vokale malträtieren. In einer denkwürdigen Episode werden sie kriminell, nachdem sie wegen unbezahlter Steuern in eine Sozialwohnung ziehen müssen. Charles erkennt man daran, dass er hydraulisch gesteuerte Ohren hat und zwanghaft über »monströse Karbunkel« spricht. Diesen Ausdruck verwendete der echte Charles für eine geplante bauliche Erweiterung der National Gallery, die er torpedieren wollte. *Spitting Image* erfand auch eine eigene Version des Wachwechsels am Buckingham-Palast, »diese schönste der königlichen Traditionen, tief in der Geschichte verwurzelt, der Frauenwechsel … Es sieht natürlich furchtbar einfach aus, aber damit alles funktioniert, ist eine Menge harter Arbeit und präziser Planung nötig«, verkündet der Kommentator. »Durch Camilla.« Diana hätte vielleicht über diese Szene gekichert. Laut dem Schauspieler Stephen Fry, der sie kannte und der Charles immer noch eng verbunden ist, vertraute ihm die Prinzessin an, sie sehe sich *Spitting Image* regelmäßig an. Ihre angeheirateten Verwandten hassten es, meinte sie zu Fry. »Ich finde es einfach großartig.«[19]

Vor Mortons Enthüllungen gingen die Zeitungen wahrscheinlich zu Recht davon aus, dass ihren Lesern eine solche Majestätsbeleidigung nicht gefallen würde. Es kam vielleicht einmal vor, dass ein Kolumnist die Kosten der Monarchie anprangerte oder das Umweltengagement des Prinzen oder seinen Feldzug gegen architektonische Geschwüre kritisch betrachtete, aber viele Redakteure beschlossen, die wachsenden Anzeichen für ein sich zuspitzendes Ehedrama im Hause Wales zu ignorieren. Die Gewissheit, dass der Palast keine Unwahrheiten verbreitete, und allgemein der Glaube an den schönen Schein des Königshauses waren bei eingefleischten Royalisten so stark verwurzelt, dass sie Andrew Mortons Buch *Diana: Ihre wahre Geschichte* einfach nicht für bare Münze nehmen konnten. So äußerte etwa Max Hastings, damals Chefredakteur des *Daily Telegraph*: »Einige meiner Redakteure, die sehr viel cleverer und vernünftiger waren als ich, kamen mehr als einmal zu mir und sagten: ›Max, du musst der Realität ins Auge sehen. Die Morton-Geschichte ist wahr.‹ Dass das alles stimmt. Dass Prinzessin Diana sich diesem Kerl anvertraut hatte, dass sie schrecklich unglücklich ist, dass diese Ehe bröckelt. ›Du musst anfangen, diese Story zu bringen.‹ Und ich wartete und wartete, zog mich in mein Schneckenhaus zurück, blieb dabei, dass es nicht stimmen konnte, dass Diana das nicht getan haben konnte, und natürlich habe ich mich vollkommen geirrt ... Ich möchte, dass die großen britischen Institutionen überleben und gedeihen. Ich möchte nicht daran beteiligt sein, sie zu demontieren. Das ist einfach nicht mein Stil. Aber es bedeutet, wie auch in diesem Fall, dass man hin und wieder in seinem Beruf als Journalist scheitert.«[20]

Die Führungsetage von Rupert Murdochs News-International-Gruppe beschloss, einen der größten potenziellen Knüller, den sie je in die Hände bekommen hatte, einzumotten. Der pensionierte Bankmanager Cyril Reenan, ein Amateurfunker, der mithilfe eines Scanners Funksignale abhörte, trat 1990 auf die *Sun* zu, und zwar mit der Aufzeichnung eines Telefongesprächs, das er an Silvester abgefangen hatte. Die Frau auf dem Band klang wie Diana, und die *Sun*-Reporter identifizierten den Mann, der »Ich liebe dich, liebe dich, liebe dich«

säuselte und sie »Squidgy« nannte, als den führenden Geschäftsmann James Gilbey. Nach Diskussionen bei News International schloss man das Band – das später als »Squidgygate« bekannt wurde – in den Safe.

»Es schien einfach nicht richtig oder anständig, es zu bringen«, erinnerte sich Andrew Knight, damals Chef des Unternehmens. »Mein Gefühl – ich war Royalist und werde es immer bleiben, und auch das Gefühl von Rupert Murdoch, war einfach, dass diese Geschichten zu brisant waren, um sie zu bringen. Ironischerweise war Mr Murdoch zu der Zeit, als diese Dinge ans Tageslicht kamen, zu der Überzeugung gelangt, dass das Königshaus, obwohl es für ihn der Inbegriff eines snobistischen Systems war, das er ablehnte, unter dem Strich trotzdem etwas Gutes war, und er wollte nicht, dass es unterminiert wurde … Er wusste, dass die britische Mittelschicht, der unerschütterliche Kern Großbritanniens, für die Monarchie ist und dass es nicht seine Aufgabe war, das zu untergraben.«[21]

Es dauerte noch einmal zwei Jahre, bis Murdoch seine Meinung änderte und grünes Licht für eine Artikelserie über Morton gab. Indes war das Reenan-Tonband nicht das einzige in Umlauf. Zwei oder drei Aufnahmen desselben Gesprächs machten die Runde, während der *Daily Mirror* in den Besitz eines Gegenstücks kam, das man zwangsläufig »Camillagate« nannte. Es war eine spätabendliche Unterhaltung zwischen Charles und Camilla, in der sie ihre nächste Verabredung planten und mit einer Intimität plauderten, die nicht nur sexueller, sondern auch emotionaler Natur war.

Der Ehekrieg zwischen Charles und Diana verwischte die Definition dessen, welcher Journalismus im öffentlichen Interesse liegt. Zu hören, wie die Prinzessin sich mit einer Figur aus einer Seifenoper vergleicht, die durch eine außereheliche Affäre schwanger wird, übt zweifellos eine anrüchige Faszination aus.[22] Ebenso die Art, wie der Prinz seine beiden Markenzeichen – Humor und Selbstmitleid – in ein unglückseliges, unvergessliches Bild kleidet, in dem er sich wünscht, ein Tampon zu sein, um intim mit seiner Geliebten verkehren zu können. »Was für ein Glück, in die Toilette geworfen zu werden und dann immer oben herumzuwirbeln, ohne unterzugehen«, sagte er.[23] Das war sicherlich etwas, das die Öffentlichkeit interessierte, aber es war nicht unbedingt von öffentlichem Interesse. Personen des öffentlichen Lebens haben das Recht auf ein Privatleben, und sei es auch noch so schmuddelig. Nachdem Mortons Buch die Übereinkunft zwischen der britischen Presse und dem Palast gebrochen hatte, argumentierten die Redakteure, die Veröffentlichung von Squidgygate und Camillagate diene dem öffentlichen Interesse noch stärker, und zwar in dem Sinn, wie es die kurz zuvor gegründete Press Complaints Commission (PCC), ein Organ zur freiwilligen Selbstkontrolle der Presse, definiert hatte: »Um zu verhindern, dass die Öffentlichkeit durch die Handlung oder Aussage eines Individuums oder einer Organisation getäuscht wird.« Das Establishment hatte versucht, die Täuschung zu vertuschen. Im Calcutt Report von 1993, einer Untersuchung über die Effektivität der Press Complaints Commission, wurde unbeabsichtigterweise die Lüge aufrechterhalten, »dass Gerüchte, die die Prinzessin und ihre Freunde mit der Weitergabe von Informationen an die Presse in Verbindung brachten, jeder Grundlage entbehrten«.[24]

Der Palast hatte der Presse nicht die Wahrheit über Charles und Diana erzählt, aber nicht allein deshalb, weil die Wahrheit eine Gefahr für die Monarchie dargestellt hätte. Die Hofbeamten wussten einfach nicht immer so genau darüber Bescheid, wie es zwischen den beiden stand, und wenn doch, versuchten sie nur Angelegenheiten zu kommentieren, die nicht ihre Privatsphäre berührten. Sie waren es gewohnt, dabei von ihren Schützlingen unterstützt zu werden, die seit jeher vor dem Kontakt mit den Medien zurückscheuten wie Vampire vor Karottensticks mit Knoblauchsoße.

Die Prinzessin war ein anderes Kaliber. Ihr lag der Umgang mit den Medien im Blut, und sie konnte »eine Kamera aus tausend Meter Entfernung spüren«, wie Gilbey bewundernd bemerkte.[25] Etwa ein Jahr nach der Veröffentlichung von Mortons Buch erhielt der Charles-Biograf Anthony Holden einen mysteriösen Anruf. Er kam, wie er sagt, von einem »gemeinsamen Freund, der mich aufforderte, um etwa 12.40 Uhr im [Restaurant] San Lorenzo in Knightsbridge zu erscheinen«. Holden hatte für die Zeitschrift *Vanity Fair* eine Titelgeschichte über Diana geschrieben. Sie »rauschte herein mit ihren Söhnen, tat überrascht, ihren Freund zu treffen, und sagte: ›Oh, was machen Sie denn hier? Wie schön, Sie zu sehen! Kommen Sie an unseren Tisch und essen Sie mit uns.‹ Sie hatte das alles so ausgeheckt und dankte mir«, erinnert sich Holden. »Ich dachte: a) Das ist herrlich und macht Spaß, und b) von Prinz Charles habe ich noch nie ein Dankeschön bekommen, und dabei war ich zehn, fünfzehn Jahre lang ein besserer PR-Berater für ihn als diejenigen, die er dafür engagiert hatte. Und ich dachte: ›Ich mag diese Frau‹, und es entstand eine Freundschaft daraus. Es folgten noch einige weitere Mittagessen in ihren Lieblingsrestaurants … und dann schließlich, ein halbes Jahr vor ihrem Tod, hatte ich ein Vieraugengespräch mit ihr im Kensington Palace, nachdem die Scheidung durch war und die 17 Millionen Pfund [Abfindung] sicher auf ihrem Konto lagen.«[26]

Als die Morton-Biografie erschien, tat sie, als wüsste sie von nichts. Dickie Arbiter, damals Pressesprecher im Palast, akzeptierte zunächst Dianas Versicherung, dass sie mit der Enthüllungsgeschichte nichts zu tun habe. »Ich sagte zu Diana: ›Sehen Sie mir in die Augen. Was wissen Sie über Andrew Mortons Buch?‹ Und sie sah mir in die Augen und sagte: ›Ich weiß nichts darüber‹«, erinnert er sich.[27] Patrick Jephson, der Privatsekretär der Prinzessin, trat von seinem Posten zurück, nachdem sie ihn hintergangen und heimlich das *Panorama*-Interview aufgenommen hatte. Später sagte er: »Ich war immer der Meinung, dass Diana am beredsamsten war, wenn sie den Mund hielt.«[28] Vielen Angehörigen des Hofs, darunter auch der Queen, ergeht es mit dem Prinzen ähnlich, und sie waren zutiefst betrübt, als er sich auf einen Kampf mit der Prinzessin zu ihren Bedingungen einließ.

Zwei Jahre vor der Morton-Bombe lud Charles Jonathan Dimbleby nach Highgrove ein. Dimbleby hatte sich einen Ruf als knallharter Auslandsberichterstatter erworben. Er traf den Prinzen »gleich draußen im Garten auf der Terrasse. Er trug einen weißen Anzug und wirkte frisch und spritzig, und er war allein, und wir gaben uns die Hand, auf die leicht schlaffe Art, wie die Royals einem die Hand drücken, und er sagte: ›Ich hoffe, es macht Ihnen nichts aus, hier draußen zu sein‹, und ich betrachtete die wundervolle Umgebung und sagte: ›Nun, ich glaube, ich kann es aushalten.‹ Er lachte, das Eis war gebrochen, und natürlich hatte ich mich dafür interessiert, was er bereits gemacht hatte, und war auf das meiste eingestellt und fand es ansprechend«, erzählt Dimbleby. »Er sagte: ›Was ist das für eine Idee, einen Film zu machen?‹ Er tat so, als wäre es auf meinem Mist gewachsen, wo es doch offensichtlich … [aus dem Umfeld des Prinzen] kam. In Wirklichkeit hatten sie zueinander gesagt: ›Wir müssen etwas unternehmen‹, vermute ich.«[29]

Vordergründig sollte der Film anlässlich des fünfundzwanzigjährigen Jubiläums von Charles' Ernennung zum Prince of Wales herauskommen; tatsächlicher Anlass war das PR-Problem des Thronfolgers. Gewiss gelang es ihm, bestimmten Themen Aufmerksamkeit zu verschaffen, allerdings nicht wie seiner Frau vorwiegend über sprechende Bilder. Charles' lautstarke Äußerungen zu Themen wie Architektur und Umwelt lösten Debatten aus, aber auch ätzende Kommentare, und lieferten Stoff für Komiker. Der Prinz hoffe, Dimbleby würde ihn als ernsthafte Persönlichkeit des öffentlichen Lebens porträtieren, die schlechte Publicity wettmachen und vielleicht einen Teil des Rampenlichts zurückerobern, das auf seine Frau fiel. Im Verlauf des Gesprächs sagte Charles: »Ich nehme an, Sie wollen auch ein Buch schreiben, oder?«[30]

Prinz Charles gewährte ihm Zugang zu seiner Privatkorrespondenz und zu seinen Tagebüchern, arrangierte Treffen mit Freunden und Verwandten, las schließlich Dimblebys Manuskript und versah es mit Anmerkungen. Er gab ihm lange Interviews und erlaubte Dimbleby, ihn aus nächster Nähe zu beobachten.

Der mehrgleisige Ansatz lieferte das bis dahin klarste Bild von Dimblebys widersprüchlichem Protagonisten. Da das Buch nach *Diana: Ihre wahre Geschichte* erschien, wo Charles als kalter Fisch dargestellt wurde, der die Prinzessin durch seine Untreue zu Essstörungen und Selbstmordversuchen trieb, wurde Dimblebys Projekt unweigerlich zum Vehikel für den Gegenschlag des Prinzen. Vor laufender Kamera gab Charles zu, dass er Diana betrogen hatte, und sagte den Satz, zu dem er immer noch steht, nämlich dass er seine Beziehung zu Camilla erst dann wieder aufgenommen habe, als seine Ehe unwiderruflich zerrüttet gewesen sei. Auch er war ein Opfer der gescheiterten Beziehung und des Systems, das zwei so schlecht vorbereitete und schlecht zueinanderpassende Menschen in eine Beziehung getrieben hatte. Dimbleby begann sich zu fragen, ob Diana vielleicht an einer psychischen Störung litt, aufgrund der Probleme, die sie selbst eingeräumt hatte, sowie der Aussage von Menschen aus ihrem Bekanntenkreis (allerdings nicht, wie er betont, von Charles). Letztendlich behielt er seine Spekulationen für sich. »Ich war neugierig genug, um der These nachzugehen, dass sie eventuell eine irgendwie geartete Persönlichkeitsstörung hatte«, erklärt er. »Doch ich kam zu dem Schluss, dass es falsch wäre, eine so spektakuläre Behauptung zu publizieren: Sie beruhte nur auf Vermutungen und würde mit ziemlicher Sicherheit allen Beteiligten schaden, nicht zuletzt meinem Protagonisten.«[31]

Eine andere Autorin, die Journalistin Penny Junor, spekulierte als eine der Ersten offen darüber, ob Diana womöglich an einer Borderline-Störung litt. Junor veröffentlichte auch die erste ausführliche Erwiderung auf Mortons Enthüllungen in der Zeitung *Today*. Sie trug den Titel: »Charles: His True Story.«

Nach Angaben der Zeitung geht der Artikel auf Aussagen von Freunden des Prinzen zurück: »Alle möglichen Leute, die sich selbst seinem Umfeld zurechneten, versuchten zurückzuschlagen«, erinnert sich Richard Chartres. »Aber ich glaube nicht, dass er das irgendwie gefördert hat.«[32] Andere Angehörige von Charles' engstem Kreis behaupten, dass er sie ausdrücklich bat, sich nicht in eine Presseschlacht verwickeln zu lassen. Es gab ohnehin schon genügend Feindseligkeiten auf beiden Seiten. Nicholas Soames, damals Heeresminister, bemerkte in einem BBC-Interview, nachdem der Moderator Dianas *Panorama*-Beichte vorgespielt hatte, die Prinzessin befinde sich in einem »Zustand fortgeschrittener Paranoia«. Dabei hatte sie sicher richtiggelegen, was die ungeschmälerte Liebe des Prinzen zu Camilla betraf. »Nun, in dieser Ehe waren wir zu dritt, es war also ein bisschen überfüllt«, sagte sie zu Bashir.[33]

Heute äußert sich der unverwüstliche Soames vorsichtiger über die Prinzessin und ihren Geisteszustand. Er sagt nur, dass das Scheitern der Ehe »eine der großen Naturtragödien« war, und fügt hinzu: »Die Presse liebte natürlich das Märchen mit dem schlechten Ende, dem Bösewicht und der anderen Frau.«[34]

Im April 2014 fand die Premiere des Theaterstücks *King Charles III.* im Almeida-Theater in Islington in Nordlondon statt. Das Stück von Mike Bartlett erzählt die Geschichte vom Tod der Königin und der Thronbesteigung des Prinzen als Shakespeare'sche Tragikomödie, oder besser komische Tragödie. Die Figuren – der frischgebackene König, Camilla, William und Kate, Harry, der Erzbischof von Canterbury, Politiker und andere echte und ausgedachte Charaktere – sprechen modernen Jargon in fünfhebigem Jambus. Bei seiner ersten Audienz bietet Charles dem Premierminister mit den Worten »Soll ich Mutter sein?« Tee an.

Charles ist ein sympathischer Kerl, eine Kreuzung aus Hamlet und Macbeth, der unbedingt das Richtige tun will und seiner Unentschlossenheit und den starken Frauen um sich herum schutzlos ausgeliefert ist. Um die Verwirrung zu vergrößern, stakst auch noch ein weiblicher Geist über die Bühne. Charles erkennt sie zuerst nicht, aber bei einer späteren Begegnung spricht sie ihn an und beteuert, sie habe ihn immer geliebt und nur das Beste für ihn gewollt, auch wenn er das nicht glaube. Doch er habe sie abgewiesen, und deshalb sei sie gegangen. Schließlich prophezeit Diana, dass Charles der größte König überhaupt werden würde.[35]

Dabei gibt es natürlich einen Haken. Charles erfüllt die Prophezeiung dadurch, dass er zugunsten Williams abdankt, ein Schritt, der der Monarchie zugutekommen würde, wie Diana zu Lebzeiten fand. Sie begriff die Wirkungskraft dieser Idee und ihre Macht, dem auf

Abwege geratenen Ehemann wehzutun, der ihr so viel Kummer bereitet hatte. Der Gedanke hat Diana überdauert und streckt seine wuchernden Tentakel regelmäßig nach den Fundamenten der Monarchie aus. Doch die Prinzessin wusste genauso gut wie die Nachrichtenredakteure, die den Vorschlag regelmäßig aus der Schublade holen, dass der Palast und seine Schlüsselfiguren niemals in Erwägung ziehen würden, Charles zu überspringen und die Krone William aufs Haupt zu drücken, ebenso wenig wie die Queen jemals dem Beispiel ihrer Kollegin Beatrix folgen würde, die 2013 als Königin der Niederlande abdankte.

Als die Ehe zerbrach, begannen Palastmitarbeiter und der Prinz selbst zu erkennen, welche Gefahren von einer entfesselten Diana ausgehen konnten, für die Monarchie, aber besonders für die Marke Charles und das Wohltätigkeitsimperium, das er so mühsam aufgebaut hatte. Diana beherrschte das traditionelle königliche Instrumentarium – eine Symbolsprache ohne Worte – besser, als es ihrem Mann jemals gelingen würde, und in einer Dimension, die die ansonsten fehlerlose Queen nie erreicht hat. Die Prinzessin strahlte Empathie aus, oder es wirkte zumindest so, und das Gefühl, dass sie selbst Opfer war, verstärkte diese Aura noch. Der Prinz hingegen, obwohl er auch schwere Zeiten durchgemacht hat, ist in der Opferrolle am wenigsten attraktiv, und er ist auch nicht der Typ Mensch, der sonderlich fotogen wirkt, wenn er an einem Krankenbett sitzt oder eine Hand streichelt.

Die Prinzessin ging aus jeder Kraftprobe als Siegerin hervor. Als Charles Mutter Teresa zum Geburtstag Blumen schickte, flog Diana nach Rom, um der Ordensfrau persönlich zu gratulieren. Auf Gerüchte über ihre Labilität reagierte Diana mit Trotz. »Meine Damen und Herren, Sie dürfen sich glücklich schätzen, Ihre Schirmherrin heute hier zu sehen«, sagte sie auf einer Benefizveranstaltung für die Wohltätigkeitsorganisation Wellbeing of Women. »Ich sollte eigentlich den größten Teil des Tages mit dem Kopf über der Toilettenschüssel hängen. Ich sollte von Männern in weißen Kitteln abgeführt werden, sobald ich hier fertig bin. Wenn es für Sie in Ordnung ist, würde ich meinen Nervenzusammenbruch gerne auf einen passenderen Zeitpunkt verschieben.«[36] In der Sendung *Panorama* warnte sie die Königsfamilie davor, sie zu unterschätzen. »Sie wird keinen lautlosen Abgang machen, das ist das Problem.«[37]

Während sie immer stärker wurde, begann Charles zu schwächeln. Enge Freunde des Prinzen waren alarmiert. Er befand sich in einem Gefühlsstrudel; sein Misstrauen und seine Isolation nahmen zu, »der Pfuhl der Verzweiflung vermischte sich irgendwie mit dem ›Die Leute haben es auf mich abgesehen‹-Bazillus«, schildert es ein Insider. »Ich habe gesehen, wie er Pflastersteine hochkickte, in der Erwartung, dass sie hochspringen und ihn treffen würden.« Der Prinz fühlte sich von allen Seiten unter Druck gesetzt: durch Diana, seine Eltern, die Presse.

Seine Freunde bemühten sich nach Kräften, ihn aufzumuntern. Emma Thompson war noch nicht prominent, als sie die Bekanntschaft des Prinzen machte – sie lernten sich über ihren Mann Kenneth Branagh kennen, als Charles Schirmherr seiner Renaissance Theatre Company wurde. Sie schickte Charles vergnügliche Berichte über die »Theaterabenteuer [der Renaissance Theatre Company]. Ich dachte, er ist bei so vielen Sachen Schirmherr, wer weiß, welche Rückmeldungen er davon bekommt«, erzählt Thompson. Sie erlebte seinen Kummer und seine Isolation, als seine Ehe zerbrach. »Die Sache mit Diana war sehr schwierig für sie beide«, sagt sie. Charles war so schwermütig, »dass ich regelmäßig Nachrichten von den Jungs bekam, die sich in Highgrove um ihn kümmerten. Stets hieß es: ›Könnten Sie ihm wohl einen Brief schreiben, er ist nämlich ein bisschen niedergeschlagen‹, und ich griff zum Stift und schrieb ihm den lustigsten Brief, der mir einfiel.«[38]

Charles ging aus der Ehe mit einem ramponierten Ruf hervor, seine Freundin wurde verunglimpft, die Beziehung zu seinen Söhnen war belastet, sein Anspruch auf den Thron deutlich geschwächt. Diana trat als globale Ikone auf ihrem strahlenden Höhepunkt in Erscheinung. Wer nicht wusste, wie problematisch ihr Leben in Wirklichkeit war – die ständige Verfolgung durch die Presse, der Kummer wegen der häufigen Trennungen von ihren Söhnen, die Schwierigkeit, einen neuen Partner zu finden, und ihre ungelösten persönlichen Probleme –, sah sie einer glänzenden Zukunft entgegengehen. Sie durfte im Kensington Palace wohnen und erhielt eine Abfindung von angeblich 17 Millionen Pfund.

Durch die Scheidung bekam man einen aufschlussreichen Einblick in die Finanzen des Thronfolgers. Geoffrey Bignell, ein Finanzberater des Prinzen, behauptete, wegen Dianas Abfindung habe er alles liquidieren müssen, »all seine Anlagen … Darüber war er sehr unglücklich … Sie hat ihn ausgenommen wie eine Weihnachtsgans.«[39] Palastkenner bestreiten, dass der Prinz nach der Zahlung pleite war. Außerdem wäre er selbst dann nicht verarmt gewesen, da seine Mutter über ein beträchtliches Vermögen verfügt und ihm auch noch die Erträge aus dem Herzogtum Cornwall bleiben.

Die Öffentlichkeit tendierte damals zu der Ansicht, dass Diana jeden Penny verdiente, und wahrscheinlich ist das auch heute noch so. Wenn Charles mit der Trennung die Hoffnung auf einen Neuanfang verband – und ein Ende des Krieges zwischen ihm und Diana –, wurde er schnell enttäuscht. In Leitartikeln griff man ihn und seine Mutter für ihre angeblich kleinliche Entscheidung an, Diana den Titel »Ihre Königliche Hoheit« wegzunehmen, obwohl der Vorschlag von Diana selbst stammte. Als einfache Prinzessin reduzierte die frisch geschiedene Diana sofort die Zahl ihrer Schirmherrschaften von über hundert auf sechs und suchte sich eine neue Herzensangelegenheit: Sie verschrieb sich im Namen des Roten Kreuzes dem Kampf für ein weltweites Verbot von Landminen. Damit übertrat sie die Demarkationslinie, die der Prinz gezogen hatte. Auf einmal stellte sie sich als Aktivistin neu auf, und sie war darin mindestens so erfolgreich wie ihr Exmann, wenn nicht sogar erfolgreicher.

Auf ihrer Angolareise im Januar 1997 war sie mit einer Form von Kritik konfrontiert, die bis dahin für Charles reserviert gewesen war. Earl Howe, Staatssekretär im Verteidigungsministerium, beschrieb ihre Reisen als »weder hilfreich noch realistisch«. »Wir brauchen keine tickende Zeitbombe wie sie«, sagte er.[40] Eine orientierungslose Reportermeute, die an die minutiös vorbereiteten und geplanten Reisen der Windsors gewöhnt war, folgte der Prinzessin in das desolate Huambo, eine von Konflikten zerrissene Stadt, und dann in das noch gefährlichere Cuito Cuanavale in einem Gebiet, das während des Bürgerkriegs sechs Monate lang schwer umkämpft worden war. Hier lief Diana mit gepanzerter Schutzweste und Visier – was sehr fotogen aussah, aber wenig Schutz gegen eine explodierende Tretmine bot – zweimal durch ein Minenfeld. Nach dem Ende der Kampfhandlungen hatten sich beide Parteien zum Sieger erklärt. Im Krieg zwischen Charles und Diana aber schien sie die Oberhand gewonnen zu haben.

Im Dezember desselben Jahres verabschiedete die Generalversammlung der Vereinten Nationen die Ottawa-Konvention, die den Einsatz, die Produktion, die Lagerung und die Weitergabe von Anti-Personen-Minen verbietet. Diana erlebte diesen Triumph nicht mehr, an dem sie beteiligt gewesen war. Ihr Tod bei einem Autounfall in Paris und die verhaltene Reaktion der Queen verschärften die Thronkrise. Verschwörungstheoretiker machten die Produzenten von Landminen oder die Windsors dafür verantwortlich – oder eine unheilige Allianz von beiden. Andere hielten Geheimkulte oder Rieseneidechsen für die Schuldigen. Der Prinz, dem nicht nur sein Seelenschmerz, sondern auch sein Scheitern als Ehemann zusetzte, machte sich Selbstvorwürfe. Er widmete sich ganz seinen Söhnen, versuchte ihren Kummer über den Verlust der Mutter zu lindern und ignorierte seine eigene Trauer.

Dass der Unfall ihn von dem täglichen Wettbewerb und den unaufhörlichen Konflikten befreite und das offensichtlichste Hindernis für seine Heirat mit Camilla aus dem Weg räumte, vergrößerte noch sein Unbehagen. Auf Vorwürfe, dass er von Dianas Tod profitiere, reagierte er empfindlich, vielleicht weil er sie zu einem gewissen Grad für berechtigt hielt. Nach der erschütternden Trauer bei ihrer Beerdigung und den schwierigen Jahren danach, den Skandalen und gerichtlichen Untersuchungen, ist der Prinz laut Nicholas Soames »auf einem sonnenbeschienenen Plateau [angekommen] … Er ist jetzt ein glücklicher Mann, Prinz Charles. Sein Leben hat einen Rhythmus. Er ist zufrieden.«[41]

Hätte der Prinz auch sein Gleichgewicht gewonnen, wenn Diana noch leben würde? Diese Frage lässt sich nicht beantworten, aber es gibt einen Faktor, der sicherlich für einen anderen Ausgang spricht. Die Medien gehen mit älteren Frauen meist nicht sehr pfleglich um und hätten die Prinzessin, sobald sie ihre boulevardtauglichen Jahre hinter sich gehabt hätte, wahrscheinlich unter Beschuss genommen. Stattdessen bleibt Diana allgegenwärtig, eine Bedrohung, die zu diffus ist, um allzu leicht dagegen anzukämpfen. Sie steht für die Grenzen einer alten, verkrusteten Institution, die es offenbar nicht schaffte, in der Moderne anzukommen, und wurde so zur atypischen Verfechterin der Republik. Sie ist zu einem Symbol der Frauenpower mutiert, die fügsame, kindliche Braut, die sich in eine breitschultrige Amazone verwandelt hat, für immer und ewig durch Minenfelder streifend. In einer anderen Inkarnation verschmilzt sie mit Mutter Teresa, die fünf Tage nach der Prinzessin am 5. September 1997 starb und 2003 heiliggesprochen wurde.

Der Umgang mit seiner Exfrau wäre für den Prinzen nie einfach gewesen; gegen einen makellosen Geist kommt man nicht an. Diese Diana wird niemals verblassen, niemals einen lautlosen Abgang machen.

Kapitel 5

Unter Wölfen

Am Hof des Thronerben herrscht knisternde Spannung. Seine Stärken und seine Fehleinschätzungen führen zu kreativen, aber hochexplosiven Konstellationen. Wissbegierig und sich seines Wissens nie richtig sicher, saugt der Prinz mit einer merkwürdig anmutenden Sorglosigkeit Ideen aus Büchern, Zeitungsartikeln und Radiosendungen auf, und oft auch von Menschen, denen er begegnet. Es kommt vor, dass er in einem überfüllten Raum plötzlich erstarrt wie ein Trüffelhund, der Witterung aufgenommen hat. Neue Mitarbeiter stellt er bereits nach kurzer Bekanntschaft ein, nur weil sie eloquent sind oder ihm von einem seiner bewährten Ratgeber empfohlen wurden.

Charles war jedoch nicht immer klug in der Wahl seiner Ratgeber. Ruhm, besonders wie in seinem Fall nicht nachlassender, lebenslanger Ruhm, macht es schwer, die Signale richtig zu deuten. Man weiß nicht, wem man trauen kann; es wird einem eher Honig um den Bart geschmiert als schonungslos die Wahrheit gesagt. Dieser Umstand, verbunden mit seiner angeborenen Unsicherheit, führt dazu, dass Charles das Lob, das er bekommt, manchmal für unverdient hält, während ihn Kritik oft regelrecht in Verzweiflung stürzt. Wie viele Menschen, die in der Öffentlichkeit stehen, hat ihn seine Berühmtheit geprägt, er verabscheut die Zudringlichkeit der Presse, ist aber andererseits abhängig von der Bestätigung, die sie liefert. Diana litt an diesem Syndrom sehr viel stärker als er; Camilla erscheint erstaunlich immun dagegen.

Manche Mitarbeiter, die neu zu seinem Stab stoßen, sind bereits prominent oder berühmt auf ihrem Fachgebiet. Eliten ziehen sich gegenseitig an, weil sie glauben, voneinander weniger befürchten zu müssen. Die externen Berater harmonieren nicht sonderlich gut mit den angestellten Mitarbeitern. Kompetenzstreitigkeiten zwischen diesen Gruppen und vor allem auch in den Reihen jener, die ihn den »Boss« nennen, kommen häufig vor und werden blutig ausgetragen. In diesen Kreisen kann es ebenso brutal zugehen wie zu den Zeiten, als eine Bewegung im Wandteppich auf einen versteckten Mörder hindeuten mochte. Ein ehemaliger Haushaltsvorstand bezeichnet Clarence House als »Wolf Hall«, in Anspielung auf die von Verrat und Opportunismus geprägte Welt, die Hilary Mantel in ihrem Roman über den Aufstieg Thomas Cromwells unter Henry VIII. dargestellt hat.

Dazu trägt auch Prinz Charles' Angewohnheit bei, die Befugnisse seiner Mitarbeiter auszudehnen. Abgesehen von seiner Zeit bei der Marine kennt er kein abhängiges Arbeitsverhältnis und versteht nicht, welche Ängste solche Vorstöße auslösen können; er hat sich nicht mit Managementtheorien befasst und glaubt, dass Rivalitäten die Leistung fördern. Dabei übersieht er, welche Störungen und Belastungen Territorialkämpfe hervorrufen können.

Als der junge Charles sich mühte, den Prince's Trust aufzubauen, versuchten die Hofbeamten seiner Mutter ihn zu bremsen. Das lässt er sich jetzt nicht mehr bieten. »Was er wirklich nicht leiden kann, ist, wenn er von Menschen abgewimmelt wird. Dann fragt er eben fünf andere Leute«, erklärt Andrew Wright und fügt hinzu: »Der Prinz holt gern drei oder vier Meinungen zu einem Thema ein, man weiß also, dass er nicht einfach nur zu einem kommt und sagt: ›Wie steht es damit?‹ So ist es nun mal, und man kann sich genauso gut darüber freuen. Was die meisten auch tun. Es ist ein außergewöhnliches, aber inspirierendes Umfeld.«[1]

Wright scheint gerade die unendliche Vielseitigkeit seiner Stellung zu genießen. Ursprünglich als Schatzmeister des Prinzen und als Direktor seiner Wohltätigkeitsstiftung eingestellt, musste sich der gelernte Wirtschaftsprüfer und ehemalige leitende Bankmanager auf einmal auch noch um die Aktivitäten des Prinzen in Rumänien kümmern. Andere Mitglieder seines Hofstaates empfinden die sich wandelnden Anforderungen jedoch als Schikane oder fühlen sich bedroht, wenn Kollegen mit Aufgaben betraut werden, die in ihre Zuständigkeit fallen. Darüber hinaus gibt es Bestrebungen zur Rationalisierung und Umstrukturierung von Charles' Wohltätigkeitsorganisationen, um sie zukunftssicher zu machen für den Fall, dass er den Thron besteigt und sein Engagement zurückfahren muss. Diese Prozesse haben jahrelange interne Machtkämpfe ausgelöst. Ihnen fiel unter anderem der Plan zum Opfer, alle Organisationen und Initiativen unter einem Dach zu vereinen, und zwar in dem Sanierungsgebiet um den Bahnhof King's Cross in London, was zu größerer Kosteneffizienz, breiterer Aufmerksamkeit sowie einer Stärkung der Marke geführt hätte. Quellen zufolge haben interne Konflikte den Plan vereitelt, nachdem bereits über zehn Millionen Pfund aufgewendet worden waren. Anstatt Kosten zu sparen, wurde Geld verschwendet.

Die Veränderungen bei den Wohltätigkeitsorganisationen und der Pressearbeit in Clarence House haben sich gleichzeitig mit den Bestrebungen des Buckingham-Palasts vollzogen, sich auf das langsamere Tempo der Königin und den näher rückenden Thronwechsel einzustellen, wobei es nicht selten zu Missverständnissen kam. Als der Buckingham-Palast Anstalten traf, die dezentralisierten Pressebüros wieder zusammenzuführen und der Verantwortung von Sally Osman zu unterstellen, die ab April 2013 eigentlich die Pressestelle des Prinzen leiten sollte, stießen diese Bemühungen auf unerwartete – und erbitterte – Gegenwehr. Charles sucht immer mehr nach Wegen, wie er seine Aktivitäten mit der Rolle des Staatsoberhaupts verbinden kann, anstatt sie, wie vom Hof vorgesehen, allmählich auslaufen zu lassen. Auch seine Unabhängigkeit, die er sich über viele Jahre hinweg erkämpft hat, wird er nicht so einfach aufgeben. Das sieht man im Kensington Palace ähnlich, wo William und Harry allmählich flügge werden.

Die Kultur an jedem Hof ist ein Spiegelbild der dort lebenden Personen: Im Buckingham-Palast legt man auf Maß und Würde Wert; im Kensington Palace geht es lockerer zu, ein bisschen hipper, aber man ist dort auch anfällig für Anfängerfehler. Clarence House und der St James's Palace sind von leidenschaftlichem Engagement geprägt, den Mitarbeitern dort könnte man eher zu großen als zu geringen Einsatz vorwerfen, ebenso wie ihrem Boss. »Wenn jemand bei uns neu anfängt und in mein Büro kommt, sage ich zu ihm: ›Erstens einmal, Sie werden so hart arbeiten wie noch nie in Ihrem Leben.‹ Dann antwortet derjenige: ›Ich habe schon immer hart gearbeitet‹, und ich sage: ›Nein, haben Sie nicht. Das haben Sie ganz bestimmt nicht.‹ Drei Wochen später kommt der Betreffende wieder: ›Ich bin so erschöpft‹, und ich sage: ›Ich habe Sie ja gewarnt‹«, erzählt Elizabeth Buchanan, ehemalige Privatsekretärin des Prinzen. »In den zehn Jahren, die ich für ihn gearbeitet habe, gab es vielleicht zehn Wochenenden, an denen er mich nicht sprechen wollte … Er versucht immerhin, die Welt zu retten, verdammt! Wer die Hitze nicht verträgt, sollte nicht in der Küche arbeiten.«[2]

Wegen organisatorischer Mängel in dieser Küche sehen sich Charles' Wohltätigkeitsorganisationen und Initiativen manchmal gezwungen, Sparmaßnahmen oder gar eine Rundumerneuerung durchzuführen, bis hin zu Namenswechseln oder Fusionen. Seine philanthropischen Bestrebungen sind so zahlreich, dass niemand in Clarence House zu sagen vermag, wie viele Stiftungen er im Laufe der Jahre gegründet hat, wobei es sicherlich weit über fünfundzwanzig sind. Nach einer Rationalisierungsperiode, in der manche Fusionen oder Schließungen vorgenommen wurden, steht Charles immer noch fünfzehn Organisationen im Vereinigten Königreich und noch weiteren im Ausland vor, die man grob in vier Kategorien unterteilen kann: »verantwortliches Unternehmertum«, »Bildung und junge Menschen«, »die bebaute Umwelt« und »globale Nachhaltigkeit«. Er ist für neun bewusstseinsfördernde Initiativen verantwortlich, darunter Accounting for Sustainability, eine Organisation, die sich dafür einsetzt, dass Firmen und die öffentliche Hand bei ihren Entscheidungen Umweltbelange mit einbeziehen. Und dann gibt es noch die Prince of Wales Charitable Foundation, die einerseits Zuschüsse verteilt, andererseits unerfahrene Initiativen mit ihren Gegenstücken in Australien, China, Kanada und den Vereinigten Staaten zusammenbringt.

Seeing is Believing, ein von Charles entwickeltes und von seiner Wohltätigkeitsorganisation Business in the Community umgesetztes Programm, organisiert regelmäßig Exkursionen, um Führungskräfte in der Wirtschaft aus ihren Vorstandsetagen herauszuholen und sie mit dem wahren Leben in den ärmsten Gegenden Großbritanniens zu konfrontieren. »Der Prinz hat begriffen, dass man die Unternehmen dazu bringen muss, sich direkt für die Gesellschaft zu engagieren und nicht nur indirekt«, erklärt die in Amerika geborene Dame Amelia Fawcett, Vorsitzende des Hedge Fund Standards Board, der Prince's Charitable Foundation sowie nicht geschäftsführende Direktorin der *Guardian* Media Group. »Er schuf hier [in Großbritannien] eine Bewegung, die schließlich von selbst in die Vereinigten Staaten übergeschwappt ist. Das Konzept von Unternehmen, die sich bewusst sind, eine direkte Verantwortung für das Gemeinwesen zu tragen, und die sich über Spenden hinaus auf vielerlei Arten aktiv engagieren wollen, durch Freiwilligenprojekte und Mitarbeiter-Patenschaften, Arbeit mit jungen Menschen, Mitwirkung in Aufsichtsgremien von Schulen – all das hat hier angefangen und hat viel früher Wurzeln geschlagen als in den Vereinigten Staaten.«[3]

Nur äußerst widerstrebend hat Charles jemals eine wohltätige Stiftung aufgegeben, die er weiterhin für notwendig hielt. Die Prince's Foundation for Integrated Health wurde 2010 aufgelöst, nachdem ihr ehemaliger Finanzvorstand George Gray zu einer dreijährigen Haftstrafe wegen Unterschlagung von 253 000 Pfund verurteilt wurde. Charles beschloss, keine Neuauflage unter dem Dach einer seiner Organisationen zu gründen, sondern unterstützt stattdessen das College of Medicine, eine unabhängige Stiftung, die sich der Förderung der Alternativmedizin verschrieben hat. Zu seinem Engagement auf diesem Gebiet später mehr.

Charles' Ansatz, sich kopfüber in Projekte zu stürzen, ohne ihre Machbarkeit zu überprüfen, wurde nie von den realen Gegebenheiten ausgebremst, wie das sonst bei neuen Geschäftsideen der Fall ist. Sobald ihn eine Vision packt, wendet er sich sofort an alle möglichen Leute, die sich dann an ihre Umsetzung machen. Aufgrund seiner Position und seiner finanziellen Mittel haben seine Einfälle eine bessere Chance, verwirklicht zu werden, als die Ideen eines Normalsterblichen, und manchmal werden auch Unternehmungen, die unter normalen Umständen zum Scheitern verurteilt wären, noch am Leben gehalten.

Und doch lassen die offensichtlichen Systemschwächen an seinem Hof die Leistungen des Prinzen und seiner Mitarbeiter umso erstaunlicher erscheinen. Sein Hof wurde zur Zentrale einer Dachorganisation, die etablierte Wohltätigkeitsorganisationen und Start-ups, Initiativen und Veranstaltungen fördert, und das zusätzlich zu den traditionellen täglichen Verpflichtungen des Thronfolgers. Einer der Gründe, warum das überhaupt möglich ist, liegt darin, dass der Mann an der Spitze mit Leidenschaft und Engagement bei der Sache ist, was auf seine Mitarbeiter abfärbt. Hofbeamte wünschen einander vielleicht nicht immer das Beste, aber sie sind dem Prinzen treu ergeben.

Von den internen Machenschaften bekommt er kaum etwas mit, aber wenn ihm Beschwerden zugetragen werden, neigt er manchmal dazu, den Beschwerdeführer zu bestrafen. Selbst mit einem mangelnden Weltvertrauen ausgestattet, schätzt er Menschen, die ihm ihre Loyalität bewiesen haben, und wertet Kritik an diesen Leuten nicht als Aufforderung, sein Vertrauen in sie einer Prüfung zu unterziehen, sondern es zu verdoppeln.

Michael Fawcett (nicht verwandt mit Dame Amelia) hat offensichtlich von dieser Neigung profitiert. Er ist vom einfachen Diener im Buckingham-Palast zu Charles' Kammerherrn aufgestiegen. Auf Schikanevorwürfe hin kündigte er, wurde jedoch in Anerkennung seiner Vertrauensstellung wieder eingestellt und zum Persönlichen Assistenten des Prinzen befördert. Im November 2002 geriet Fawcett im Zusammenhang mit einem Gerichtsverfahren erneut unter Druck. Dianas ehemaliger Butler Paul Burrell war des Diebstahls von Gegenständen aus ihrem Besitz angeklagt worden. Burrell plädierte auf nicht schuldig und zwang damit die Entourage von Charles und seiner Mutter, vor Gericht zumindest einen Teil ihrer Geheimnisse offenzulegen, was sie, wenn auch sehr widerstrebend, taten. Doch ganz unvermittelt platzte das Verfahren Regina versus Burrell. Regina – die Königin – erinnerte sich nämlich wieder an ein Gespräch mit Burrell, in dem er ihr mitgeteilt habe, er habe einige von Dianas Papieren in Verwahrung genommen. Keine fünf Wochen später wurde ein parallel dazu laufendes Verfahren gegen den ehemaligen königlichen Butler Harold Brown eingestellt, dem man vorwarf, offizielle Geschenke verkauft zu haben. (Wie die offiziellen Wohnsitze gehören diese Geschenke dem Staat und nicht der königlichen Familie.) Brown wies die Vorwürfe ebenfalls zurück.

Im Laufe der polizeilichen Ermittlungen hatte Dianas älteste Schwester, Lady Sarah McCorquodale, in ihrer Aussage von einer verschwundenen Minikassette berichtet, die angeblich von Diana aufgenommen wurde und die einen Vergewaltigungsvorwurf des Kammerdieners George Smith gegen ein anderes Mitglied von Charles' Haushalt enthielt. Smith, ein Falkland-Veteran, der an einer posttraumatischen Belastungsstörung litt, hatte bei seiner Entlassung eine Abfindung von 30 000 Pfund sowie Zuschüsse zu seinen medizinischen Behandlungen erhalten, darunter auch ein stationärer Aufenthalt wegen Alkoholsucht. Er starb 2005 im Alter von nur vierundvierzig Jahren. Journalisten, die nach weiteren Indizien dafür suchten, dass es in Charles' Palast drunter und drüber ging, konzentrierten sich auf den Verkauf von Geschenken und fanden schnell heraus, dass dahinter hauptsächlich der Mitarbeiter steckte, dem sie den Spitznamen »Fawcett the Fence« (Fawcett der Hehler) gaben.

Auf Ersuchen des Prinzen führten sein damaliger Erster Privatsekretär Michael Peat und der Kronanwalt Edmund Lawson eine interne Untersuchung bezüglich dieser Angelegenheiten durch. Die Untersuchung betraf nicht den Wahrheitsgehalt des Vergewaltigungsvorwurfs.

»Ein so ernster Vorwurf hätte unseres Erachtens, trotz allgemeiner Zweifel an seinem Wahrheitsgehalt, nicht so nachlässig behandelt werden dürfen, ohne (zumindest) die Entscheidung, keine Untersuchung einzuleiten, vollständig und nachvollziehbar zu belegen«, schlossen Peat und Lawson. Ferner wurde festgestellt, dass Fawcett und andere Bedienstete offizielle Geschenke verkauft hatten, weil man sie nicht ausdrücklich darüber belehrt hatte, dies zu unterlassen, und dass Fawcett »interne Vorschriften bezüglich Geschenken von Lieferanten verletzt« und als »Zeichen der Dankbarkeit« von »beruflichen Freunden« Geschenke von geringem und hohem Wert angenommen hatte, von Champagner und Pralinen bis hin zu einer Tiffany-Uhr, einem Cartier-Wecker und einem Pasha-Füllfederhalter.

Aber, so fügten sie hinzu, man könne ihnen den Verkauf von Gegenständen oder die Annahme von Geschenken »nicht zum Vorwurf machen, weil die Regeln damals noch nicht in Kraft waren und er [Fawcett] kein Geheimnis aus solchen Geschenken machte. Die Tatsache, dass er an Verkäufen von Geschenken beteiligt war (die, was die Medien nicht wussten, alle durch den Prince of Wales autorisiert waren) und allgemein bekannt war, dass er wertvolle Geschenke von Dritten erhalten hatte, weckte verständlicherweise den Argwohn der Presse.« Sie versuchten nun, wenigstens zum Teil zu ergründen, wie es zur Abneigung gegen Fawcett gekommen war. »Seine ruppige Art im Umgang mit manchen Menschen, eventuell in Verbindung mit dem Umstand, dass er von einer relativ niederen Position innerhalb des Haushalts befördert worden war, rief zweifellos an manchen Stellen Eifersucht und Reibungen hervor.«[4]

Obwohl der Prinz ihn entlastete und zu ihm stand, kündigte Fawcett ein zweites Mal, um dann in neuer Verkleidung als unabhängiger Event-Manager wieder aufzutauchen. Sein erster Kunde war Charles, der seinen ehemaligen Mitarbeiter prompt für die Organisation der Feier von Prinz Williams einundzwanzigstem Geburtstag im Juni 2003 engagierte. Im November desselben Jahres stand Fawcett im Zentrum weniger glanzvoller Presseberichte. Der *Guardian* hatte erfolgreich Rechtsmittel gegen eine einstweilige Verfügung eingelegt, die ursprünglich gegen die *Mail on Sunday* erwirkt wurde, um zu verhindern, dass diese Fawcett in einem Artikel als denjenigen königlichen Bediensteten bezeichnete, über den ein anderer königlicher Bediensteter – mutmaßlich George Smith – nicht näher bezeichnete Andeutungen (unabhängig von den Vergewaltigungsvorwürfen) bezüglich eines anonymen hochrangigen Mitglieds der Königsfamilie gemacht hatte.

Der *Guardian* identifizierte das hochrangige Mitglied der Königsfamilie nicht als Charles. Das besorgte Peat in einem Interview, das mehr Fragen aufwarf als beantwortete. »Ich möchte nur eindeutig klarstellen«, sagte Peat, »obwohl ich auf die genauen Einzelheiten der Andeutungen nicht eingehen kann, dass es vollkommen unwahr und ohne jede Substanz ist ... Erstens hat mir der Prince of Wales gesagt, dass es unwahr ist, und ich glaube ihm vorbehaltlos. Zweitens, jeder, der den Prince of Wales irgendwie kennt, würde verstehen, dass diese Anspielung völlig aberwitzig ist, geradezu lachhaft. Und drittens, die Person, die die Andeutungen gemacht hat, leidet unglücklicherweise an gesundheitlichen Problemen und hat auch schon andere, nicht mit dieser Sache im Zusammenhang stehende Andeutungen gemacht, die von der Polizei untersucht und für völlig unbegründet erachtet wurden.«[5]

Ein Arbeitgeber mit einem anderen Naturell als Charles hätte sich vielleicht zu diesem Zeitpunkt endgültig von Fawcett getrennt. Dass er dies ablehnte, trug nicht gerade dazu bei, die abstrusen Spekulationen über die Art der Beziehung zwischen ihm und dem verheirateten Fawcett zu zerstreuen. In einer Titelgeschichte der *News of the World* wurde behauptet, Charles' Erster Privatsekretär Michael Peat habe Mark Bolland, den ehemaligen Stellvertretenden Privatsekretär des Prinzen, gefragt, ob Charles bisexuell sein könnte. Bolland, der damals eine Klatschkolumne für die *News of the World* schrieb, erklärte, er habe Peat »nachdrücklich [versichert], dass der Prinz weder schwul noch bisexuell sei«.[6] In einem solchen Kontext sind Dementis geeignet, Argwohn hervorzurufen und Gerüchte zu schüren, obwohl Bolland, der selbst schwul ist, später betonte, dass er das Gesagte auch so gemeint hatte. Der Prinz »widmet seiner äußeren Erscheinung große Aufmerksamkeit, aber das tun viele heterosexuelle Männer«, sagte Bolland 2004 der *British Journalism Review*. »Ich erinnere mich noch gut daran, dass er eine Versace-Modenschau verließ und mit seinem Leibwächter über die Models sprach, besonders Naomi Campbell. Es war ein richtiges Männergespräch. Ich fühlte mich ausgeschlossen, und er sagte: ›Aber Mark, für Sie gab es ja auch eine Menge zu sehen.‹ Er ist sehr liberal eingestellt, und ihm haftet nicht der Hauch von Homophobie an, aber er hat keinerlei Neigungen in diese Richtung, ganz gewiss nicht.«[7]

Um die sexuelle Orientierung des Prinzen ranken sich schon seit Langem unbegründete Gerüchte. Und an den Höfen der Windsors gibt es eine blühende homosexuelle Subkultur, die Klatschgeschichten nährt und verbreitet. Die Königinmutter soll angeblich zwei ihrer Bediensteten gerügt haben, die vor ihrer Tür standen und schwatzten: »Wenn ihr beiden Queens [Tunten] mit dem Quasseln fertig seid, hier ist eine alte Queen, die nach einem Gin lechzt.« Der Prunk und Pomp des Palastlebens übt eine Anziehungskraft auf homosexuelle Männer aus, und der Prinz ist ein Arbeitgeber, der sich mit Menschen identifiziert, die sich als Außenseiter fühlen. Das hilft allerdings denjenigen wenig, die zu Außenseitern gemacht werden, sobald sie in seine Dienste treten.

Im Jahr 2004 erhob Elaine Day, ehemals persönliche Assistentin von Mark Bolland, Vorwürfe wegen sexueller Diskriminierung und ihrer ungerechtfertigten Entlassung. Zur Bekräftigung ihrer Behauptungen legte sie ein mit Anmerkungen versehenes Schreiben vor, das vom Gericht allerdings später verworfen wurde. »Was ist eigentlich heutzutage mit allen los?«, hatte der Prinz an den Rand gekritzelt. »Warum glauben alle, dass sie für Dinge qualifiziert sind, die weit über ihren fachlichen Kompetenzen liegen? Jeder denkt, er kann ein Popstar sein oder ein Richter am Obersten Gerichtshof oder eine brillante TV-Persönlichkeit oder ein viel kompetenteres Staatsoberhaupt, ohne sich dafür anzustrengen oder eine angeborene Begabung dafür zu haben.« Er stellte die »Lernkultur an Schulen« infrage und ein »kindzentriertes System, das keine Misserfolge zulässt«.[8]

Seine Tirade zog eine breite Berichterstattung in der Presse nach sich, nicht zuletzt weil sie symptomatisch für einen Vorwurf zu sein scheint, der oft gegen Charles selbst erhoben wird: dass er sich für qualifiziert hält, zu Themen Stellung zu beziehen, die man eigentlich Experten oder der gewählten Regierung überlassen sollte. Seine Kritiker sprechen ihm das Recht auf Einmischung und die nötige Kompetenz dazu ab. Sein wütender Erguss schien auch seine Überzeugung zu bestätigen, »dass Menschen nicht über ihren Stand aufsteigen können«, wie Day vor Gericht behauptete. Die Wirklichkeit ist komplexer. Wenn man sich sein Buch *Harmonie* und seine philosophischen Grundgedanken näher ansieht, erkennt man, dass er an eine naturgegebene Ordnung glaubt, was durch und durch konservativ ist. Andererseits hat er aber auch den Prince's Trust gegründet, um die soziale Mobilität zu erhöhen, wie er in einer Replik auf Days Vorwurf während eines Privatseminars im Lambeth Palace erklärte. »Die Vorstellung, ich könnte denken, dass die Menschen nicht über ihren Stand aufsteigen sollten, ist eine Verzerrung der Wahrheit, und ich habe noch nie solche Worte in den Mund genommen oder etwas Derartiges geäußert«, erklärte er den versammelten Bischöfen. »In den letzten dreißig Jahren habe ich mein Möglichstes dafür getan, um jungen Menschen mit begrenzten Möglichkeiten, woran sie in der Regel nicht selbst schuld sind, eine Chance auf Erfolg zu bieten.«[9]

Fawcetts Aufstieg scheint diese These zu bestätigen, doch seine Geschichte zeigt auch eine Schwäche der Personalpolitik in Clarence House auf, die es versäumte, seinen ruppigen Führungsstil zu glätten oder ihn vor Verbitterung zu bewahren.

Nicht wenige machen insgeheim Fawcett und andere, die sich beim Prinzen Gehör verschaffen, für unangenehme Erfahrungen während ihrer Tätigkeit im Dienste des Prinzen – oder für ihren unsanften Abgang – verantwortlich. Ein prominenter Geschäftsmann, den Charles nach einigen Treffen dazu überredete, bei der Organisation einer Veranstaltung in seinem Haushalt mitzuwirken, äußert

Schwer ruht das Haupt: Charles bei der Krönung der Königin 1953

Die Beatles-Ära im Windsor-Stil (1968). *Von links nach rechts:* Philip, Andrew, Charles, Elizabeth, Edward, Anne und ein Corgi

Erwachsen werden einmal anders: Investitur als Prince of Wales durch seine Mutter 1969

Ein Prinz als Student: 1968 auf den Stufen des Trinity College in Cambridge

Herr eines Schiffs, aber nicht Herr seines Schicksals: Charles auf der Brücke des Minensuchboots HMS *Bronington* 1976

Royaler Frauenschwarm: Prinz Andrew im Dienst für Mutter und Vaterland 1983

Nicht länger im Spiel: Charles während eines Polo-Matchs 1975 im Gespräch mit Camilla. Zwei Jahre zuvor hatte sie Andrew Parker Bowles geheiratet.

Ein Märchen wird wahr: Hochzeit am 29. Juli 1981, besiegelt mit einem Kuss für die andächtig wartenden Untertanen. Charles und Diana hatten beide Zweifel an der Beständigkeit ihrer Beziehung.

Keine glückliche Familie: Die Kinder wurden von beiden innig geliebt, doch 1986 kriselte es in der Ehe bereits heftig.

Gejagt von der Meute: Diana mit Charles 1992 nach der Nachricht vom Tod ihres Vaters. Das *annus horribilis* endete mit der Bekanntgabe ihrer Trennung.

Eine glücklichere Familie: Die Königin folgt 2005 den frisch Vermählten, Charles und Camilla, nach ihrer Segnung in der St George's Chapel in Schloss Windsor. Die Logistik der Hochzeitszeremonien hatte einiges Kopfzerbrechen bereitet.

Vaterfigur: Louis Mountbatten, hier im Jahr 1970, gab Charles reichlich Ratschläge, gute wie schlechte.

Anhaltender Einfluss: Prinz Charles mit der Königinmutter 1954 vor der Royal Lodge in Windsor

Frieden und Aussöhnung: Das inoffizielle Motto im Zusammenleben des Paares war auch das offizielle ihrer Reise nach Kolumbien 2014.

»Besser als Sex«: Emma Thompsons Bemerkung in einem Interview über ihren langjährigen Freund Charles als Tanzpartner ging 2013 um die ganze Welt.

Männer Gottes: Charles mit seinem Freund aus Studienzeiten Richard Chartres, Bischof von London, 2010 bei einem Besuch des theologischen Seminars St Mellitus

Der »Guru« als Pate: Laurens van der Post, *oben rechts*, wird bei der Taufe Prinz Williams 1982 mit einer ganz neuen Aufgabe betraut.

Gute Freundin, nicht Geliebte: Lucia Santa Cruz und Charles nach einem Theaterbesuch in London 1970

Freunde seit Jugendtagen: Charles und Nicholas Soames auf den Bermudas. Vor der Heirat mit Diana hatte Soames seine Bedenken geäußert.

Kein bescheidener Diener: Michael Fawcett, damals Charles' Kammerdiener, hält 1990 bei einer Jagd auf Sandringham die Hunde im Zaum.

Bleibt auf Abstand: Elizabeth Buchanan, *ganz rechts*, begleitet Charles und Camilla 2008 auf einem Termin.

sich verwundert über die auffälligen Mängel in dessen Organisationsstruktur. »Auf diese Art würde keine Firma funktionieren«, erklärt er. Seinem Eindruck nach torpedierten die Mitarbeiter die Planung, um dem Boss von Problemen berichten zu können, die sie dann lösten. »Es existierten eine Menge Intrigen«, sagt der Geschäftsmann. »Es gibt bestimmte Leute, die sich, weil sie sich gut auf finstere Machenschaften verstehen, aber zugleich loyal und kompetent sind und Sinn für ein gutes Timing besitzen, auch der finsteren Machenschaft verschreiben, anderen das Wasser abzugraben«, sagt ein Insider. »Ich glaube, [dem Prinzen] wurde dadurch nicht immer am besten gedient.«

Auf dem Schiff, das Charles kommandiert, hält die Mannschaft vielleicht nicht unbedingt zusammen, aber viele Matrosen an Bord sind ziemlich begabt. Zu ihnen zählt trotz aller Kritik an seiner Person auch Fawcett. Nachdem Charles stets dazu neigt, sich auf die Seite der Opfer zu schlagen, war er wohl eher geneigt, seinen Vertrauten zu schützen, als ihn zurechtzuweisen, doch er erkannte in ihm auch eine seltene Begabung. Im Jahr 2001 ernannte er Fawcett zum Leiter von Dumfries House, einem Projekt, das ihm sehr am Herzen lag. Das sei »nicht die klügste Entscheidung, die jemals getroffen wurde«, meint ein Palastkenner, muss dann jedoch zu seiner eigenen Überraschung einräumen, dass Fawcett seinen Job offenbar gut macht.

Der ehemalige Angestellte des Prinzen hat einen hervorragenden Blick fürs Detail. Dies kommt bei seinem Umgang mit Planungsaufgaben ebenso zum Ausdruck wie bei der Aufsicht über die Renovierung des Hauses und der Anlagen sowie seinen Bemühungen, den Finanzen des Anwesens eine tragfähige Basis zu verschaffen. Auf Fundraising-Dinners versteht er sich blendend mit den Bond-Schurken, sieht sich selbst jedoch nie als Gast. Er ist immer auf der Hut, immer wachsam gegenüber möglichen Störungen, die Pläne und Termine gefährden könnten. Er ordnet sich Camilla unter, und sie toleriert ihn; sie schätzt die Menschen, die dazu beitragen, ihrem Mann ein störungsfreies Leben zu ermöglichen. Der Prinz kann sich in Fawcetts Gegenwart entspannen, weil er sich darauf verlassen kann, dass alles wie am Schnürchen läuft. Fawcett ist schlanker und schneidiger als zu der Zeit, in der er von der Boulevardpresse niedergemacht wurde, und er trägt jetzt einen Bart, der gut zu einer Halskrause und einem Wams passen würde. Seine Macht bei Hof ist unangefochten.

Mark Bolland erging es nicht ganz so gut. Er war 1996 in die Dienste des Prinzen getreten und im Jahr darauf zum Stellvertretenden Privatsekretär befördert worden. Seine größte Leistung in den turbulenten Jahren danach bestand darin, die öffentliche Akzeptanz von Camillas Beziehung zu Charles zu erhöhen. Doch aus dem Buckingham-Palast kamen Beschwerden, insbesondere von Mitarbeitern der Prinzen Andrew und Edward, die Bolland vorwarfen, seine Schützlinge auf Kosten von Mitgliedern ihrer Haushalte zu promoten. »In der ausgeklügelten Welt der Meinungsmache und Manipulation scheint es so zu sein, dass die Aktien anderer fallen müssen, damit die Aktien des Prinzen steigen können«, schrieb der Journalist Peter Foster in einem ausführlichen Porträt Bollands im *Daily Telegraph*, das offenbar auf Informationen von Bollands Feinden in den königlichen Palästen zurückging. »Der Graf und die Gräfin von Wessex sind nicht die Einzigen, die glauben, dass sie Opfer einer aggressiven Schmutzkampagne waren.«[10] Aus dem Artikel erfuhr man Prinz Williams Spitznamen für Bolland – Blackadder, der machiavellihafte Charakter, den Rowan Atkinson in der gleichnamigen Fernsehserie verkörpert. Unter diesem Namen sollte Bolland später eine Kolumne in der *News of the World* schreiben.

Als Bolland 2002 seinen Posten aufgab, wurde er anschließend als freier Berater des Prinzen engagiert, allerdings erhielt er bei seiner Verabschiedung nicht die obligatorische Auszeichnung für seine Dienste. Diese lockere Verbindung endete, so Bolland, nachdem Charles mit ihm über eine Geschichte sprechen wollte, die gerade hochkochte, und er nicht erreichbar war. »Das kam ziemlich schlecht bei ihm an, und er dachte: ›Nun, ist Mark überhaupt noch für mich da?‹ Man hatte den Eindruck, dass er sehr unglücklich war. Zu einem bestimmten Zeitpunkt seines Lebens konnte ich mich besonders in ihn einfühlen, einfach weil ich Camilla so gut kannte, und ich hatte gelernt, ihn mit ihren Augen zu sehen. Manchmal kommt es so, dass man Menschen und ihren Charakter zu gut kennt, und dann verliert man den Abstand. Irgendwann benutzte er mich direkt und auf dem Umweg über sie als Mittel, um andere, die für ihn arbeiteten, einzuschätzen. Während ich dort angestellt war, kamen die Leute damit klar. Als ich nur noch externer Berater war, irritierte es sie offenbar. Es war ihnen gegenüber nicht fair, und es erwies sich als sehr verwirrend für mich.«[11] Insider deuten an, dass Bolland vielleicht später in den innersten Zirkel zurückgekehrt wäre, wenn er nicht die *Mail on Sunday* darin bestärkt hätte, die China-Tagebücher des Prinzen zu veröffentlichen. Charles hatte ihn immer gemocht.

Im Jahr 2005 strengte Charles erstmals einen Prozess an, nachdem die Zeitung Auszüge eines acht Jahre alten Tagebuchs veröffentlichte, in dem er seine Reise nach Hongkong anlässlich der Übergabe der britischen Kronkolonie an China dokumentierte. In dem Dokument mit dem Titel *The Handover of Hong Kong or the Great Chinese Takeaway* beschreibt er die kommunistische Führungsriege Chinas als »schreckliche alte Wachsfiguren«, erzählt von den Schwierigkeiten, während eines Platzregens eine Rede zu halten (›Es stellte sich heraus, dass niemand etwas hören konnte, weil der Regen so auf die Regenschirme prasselte. Was man nicht alles glaubt, für England zu tun!!!‹), und erläuterte einen der Unterschiede zwischen der Monarchie und gewählten Volksvertretern. Politiker »haben es immer alle so eilig, deshalb bekommen sie nie alles mit«, bemerkte er. »In diesem Fall war [Tony Blair] vierzehn Stunden lang nach Hongkong geflogen, vierzehn Stunden lang in Hongkong geblieben und dann wieder vierzehn Stunden lang zurückgeflogen. Anschließend treffen sie Entscheidungen auf der Grundlage von Marktforschungen oder Fokusgruppen, oder von Papieren, die politische Berater oder Beamte verfassen, von denen keiner irgendeine Erfahrung damit hat, worüber sie hier eigentlich entscheiden.«[12]

Bolland unterstrich in seiner Aussage das Recht der *Mail on Sunday* auf eine Veröffentlichung, mit der Begründung, der Prinz sei möglicherweise davon ausgegangen, dass seine Tagebücher an die Öffentlichkeit gelangen würden. Das Gericht folgte seiner Einschätzung nicht. In den Jahren, die Bolland für Charles gearbeitet hatte, waren solche Tagebücher in die Hände von »fünfzig bis fünfundsiebzig Personen gelangt ... an Politiker, Medienleute, Journalisten und Schauspieler sowie Freunde des Prinzen«, sagte Bolland.[13] Er zeichnete auch das Bild eines politisierten Prinzen, dessen »eindeutiges Ziel es ist ... die öffentliche Meinung zu beeinflussen, wie er mir erklärte. Für ihn gehörte das zu seiner Rolle als Thronfolger. Er tat [es] auf sehr überlegte, durchdachte und kundige Art. Oft bezeichnete er sich selbst als ›Dissident‹, der sich gegen den herrschenden politischen Konsens stellt.«[14]

Damit brach Bolland Brücken hinter sich ab, aber wer es einmal in den Kreis von Charles' Vertrauten geschafft hat, wird fast nie ganz fallen gelassen. Eher schon ist die Arbeit für den Prinzen einem Aufenthalt im Hotel California vergleichbar: Man kann jederzeit auschecken, aber es nie ganz verlassen. Elizabeth Buchanan gab ihre Stelle als Privatsekretärin des Prinzen 2008 auf. Die *Daily Mail* kommentierte ihren Weggang mit einem Artikel unter dem Titel: »Camilla und die blonde Privatsekretärin, die den Preis dafür bezahlt, dass sie Charles zu nahesteht«. »Wer die eisige Atmosphäre zwischen der großen, gebieterischen ›Miss Nannypenny‹ – wie man die ledige Ms Buchanan im Büro des Prinzen nannte – und der Herzogin mitbekam, rechnete damit, dass die Privatsekretärin eher früher als später gehen würde«, schrieben Richard Kay und Geoffrey Levy in der *Daily Mail*.[15] Aber Buchanan war keineswegs verbannt worden. Nach dem Tod ihres Vaters stand sie vor der Entscheidung, die Familienfarm zu verkaufen oder sie selbst weiterzuführen. Sie wählte die zweite Option. Der Prinz hatte sie gebeten zu bleiben, akzeptierte jedoch ihren Wunsch und rief sie gleich am ersten Tag ihres neuen Lebens an, um sich zu vergewissern, dass es ihr gut ging.

»Normalerweise bin ich von oben bis unten voller Kuhmist«, sagt sie in der Lobby eines vornehmen Londoner Hotels in der Nähe von

Clarence House und dem St James's Palace. Sie ist tatsächlich blond, ihre Frisur sitzt tadellos, sie hat nicht den Hauch von Bauernhof an sich und auch kein gebieterisches Auftreten. Nach wie vor ist sie stark in die Angelegenheiten des Prinzen involviert und berät ihn bei seinen vielen Plänen und Initiativen im ländlichen Bereich.[16]

Zwar gibt es in Clarence House eine Menge knochentrockener Hofbeamter wie den Stellvertretenden Privatsekretär Simon Martin, der vom Außenministerium abgestellt wurde, doch Charles umgibt sich auch gern mit warmherzigeren, offeneren Menschen. In der Gesellschaft lebhafter Frauen, die sich nicht an die kalte Förmlichkeit bei Hofe halten, auch wenn sie ihn alle pflichtgemäß mit »Sir« anreden, blüht er stets auf. Kristina Kyriacou, die Pressesekretärin des Prinzen und eine seiner engsten Vertrauten, war erfolgreich im Musikmanagement tätig und arbeitete für Comic Relief, bevor sie dem Stab des Prinzen beitrat. Er rekrutierte Kyriacou höchstpersönlich, indem er Gary Barlow, den sie damals managte, höflich fragte, ob es ihm etwas ausmache, wenn er einen Teil ihrer Zeit beanspruche.

Die quirlige Julia Cleverdon hatte über drei Jahrzehnte wichtige Posten im Haushalt des Prinzen inne. Siebzehn Jahre lang baute sie als Geschäftsführerin Business in the Community auf und half mit, bei britischen Unternehmen ein Bewusstsein für ihre gesellschaftliche Verantwortung zu wecken und die Ideen des Prinzen in tragfähige Programme umzusetzen, wie zum Beispiel im Fall von Seeing is Believing. Cleverdon wurde erst kürzlich zur Chefkoordinatorin seiner Wohltätigkeitsorganisationen in Clarence House ernannt. Dieser Posten fiel jedoch der Umstrukturierung zum Opfer, und Quellen vermuten, dass sie den Start der Kampagne Step Up to Serve vermasselte. Trotzdem spielt sie immer noch eine wichtige Rolle bei Hof, ist Vizepräsidentin von Business in the Community und Sonderberaterin für nachhaltige Geschäftspraktiken bei den Wohltätigkeitsorganisationen des Prinzen. Der Prinz trennt sich nur äußerst ungern von Menschen.

Zu Beginn seiner ersten Ehe versuchte er auch seine Frau zu halten, obwohl er bereits die ersten Hindernisse auf dem Weg zu einer stabilen Beziehung zu Diana kommen sah. Seine Bemühungen wurden behindert durch sein fehlendes Verständnis für ihren Kummer und ihre Anpassungsprobleme an das Palastleben. Er kennt es nicht anders, aber Neuankömmlinge auf dem Planeten Windsor sind meist nicht auf den Verlust an Privatsphäre und das frostige Klima vorbereitet. In den königlichen Palästen ist es im wahrsten Sinn des Wortes kalt, und man baut auf Abhärtung: Wer hier lebt, soll die Zähne zusammenbeißen und seine Pflicht erfüllen.

In Zeiten tiefsten Elends konnte der Prinz bei seinen öffentlichen Auftritten vom Windsor-Geist zehren. »Von klein an wirkte er stets bedrückt, als laste das Gewicht der ganzen Welt auf seinen Schultern«, bemerkt Emma Thompson. »Er ist der älteste Sohn der Königin. Das ist eine schwere Bürde, führt zweifellos zu großer Isolation und kann sehr einsam machen ... Wie eine Art Star-Dasein ... er muss tagtäglich und zu jeder Zeit unglaublich nett und offen und warmherzig zu vielen, vielen Menschen sein, die sich ihm nicht ebenbürtig fühlen können, und deshalb muss er umso netter sein, damit sie nicht das Gefühl haben, er sei überheblich. Es ist unglaublich anstrengend, seinen gesellschaftlichen Rang zu kompensieren.«[17]

Privat konnte er, je mehr es in seiner Ehe kriselte, ziemlich missmutig und gleichsam in Trübsinn erstarrt sein. Wenn es Probleme gab, konnte er nur auf zwei mögliche, sich teilweise überschneidende Reaktionsmuster zurückgreifen – die Windsor- oder die Gordonstoun-Methode. Da er erkennen musste, dass bei Diana keine von beiden funktionierte, ließ er sich dazu überreden, Hilfe bei anderen zu suchen. Doch dabei hatte er ebenfalls keine glückliche Hand. Sein Mentor Laurens van der Post empfahl ihm die Dienste seiner Frau Ingaret, die »eine begabte Traumdeuterin«, aber keine ausgebildete Psychoanalytikerin war.[18] Charles konsultierte sie daraufhin. Auf van der Posts Rat hin suchte Diana Dr. Alan McGlashan auf, einen schon ziemlich betagten jungianischen Psychiater. Nach mehreren Sitzungen mit der Prinzessin kam McGlashan zu dem Ergebnis, dass sie unglücklich, aber psychisch stabil war.

Nachdem ein Journalist Charles 1995 aus der Praxis von McGlashan kommen sah, hieß es überall, der Prinz unterziehe sich einer Psychoanalyse. McGlashans Witwe Sasha sagte später in einem Interview, das Verhältnis ihres Mannes zu Charles sei nicht beruflicher Natur gewesen. Ihren Angaben nach war es »eine unterstützende Freundschaft«.[19] Wie dem auch sei, jedenfalls war Charles die Beziehung so wichtig, dass er McGlashan regelmäßig aufsuchte. An einer inoffiziellen Kultstätte im Garten von Highgrove, errichtet für Menschen, die der Prinz bewundert, stellte er eine Bronzebüste von ihm auf. (Auch seinem Freund Patrick Holden und der Umweltaktivistin Vandana Shiva hat er eine gewidmet.)

Nachdem die Prinzessin ihre Besuche bei McGlashan längst eingestellt hatte, unterzog sie sich weiterhin Therapien, teils anerkannten, teils dubiosen. Sie wandte sich an konventionelle Therapeuten ebenso wie an eine Reihe alternativer Heiler, versuchte es mit Hellsehern und Darmspülungen. So abwegig manches davon wirken mag, nichts erscheint so abstrus wie die Hilfe von Jimmy Savile, einem Discjockey, Radiomoderator und mittlerweile verurteilten Sextäter.

Charles und Diana waren bei Weitem nicht die Einzigen, die auf Savile hereinfielen. Für einen Großteil des britischen Establishments war Savile eine Säule der Gesellschaft und ein beliebter Radiomoderator. Sein berühmtes »now then, now then« ging in den nationalen Wortschatz ein. Für Margaret Thatcher war er ein Musterbeispiel des Selfmademan. Er umgarnte die oberen Etagen von Rundfunk, Polizei, Gerichtsbarkeit und Medizin. Im Zuge seiner Wohltätigkeitsarbeit für die Royal Marines lernte er Mountbatten kennen, der ihn Prinz Philip und anderen Mitgliedern des Königshauses vorstellte. »Immer wenn etwas anstand, sagte [Mountbatten]: ›Ich schneide das Band durch, aber holt Savile her. Er soll die Rede halten. Das kann er besser als ich‹«, erzählte Savile Dan Davies, einem Journalisten, den seine Mutter als Kind zur Aufnahme einer Episode von Saviles berühmtester Fernsehserie *Jim'll Fix It* mitgenommen hatte. Seither beäugte er Saviles Selbstdarstellung in der Öffentlichkeit mit Argwohn, was sich als sehr hellsichtig erweisen sollte.[20]

Davies plante ursprünglich, unter dem Titel *Apocalypse Now Then* die Geschichte seiner Suche nach dem wahren Jimmy Savile zu schreiben. Letztendlich verwendete er diese Formulierung dann als Kapitelüberschrift in der ziemlich düsteren Savile-Biografie *In Plain Sight*, die er nach dessen Tod und den posthumen Ermittlungen veröffentlichte. Diese förderten bisher über fünfhundert mutmaßliche Fälle von sexuellen Übergriffen zutage.

Savile bezeichnete sich Davies gegenüber als »Hofnarr«. »Die Mitglieder des Königshauses sind umgeben von Menschen, die nicht wissen, wie sie mit ihnen umgehen sollen ... ich habe eine erfrischende Art, die ihnen offenbar zusagt.«[21] Charles und Diana befanden sich in guter Gesellschaft, als sie Saviles Pose irrtümlicherweise für eine etwas unbeholfene Originalität hielten. Er selbst kann wohl kaum als glaubwürdiger Zeuge gelten, doch eine Versteigerung von Vermögenswerten aus seinem Haus im Juli 2012 zeigte deutlich, wie sehr er in der Gunst von weiten Teilen der Gesellschaft und des Hofes stand. Davies listet in seinem Buch die Höhepunkte der fünfunddreißig Posten auf, darunter »Geschenke und Karten von Prinz Charles, Prinzessin Diana, Prinz Andrew und Sarah Ferguson«.[22] In einer E-Mail schreibt Davies, dass Saviles »Beziehung zu Diana zweifellos enger war als die zu Charles«, fügt jedoch hinzu, Saviles Adressbücher hätten die Namen von »Bediensteten in Balmoral, Highgrove, dem Buckingham-Palast etc.« enthalten.[23]

Der Biograf bekam auch Material zu Gesicht, das nie an die Öffentlichkeit gelangte. Außerdem interviewte er Janet Cope, die dreißig Jahre lang Saviles persönliche Assistentin gewesen war und ihm von einer dicken Mappe mit Briefen von Savile und Diana berichtete. Copes Erinnerung nach waren es Briefe »so ungefähr nach dem Motto: ›Es war so wundervoll, mit Ihnen zu sprechen, jetzt fühle ich mich viel besser. Danke für Ihren Rat, ich weiß, wo ich Sie finde, falls ich Sie brauche.‹«[24] Das stimmt mit Dianas beiläufiger Erwähnung eines Gesprächs mit Savile auf dem Squidgygate-Tonband überein. »Jimmy

Savile rief mich gestern an und sagte: ›Ich rufe nur an, mein Mädchen, um Ihnen zu sagen, dass Seine Gnaden [Charles] mich gebeten haben zu kommen und dem Rotschopf [der Herzogin von York] behilflich zu sein, und ich erzähle Ihnen das nur, damit Sie es nicht über ihn oder sie erfahren; und ich hoffe, es ist in Ordnung für Sie.‹«[25]

Es zeugt von der verkorksten Kommunikation am Hof des Prinzen, dass er Savile bat, seiner Schwägerin »behilflich« zu sein. Savile hatte bei seinen Besuchen im St James's Palace durch sein Benehmen Unruhe ausgelöst, aber niemand scheint sich deswegen an Charles gewandt zu haben. In ihrem Bericht über den Alltag im Palast beschreibt Sarah Goodall, eine ehemalige Schreibkraft des Prinzen, Savile als einen »Mann mittleren Alters mit weißer Haarmähne, weißem Overall und üppigem Goldschmuck«, der durch die Büros schlenderte. Sie schildert, wie er die Hand einer Kollegin nimmt, »als wolle er ihr einen Handkuss geben, und dann macht er etwas ganz Bizarres. Er fängt an, ihr mit der Zunge über die Finger zu fahren; er leckt ihre Hand ab … Jetzt kommt er zu meinem Schreibtisch. Er nimmt meine Hand und macht dasselbe damit. … Er sieht mich an und grinst lasziv. ›Oh. Ooooh! Whooarr! Hübsches Mädchen!‹« Eine Kollegin erzählt ihr, dass er Charles und Diana bei ihren Eheproblemen hilft. »Fassungslos stehe ich da und bemühe mich, diese ungeheuerliche Information zu verdauen. Er ist einfach unglaublich. Jimmy Savile, der Fernsehstar, der komische Gurgellaute von sich gibt und sich verrückt kleidet, ist oder war der Berater seiner Königlichen Hoheit und der Princess of Wales! Das kann einfach nicht stimmen … Er scheint kaum der qualifizierteste oder passendste Eheberater zu sein.«[26] Goodalls Buch, das in Form eines Tagebuchs geschrieben ist, enthält viele Ausschmückungen, aber was Savile betrifft, liegt sie goldrichtig. Ihr Buch erschien 2006, und die Geschichte seiner sexuellen Übergriffe gegen Kinder wurde erst nach seinem Tod 2011 bestätigt.

Die Pressestelle des Prinzen gab keinen offiziellen Kommentar zu Goodalls Erinnerungen ab. Allerdings schickte man eine Erklärung an die Sendung *Panorama*, die Diana einst eine Plattform für ihr aufsehenerregendes Interview geboten hatte und 2014 die Enthüllungsgeschichte *Jimmy Savile. The Power to Abuse* brachte. In der Sendung wurde Goodalls Behauptung wiederholt, Savile habe als Eheberater für Charles und Diana fungiert. »Die Vorstellung, dass Seine Königliche Hoheit bei Jimmy Savile Eheratschläge eingeholt hat, ist lächerlich. Die wenigen Male, die Jimmy Savile den St James's Palace besuchte, war er dort als Gast eines Haushaltsmitglieds«, hieß es in der Presseerklärung, die in dem *Panorama*-Beitrag gesendet wurde.

Die Erklärung ging auch auf eine Behauptung aus dem Film ein, Gesundheitsbeamte seien »völlig fassungslos« darüber gewesen, Savile bei einer Besprechung in Highgrove anzutreffen, die der Prinz einberufen hatte, um gegen die drohende Schließung einer Notaufnahme in einem nahe gelegenen Krankenhaus zu protestieren. Als die Besprechung zu Ende und der Prinz gegangen war, warnte Savile angeblich einen der Beamten, dass es ihn die Erhebung zum Ritter kosten könne, wenn er den Prinzen unglücklich mache. »Möglicherweise hat ein solches Treffen stattgefunden«, hieß es in der Presseerklärung weiter. »Allerdings können wir nicht irgendwelche angeblichen Drohungen kommentieren, die ausgesprochen wurden, nachdem der Prinz den Raum verlassen hatte. Ganz gewiss hat er von einem solchen Verhalten einer Person nichts gewusst und es auch nicht gebilligt oder unterstützt.«[27]

Das klingt nur allzu plausibel. Nicht selten tun Hofbeamte und Berater in Charles' Namen Dinge, die er wahrscheinlich weder billigen noch unterstützen würde. Allerdings scheint die Darstellung des Treffens der Wahrheit zu entsprechen. Mitarbeiter des Prinzen sind daran gewöhnt, dass jemand von unerwarteter Seite querschießt. Der Prinz »ist grundsätzlich ebenso misstrauisch gegenüber Ratschlägen aus einer Quelle wie Minister«, so ein Insider. »Deshalb neigt er dazu, dass er die merkwürdigsten Menschen Dinge lesen und prüfen lässt und sich ihre alternativen Ansichten anhört, die manchmal wirklich ziemlich gewagt sind.«

Savile hatte sich über Spitzenpolitiker und den Nationalen Gesundheitsdienst ungehinderten Zugang zu verschiedenen Krankenhäusern und anderen medizinischen Einrichtungen verschafft, darunter das Leeds General Infirmary, das Stoke Mandeville und die streng gesicherte psychiatrische Heilanstalt Broadmoor. Er durfte bei Leitungs- und Personalentscheidungen mitreden und sich ungehindert zwischen den Patienten bewegen. Für den Prinzen machte ihn das zu einem geeigneten Ratgeber für den Umgang mit den britischen Gesundheitsbehörden und weiteren Institutionen.

Niemand aber – und ganz bestimmt nicht Savile – wäre in der Lage gewesen, die Ehe von Charles und Diana wieder zu kitten. Während die beiden Lager in der Öffentlichkeit schmutzige Wäsche wuschen, war das Haus Windsor mit der härtesten Prüfung seit der Abdankung von Edward VIII. konfrontiert. Vom Privatleben der Königin und ihrer Kinder wusste die Öffentlichkeit damals so gut wie nichts. Der Dokumentarfilm *Royal Family*, der das Leben der königlichen Familie in jenem Jahr porträtiert, in dem sich Charles auf die Krönung zum Prince of Wales vorbereitete, wurde 1969 gesendet und erreichte ein Publikum von 23 Millionen in Großbritannien und 350 Millionen weltweit. Anschließend untersagte die Königin eine nochmalige Ausstrahlung. Man sieht die Royals mit Grillwürstchen kämpfen; in einer anderen Szene macht die Queen unbeholfenen Small Talk mit Richard Nixon, der 1974 zurücktreten sollte. Prinzessin Anne fasste das Missfallen ihrer Familie gegen das Fernsehabenteuer so zusammen: »Ich hielt es immer für eine miserable Idee. Die Aufmerksamkeit, die einem von Kindheit an entgegengebracht wurde – man wollte einfach nicht noch mehr davon. Das Letzte, was man wollte, war noch mehr Einblick der Öffentlichkeit.«[28]

Sie hatte recht, aber nur bis zu einem gewissen Punkt. Der Grund, warum die Monarchie so floriert, während andere alteingesessene Institutionen wanken, liegt darin, dass sich das Königshaus nicht um der Popularität willen populäre Meinungen zu eigen macht. Sein schlagkräftigstes Verkaufsargument ist die Beständigkeit. Ein weiterer Grund für seinen Erfolg ist die Tatsache, dass es sich dem Wandel stellt, anstatt sich dagegenzustemmen. Die Institution entwickelt sich parallel zu dem Volk, das sie zu repräsentieren behauptet. Als die Fernsehgeräte einen Ehrenplatz in den britischen Wohnzimmern eroberten, mussten die Windsors die Kameras in ihre Wohnzimmer lassen. Die Familie lernte aus den Fehlern des ersten Dokumentarfilms, fand rasch heraus, wie man es anstellt, im Rampenlicht zu stehen und doch nicht alles von sich preiszugeben, und kontrollierte danach sorgfältig, was von wem berichtet wurde. Doch auch die Außendarstellung musste sich ändern. Der größte Schnitzer in der Regentschaft der Queen ereignete sich nach Dianas Tod, als die Monarchin nicht erkannte, dass ihre Untertanen inzwischen nur mehr an Emotionen glaubten, die sie auch sehen konnten. Die alte Zurückhaltung der Windsors verträgt sich nicht mit dem gefühlsbetonten, therapieerfahrenen, bekenntnishaften Stil, der bei Diana seinen Höhepunkt fand.

Charles selbst bleibt hin- und hergerissen zwischen diesen beiden Polen. Einerseits hat er das royale Schweigegebot von Kindheit an verinnerlicht und ist in einer Kultur groß geworden, laut der Gefühle entwertet werden, wenn man sie zeigt. Andererseits brodelt es in ihm vor Emotionen. Für Nicholas Soames ist das ein heroischer Kampf. »Neulich waren irgendwelche Leute im Fernsehen, und offensichtlich haben sie nicht genug Emotionen gezeigt, weshalb es einen schrecklichen Wirbel in der *Daily Mail* gab. Sie haben nicht genug Mitgefühl bewiesen, oder was sonst das verdammte Problem war, sie haben nicht geweint, als sie einen Wettbewerb gewannen«, erzählt er. »Nun, es hat keinen Sinn, so etwas vom Prince of Wales zu erwarten. Er wird dieses Spiel nicht mitspielen, weil er in meinen Augen moralisch und intellektuell ehrlich ist.«[29]

Das Problem ist nur, dass er dieses Spiel eine Weile lang durchaus mitgespielt hat, wenn auch weder begeistert noch gut. Der Ehekonflikt zwischen Charles und Diana beschädigte die Kontrollmechanismen und ließ Walter Bagehots Diktum, man müsse das Mysterium der Monarchie bewahren, lächerlich erscheinen. »Warum um alles in der Welt diese Meinung relevant sein soll ... übersteigt meinen Horizont, weil es zwei Dinge voraussetzt, die vollkommen falsch sind; erstens, dass man uns bezüglich der Monarchie im Dunkeln lassen sollte, und zweitens, dass da noch irgendein Zauber übrig ist ... Auf das Königshaus ist in letzter Zeit nicht ein schmaler Sonnenstrahl gefallen, sondern ein verdammter Flutlichtkegel«, schrieb die Kolumnistin Suzanne Moore im März 2003 in der *Mail on Sunday*.[30] Diana war seit fünf Jahren tot, aber dank einer ganzen Flut von offiziellen Berichten, Untersuchungen, erbitterten Gerichtsverhandlungen, einem blühenden Handel mit Gerüchten und knallharten Fakten nahmen die Enthüllungen kein Ende.

Das Paradoxe an den Palästen der Königsfamilie ist, dass dort einerseits ein reges Kommen und Gehen herrscht – die Teppiche sind abgewetzt von all den Besuchern samt Entourage –, sie andererseits aber ein Hort der Geheimhaltung und Intrige sind. So wenig Privatsphäre dort herrscht, entziehen sie sich dennoch weitgehend der Kontrolle. Dort werden Ränke geschmiedet und Geheimnisse ausgeheckt.

Weder journalistische Nachforschungen noch gerichtliche Untersuchungen konnten jemals genau ermitteln, aus welcher Quelle die Squidgygate- und Camillagate-Aufnahmen letztendlich stammten. Die anfängliche Weigerung der Regenbogenpresse, die Abschriften zu veröffentlichen, scheint sie von jeder Beteiligung freizusprechen. Die Qualität der Aufnahmen und die Wahrscheinlichkeit, dass einer oder mehrere Amateurfunker die ganze Gesprächsdauer lang auf derselben Frequenz blieben, werfen allerdings Zweifel auf, ob diese Amateure ganz ohne Hilfe auf die Telefonübertragungen stießen. Von der *Sunday Times* beauftragte Tontechniker stießen auf untypische Merkmale, die darauf hindeuteten, dass die Gespräche womöglich aufgenommen und anschließend erneut gesendet wurden, damit Cyril Reenan und andere Hobbyfunker sie entdeckten.

Außerdem sind auch keine nachvollziehbaren Motive erkennbar. Durch die Veröffentlichung der Bänder entstand beiden Parteien im Ehekrieg Schaden. Was die möglichen Täter betrifft, so war das Government Communications Headquarters (GCHQ), ein Abhördienst der britischen Regierung, in der Lage, Gespräche anzuzapfen. Er gab jedoch 1993 gemeinsam mit den anderen britischen Nachrichtendiensten eine Erklärung ab mit der »kategorischen Versicherung, wonach jede Beteiligung am Abhören, Aufnehmen oder der Weitergabe von Telefongesprächen, an denen Mitglieder des Königshauses beteiligt waren, abgestritten wurde«. John Ayde, der ehemalige Chef des GCHQ, und Richard Dearlove, der bis 2004 den MI6 leitete, wiederholten dieses Dementi persönlich bei der gerichtlichen Untersuchung zum Tod von Prinzessin Diana, ihrem Freund Dodi Fayed und ihrem Fahrer Henri Paul. Lord Fellowes, der Ehemann von Dianas Schwester Jane, der zu dem Zeitpunkt, als die Bänder auftauchten, Privatsekretär der Queen war, sagte ebenfalls aus, dass die Beteiligung von Spionen höchst »unwahrscheinlich« erscheine – »die haben Besseres zu tun«.[31]

Bei der gerichtlichen Untersuchung, die von Oktober 2007 bis zum April 2008 am Royal Courts of Justice in London durchgeführt wurde und den Steuerzahler 2,8 Millionen Pfund kostete, gab Fellowes allerdings zu Protokoll, dass der Buckingham-Palast auf Anordnung der Königin routinemäßig auf Wanzen untersucht wurde und dass die Bänder »Diskussionen« bei den Sicherheitsbehörden ausgelöst hätten. Das Ziel war laut Fellowes »offensichtlich, im Falle schändlicher Vorgänge den Täter auszumachen und zu bestrafen. Der Haupttenor im Buckingham-Palast lautete jedoch, wenn ich das so allgemein sagen darf, dass es nun mal passiert sei und man alles dafür tun sollte, eine Wiederholung zu verhindern.«[32]

Fellowes' trockene Bestätigung, dass man im Palast Angst vor Wanzen hatte, wäre in einem anderen Kontext sensationell gewesen, doch damals ging sie in einem Strudel von noch wilderen Behauptungen und intimen Details unter. Insgesamt zweihundertachtundsechzig Zeugen machten eine Aussage, von Personen, die bei Dianas Tod zufällig vor Ort waren, bis hin zu wichtigen Menschen in ihrem Leben. Paul Burrell erzählte dem Gericht am ersten Tag seiner dreitägigen Aussage, dass er »jeden wachen Gedanken« seiner Arbeitgeberin gekannt habe. Am dritten Tag ruderte er zurück. »Ich bin nicht sicher, ob ich sie besser als die meisten kannte, aber ich kannte sie sehr gut.« Hasnat Khan, Dianas Liebhaber von 1995 bis zu ihrer Bekanntschaft mit Dodi, wurde in seiner Stellungnahme sehr pathetisch. Die Prinzessin wie ihr Exmann hätten das normale Leben aus erzwungener Distanz beobachtet. »Diana war es auch nicht gewohnt, ganz alltägliche Dinge zu tun, die für den Rest der Welt selbstverständlich sind«, verriet Khan. »Zum Beispiel gingen wir einmal in einen Pub, und Diana fragte, ob sie die Getränke bestellen dürfe, weil sie das noch nie getan habe. Sie genoss diese Erfahrung sichtlich und plauderte fröhlich mit dem Barkeeper.«

Einige vertraute Gesichter blieben dieser Parade fern. Weder Charles noch irgendwelche Blutsverwandten seiner Familie wurden zur Aussage vorgeladen, was ihnen die kurzfristige Peinlichkeit ersparte, aber wiederum den Eindruck verstärkte, dass das Königshaus eine Sonderbehandlung bekam und das Establishment die Sache rasch beenden wollte. Verschwörungstheoretiker sahen darin gar ein Zeichen der Schuld. Als Dodi Fayed an der Seite der Prinzessin starb, erwartete sein Vater Mohamed, dem das Kaufhaus Harrods gehört, dass die Windsors ihn in ihrer gemeinsamen Trauer in die Arme schließen würden. Die Umarmung blieb aus. Das Königshaus ging auf Abstand zu Fayed, weil man glaubte, dass er mit seinen Verbindungen zu Diana geprotzt hatte, als sie noch lebte, und jetzt ihren Tod werbewirksam ausschlachten wollte. Als Dianas Schwester Sarah McCorquodale Prinz Charles nach Paris begleitete, um den Leichnam der Prinzessin abzuholen, fragte sie ihn, wie der Sarg nach der Ankunft in England weitertransportiert werden würde. »Eins ist sicher«, entgegnete er, »sie wird nicht in einer grünen Pferdekutsche durch London gefahren werden.«[33] In der grünen Harrods-Kutsche mit der goldenen Schrift wurden oft Promis zur Eröffnung des Schlussverkaufs befördert.

Fayed machte zunächst die Paparazzi, die Diana und Dodi verfolgten, für den schicksalhaften Unfall im Tunnel Pont de l'Alma verantwortlich. Dann kam er auf den Gedanken, »diese Dracula-Familie«, wie er die Windsors nannte, habe den Unfall inszeniert, um zu verhindern, dass die Prinzessin seinen muslimischen Sohn heiratete. Bei der gerichtlichen Untersuchung präsentierte er einen ausgeklügelten Ablauf des Vorfalls und unterstellte, hochrangige Mitglieder des Königshauses, Tony Blair, die Sicherheitsbehörden, Fellowes, einige von Prinzessin Dianas Freunden, ehemalige Chefs der Londoner Polizei, der britische Botschafter in Frankreich, französische Toxikologen und Mediziner, drei seiner ehemaligen Angestellten sowie Henri Paul, der bei dem Unfall sein Leben verlor, hätten davon gewusst oder aktiv mitgewirkt.[34]

Verschwörungstheorien sind robuste Pflanzen, die auf den kärgsten Böden gedeihen. Der nährstoffreiche Kompost dieser Tragödie bringt weiterhin die exotischsten Blüten hervor. Die gerichtliche Untersuchung kam zu derselben zentralen Schlussfolgerung wie schon frühere Untersuchungen in Frankreich und Großbritannien: dass das Auto ohne äußere Einwirkung mit der Tunnelwand kollidiert ist, weil Paul betrunken war und, verfolgt von Paparazzi, zu schnell fuhr. Wenn man allerdings »Dianas Tod« in eine Suchmaschine eingibt, fällt man durch ein Kaninchenloch in ein Universum, gegen das Fayeds Version der Ereignisse geradezu fantasielos wirkt. Die Szenarien warten mit verschiedenen Methoden auf, wie die Kollision herbeigeführt wurde, zum Beispiel, dass Henri Paul mit einem grellen Lichtstrahl geblendet wurde oder dass sich in der Pariser Straßenunterführung ein Heckenschütze versteckt hielt. Laut manchen Darstellungen entführten die Mörder die Prinzessin und verfrachteten sie in ein Fahrzeug, das zum Krankenwagen umgestaltet wurde, bevor sie die Tat ausführten; einer anderen Hypothese zufolge wurde der Mercedes samt seinen Insassen von einer Zerkleinerungsmaschine zermalmt. Der Jury wurden detaillierte medizinische Nachweise über Dianas Menstruationszyklen in den Wochen vor ihrem Tod vorgelegt, aber in dieser Parallelwelt erwarteten sie und Dodi ein Baby, was ihren ehemaligen königlichen Verwandten zusätzliche Gründe dafür lieferte, ihr übelzuwollen. Ein gängiges Internet-Mem zeigt die Windsors als riesige, gestaltwandelnde, extraterrestrische Eidechsen, die die Prinzessin ausgelöscht haben und immer noch eine existenzielle Bedrohung für den Rest der Menschheit darstellen.

Das mögen extreme Vorstellungen sein, doch sie trüben das Bild von Charles in der Öffentlichkeit.

Es gibt natürlich auch noch eine Welt, die den meisten Menschen verborgen bleibt. Sie ist nicht so großartig wie in Filmen und Büchern dargestellt und trennt auch nicht messerscharf zwischen Gut und Böse, obwohl viele, die für den Geheimdienst arbeiten, sicherlich die Guten sein wollen. Prinz Charles kennt ihren Einsatz im Dienst an der Öffentlichkeit aus nächster Nähe. Als Thronerbe und Repräsentant der Queen erhält er regelmäßige Briefings durch Geheimdienstbeamte und hat auch schon privat den Zentralen des MI5, MI6 und GCHQ einen Besuch abgestattet. Charles hat außerdem Geheimdienstteams in Nordirland und an noch entlegeneren Orten besucht. In einer Erklärung, die die drei Nachrichtendienste für dieses Buch abgaben, wird betont, dass man solche Besuche schätzt. Ein ehemaliger Agent im Außendienst erinnert sich in etwas lebhafteren Farben daran, wie Charles in ihrer Dienststelle auftauchte. Es war »leicht irreal, aber es hat alle aufgemuntert«.

2012 folgte der Prinz dem Ersuchen der Geheimdienste und wurde als erstes Mitglied des Königshauses ihr offizieller Schirmherr. Als er und Camilla die Premiere des James-Bond-Films *Skyfall* besuchten, baten sie darum, dass die Einnahmen wohltätigen Einrichtungen zugutekommen sollten, die ehemalige und aktive Mitglieder der Geheimdienste unterstützen. Ein Jahr zuvor hatte er erstmals die Prince of Wales Intelligence Community Awards verliehen. Es war seine Idee gewesen, die Mitarbeiter auf irgendeine Weise für ihre Leistungen auszuzeichnen; die drei Geheimdienste legten daraufhin gemeinsam Kriterien fest. Die alljährlich abgehaltene Zeremonie findet jeweils um die Mittagszeit in einem Prunkzimmer des St James's Palace statt. »Seine Königliche Hoheit hat wiederholt darauf hingewiesen, dass die Erfolge der Nachrichtendienste wegen der Notwendigkeit der Geheimhaltung oft nicht gewürdigt und anerkannt werden«, heißt es in der gemeinsamen Erklärung der Geheimdienste. »Der Preis ergänzt die öffentlichen Auszeichnungen und würdigt die Mitarbeiter für ihre herausragenden Bemühungen, das Land sicher zu machen.«

Viele Termine der königlichen Familie sind im Voraus bekannt. Über diesen Preis wird aus Vertraulichkeitsgründen erst einen Tag nach der Verleihung berichtet. Zu den etwa zweihundert Teilnehmern der Zeremonie zählen Familienmitglieder und Freunde, die Geheimdienstchefs und die zuständigen Minister. Ehrungen gehen an ganze Teams und nicht nur an Agenten im Außendienst, sondern auch an Beschäftigte in der Verwaltung, im Management und in einem Bereich, den man in gewöhnlichen Firmen als Informationstechnologie bezeichnen würde. Charles legt bei dieser Zeremonie dieselbe Förmlichkeit an den Tag wie bei öffentlichen Auszeichnungen. »Die Anerkennung des Prinzen für die Tätigkeit der Geheimdienste war sehr stark zu spüren, und es war großartig zu hören, wie sehr er schätzt, was wir tun … Wir waren wirklich stolz auf diesen Preis«, sagt einer der Preisträger von 2014. »Es war fantastisch zu sehen, dass der Prinz die Arbeit würdigt, die in gemeinsame Operationen fließt«, sagt ein anderer. »Seine Fragen zeigten, wie sehr er sich für unsere Tätigkeit interessiert.«

Die meisten Mitarbeiter von Geheimdiensten dürfen lediglich ihren engsten Angehörigen erzählen, womit sie ihren Tag verbringen, und auch das nur in verklausulierter Form. Außenstehenden gegenüber bezeichnen sich die Agenten oft als »Berater« oder »Beamte«. Neugierige Fragen wehren sie mit Behauptungen ab, sie seien mit einem Gebiet befasst, das so langweilig oder abseitig wirkt, dass keiner weiter nachhakt. Die Preisverleihung ist eine der wenigen Situationen, in denen Agenten ganz offen sein können. »Ich war überglücklich, dass meine Eltern einen Einblick in meine Welt bekamen.« – »Dass unsere Arbeit vor unseren Kollegen und unseren Familien durch den Prince of Wales gewürdigt wurde, machte mich sehr stolz und meine Mom noch mehr.« – »Es gibt nicht viele Gelegenheiten, wo man so freimütig über seine Arbeit sprechen kann – das ist eine davon.« – »Wenn man immer im Verborgenen wirkt, ist es eine tolle Erfahrung, im St James's Palace zu sein und mit dem Prinzen über unsere Arbeit zu sprechen.«

Diese positive Verstärkung ist besonders willkommen in dem veränderten und schwierigen Umfeld, das Spione als »Snowdonia« bezeichnen. Im Jahr 2013 leakte Edward Snowden, damals Systemadministrator bei der CIA, Tausende Geheimdokumente, in deren Besitz er während seiner Arbeit für eine Beraterfirma der National Security Agency (NSA) kam, eine Art Zwilling des GCHQ. Die Dokumente enthüllten, dass die Vereinigten Staaten und das Vereinigte Königreich zusammen mit anderen Ländern riesige Datenmengen von allen möglichen Formen elektronischer Kommunikation zusammentrugen, zur Terrorabwehr Verbündete ausspähten und Verbote der Bespitzelung ihrer eigenen Bürger unterliefen, indem sie untereinander Daten austauschten. Eine Kerngruppe von fünf Ländern – »Five Eyes« genannt –, die gemeinsam viele der Spähprogramme betreibt, war ursprünglich während des Zweiten Weltkriegs gegründet worden. Um die Nachkriegszeit zu planen, tat sich Großbritannien mit seinen ehemaligen englischsprachigen Kolonien zusammen – den Vereinigten Staaten, Australien, Kanada und Neuseeland. Die Gruppe setzte ihre Zusammenarbeit während des Kalten Kriegs und auch danach fort. Snowdens Leaks störten nicht nur die Beziehungen zu befreundeten Ländern, die sich als Zielscheibe sahen, sie beschädigten den Ruf der beteiligten Geheimdienste und gefährdeten nach Auskunft dieser Dienste zudem aktive Operationen und Agenten sowie die künftige Leistungsfähigkeit. Darüber hinaus wurden Fragen aufgeworfen, bei denen es um Datenschutz kontra Sicherheit und Rechenschaftspflicht kontra Geheimhaltung ging und die fast so unerschöpflich waren wie die NSA-Archive.

Dies hat erhebliche Nachwirkungen auf das öffentliche Leben und die Wirtschaft. Forderungen nach neuen Datenschutzmaßnahmen und verstärkter institutioneller Transparenz werden laut. Es geht nicht nur um ethische Fragen, sondern um die praktischen Schwierigkeiten dabei, in einer durchlässigen Welt die Verbreitung von Informationen zu verhindern. Dieser Teil der Debatte ist nicht neu, aber er erhielt durch »Snowdonia«, wo Vertrauen Mangelware ist, eine neue Dringlichkeit.

Derzeit genießt die Monarchie das Vertrauen der Öffentlichkeit in einem Ausmaß wie nur wenige andere Institutionen, und doch muss die Institution immer mit der Zeit Schritt halten. Das scheint ihr in vielerlei Hinsicht zu gelingen. Die Pressearbeit am Buckingham-Palast und in Clarence House wurde erweitert und professionalisiert, das Personal durch talentierte Kräfte ergänzt, die in der Medienwelt gearbeitet, sich mit prominenten Kunden herumgeschlagen oder den Hexenkessel des Presseamts der Regierung überstanden haben. Engagierte Teams sind den wichtigsten royalen Marken zugeordnet. Die Queen persönlich hat professionelle Websites über das Königshaus sowie zusätzliche Seiten in sozialen Netzwerken wie Facebook, Twitter und Flickr autorisiert, die sich wunderbar in ihr Mantra einzufügen scheinen, dass man etwas sehen muss, um es zu glauben. Ihre Kinder und deren Kinder mögen offener erscheinen als sie, aber abgesehen von ihrem Ältesten sprechen sie kaum über Substanzielles. Ihr Privatleben bleibt größtenteils privat. Camilla, seit der Hochzeit mit Charles Ihre Königliche Hoheit, die Herzogin von Cornwall, hat einen reibungslosen Übergang von der Staatsfeindin zum königlichen Aktivposten geschafft. Alles scheint ruhig zu sein. Und doch sind die Royals der Lösung des alten Dilemmas nicht nähergekommen, wie viel Öffentlichkeit sie zulassen oder ob sie sich der neuen Realität stellen sollen: dass sie auf dieses Thema vielleicht gar keinen Einfluss haben.

Auch alle Vertraulichkeitsvereinbarungen haben ihre ehemaligen Angestellten nicht davon abgehalten, Erinnerungen an ihre Tätigkeit im Dienste der Krone zu veröffentlichen, die in der Regel sehr viel weniger schonend ausfallen als seinerzeit Marion Crawfords heiteres Pionierwerk. Im Krieg zwischen Charles und Diana strauchelten die Medien, die sich an die geltenden Regeln hielten, in einem wüsten Gerangel um die neuesten Sensationen, in dessen Folge nicht nur Murdochs *Sunday Times*, sondern auch deren Pendants der Regenbogenpresse, die *Sun* und die *News of the World,* zu meinungsbildenden Blättern wurden. Jetzt müssen alle alteingesessenen Medien mit noch größeren Veränderungen fertigwerden. Sie kennen die Regeln, auch wenn sie sich nicht immer daran halten. Die neuen Medien und die Bürger-Journalisten – also alle Twitter-Nutzer – wissen vielleicht nicht einmal, dass es Regeln gibt, und nehmen sich eher Snowden und Julien Assange zum Vorbild als verstaubte Vorschriften über Vertraulichkeit der Kommunikation und Recht auf Privatsphäre.

Vor den Palasttoren wächst die Forderung nach Transparenz. Innerhalb der Palastmauern sitzt ein künftiger König, dessen unbändiger Kommunikationsdrang eigentlich die Bestrebungen nach größerer Offenheit ermutigen sollte. Aber das passiert nicht. Seine Entourage wird immer zugeknöpfter. Und doch kann Charles auf vieles stolz sein, nicht zuletzt auf sein erstes und größtes Wohltätigkeitsprojekt.

Kapitel 6

Vertrauen und Zuversicht

Die zehn Jugendlichen, die im Sommer 2014 in einem Klassenzimmer im Südlondoner Vorort Merton sitzen, feilen an einer Einkaufsliste. Der neunzehnjährige Rajan Patel am Flipchart notiert die Vorschläge auf einem großen Block. Auf einem Schild an der Wand hinter ihm steht der Spruch: »Nicht alle Scherze sind lustig.« Es will auf Schikanen und Übergriffe aufmerksam machen, eine Mahnung, die die anderen an den u-förmig aufgestellten Tischen offenbar immer wieder vergessen. Entweder sie irritieren Patel mit ihren bissigen Bemerkungen, oder sie schreien Vorschläge nieder. »Ihr müsst euch anhören, was die anderen sagen. Habt Respekt«, ruft Gruppenleiter David Tovey. Ein Mädchen hebt den Kopf, den sie auf den Tisch gelegt hatte, und blickt ihn aus schwarz umrandeten Augen an. »Ich war ganz still«, meint sie. »Ich habe nämlich geschlafen. Und die anderen haben mich aufgeweckt.«

Sinn und Zweck des zwölfwöchigen Team Programme, dem vierundsiebzigsten an dieser Schule, ist der gleiche wie bei allen sonstigen Programmen und Projekten des Prince's Trust: die Menschen wachzurütteln und ihnen dann das Werkzeug zu vermitteln, um ihre Möglichkeiten zu entfalten. Das weiß die siebzehnjährige Tanya Djemal ganz genau, auch wenn sie gerade demonstrieren muss, wie gleichgültig ihr das Ganze ist. Denn allmählich sieht sie eine Perspektive für die Zukunft: Sie könnte vielleicht auf eine Hochschule gehen, was sie so leise verkündet, dass es im Surren eines überhitzten Computers unterzugehen droht. Hinter ihrem Auftreten vor der Gruppe verbirgt sich eine lähmende Schüchternheit, die ihr die Erfüllung einer der Aufgaben des Programms erschwert: einen Praktikumsplatz für drei Wochen zu finden. Das Team Programme richtet sich an junge Menschen zwischen sechzehn und fünfundzwanzig ohne Bildung, Lehre oder Arbeit, genannt NEETs – »People Not in Education, Employment or Training«. Nach Abschluss der Kurse sollen sie möglichst eine Schule besuchen oder eine Lehrstelle oder einen Job gefunden haben. Von einem Beruf in der Kinderbetreuung ist Djemal inzwischen abgekommen, ihre Arbeit sollte am liebsten mit »Essen oder Tieren« zu tun haben.

Ihr und den Tausenden anderer, die Jahr für Jahr die Kurse des Prince's Trust besuchen – im Geschäftsjahr 2013/14 waren es 58 804 –, bietet das Programm einen Einblick in eine ihnen bislang unerreichbare Welt, in der es nicht allein ums Überleben geht, sondern auch um Werte wie Freundschaft und Liebe, Entwicklung der Persönlichkeit und berufliche Karriere. »Ich bin zum Prince's Trust gekommen, weil ich mir eine bessere Zukunft wünsche und mit meiner Vergangenheit abschließen möchte«, sagt der zwanzigjährige Matt Jelinek, der die erste Hälfte seines Lebens in Polen verbrachte und in der zweiten auf einer Irrfahrt durchs englische Bildungssystem von drei Schulen verwiesen wurde. Jeder der Teilnehmer hat eine andere Geschichte, doch sie alle handeln von Entwurzelung und Ausgrenzung.

Nachdem Patel, Jelinek und Djemal von Tovey ermutigt wurden, sich nicht als Rivalen zu sehen, sondern als Einheit zu kooperieren, erleben sie zum ersten Mal die Freuden des Zusammengehörigkeitsgefühls. Darauf hatte Tovey auch schon zuvor hingearbeitet, als die Gruppe eine Woche in einem Erlebnispark im Peak District verbrachte. Sie gingen wandern, stiegen in Höhlen, erwarben Grundkenntnisse im Klettern. Einige von ihnen hatten dabei zum ersten Mal die Stadtgrenzen hinter sich gelassen. Tovey, ein ehemaliger Werbefachmann mit einer zweiten Ausbildung als Lehrer und Gruppenleiter des Prince's Trust, berichtet lachend, wie fasziniert die Großstadtpflanzen von Schafen waren und, ernster dann, von einem stillen Moment mit Matt Jelinek auf einer Wanderung, als sie die Aussicht bewunderten. »Matt sagte mir, wie wunderbar es sei, einmal von allem fortzukommen und sich auf sich selbst besinnen zu können. Selbst wenn die zwölf Wochen sonst zu keinem Ergebnis führen sollten, dies könne ihm niemand nehmen.«

Die geplante Einkaufstour soll dazu beitragen, den Jugendlichen das Gefühl der Entbehrung zu nehmen, jedoch nicht, indem sie mit jenen Waren ausgestattet werden, die sie in unserer Konsumentenkultur mit einem Glücksversprechen verbinden, sondern indem sie die Möglichkeit erhalten, anderen etwas zu geben. Sie haben einen Etat von 500 Pfund, die aus ihrer eigenen Spendensammlung stammen und dann vom Prince's Trust aufgestockt wurden. Damit wollen sie auf einem Friedhof in Wimbledon einen Ort der Besinnung, einen sogenannten »Erinnerungsgarten«, einrichten. Da kaum einer bisher Erfahrungen mit Gartenarbeit hat, fällt ihnen das Zusammenstellen der Einkaufsliste nicht leicht. »Was ist ein Rechen?« – »Eine Art Gabel.« – »Wie die, mit der man isst?« – »Wir brauchen eine Kelle.« – »Eine Kelle? Wie die Suppenkelle?«, fragte Patel, der kaum mitkommt, als ihm die Vorschläge um die Ohren fliegen. »Hat jemand Samen?« – »Ja, alle Jungs.« – »Was ist mit einem Verlängerungskabel?« – »Hier, der Pole«, ruft Jelinek fröhlich. »Ich habe ein Verlängerungskabel.«

Der Pfarrer hat versprochen, für die Gruppe einen Gottesdienst abzuhalten, um sich für den Garten zu bedanken. »Was ist das für ein Dienst?«, fragt Kieron Tayler, siebzehn, der zum Trust kam, um sich »selbst wieder auf die richtige Spur zu bringen«. Seine Nachbarin versucht es ihm zu erklären. Die Erwähnung des Prince of Wales – als Erklärung dafür, warum dessen Biografin im Klassenzimmer sitzt – hat allseits ratlose Blicke zur Folge. Nicht einer der anwesenden Stipendiaten des Prince's Trust hat die Organisation mit einem echten Prinzen in Verbindung gebracht. Bei einigen Stiftungen mit charismatischen Gründern entwickelt sich ein wahrer Personenkult, sie werden als Halbgötter und als die Verkörperung aller Werte verehrt. Der Prince's Trust hingegen möchte erreichen, dass die Kursteilnehmer ein Verständnis für ihren eigenen Wert entwickeln – »In dir steckt mehr!«

Wie die meisten von Charles gegründeten Stiftungen entstand auch seine erfolgreichste nicht nach einem ausgefeilten Konzept oder mit einem konkreten Ziel, sondern als Folge einer spontanen Idee. 1972 entwickelte George Pratt, stellvertretender Leiter der Bewährungshilfe des Bezirks Inner London, ein Pilotprojekt für den Umgang mit Straftätern, die sich kleinerer Vergehen schuldig gemacht hatten. Anstatt Gefängnisstrafen abzusitzen, sollten sie Gemeindearbeit leisten. Zwar wurde anfangs in bissigen Schlagzeilen von laschem Umgang mit Kriminellen und ihrer Verzärtelung gesprochen, doch die Strategie erwies sich als derart erfolgreich, dass sie innerhalb von drei Jahren im ganzen Land angewandt wurde. »Eine solche Strafe ist keine Schande, denn die Straftäter schämen sich nicht, diese Aufgaben zu übernehmen, zumal sie dabei als positiven Effekt auch noch eine gewisse Befriedigung verspüren. Durch das Projekt haben wir viel gelernt über Straftäter: Wenn wir den Kreislauf von Prozess und anschließender Haft durchbrechen und stattdessen einen anderen, einen gesellschaftlich akzeptablen Kreislauf einleiten, besteht eine gewisse Hoffnung, dass sie sich ändern«, erklärte Pratt.[1]

Als Prinz Charles Pratts Interview in der BBC hörte, lud er den Bewährungshelfer in den Buckingham-Palast ein und sprach mit ihm über die Frage, ob man junge Menschen von möglichen Straftaten abhalten könne, indem man sie zu einem freiwilligen Engagement im Stil von Gordonstoun ermutigte. Er schlug zu diesem Zweck ein Netz von freiwilligen Feuerwehren in den Zentren großer Städte vor. Pratt warnte ihn, dass die Ausrüstung von Feuerwehren in den Händen von jugendlichen Rowdys nicht unbedingt den gewünschten Erfolg bringen werde. Unbeirrt traf sich Charles mit Pratt – später der erste Vorstand seiner Stiftung – und mit einer Reihe von Sozialarbeitern und Experten zu weiteren Besprechungen, um mit ihrer Hilfe aus dem, was ihm vorschwebte, etwas Durchführbares und Konstruktives zu entwickeln. Der Leiter des Sozialamts eines Londoner Stadtbezirks weiß noch, wie Charles »in diesem Raum im Palast hin und her tigerte. Er war frustriert, aber worüber? Über das, was er tun wollte, aber nicht tun konnte? Was er nicht tun durfte …«[2]

Jon Snow, heute wichtigster Nachrichtenmoderator beim Fernsehsender Channel 4, arbeitete damals in einem Tageszentrum für Obdachlose mit Jugendlichen, als er »diesen außergewöhnlichen Anruf von [Charles'] Privatsekretär David Checketts erhielt. Er sagt: ›Ehem, hallo, Sie kennen mich nicht, aber ich rufe Sie im Auftrag Seiner Königlichen Hoheit, Prinz Charles, an.‹ Darauf ich: ›Wirklich? Haben Sie sich nicht in der Nummer geirrt?‹ Und er: ›Nein. Wir würden Sie gern zu einem Gespräch mit ihm einladen. Es geht um ein Projekt, das wir im Auge haben.‹« Snow lacht. »Also bin ich mit meinem Fahrrad am Buckingham-Palast vorgefahren, und es stellte sich heraus, dass wir nur zwei waren, die man hergebeten hatte, ich und ein Typ von ›Save the Children‹. Man führte uns in den sogenannten ›Weißen Salon‹, wo wir von noch zwei weiteren Hofschranzen, glaube ich, und von Charles erwartet wurden. Er, im doppelreihigen Jackett, kam fast unverzüglich zur Sache. ›Ich habe Sie hergebeten, weil ich etwas mit meinem Leben anfangen möchte, müssen Sie wissen. Ich will etwas gründen, womit ich etwas bewirken kann.‹ Wir führten wirklich gute Gespräche. Wir beide sagten ihm so ziemlich das Gleiche, nämlich dass er seinen Namen und seine Stellung zur Einrichtung einer Stiftung nutzen solle, um damit den Leuten beizustehen, mit denen wir täglich zu tun haben. Damit könnte er wirklich wahnsinnig viel erreichen, denn mit seinem Namen im Hintergrund wäre es für uns, und eigentlich auch für sie, viel leichter. Im Augenblick sei es schwierig, überhaupt etwas zu erreichen.«[3]

Tatsächlich standen Sozialarbeiter und Wohlfahrtsverbände vor immer größeren Problemen, als der Boom der Nachkriegszeit und die Hochstimmung der 1960er-Jahre in sich zusammensanken. Gebrauchsgüter verzeichneten einen Preisanstieg von mehr als 25 Prozent, die Staatsschulden stiegen, und die Schlangen der Arbeitslosen wurden immer länger. Jene Briten, die sich ein Fernsehgerät leisten konnten – noch immer meist in Schwarz-Weiß, obwohl die BBC und ITV seit Beginn der 1970er in Farbe sendeten –, erlagen der von Hahn so gefürchteten »Zuschaueritis« und verbrachten zum Ende jenes Jahrzehnts durchschnittlich zweiundzwanzig Stunden pro Woche vor der Flimmerkiste.[4] Was sie sahen, war meist »Müll«, wie es eine Comedy-Sendung sogar selbst bezeichnete. Überhaupt war es die Ära des Mülls, mit gammelnden Haufen in den Straßen, weil die lokale Müllabfuhr in Arbeitskämpfe verwickelt war, der Zugang zu den Deponien versperrt und Kläranlagen geschlossen waren. Die Zahl der durch Streiks verlorenen Arbeitstage stieg sogar noch schneller als die der durchschnittlichen Fernsehstunden der Briten, zumal es wegen der Arbeitsniederlegung der Bergleute immer wieder zu Stromabstellungen und damit zu Unterbrechungen von Serien wie *The Morecambe & Wise Show* und *Doctor Who* kam. Die Gewerkschaften kämpften für den Erhalt von Regelungen, die sich die marode Ökonomie nicht mehr leisten konnte, doch die politischen Klassen waren nicht in der Lage, klare Alternativen aufzuzeigen. Und als die Konkurrenz um die immer selteneren freien Arbeitsplätze schärfer wurde, zeigten sich allerorten die Ressentiments, die sich im Lauf der Zeit aufgebaut hatten.

Charles studierte noch an der Universität Cambridge, als Enoch Powell, Verteidigungsminister im Schattenkabinett der Konservativen, in einer Hetzrede vor den »Einwanderergemeinden« warnte, die »sich organisieren und gegen ihre Mitbürger zusammenschließen, um durch Agitation und Wahlkampf, also mit ganz legalen Mitteln, die ihnen von Unwissenden und Uninformierten zur Verfügung gestellt wurden, die anderen zu überstimmen und zu dominieren. Ich sehe eine düstere Zukunft vor mir, wie ein Römer sehe ich ›Ströme von Blut, die auf dem Tiber schäumen‹.«[5] Besorgt über die von Powells Rede geschürten Ressentiments, schrieb der Prinz damals an Mountbatten: »Ich fürchte, dieses Problem wird in naher Zukunft noch viel schlimmer werden.«[6] Das erwies sich als hellsichtig, vor allem als Diktator Idi Amin im Zuge der »Afrikanisierung« seines Landes 28 000 asiatische Ugander auswies, die nach Großbritannien kamen. Angesichts steigender Jugendkriminalität und Arbeitslosigkeit suchte Charles nach Möglichkeiten, um seinen großstädtischen Altersgenossen, ob nun britisch von Geburt oder eingewandert, zu helfen. »Was wir, wie ich finde, in diesem Jugendalter brauchen, ist jemand, der Interesse zeigt, der sich sorgt, der einem aber auch zu Selbstvertrauen und Selbstwertgefühl verhilft. Das ist meiner Meinung nach absolut entscheidend, wenn man später etwas erreichen möchte«, betont er.[7]

Dieses Ziel und die Absicht, bei den Betroffenen Zuversicht statt Ohnmacht zu wecken und ihnen etwa durch kleine Beihilfen, die weder Sicherheiten noch das Ausfüllen komplizierter Formulare erfordern, etwas in die Hand zu geben, sind auch heute noch ein entscheidendes Merkmal des Prince's Trust. »Ich habe versucht, mich in die Position der Menschen zu versetzen, was natürlich nicht einfach ist«, erklärte der Prinz. Doch er sah sich bald selbst »ständig mit Einschränkungen, Verzögerungen und Aufschüben« konfrontiert, da Mitarbeiter des Palasts und Bürokraten der Regierung seine Pläne mit allen Tricks zu unterlaufen suchten. »Wenn man derart in seinen Möglichkeiten eingeengt wird und sich mit all dem auseinandersetzen muss, sagt man einfach nur noch: ›Ach, zur Hölle damit!‹«, lautet sein Fazit.[8]

Trotz seiner weit größeren Möglichkeiten kam auch er an einen Punkt, wo er beinahe aufgegeben hätte. Doch er lernte, sich zu wehren. Manchmal – und gelegentlich kommt es heute noch vor – äußerte er sich dabei mit einer Wut, die typisch ist für jemanden, der sich nur schlecht durchsetzen kann. Weit häufiger aber verfällt er in eine düstere Stimmung, die die Menschen in seiner Umgebung vor einige Herausforderungen stellt. »Ich muss bei ihm immer an einen Apriltag denken«, sagt ein Insider. »Er kann strahlend sonnig sein, doch plötzlich ziehen wie aus dem Nichts Wolken auf. Dann klart es auf, und es ist wieder strahlend sonnig. Ihm schwirren tausend Dinge gleichzeitig durch den Kopf, aber wenn die Sonne herauskommt, bringt er dich innerhalb von Sekunden so weit, dass du mit ihm Tränen lachst.«

Längere Phasen der Depression und gelegentliche Wutanfälle häuften sich, nachdem Charles 1976 – das Jahr der offiziellen Gründung des Prince's Trust – aus dem aktiven Dienst in der Marine ausgeschieden war. Bei den Versuchen, sein Leben zu gestalten, stieß er immer wieder auf Blockaden und Hindernisse. Bei der Marine hatte er ein Schiff kommandiert, doch am Hof musste er sich nicht nur der Queen beugen, die er uneingeschränkt respektierte, sondern auch den herablassenden Anweisungen von Höflingen.

So durchlief der Prinz zwischen zwanzig und dreißig eine Phase des fast schon pubertären Aufbegehrens. Während sich Gleichaltrige als Zeichen ihrer Unabhängigkeit die Haare lang wachsen ließen, zu Rockfestivals zogen und – weniger auf politischer Ebene als im konkreten Leben – mit unterschiedlichen Konzepten experimentierten, focht Charles für die Realisierung des Prince's Trust. Wenn er sich vornahm, die elenden Bedingungen in einem Stadtzentrum mit eigenen Augen zu sehen, und Verantwortliche im Palast den angesetzten Besuch aus Sicherheitsgründen einfach absagten, bestand er auf einer Alternative. Als ihn Kräfte am Hof ausbremsen wollten, begann er zu kämpfen und überging damit auch die Stimme, die er am schwersten ignorieren konnte. Sein Vater hatte David Checketts beauftragt, nach Überschneidungen zwischen der neuen Stiftung des Prinzen, einem geplanten Fonds zur Feier des silbernen Thronjubiläums der Queen und dem bereits existierenden King George's Jubilee Trust zu suchen. Dies allerdings weniger, weil man im Palast eine Vervielfachung karitativer Bemühungen fürchtete. Vielmehr sorgte man sich, dass die geplante Wohltätigkeitsorganisation des Thronerben nicht wie bisherige Institutionen die eher tugendhaften Empfänger königlicher Wohltaten, sondern Menschen begünstigen würde, die es nicht verdient hatten – Unruhestifter und Gesetzesbrecher.

Ganz unbegründet war die Skepsis der Beobachter nicht. Die ersten Kurse des Trusts – darunter auch einer im Stil von Gordonstoun, bei dem jugendliche Straftäter als Rettungsschwimmer ausgebildet wurden – waren eher noch Experimente und fanden im kleinen Rahmen statt. Die Organisation verfügte nur über wenig Geld, denn Prinz Charles hatte es noch nicht gelernt, »den Leuten in die Tasche zu greifen«, wie Sir William Castell es nennt, von 1998 bis 2003 Vorstand des Prince's Trust und seit 2006 des Wellcome Trust.[9] Das Gründungskapital der Stiftung war alles andere als fürstlich: die bei

Charles' Ausscheiden aus der Royal Navy gezahlte Abfindung von 7400 Pfund und die 4000 Pfund, die ihm ein US-amerikanischer Fernsehsender für ein Interview über George III. gezahlt hatte (bei dem er zum ersten Mal betonte, dass der »verrückte König« völlig unterschätzt würde). Hinzu kam eine Spende über 2000 Pfund von Harry Secombe, einem von Charles verehrten Sänger und Schauspieler, berühmt für seine Beiträge in der Radio-Comedy *The Goon Show*. Wenn der Prinz in der Badewanne singt – und Übernachtungsgäste behaupten, ihn dabei gehört zu haben –, sind es oft Songs von Harry Secombe.

Charles' Musikgeschmack ist vielseitig, er reicht von den Goons bis zur Klassik. »Er ist ein ausgezeichneter Opernkenner«, sagt Nicholas Soames. Rock sei hingegen überhaupt nicht sein Fall. »Unsere Stars waren die Three Degrees. Wir haben für sie geschwärmt«, erklärt Soames. »Prinz Charles hat eine der Sängerinnen irgendwann einmal kennengelernt. Ich glaube, er sah sie bei der Royal Variety Performance, und die Mädels haben ihn ins Herz geschlossen. Sie sind wohl sogar mal rübergekommen und haben auf einem seiner Feste für ihn gesungen. Mein Gott, wie lange das her ist! Man kann nicht sagen, dass uns die Rockmusik nicht interessiert hätte, denn das wäre falsch. Aber wir haben nie ein Rockkonzert besucht. Diana Ross, er liebte Diana Ross. Und die Supremes. Die mochte er. Habe ich Supremes gesagt? Was waren das doch für hinreißende schwarze Mädchen, die drei. Einfach umwerfend.«[10]

1978 tanzte der Prinz im King's Country Club in Eastbourne mit den Three Degrees während eines kleinen Konzerts zugunsten des Prince's Trust auf der Bühne und im gleichen Jahr mit Sheila Ferguson, der Leadsängerin der Gruppe, auf seiner Geburtstagsparty. Sie erinnert sich: »Es war komisch, wir begannen zu tanzen, er und ich, aber ich hatte immer noch meine Handtasche am Arm. Da sagte er zu mir: ›Sheila, Sie brauchen Ihre Tasche nicht festzuhalten.‹ Und ich fragte: ›Wie meinen Sie das?‹ – ›Sie sind hier im Buckingham-Palast‹, erklärte er. Darauf ich: ›Sie können ein Mädchen aus dem Ghetto holen, aber nicht das Ghetto aus dem Mädchen!‹«[11]

Wenn sich der Prinz weniger Melodisches anhören muss, trägt er gelegentlich Ohrstöpsel. Seit Anfang der 1980er war das regelmäßig der Fall. Im Mai 1982, also mehr als drei Jahre vor dem Live-Aid-Konzert, fand mit Status Quo als Hauptgruppe das erste große Rockkonzert zugunsten des Prince's Trust statt. Derartige Veranstaltungen wurden zu einer wichtigen Finanzquelle der Stiftung, denn eine von mehreren Künstlern und Gruppen bestrittene Show konnte zu Anfang unseres Jahrtausends mehr als eine Million Pfund einbringen. Selbst große Namen fanden sich leicht dazu bereit – sie hatten die Möglichkeit, etwas Gutes zu tun und zugleich ihre Songs bekannt zu machen und ihre Verkaufszahlen zu steigern. Doch seit die Verbraucher entdeckt haben, dass sie Musik über Downloads für wenig Geld oder gar umsonst bekommen können, ist dieses Modell nicht mehr praktikabel. Heute brauchen Künstler bezahlte Auftritte, um ihren Lebensunterhalt bestreiten zu können. Unter der klugen Leitung von Martina Milburn ist aus dem Prince's Trust inzwischen eine durchorganisierte professionelle Organisation geworden, mit Hauptsitz in der Londoner City, einer der besten Adressen, um »den Leuten in die Tasche zu greifen«. Milburn war erfinderisch bei der Suche nach anderen Möglichkeiten, um im Umfeld der Musikindustrie Spenden zu sammeln und Aufmerksamkeit zu wecken. Ein Beispiel ist die mit Beyoncé für ihre Großbritannien-Tournee 2014 eingegangene Partnerschaft, in deren Rahmen die Sängerin nicht nur auf ihrer Homepage für den Prince's Trust warb, sondern auch während ihrer Bühnenshow: ein idealer Deal ohne riskante Nebeneffekte und ein Gewinn für die Stiftung.

Derzeit muss der Prince's Trust wöchentlich etwa eine Million Pfund einnehmen, um seine Ausgaben zu decken. Ungefähr ein Drittel dieser Gelder stammt aus Spenden von Unternehmen oder wohlhabenden Privatleuten, die der Prinz oft persönlich vom Nutzen dieser Gaben überzeugt hat. Da er immer mehr Verpflichtungen als Staatsoberhaupt übernimmt, mangelt es ihm dafür allerdings oft an der Zeit, ein Umstand, mit dem sich die Stiftung arrangieren muss. »Es geht darum, dass er seine Zeit klüger und effektiver einsetzt«, sagt Martina Milburn. »Er wird bald nicht mehr so viel davon haben, es wird mehr von ihm erwartet werden, deshalb müssen wir uns etwas einfallen lassen.«[12]

Dabei war es noch nie leicht, für die Arbeit mit so widerborstigen Klienten Geld aufzutreiben – anders als für die mit Kindern oder auch Tieren. Immerhin besitzen potenzielle Spender inzwischen ein größeres Bewusstsein für Probleme wie Ausgrenzung und jugendliche Arbeitslosigkeit, nicht zuletzt, weil sich die Betroffenen lautstark in Bewegungen wie Occupy artikulieren (und ihre Zelte vor den Stufen der St Paul's Cathedral oder im Zuccotti Park an der Wall Street aufschlugen). Ein anderer Warnschuss fiel 2011 mit den Unruhen im Nordlondoner Stadtteil Tottenham. Dreißig Jahre zuvor war das Establishment von ähnlichen Alarmzeichen aufgerüttelt worden, als die Gewalt von einer britischen Innenstadt auf die nächste übergriff. Damals wie auch in jüngerer Zeit stritt sich die Politik über die möglichen Ursachen, doch niemand nahm an, dass sich das Problem von allein lösen oder lediglich auf die benachteiligten Stadtviertel begrenzen lassen würde und damit nur jene betraf, die ohnehin nichts mehr zu verlieren hatten.

Für die Stiftung in der Gründungsphase hatte das Ganze einen positiven Nebeneffekt: Es erleichterte die Beschaffung von Geldmitteln, nicht nur von Privatleuten, sondern auch von staatlicher Seite, die inzwischen ein Drittel des Haushalts des Prince's Trust finanziert. Sir Angus Ogilvy, der Gatte von Königin Elizabeths Cousine Alexandra, verfügte über ausgezeichnete Beziehungen zur Regierung. Nachdem Charles ihn in den Stiftungsrat berufen hatte, überzeugte er Margaret Thatchers Arbeitsminister David Young, jede eingegangene Spende mit der gleichen Summe zu doppeln, die in das neueste Tätigkeitsfeld des Trusts fließen sollte, eine Starthilfe für junge Unternehmensgründer. Sein Einsatz erbrachte 1988 einen wahren Geldregen, denn nachdem in einer Spendenaktion aus Anlass von Charles' vierzigstem Geburtstag tatsächlich mehr als 40 Millionen Pfund zusammengekommen waren, musste die Regierung gleichziehen.

Ogilvy überredete auch darauffolgende Regierungen zur Unterstützung der Stiftung. »Angus hat ungeheuer viel für den Trust erreicht; beim Spendensammeln war er unschlagbar«, sagt Castell. »Wir beide gingen zusammen zu einer offiziellen Stelle, und Angus sagte: ›Dies ist Bill Castell vom Prince's Trust‹, und ich habe hinzugefügt: ›Eigentlich sind wir Abgesandte des Prinzen und wollen Ihnen in die Tasche greifen.‹ Da es immer um große Beträge ging, die aufgebracht werden mussten, haben wir an das Mitgefühl der Menschen appelliert, Mitgefühl für jene, die in der Gesellschaft keinen Platz gefunden hatten. Angus sagte: ›Ich werde Tony Blair zur Kasse bitten‹, und so geschah es. Der Premierminister erklärte sich einverstanden, für jedes gespendete Pfund die gleiche Summe aus dem Staatssäckel bereitzustellen, und zwar bis zu einer Obergrenze von 50 Millionen. Danach hatten wir viel leichteres Spiel bei den Geldgebern, denn wir konnten darauf hinweisen, dass wir für alle ihre Beiträge noch einmal die gleiche Summe von der Regierung Ihrer Majestät bekamen.«[13]

Tom Shebbeare, ein liebenswürdiger ehemaliger Europa-Politiker, seit 1987 Geschäftsleiter der Stiftung, sorgte dafür, dass das Kursangebot vielfältiger wurde. Dadurch schaffte der Trust den Sprung vom Nischendasein zu einer führenden Wohlfahrtseinrichtung mit ganz eigenem Charakter, die die staatlichen Maßnahmen nicht nur ergänzte, sondern auch maßgeblich beeinflusste. Das »Welfare to Work«-Programm, Tony Blairs Arbeitsmarktinitiative, verlagerte die Organisation der ehrenamtlichen Arbeitseinsätze in den Prince's Trust. Auf Druck des Trusts beinhaltete sie auch die Förderung von Unternehmensgründungen, sodass sich die Bemühungen nicht allein darauf konzentrieren, für Arbeitslose eine freie Stelle zu finden. Die Bereitstellung von Einrichtungen zur Betreuung von Schulkindern nach dem Unterricht ist ebenfalls von einer Initiative des Trusts inspiriert, Schülern einen friedlichen Ort zum Lernen zu geben, wenn die turbulente Umgebung ihres Heims sie davon abhalten könnte.

Im Zuge des Wachstums seiner Stiftung widmete ihr Prinz Charles zunehmend mehr Arbeitsstunden, um sie weiter auszubauen, aber auch um zusätzliche Organisationen und Initiativen zu betreuen. Einige verfolgen ähnlich gelagerte Interessen, wie beispielsweise der Prince's Youth Business Trust zur Förderung junger Unternehmer (der später wieder in den Prince's Trust zurückgeführt wurde) und Business in the Community zur Betreuung von Betrieben in der Gemeinde. Andere, so etwa das Prince of Wales Institute of Architecture, sind Ausdruck weiterer Interessengebiete des Prinzen. Ganz im Geiste von Gordonstoun stehen seine Versuche, in Großbritannien wieder eine Art von Nationalem Freiwilligendienst zu etablieren. Ziel ist es, in der britischen Jugend durch die Arbeit für die Allgemeinheit das Bewusstsein zu wecken, wie man sich selbst helfen kann, indem man anderen hilft. Ein Vorstoß in diesen Bereich war ein von 1986 bis 1989 in Sunderland, Llanelli und Birmingham durchgeführtes Pilotprojekt im Rahmen des Prince of Wales Community Venture. 1990 gründete Charles die Prince's Trust Volunteers, eine von der Regierung finanzierte und von allen Parteien unterstützte Initiative zur Förderung der Freiwilligenarbeit, aus der sich das Team Programme entwickelte.

Schon damals war der Prinz immer in Bewegung, eilte von einem Treffen zum nächsten, umschmeichelte Spender und diskutierte Konzepte. In diesen Jahren wurde ihm immer klarer, wohin ihn sein Weg führen sollte und dass es in seiner Macht lag, etwas Wichtiges anzustoßen. Zur gleichen Zeit aber löste sich sein Familienleben, das niemals wirklich familiär gewesen war, endgültig auf. Nach Ansicht von Julia Cleverdon war dieses Zusammentreffen kein Zufall: »Als die Ehe immer mehr in die Brüche ging, reagierte er wie viele andere in einer solchen Situation. Er wurde immer stärker zum Workaholic und startete alles Mögliche, sodass sich die Wohltätigkeitsinitiativen summierten.«[14]

Mit Geld kann man viel erreichen, doch ohne Überzeugung und Glaubwürdigkeit hätte der Prince's Trust nicht überlebt. Die beste Reklame für die Stiftung sind ihre ehemaligen Nutznießer. Idris Elba, der als Sechzehnjähriger mit einem Stipendium vom Prince's Trust seine Ausbildung an der staatlichen Schauspiel- und Musikhochschule National Youth Music Theatre begann, erhielt Rollen in hochkarätigen Fernsehserien wie *The Wire* und *Luther* oder im Film *Mandela – Der lange Weg zur Freiheit*. Und Steven Frayne, besser bekannt als Zauberkünstler Dynamo, bekam eine Beihilfe für Laptop und

Filmausrüstung zur Produktion seiner DVD *Underground Magic*, die ihm den Durchbruch bescherte. Inzwischen hat er sogar schon eine eigene Fernsehshow. In einem Interview bekannte er: »Ich habe ins gleiche Klo gepinkelt wie die Queen.« Er kommt regelmäßig zu Empfängen im St James's Palace, die für den Prince's Trust ausgerichtet werden, und unterhält die Anwesenden mit seinen Kunststücken. »Gegen Prince Charles ist P. Diddy ein Waisenknabe, wenn es um Partys geht«, bemerkte er einmal. »Charles feiert dic besten.«[15]

James Sommerville, seit 2013 Vice President im Bereich Global Design bei Coca Cola, steht für eine weitere Erfolgsgeschichte der Stiftung. Mit einem Darlehen von 2000 Pfund gründete er 1986 mit Kollegen die Designfirma Attik, die später an den Werberiesen Dentsu verkauft wurde. »Wäre [der Prinz] in der Wirtschaft tätig, wäre aus ihm ein Mann wie Branson [der Firmenchef von Virgin] geworden oder jemand wie der verstorbene Steve Jobs, einer jener weltbekannten Unternehmer, die noch große Visionen haben«, sagt Sommerville. »Er besitzt die Fähigkeit, mehr zu sehen als andere, mit Menschen aus den unterschiedlichsten Kreisen über die verschiedensten Themen zu sprechen und sich an diese Gespräche zu erinnern.«[16] Sir Charles Dunstone, Mitbegründer der Carphone Warehouse Group und seit 2009 im Vorstand des Prince's Trust, schätzt es ähnlich ein. »Für mich ist [der Prinz] der Richard Branson der karitativen Arbeit. Wenn er etwas entdeckt, was geändert werden muss oder was er für eine wirklich gute Idee hält, dann macht er sich an die Arbeit, versucht es und sieht zu, was er erreichen kann«, sagt Dunstone. »Wenn es nicht klappt – nicht alles ist machbar –, sollte man das nicht als Versagen ansehen. Es ist Ausdruck seiner Begeisterungsfähigkeit, seiner Leidenschaft und seiner positiven Herangehensweise.«[17] Diese Vergleiche sind nicht zu weit hergeholt. Steve Jobs steuerte manchmal haarscharf am Abgrund vorbei, wenn seine Ziele größer waren als sein Vermögen, sie umzusetzen. Ein ähnliches Muster findet sich bei Virgin-Gründer Richard Branson.

Allerdings können eine ganze Reihe von Prinz Charles' Mitarbeitern »nicht rechnen«, wie es ein Insider nennt. Über lange Zeit herrschte im Prince's Trust ein gewisser Schlendrian. Die vorgelegten Zahlen hielten nicht immer der Überprüfung stand, und es gab keine Erfolgskontrolle der einzelnen Programme. Als John Pervin 1985 vom Unternehmen Unilever zeitweise für den Prince's Trust arbeitete, fand er eine dilettantische Organisationsstruktur vor. »›Man muss den Weg der Gelder nachvollziehen können‹, habe ich gesagt. ›Dafür haben wir Berater‹, bekam er zur Antwort. ›Nein, was ihr braucht, sind Leute aus der Wirtschaft.‹«[18] Tom Shebbeare war der erste Vollzeit-Angestellte der Stiftung. Zuvor waren die Geschäfte von entsandten Firmenmitarbeitern, begeisterten Gleichgesinnten und Ehrenamtlichen geführt worden. »Er ist ein prima Kerl, der Prinz, ein ganz prima Kerl in einer wirklich unerreichbaren Stellung, und für mich – ich bin nicht gerade Monarchist – jemand, mit dem ich fantastisch zusammenarbeiten konnte«, sagt Shebbeare, inzwischen im Vorstand von Virgin Money Giving und Virgin Start Up, den beiden gemeinnützigen Organisationen von Richard Bransons Virgin Group. »Er kann wahnsinnig überzeugend sein, ein richtiger Querdenker, und sagt Ja, wo andere Nein sagen würden. Er war ein toller Chef, ein toller Kollege. Aber«, meint Shebbeare, »vielleicht auch zu nett.«[19]

Jedes Jahr leitet der Prinz, unbeirrbar in seiner Leidenschaft für sein Projekt, die Veranstaltung zur Auszeichnung besonderer Erfolge im Odeon Leicester Square. Stipendiaten des Trusts werden auf die Bühne gebeten, um gelungene Projekte, neu gestartete Unternehmen oder die völlige Umstellung eines Lebens zu feiern – greifbare Zeugnisse, dass die Arbeit etwas bewirkt.

Jugendgruppen, die in einem der Programme zu einem Team zusammengeschweißt wurden, marschieren auf und werden für ihre beeindruckenden Projekte mit großem Beifall belohnt. Bei der Feier des Jahres 2014 ehrte man Schüler aus Schottland für einen schonungslosen Film über Cyber-Mobbing, neun arbeitslose Kids, die sich für den Erhalt der in den beiden Weltkriegen wichtigen Festung Newhaven eingesetzt hatten, und dreizehn andere für die Umwandlung eines Betonstreifens vor einem Wohnhaus für Erwachsene mit Lernbehinderung in einen Gemüse- und Blumengarten.

Als dann Einzelne für ihre Leistungen ausgezeichnet wurden, erhielt man einen Eindruck von der ganzen Bandbreite der Probleme, mit denen sich Stipendiaten der Stiftung auseinandersetzen müssen – häufig auch mit mehreren zugleich: Misshandlung, Verwahrlosung, Drogen- und Alkoholabhängigkeit, seelische oder körperliche Erkrankungen, stigmatisierende Vorstrafen, mangelhafte Schulbildung und bedrückende Perspektivlosigkeit. Vielleicht können sie ihren Dämonen nie voll und ganz entkommen, diese Menschen, die dem Prinzen die Hand schütteln, aber wie er haben sie bereits gegen Drachen gekämpft. »Ich war eigentlich genauso wie diese dämlichen Tauben«, sagte Karine Harris in einem Filmbericht. Bei diesen Worten deutet sie auf eine ziellos umherflatternde Vogelschar auf einem heruntergekommenen Spielplatz, wo sie als obdachloser Teenager ihre Zeit vertrödelte. »Damals habe ich niemandem etwas bedeutet. Ich saß dort fest.« Nachdem sie ein Team Programme durchlaufen hatte, bekam sie Einzelcoaching, mit dessen Hilfe sie eine Stelle in der Baubranche fand. Heute leitet sie Bautrupps der Kier Group.

Shaun McPherson erhielt den Preis als Young Ambassador des Trusts, denn er nutzte seine Erfahrung in den Kursen – und das Trauma seiner Kindheit –, um neue Kandidaten zu betreuen und allen, die davon vielleicht profitieren möchten, von den diversen Programmen der Stiftung zu erzählen. Der hochgewachsene, freundliche junge Mann kam aus Südafrika mit einer ganzen Wagenladung von Verletzungen und ungelösten Problemen nach Großbritannien. Eltern und Stiefeltern waren selbst zu belastet, um sich um ihn zu kümmern (obwohl es seinen Eltern, wie er sagt, jetzt besser geht), während die Großeltern sich seiner anzunehmen versuchten, aber mit dem wilden Jungen nicht zurechtkamen. Er stahl, wo immer er konnte. »Ich war völlig aus der Bahn geworfen, auf Drogen und Gras. Mit fünfzehn war ich schon drei Mal von der Schule geflogen«, gesteht er. Obwohl die Konfrontation mit seiner Vergangenheit für ihn ausgesprochen schmerzhaft ist, hat er Hunderten junger Menschen davon erzählt, da er hofft, dass sie vergleichbare Erfahrungen vermeiden können.[20]

Auf dem College befasste er sich mit Wirtschaftswissenschaften, Gastronomie und härteren Drogen. Als er einer Freundin nach England gefolgt war, konnte er im Grunde nichts anderes als Schweißen, was ihm einst sein Großvater beigebracht hatte. Er fand eine entsprechende Arbeitsstelle, und als es keine Aufträge gab, überbrückte er die Untätigkeit, indem er mit Material aus der Abfalltonne – Schrauben, Muttern, Draht und Stahlstücken – kleine Figuren bastelte.

Seine erste Teichabdeckung entwarf er, als sein Schwiegervater einen Koi-Karpfen an einen Fischreiher verlor. »Mein Markenzeichen ist das Spinnennetz«, sagt McPherson. »Ursprünglich als dekoratives Schutzgitter gedacht, damit Kinder nicht in Zierbecken fallen. Online konnte ich nichts Entsprechendes finden, aber mir gefallen Entwürfe nach der Natur, und diese ganz feinen Stahlbänder passen wunderbar auf einen Teich.« Nach einem Streit mit Kollegen kündigte er seinen Arbeitsplatz und schrieb sich einige Monate später, im April 2011, im Enterprise Programme des Prince's Trust ein. »Nach diesen vier Tagen war ich platt. Sie haben sogar meine Fahrtkosten bezahlt. Nicht zu glauben, wie war so etwas möglich? Der Unterricht war hervorragend«, sagt er. »Jeder war mit Ernst bei der Sache und wollte etwas lernen, niemand hat Ärger gemacht. Ich war inzwischen ebenfalls ernst geworden und habe alles gegeben, denn nach all meinen schlechten Erfahrungen wollte ich nicht wieder als Angestellter arbeiten.«

Nach Ende des Kurses wurde er zum Mentor ernannt, gleichzeitig entwickelte er für sich und sein Produkt ein Geschäftskonzept. Als ihm die Banken kein Startkapital leihen wollten, sprang der Trust mit 2500 Pfund ein, die er für die Mietkaution seiner Werkstatt, das wichtigste Werkzeug und das Material für seine ersten Aufträge verwendete. Er erhielt Rat bei der Gestaltung seiner Website und als er mit seiner jungen Firma die ersten Hindernisse umschiffen musste. Heute verdient er mit seinem Einmannbetrieb Elite Pond Covers genug für sich, seine Frau und seinen Sohn. Es geht nicht immer alles glatt. Er hatte so viele Aufträge, dass er rund um die Uhr arbeiten musste, um die Liefertermine einzuhalten, und durch den Druck, den Beruf mit seiner Rolle als Ambassador des Prince's Trust zu vereinbaren – und sich immer wieder den Schatten seiner Vergangenheit zu stellen –, bewegte er sich am Rande einer Depression. Trotzdem sagt er: »Die Vorteile [seiner Aufgabe für den Prince's Trust] überwiegen die Nachteile, und ich empfinde es als meine Berufung. Ich möchte etwas zurückgeben. Ich wollte schon immer etwas Gutes tun, und da ist es mir plötzlich in den Schoß gefallen. Deshalb konnte ich nicht ablehnen.«[21]

Zu Beginn seiner Kurse in der Stiftung hatte McPherson »keine Ahnung, wer der Prinz war«. Als er seine Auszeichnung bekam, hatte er Gutes wie Schlechtes über ihn gehört. »Es ist schwer, weil so viel Negatives über die Royals erzählt wird und man jede Menge schrecklicher Dinge hört. Was die Geschichte betrifft, so weiß ich, dass sie mit Südafrika und Amerika ganz schrecklich umgegangen sind, dass die Engländer und die Europäer überall auftauchten und sich die Welt unter den Nagel reißen wollten. Doch all die Dinge, die man über Prinz Charles sagt – dass er ein Öko-Aktivist ist, für Windfarmen und die Natur, für nachhaltige Landwirtschaft eintritt und dass er so viele hervorragende Stiftungen hat –, kann ich persönlich nicht schlecht finden. Verstehen Sie?« Er schweigt einen Moment. »Ich wollte ihn wirklich kennenlernen, ihm die Hand schütteln und mich dafür bedanken, dass er diese Organisation gegründet hat. Dadurch hat sich mein Leben und das meiner Familie von Grund auf verändert.«[22]

Das Konzept und die Methoden, die sich bei McPherson und vielen weiteren Tausend ehemaliger Stipendiaten des Trusts bewährt haben, werden inzwischen auch in andere Länder und Kulturen exportiert. Nach dem durch die Finanzkrise verursachten Anstieg der Jugendarbeitslosigkeit haben sich etwa zwanzig Regierungen oder regierungsnahe Organisationen aus dem Ausland Rat suchend an den Prince's Trust gewandt und teilweise konkrete Programme übernommen. Trotz des zunehmenden Zeitdrucks lässt sich der Prinz seine Mittlerrolle nicht nehmen, kümmert sich aber auch weiterhin um das Spendensammeln. Martina Milburn – ungezwungen und bodenständig wie so viele der Mitarbeiter, die Charles bevorzugt – leitet die Organisation seit 2004. Um die Ausrichtung der Organisation deutlicher hervorzuheben, hat sie mehrere ihrer Zweige zu einer Einheit zusammengefasst, aber auch das System der Beobachtung ehemaliger Stipendiaten verbessert, um die langfristigen Auswirkungen der Kurse zu kontrollieren und, wenn nötig, etwas zu ändern. Sie ist daran gewöhnt, dass der Prinz ihr Druck macht. »Er erklärt mir immer wieder, es sei ihm gleich, wie vielen Menschen wir helfen, solange wir diesen jungen Leuten die beste Hilfe geben, die man sich vorstellen kann.«[23]

Ihr ist aufgefallen – und es kann einem nicht entgehen –, dass Charles unter jungen Menschen am entspanntesten ist, fern von der vertrauten Umgebung, vom Planeten Windsor mit seinen Höflingen und Schleimern. Hier findet er die Akzeptanz und die Nähe, die ihm in seiner Jugend gefehlt haben. »Er kann außerordentlich gut mit Teenagern sprechen«, sagt Milburn. »Ich war mit ihm in Hochschulen, Klassenzimmern, Gefängnissen, Problemvierteln, Jugendclubs, aber ganz gleich, wo, er kam sofort mit ihnen in Kontakt ... Er hat ein ehrliches Interesse an ihnen, und irgendwie fühlen sie das, diesen menschlichen Draht. Ich habe andere bei diesen Besuchen erlebt, vornehmlich Politiker, und es geht oft furchtbar in die Hose, weil sie nicht sonderlich interessiert sind. Außerdem wollen sie den Leuten ihre Meinung oder den Grund für den letzten Kurswechsel der Regierungspolitik erklären. Der Prinz macht es umgekehrt und fragt erst einmal die anderen. Und irgendwie spüren sie, dass er es ehrlich meint.«[24]

Doch es ist noch mehr als das. In jedem der Kursteilnehmer sieht Charles auch sich selbst. »Es gibt ein großes Problem in meinem Leben, nämlich dass ich nicht wirklich weiß, welche Rolle ich spielen soll«, erklärte er als Neunundzwanzigjähriger seinen Zuhörern an der Universität Cambridge. »Gegenwärtig kenne ich sie nicht, und so werde ich mir wohl irgendeine suchen müssen.«[25] Der Prince's Trust war seine Rettung.

Im August 2014 nähert sich der Kurs in Merton seinem Ende. Für die Teilnehmer – bis auf einen haben sie ihn alle abgeschlossen – gibt es eine Feier, zu der auch Angehörige und Freunde geladen sind. Einer nach dem anderen beschreiben sie, was ihnen die Erfahrung gebracht hat – der Aufenthalt auf dem Land in Derbyshire, die Anlage des Erinnerungsgartens, ihr Praktikum, das fingierte Einstellungsgespräch, das Spendensammeln und das Gefühl, Teil der Gruppe und eines größeren Ganzen zu sein. Und sie sprechen über ihre Pläne für die Zukunft. Die mögen zwar manchmal bescheiden klingen, doch zwei Monate zuvor hatte keiner von ihnen etwas anderes im Sinn, als irgendwie die Stunden des Tages herumzubringen. Kieron Tayler würde gern eine Ausbildung als Elektriker machen und Rajan Patel etwas in der IT- oder Finanzbranche. Er erzählt von seinem Probelauf des Einstellungsgesprächs, davon, dass die Überraschungsfrage lautete, welche Art von Cerealien er gerne sein würde, wenn er Getreide wäre. »Froot Loops, habe ich gesagt, weil sie bunt sind und gut schmecken.«

Matt Jelinek, der anfangs gern den Klassenclown gespielt hatte, wirkte jetzt ruhiger, selbstsicherer. »In diesem Kurs lernt man, dass man etwas zurückbekommt, wenn man etwas gibt«, erzählt er. »Überhaupt war es einfach fabelhaft, dieses Programm.«

Sie alle haben sich verändert, wirken gelassener, zuversichtlicher, aufrechter, offener. Bei Tanya Djemal zeigt es sich vielleicht am deutlichsten. Sie hat ihre Stimme gefunden. Ihre Mutter und Großmutter sehen voller Stolz, wie sie in diesem Raum voller Menschen nach vorn tritt und flüssig und deutlich zu sprechen beginnt. In ihrem Praktikum, einer Stelle in einem Friseursalon, ist es ihr gut gegangen. Jetzt will sie wieder auf die Schule zurückkehren, um ihren Abschluss in Englisch und Mathe zu machen. Außerdem weiß sie inzwischen auch, welche Tätigkeit sie in fernerer Zukunft am liebsten ausüben möchte: Sie ist begeistert von Fledermäusen und würde sich gern einer Organisation anschließen, die sich für den Schutz dieser oft zu Unrecht geschmähten Tiere einsetzt. Ein Ziel, das der Gründer der Stiftung sicherlich gutheißen würde.

Kapitel 7

Regent im Wartestand

In seiner abgetragenen Jagdjacke, mit einem Paar Gummistiefel an den Füßen und einem – zumindest seinen Freunden – wohlvertrauten Gesichtsausdruck sitzt er auf einer Gartenbank. Charles bemüht sich um eine dem Ernst der Situation angemessene Miene, doch seine königliche Brust bebt vor unterdrücktem Lachen. Es ist keine normale Gartenbank, vielmehr steht sie auf einem Anhänger voller Schlamm, und paradoxerweise hat man hübsche kleine Blumensträuße an den Armlehnen seines improvisierten Throns befestigt und um die Rückenlehne eine Girlande gewunden. Der Sitz wackelt und bebt, als der Anhänger von einem Traktor durch die überflutete Landschaft gezogen wird.

Im Dezember 2013 begann es in Großbritannien zu regnen, und in den darauffolgenden zwei Monaten hörte es praktisch nicht mehr auf. Jetzt, zu Anfang eines trüben Februars, haben sich Straßen in Flüsse und Felder in Seen verwandelt. Die Dorfbewohner auf ihren von Sandsäcken gesäumten Inseln fragen sich, wann von außen Hilfe kommen wird, doch ihre Landsleute auf dem Trockenen stellen lieber Spekulationen über die Ursache der Überschwemmungen an. »Ich habe an David Cameron geschrieben ... und ihn gewarnt, dass Unheil über uns kommen wird, wenn er das Gesetz zur gleichgeschlechtlichen Ehe durchbringt. Trotzdem hat er es getan«, klagte der Anwalt David Silvester von der United Kingdom Independence Party in einem Brief an die Lokalzeitung.[1] Meteorologen sehen andere Auslöser für die biblischen Fluten und bringen dabei Begriffe wie Jetstrom und intensiven Polarwirbel ins Spiel.

Die Anwohner der tief liegenden Somerset Levels, früher und schlimmer betroffen als andere Regionen, gaben nicht allein Gott und der Natur die Schuld. In ihren Augen hatte man nicht genug getan, um durch das Ausbaggern bestehender Wasserwege und das Anlegen neuer Deiche besser vor Überschwemmungen gefeit zu sein. Hilfsmaßnahmen gab es nur vereinzelt. Die trocken und sicher in Westminster sitzenden Politiker schien das Ganze nicht zu kümmern. Baron Smith of Finsbury, Leiter der Umweltbehörde und damit zuständig für das Wasseramt, blieb daheim und schrieb einen Beitrag für den *Sunday Telegraph*, in dem er unterstrich, dass Somerset nicht die gleiche Priorität genieße wie die großstädtischen Gebiete. »Gewiss sind uns die Anbauregionen wichtig, und wir unternehmen alles in unserer Macht Stehende, um sie zu schützen«, schrieb er. »In der Vergangenheit folgten Regierungen der Regel, dass Mensch und Heim an erster Stelle stehen, ein Ansatz, den die meisten von uns wohl für richtig halten werden. In der Politik steht man hier vor schwierigen Abwägungen: Stadt oder Land, Wohnzimmer oder Acker?«[2]

Owen Paterson, der damalige Umweltminister und einer der wenigen Landbewohner im Kabinett, war der erste hochrangige Politiker, der in den Südwesten Englands reiste. Doch nach seinem Besuch am 27. Januar wuchs die Wut der Betroffenen nur noch mehr. Man warf ihm vor, den Einheimischen, die an einer Pumpstation auf ihn warteten, in seinen gewienerten Stadtschuhen aus dem Weg gegangen zu sein. »Wo war er denn am Ende des Tages? Mit wem hat er tatsächlich gesprochen? Mit niemandem, habe ich recht?«, klagte Becky Reilly, Landwirtin in aus Somerset und Angehörige der örtlichen Bereitschaftspolizei. »Hier warten die Bauern, hier warten die Bürger, die Leute also, die hier leben, und er ist nicht da. Er hört sich nicht an, was die normalen Menschen mit den Überschwemmungen und all dem Wasser durchmachen müssen. Nein, so geht es nicht. Das ist nicht recht.«

Mehr als 800 Kilometer weiter nördlich, in Birkhall, sah sich Charles die Nachrichten an und dachte wie so häufig über mögliche

Hilfsmaßnahmen nach. Noch am gleichen Abend schrieb er an führende Politiker und sprach mit seinen Beratern. Am 4. Februar traf der Prinz, gekleidet wie der Landmann, der er ist, in Somerset ein und watete in Gummistiefeln durch den Sumpf politischer Kontroversen.

Er sah majestätisch aus dort oben auf seiner Bank, nachdem er seinen Lachanfall unterdrückt hatte. Sein Auftreten war das eines Prinzen. Im Gegensatz zu Paterson nahm er sich mehr als genug Zeit, um sich die Berichte der direkt vom Hochwasser Betroffenen anzuhören. »Fast am allerwichtigsten ist das Zuhören«, meint er. »Man braucht den Menschen keine Vorträge zu halten.«[3] Er hatte auch Tröstliches im Gepäck, nicht im seelsorgerischen Sinne, sondern reale Hilfe wie die 50 000 Pfund aus dem Prince's Countryside Fund und die gleiche Summe als Spende des Herzogs von Westminster, einem der größten Grundbesitzer Großbritanniens. So weit verlief alles im gewohnten Rahmen, bis während seiner Unterhaltung mit einem Landwirt der Gegend, die nach den Konventionen des Palasts als privat eingestuft worden wäre, eine Bemerkung von ihm aufgeschnappt wurde. »Es gibt doch nichts Besseres als eine hübsche kleine Katastrophe, damit die Leute endlich etwas unternehmen«, sagte der Prinz. »Welch ein Trauerspiel, dass so lange nichts getan wurde.«

Die Reaktion aus der Downing Street kam auf der Stelle. »Der Premierminister hat wiederholt darauf hingewiesen, dass die Zustände in einigen Gemeinden im Gebiet von Somerset nicht hinnehmbar sind«, erklärte ein Regierungssprecher. Am 7. Februar machte sich Cameron selbst auf den Weg, um die »erschütternden« Schäden zu begutachten. Er versprach, die Regierung werde »alles tun, was getan werden kann«, und machte die Haushaltskürzungen unter Blair für die Katastrophe verantwortlich. »Dass man in den Neunzigern aufgehört hat, die Kanäle zu vertiefen, war ein Fehler«, meinte er. Am selben Tag kam auch Smith nach Somerset, zog aber ebenfalls Kritik auf sich, weil er die am schlimmsten betroffenen Gebiete mied. Am 11. Februar hatten sich so viele Politiker eine Ölhaut übergezogen und das Überschwemmungsgebiet besucht, dass man auf der Homepage BuzzFeedUK ein Fotofeature mit dem Titel »21 Bilder von Politikern in Gummistiefeln beim Anblick der Fluten« zeigte.⁴ Nach einer Flut weiterer Presseartikel flossen den Opfern der Katastrophe finanziellen Hilfen zu – nicht nur jene zusätzlichen 140 Millionen Pfund für Hochwasserschutz, die die Regierung in ihrem Haushalt vom März 2013 bewilligte, sondern auch Soforthilfe von Großbanken in Form von Rückzahlungspausen, Aufstockung bestehender Darlehen und Reduzierung oder Verzicht auf Gebühren in Höhe von insgesamt 750 Millionen Pfund.

Jonathan Jones, der sich im *Guardian* sonst eher über Kunst auslässt, half den Lesern, den unübersehbaren Triumph prinzlicher Intervention mit ihren Befürchtungen bezüglich Charles und seiner Stellung in Einklang zu bringen. In seinem Artikel verglich er ihn mit dem dänischen König Knut dem Großen, der um das Jahr 1000 über England herrschte, und schloss sich der weitverbreiteten Zustimmung an, die Charles' Handeln genoss. »Heute, da Berufspolitiker in der Öffentlichkeit einen schweren Stand haben, kann ein König wahrhaft Begeisterung auslösen, wenn er eine Regierung in die Schranken weist. Welche Enttäuschung für Republikaner, die seit Jahrzehnten davon träumen, dass ein tollpatschiger Charles ein unbeliebter König werden wird. Sein beherztes Auftreten in Somerset könnte den Beginn einer gewaltigen magischen Abkehr von der Bürokratie und der Dominanz der Städte einleiten. Leih dem guten alten England deine Stimme, Charles!«

Jones endet mit einer Pointe oder eher einem gut platzierten Seitenhieb: »In einer Demokratie stehen wir damit allerdings vor einem Problem. Die Knuts in Westminster wurden von uns gewählt. Der Prinz in den Marschen hingegen nicht. Irgendwo dort draußen im Matsch steht ein Bauer und beschwert sich im Stil von *Monty Python*: ›Für dich habe ich aber nicht gestimmt!‹«⁵

Am Tag nach seinem Somersetbesuch kehrte der Prinz, wieder im Anzug, an einen anderen Kriegsschauplatz zurück. Als er zum ersten Mal im August 2011 in den Nordlondoner Stadtteil Tottenham kam, knirschte Glas unter seinen Füßen, und einige Fassaden kokelten noch. Während der sechstägigen Unruhen, die sich zunächst in der Hauptstadt ausbreiteten und dann auf andere Städte Englands übergriffen, waren fünf Menschen ums Leben gekommen und Geschäfte, Wohnhäuser und Autos angezündet worden. In ihrer anschließenden Debatte über die Ursachen der Ausschreitungen legten die politischen Entscheidungsträger eine Radikalität an den Tag, die es mit der von Plünderern beim Kampf um ein Paar Designer-Sneaker durchaus aufnehmen konnte. »Es ging bei diesem Aufstand nicht um Protest, Arbeitslosigkeit oder Etatkürzungen. Auch nicht um die Zukunft, um das Morgen oder den Kampf ums Dasein. Es ging einzig um das Hier und Jetzt«, verkündete die konservative Innenministerin Theresa May. »Es war eine unmittelbare Bedürfnisbefriedigung.« Dann zitierte sie einen der Beteiligten: »Das hatte nichts mit Politik zu tun, das war Einkaufen.«[6]

Der Parlamentsabgeordnete von Tottenham, der Labour-Politiker David Lammy, stand inmitten der Trümmer und sprach leidenschaftlich über das Leid, das die Unruhen über die normalen Menschen gebracht hatte. Dabei stellte er nicht nur den die Gewalt auslösenden Polizeieinsatz infrage (der in Tottenham ansässige Mark Duggan war durch die Kugel eines Polizisten tödlich verwundet worden), sondern auch die Motive der Protestierenden. »Einer bereits verwundeten Gemeinde ist das Herz herausgerissen worden. Die Post, das Fitnesscenter, die Zeitschriftenläden, die Handy-Shops, die Büros des Stadtrats für Bürgerbeschwerden, alles ohne jeden Sinn und Verstand kurz und klein geschlagen.«

Prinz Charles hingegen brachte eine abweichende Deutung vor. Für ihn war nicht ein blindwütiger Mob am Werk gewesen, sondern Menschen, die unter Orientierungslosigkeit litten – ein Gefühl, das er selbst sehr gut kannte. »Die Hälfte des Problems ist meiner Meinung nach, dass sie nach einem Bezugsrahmen suchen, nach Zugehörigkeitsgefühl und nach Lebenssinn. Wenn sie sich einer Gang anschließen, ist das ein Hilfeschrei«, erklärte er.[7]

Obwohl ihre spontanen Analysen voneinander abwichen, hatte David Lammy nichts dagegen, dass sich Charles für die Jugendlichen einsetzte, er unterstützte ihn sogar. Nur wenige Tage nach den Unruhen brachen Charles und Camilla ihren Sommerurlaub in Birkhall ab, um trotz der Warnungen ihrer Personenschutzbeamten zu ihrem ersten Besuch nach Tottenham zu fahren und mit den Menschen zu sprechen. Lammy hatte sie nach einem Anruf von Prinz Charles eingeladen. »Wir hatten eine ganze Menge miteinander zu tun, als ich noch Kultusminister war – er hat eine Leidenschaft für unser Kulturerbe und fand heraus, dass ich sie teile, wenn auch aus anderen Motiven. Deshalb rief er also an und fragte: ›Was kann ich tun?‹ Ich sagte, er könne kommen, entscheidend aber sei, dass es bitte nicht bei diesem einen Mal bliebe.«[8]

Während Lammy dies berichtet, steht er vor dem Enterprise Centre, einem kommunalen Bürohaus in der Tottenham High Road 639, um Prinz Charles bei seinem mittlerweile vierten Besuch des Viertels seit den Unruhen zu empfangen. In den dazwischenliegenden Jahren hatten sich diverse Organisationen des Prinzen mit anderen Institutionen zusammengetan, um die Gesundung des Gebiets zu beschleunigen und einige der für die Gewalt verantwortlichen Ausgangsbedingungen zu verbessern. Das Blooming Scent Café im Zentrum wird von Gina Moffatt geführt, die nach ihrer Verurteilung wegen Drogenschmuggels ein Blumengeschäft eröffnete. »Ich hielt ihn für meinen Ritter in der schimmernden Rüstung«, hatte sie im Interview mit dem *Mirror* über den Dealer gesagt, der sie als Kurier eingesetzt hatte. »Aber er hat sich nur bei mir eingeschmeichelt, weil er mich benutzen wollte.«[9] In Prinz Charles fand sie einen verlässlicheren Ritter. Nach ihrer Entlassung eröffnete sie mithilfe des Prince's Trust in Tottenham das Café und weitere Filialen. Eine andere der prinzlichen Stiftungen, Business in Community, stellte den örtlichen Geschäftsleuten über einen längeren Zeitraum von großen Ketten wie Sainsbury's und Argos entliehene Manager zur Verfügung, um ihnen wieder auf die Beine zu helfen; außerdem ist sie neben fünf anderen Stiftungen des Prinzen in den Schulen des Stadtteils mit Kursen vertreten (die Prince's Foundation for Children and the Arts, seine Drawing School, seine School of Traditional Arts und sein Teaching Institute). Charles'

Architekturstiftung veranstaltete unter den Einwohnern des Viertels eine Umfrage zur Renovierung des zukünftigen Gemeindezentrums Tottenham Green und arbeitete gemeinsam mit anderen Agenturen an der Umsetzung der daraus entstandenen Pläne. Die Prince's Initiative for Mature Enterprise leitete ein Programm für Menschen über fünfzig, die sich selbstständig machen wollen. »Er ist wiedergekommen«, sagt Lammy. »Kein anderer landesweit bekannter Prominenter ist so oft hier gewesen wie er, und das trotz all seiner Wohltätigkeitsorganisationen. Das ist wirklich Engagement, noch dazu völlig unspektakulär, denn wenn er kommt, schmettern keine Fanfaren.«

Als Prinz Charles aus dem Auto steigt und die wartenden Repräsentanten des Viertels und seine Stiftungsmitarbeiter wie gute Freunde begrüßt, raunt Lammy noch: »Deshalb wollen wir hier keinen Staatspräsidenten. Die erscheinen einmal und dann nie wieder.«[10] Dies gilt aber offenbar auch für Parteiführer. Bis zu jenem Tag haben weder David Cameron noch Ed Miliband von der Labour Party es für wert befunden, die Entwicklungen in Tottenham nach den Unruhen mit eigenen Augen zu verfolgen. Nur Londons Bürgermeister Boris Johnson bringt es auf ebenso viele Besuche wie Prinz Charles.

Lammy bezeichnet sich als »ganz großen Fan« des Prinzen, doch ansonsten gehen die Meinungen der britischen Parlamentarier über Charles auseinander, wenn sie denn überhaupt geäußert werden. Es gibt sicherlich mehr Gegner der Monarchie als jene fünfzehn der sechshundertfünfzig Unterhausabgeordneten, die sich offen als Mitglieder der Inititiativgruppe Republic bekannt haben. Doch selbst bevor die Zustimmung zu den Windsors wuchs, konnte man mit der Forderung nach einer Republik offensichtlich keine Wähler gewinnen. Im Januar 2002 organisierten republikanische Abgeordnete der Labour Party ein geheimes Treffen, um eine parteienübergreifende Parlamentsgruppe zu gründen. Zwanzig Abgeordnete von Labour und Norman Baker von den Liberal Democrats erschienen zu der Versammlung. Bei ihrer Vorbereitung hatte die Initiativgruppe Republic geholfen. Ihr damaliger Sprecher Jon Temple erklärte gegenüber dem *Guardian*: »Wir mussten uns bedeckt halten mit dem Treffen. Die Forderung nach einer Republik ist immer noch eine heikle Sache.«[11] Die Gruppe löste sich bald wieder auf. Die Anregung zur Gründung einer entsprechenden Gruppierung innerhalb der Labour Party, die anlässlich des diamantenen Kronjubiläums der Queen 2012 mit Protesten an die Öffentlichkeit treten sollte, stieß selbst bei zwei der prominentesten Republikaner in der Partei auf Kritik. Es gebe »keinen Grund, das Thema dieses Jahr hochzukochen«, sagte Paul Flynn, seit 1987 Abgeordneter für Newport. »Man kann republikanische Ansichten vertreten und trotzdem die regierende Monarchin respektieren, vor allem in einem Jahr wie diesem. Wir brauchen nicht unhöflich zu sein, doch dies wäre eine ganz bewusste Provokation«, rügte Stephen Pound, seit 1997 Abgeordneter für Ealing North.[12]

Solche Äußerungen republikanisch gesinnter Abgeordneter spiegeln ihre grundsätzliche Haltung: Die Königin ist unantastbar, ihr Sohn und Erbe ist es nicht. »Einige der Vorstellungen [von Prinz Charles] sind gut, manche sind töricht, und andere sind abseitig. Aber er hat sie nicht unter Kontrolle. Er leidet unter einem manischen Zwang, die Regierung beeinflussen zu wollen«, klagte Flynn.[13] John Major ist anderer Meinung: »Meiner Ansicht nach hat er [der Prinz] niemals die Grenzen seiner Kompetenzen überschritten. Er hat meine Minister auf Dinge aufmerksam gemacht, die er für wichtig hielt, und das war es dann auch. Das kann jeder Bürger unseres Landes tun, aber natürlich nehmen wir es eher wahr, wenn es vom Prince of Wales kommt. Ich halte es für völlig richtig.«[14]

Amtierende und ehemalige Minister verschiedenster Fachbereiche, Empfänger der berühmten »Black Spider Memos«, zeichnen ein differenzierteres Bild. Charles hat Befürworter und Kritiker auf der Linken wie auf der Rechten. Wie sie es darstellen, handelt er oft politisch, doch selten parteipolitisch. Der Prinz »vermeidet die simple Rechts-Links-Einteilung. Er geht nicht herum und verbreitet seine Ansicht zu Steuersätzen«, sagt ein ehemaliger Kabinettsminister. »Seine Themengebiete – Umwelt, Bewahrung, Erneuerung der Innenstädte, Jugend – lassen sich nicht rechts oder links einordnen.«

Die Minister sind sich einig, dass Gespräche mit Charles ihnen Denkanstöße oder einen neuen Blick auf ein Thema vermittelt haben. Ein ehemaliger Kabinettsminister fand ihn harmlos, aber leicht komisch. Ein vom Prinz erbetenes Treffen in Clarence House nahm keinen guten Verlauf – Charles ging fälschlicherweise davon aus, der Minister teile seine Abneigung gegen das Nebeneinander von modernen und historischen Gebäuden. Sein Gesprächspartner aber wies darauf hin, wie lebendig und pulsierend eine Stadt wie New York sei. Als sie an einem Kanal mit Blick auf die St Paul's Cathedral vorbeikamen, scherzte der Politiker, mit dem Hochhaus an der St Mary Axe, von den Londonern »The Gherkin«, Gurke, getauft, würde die Skyline besser aussehen. Charles, der nicht nur gern Witze erzählt, sondern auch gern darüber lacht, fand das jedoch gar nicht lustig.

Nicholas Soames verteidigt den Umgang seines Freundes mit dem Staatswesen aufs Heftigste. »Als ich Minister war, ist Prinz Charles mit offiziellen Dingen an mich herangetreten. Nach seiner Rückkehr von Hongkong, wo wir damals noch eine starke Militärpräsenz hatten, meinte er: ›Da ist etwas, was du wissen solltest ...‹, und dann erzählte er mir Dinge, für die ich ihm sehr, sehr dankbar war. Es war etwas, was man uns nicht gesagt hatte und was wir wissen mussten«, berichtet Soames. »Es gab unzählige Anlässe, wo er uns, stets inoffiziell, schrieb und erklärte: ›Ich glaube, dies könnte beträchtliche Schwierigkeiten bereiten.‹ Es hieß immer ›Schwierigkeiten‹. Er hat keine Kritik an der Regierung geübt, sondern lediglich auf die Konsequenzen von einer Reihe von Dingen hingewiesen, die wir entschieden, aber vermasselt hatten.«

Soames lehnt sich zurück. »In seiner Position kann er die Dinge leichter überblicken als fast jeder andere. Die Leute reden mit ihm, weil sie ihm uneingeschränkt vertrauen. Und hin und wieder meint er, dass ein Minister etwas Bestimmtes wissen sollte. Das finde ich gut. Ich kenne keinen Minister, der etwas dagegen einzuwenden gehabt hätte.«[15] Ein anderer ehemaliger Verteidigungsminister berichtet Ähnliches. Der Prinz nehme seine Rolle als Oberst oder Ehrenoberst seiner dreiundzwanzig Regimenter in Großbritannien und dem Commonwealth sehr ernst, und dazu gehöre nun einmal, dass er ihre Interessen vertrete. In den vertraulichen Interviews für dieses Buch haben sich Angehörige beider Parteien, der Labour Party und der Torys, wohlwollend über den Prinzen geäußert.

Durch Charles' so unterschiedlich gelagerte Kontakte wären in seinen Kreisen die unwahrscheinlichsten Kombinationen möglich gewesen: Hollywoodgrößen und Bergbauernkooperativen, Dichter (Ted Hughes und Kathleen Raine zählen zu seinen engeren Freunden) und Polospieler, der Dalai Lama und Augusto Pinochet. Als sich der chilenische General 1998 in London von einer Rückenoperation erholte, wurde er verhaftet. Die Anklageschrift kam aus Spanien und beschuldigte ihn mehrfacher, zur Zeit seiner Militärdiktatur in Chile begangener Menschenrechtsverletzungen, nachdem er 1973 den gewählten Präsidenten gestürzt hatte. Lucia Santa Cruz unterstützte eine Kampagne gegen seine Auslieferung.

Der Prinz, erklärt Emma Thompson trocken, »hat Freunde jeglicher politischer Couleur«. Sie erinnert sich an einen Abend mit Prinz Charles und Camilla während Pinochets unfreiwillig verlängertem Aufenthalt in London. »Wir saßen beim Abendessen, nur [Charles], Camilla, Greg [Wise, ein Schauspieler und Thompsons Ehemann], und sie sagte: ›Ich finde wirklich, du solltest Pinochet dein Flugzeug leihen.‹ Von Seiner Königlichen Hoheit kam ein lautes Schnauben, er blickte zu mir herüber und meinte: ›Ich glaube nicht, dass Em das gefallen würde.‹ Er weiß, dass ich eine überzeugte Linke bin.«[16]

»Man muss da zwei Dinge unterscheiden«, sagt der erste der ehemaligen Kabinettsminister zu den prinzlichen Interventionen. »Einmal die Frage, was die Verfassung erlaubt, und dann den Inhalt seiner Ansichten. Meiner Meinung nach passiert Folgendes: Jene, denen die Inhalte nicht gefallen, versuchen seine Standpunkte zu untergraben, indem sie ihn für nicht zuständig erklären. Und jene, denen seine Ansichten nicht passen, erklären sie für verschroben. Beide Vorwürfe – verfassungsrechtliche Bedenken und die angebliche Verschrobenheit – sind in meinen Augen völlig aus der Luft gegriffen. Ich habe ihn ernst genommen und er mich.« Der ehemalige Minister weist auch den wichtigsten Vorwurf zurück, der gegen Prinz Charles erhoben wurde: dass er seine Stellung als Mitglied des Königshauses dazu benutze, um hinter den Kulissen einen unverhältnismäßig starken Einfluss auszuüben. »Es geht doch darum: Verletzt er mit seiner Begeisterung die ihm von der Verfassung gesetzten Grenzen? Sicherlich nicht, wenn Sie ein guter Minister sind. Denn wenn Sie ein guter Minister sind, entscheiden Sie selbst, ob Sie seine Meinung teilen oder nicht. Es gibt kein Gesetz, dass Sie ihm zustimmen müssen.«

Das meinte sicher auch Tony Blair. Über die Meinungsverschiedenheiten zwischen dem Premierminister und Prinz Charles in einer ganzen Reihe von Fragen erfahren wir detaillierte Einzelheiten in der zweibändigen Ausgabe redigierter Tagebucheinträge von Blairs damaligem Pressesprecher Alastair Campbell. Der Prinz stemmte sich gegen das von den Labours eingebrachte Gesetz zum Verbot der Fuchsjagd und schickte Blair »einen langen Artikel über die Jagd und ihren Nutzen für die Umwelt«. Der Prinz fürchtete, die von Blair unterstützte Einrichtung einer europäischen Verteidigungstruppe könnte die NATO und Großbritanniens besonders gute Beziehung zu den Vereinigten Staaten schwächen (Bedenken, die an die *Daily Mail* durchgesickert waren). Der Prinz erklärte Blair seine Vorbehalte gegen dessen Annäherung an China mit den Worten, er sei »äußerst besorgt über die Tibetpolitik Chinas«, und er fehlte auf dem Staatsempfang für Jiang Zemin. Dass es eine bewusste Brüskierung des chinesischen Staatschefs gewesen sei, stritten die Mitarbeiter des Prinzen in der Öffentlichkeit ab. Doch Campbell betont, von ihnen wiederholt eine andere Darstellung gehört zu haben, und bei seiner Aussage in der Gerichtsverhandlung wegen der Veröffentlichungen von Prinz Charles' Tagebuch auf seiner Hongkongreise in der *Daily Mail* bekräftigte Mark Bolland, einer der Mitarbeiter des Prinzen, diese Version. Der Prinz befasste sich mit den Maßnahmen der Labour-Regierung gegen die 2001 ausgebrochene Maul- und Klauenseuche und schickte Blair laut Campbell einen »sechsseitigen Brief, in dem Prinz Charles im Stil des *Daily Telegraph* die Vorwürfe der Konservativen wegen geschlossener Schlachthäuser und des mangelnden Verständnisses für das Landleben usw. aufgriff«. Laut Campbells Darstellung soll Blair geseufzt haben: »Charles kann es nicht lassen und muss auf jeden fahrenden Zug aufspringen.«[17]

Der Prinz und der Premierminister gerieten sich oft wegen Blairs Eintreten für gentechnisch veränderte Nutzpflanzen im Interesse einer besseren Nahrungsmittelversorgung der Weltbevölkerung in die Haare. Campbells Tagebucheintrag für den 31. Mai 1999 lautet: »Prinz Charles' Büro schickte uns einen Artikel über gentechnisch veränderte Lebensmittel, verfasst für die morgige Ausgabe der *Mail*, der sicher Aufsehen erregen wird. Im Grunde erklärt er darin, dass wir dieses Zeug überhaupt nicht brauchen, und wahrscheinlich wird er den einhelligen Beifall der Interessengruppen finden. Habe versucht, mit TB [Tony Blair] in Kontakt zu treten, aber er war beim Tennisspielen. Daher formulierte ich ein paar Sätze, dass wir den Artikel bekommen haben und dass wir uns schon lange für eine sachliche Debatte starkmachen und man es in diesem Zusammenhang sehen müsse. Als ich schließlich dazu kam, den ganzen Text zu lesen, fand ich ihn furchtbar. Er hätte genauso gut von der *Mail* geschrieben sein können. Aber der Artikel würde morgen sicher in aller Munde sein, und ich würde vorgeben müssen, dass er uns nicht im Geringsten aus der Ruhe brächte. Beim zweiten Lesen hatte ich den Eindruck, Charles sei völlig übers Ziel hinausgeschossen, und womöglich könnte dieser Schuss ebenso gut nach hinten losgehen: Man gewann den Eindruck eines Menschen, der keinen eigenen Standpunkt hatte, aber trotzdem eine unbegründete Wissenschaftsfeindlichkeit an den Tag legte.«[18]

»Der Einzelne kann nur schwer ermessen, was richtig ist«, hatte Charles geschrieben. »Nur wenige von uns können einordnen, was all die uns zur Verfügung stehenden wissenschaftlichen Informationen bedeuten – und selbst die Experten sind sich nicht immer einig. Ich glaube jedoch in der Reaktion der Öffentlichkeit eine instinktive Scheu zu erkennen, in die Prozesse der Natur einzugreifen, solange wir uns des gesamten Spektrums der möglichen Konsequenzen nicht sicher sind.«[19]

Jedes dieser Beispiele ist typisch für die Themen, die Charles gegenüber Politik und Politikern ansprach. Dabei griff er auf diverse Methoden zurück: Reden, unter seinem Namen erschienene Artikel, gemeinsam mit anderen Autoren verfasste Bücher, hin und wieder eine Fernsehdokumentation, private Gespräche und private Anschreiben. Hinzu kommen seine Stiftungen und Initiativen, deren Vertreter Konferenzen und Informationsveranstaltungen organisieren und Schlüsselfiguren von Regierung und Opposition dazu einladen. In der Frage der Genmanipulation hat sich der Prinz gegen das Establishment – insbesondere das wissenschaftliche Establishment – gestellt, doch mit seiner Forderung, die Natur als Wesenheit zu schützen, drückt er das aus, was die Öffentlichkeit empfindet und wofür Umweltschutzgruppen eintreten. Seine Äußerungen haben sicherlich dazu beigetragen, die politische Entscheidung zur Freigabe dieser Technologie hinauszuzögern: Der kommerzielle Anbau ist im Vereinigten Königreich weiterhin verboten, während in den meisten europäischen Staaten die Regelung gilt, dass konkrete Pflanzen der Genehmigung bedürfen. Immerhin fand Charles in Tony Blairs Kabinett mindestens einen Verbündeten. Michael Meacher, von 1997 bis 2003 Umweltminister, sagt: »Es gab immer Spannungen in der Regierung, und ich weiß, dass er im Großen und Ganzen meiner Meinung war, so wie er wusste, dass ich in weiten Zügen seine Ansicht teilte ... Wir vertraten das Gleiche, als wir Tony Blair zu einer Richtungsänderung [bei der Genmanipulation] bewegen wollten.«[20]

Charles konnte sich letztlich jedoch bei keinem der Streitpunkte gegen Blair durchsetzen. Die konservativ-liberale Regierung unter Cameron beabsichtigt, für das Vereinigte Königreich in der Frage genmanipulierter Pflanzen mit dem restlichen Europa gleichzuziehen, zumal diese Technologie anderswo in der Welt große Zustimmung gefunden hat und von siebzehn Millionen Landwirten in achtundzwanzig Staaten eingesetzt wird. Das Konzept einer Europäischen Streitmacht fiel klammen Staatskassen und wachsender Euroskepsis zum Opfer. Prinz Charles' anhaltende Unterstützung des Dalai Lama schlägt zwar gelegentlich leichte diplomatische Wellen, hat aber nach Einschätzung des Außenministeriums keine intensiveren Auswirkungen auf Großbritanniens Beziehungen zu China. Unter den Anhängern des Dalai Lama macht sich inzwischen Verzweiflung breit, da die meisten Regierungen der Welt in Sachen Menschenrechtsfragen vor Chinas gewaltiger Wirtschaftsmacht kapitulieren. Im August 2014 eröffnete Prinz William das Dickson Poon University of Oxford China Centre, eine Fakultät für das Studium Chinas. Um die Beziehungen Großbritanniens zu China zu fördern, ist William außerdem Ende Februar 2015 ins Reich der Mitte gereist, auch um dort, laut der *Mail on Sunday*, »wiedergutzumachen, was Charles' Tagebucheintrag über chinesische Repräsentanten als ›schreckliche alte Wachsfiguren‹ angerichtet hat.«[21]

Mit seinem Eintreten für die Impfung statt Schlachtung ganzer an Maul- und Klauenseuche erkrankter Herden hat Charles nichts ausrichten können. Wie sich zeigte, war auch er erst kürzlich zu dieser Überzeugung gelangt, jedenfalls wenn man der Schilderung William Castells Glauben schenkt: »›Ich verstehe nicht, wie Sie Ihre Zeit mit Impfstoffen verschwenden können‹, hat er zu mir gesagt. ›Nun, ich sehe es nicht als Verschwendung an, Sir‹, habe ich geantwortet. ›Ich habe schon viele Impfstoffe hergestellt.‹ Als dann die Maul- und Klauenseuche ausbrach, habe ich ihm das Ganze erklärt. Ich habe weltweit sieben Fabriken zur Herstellung des Impfstoffs gegen Maul- und Klauenseuche geleitet. Ich ließ meine Experten kommen und schickte sie in die Downing Street und zu einem Gespräch mit dem Prinzen, und schließlich hat er die andere Vorgehensweise unterstützt, also dass man das Vieh nach der Tötung nicht mehr auf der Weide liegen lässt.«[22] Bis heute unterstützt der Prinz Landwirte, die sich von den Folgen der Krise erholen, wie man am Beispiel seiner Campaign for Wool, der Kampagne für Schafwolle, sieht.

»Lassen Sie mich klarstellen, dass ich die Gespräche und Korrespondenz mit Prinz Charles stets für äußerst fruchtbar gehalten habe«, betonte Blair in einem Brief an den *Guardian*, als die Zeitung Campbells Tagebücher als Serie im Vorabdruck veröffentlichte. »Meiner Ansicht nach war es sein gutes Recht, gewisse Fragen aufzuwerfen, vor allem so lehr- und aufschlussreich, wie es geschah.«[23]

Auf der Homepage von Clarence House heißt es: »Wenn ein Thema eine parteipolitische Debatte auslösen oder Gegenstand politischer Maßnahmen der Regierung sein könnte, wird es vom Prince of Wales in der Öffentlichkeit nicht mehr angesprochen.«[24] Faktisch aber ist Charles mehr als einmal in diese Falle getappt. Wie seine überbrodelnden Emotionen, deren Kontrolle Nicholas Soames' große Bewunderung gilt, drohen auch seine Ansichten jederzeit aus ihm herauszuplatzen. Empfänger seiner Briefe deuten an, dass manche im Fall der Veröffentlichung böses Blut erregen könnten, weniger wegen der Aussagen als wegen des dringlichen Tons.

In einer 2008 ausgestrahlten Fernsehdokumentation, in der der Prinz portraitiert wurde, legte Julia Cleverdon sechs Memos vor, die er ihr in der Woche zuvor geschickt hatte. Während sie in einem Ordner blätterte, beschrieb sie die Themen, um die es ging: »Eins zu den aufgerissenen Straßen, was [der Energiekonzern] EDF dagegen zu unternehmen gedenke; eins zu gemeinsamen Marketingstrategien mit Bergbauern; eins zu den kleinen Schlachthöfen; eins über Islam und Umwelt; eins über das wunderbare Projekt in Middlesbrough, wo man auf öffentlichem Grund Gemüse gepflanzt hat; eins über die Deradikalisierung extremistischer Häftlinge.« Dann liest sie aus einer der Nachrichten an sie vor: »Verzeihen Sie bitte, wenn ich das anspreche, aber ich finde, wir müssten bei den Supermärkten erneut wegen des Themas der Plastiktüten und Plastikverpackungen vorstellig werden. Ich weiß, dass M&S unter Stuart Rose alles versucht, aber das ist immer noch nicht genug. Und wie steht es mit den anderen: Haben sie vielleicht schon mehr erreicht? Können Sie für mich notieren, wer was am besten macht?« Cleverdon lacht. »Seiten über Seiten über Seiten.«[25]

Dieses breite Themenspektrum ist typisch für den Prinzen und einer der Gründe, weshalb viele ihn als Dilettanten ansehen – zumindest jene, die sein Manifest *Harmonie* nicht gelesen haben. Und da gewisse Stellen in Clarence House entschlossen scheinen, das Buch so weit wie nur möglich vor den Augen anderer verborgen zu halten, sind das die meisten. Doch in *Harmonie* wird deutlich, dass für Charles alles miteinander verbunden ist – durch den »goldenen Faden uralter Einsichten«. Wir werden Charles' Philosophie samt ihren Wurzeln und überraschenden Schlussfolgerungen in einem späteren Kapitel noch genauer untersuchen.

Als 2005 der Freedom of Information Act in Kraft trat, der allen in Großbritannien Lebenden das Recht gibt, bei öffentlichen Stellen alle ihnen vorliegenden Informationen anzufordern, ließ Alan Rusbridger, Herausgeber des *Guardian*, den Journalisten Rob Evans nachprüfen, ob man mithilfe dieses Gesetzes die Korrespondenz des Thronerben mit Mitgliedern der Regierung einsehen könne. »Entweder spielt die Monarchie keine Rolle, übt also keinen aktiven Einfluss auf den Kurs oder die Entscheidungen der Politik aus und hat nur eine einzige Daseinsberechtigung – als Touristenattraktion, als Garant für Stabilität und Kontinuität, als eine Art Staatsoberhaupt jenseits aller Politik. Dies alles kann durchaus einen Wert haben, obwohl es letztlich den Mitgliedern des Königshauses überlassen bleibt, ob sie rein repräsentative Pflichten erfüllen. Wenn Sie dann aber eine Nummer zwei haben, der ernstlich daran gelegen ist, auf die Politik einzuwirken, wird das Ganze in meinen Augen fragwürdig«, sagt Rusbridger. »Oder aber man wünscht sich Monarchen, die über das Recht der Einmischung verfügen, weil sie so hervorragend sind und diesen einzigartigen Durchblick haben. Aber das muss dann ebenfalls diskutiert werden.«[26]

Als junger Reporter hatte Rusbridger widerwillig Geschichten über die Australienreise von Charles und Diana an den *Guardian* geschickt. Inzwischen Chefredakteur, hat er die Berichterstattung über die Royals im *Guardian* ausgeweitet. »Irgendwann war der Zeitpunkt gekommen, und wir haben besprochen, was wir grundsätzlich von der Königsfamilie halten, und es stellte sich heraus, dass wir sehr gut nachvollziehen konnten, warum die jetzige Monarchin so beliebt ist.

Wir kamen jedoch zu dem Ergebnis, dass der *Guardian* die Monarchie nicht wirklich unterstützen sollte«, sagt er. »Und so sind wir offiziell ein republikanisches Blatt. Ich fand es jedoch ein bisschen zu öde, einfach nur ein republikanisches Blatt zu sein, deshalb wollte ich einen Angriffspunkt suchen, herausstellen, was falsch daran ist, und das Ganze dann möglichst ein bisschen überspitzen.«

Sein erster Schachzug war die Anfechtung des Treason Felony Act. Im Gesetz zur Bestrafung des Landesverrats von 1848 wird die öffentliche Forderung nach Abschaffung der Monarchie als Gesetzesverstoß unter Strafe gestellt, die bis zu lebenslänglich lauten kann. Die Anwälte des *Guardian* bezeichneten es als unvereinbar mit dem Human Rights Act – dem Menschenrechtsgesetz – von 1998. Das Oberhaus wies den Fall jedoch mit der Begründung ab, die Kampagne des *Guardian* für eine Republik sei strafrechtlich nicht verfolgt worden.

Unbeirrt berief sich Rusbridger daraufhin auf den Freedom of Information Act, der ihm als sicherstes Mittel erschien, die Vorhänge des Palasts zu öffnen und ans Tageslicht zu bringen, was bisher im Dunkeln geblieben war. Tony Blair hatte bei seiner Amtsübernahme 1997 versprochen, »ein neues Verhältnis zwischen Volk und Regierung« herzustellen, und zwar auf Basis einer gesetzlich abgesicherten Transparenz. Deshalb brachte er jenes Gesetz auf den Weg, das den Bürgern Zugang zu Informationen sichert. Auf Anfrage müssen die offiziellen Stellen dem Antrag nachkommen und können ihn nur dann ablehnen, wenn er mit zu hohen Kosten verbunden wäre, wenn er »schikanös« ist, wiederholt gestellt wird oder unter eine der Ausnahmeregeln fällt (etwa dass die Information zur Voreingenommenheit in einem Gerichtsverfahren führen, geschäftliche Interessen schädigen oder die Privatsphäre Einzelner bedrohen könnte).

Blair sollte das Gesetz bald bedauern. In seiner Autobiografie klagte er, am eifrigsten werde es nicht »vom Volk« in Anspruch genommen, sondern von einer ganz bestimmten Gruppe aus dem Volk, von den Journalisten. »Die Information wird nicht angefordert, weil sich der Journalist über etwas schlaumachen oder ›das Volk‹ an seinem Wissensstand teilhaben lassen möchte, sondern sie dient als Waffe.«[27]

Dies bekam die politische Klasse bald zu spüren, denn die Presse begann, von Parlamentariern eingereichte Ausgabenaufstellungen zu überprüfen. Amtlicherseits versuchte man zwar, deren Herausgabe zu verhindern, doch durch eine ganze Serie von Anfragen – und das Durchsickern einer großen Informationsmenge an die Telegraph Media Group – erfuhr man von auf Kosten der Steuerzahler erworbenen Artikeln und Dienstleistungen. Darunter war so Überflüssiges wie eine »schwimmende Enteninsel auf dem Gartenteich«, eine glitzernde Klobrille oder Softpornos, dass die Bürger nur ungläubig staunen konnten. Fünf Parlamentsabgeordnete und zwei Mitglieder des Oberhauses wurden zu Gefängnisstrafen verurteilt. Viele andere haben sich zwar keiner Vergehen schuldig gemacht, in Anbetracht ihrer Raffgier im Umgang mit öffentlichen Geldern aber ganz gewiss politischer Dummheit.

Rob Evans jedenfalls stellte den Antrag auf Einsicht in die Korrespondenz zwischen Prinz Charles und sieben Regierungsstellen über einen achtmonatigen Zeitraum in den Jahren 2004 bis 2005. Im ursprünglichen Gesetzestext wurde die Kommunikation von Angehörigen des Königshauses von der Veröffentlichung ausgeschlossen, es gab jedoch die Möglichkeit, ein Verfahren zur Geltendmachung des öffentlichen Interesses einzuleiten. 2010 wurde der Freedom of Information Act erweitert, und alle Nachrichten der Königin, von Charles und William sowie sämtliche Korrespondenz bezüglich Ritterwürde und sonstiger Ehrungen stehen nun ausdrücklich unter Schutz. Er gilt für eine Frist von zwanzig Jahren ab Ausfertigung des Schreibens beziehungsweise Dokuments oder bis zu fünf Jahre nach dem Tod des jeweiligen Verfassers.

Dieser Zusatz kam zu spät, um die Anfrage des *Guardian* zu stoppen. In einem Revisionsverfahren vor dem Upper Tribunal – einem Verwaltungsgericht – wurde verfügt, dass Einsicht in den Briefverkehr des prinzlichen Haushalts gewährt werden müsse. Im gleichen Jahr hob der Generalstaatsanwalt Dominic Grieve dieses Urteil jedoch wieder auf. In seiner Begründung schreibt Grieve, die »engagierten Briefe« des Prinzen seien Teil seiner Vorbereitung auf das Amt des Königs. Der Text enthielt allerdings auch einen erstaunlichen Absatz: »Es ist von äußerster Wichtigkeit, dass seitens der Öffentlichkeit nicht der Eindruck der Bevorzugung einer Partei gegenüber der anderen [durch Prinz Charles] entsteht. Diese Gefahr wäre jedoch gegeben, wenn die Briefe bei anderen den Eindruck erweckten, der Prince of Wales habe Einwände gegen die Regierungspolitik. Solch eine Wahrnehmung wäre äußerst schädlich für seine zukünftige Rolle als Monarch, denn verlöre er als Thronerbe seine Position der politischen Neutralität, würde er sich davon als König nicht so leicht erholen können.«[28]

Nach diesem Schiedsspruch waren sich Clarence House und der *Guardian* zum ersten Mal in der Geschichte einig, wenn auch nur in lautstarkem Protest. Der *Guardian* ging in Revision, während den Beratern des Prinzen keine andere Wahl blieb, als das Revisionsverfahren abzuwarten. Hinter verschlossenen Türen schäumten sie jedoch über Grieves Wortwahl, die Charles nicht schützte, sondern seine Glaubwürdigkeit unterminierte, suggerierte sie doch, dass Charles nicht nur politisch handelt (was er zweifellos tut), sondern darüber hinaus auch parteiisch ist. »Milde ausgedrückt, schreibt Grieve der Korrespondenz ein höheres Maß an Sex-Appeal zu, als sie tatsächlich hat«, sagt ein Insider aus Clarence House. »Der Prinz pflegt einen ausgesprochen höfischen Stil, macht also in vielen seiner Schriftsätze großzügig Gebrauch vom Konjunktiv.« Durch den Freedom of Information Act ist es Charles nicht gestattet, seine Briefe selbst zu veröffentlichen, doch im November 2014 überlegte ein Mitglied von Charles' Haushalt, ob man den Inhalt der Dokumente nicht noch vor Beginn der Verhandlungen vor dem Obersten Gerichtshof durchsickern lassen solle, um einen Schlusspunkt unter das Ganze zu setzen. Zu den vom *Guardian* in den Verhandlungen vorgetragenen Argumenten gehörte die Feststellung, dass Charles in der Vergangenheit seine Korrespondenz bereits Medien zugänglich gemacht hatte – nämlich dem Fernsehjournalisten Jonathan Dimbleby. Ende

März 2015 hat der Oberste Gerichtshof dem *Guardian* recht gegeben: Einige von Charles' handschriftlichen Mitteilungen dürfen nun eingesehen und veröffentlicht werden.

Größere Transparenz ist sicherlich im Interesse der Öffentlichkeit, wenn man damit durch laxe Ausgabenkontrolle eine mögliche Vorteilsnahme verhindern oder die Rolle eines konstitutionellen Monarchen innerhalb des Staatswesens klarer definieren kann. Doch größere Transparenz als logische Reaktion auf einen Vertrauensverlust ist keine sinnvolle Maßnahme, um dieses Vertrauen wiederherzustellen. Als Präsident Obama seine Geburtsurkunde veröffentlichte, um Berichten entgegenzutreten, er sei außerhalb der Vereinigten Staaten geboren – was seine Wahl ins Weiße Haus unmöglich gemacht hätte –, beharrten die Anhänger einer Verschwörungstheorie auf dem Standpunkt, die Urkunde sei gefälscht. Im Amerika des einundzwanzigsten Jahrhunderts sind manche offenbar ebenso leichtgläubig wie jene Briten des siebzehnten Jahrhunderts, die in ihrem Thronerben einen in der Wärmepfanne eingeschmuggelten Wechselbalg vermuteten.

Heutzutage würde sich dergleichen unaufhaltsam in den sozialen Netzwerken verbreiten, und nur wenige vertrauenswürdige Stimmen würden es anzweifeln, da man letztlich immer seltener vertrauenswürdige Institutionen findet. Wähler werden Zeuge, wie sich von ihnen gewählte Regierende national und regional von internationalen Kräften in die Enge treiben lassen und sich dann bemühen, aufs Neue in die Popularität zurückzurudern. Unter dem Eindruck von Skandalen fragt sich die Bevölkerung einmal mehr, ob die regierende Klasse wirklich das Wohl der Allgemeinheit im Auge hat. Watergate markierte das Ende der Unschuld in den Vereinigten Staaten, und die meisten Länder hatten ihr eigenes Watergate. In Großbritannien stellte sich in den 1990ern heraus, dass einige Abgeordnete sich gewisse Anfragen ans Parlament hatten bezahlen lassen. Noch verheerender aber war zur Regierungszeit von Tony Blair die Enthüllung, dass »Geheimdienstinformationen« bereits vor der Invasion des Irak im Jahr 2003 manipuliert worden waren. Darauf folgte der Ausgabenskandal. Eine Mehrheit der Wähler im Vereinigten Königreich ist der Ansicht, dass Politiker grundsätzlich nicht die Wahrheit sagen. Ebenso gering ist ihr Vertrauen in die Medien. Nach der British Social Attitudes-Erhebung ist die Zustimmung, was Arbeitsweise und Etikette im Journalismus betrifft, von 53 Prozent im Jahr 1983 auf 27 Prozent im Jahr 2013 gesunken. Ursache ist nach Meinung der Wissenschaftler offenbar der 2011 aufgedeckte Abhörskandal um die Zeitung *News of the World* mit den daraus resultierenden Untersuchungsverfahren und Gerichtsprozessen.[29]

Bekannt wurde die Abhörpraxis 2006 nach der Festnahme von Clive Goodman, dem Hofberichterstatter der *News of the World*, und Glenn Mulcaire, einem freiberuflich für die Zeitung tätigen Privatermittler. Goodman hatte in seiner Kolumne mit dem Namen Blackadder (Kreuzotter – ganz nach dem Motto: ihre Schlange im Garten der Reichen und Mächtigen) – eine Reihe von Exklusivinformationen über die jungen Royals veröffentlicht, die eigentlich nur jemand kennen konnte, der über die gleichen guten Kontakte zu Charles und Camilla verfügte wie sein Vorgänger. Und obwohl seine Meldungen unschuldig klangen, enthielten sie Details, über die nur ein ganz kleiner Kreis von Eingeweihten informiert war. »Unser königlicher Actionheld Prinz William verschiebt Bergrettungskurs – nach Zusammenprall mit einem Zehnjährigen beim Fußballtraining«, berichtete Goodman im November 2005.[30] Seine Kenntnisse der Umstände von Prinz Williams Verletzung und Einzelheiten der Behandlung hatte er angeblich von einem namentlich nicht genannten »Kumpel« erfahren. Später im selben Monat hieß es, William wolle sich von Tom Bradbury (damals Hofberichterstatter des Fernsehkanals ITV, der später das offizielle Verlobungsinterview von Kate und William führte) einen mobilen Filmschnittplatz leihen. Gemeinsam mit Bradbury versuchten die Royals und ihre Mitarbeiter, die undichte Stelle ausfindig zu machen. Der Verdacht fiel rasch auf Goodman, da er den Inhalt der Textnachrichten auf ihren Handys zu kennen schien. Die Polizei bat, nichts zu unternehmen, woraus Goodman schließen könnte, dass er aufgeflogen war, und Beweise gegen ihn zu sammeln.

Eins seiner Opfer muss noch heute den Kopf schütteln über die Frechheit, mit der Goodman immer wieder ganze Passagen der Nachrichten weitergab, ohne etwas zu kaschieren.

Anfang des Jahres 2007 wurden Goodman und Mulcaire zu Haftstrafen verurteilt, und der Chefredakteur der *News of the World*, Andy Coulson, trat zurück. In der Berichterstattung über die Royals war eine Grenze überschritten worden, doch sah niemand darin einen Skandal vom Kaliber Watergates, nicht einmal vergleichbar mit Squidgygate oder Camillagate. Die Betroffenen gingen mit unbeschädigtem Ruf daraus hervor, das Ansehen der Monarchie war nicht angekratzt, die Schuldigen waren ermittelt und zur Rechenschaft gezogen worden. Um ein Handy zu hacken, braucht man keine großartigen technischen Kenntnisse; Textnachrichten lassen sich aus der Ferne lesen, wenn man die Nummer wählt, während das Handy im Einsatz oder abgeschaltet ist, und zugleich einen Pin-Code eingibt. Viele Handynutzer machen sich nicht die Mühe, den blanko vorgegebenen Sicherheitscode zu ändern; aber selbst wenn, könnte ein redegewandter Mensch die Telefongesellschaft durchaus überzeugen, ihn wieder auf die ursprüngliche Einstellung zurückzuführen.

Bei dieser ersten Ermittlung hatte man bereits Hinweise gefunden, dass die Praxis des Hackens von Mobiltelefonen noch viel weiter verbreitet war als angenommen. Von amtlicher Seite beschloss man jedoch, dem nicht weiter nachzugehen. Manche Vergehen wären daher vielleicht unentdeckt geblieben, hätte der neue konservative Premierminister David Cameron bei seinem Einzug in die Downing Street nicht Andy Coulson als seinen Regierungssprecher mitgebracht. Mit Coulsons Ernennung reifte beim *Guardian* und bei anderen Presseorganen der Entschluss, genauer zu überprüfen, was unter seiner Ägide bei *News of the World* alles vorgefallen war. Angesichts der Flut neuer Anschuldigungen gab Coulson im Januar 2011 sein Amt auf. Sein Kommentar lautete: »Wenn der Pressesprecher einen Pressesprecher braucht, sollte er besser weiterziehen.«

Es ist wohl nicht übertrieben, von einer Konspiration offizieller Stellen bei der Vertuschung unangenehmer Tatsachen auszugehen, denn oft sieht alles ganz danach aus. Im Zuge weiterer Nachforschungen stieß man auf ein Netz von Verflechtungen und Allianzen. Die Pressestelle der Metropolitan Police beschäftigte ehemalige Angestellte des Medienkonzerns News International (von dem auch *News of the World* herausgegeben wurde), und der Konzern (einschließlich *News of the World*) bezahlte ehemalige Polizeibeamte als Kolumnisten. Rebekah Brooks, die sich bis zum Posten der Chefredakteurin bei *News of the World* und der *Sun* hochgearbeitet hatte, ehe sie Geschäftsführerin von *News International* wurde, stand sogar ein ausgemustertes Polizeipferd namens Raisa zur Verfügung. Nach zwei Jahren gab Brooks die Mähre »in einem schlechten, aber nicht besorgniserregenden Zustand« zurück, wie es bei Scotland Yard heißt. »Das Pferd wurde im Jahr 2010 bei einem Polizeibeamten untergebracht und starb später eines natürlichen Todes.«[31]

Raisa ruht in Frieden. Ihrer Geschichte war dies jedoch nicht vergönnt. Der Premierminister machte schließlich den immer lauter werdenden Spekulationen mit einem Eingeständnis ein Ende: Ja, er habe das Pferd geritten, als er bei Rebekah Brooks und ihrem Gatten zu Gast gewesen sei. Schließlich seien sie gut befreundet und besäßen benachbarte Landsitze. »Wie traurig, dass Raisa von uns gegangen ist. Ich sollte zum Abschluss wohl sagen, dass ich in absehbarer Zeit nicht mehr in den Sattel steigen werde«, erklärte Cameron.

Einzelheiten wie diese sind eher amüsant. Andere erscheinen uns bedenklich, wenn nicht gar abscheuerregend. *News of the World* hatte auch die Mailbox der ermordeten dreizehnjährigen Milly Dowler gehackt. Bis zu jenem Augenblick glaubte man, Hacking treffe nur jene Bewohner des Menschenzoos, die durch ihren Ruhm ohnehin bereits der Menschenrechte verlustig gegangen waren. Die anderen eben, und nicht wir – britische Massenmedien im Printbereich verstehen sich als Sprachrohr des kleinen Mannes. Durch ihre mangelnde Rücksicht gegenüber Milly Dowler zerstörte *News of the World* diese Illusion und beschädigte das Verhältnis zu ihren Lesern.

Rupert Murdoch stellte die Produktion des Blatts ein (um es später durch die *Sun on Sunday* zu ersetzen) und entwickelte Strategien zur

Schadensbegrenzung. Doch diese drastische Maßnahme kam zu spät, um seine britischen und andere Medienunternehmen vor der Art von Kontrolle zu bewahren, die sie sonst eher selbst ausüben. Drei separate Untersuchungsverfahren mündeten in Anklage und Gerichtsverfahren. Am 138. Prozesstag wurde Coulson der Anstiftung zur illegalen Telefonüberwachung für schuldig befunden. Er und Goodman werden sich in einem weiteren Verfahren wegen des Vorwurfs verantworten müssen, Polizeibeamte bestochen zu haben, um an die Telefonnummern der Royals zu kommen. Brooks und andere Angeklagte wurden freigesprochen.

Die von Richter Brian Leveson geleitete Untersuchungskommission befasste sich zweiundsiebzig Tage lang mit dem Umfeld und Ausmaß des Hackerangriffs, zur Verärgerung einiger Zeugen aber auch generell mit den Praktiken der Presse. »Das sollte man alles relativ sehen«, erklärte Paul Dacre, Herausgeber der *Daily Mail*, über den Skandal, dem er sich zähneknirschend widmen musste. »Es war nun wirklich nicht so, dass deswegen britische Städte verwüstet worden wären. Niemand ist zu Tode gekommen. Wegen *News of the World* kam es zu keinem Banken-Crash. Gewählte und bezahlte Volksvertreter bestehlen auch weiterhin die Leute, die sie vertreten sollen. Unser Land ist nicht in den Krieg gezogen. Und dennoch leitet man eine juristische Untersuchung ein, die weit massiver ist als die Untersuchungen zum Irakkrieg.« Dacre redete sich sichtlich in Rage. »Aber scheinbar bin ich der Einzige, der den Pesthauch von Heuchelei und Rachsucht wittert, wenn sich die politische Klasse moralisch über eine britische Presse entrüstet, die es wagt, Gier und Korruption bloßzustellen – die gleiche politische Klasse übrigens, die über Jahre hinweg und bis vor wenigen Wochen vor der Murdoch-Presse schmachvoll in die Knie gegangen ist.«[32]

Dacre umriss mit diesen wenigen Sätzen ein Problemfeld, das durch die Untersuchungskommission ergründet werden sollte. Zugleich aber führte er sich selbst ad absurdum. Die Verhältnisse im Zentrum des britischen Establishments sind korrodiert zu schmählichen Abhängigkeiten, in denen ein Element das andere schwächt. Die

Nation ist zwar nicht in den Krieg gezogen, liegt aber im Krieg mit sich selbst. Jeder neue Skandal – ob er nun Ausgaben betrifft, das Hacken von Mailboxen oder die Tatsache, dass weder die BBC noch die Polizei den Vorwürfen gegen Jimmy Savile nachgingen – bekräftigt die zynische Haltung der Öffentlichkeit. Auf die Selbstregulierung der Presse kann man nicht mehr bauen; schon jetzt gibt es Streit um die Legitimität des nach dem Skandal eingerichteten freiwilligen Organs der Selbstkontrolle, der Independent Press Standards Organisation. Nur in einem ist man sich einig: Man kann sich nicht mehr darauf verlassen, dass Politiker wertvolle Freiheiten schützen. Und wenn noch Zweifel an der Doppelzüngigkeit des Staats bestanden, wurden sie endgültig ausgeräumt, als sich durch das von Wikileaks, Bradley Manning und Edward Snowden veröffentlichte Geheimmaterial herausstellte, dass Regierungen das eine behaupten und das andere tun.

Letztlich kann man also niemandem trauen. Oder, wie es der ehemalige Redakteur bei *News of the World* und dem *Mirror* in einer Fernsehdokumentation über die Untersuchung zu Dianas Tod formulierte: »Wenn der Leiter der britischen Sicherheitsdienste in aller Seelenruhe erklärt: ›In den vergangenen fünfzig Jahren haben wir niemanden umgebracht‹, kann ich nur laut lachen. Wozu sind sie denn sonst da? Jeder von uns hat James-Bond-Filme gesehen, danke. Wir wissen, dass die britischen Sicherheitsdienste in allerhand dunkle Machenschaften verwickelt sind, und deshalb glaube ich einfach nicht, dass sie in fünfzig Jahren niemanden umgebracht haben. Aber wenn man ihm dies nicht abnimmt, was soll man dann von den Aussagen der restlichen offiziellen Stellen halten?«[33] Unter diesen Umständen erscheint James Bond glaubwürdiger als seine realen Kollegen.

Überhaupt ist nur noch wenigen Institutionen ein annehmbares Maß an Glaubwürdigkeit geblieben. In Großbritannien gilt dies für den National Health Service (NHS), also den staatlichen Gesundheitsdienst, die Gewerkschaften und die Monarchie, dieses altertümliche Konstrukt aus Pomp und schönem Schein.[34]

Die britische Regierung hat mehr als 250 000 Pfund an Anwaltshonoraren ausgegeben, damit die Öffentlichkeit nicht zu viel über den

Mann erfährt, der die älteste dieser drei Institutionen eines Tages repräsentieren soll.[35] Wirklich verrückt aber wird es angesichts der Tatsache, dass Charles seine Meinung seit Jahren laut und deutlich selbst verkündet.

Kapitel 8

Architektur-Kontroversen

Der Prinz regt häufig Debatten an. Manchmal schießt er auch über sein Ziel hinaus.

Peter Ahrends wohnt in einem schönen, klassizistischen Londoner Stadthaus, was zunächst komisch anmutet; denn bei einem Gespräch in Birkhall äußerte Charles, er könne sich gut vorstellen, dass gerade moderne Architekten in Häusern aus dem achtzehnten Jahrhundert leben.[1] Doch Ahrends ist sicher kein so herzloser Ideologe, wie es in der Äußerung des Prinzen anklingen mag – einer, der sich selbst mit Schönheit und Komfort umgibt, den Massen aber sterile Enge in Türmen aus Glas und Stahlbeton zumutet. Der Architekt und die Katze, die das Haus mit ihm teilt, bewegen sich beide mit der Vorsicht älterer Herrschaften, denen das Leben nicht immer wohlgesinnt war. Als Ahrends mit achtzehn nach England kam, hatte er Nazideutschland als Sprössling eines jüdischen Vaters erlebt und infolge der Emigration nach Südafrika auch die düsteren Zwänge der Apartheid. Und doch sollte es die Konfrontation mit dem Establishment seiner Wahlheimat sein – ganz besonders mit deren Thronerbe –, die ihm am meisten zu schaffen machte.

Nach dem Studium gründete Ahrends mit seinen Freunden Richard Burton und Paul Koralek das Architekturbüro ABK. Er nutzte die optimistische Aufbruchstimmung der Nachkriegszeit, die neue britische Institutionen wie den National Health Service hervorbrachte. Außerdem entstanden Gebäude wie die Royal Festival Hall am

Südufer der Themse und die modernen Bauten, die für das Festival of Britain von 1951 in Auftrag gegeben wurden – »als Ausdruck der Hoffnung auf den Aufbau eines neuen Britanniens in einer veränderten Welt«.[2] Für idealistische moderne Architekten bedeutete der Bruch mit der Vergangenheit die Hoffnung auf eine bessere Zukunft. Der Prinz aber sah nur Hässlichkeit in der Veränderung britischer Landschaften, die da im Namen des Fortschritts vor sich ging. »Ich konnte den physischen Aspekt der Zerstörung von Stadtkernen und historischen Orten nicht ertragen, das Herausreißen von Hecken, das Bäumefällen, diese entsetzlichen Wüsteneien voller Chemie. All dieses Zeug. Für mich war das Wahnsinn«, sagt er.[3]

Ahrends sieht noch ein anderes Motiv, das der Reaktion des Prinzen zugrunde liegen könnte. Die königliche Familie, überlegt er, »muss konservativ sein, sie muss ihre Stellung in dieser fundamentalen Struktur der Monarchie gegenüber dem politischen Wirken des Parlaments bewahren, und so ist eigentlich kaum vorstellbar, dass Charles andere Ansichten als die von ihm geäußerten vertreten könnte«. Kennzeichnend für solche Ansichten, so Ahrends, sei der Wunsch, »die Vergangenheit weiterhin durch die historischen Idiome repräsentiert zu sehen, die in früheren Zeiten vorherrschend waren«. Das ist sicher nicht unrichtig, aber das Bedauerliche an dem Konflikt zwischen Ahrends und dem Prinzen ist, dass beide Männer stets die besten Absichten hegten.

Für einen Prinzen, der die Ästhetik von Schlössern gewöhnt war und Trost für sein Unglück in der freien Natur fand, waren Hochhaussiedlungen so etwas wie Strafkolonien, in denen die Klienten des Prince's Trust lebenslänglich einsitzen mussten. Benefizveranstaltungen haben ihn oft in heruntergekommene Wohnviertel geführt; Beispiele gelungener moderner Architektur hat er eher selten zu Gesicht bekommen, zumal er durchaus seine eigenen ideologischen Vorbehalte dagegen hat. Später werden wir näher auf die religiösen und spirituellen Überzeugungen des Prinzen eingehen; ironischerweise hat seine Philosophie der Harmonie die größten Disharmonien in seinem Leben hervorgebracht, lässt sie ihn doch gegen ganze Berufssparten antreten. Unnachgiebig stemmt er sich gegen den Modernismus, der seine heiligsten Grundsätze verletzt. »Es ist eine traurige Tatsache, dass unsere moderne Sicht der Dinge uns die Geometrie nicht als eine Sprache erkennen lässt, durch die wir die göttliche Ordnung begreifen können ... seit jeher hat die Menschheit diese Geometrie in die größten Meisterwerke der Kunst und Architektur eingebracht, einfach deshalb, weil diese verborgenen Muster in jedem von uns anklingen«, bemerkt er im Vorwort zu einem Buch von Keith Critchlow, einem emeritierten Professor der Prince's School of Traditional Arts und Mitbegründer des Verbandes Temenos, der die Lehre der »ewigen Weisheit« propagiert und eine Schlüsselrolle im Denken des Prinzen einnimmt.[4] Charles wird oft vorgeworfen, er sei mit dem Klassizismus verheiratet, doch für ihn geht es hier um weit mehr als nur um Stilfragen. Für jemanden, der an ewige Weisheit und heilige Geometrie glaubt, sind modernistische Bauten nicht einfach nur unschön, sondern profan.

In den Siebzigern begannen Charles' Ideen gerade erst Gestalt anzunehmen, während der Bauboom durch den wirtschaftlichen Niedergang in Großbritannien langsam abflaute und Fördergelder für öffentliche Gebäude und den sozialen Wohnungsbau gekürzt wurden. Als Ende des Jahrzehnts Margaret Thatcher an die Macht kam und im Namen der freien Marktwirtschaft einen Großteil der staatlichen Institutionen privatisierte, mussten Architekten zu Unternehmern werden und kommerzielle Verbindungen mit Stadtplanern anstreben, um überhaupt noch Projekte realisieren zu können. Auch ohne den Einfluss des Prinzen hätte diese Entwicklung weniger radikale Designformen hervorgebracht und dafür mehr postmoderne Allerweltsfassaden, die allenfalls ärgerlich wirken in ihrem Bestreben, niemanden zu verärgern. Thatchers Deregulierung der Londoner City ermöglichte zwar durchaus auch Highlights der modernen Architektur, wie Richard Rogers' Lloyds-Zentrale, doch insgesamt gab es immer weniger große öffentliche Bauvorhaben. Selbst bei der geplanten Erweiterung der National Gallery, eines repräsentativen, mit einem grandiosen Portikus geschmückten Baus aus dem neunzehnten Jahrhundert an der Nordseite des Trafalgar Square, hatte man auf kommerzielle Finanzierung zurückgreifen müssen. Damit das Projekt verwirklicht werden konnte, mussten die Architekten, die an dem Wettbewerb teilnahmen und am Ende auf einer Shortlist von sechs Kandidaten landeten, ausreichend Büroflächen in ihre Pläne integrieren, um das Unternehmen profitabel zu machen. Dabei ging es eigentlich darum, Platz für die umfangreiche Renaissance-Sammlung zu schaffen, und zwar auf dem begrenzten Raum, den eine Fliegerbombe aus dem Zweiten Weltkrieg bei der Zerstörung eines benachbarten Möbelhauses hinterlassen hatte.

Rogers legte einen futuristischen Entwurf vor, der vom Publikum teils als bester, teils als schlechtester Beitrag gewertet wurde. Großes Lob erhielt er von Owen Luder, dem damaligen Präsidenten des Royal Institute of British Architects (RIBA). Es sei, so Luder, »das Werk eines Mannes, der damit klipp und klar sagt: ›Das ist meine Antwort, und ansonsten könnt ihr mich alle mal.‹«[5] Sowohl der Entwurf als auch dieser Kommentar bestärkten die Öffentlichkeit – und den Hof – in dem Eindruck, dass Architekten nur ihrer Vision folgen und sich ansonsten um nichts und niemanden scheren.

Das Konzept, das Ahrends und seine Partner vorlegten, erwies sich als weniger kontrovers; es fand fast so viel Zuspruch wie das von Rogers, erhielt aber weniger Gegenstimmen, sodass die Jury – der Vertreter der National Gallery und der Regierung angehörten – den Auftrag für den Anbau schließlich an ABK und den Bauträger Trafalgar House vergab, vorbehaltlich möglicher Änderungen. Gemäß den Wünschen der Auftraggeber wurde der Entwurf noch mehrfach abgewandelt, die Kunstgalerie erhielt mehr Raum, auch wenn das ursprüngliche Design dadurch an Eleganz einbüßte. Ein kreisförmiger Hof als Pendant zum Rondell am Admirality Arch am anderen Ende des Trafalgar Square geriet etwas zu eng, und die Fassade wirkte insgesamt wuchtiger. Trotz mancher Vorbehalte seitens der Treuhänder gab die National Gallery ihr Plazet, reichte einen Planungsvorschlag ein und überließ das Projekt der Begutachtung durch die Öffentlichkeit, wie es in solchen Fällen üblich ist.

Weder war der leitende Architekt des National-Gallery-Anbaus zum hundertfünfzigsten Jubiläum des RIBA am 17. Mai 1984 in Hampton Court anwesend, noch hätte er je erwartet, eine zu diesem Anlass gehaltene Rede plötzlich als Aufmacher der Abendnachrichten zu hören. Ahrends schaltete seinen Fernseher ein und entdeckte, dass der Prinz seine Festrede dazu genutzt hatte, schweres Geschütz gegen die Arbeit von ABK aufzufahren. Die Ansprache hatte konventionell genug begonnen, mit einer Gratulation an Charles Correa, dem an jenem Abend die königliche Goldmedaille für Architektur überreicht wurde, und natürlich machte Charles auch einen kleinen Witz, vielleicht nicht gerade einen seiner besten. »Offenbar hagelt es neuerdings Hundertfünfzig-Jahr-Feiern. Letztes Jahr war ich eingeladen, Präsident des britischen Ärzteverbands zu werden, anlässlich seines hundertfünfzigjährigen Bestehens, und ich habe mich sehr über dieses Amt gefreut«, sagte der Prinz. »Ich bin enorm erleichtert, dass Sie mich dieses Jahr nicht gebeten haben, Präsident des RIBA zu werden, denn während es vergleichsweise leicht ist, praktizierender Hypochonder zu sein, ist es vermutlich wesentlich schwerer, die architektonische Entsprechung dazu zu werden.«[6] In den Augen vieler Architekten machte diese Rede ihn zu einem gefährlicheren Phänomen, als es ein eingebildeter Kranker oder Fantast wäre, der, als Chirurg verkleidet, Patienten operieren wollte – schickte der Prinz sich doch an, die Krebsgeschwüre herauszuschneiden, die er innerhalb ihrer Zunft diagnostiziert hatte.

In seiner Ansprache begab er sich auf ein Terrain, das heutzutage wohlbekannt wirkt, die Zuhörer damals aber verblüffte und Ahrends geradezu bestürzte, als das Fernsehen die griffigsten Passagen der Rede wiedergab. Charles geißelte Architekten und Bauträger, die nicht genügend Beratung einholten, bevor sie den Gemeinden ihre Gebäude aufzwangen, oder zu wenig auf behindertengerechte Zugänge achteten. Er beklagte die Tendenz, alte Gebäude abzureißen, anstatt sie zu renovieren; er bedauerte, dass Architekten allzu oft modernes Design der traditionellen Bauweise vorzögen – alles, bis auf den letzten Punkt, sicher berechtigte Mahnungen. Von da aus war es nur noch ein kurzer Schritt bis zu seinem Hauptanliegen: der Schaden, den London durch modernistische Bauten davontrug, die neben alten Gebäuden hochgezogen wurden.

»Man kann sich kaum vorstellen, dass London vor dem letzten Krieg eine der schönsten Skylines von allen Großstädten gehabt haben soll, laut Aussage derer, die sich noch daran erinnern. Sie sagen, die Häuser hätten solch eine organische Affinität zu dem Grund gehabt, auf dem sie standen, dass es trotz der riesigen Ausdehnung der Stadt so aussah, als seien sie aus der Erde emporgewachsen und nicht ihr aufgestülpt worden – und zwar so gewachsen, dass sie dabei möglichst wenig Bäume verdrängten«, sagte er. »Wer London damals kannte und liebte, so wie viele Briten Venedig ohne Betonklötze und Glastürme lieben, und wer sich vorstellen kann, wie es einmal aussah, dürfte sich an den Geist von Aldous Huxleys *Narrenreigen* erinnert fühlen, einem seiner frühesten und erfolgreichsten Romane, in dem die Hauptfigur, ein erfolgloser Architekt, ein Modell von London enthüllt, wie Christopher Wren es nach dem großen Feuer wieder hatte aufbauen wollen, ganz besessen von der Chance, die Stadt im Sinne einer umfassenderen und besseren Vision zu erneuern.«

Nun redete der Prinz sich langsam in Rage. »Und was tun wir unserer Hauptstadt heute an? Was haben wir ihr seit den Bombardierungen des Krieges angetan? Was werden wir demnächst mit einem ihrer berühmtesten Plätze anstellen – dem Trafalgar Square? Anstatt eine Erweiterung der National Gallery zu schaffen, die deren elegante Fassade ergänzt und das Konzept von Säulen und Kuppeln fortführt, sieht es ganz so aus, als würden wir nun eine Art Feuerwehrkaserne bekommen, inklusive Turm für die Sirene. Solch eine Herangehensweise würde mir mehr einleuchten, wenn man gleich den gesamten Trafalgar Square zerstören und das Ganze von einem allein verantwortlich zeichnenden Architekten völlig neu anlegen lassen würde – aber das, was da vorgeschlagen wird, wirkt wie ein monströser Furunkel auf dem Antlitz einer geliebten und eleganten Freundin.«

Nach einigen weiteren rhetorischen Volten und Seitenhieben gelangte der Prinz zu seinem ungnädigen Fazit. »Wie schon Goethe sagte, ist nichts schauderhafter als Erfindungsgeist ohne Geschmack. Zu diesem hundertfünfzigsten Jubiläum, das die Chance eines neuen Ausblicks auf den vor uns liegenden Weg bietet und zu dem mich eingeladen zu haben Sie inzwischen wahrscheinlich bedauern werden, möchte ich der Hoffnung Ausdruck geben, dass uns die nächsten hundertfünfzig Jahre eine neue Harmonie zwischen Erfindungsgeist und Geschmack sowie ein harmonischeres Verhältnis zwischen den Architekten und der Bevölkerung dieses Landes bescheren mögen.«[7] Mit seiner Ansprache brachte er dieses Verhältnis allerdings gründlich in Schieflage. Indem er versuchte, den Grundstein für ein Pantheon hilfreicher Denkanstöße zur britischen Architektur zu legen, schuf er das Fundament für ein Kolosseum verfehlter Kommunikation.

Als Ahrends am nächsten Morgen zu einem Arbeitsfrühstück in Trafalgar House erschien, dachte er, der geplante Anbau sei noch zu retten. Er sei noch zu sehr Ausländer gewesen, meint er, um die Macht der Monarchie zu begreifen. Die Bauträger belehrten ihn eines Besseren. Sie wussten, dass ihr Konzept gestorben war, auch wenn der Bauantrag noch schleppend weiterlief, bis der Staatssekretär für Umweltschutz, Patrick Jenkin, ihm ein paar Monate später den Gnadenstoß versetzte.

Etwa zur gleichen Zeit begegnete Ahrends dem Prinzen zum ersten Mal bei einem Dinner, zu dem Charles geladen hatte, um über Architektur zu diskutieren, und dann noch einmal, als Seine Hochwohlgeborene Nemesis eine Einladung von ABK »zu einem netten kleinen Lunch mit frisch zubereitetem Lachs und Salat im Büro der Firma« annahm. »Unser Büro lag in einem Hinterhof, von viktorianischen Häusern umgeben, und die Reporter mit ihren Teleobjektiven hatten sich Zugang zu diesen Häusern verschafft«, erinnert sich Ahrends. »Das Essen hatte sich etwas in die Länge gezogen, während wir unsere jeweiligen Standpunkte erörterten, und auf dem Weg nach draußen wandte er sich zu uns um und sagte: ›Es tut mir leid, dass es ausgerechnet Sie getroffen hat.‹ Tja, dachte ich danach, wieso hat es uns denn treffen müssen?« ABK hatte danach Schwierigkeiten, sich über Wasser zu halten. »Die Firma hat sehr unter dem Ganzen gelitten«, sagt Ahrends. »Es war ein echter Überlebenskampf.«[8]

Andere Architekturbüros bekamen den Gegenwind ebenfalls zu spüren. Der Prinz hatte an einem Klimawandel mitgewirkt, der dazu führte, dass Bauträger sich lieber auf sichere Optionen einließen als auf Prestigeprojekte. Als die National Gallery endlich ihre Erweiterung erhielt – der Sainsbury-Flügel wurde 1991 eröffnet –, entpuppte der Anbau sich als höchst durchschnittlicher postmoderner Klumpen, entworfen von den Architekten Venturi, Scott, Brown, die ihre interessanteren Konkurrenten bei einem zweiten Wettbewerb aus dem Feld geschlagen hatten. Peter Davey, Herausgeber der *Architectural Review*, bezeichnete den Anbau als »pittoresken, mediokren Schleim«. Charles, von 1986 bis 1993 einer der Treuhänder der Gallery, erklärte sich »ganz zufrieden mit dem Ergebnis. So ist es wenigstens kein dreister Jungspund geworden, der neben dem Alten steht und sagt: ›Sieh mal, wie alt und verwittert du bist.‹«[9]

Er hat nicht nur Debatten über wichtige Themen angeregt, sondern die Auseinandersetzung dermaßen polarisiert, dass manche dieser Themen von Groll überfrachtet wurden, zumal er in seinen Reden auch weiterhin gern provozierte. »Ladies and Gentlemen, eines müssen Sie der Luftwaffe zugutehalten«, sagte er 1987 bei einem Dinner in Mansion House. »Als sie unsere Häuser zerbombte, hat sie wenigstens nichts Ärgerlicheres als Schutthaufen hinterlassen. Wir schon.«[10] Damit zielte er auf einen Entwurf von Richard Rogers für die Umgestaltung des Paternoster Square neben St Paul's, der anschließend gekippt wurde. Der Architekt John Simpson legte einen alternativen klassizistischen Plan vor, ein munteres Pastiche mit zahlreichen Ladenfronten zur Auflockerung der gewichtigen Büroklötze. Dieses Konzept wurde vom Prinzen und von der breiten Öffentlichkeit gutgeheißen, fand aber keinen Bauträger. Nachdem das Baugelände den Besitzer gewechselt hatte, entschieden sich die neuen Eigentümer für einen dritten Entwurf, der von Simpson beeinflusst war, ohne das Positive an seiner Vision umzusetzen: das fade Produkt zu vieler Kompromisse.

Ein weiterer Umbauplan von Rogers – seit 1996 Lord Rogers – zog das Augenmerk des Prinzen auf sich. Es ging um die Chelsea Barracks. Das Projekt mache ihm das Herz schwer, schrieb er in einem Brief an Scheich Hamad bin Jassim bin Jabr Al-Thani, den Vorstand der Qatar Investment Authority und deren Filiale für Grundstücksinvestitionen, Qatari Diar. Der Brief gelangte 2010 an die Öffentlichkeit, und zwar anlässlich eines Streits zwischen den Bauträgern Christian und Nick Candy und den Vorständen von Qatari Diar, die Hochhäuser auf dem ehemaligen Gelände des Verteidigungsministeriums am Themseufer errichten wollten. Nachdem die Investoren aus Katar den Bauantrag für den Roger-Entwurf zurückgezogen hatten, verklagten die Candy-Brüder sie wegen Vertragsbruchs und machten die Einmischung des Prinzen für die Entscheidung ihrer Partner verantwortlich.

Vor Gericht wurde der Brief des Prinzen verlesen. Er begann mit einer Entschuldigung: »Ich hoffe, Sie werden mir verzeihen, dass ich Ihnen schreibe, aber ich tue es nur aus Sorge um die Zukunft der Hauptstadt dieses Landes. Zeit meines Lebens haben wir die Zerstörung großer Teile von London mit ansehen müssen, durch ein ›brutalistisches‹ Bauprojekt nach dem anderen. Dieses gigantische Experiment mit der innersten Seele unserer Hauptstadt – wie auch vieler weiterer Städte im Vereinigten Königreich und anderswo – hat einen Punkt erreicht, an dem es nicht länger hinnehmbar ist, vor allem im Hinblick auf die gewaltigen Herausforderungen, vor denen die Welt heute steht.« Er riet dem Scheich, alternative Pläne in Betracht zu ziehen, entworfen von Quinlan Terry, einem seiner bevorzugten Architekten, und empfahl eine Zusammenarbeit mit seiner eigenen Architekturstiftung, um einen »zeitlosen Ansatz« zu gewährleisten, der »all diese Qualitäten von Nachbarschaftlichkeit, Gemeinschaft, menschlichem Maß, vernünftigen Proportionen und, wenn ich so sagen darf, ›altmodischer‹ Schönheit betont«.[11]

Der Autor dieser verschnörkelten Wendungen zeigt keinerlei Reue. »Ich hatte das Gefühl, dass jemand das Ausmaß der Verschandelung, der London ausgesetzt ist, mal irgendwie eindämmen muss«, sagte er. »Ich hatte einige der Pläne gesehen und dachte, das ist doch Wahnsinn. Ich habe einfach einen Brief geschrieben – einen vertraulichen Brief an jemanden, den ich zufällig kenne. Ich habe nichts davon publik gemacht. Dazu kam es erst, als sie aus irgendeinem Grund mein Schreiben an die Öffentlichkeit brachten. Oft genug schreibe ich Briefe an Leute, die sich überhaupt nicht darum kümmern.«[12]

Charles' Verbindungen mit den Königshäusern des Nahen Ostens, die das Außenministerium so zu schätzen weiß, hatten wieder einmal ihre Effizienz bewiesen. Dominic Richards, Vorstand der Prince's Foundation for Building Community, sieht seinen Boss eher als Katalysator denn als Vorschlaghammer. »Ich glaube, da kamen zwei Dinge zusammen: Der Prinz sprach aus, was die meisten Leute dachten, und die Finanziers aus Katar wollten im Herzen von London auch nichts so Brutales hinklotzen, das nur ein Reichenghetto geworden wäre.« Neben dem sympathischen Richards sitzt Hank Dittmar, ein adretter Amerikaner, ehemaliger Präsidentenberater für Verkehrswesen und Nachhaltigkeit und Vorsitzender von Organisationen, die öffentliche Verkehrsmittel und fußgängerfreundliche Innenstädte promoten. Zur Zeit des Gesprächs hat er mit Richards den Stiftungsvorstand inne. »Lord Rogers war John Prescotts [Vize-Premierminister von der Labour-Partei] Berater in Baufragen, er war Ken Livingstones [Labour-Bürgermeister von London] Berater in Baufragen, er hat fünfzehn bis zwanzig Jahre lang die meisten Anträge in London geprüft«, sagt Dittmar. »Wer vertritt hier also das Establishment?«, wirft Richards augenzwinkernd ein.[13]

Lord Rogers grollt: »Der Prinz macht seinen Einfluss immer hintenherum geltend, mit einem Anruf oder einem privaten Brief, wie im Fall der Chelsea Barracks. Das ist Machtmissbrauch, weil er gar keine Diskussion zulässt.«[14]

Das stimmt nicht ganz – Charles beruft oft Architekten ein, um mit ihnen zu diskutieren, und begibt sich sogar in die Höhle des Löwen, wie er bewies, als er die Lunch-Einladung bei ABK annahm. Allerdings beteiligt er sich nicht an öffentlichen Debatten, gemäß der traditionellen Zurückhaltung des Hofs den Medien gegenüber. Daraus ergibt sich eine Art asymmetrischer Kriegsführung zwischen manchen Architekturrichtungen und dem royalen Verfechter des menschlichen Maßes. Die Auswirkung auf britische Städte ist dabei gemischter Natur: Einerseits geraten neue Bauten weniger wagemutig und stilistisch eher mittelmäßig, andererseits gibt es aber auch Positives zu vermerken.

Gute Ideen, die vom Prinzen propagiert wurden, sind mittlerweile Allgemeingut: Nachhaltigkeit, mehr Rücksicht auf Gesundheitsaspekte in der Stadtplanung. Auch wird amtlicherseits versucht, ein Gießkannenprinzip anzuwenden, indem man verschiedene Einkommensgruppen mischt und Sozialwohnungen innerhalb reicherer Viertel vorsieht, wofür Charles sich seit Langem einsetzt. Ebenso spricht er sich für mehr interaktive Planung aus. 2011 verabschiedete die Koalition neue Planungsrichtlinien, die Grundgedanken aus Charles' Architekturstiftung einbezogen, insbesondere das Konzept der Entscheidungsautonomie von Gemeinden bei ihren Entwicklungsprojekten. Mehr als achthundert solcher Projekte sind landesweit in Gang. »Wenn man sich mit Leuten zusammensetzt, die sonst meist nicht gehört werden, kommt man meiner Erfahrung nach zu einem bemerkenswerten Konsens in Sachen Rückgewinnung lokaler Identität, Tradition und menschlicher Maßstäbe«, sagt der Prinz.[15]

Architekten finden, dass der Prinz seine Sichtweise oft rücksichtslos durchsetzt. Er äußert das Gleiche über sie. Der Architekt Ewen Miller räumt ein, dass es in seinem Metier viel Arroganz gibt. »So nach dem Motto: Du kriegst das, was ich dir hinbaue, und du kannst froh sein, dass du drin wohnen darfst.«[16] Doch er ist kein Fan von Charles und hatte nichts als Verdruss erwartet von der zweiten Rede des Prinzen beim hundertfünfundsiebzigsten RIBA-Jubiläum im Jahre 2009. »Ich saß mit einem Glas Wein zu Hause, bereit, es wutschnaubend Richtung Fernseher zu schmeißen«, sagt Miller. »Dann war ich richtig betroffen zu hören, was für vernünftige Sachen er von sich gab ... Zum Beispiel imponierte mir, dass er die Architekten ermunterte, auf die Leute und die Gemeinden zuzugehen, ihnen zuzuhören und sie zu beraten. Donnerwetter, dachte ich, hab den Burschen ja ganz falsch eingeschätzt.«[17]

Das Problem für viele Architekten – und in ihren Augen das gravierendste Manko im Architekturverständnis des Prinzen – liegt darin, dass seine Philosophie der Harmonie zwei heterogene Aspekte vermischt, nämlich wichtige Ideen zur Lebensqualität von Wohnorten mit einem eng gefassten Schönheitsbegriff. Das höchste Lob, das er zu vergeben hat, lautet »zeitlos«, doch viele der Bauten, die er lobt, haben zu ihrer Zeit hypermodern gewirkt. »Immer wenn er mit Stilfragen anfängt, wird es mühsam für mich«, sagt Miller. »Gute Architektur sollte gute Architektur sein, egal ob postmodern, neoklassizistisch oder futuristisch. Gute Architektur sollte jenseits von Stildebatten stehen.«[18]

Wenn irgendjemand Grund hätte, dem Prinzen gram zu sein, dann Miller. Denn sein einziges Projekt in Verbindung mit Charles – die Feuerwache von Poundbury – hat es auf die Shortlist des von der Architekturzeitschrift *Building Design* vergebenen Negativpreises »Carbuncle Cup« geschafft, des einzigen Preises »für totale Potthässlichkeit«.[19]

Poundbury ist das, was herauskam, als der Prinz beschloss, dass all seine Reden und Artikel und Bücher und Dokumentarsendungen und Briefe und Gespräche nicht ausreichten. In seinem Dokumentarfilm von 1988 und dem Buch von 1989, beide *A Vision of Britain* betitelt, hatte Charles seine Gedanken zum Thema gute und schlechte Architektur ausgeführt und nicht mit Seitenhieben gegen die mutmaßlichen Kritiker gespart. »Denjenigen Lesern, die von Beruf Architekten sind, möchte ich sagen, dass die von mir geäußerten Ansichten vor allem jene Kritiker bestätigt haben, die der Meinung sind, ich sollte meine Auffassungen nicht so öffentlich kundtun, da ich ja überhaupt keine Ausbildung als Architekt besäße«, meinte er völlig korrekt, um dann noch einen Satz anzufügen, der von mangelndem Verständnis für das demokratische Mandat zeugt. »Diese Art von Kritik hat leider nur einen Haken: Wenn man sie nämlich logisch weiterdenkt, wird man zwangsläufig zu dem Ergebnis kommen, dass die meisten Politiker bei den meisten Themen eigentlich nicht mitreden dürften.«[20] Doch hinsichtlich der Planung und Auftragsvergabe für neue Bauprojekte betont er: »Wir *können* es besser machen. Unsere Mitbürger erwarten, dass wir es besser machen. Es ist Sache der Investoren, der Architekten, der Planer und der Politiker, dieser Erwartung gerecht zu werden.«[21] Er hätte sich selbst in die Liste mit einbeziehen können. Indem er im Herzogtum Cornwall eine stadtplanerische Erweiterung von Dorchester schuf, errichtete er eine real existierende Siedlung und ein Testgelände für die Grundprinzipien der Gemeinde-Architektur.

Die ansprechendsten Gebäude in Poundbury sind hübsche Cottages und eine Reihe von vier der Arts & Crafts-Bewegung nachempfundenen weißen Häusern. »Wir streben nicht nach ikonischer Architektur; wir streben nach normalen Häusern, und die meisten Gebäude in einem Wohnviertel sind eher unauffällig«, sagt Dittmar. »Die meisten Architekten sind daraufhin ausgebildet, ikonische Gebäude zu erschaffen, die alle Blicke auf sich ziehen.«[22]

Die Feuerwache von Poundbury hat durchaus etwas Aufmerksamkeitsheischendes. Man kann sie kaum übersehen, weil ihre Form und Funktion so gar nicht zueinanderpassen. In ihrer Begründung für die *Carbuncle-Cup*-Nominierung verulkte die Zeitschrift sie als »Ansammlung von pappfarbenen Ziegeln mit hausbackener Glasur«.[23] Der Schriftsteller und Kritiker Justin McGuirk ging noch weiter und verhöhnte im *Guardian* »diesen plumpen neoklassizistischen Palast mit drei angehängten Garagentoren, eine Mischung aus Parthenon und *Brookside*« (eine TV-Serie in baulich reizloser Kulisse).[24] Der Genuss, mit dem McGuirk die Feuerwache niedermacht, rührt wohl auch aus seiner fälschlichen Annahme her, der Prinz – der ja die ABK-Pläne für den National-Gallery-Anbau einst mit einer »Feuerwehrkaserne« verglich – hätte das pompöse Bauwerk selbst entworfen. Auch die *Daily Mail* brachte einen Artikel, der den Prinzen als Architekten der Feuerwache verspottete. Wie Miller erklärt, hatte er aber nichts mit dem Entwurf zu tun.

Dennoch trägt alles in Poundbury den Stempel des Prinzen. Mit der Planung beauftragte er Léon Krier, einen extravaganten Luxemburger, und arbeitete bei der Gestaltung der Siedlung eng mit ihm zusammen, wenn auch nicht immer in perfekter Harmonie. Jonathan Dimblebys Charles-Biografie verweist auf Meinungsverschiedenheiten zu Kriers ursprünglichem Plan, nicht nur, weil die Buchhalter des Herzogtums Cornwall seine 500-Quadratmeter-Häuser »allzu heroisch dimensioniert« fanden, sondern auch, weil der Prinz Kriers neoklassizistischen Ansatz für unpassend hielt und einen ländlich-traditionellen Dorset-Stil favorisierte.[25] Der Prinz und sein Planer fanden schließlich einen Kompromiss, und seither zierten seine Kommentare in charakteristischer schwarzer Tinte oft alle möglichen künstlerischen Impressionen von Gebäuden, die Krier ihm zur Inspiration schickte. Ihre gemeinsame Vision mag gelobt oder getadelt werden angesichts des heterogenen Straßenbilds, das nicht mehr viel mit dem traditionellen Dorset zu tun hat, sondern einen eklektischen Stilmix von georgianisch und gotisch, urban und rustikal aufweist, »ein bunter Mischmasch architektonischer Kostümierungen«, wie *Building Design* es nannte – alles, nur nicht modern.[26]

Aus dieser weitgefächerten Bandbreite an Möglichkeiten konnte Miller also wählen, als er sich anschickte, eine Feuerwache für Poundbury zu entwerfen, die zu den schon vorhandenen Gebäuden passen sollte. 2006 hatte seine Firma Calderpeel ein anderes Architekturbüro übernommen, das den Wettbewerb für das Projekt gewonnen hatte. Miller entschied sich für eine offene Scheunenstruktur. »Feuerwehrautos sind ganz schön dicke Brummer, brauchen also große Garagentore, und es ist schwierig, ein Gebäude historisch akkurat aussehen zu lassen, wenn die Tore größer sind, als sie mit den damaligen Mitteln, ohne Beton und Stahlstrukturen, überhaupt herstellbar waren«, sagt Miller. Krier akzeptierte das Innendesign, aber nicht die Fassade, die er einem klassizistischen Herrenhaus nachempfand. »Das Resultat«, räumt Miller ein, »sieht ein bisschen komisch aus. Wäre es nach Krier gegangen, hätten wir alle Installationen wieder rausgerissen und Pferdekutschen mit Wassereimern reingestellt. So aber ist es eine moderne Feuerwehrstation in einem modernen Gebäude, das versucht, wie ein altes auszusehen. Es wird immer ein Identitätsproblem haben.«[27]

In Poundbury manifestiert sich ein Spannungsverhältnis zwischen Alt und Neu. »Ich wollte immer das Kind bergen – das mit dem Bade ausgeschüttet wurde, wie alle möglichen wirklich wertvollen Dinge«, sagt der Prinz.[28]

In Poundbury versucht er, ein verlorenes Fantasie-England wiederzufinden. Der Gesandte vom Planeten Windsor landete auf der Erde mit romantischen Vorstellungen von Städten und Dörfern, die nicht nur Gemeinwesen, sondern Gemeinschaften waren, selbst regulierende Ökosysteme, in denen ein Miteinander aus verschiedenen Einkommensgruppen und Interessengebieten gedeihen konnte. Walt Disney hatte eine ähnliche Idee. Er plante EPCOT in Florida – das Akronym steht für Experimental Prototype Community of Tomorrow – als neuartige Stadt und stellte das Projekt 1966 auf einer Pressekonferenz vor. »Es wird eine geplante, kontrollierte Kommune sein, ein Aushängeschild für amerikanische Industrie und Forschung, Schulen, kulturelle und bildungstechnische Chancen«, versprach Disney. »In EPCOT wird es keine Slums geben, weil wir sie an der Wurzel kappen. Es wird keine Grundbesitzer geben und daher keine Wahlbeeinflussung. Die Leute werden Häuser mieten, statt sie zu kaufen, und zwar zu gemäßigten Preisen. Es wird keine Ruheständler geben, weil alle je nach ihrer Fähigkeit tätig sein werden. Eine unserer Bedingungen ist, dass die Leute, die in EPCOT wohnen, alle mithelfen müssen, es am Leben zu erhalten.«[29] Am Ende wurde EPCOT ein Themenpark, angegliedert an Disneyworld. Als der Disney-Konzern dann tatsächlich eine neue Stadt erbaute, Celebration in Florida, warfen Kritiker ihr mangelnde Authentizität vor. Sie wirke unecht, hieß es. Dieser Vorwurf wird oft auch gegen die experimentelle Prototyp-Gemeinde des Prinzen erhoben.

Was Poundbury aber nicht gerecht wird, denn es lebt sich dort ausgesprochen angenehm; die Bewohner, über zweitausend an der Zahl, fühlen sich wohl. In vieler Hinsicht wird Poundbury seinen Ansprüchen gerecht. Kinder spielen auf dem Dorfanger. Leute verschiedener Alters- und Einkommensstufen leben und arbeiten Seite an Seite, kommen an den öffentlich zugänglichen Orten zusammen, trinken Tee in den Cafés und gehen in friedlichen Sträßchen einkaufen. »Das ist das Schöne daran«, sagt John Ivall, ein Rentner, der 2011 nach Poundbury gezogen ist. »Hier ist alles vertreten, Leute in den Siebzigern, wie wir, genauso wie junge Familien, und es gibt auch bezahlbaren Wohnraum, dem man es gar nicht ansieht, so gut sind die Preisklassen hier durchmischt.« Er und seine Frau haben sich nahtlos in das Gemeinwesen eingefügt. »Wir sind hier sehr schnell heimisch geworden«, sagt Ivall. »Wir sind dem Veranstaltungsverein beigetreten, mit dem wir jeden Monat was unternehmen. Ein anderes befreundetes Ehepaar macht immer spontane Essen für alle, die vorbeikommen möchten, jeder bringt etwas mit. Ich engagiere mich bei den Pfadfindern und organisiere jede Woche unsere Wanderungen, Sie sehen also, wir sind schon richtig gut integriert.«[30] Aber gibt es denn auch Nachteile? Ivall nickt. Die Mischung von Gewerbe- und Wohneinheiten funktioniert in Poundbury nicht überall gleich gut. Und der Kies, der hier die Pflastersteine ersetzt, landet überall, wo er nichts zu suchen hat. (Die unsichtbaren Vorstände von Poundbury verfolgen die Protokolle der Entwickler sehr gewissenhaft und haben den Kiesbelag nach und nach wieder entfernen lassen.)

Manche der Designlösungen in Poundbury sind eher innovativ als altmodisch. So gibt es keine der von Stadtplanern bevorzugten Sackgassensiedlungen, die laut manchen Studien die Pkw-Nutzung fördern. In Poundbury sind alle Straßen Durchgangsstraßen, die eher zum Radfahren oder Laufen anregen, da die Verbindungswege direkter und daher kürzer sind. Verkehrsberuhigende Maßnahmen werden in Poundbury meist subtil vorgenommen und machen sich selten durch Schilder bemerkbar.

»Als Erstes hab ich losgeschrien: Stopp! Halt an! Was ist das denn?«, beschreibt Timothy Knatchbull seine Reaktion auf eine jener Maßnahmen. »Mitten auf der Straße stand so ein dicker Baum, und der ganze Verkehr musste drum herum.« Der Freund, der ihn nach Poundbury gebracht hatte, erklärte, erfahrungsgemäß verlangsame der Baum das Tempo der Vorbeifahrenden und bringe die Verkehrsteilnehmer dazu, Augenkontakt aufzunehmen, was die Unfallrate erheblich vermindere – und das sei ein großer Erfolg. »Wir fuhren um die nächste Ecke auf einen Platz, und da gab es einen Pub und Leute, die Augenkontakt aufnahmen, und da stand eine Fabrik direkt neben dieser hübschen Häuserreihe, und obwohl mir manches erst komisch vorkam, war es vielleicht nur ungewohnt. Jedenfalls dachte ich: ›Wow, an so einem Ort würde ich auch gern wohnen‹«, sagt Knatchbull.[31]

Er ist ein enger Freund und Weggefährte des Prinzen, doch Poundbury besuchte er zum ersten Mal 2005, zwölf Jahre nach Beginn der Bauarbeiten. Nach dem Tod seines Großvaters Lord Mountbatten hatte er einen Teil des Broadlands-Anwesens bei Romsey in Hampshire geerbt und wurde über Jahrzehnte von Baufirmen unter Druck gesetzt, Siedlungsbau auf seinem Land zuzulassen. Er sagt, er habe »sehr stark das Bedürfnis gehabt, Romsey zu beschützen, als die Planer es zu umkreisen begannen«. Doch sein Pflichtgefühl gegenüber dem Gemeinwesen und Anfragen seitens der Stadtverwaltung drängten ihn schließlich zu einer langwierigen und deprimierenden Suche nach einem kompatiblen Bauplaner. Er verwarf einen Vorschlag nach dem anderen, denn wie der Prinz war er der Ansicht, dass soziale Probleme durch menschenfreundlichere Architektur gemildert werden könnten. Doch von der Recherche-Tour nach Poundbury, die ein Freund ihm vorschlug, wollte er zunächst nichts wissen. »Ich sagte, spinnst du? Das kann doch nicht dein Ernst sein? Jeder, der Zeitung liest, weiß, dass es so ein alberner, künstlicher Stilmischmasch ist, wie es nur jemand derart Einflussreiches wie der Prinz aus dem Boden stampfen lassen konnte.«[32]

Er ließ sich eines Besseren belehren. Die Poundbury-Tour regte Knatchbull dazu an, entsprechende Pläne für Romsey zu entwickeln, wobei er mit Hank Dittmar und der Gemeindebau-Stiftung des Prinzen zusammenarbeitete. (Dittmar verließ im Januar 2014 die Stiftung, blieb der Organisation aber als Berater und Leiter wichtiger kommerzieller Projekte erhalten.) Charles' Vision des sozialen Potenzials von Architektur findet überall auf der Welt ihren Ausdruck. Eins der besten Beispiele befindet sich nahe dem Herzen von London.

Highbury Gardens, ein Wohnblock nördlich von Highbury Corner in Islington, kehrt dem Verkehr und den Abgasen der Holloway Road eine ausdruckslose Fassade zu. Erst wenn man durch einen Torbogen in einen Hof getreten ist, erhält man einen Eindruck von der eigentlichen Wohnqualität. Das Architekturbüro Porphyrios Associates hat eine Oase der Ruhe in einer lauten Umgebung geschaffen: zwei Häuserflügel innerhalb einer gemeinschaftlichen Grünanlage, die so friedvoll ist wie ein japanischer Garten. Die Wohnungen hier unterliegen natürlich dem Mischungsprinzip, sie sind teils Eigentum oder Teileigentum, teils Mietobjekt, teils für gesellschaftlich relevante Berufsgruppen wie Lehrer reserviert, teils Sozialwohnungen – aber alle gleichermaßen komfortabel ausgestattet.

Angela Stephenson liebt ihre Wohnung über alles. »Als ich sie zum ersten Mal sah, hab ich geweint.« Von Geburt an mit der Knochenkrankheit Fibrodysplasie geschlagen, lebt sie seit 2011 mit ihrem Sohn und ihrer Tochter in einer Sozialwohnung in Highbury Gardens. Shehnaz O'Mallie, die Medienkunde in einer Gemeinschaftsschule im Stadtzentrum unterrichtet, sagt: »Fast jeder meiner Kollegen wohnt in einer Wohnung, die zu klein oder zu teuer ist.« Sie und ihr Lebensgefährte haben 25 Prozent von der Wohnung gekauft, und zur Zeit des Interviews im September 2013 betrug ihre monatliche Belastung durch Zinsen, Miete und Nebenkosten etwa 1200 Pfund. Dies ist ein vernünftiger Preis für Londoner Verhältnisse, vor allem für eine geräumige Wohnung mit Blick über die Stadt und Gartennutzung. O'Mallie meint, es gehe ihr stets gegen den Strich, wenn sie negative Berichte über Charles sehe. »Wir haben schon so viel Vertrauen in Personen des öffentlichen Interesses verloren«, sagt sie. »Es ist doch schön, an irgendjemand glauben zu können.«[33]

Die Stiftung für Gemeindebau residiert zusammen mit der Schule für traditionelle Künste und der Zeichenschule des Prinzen in einem hübsch umgebauten Lagerhaus in Shoreditch, neben einem Medienstudio und Café und gegenüber von einem schicken Barbier, der schon viele Hipsterbärte getrimmt hat. Wie dieser Teil von London hat die Stiftung schon mehr als eine Metamorphose hinter sich; einst war sie eine Randerscheinung, dieser Tage aber steht sie mitten im lebendigen Diskurs. Das Prince's Institute of Architecture wurde – in seiner ersten Inkarnation – 1992 gegründet und verband sich 1998 mit seinem Urban Villages Forum and Regeneration Through Heritage zur Prince's Foundation for Architecture and the Building Arts, um sich dann wieder aufzuspalten in die Prince's Drawing School, die Prince's School of Traditional Arts und die Prince's Foundation for the Built Environment, die 2012 in die Prince's Foundation for Building Community umbenannt wurde.

Landkarten auf ihrer Website zeigen den gegenwärtigen Aktionsradius der Stiftung; aufgelistet sind Projekte auf den Galapagos-Inseln, in Rosetown auf Jamaika, an Orten in China, Haiti und anderswo. In Großbritannien soll die Stiftung an mehr als dreißig Bauprojekten beteiligt sein. Sie erfüllt auch einen pädagogischen Zweck, mit Kursen in Bauplanung, nachhaltigem Design und traditionellem Handwerk, das andernfalls auszusterben droht. Außerdem fördert sie das Engagement für das Gemeinwesen, indem sie Planer, Entwickler, Designer, Bauträger, Lokalpolitiker, Interessengruppen und Regierungsvertreter vereint.

An einem verregneten Tag im März 2014 bringt die Stiftung Vertreter all dieser Gruppen auf einem Symposium mit dem Prinzen zusammen und veröffentlicht einen Bericht: »Wohnraum London: ein Weg aus der Preisspirale.« »In London haben wir eine Situation, in der der durchschnittliche Kaufpreis für ein Haus das Zehnfache des Jahresgehalts von Grundschullehrern beträgt – eine enorme Erhöhung im Vergleich zu der Zeit vor zwanzig Jahren, als der durchschnittliche Kaufpreis noch knapp unterhalb des Dreifachen lag«, erklärte Charles im Vorfeld des Symposiums.[34] Die Preissteigerungen drohen junge Leute und Menschen mit geringem oder mittlerem Einkommen aus der Hauptstadt zu vertreiben. Ehe Charles das Podium betritt, um die Abschlussrede zu halten, versucht Dominic Richards den »goldenen Faden« aufzuzeigen, der all diese Stiftungen verbindet. »Alles, was der Prinz unternimmt, zielt darauf ab, eine harmonische Gesellschaft aufzubauen«, betont er. »Und nun heißen Sie Seine Hoheit als einen wahren Vordenker willkommen.«

Der wahre Vordenker eröffnet seine Ansprache mit der üblichen einstudierten Schüchternheit. »Ich befinde mich in der wenig beneidenswerten Lage, als Letzter über das Thema zu sprechen, zumal hier so viele hervorragende Fachleute versammelt sind. Ich fürchte, ich weiß gar nicht recht, was ich nun noch Nutzbringendes hinzufügen könnte, ohne mich der Gefahr ständiger Wiederholung auszusetzen«, sagt Charles mit einer scherzhaften Grimasse. »Obwohl ich auf jeden Fall versprechen kann, dass es am Ende eine Tasse Tee gibt!«

Die Rede streift kurz seine üblichen Anliegen, um dann näher auf die Ergebnisse des Berichts einzugehen, nämlich den Vorschlag, mehr Großraumsiedlungen mit Bauten mittlerer Höhe bereitzustellen, wohlgemerkt mit besonderer Betonung eines »nachhaltigen, fußgängerfreundlichen Urbanismus«. Die unvermeidliche Spitze richtet sich nicht gegen den modernen Wohnungsbau als solchen, sondern gegen übermäßige Investitionen in luxuriöse Hochhäuser.

Es ist eine politische Aussage zu einem heiklen Zeitpunkt. Das Symposium findet zwei Tage vor dem Termin statt, an dem der Londoner Bürgermeister Boris Johnson seine eigene Strategie zur Behebung des Mangels an bezahlbarem Wohnraum vorstellen wird. Manche der Gründe für diesen Mangel gehen auf die Anlage eines Grüngürtels rings um die Stadt zurück, die dadurch weniger Raum zur Ausbreitung hat; andere Katalysatoren der Krise reichen zurück zu der Ära, als Charles sich erstmals in die Architekturdebatte einmischte – während der soziale Wohnungsbau immer weiter verkümmerte, ermöglichte die Thatcher-Regierung es den Mietern von Sozialwohnungen, diese käuflich zu erwerben. Ein großer Teil des in kommunalem Besitz befindlichen Wohnraums ging so in Privatbesitz über. 1990, kurz vor Thatchers Rücktritt, notierte Michael Spicer, Staatsminister im Umweltministerium, anlässlich einer Konferenz über Obdachlosigkeit, bei der Charles den Vorsitz innehatte: »Der Prinz engagiert sich mehr und mehr für das Thema, das er zu Unrecht für unpolitisch hält. Obdachlosigkeit könnte gar nicht politischer sein, wie manche der Vorträge zeigen. Sie geben der Regierung die Schuld daran, dass nicht genug Häuser gebaut werden. Ich sage, wir haben verhältnismäßig viel gebaut, das Problem aber ist das Auseinanderbrechen von Familien, wie überall in Europa.«[35]

Spicer nahm auch die Anwesenheit von Diana zur Kenntnis. »Es ist das erste Mal seit Wochen, dass man die beiden Hoheiten zusammen gesehen hat.« Zwei Jahre später dann folgten die Hoheiten dem europaweiten Trend. Doch welchen Faktoren auch immer der zunehmende Druck auf den Wohnungsmarkt geschuldet war, die Regierung, der Spicer angehörte, vermochte ebenso wenig wie ihre Nachfolger, Angebot und Nachfrage im Lot zu halten.

In den letzten Jahren haben die Londoner, die sich kaum noch die schlichteste Unterkunft in ihrer Stadt leisten können, einen neuen Buhmann ausgemacht. Der Markt für Luxusimmobilien boomt, angeheizt von Thatchers Big Bang und der unablässigen Förderung des Finanzsektors, um so viele Bond-Schurken wie möglich ins Vereinigte Königreich zu locken – in der Hoffnung, dass ihr Reichtum schon zum Rest der Bevölkerung herabsickern werde. Der Volksmund gibt dem Luxusmarkt die Schuld daran, dass die Preise auch in den unteren Preisklassen kräftig anziehen; die dunklen Fenster der Super-Luxuswohnungen, deren Jetset-Besitzer rund um den Globus jetten, werden als Symbole wie auch als Ursache der Krise betrachtet. Das prominenteste Totem dieser misslichen Entwicklung ist ein ungelenkes Quartett von Glas- und Stahl-Türmen, Hyde Park One, entworfen von Richard Rogers, vermarktet von den Candy-Brüdern und berühmt als teuerste Adresse des Planeten.

Wenn Charles seine Lanze gegen solche Gucci-Ghettos richtet, tritt er nicht als Galionsfigur der Privilegierten auf, sondern als Robin Hood; er fordert die etablierte Macht heraus, statt sie selbst auszuüben. Dieses Selbstbild ist vollkommen ehrlich, mag es sich auch etwas verquer ausnehmen im historischen Kontinuum der britischen Nation und ihres problematischen kolonialen Erbes.

Kapitel 9

Der Ritter des Commonwealth

Camilla lächelt vom Podium herab. Sie trägt Blau, mehr Kobalt- als Königsblau, Ton in Ton mit ihrem Kragen und Schal im Nova-Scotia-Schottenkaro, und sucht in ihrer Tasche nach Handschuhen an diesem für die Jahreszeit zu kalten Vormittag. Die Herzogin von Cornwall hat sich an viele der Merkwürdigkeiten des Daseins als Royal gewöhnt, aber sie ist nicht mit der Windsor-typischen Kälteresistenz auf die Welt gekommen und findet Auslandsreisen aufreibend. Da ist es keine Hilfe, dass der Prinz auf einem möglichst vollgepackten Terminkalender besteht, der weder Pausen für ein Mittagessen noch für ein Nickerchen zulässt, unabhängig von den überflogenen Zeitzonen. Hinzu kommen die endlosen Zeremonien. Willkommen geheißen und verabschiedet zu werden kostet oft mehr Zeit, als Camilla bleibt, um sich den Ort anzusehen. Und alles, was sie zu sehen bekommt, ist tipptopp einstudiert und keimfrei geschrubbt.

An diesem 19. Mai 2014 ist das wahrscheinlich von Vorteil. Die eiskalte Generalprobe zu der Willkommensparade im kanadischen Halifax ist ihr jedenfalls erspart geblieben. Schon ab neun Uhr morgens hat das Ereignis eine patriotisch gestimmte Menschenmenge angezogen. Ein Kinderchor bibbert in tapferer Harmonie, während die freudig-gespannten Erwachsenen sich in Schals hüllen. Eine Ehrengarde ist aufmarschiert, und auf der Tribüne sitzen Ehrengäste wie der Justizminister Peter MacKay, den die Wähler von Nova Scotia als Abgeordneten ins kanadische Bundesparlament entsandt haben. Eine Militärkapelle spielt seltsamerweise »What Shall We Do With the Drunken Sailor?«, bis MacKay zum Soundcheck ans Mikrofon tritt und seine Begrüßung der beiden Hoheiten »Prince und Princess of Wales« einübt. Bis er die Grußadresse dann dem Prinzen und der Herzogin vorträgt, hat er seinen Fehler korrigiert. Allerdings unterläuft ihm noch ein anderer Lapsus, als er das abwesende Herzogspaar William und Kate als »Prinz und Prinzessin von Cambridge« bezeichnet. Es ist ein Vorgeschmack auf eine Fünf-Tage-Tour, bei der die Neugier auf die Hoheiten eine gewisse Verwirrung im Hinblick auf deren Identität und Mission in Kanada überdeckt.

Diese Konfusion wird teilweise durch den Geist Dianas heraufbeschworen, der über der Zusammenkunft schwebt, bis MacKay versehentlich ihren Namen nennt. Mell Kirkland und Kim Burke stehen schon seit dem frühen Morgen hinter einer Absperrung, um sich einen guten Blick zu sichern. Mell äußert sich hochzufrieden, dass ihre Stadt eine solche Feier für Charles ausrichtet, wobei sie Camilla nicht mal ihren flüchtigen Moment an der Sonne neidet. Sie ist gekommen, um auf Tuchfühlung mit Kanadas Königsfamilie zu gehen. »Wir fühlen uns ihnen alle verbunden, aber manchmal braucht man auch ihre Gegenwart«, sagt sie. Dennoch empfindet sie keine besondere Affinität zu Charles, der ihr als Mensch »aus einer anderen Generation« erscheint. Das Flair von Diana tut nach wie vor seine Wirkung. »Sie gehört immer noch zu unserem Leben«, sagt Mell. Wie für viele andere Bürger der Commonwealth Realms bleibt auch für sie die Prinzessin ein unerreichtes Symbol mitfühlender Menschlichkeit. »Wir alle brauchen Vorbilder«, sagt Kim.

Im Kontrast dazu fehlt es dem Prinzen an Anziehungskraft: ein untreuer Ehemann, verschlossen, undurchschaubar, seine Liebe zu Camilla ein Irrweg, seine mangelnde Liebe zu Diana ein Beweis für seelische Dürre. Die beiden Frauen sind überrascht zu erfahren, dass Charles überhaupt etwas für andere tut, obwohl sie schon einmal vom Prince's Trust gehört haben. Sie vermuten, der Prinz sei nur nach Kanada gekommen, weil es für ihn und die Monarchie von Nutzen sei.

Sicher ist das auch Teil des Plans. In seiner Rede an die Einwohner von Halifax – mit einer Erkältung kämpfend, die sich auf der Rundreise nur noch verschlimmern wird – zitiert der Prinz seine Großmutter, die ihren Gatten George VI. im Jahre 1939 auf eine einmonatige Tour durch Kanada begleitete. »Dieses Land mit all seiner vielfältigen Schönheit und Eigenheit zu sehen war mir eine echte Freude«, sagte jene Queen Elizabeth. »Aber was mir auf eine Weise, die ich gar nicht in Worte fassen kann, das Herz erwärmt hat, ist, dass ihr uns überall gezeigt habt, wie froh ihr wart, uns zu sehen.« Das Königspaar zog regelmäßig Zehntausende in seinen Bann – genau wie Charles und Diana auf ihrer ersten Kanadareise 1983. Laut amtlicher Schätzung kamen damals bis zu 20 000 Menschen in Halifax zusammen, um einen Blick auf den Prinzen und insbesondere die Prinzessin zu werfen. »Manchmal verschwand Diana, atemberaubend schön und überraschend zierlich, einfach im Gedränge. Nur die roten Seidenbänder ihres Hutes lugten noch über die wogende Menge«, berichtete der *Toronto Star*. »Ganz unbestreitbar war Diana die Trumpfkarte ... ›Es ist eigentlich der Staatsbesuch der Prinzessin von Wales‹, meinte Jeff Williams, PR-Direktor in Nova Scotia. ›Der Prinz spielt nur die zweite Geige.‹«[1]

Charles' und Camillas Tour durch Halifax, Pictou County, Charlottetown und Winnipeg zieht keine derartigen Massen an – das Wetter bessert sich nicht, und die Tour fällt mit Feiertagen zusammen, sodass viele Leute die Zeit lieber für Ausflüge nutzen. Doch wo sie auch hinkommen, werden die Hoheiten von einer respektablen Anzahl an Bewunderern empfangen, die dem gleichen Impuls gehorchen wie Mell Kirkland, der Sehnsucht, die gleiche Luft zu atmen wie das Prinzenpaar. Und es sind teure Atemzüge für die, die Fähnchen schwenken, und all jene, die das Ereignis aus der Ferne mittragen. Laut Presseschätzungen kostet der Besuch die kanadischen Steuerzahler etwa 390 000 Pfund, dazu noch 500 000 Pfund für Sicherheitsmaßnahmen. Die erste Summe beinhaltet 45 000 Pfund für einen verschneiten Erkundungstrip der Mitarbeiter des Prinzen, die die Rundreise planten; die Gesamtkosten wurden gemäß den kanadischen Informationsgesetzen der Presse zugänglich gemacht.

»Ich bin die Ministerin, also muss ich die Kosten auch rechtfertigen können«, sagt Shelly Glover, die nach einer steilen Karriere bei der Canadian Royal Mounted Police nun Bundesministerin für kanadisches Kulturerbe ist. »Wir sind immer daran interessiert, solide Werte für unsere Dollars zu bekommen.« Wie schätzt sie diesen Wert ein? Glover könnte mit Fug und Recht darauf hinweisen, dass die Kosten solcher Staatsbesuche sich für den kanadischen Steuerzahler auf weniger als einen Cent pro Kopf belaufen, wenn man die Sicherheitskosten ausklammert, oder nur auf einige Cent alles in allem. Die Ausgaben für das Amt des Generalgouverneurs und seiner zehn Stellvertreter in den Provinzen würden nicht verschwinden, wenn sie nicht mehr als Repräsentanten der Königin fungierten, ja, sie könnten sogar noch steigen. In einer vergleichenden Studie über Monarchien und Republiken aus dem Jahr 2012 kommt – wie zuvor angesprochen – Herman Matthijs von der Universität Gent zu dem Schluss, dass die Mitglieder von Königshäusern zwar höhere »Gehälter« als republikanische Staatsoberhäupter bekommen, dafür aber die Altersbezüge der Staatspräsidenten kostspieliger sind. Frankreichs mächtiger Präsident kommt den Steuerzahler wesentlich teurer als jeder Monarch.[2]

Doch Glover führt ein weniger substanzielles Argument an: den Wohlfühlfaktor. Sie steht in einem Flugzeughangar. Es ist der letzte Tag von Charles' und Camillas Rundreise, an dem sie mit Kanadas nicht sonderlich beliebtem Premier Stephen Harper zusammentreffen werden. »Sehen Sie sich doch die Massen von Kanadiern an, die sich für diese wunderbare Verbindung mit der britischen Krone interessieren«, schwärmt Glover. »Wie sie strahlen! Sie lieben den Prinzen und die Herzogin ... Die Medien hier haben eine ganz andere Stellung als im Vereinigten Königreich ... Die kanadischen Medien sind genauso begeistert wie wir alle.«[3]

Und das ist keine Übertreibung. Als Busladungen von Kindern, die Gesichter mit dem kanadischen Ahornblatt bemalt, am Flugzeughangar Aufstellung nehmen, knurrt ein Lokalreporter: »Kids mit Fähnchen. Er ist so ein Roboter. Die Gefühle muss man hier importieren.« Die Kritik richtet sich gegen Harper, nicht den Prinzen, den der Mann als »warmherzig und menschlich« bezeichnet. Manche kanadischen Medien stellen Fragen bezüglich der Verwendung von Steuerzahler-Dollars, aber insgesamt herrscht bei den Journalisten im Lande ein Enthusiasmus, der der mitreisenden kleinen Presse-Abordnung eher unvertraut ist. Der staatliche Sender CBC zeigt jedes Ereignis der Tour im Livestream. Andere Kanäle bringen Sondersendungen, aufgepolstert mit Archivmaterial von den früheren sechzehn Reisen des Prinzen durch sein zukünftiges Königreich. Lokalblätter setzen den Besuch auf die Titelseite und überschütten die Royals mit Lob und Preis. Als Charles einen Eisbären namens Hudson im Zoo von Manitoba mit Sandwiches füttert, klatschen die kanadischen Journalisten wie Seehunde, die eine besonders leckere Makrele bekommen haben.

Großbritanniens Presse dagegen zeigt wenig Interesse. Auf der Höhe der Diana-Manie begleiteten Hunderte von britischen Journalisten die Überseereisen des Prinzen, doch zu dem Kanadabesuch 2014 wurden nur sieben Mitglieder der UK-Presse akkreditiert: ein Reporter von der Press Association und Rebecca English, Königshaus-Korrespondentin der *Daily Mail*, ferner fünf Fotografen, darunter Arthur Edwards, *Sun*-Veteran und Royal-Spezialist. Sie alle fliegen mit dem Jet der Canadian Air Force, der die prinzliche Reisegruppe von der Militärbasis Brize Norton in Oxfordshire nach Halifax befördert. Dann reisen sie mit dem royalen Tross von einer Station zur nächsten, ständig frustriert über den Mangel an Geschichten und Bildern, mit denen man die Chefredakteure zu Hause hinterm Ofen hervorlocken könnte. Charles und Camilla sind eben nicht William und Kate – oder Charles und Diana.

Anfangs schafft es nur eine Meldung aus Kanada in die britischen Zeitungen. Nach der Empfangszeremonie in Halifax besuchen Charles und Camilla ein lokales Förderzentrum für die Familien von Armeeangehörigen, um dessen Leistungen hervorzuheben und auf eine der Initiativen des Prinzen aufmerksam zu machen. Charles' Organisation Operation Entrepreneur gewährt kanadischem Militärpersonal beim Ausscheiden aus dem aktiven Dienst Stipendien und weiterbildende Maßnahmen. In dem Hilfszentrum plaudern er und Camilla mit einem Trio von ehrenamtlichen Mitarbeitern, die sich als Karotte, Weintraube und Banane verkleidet haben, um für gesunde Ernährung zu werben. Linda Dunn, die Weintraube, ansonsten Sonderschulpädagogin, ist beeindruckt von Charles: »Ich finde, er vertritt seine Familie sehr gut. Er leistet eine Menge ehrenamtlicher Arbeit.« In Großbritannien gibt das Bild Anlass zu einem Scherz: Vom Sprechen mit Pflanzen sei er nun zum Plaudern mit Obst übergegangen.

Später am gleichen Tag wird eine Begegnung zu einer Flut von Pressemeldungen daheim in Großbritannien führen, die sogar die Pegelstände zu Dianas Bestzeiten übersteigt. Rebecca English sichert sich eine Schlagzeile in der *Daily Mail* mit einem Bericht über eine Tee-Party für Veteranen und Kriegsbräute im kanadischen Immigrationsmuseum am Pier 21. Charles und Camilla plauderten mit den Gästen, die Band spielte Glenn Millers »Moonlight Serenade«, und die Presse hockte im Hintergrund und spitzte die Ohren. Nachdem das Gebäck eingetunkt und der Tee getrunken war, begaben die Hoheiten sich zum Ausgang, begleitet von der siebenundachtzigjährigen Marianne Ferguson, die noch immer ehrenamtlich für das Museum tätig war. Ferguson, geborene Echt, war im Februar 1939 an Bord der *Andania* am Pier 21 angelangt, drei Monate bevor König George und Königin Elizabeth nach Kanada kamen. Sie war ein jüdischer Flüchtling aus Danzig, wo sie die Brutalität der Nazis erlebt hatte. »Diese Männer kamen in der Nacht, traten die Tür ein und verschleppten das Familienoberhaupt an einen unbekannten Ort«, erinnert Echt sich in einem Augenzeugenbericht, den sie mit sechzehn schrieb, nachdem ihre Familie sich in Nova Scotia niedergelassen hatte. »Am nächsten Tag erhielten die Angehörigen solcher Personen dann ein kleines Geschenk, eine Schachtel, in Seidenpapier eingeschlagen und mit einem hübschen bunten Band umwickelt. Darin befand sich die Asche der Person, die in der Nacht zuvor verschwunden war, nebst einer Beileidskarte.«[4]

Wie viel von ihrer Geschichte sie Charles in den wenigen Minuten ihres Beisammenseins offenbarte – oder was er darauf antwortete –, bleibt ungewiss. Weder der Prinz noch seine Mitarbeiter lassen sich irgendwelche Kommentare über Privatgespräche entlocken, seit Rebecca English berichtete, der Prinz habe Putin mit Hitler verglichen. Laut ihrem Artikel soll diese Bemerkung im Beisein »von mehreren Zeugen« gefallen sein. »Mrs Ferguson sagte: ›Ich hatte ihm gerade die Ausstellung gezeigt und sprach mit ihm über meine Familie und die Umstände, die mich nach Kanada geführt hatten. Dann sagte der Prinz: Und jetzt macht Putin praktisch das Gleiche wie Hitler. Ich muss sagen, ich stimme ihm da zu, wie es sicher viele Leute tun. Ich war sehr überrascht über seine Bemerkung, denn ich weiß, eigentlich ist es ihnen wohl nicht erlaubt, so etwas zu sagen, aber es war sehr spontan und ehrlich.‹«[5]

English hatte von dem Wortwechsel durch einen Fotografen erfahren, und Ferguson war sich später selbst ungewiss darüber, ob dies die exakte Formulierung war. Doch es ist so gut wie sicher, dass der Prinz eine Parallele zwischen der Nazi-Aggression und dem russischen Einfall in der Ukraine gezogen hatte. Zwei verschiedene Quellen in seinem Haushalt bezweifeln, dass er das »H-Wort« gebraucht hat, sind sich aber darin einig, dass diese Ansicht ganz nach ihrem Boss klingt. Die Story gelangte an die Öffentlichkeit, als der Prinz mit seinem Tross von Prince-Edward-Island nach Manitoba flog, wo der letzte Tag des Besuchs stattfinden sollte. Britische Politiker beeilten sich, den Prinzen zu tadeln oder zu verteidigen. »Wenn Prince Charles kontroverse Ansichten zu nationalen oder internationalen Streitfragen äußern möchte, sollte er abdanken und sich zur Wahl stellen«, twitterte der Labour-Abgeordnete Mike Gapes. Sein Parteivorsitzender Ed Miliband schätzte die öffentliche Stimmung ungewohnt treffsicher ein. »Ich glaube, viele Menschen im ganzen Land teilen Prince Charles' Besorgnis wegen Präsident Putin und seinen Aktionen in der Ukraine«, sagte er. Ein Kommentar auf der BBC-

Website fasste die allgemeine Reaktion zusammen: »Charles spricht nur aus, was wir alle denken – wenn man sich wie ein Tyrann benimmt, muss man sich nicht wundern, wenn man für einen Tyrannen gehalten wird.«

Russland schlug zurück. Der staatlich finanzierte Sender Russia Today erinnerte das Publikum an die deutschen Wurzeln der Windsors und ihre historische Empfänglichkeit für den Nazismus. Man verwies auf den berüchtigten Besuch des Herzogs von Windsor bei Hitler im Jahre 1937, auf Prinz Philips SS-Schwager sowie – etwas fadenscheinig – auf die Hakenkreuz-Armbinde, die Prinz Harry einmal trug, wenn auch nicht als politisches Statement, sondern als Party-Verkleidung. Auch Putin meldete sich zu Wort: Prince Charles' angeblicher Kommentar entspreche nicht »royalen Verhaltensstandards« – angesichts des Schicksals der Romanows eine Rüge, die im Außenministerium Schmunzeln hervorrief. Doch der russische Präsident spielte die Tragweite der diplomatischen Kabbelei herunter. »Ich denke, wenn unsere Partner in Großbritannien wie ich von nationalen Interessen geleitet werden anstatt von irgendwelchen anderen Erwägungen, dann wird dies alles schnell verpuffen, und wir werden weiter kooperieren wie zuvor«, beschied er gravitätisch.[6]

Die Welt war nicht aus den Fugen geraten. Der Eklat bestätigte die Kritiker des Prinzen in ihrer Sicht, dass er gefährlich offenherzig sei, machte ihn aber vielen, die der politischen Plattitüden überdrüssig sind, nur noch sympathischer. Trotz des explosiven Presse-Echos war es eigentlich keine große Affäre. Doch Charles, der seine letzten Pflichttermine in Kanada noch mit tapferer Miene durchgestanden hatte, flog kränker nach Brize Norton zurück, als er von dort aufgebrochen war. »Ich leide still und leise an einem scheußlichen Infekt, den ich mir auf der anderen Seite des Atlantiks eingefangen habe«, äußerte er bei einem der letzten Termine seiner Besuchstour, bei denen es einerseits um Publicity und andererseits um die Vorstellung von Pilotprojekten in Halifax, Toronto und Winnipeg ging. »Ich freue mich darauf, Sie alle wiederzusehen. Wenn ich dann noch am Leben bin.« Seine Erkältung hatte sich verschlimmert, vor allem aber fühlte er sich demoralisiert. Wieder einmal hatte sich eine Kontroverse für ihn als einzig zuverlässiger Weg in die britischen Schlagzeilen erwiesen. Er war mit einem Vorhaben und einer Mission angereist, als Repräsentant von Kanadas Staatsoberhaupt und als das voraussichtlich nächste Staatsoberhaupt der Nation, nicht nur, um Unterstützung für die Monarchie zu gewinnen, sondern auch, um sich schon ein Stück weit in seiner zukünftigen Rolle zu präsentieren. Dabei unterschied sein Tourprogramm kaum zwischen repräsentativen Aufgaben und der Förderung diverser Projekte. Bei dieser unscharfen Trennung der Bereiche genoss er die Unterstützung seiner Gastgeber. »Die kanadische Regierung versteht seine Benefizinitiativen als ein wichtiges Element in der Beziehung zum Königshaus«, ließ eine verläßliche Quelle verlauten.

Mag der Prinz auch in vieler Hinsicht der rührigste Philanthrop sein, ist es nicht dies, was die Briten in ihm sehen. In ferneren Regionen des Commonwealth wird sein Image – wenn auch von Erinnerungen an Diana umwölkt – häufiger mit seiner karitativen Arbeit in Verbindung gebracht. »Von anderswo herstammend, habe ich den Prinzen stets als Leitfigur angesehen«, sagt Hank Dittmar.[7] »Ich hatte nicht so viele Vorbehalte wie die Briten wegen des ganzen Systems.« Eine weitere Beraterin von Charles, die auch aus den USA stammt, Dame Amelia Fawcett, preist den Prinzen als unbesungenen Helden. »In den Vereinigten Staaten würde man ihn feiern«, sagt sie. »All dieses Herumgiften, dieser Neid, dieses ›Wie kann er es nur wagen‹, dieses ›Er ist zu privilegiert‹ – so würde bei uns keiner denken. Sie würden denken: ›Wow, seht euch den an – ein Mann, der alles hat, der reich ist und privilegiert, der überhaupt nichts tun müsste, und doch tut er eine Menge für so viele.‹«[8]

Vielleicht würde auch in den USA das konfliktbeladene britische Verhältnis zu Reichtum und Privilegien des Königshauses vorherrschen, hätte die Nation das koloniale Joch – und die britische Krone – nicht 1776 abgeschüttelt. Australien, Kanada, Jamaika, Neuseeland und die anderen fernen Regionen des Commonwealth haben sich nie so ganz abgenabelt und zeigen folglich noch Adoleszenzsymptome. Besonders in Australien ist man oft recht harsch zu den Royals, kreischt dann aber wie ein Teenie bei einem Popkonzert, wenn sie zu Besuch kommen. Wenn Charles das Verhältnis zwischen dem Hause Windsor und den Provinzen in Übersee bedenkt, wenn er sich fragt, wie man ihm eine beständigere Basis geben könnte, oder wenn er über seine künftige Rolle als Oberhaupt des Commonwealth nachdenkt, sind die Lehren der Geschichte ihm sowohl Trost als auch Warnung. Die Monarchie mag solide und anpassungsfähig scheinen, aber Länder und Reiche, scheinbar festgefügte Welt- und Gesellschaftsordnungen, haben sich alle als brüchig erwiesen.

Das Wachstum des Britischen Empires spiegelte die militärische Stärke der Nation, ihren Unternehmungsgeist und ihren Glauben an eine Bestimmung. Das Empire zerfiel zusammen mit diesen definierenden Attributen, als die ideelle, kommerzielle und strategische Logik des britischen Kolonialismus scheiterte. Die Brutalität, mit der man versuchte, die alten Abhängigkeiten aufrechtzuerhalten, zerriss das Feigenblatt moralischer Intention, mit dem das Empire sich schmückte, und erschütterte das Selbstverständnis der Britishness. Die Kosten der Beteiligung an globalen Kriegen überstiegen schließlich bei Weitem die Einkünfte aus fernen Territorien. 1947 besiegelte Charles' Großonkel Mountbatten, der letzte Generalgouverneur von Indien, die Abtrennung von Indien und Pakistan. Beide Nationen wurden zu unabhängigen Republiken. Zwei Jahre danach stimmte Großbritanniens Premier Clement Attlee zu, dass Indien Mitglied des Commonwealth of Nations blieb, zu jenem Zeitpunkt ein Bündnis von Ländern, die direkt oder indirekt von Großbritannien regiert wurden. Im Lauf der Jahre traten noch weitere Länder bei, sowohl frühere Kolonien als auch Länder ohne historische Bindungen, die sich alle einen diplomatischen Vorteil von dem Bündnis erhofften. Das Commonwealth seinerseits versucht, die Demokratie, die Menschenrechte und die Rechtsstaatlichkeit zu fördern. Seine Unfähigkeit, krasse Missachtungen dieser Werte zu ahnden, wirft die Frage auf, wie lange dieser Staatenverband noch Bestand haben wird. Ungewiss ist auch, was passiert, wenn die Queen stirbt. Es gibt keine automatische Garantie, dass ihr Sohn in dieser Rolle mit offenen Armen empfangen werden wird. Don McKinnon, Generalsekretär des Commonwealth von 2000 bis 2008, notiert in seinem Rückblick auf diese Zeit ein Gespräch mit Olusegun Obasanjo, dem damaligen Präsidenten von Nigeria: »Nach dem Tod der Königin müssen Sie, Herr Generalsekretär, mit allen Staatsoberhäuptern sprechen, um einen Konsens über den neuen König zu finden und zu verkünden. Wir wollen nicht ins Rampenlicht der Medien geraten, und erst recht wollen wir nicht mit so etwas wie einer Abstimmung zu dem Thema konfrontiert werden.«[9] Wie auch immer sich das Prozedere gestalten mag, John Major zweifelt nicht an Charles' Erfolg. »Die Queen hat eine besondere Beziehung zum Commonwealth, aber der Prinz eigentlich auch … Nach allem, was ich von Commonwealth-Staatschefs über die Jahre erfahren habe, zweifle ich nicht daran, dass Prinz Charles ganz genauso wie die Queen Oberhaupt des Commonwealth werden wird«, sagte er in einer BBC-Sendung.[10] Geoffrey Robertson, ein renommierter Anwalt, war da ganz anderer Ansicht: »Ich bin für etliche Länder des Commonwealth tätig«, meinte er, »da höre ich seit einiger Zeit viel über das Thema. Und ich glaube nicht, dass man ihn akzeptieren würde. Es liegt nicht an ihm. Ich vermute, die Leute meinen, das Commonwealth sollte sich langsam vom Mutterland emanzipieren … eine britische Erbmonarchie wird da nicht die erste Wahl sein.«

Das Königshaus überlässt so wenig wie möglich dem Zufall. Bei einem bedeutsamen Staatsakt im März 2013, an dem die Queen trotz Krankheit teilnahm, nutzte McKinnons Nachfolger die Unterzeichnung einer neuen Commonwealth-Charta, um Charles' Kandidatur offiziell zu machen. »Mit unermüdlicher Hingabe und Überzeugung haben Ihre Majestät die Ihnen übertragene Aufgabe der Nachfolge Ihres Vaters als Oberhaupt des Commonwealth wahrgenommen«, sagte Kamalesh Sharma zu der Königin. »Solange das Commonwealth besteht, symbolisiert die Krone den freien Verbund unserer Nationen und unserer Völker und fördert das Recht auf Versammlungsfreiheit und freien Meinungsaustausch. Die Bande zwischen den Menschen und Gemeinschaften des Commonwealth sind noch enger geworden durch die Sorgfalt und Verlässlichkeit, mit der Ihre Majestät so viele von ihnen im Laufe von über sechzig Jahren aufgesucht haben. Die Unterstützung, die Ihnen dabei vom Prince of Wales und anderen Mitgliedern des Königshauses zuteilwurde, vertieft die Verbindung des Commonwealth mit der Krone.«[11]

Diese Unterstützung zeigt sich oft in Form von Besuchen, die den ewigen Fortbestand jener Verbindung verdeutlichen sollen. Aber manche der Besuchsziele weisen auch auf die Endlichkeit solcher Verbindungen hin. Auf ihrer Indienreise 2013 besuchten Charles und Camilla eine Militärakademie in Dehradun, die in der Spätphase des Unabhängigkeitskampfs gegen die britische Kolonialherrschaft gegründet worden war. Etliche Etappen ihrer Kanadareise 2014 waren von ähnlichem Nachhall geprägt. Die historischen Abläufe, durch die Kanada unter die Herrschaft eines britischen Monarchen gelangte, sind voller Turbulenz und Wandel. Im siebzehnten Jahrhundert landeten dort erstmals Europäer, zunächst die Franzosen, dann die Briten, und kämpften quer über den Kontinent um Territorialansprüche. Sie gründeten Unternehmen wie die Hudson's Bay Company, um ihre Pfründe zu sichern. Frankreich trat seine kanadischen Gebiete 1763 im Vertrag von Paris an Großbritannien ab, stellte sich dann aber im Amerikanischen Unabhängigkeitskrieg gegen seinen alten Feind und half den Vereinigten Staaten, die britische Herrschaft abzuschütteln.

Kanada selbst ist nur hundertfünfzig Jahre alt. 1867 wurde aus vier britischen Kolonien ein Dominion mit einem beachtlichen Grad an Autonomie gebildet. Seine Bevölkerung entstammt einer langen Geschichte erzwungener Migration: Man denke an die Ankunft von Marianne Echt, später Ferguson, am Pier 21 und an die einhundertsiebenundachtzig Schotten, die 1773 in Pictou an Bord der *Hector* ankamen, aber auch an die Angehörigen der indigenen Bevölkerung und der Acadier, Nachkommen französischer Siedler, die fluchtartig ihr Land verließen, weil die Briten sie verdächtigten, die Franzosen zu unterstützen. 1931 erlangte Kanada schließlich die formale Unabhängigkeit vom Vereinigten Königreich, obwohl Westminster sich noch weitere fünfzig Jahre das Recht vorbehielt, Änderungen an der kanadischen Verfassung vorzunehmen. Für manche wirkt die Institution der Monarchie wie ein Relikt der Geschichte, so pittoresk – und ungefähr so seetauglich – wie der Nachbau der *Hector*, den der Prinz und die Herzogin bei ihrem Besuch in Pictou bewundern.

Befürworter der kanadischen Monarchie führen als Standardargument ihre einigende Funktion ins Feld, die gar nicht genug geschätzt werden könne in einem so ausgedehnten Verbund von Provinzen und drei Territorien, in denen Ureinwohner, Inuit, Mestizen und eine Vielzahl von Anglophonen und Frankophonen über ein Gebiet verteilt leben, das von British Columbia mit seinem gemäßigten Klima bis zur Tundra von Nunavut reicht. Gewiss fungiert die Monarchie hier als eine Stütze der Verfassung und der Demokratie, die aus republikanischer Sicht jedoch weit besser von einem gewählten Staatsoberhaupt verkörpert werden könnte. Die Monarchist League of Canada zitiert auf ihrer Website ein Statement, das 1978 von der damaligen Provinzregierung angesichts nationalistischer Unruhen in Québec abgegeben wurde. »Die Provinzen sind sich darin einig, dass das System der parlamentarischen Demokratie einer übergeordneten Autorität bedarf, um sich gemäß seiner inhärenten Verantwortung gegen Machtmissbrauch abzusichern. Und diese übergeordnete Autorität darf kein Instrument der gewählten Regierung sein.« Der Oberste Gerichtshof stellt gleichfalls eine solche Kontrollinstanz dar.

Die Liga beruft sich noch auf ein weiteres Argument, eine typisch kanadische Sicht der Interaktion von Monarchie und nationaler Identität: Die Windsors bilden ein Bollwerk gegen den kulturellen US-Imperialismus. »Eine zentrale Tatsache kanadischen Lebens ist der zwangsläufig übermächtige Einfluss unseres befreundeten Nachbarn, der Vereinigten Staaten von Amerika«, heißt es auf der Website. »Freihandel, kontinentale Verteidigung und sichere Staatsgrenzen in der Welt nach dem elften September. Eine durchlässige Grenze für Fernsehen, Internet, Popkultur. Diese und andere Faktoren neigen dazu, Kanadas nationale Identität zu überlagern. Jede Nation muss die Existenz bestimmter Sinnbilder und Institutionen anerkennen; so ist für Kanada die konstitutionelle Monarchie von besonderer Bedeutung.« Die republikanische Antwort darauf lautet naheliegenderweise: Die Queen sei nicht einmal Kanadierin, die Rolle des Staatsoberhaupts müsse »kanadisiert« werden.

Meinungsumfragen in Kanada spiegeln im Großen und Ganzen den gleichen Trend wie in anderen Commonwealth-Staaten: eine nachlassende Unterstützung für die Monarchie in den 1990ern und der ersten Dekade des einundzwanzigsten Jahrhunderts, gefolgt von einem neu belebten Interesse durch die jüngere Generation, insbesondere William, Kate und Baby George. Eine Umfrage 2013 für die *National Post* stufte Williams Beliebtheit als dreimal so hoch wie die seines Vaters ein und förderte darüber hinaus ziemlich verwirrende Daten zur allgemeinen Beliebtheit der Monarchie zutage: Die Mehrheit der Befragten sprach sich für die Beibehaltung der Krone aus, aber 63 Prozent fanden auch, das Staatsoberhaupt solle kanadisch sein und in Kanada leben.[12]

Die Unmengen an Umfragen und Disputen zwischen Monarchisten und Republikanern, welche die Besuche von Mitgliedern des Königshauses stets begleiten, verschleiern wie ein kanadischer Schneesturm den Blick auf die Landschaft. Es gibt dort eine weite, flache Ebene der Apathie – Kanadier, denen all diese Dispute ziemlich egal sind. Der »elektrische Zaun«, der die Institution der Monarchie abschirmt, bestärkt sie darin, keine Energie an das Thema zu verschwenden. Das Kanada-Gesetz im Jahre 1982 unterstrich zwar symbolisch die Unabhängigkeit der Nation, verankerte die überseeische Monarchie aber noch fester in ihrem Herzen: Jede Verfassungsänderung, welche die Krone betrifft, setzt die einstimmige Zustimmung der kanadischen Bundesregierung und aller Provinzregierungen voraus, die ungefähr so wahrscheinlich ist wie Sonnenbräune im winterlichen Nunavut.

Diese solide konstitutionelle Verankerung könnte dazu führen, dass Kanada auf der Prioritätenliste der Windsors relativ weit unten angesiedelt ist, wenn die Wähler in anderen Gebieten des Commonwealth den Aufstand proben. Aber das hieße, das Pflichtgefühl der Queen und ihres Sohnes zu unterschätzen, das sie drängt, den Dienst zu leisten, zu dem sie sich vom Schicksal auserwählt fühlen. In ihrer sehr individuellen Art setzen sie sich beide dafür ein, ihre Rolle aufzuwerten. Dafür möchten sie – auch wenn die Königin dies besser kaschiert als ihr dünnhäutiger Sohn – »gewollt werden«.

In seiner 2009 erschienenen Autobiografie schreibt der aus Neuseeland stammende und in Australien lebende Showbusiness-Impresario Harry M. Miller, dass Charles sich wunderte, »warum Australien sich überhaupt mit uns abgab – wir sind doch wirklich Schnee von gestern«. Angeblich machte der Prinz diese Bemerkung bei einem Tischgespräch. Millers Erinnerungen, die von einem gut zweiunddreißig Jahre zurückliegenden Australienbesuch des Prinzen berichten, warten mit weiteren Details auf, die – falls sie denn stimmen – der Prinz wohl lieber verschwiegen hätte; nicht zuletzt seine angebliche Benutzung von Millers Haus, »um eine Handvoll junger Damen zu unterhalten, darunter seine Freundin Lady Dale ›Kanga‹ Tryon und die hübsche Tochter eines bekannten Politikers aus New South Wales«.[13] Government House, das übliche Quartier für royalen Besuch, bot Miller zufolge nicht genügend Privatsphäre – eine Annehmlichkeit, die dem Prinzen selten genug zugutekommt.

Zur Zeit jenes Besuchs im Jahre 1977 hatte Charles sich noch nicht ganz von einer Idee verabschiedet, die das Problem gelöst hätte, was er aus seinem Leben machen sollte, zugleich aber für neue Probleme gesorgt hätte: Generalgouverneur von Australien zu werden. Die Idee barg viel Konfliktstoff, nicht zuletzt wegen des Eklats zwei Jahre zuvor, als der damalige Generalgouverneur die königliche Prärogative geltend machte, um den Premierminister Gough Whitlam zu entlassen. Dessen Labor-Regierung hatte es geschafft, innerhalb von drei Jahren das Image des Landes umzukrempeln – indem sie gleichen Lohn für Frauen und Landrechte für Aborigines durchsetzte –, war dann aber in einer Art Pattsituation stecken geblieben. »In Melbourne wurde ich Zeuge, wie Studenten mit Bierdosen in den Händen auf den Prinzen losgingen und ihn als Parasiten beschimpften. Ich habe Umfrageergebnisse gesehen, denen zufolge nur 20 Prozent der Bevölkerung ihn als Generalgouverneur akzeptieren würden«, berichtete Anthony Holden, der den Prinzen nach Australien begleitete. Holden nahm auch an, dass Charles zu sehr von der öffentlichen Feindseligkeit abgeschirmt worden war, um die ganze Tragweite der Botschaft zu begreifen. »Wenn ich der Privatsekretär des Prinzen wäre – was ich nicht bin und auch nie sein werde –, würde ich ihm nicht raten, darauf zu hoffen, eines Tages Australien zu regieren. Als Begleiter des Thronfolgers am Ende seines ersten Besuchs in diesem Land würde ich ihm Folgendes raten: Der Prinz sollte darauf hoffen, bei Australiens Zweihundertjahrfeier 1988 ein Zeichen zu setzen, indem er den Unabhängigkeitsfeiern einer neuen Republik innerhalb des Commonwealth vorsteht.«[14]

Millers Autobiografie suggeriert, der Prinz habe diese Botschaft wohl vernommen. Doch zehn Jahre später kam die Idee erneut auf, als der scheidende Amtsinhaber Charles die Rolle des Generalgouverneurs antrug. Der Prinz hörte sich um und stellte fest, dass die australischen Republikaner nicht weniger kämpferisch waren als zuvor, und bemerkte in einem pessimistischen Brief an Nicholas Soames: »Ich muss sagen, ich bin mir momentan nicht ganz schlüssig, wie ich es mit Australien halten soll – geschweige denn mit Kanada oder Neuseeland.«[15] 1994 hatte Charles sich dann für die Option entschieden, die Debatte und, wenn nötig, den Wandel zu fördern, statt ihm im Weg zu stehen. »Persönlich bin ich der Meinung, dass es bezeichnend für eine reife und selbstbewusste Nation ist, kontroverse Debatten zu führen und demokratische Prozesse zu nutzen, um die Art und Weise zu hinterfragen, in der man die Zukunft angehen will«, sagte er in einer Rede zum australischen Nationalfeiertag in Sydney.[16] Am gleichen Tag war ein Student auf den Prinzen zugestürzt und hatte eine Startpistole abgefeuert. Der Prinz zuckte kaum mit der Wimper, was seine Popularität in der früheren Kolonie noch einmal steigerte. Zufällig ging es dem Angreifer gar nicht um die republikanische Sache, sondern um Aufmerksamkeit für das Schicksal kambodschanischer Flüchtlinge in australischen Internierungslagern.

Dennoch unterstrich der Zwischenfall die Unwägbarkeiten im Verhältnis zwischen dem Commonwealth und Charles. Der Prinz sieht ein, dass die Zustimmung zu seiner späteren Herrschaft nirgendwo automatisch gegeben ist, doch das heißt nicht, dass er tatenlos dabei zusehen will, wie die Krone immer mehr an Rückhalt verliert. Obwohl es ihm vor allem darauf ankommt, seine prominente Stellung für sinnvolle Zwecke zu nutzen, hat er seit Jahren auch langfristigere Ziele im Blick. In Kanada entwickelt er ein weiteres Testgelände für seine Ideen, eine virtuelle Dutchy Home Farm. Diese Strategie offenbarte sich an jeder Station seiner Kanadareise 2014 und wurde auch der Monarchist League of Canada vermittelt. »Die häufige Wiederkehr des Prince of Wales und der Herzogin von Cornwall sind nicht nur das Resultat von Ottawas Begeisterung für die Kanadische Krone«, hieß es im Leitartikel einer Sonderausgabe der *Canadian Monarchist News*. »Sie bedeuten eine erneuerte, sichtbare Hinwendung vonseiten Charles' zu unserem Land und bekräftigen seine Absicht, eines Tages Kanadas König zu werden. Dank weiser Berater einst und jetzt ist ihm bewusst, dass es keinen Ersatz gibt für seine regelmäßige physische Präsenz in diesem Land. Vor allem aber hat er viel Überlegung und Energie in das Werk investiert, das ihm – zusammen mit der makellosen, sensiblen öffentlichen Rolle seiner liebevollen Gattin – die Herzen der Briten zurückerobert hat, nämlich sein leidenschaftlicher Einsatz für zahlreiche Wohltätigkeitsinitiativen, die unter dem Banner des Prince's Trust vereinigt sind.«

Die Schlusspassage des Artikels erinnert an die kurzlebige Inkarnation des Prinzen als Frohnatur. Mit sechsundzwanzig tauchte er in Nunavut unter das arktische Eis und kam zum Gaudium der wartenden Fotografen mit Bowler-Hut und Regenschirm zum Vorschein, um dann seinen Neopren-Anzug aufzublasen. Es ist diese Art von Slapstick-Humor, die ihn immer zum Lachen bringt und manchmal auch sein Publikum. Wie der Artikel deutlich macht, hatte der harmlose Klamauk eine weniger harmlose Signalfunktion: die Bekundung kanadischer Souveränität über die nördlichen Weiten des Landes, die immer noch zu Reibereien mit Russland und den Vereinigten Staaten führte. Die Kanadier waren begeistert, aber ihre Zuneigung zu Charles schwand parallel zum Niedergang seiner ersten Ehe dahin.

Der Leitartikel suggeriert, dass Rettung in Sicht sei. »Als Monarchisten, als Kanadier, als Bewunderer von Charles meinen wir, dass die weitreichende Gestaltungskraft seiner kanadischen Wohltätigkeitsorganisationen mehr Wahrnehmung und Erfolg verdient. Nicht nur, dass sie Gutes bewirken, sie helfen auch, das Band zwischen dem Prinzen und den Kanadiern wieder zu festigen, das uns in seiner Jugend noch so viel bedeutete ... Es ist nicht zu spät, die Wertschätzung für einen bemerkenswerten Mann von unermüdlicher Energie und Entschlossenheit neu zu beleben, einen Mann, der es verdient, eines Tages willkommen geheißen und bejubelt – und keineswegs nur in Erwartung von etwas Besserem geduldet – zu werden als unser König und Oberhaupt der Nation, und nicht etwa nur als Staatsoberhaupt.«

Indem er eine neue Spielart der Monarchie für das Commonwealth erfindet, hofft der Prinz, den Republikanern den Wind aus den Segeln zu nehmen. Kanada, wo es kleine, aber sehr engagierte Gruppierungen von Befürwortern und Gegnern der Monarchie gibt und Heerscharen von Indifferenten, könnte ein gutes Testgelände darstellen.

»Die Reise ist ein Bombenerfolg – er parliert mit Obst und beleidigt eine der größten Weltmächte«, witzelt ein Mitglied aus dem Gefolge des Prinzen. »Wir sollten den Boss dazu bringen, dass er sagt, er hasst Ahornsirup und findet die Mounties zweitrangig.« Aber trotz des Galgenhumors seiner Entourage und des Unwohlseins, das den Prinzen belastet, war die Reise eine weitgehend positive Mission.

Der Prinz hat zumindest einige der Indifferenten bekehrt, ein paar Schwankende überzeugen können und mehr Unterstützung für die Monarchie in Kanada gewonnen, auch wenn die bunt karierten Kanadier schottischer Abstammung, die ihm in Pictou zujubeln, keiner Überzeugungsarbeit bedurften. »Diese Gegend hier ist sehr, sehr royalistisch«, sagt Sue MacLachlan. Der schottische Nationalismus kanadischen Stils ist, anders als der auf heimischem Boden, dem Hause Windsor treu ergeben. »Alle sind hellauf begeistert. Als William und Kate geheiratet haben, haben die meisten von uns Hochzeitspartys bis mitten in die Nacht gefeiert. Mit Gurkensandwiches.« Sue sitzt spinnend auf einer Koppel mit Schafen einer seltenen Rasse. Eines der Ziele des Prinzen in Pictou ist die Ankurbelung seiner Woll-Kampagne, die schon in elf anderen Ländern läuft. Ihr Ziel ist es, die Wollproduktion ihrer Nachhaltigkeit wegen zu fördern und den traditionellen Schafzüchtern, die um ihr Überleben kämpfen, unter die Arme zu greifen. Die Kampagne hält sich zugute, seit 2010 eine Verdreifachung des Preises für Rohwolle erreicht zu haben, wobei aber auch die steigende Nachfrage in China und das knappe Angebot eine Rolle spielen. Als der Prinz schnellen Schrittes auf die Schafe zugeht, wird er von Fans umringt, und Camilla verliert ihn aus den Augen. »Oje, mein Mann ist mir schon wieder abhandengekommen«, seufzt sie.

Die Leute haben so lange darauf gewartet, die gleiche Luft wie die Hoheiten zu atmen, dass eine Frau vor Erschöpfung zusammenbricht und von Sanitätern versorgt werden muss. Mittlerweile haben der Prinz und die Herzogin wieder zusammengefunden und sitzen im eisigen Wind, um sich eine Reihe von Darbietungen anzusehen: schottische Volkstänze und »These Hands«, ein Volkslied von Dave Gunning, einem Lokalbarden mit landesweitem Renommee. Der Refrain passt nicht nur zu dem medizinischen Notfall, sondern auch zu dem Leben des Prinzen: »Manche Hände können Leben retten / Also sag mir, was soll ich mit meinen Händen tun?« Die Antwort wird in der letzten Strophe gegeben: »Die Welt braucht einen Helden von menschlicher Art.«

Das passt zu Greg Bakers Botschaft für den Prinzen. Der Topmanager in der Hafenverwaltung von Halifax begleitet die Hoheiten durch den Bauernmarkt in der Stadt und erzählt von einem Wettbewerb zwischen Halifax und New York: Es geht darum, welche Stadt als erste gigantische Ladeanlagen installieren wird, um Kreuzfahrtschiffe im Hafen direkt mit dem lokalen Versorgungsnetz zu verbinden. Auf die Weise können sie ihre Hilfsmotoren abschalten, was die Abgas-Emissionen reduziert. »Das echte Potenzial des Prinzen sehe ich nicht in sporadischen Besuchen, sondern in einer Führungsrolle für die Menschen in Kanada, indem er Initiativen fördert, die Politiker in dieser hochkapitalistischen Gesellschaft für gewöhnlich meiden«, erklärt Baker später in einer E-Mail. »Ich würde ihn lieber nicht so oft mit offiziellen Besuchen beschäftigt sehen und mehr mit dem, was ihm am Herzen liegt ... Dank seines einmaligen Status könnte er eine entscheidende Rolle in Umweltfragen spielen, ebenso wie in vielen anderen Bereichen, in denen er und seine Frau sich zum Teil bereits engagieren, die aber von Politikern, Geschäftsleuten und Prominenten kaum beachtet werden.« Baker hat auch die Putin-Affäre beobachtet und kommt zu dem Schluss, Charles »sollte in vernünftigem Rahmen unzensiert bleiben«.[17]

Die Wohltätigkeitsinitiativen des Prinzen in Kanada profitieren ebenfalls von seiner Gegenwart; Joelle Foster von Futurpreneur, einem Ableger der Prince's Youth Business International Organisation, bedauert allerdings, dass Eisbär Hudson, der dem Prinzen aus der Hand fraß, ihr die Schau gestohlen hat. »Der verdammte Bär hat mehr Presse-Echo bekommen als unsere innovativen Konzepte«, klagt sie.[18] Der Prinz hat das Exchange District in Winnipeg besucht, ein Zentrum für technische Neuerungen und Start-ups, die zum großen Teil von Futurpreneur und anderen Organisationen zur Förderung von Jungunternehmern gesponsert werden. Die Futurpreneur-Methode ist jedem vertraut, der die Arbeitsweise des Prince's Trust kennt. »Wir achten auf den Charakter, nicht auf Begleitumstände, wenn wir junge Leute zwischen achtzehn und neununddreißig durch Coaching, Business-Ressourcen, Start-up-Finanzierung und Beratung unterstützen, damit sie erfolgreiche Geschäftsmodelle entwickeln und erhalten«, verkündet ihre Website. Foster betont, dass 95 Prozent der Darlehen zurückgezahlt werden.

Ein Problem dieser Methode ist es, geeignete Mentoren zu finden, erfahrene Geschäftsleute, die willens und fähig sind, den Jungunternehmern zu helfen. Charles' Besuch animierte eine Flut von neuen Mentoren. »Mein LinkedIn läuft heiß«, sagt Foster. »Ich bekomme über fünfundzwanzig Anfragen pro Tag. Ein riesiger Zuwachs an Mentoren.« Auch die Provinzregierung von Manitoba ist hellhörig geworden und stellt Finanzhilfen in Aussicht. Einzelne Firmen profitierten ebenfalls vom Rampenlicht, in dem der Prinz auf seinem Besuch stand, darunter vor allem VisualSpection, eine Hightech-Firma, die Methoden für Mitarbeiter in der Energieindustrie entwickelt, um Probleme zu erkennen und zu lösen. Als der Prinz dort an einem Display stehen blieb und eine Google-Brille aufsetzte, war der Anblick offenbar so inspirierend, dass Redakteure in aller Welt – sogar in Großbritannien – Kommentare darüber verfassten. Der Artikel in der *Daily Mail* erwähnt VisualSpection und beschreibt die Funktionsweise des Unternehmens genau so, wie Charles' Presseleute es sich wünschen würden – aber die Schlagzeile hat dennoch etwas Bissiges: »Sieht man damit wie ein ›Glasshole‹ aus?«[19]

Kapitel 10

Eine Trumpfkarte im Ausland

Der Prinz ist ebenso oft Zielscheibe von Witzen, wie er selbst welche reißt. Er weiß seit jeher, was die Fotografen wollen, und lässt ihnen oft genug ihren Willen. »Bloß nicht so 'n manieriertes Zeug«, winkt der Hoffotograf Arthur Edwards ab. »Wenn man eine Bildunterschrift braucht, um das Foto zu erklären, taugt es nichts.« Also posiert der Prinz in Kanada mit Früchten, also hält er einen riesigen Meißel in der Hand und blickt pseudo-perplex auf einen marmornen Frauentorso. Ständig muss er sich von Leuten beiderlei Geschlechts und jeglichen Alters küssen lassen, muss es ertragen, dass Babys ihn in die Nase kneifen, und hat in seinem Leben schon weit mehr seltsame Kopfbedeckungen aufsetzen müssen als der Papst.

Bei einem Besuch in Saudi-Arabien im Februar 2014 stülpte er sich eine Ghutra über, den traditionellen, über ein Scheitelkäppchen gefalteten Baumwollkopfputz, und schlüpfte in das knöchellange Gewand, Thawb genannt, um an einem Schwertertanz teilzunehmen. »Ich bin ein falscher Scheich«, erklärte er einem staunenden Kind. Anlass dieses Auftritts war das Janadriyah-Festival, ein jährlich stattfindendes kulturelles Ereignis. Seine Tanzkünste waren bei der Gelegenheit nicht ganz auf dem Niveau, das Emma Thompson fast die Sinne raubt, Bälle in Balmoral belebt, Tanztees aufpeppt und im Karneval von Rio Funken sprüht. Es brachte ihm auch keine Anerkennung aus den Reihen der Kritiker Saudi-Arabiens, eines Königreichs, das als absolute Monarchie regiert wird und ein Grundgesetz erst

1992 nach dem Ersten Golfkrieg eingeführt hat. Während des ganzen Arabischen Frühlings hält das Königshaus sein Volk eisern im Griff. Wer protestiert, riskiert drakonische Strafen. »Das Ansehen des Staates zu beflecken« wird ebenso wie Atheismus als terroristischer Akt betrachtet. Doch trotz ihrer weitreichenden Antiterrorgesetze bleibt die Nation, die fast ein Fünftel sämtlicher bekannten Ölreserven besitzt, ein Schmelztiegel und eine Geldquelle für die Art von Dschihadismus, der Osama bin Laden hervorgebracht hat. Noch immer inspiriert sie gewalttätige sunnitische Organisationen wie al-Shabab, Boko Haram und IS, den selbst ernannten Islamischen Staat. Generationen von Saudi-Herrschern haben die ultra-orthodoxe Wahhabiten-Sekte aus machtpolitischen Gründen gefördert und sich – Ironie des Schicksals – damit selbst ihren schärfsten Feind herangezüchtet.

Gegner der sunnitischen Dschihadisten sind die Schiiten, die heutzutage die Mehrheit der Bevölkerung im Iran und Irak sowie in Bahrain und Aserbaidschan ausmachen und signifikant vertreten sind in Indonesien, Kuwait, Libanon, Nigeria, Pakistan, Syrien, der Türkei, dem Jemen und auch Saudi-Arabien. Nach dem Tod des Propheten Mohammed im Jahr 632 trafen die Schiiten die schicksalhafte Entscheidung, dem Erbprinzip zu folgen und seine Nachkommen im Kampf um die Vorherrschaft im Islam zu unterstützen. Damals forderten die Sunniten einen demokratisch gewählten Kalifen, doch die Leute, die heute im Namen des sunnitischen Islam morden, scheren sich nicht um derartige Mandate; sie hegen eine besondere Animosität gegenüber westlichen Demokratien, allen voran dem »großen Satan« Amerika. Diese Bezeichnung stammt ursprünglich von dem Schiiten Ayatollah Khomeini, der die Revolution gegen den Schah von Persien anführte. Der Iran unterstützt seither militante schiitische Organisationen wie die Hisbollah im Libanon, aber auch die sunnitische palästinensische Hamas.

Wie Charles 1993 in einer Rede einräumte, entspringt vieles von dem Gift und der Komplexität dieser Feindseligkeiten den westlichen Einmischungen während der letzten vierzehn Jahrhunderte. »Extremismus ist ebenso wenig das Monopol des Islam wie das Monopol anderer Religionen, einschließlich des Christentums«, sagte er. »Für westliche Schulkinder sind die zweihundert Jahre der Kreuzzüge eine heroische Epoche, in der die Könige, Ritter, Fürsten – und Kinder – aus Europa versuchten, den bösen muslimischen Ungläubigen Jerusalem zu entreißen. Für Muslime waren die Kreuzzüge eine Ära großer Grausamkeit und schrecklicher Plünderungen durch westliche Glücksritter, eine Zeit entsetzlicher Gräueltaten, wie das Massaker im Jahre 1099 bei der Rückeroberung von Jerusalem, der drittheiligsten Stadt im Islam. Für uns im Westen bedeutet das Jahr 1492 die Erschließung neuer Horizonte, Kolumbus und die Entdeckung Amerikas. Für Muslime ist 1492 ein Jahr der Tragik – das Jahr, als Granada an Ferdinand und Isabella fiel, was das Ende von acht Jahrhunderten muslimischer Kultur in Europa bedeutete.

Der Punkt ist meines Erachtens nicht, dass die eine oder die andere Sichtweise wahrer ist oder gar ein Wahrheitsmonopol besitzt. Der Punkt ist, dass Missverständnisse aufkommen, wenn wir nicht wahrhaben wollen, wie andere die Welt sehen, ihre Geschichte und unsere jeweilige Rolle darin. Wir im Westen haben den Islam so oft als Bedrohung empfunden – in mittelalterlichen Zeiten als militärische Macht, in neueren Zeiten als Quelle von Intoleranz, Extremismus und Terror.«[1]

Die Rede passte schlecht ins Konzept des westlichen Mainstreams. »Damals war er seiner Zeit weit voraus mit der Ansicht, dass etwas getan werden muss, um ein besseres Verständnis zwischen der islamischen Welt und dem Westen zu erreichen«, sagt Farhan Nizami, Direktor des Oxford Centre for Islamic Studies und Prince of Wales Fellow am Magdalen College. »Es war wirklich ein Akt weiser Voraussicht, die westliche Welt und den Islam zum Zusammenhalt aufzurufen.«[2]

Außerdem handelte es sich um eine hochpolitische Rede, sorgfältig geplant vor einer Reise an den Golf, von der zu befürchten stand, dass sie genauso verlaufen würde wie frühere Reisen – höfliche, belanglose Zusammentreffen in klimatisierten Räumen. Das änderte sich durch seine Rede. Der Prinz nutzte die Gelegenheit, um auf »das entsetzliche Leid« bosnischer Muslime aufmerksam zu machen und

Saddam Husseins Verfolgung der Kurden im Südirak anzuprangern. Offenbar hielt Charles den Islam für ein Gegengift gegen den westlichen Materialismus, wobei hier schon seine Besorgnis über das Christentum anklang, das seit der Aufklärung mehr und mehr einer »materialistischen Wissenschaft« erlegen sei. Dieses Thema führte er detaillierter in *Harmonie* aus, was in den nächsten Kapiteln dargelegt wird. Der spätere Verteidiger des (anglikanischen) Glaubens lobte den Islam für sein holistisches Denken. »Grundlegend im Islam ist die Wahrung einer integralen Sicht des Universums«, erklärte der Prinz seinen Zuhörern im Sheldonian Theatre in Oxford. »Der Islam – wie der Buddhismus und der Hinduismus – trennt nicht zwischen Mensch und Natur, Religion und Wissenschaft, Geist und Materie und hat sich eine metaphysische und einheitliche Sicht auf uns Menschen und die Welt um uns her erhalten.«[3]

In den Golfstaaten, wie überhaupt in der muslimischen Welt, wurde Charles' Rede mit Beifall aufgenommen. Als der Prinz in Saudi-Arabien eintraf, setzte König Fahd sich über das gewohnte Protokoll hinweg und begrüßte ihn in aller Frühe in seinem Gästehaus, statt ihn in seinem Palast zu erwarten.

In seiner britischen Heimat legte der Thronfolger seine Ansichten über den Islam nicht nur in Reden, sondern auch bei weiteren Auftritten und vor interreligiösen Initiativen dar. Er ist Schirmherr des von Nizami geleiteten Instituts, das laut dieser Quelle auch von Saudi-Arabien finanziert wird. Unterstützung erhält es weiterhin »aus der ganzen muslimischen Welt, von der Türkei über die Golfstaaten bis Südostasien … von britischen und US-Stiftungen und sogar vom FCO«, dem Foreign & Commonwealth Office. In Großbritannien wurden Charles' Ansichten zum Islam mit jener Mischung von Belustigung und Ärger aufgenommen, die seinen Bemühungen oft zuteilwird.[4] Kolumnisten machen sich über ihn lustig: Ob er denn nicht wisse, wie die Scharia den Ehebruch bestraft? In Saudi-Arabien riskiere man Kopf und Kragen, wenn man seine Frau betrügt.

Verschwörungstheoretiker jeglicher Couleur sehen in seinen Verbindungen zur muslimischen Welt eine Bestätigung seiner zwielichtigen Absichten. »Prinz Charles wurde von der Königin als Kopf der weltumspannenden britisch-saudischen Terror-Maschinerie eingesetzt, wobei er Verbindungen nutzt, die er mehr als ein Vierteljahrhundert lang aufgebaut hat«, behaupten Richard Freeman und William F. Wertz Jr. in einem Essay, der von Lyndon LaRouche veröffentlicht wurde, einem Erz-Verschwörungstheoretiker, glücklosen Präsidentschaftskandidaten und verurteilten Betrüger. »Charles ist auch die treibende Kraft bei der Kampagne von Königin Elizabeth, durch Hunger, Seuchen, Krieg und Mord die Weltbevölkerung von derzeit sieben Milliarden auf eine Milliarde zu reduzieren. Laut der halboffiziellen Biografie des Prinzen von Jonathan Dimbleby, *The Prince of Wales*, hielt der Prinz ein zweitägiges Seminar an Bord der königlichen Jacht *Britannia* ab, um die Agenda für die Weltkonferenz von Rio 1992 festzulegen. Die Konferenz lancierte die Kampagne des Intergovernmental Panel on Climate Change (IPCC), durch welche der Artenvernichtungsschwindel menschengemachter Erderwärmung propagiert wird, als ein Vehikel zur Abschaffung von Industrie und Zivilisation.«[5]

Anhänger Dianas behaupten gern, das Interesse des Prinzen am Islam entstamme seinem Bedürfnis, mit den muslimischen Freunden seiner früheren Ehefrau, Hasnat Khan und Dodi Fayed, zu konkurrieren – was nicht nur psychologisch abwegig, sondern allein schon von der zeitlichen Abfolge her absurd wäre. Eine andere gängige Theorie zielt darauf ab, dass der Prinz ein verkappter Muslim sei. Auf der rechts außen angesiedelten Website Stormfront schrieb ein User, der sich »Fight For England« nennt: »Nach vielen Diskussionen mit dem Muslim-Kanaken auf meiner Bude über den Islam und ob Prinz Charles Muslim ist, hab ich mir gedacht, ich frag jetzt hier mal die Brüder und Schwestern, was die so drüber denken.« – »Aha!«, schrieb »Raffles« zurück. »Da teilt also noch jemand meine Meinung. Dieser segelohrige Komiker tut doch nichts lieber, als sich als Kanake zu verkleiden.«[6]

Für viele Liberale ist das Wohlwollen des Prinzen dem Islam gegenüber gleichzusetzen mit einer Unterstützung repressiver Interpretationen des muslimischen Glaubens und repressiver Regime, insbesondere Saudi-Arabiens und seiner diktatorischen Monarchie. Nachdem der Brite Sandy Mitchell im Jahr 2000 dort wegen angeblicher Beteiligung an zwei Bombenanschlägen verhaftet wurde, obwohl er ein lupenreines Alibi besaß und alles an dem Tathergang auf al-Qaida hindeutete, intervenierte der Prinz für ihn bei Abdullah, dem damaligen Kronprinzen und De-facto-Herrscher. »Abdullah hörte höflich zu und nickte kommentarlos«, erinnert sich der investigative Journalist Mark Hollingsworth in *Saudi Babylon*, einem Buch, das er mit Mitchell schrieb. Die Intervention und weitere häufige Fürsprachen des Prinzen trugen keine sichtbaren Früchte – Mitchell verbrachte zweiunddreißig Monate in Haft, wo er physischer und seelischer Folter ausgesetzt war, inklusive einem Todesurteil, das bis zu seiner Freilassung wie ein Damoklesschwert über ihm hing. Erst 2005 wurde er durch den Coroner von Wiltshire bei der gerichtlichen Untersuchung zum Fall Christopher Rodway, einem Opfer von einer der Autobomben, offiziell von dem Verdacht freigesprochen.

Mitchell und Hollingsworth werfen dem Prinzen seine Ineffektivität und Blauäugigkeit im Umgang mit dem saudischen Königshaus vor. Außerdem soll er Ermittlungen blockiert haben, bei denen es um Beschuldigungen von Angehörigen der Opfer des 11. September ging, dass hohe Würdenträger des Saudi-Regimes al-Qaida finanziell unterstützt hätten. In *Saudi Babylon* wird berichtet, Alan Gerson, ein Anwalt der Familien jener Opfer, habe 2003 bei New Scotland Yard angefragt, ob die britischen Behörden »irgendetwas zutage gefördert« hätten, »das nachweist, dass Spenden vonseiten einiger Angehöriger des saudischen Königshauses Geld in die Kassen der Terroristen spülten«. Stephen Ratcliffe, der als Sonderermittler den Quellen von Terroristengeldern nachspüren sollte, wird als »zögerlich und ungeschickt« beschrieben. »»Unsere Möglichkeiten, den Saudis auf den Zahn zu fühlen, sind sehr eingeschränkt«, sagte er. Dann hielt er inne und blickte auf ein Foto von Prinz Charles an der Wand, hob die Augenbrauen und lächelte vielsagend, ohne ein weiteres Wort zu äußern. ›Er schwieg, aber die Botschaft war glasklar, als er zu dem Bild hinsah‹, sagte ein Polizeibeamter, der dabei gewesen war. ›Es war Prinz Charles' besondere Beziehung zu den Saudis, die uns Probleme bereitete. Sonst hat Ratcliffe keinen Grund angegeben, weshalb ihre Möglichkeiten eingeschränkt waren.‹«[7]

Bei der Salman-Rushdie-Affäre sah man Charles auf einer Seite mit islamischen Konservativen. Ayatollah Khomeini hatte 1989 zu einer Fatwa gegen Rushdie aufgerufen, wegen seines Romans *Die satanischen Verse*. Der vorgeschobene Grund für den Mordaufruf war dessen Verunglimpfung des Islam; die tiefere Absicht des Geistlichen zielte darauf ab, den schiitischen Iran – und nicht das sunnitische Saudi-Arabien – als Zentrum des wahren Islam zu positionieren. Die verquere Sicht der Dinge, nach der die Schuld bei Rushdie und nicht bei seinen Verfolgern lag, fand einige mächtige Fürsprecher innerhalb der Regierung Thatcher – sie erscheint als »Mrs Torture« karikiert in den *Satanischen Versen* –, sowie im Lambeth Palace, dem Sitz des Erzbischofs von Canterbury. Erzbischof Robert Runcie ließ wissen, er könne »die Reaktion der frommen Muslime verstehen«, denn sie seien »tief verletzt im Hinblick auf das, was ihnen am teuersten ist und wofür sie selbst sterben würden«. Auch die literarische Welt stand nicht geschlossen hinter Rushdie. John le Carré und Rushdie wechselten zornige Briefe und versöhnten sich erst 2012, obwohl le Carré nicht von seinen anfänglichen Vorbehalten gegen Rushdies Buch abwich. »Sollen wir uns die Freiheit nehmen, den Koran zu verbrennen und den leidenschaftlich empfundenen Glauben anderer zu verhöhnen?«, fragte er. »Vielleicht sollten wir uns ja die Freiheit nehmen; aber dürfen wir dann überrascht sein, wenn die Gläubigen, die wir verhöhnt haben, mit Wut reagieren? Ich konnte die Frage damals nicht beantworten, und ich kann es noch immer nicht. Doch im Rückblick bin ich schon ein bisschen stolz, dass ich mich gegen den allgemeinen Trend aussprach, den Zorn empörter westlicher Intellektueller auf mich zog und ihn in all seiner selbstgerechten Glorie ertrug. Und wenn ich Salman morgen treffen würde? Ich würde einem brillanten Kollegen herzlich die Hand schütteln.«[8]

Anderswo setzte es Prügel statt harscher Worte, und es kam zu Straßenschlachten, bei denen zweiundvierzig Leute umkamen. Zudem gab es Angriffe gegen die Leute, die mit der Veröffentlichung des Buches zu tun hatten. Ein Möchtegern-Mörder Rushdies jagte sich aus Versehen selbst in die Luft. Der japanische Übersetzer des Buchs wurde erstochen. Rushdie tauchte unter. In dieser aufgeladenen Atmosphäre fand Rushdies Freund und Kollege Martin Amis sich eines Tages an festlicher Tafel in royaler Gesellschaft. »Ich hatte einen kleinen Disput mit Prinz Charles bei einer Dinnerparty«, erzählte Amis in einem Interview anlässlich des fünfundzwanzigsten Jahrestags der Fatwa. »Er sagte – typischerweise, wie ich finde –, ›tut mir leid, aber wenn einer jemandes tiefste Überzeugungen beleidigt, tja dann‹, bla bla bla ... Und ich entgegnete, ein Roman lege es nicht darauf an, jemanden zu beleidigen. ›Ein Roman will seine Leser erfreuen‹, sagte ich. ›Es ist grundsätzlich ein spielerisches Unterfangen, und dies ist ein überaus verspielter Roman.‹ Der Prinz nahm das zur Kenntnis, aber am nächsten Abend, bei der nächsten Party, wird er wohl wieder dasselbe gesagt haben.«[9]

Es ist kaum anzunehmen, dass Charles *Die satanischen Verse* gelesen hatte. Zu ihren Cambridge-Zeiten brachte Lucia Santa Cruz ihren Freund dazu, *Anna Karenina* zu lesen. Sie bemerkte, entgegen den vielen fehlgeleiteten Spekulationen, die sich um ihre platonische Freundschaft rankten, diese Lektüre sei die einzige neue Erfahrung gewesen, die sie ihm zukommen lassen konnte. »Er sagte, es habe ihm gefallen, aber er wollte nie wieder einen Roman lesen, glaube ich. Er wollte lieber bei seinen historischen Abhandlungen oder Essays bleiben.«[10]

Der Prinz wäre vielleicht überrascht gewesen, in Rushdies berühmtestem Werk ein gewisses Maß von all dem zu finden, was er seinen eigenen Worten nach selbst fördern möchte – eine ernsthafte Auseinandersetzung mit dem Islam, die nicht vor Kritik zurückschreckt. 2006 nutzte Charles eine Rede an der Imam Muhammad bin Saud Universität in Riad zu einem Plädoyer für eine flexiblere Auslegung der heiligen Schriften, was der frühere *Guardian*-Redakteur und Nahost-Experte Brian Whitaker als »sensationell und revolutionär« im Kontext einer erzkonservativen islamischen Institution wertete.[11] »Ich glaube, was wir wiederfinden müssen, ist die Tiefe, die Subtilität, die Großzügigkeit der Ideen, den Respekt vor der Weisheit, all das, was den Islam in seiner großen Epoche auszeichnete. Der Islam nannte die Juden und Christen die Völker des Buches, weil sie wie die Muslime einer Religion mit heiligen Schriften anhängen«, sagte der Prinz. »Und was in der großen Epoche des Glaubens so bezeichnend war, das war sicherlich das Verständnis dafür, dass es nicht nur heilige Schriften gibt, sondern auch die Kunst der Interpretation dieser heiligen Schriften – es gibt das Wort Gottes und seine Bedeutung für alle Zeit, und es gibt das Wort Gottes und seine Bedeutung für diese unsere Zeit.«[12] Charles »suchte den Islam vor antimuslimischen Vorurteilen im Westen zu verteidigen und zugleich islamische Reformen gegen rückwärtsgewandte Kleriker zu unterstützen«, schrieb Whitaker. »Die Frage ist ... ob seine Worte auf taube Ohren treffen.«[13]

In jüngster Zeit hat Charles begonnen, sich für christliche Gemeinden einzusetzen, die in Ägypten, dem Irak, Syrien und anderen vorwiegend muslimischen Ländern in die Schusslinie von Fundamentalisten geraten sind. Im Dezember 2013 verbrachte er einen ganzen Tag bei einem Treffen mit Christen aus dem Nahen Osten. Begleitet wurde er von seinem Freund, dem Bischof von London, und Prinz Ghazi aus Jordanien, der sich ebenfalls für eine Verständigung zwischen den Religionen einsetzt und im folgenden Jahr Papst Franziskus in der al-Aqsa-Moschee in Ost-Jerusalem willkommen heißen sollte. Anschließend an das Treffen gab es einen Adventsempfang in Clarence House. Teilnehmer waren die Oberhäupter der koptischen und der orthodoxen Kirchen im Vereinigten Königreich, Justin Welby, der Erzbischof von Canterbury, Vincent Nichols, das Oberhaupt der katholischen Kirche in Großbritannien, und der Oberrabbiner Ephraim Mirvis. Der Prinz äußerte seine Botschaft auch auf der 228 426 Pfund teuren Reise nach Saudi-Arabien, Katar, Abu Dhabi und Bahrain im Februar 2014, bei der die Bilder von ihm beim Schwertertanz entstanden.

Seine Kritiker witterten Blut auf dem Tanzboden. Amnesty International forderte, der Prinz solle bei seinen saudischen Gastgebern das Thema Menschenrechte ansprechen, während das Video von dem Schwertertanz via Twitter mit den Worten kommentiert wurde: »Ja, sie lieben Schwerter in Saudi-Arabien. Auch für öffentliche Hinrichtungen.« George Galloway, der einzige Abgeordnete in Westminster, der die linksgerichtete Partei Respect – The Unity Coalition vertritt, nutzte seine regelmäßigen Auftritte bei Press TV, um den Prinzen wegen seiner Saudi-Arabien-Reise zu schmähen. »Dreizehn der neunzehn Massenmörder von 9/11 stammten aus Saudi-Arabien«, giftete Galloway. »Mit scharfen Klingen durchschnitten sie die Kehlen junger Frauen, Stewardessen in jenen Flugzeugen, die sie zu massenhaftem Tod und Verderben in die Twin Towers flogen. Warum fragt Prinz Charles nicht, wie das geschehen konnte, aus welchem Brunnen dieses Gift entspringt? Er weiß ... wo dieser Brunnen sich befindet. Dieser junge Mann [Lee Rigby], der da ermordet wurde, abgeschlachtet auf den Straßen von South London in Woolwich, sie haben ihm den Kopf abgeschnitten, diese Fanatiker. Woher beziehen sie ihr Geld, ihre Vorstellungen, ihren politischen Rückhalt? Aus dem Saudi-Arabien, wo Prinz Charles herumgetanzt ist wie ein Idiot, wie ein Clown.«[14]

Press TV wird finanziert vom Iran, Saudi-Arabiens geopolitischem Rivalen und schiitischem Feind. Wegen »Rufschädigung der Labour Party durch Verhalten, das der Partei zum Nachteil gereicht«, war Galloway 2003 aus der Labour Party ausgeschlossen worden. Angeblich soll er einst zu Saddam Hussein gesagt haben: »Ich begrüße Ihren Mut, Ihre Stärke, Ihre Unermüdlichkeit.« Galloway verklagte den *Daily Telegraph* mit Erfolg wegen des dort erhobenen Vorwurfs, er sei ein bezahlter Fürsprecher Saddams. Vor Gericht erklärte er, er habe das irakische Volk insgesamt gemeint, nicht Saddam, und setzte hinzu: »Ich habe versucht, einen desaströsen Krieg zu stoppen.«[15] Aber dem Prinzen wollte er eine ähnliche Rechtfertigung anscheinend nicht gönnen.

Die negativen Interpretationen der Golfreise des Prinzen im Jahr 2014 erhielten neue Nahrung durch die Ankündigung des britischen

Luft- und Raumfahrt-Unternehmens BAE Systems, Typhoon-Jets an die saudische Regierung zu verkaufen. Der Deal wurde just an dem Tag publik, als der Prinz von Riad nach Doha weitergereist war. Im *Guardian* zitierte Redakteur Richard Norton-Taylor eine Einschätzung von Andrew Smith, Sprecher für die Campaign Against the Arms Trade, CAAT: »Es ist klar, dass Prinz Charles von der britischen Regierung und BAE Systems als Waffenhändler benutzt wird.« Die Mitarbeiter des Prinzen bestritten vehement, dass der Waffen-Deal in irgendeinem seiner Gespräche erwähnt worden sei. Aber egal: »Es musste gar nicht zur Sprache kommen«, schrieb Norton-Taylor. »Die Saudis hatten die Botschaft schon verstanden. Es war der zehnte Staatsbesuch, den der Thronfolger der feudalen Monarchie abstattete. Und wie wir hören, unternahm er die Reise auf Geheiß des Außenministeriums.«[16]

Der Prinz, so oft dafür kritisiert, dass er bei ministeriellen Entscheidungen querschießt, war laut Hofkreisen auf Wunsch des britischen Außenministeriums nach Saudi-Arabien gereist und hatte dafür Instruktionen erhalten. Er selbst wollte bei der Reise vornehmlich seine Besorgnis über den Umgang mit christlichen Gemeinden in den Golfstaaten zur Sprache bringen. Außerdem ging es ihm um die Frage, wie die luxusorientierten, verkehrslastigen, Energie verschwendenden Städte im Nahen Osten sich mit seinem Bild vom Islam als von Natur aus umweltfreundlich vereinbaren lassen. Er traf Jungunternehmer in Riad, Ökologen in Doha, nahm teil an einem Dialog zwischen verschiedenen Religionen. Aber die Interessen der Regierung hatten Vorrang.

Seit seiner Rede in Oxford besitzt der Prinz das Vertrauen von wichtigen Kontaktpersonen in der Region, nicht zuletzt der Königshäuser am Golf, die ihn nicht nur als ebenbürtig betrachten, sondern als Verteidiger des Islam. »Ich kenne keine andere wichtige Persönlichkeit des Westens, die in der muslimischen Welt so hoch angesehen ist wie der Prince of Wales«, erklärt Nizami.[17] »Der Wert, den er hier einbringt, ist der Wert langfristiger Beziehungen, im Unterschied zu kurzfristigen auf rein geschäftlicher Basis«, sagt ein

Insider. »Das ist überaus vertrauensbildend für seine Gesprächspartner.«

Und genau dies hat den Prinzen zu einer bedeutenden Trumpfkarte für das Außenministerium und den britischen Nachrichtendienst werden lassen. Er ist in der Lage, wichtigen Entscheidungsträgern den britischen Standpunkt zu vermitteln und Informationen zu sammeln, die einem Minister oder Diplomaten nicht so leicht zugänglich wären. Natürlich wird bei solchen Missionen immer berücksichtigt, welche verfassungsmäßigen Einschränkungen seine Rolle ihm auferlegt: Man würde ihn nicht damit beauftragen, Verträge auszuhandeln oder abzuschließen, weder politische noch kommerzielle; seine Aufgabe ist es, zu raten und zu warnen, zu fördern und zuzuhören. Laut einer dem Prinzen nahestehenden Quelle mag er es gar nicht, für den Verkauf von Waffen instrumentalisiert zu werden, und geht solchen Aktivitäten so weit wie möglich aus dem Weg. Doch das war nicht immer der Fall. In Jonathan Dimblebys Dokumentarfilm von 2006 rechtfertigt Charles sein Erscheinen auf der Waffenmesse von Dubai damit, dass es den britischen Außenhandel ankurble, und behauptet ohne große Überzeugungskraft, die Waffen würden wohl lediglich zur Abschreckung dienen. Und wenn das Vereinigte Königreich sie nicht verkaufe, dann werde es jemand anders tun. Sollte er seine Meinung inzwischen geändert haben, warum sagt er es dann nicht? Insidern zufolge hat er das bereits getan, wenn auch – vorerst – nur in privaten Äußerungen. Wenn ihm die Tagesordnungspunkte seiner Reisen nicht passen, wird er es deutlich machen, handschriftlich, schwarz auf weiß, mit Unterstreichungen.

Außerdem würde jeder lautstarke Protest des Prinzen seine Nützlichkeit am Golf mindern. Manche seiner Vorhaben auf diesen Reisen bedurften eines immer rarer werdenden Guts: der Geheimhaltung. Und alle Vorhaben hingen ab von seinem engmaschigen Netz von Verbindungen in jener Region. »Es ist eine sehr subtile Art von Diplomatie, die sozusagen unter dem offiziellen Regelwerk hindurchschlüpft«, verlautet es aus einer Quelle. Als der Prinz seinen Kopfputz aufsetzte, sein Schwert ergriff und zu tanzen begann, wuchsen in

London die Sorgen: Man fürchtete, dass die saudische Unterstützung für den syrischen Aufstand nicht nur ihr Ziel verfehlt hatte, Präsident Assad zu stürzen, sondern mehr und mehr Dschihadistengruppen bestärkte, ihre Anhänger auch aus der radikalisierten Jugend jenseits der Landesgrenzen zu beziehen. Außerdem hat der Konflikt Millionen von Flüchtlingen hervorgebracht. Bei privaten Unterredungen mit dem saudischen Monarchen und anderen Mitgliedern des Königshauses warf Charles die Frage auf, wie Riad am besten humanitäre Hilfe leisten könne. Dabei wies er auf die Gefahren hin, die von kampferprobten Militanten ausgehen konnten, wenn sie zurückkehrten – ob nach Saudi-Arabien oder Großbritannien. Der Prinz erwähnte auch die britischen Sorgen um die Stabilität in der Region, insbesondere seit dem Vormarsch des IS und der Einnahme der irakischen Stadt Falludscha.

Fragwürdig ist grundsätzlich jede Initiative, die das Saudi-Regime unterstützt oder versucht, das Unbefriedbare zu befrieden. Zu jener Zeit versuchte Großbritannien, beides zu tun. Kaum zwei Monate nach Charles' Besuch trat in Riad Geheimdienstchef Prinz Bandar bin Sultan, der Initiator der verfehlten Syrien-Politik, zurück. Die Wahl seines Nachfolgers, Innenminister Mohammed bin Naif, signalisierte eine engere strategische und nachrichtendienstliche Kooperation zwischen Saudi-Arabien und seinen westlichen Verbündeten – just zu dem Zeitpunkt, als die Krise in der Region sich mit der Ausbreitung des IS im Irak zuspitzte. Die Saudis sind problematische Verbündete, heißt es aus einer Quelle, die britische und US-Außenpolitik ist sich uneins, doch im Moment gibt es keine Alternative zu dem Versuch, mit den Saudis zusammenzuarbeiten. Die Unterredungen mit Prinz Charles führen zwar nicht zu konkreten Lösungen, aber »sie dürften in führenden [Saudi-]Kreisen größere Klarheit bewirkt haben«, heißt es aus ebenjener Quelle.

Charles arbeitet nicht immer mit dem Außenministerium zusammen. Im Mai 2013 war er der erste Windsor, der je Armenien besuchte. Er folgte der Einladung einer Stiftung namens Yerevan My Love, die vom armenischen Botschafter im Vereinigten Königreich, dem früheren armenischen Premier Armen Sarkissjan, ins Leben gerufen wurde. Der Prinz ist ihr Schirmherr, und ihre Ziele und Bandbreite entsprechen genau seinen Überzeugungen. Es handelt sich um »ein dem kulturellen Vermächtnis gewidmetes Regenerationsprojekt, durch das architektonisch wertvolle Bausubstanz in Eriwan erhalten wird und das mittels adaptiver Umwandlung die Lebensqualität von behinderten Kindern, jungen Leuten und sozial ausgegrenzten Familien verbessern hilft«.[18] Der Prinz traf dort auch Karekin II., das Oberhaupt der armenisch-orthodoxen Kirche, und wurde auf seiner Reise von Bischof Vahan Hovhanessian begleitet, dem Primas der Armenischen Kirche im Vereinigten Königreich.

»Eins war von vorneherein klar, nämlich dass der Besuch der Kirche galt, nicht dem Staat«, sagte der Bischof. »Er absolvierte nicht die übliche politisch korrekte Routine, die anderen vielleicht vorgeschrieben wird … Ich habe einige hochrangige Besucher erlebt, bei denen man nach fünf, zehn Minuten weiß, dass sie gesehen haben, wofür sie hergekommen sind, und die dann wieder gehen wollen. Bei Seiner Königlichen Hoheit war es nicht so. Hätten wir noch andere Gebäude zum Vorzeigen gehabt, hätte er noch weitere zwei, drei Stunden bei uns verbracht, das haben alle so empfunden.« Hovhanessian war Charles zuvor schon bei Benefizveranstaltungen begegnet, hatte aber nie viel mehr als ein paar Minuten in seiner Gesellschaft verbracht. »Er beeindruckte mich durch seine Bescheidenheit. Er scherzte ganz locker mit mir, er sorgte dafür, dass alle entspannt waren und sich wohlfühlten, denn wir wussten, er war wirklich an unserer Arbeit interessiert. Er machte sich ehrliche Gedanken um die Kirche und die Zukunft der Kirche und des Christentums und die Bewahrung dieser Wurzeln, der frühesten Wurzeln der östlichen Christenheit.«[19]

Hovhanessian spricht in der armenischen Botschaft in London unter alten Fotografien von Eriwan, die sepiabraun verfärbt sind. Die Botschaft befindet sich im eleganten Kensington. Dort leben viele Mitglieder der armenischen Gemeinde, die wohlhabend genug sind, für Eriwans Regeneration zu spenden und die Stiftungen des Prinzen zu unterstützen – die Familie Manoukian etwa sponsert Yerevan My Love und hat ein Sport- und Freiluftzentrum bei Dumfries House finanziert. Allerdings spiegelt Armeniens ausgedünnte Diplomatie den marginalen Status des Landes wider. Die Nachbarn Aserbaidschan und Türkei haben ihre Grenzen zu Armenien geschlossen. Baku hegt gegen Eriwan einen dauerhaften Groll wegen Nagorny-Karabach, einer überwiegend von Armeniern bevölkerten Region Aserbaidschans, in der es nach der Auflösung der Sowjetunion zum Krieg zwischen den beiden Staaten gekommen war. Ankara reagiert neuralgisch darauf, dass Eriwan die Massaker an Armeniern in der Türkei vor und nach dem Ersten Weltkrieg als Völkermord bezeichnet. Obwohl die Parlamente von Nordirland, Schottland und Wales zusammen mit achtzehn weiteren Ländern den türkischen »Genozid« verurteilen, beschränkt sich das britische Parlament auf den allgemeineren Begriff »Massaker«, um keine rechtlichen und diplomatischen Konsequenzen zu provozieren.

Charles besuchte nicht nur die Kathedrale von Etschmiadsin aus dem vierten Jahrhundert, sondern auch das Denkmal für den armenischen Genozid aus dem zwanzigsten Jahrhundert, womit er einen diplomatischen Eklat riskierte. Doch aus dem Außenministerium verlautet, man habe sich über keinen Aspekt der Armenienreise des Prinzen Sorgen gemacht: »Wir haben keine Akte über ihn, auf der ›mit Vorsicht zu handhaben‹ steht.«

Charles' Unterstützung des Dalai Lama – und seine Kritik an der chinesischen Staatsmacht, die er nur für sich und seine Freunde niederschrieb und die 2005 den Weg in die *Mail on Sunday* fand – bereitete den Beamten des Außenministeriums schon eher Kopfschmerzen. Sein früherer Mitarbeiter Mark Bolland verteidigte das Publikationsrecht der *Mail* und sagte, dass Charles entgegen öffentlicher Behauptungen 1999 sehr wohl mit Absicht das Staatsbankett mit Chinas Präsident Jiang Zemin versäumt habe: »als Affront gegen den Chinesen, weil er das chinesische Regime ablehnt und ein großer Befürworter des Dalai Lama ist, den er als Opfer chinesischer Unterdrückung sieht.« Weiter sagte Bolland: »Der Prinz war sich über die politische und wirtschaftliche Tragweite des Staatsbesuchs im Klaren. Dennoch wollte er ein öffentliches Zeichen setzen – daher die Entscheidung, das Bankett zu boykottieren. Wir versuchten ihn umzustimmen, aber ohne Erfolg.«[20]

Der Anwalt des Prinzen widersprach dieser Version des Geschehens, aber viele Tibeter sind von der Absicht dahinter überzeugt. »Manche sagen, der Boykott sei nicht geplant gewesen, doch die Tatsache, dass der Vorfall so aufgebauscht wurde, signalisierte dem chinesischen Volk und der chinesischen Regierung, dass etwas im Argen liegt«, sagt Thubten Samdup, der Repräsentant des Dalai Lama in Europa. »Es gab ein gewaltiges Echo in der Presse, das den Tibetern in Erinnerung bleibt. Also sind auch solche kleinen Aktionen wichtig. Heutzutage scheint jeder auf der Welt sich davor zu fürchten, mit dem Dalai Lama gesehen zu werden – immer finden sie irgendwo einen stillen Winkel, wo man sich mit ihm treffen kann, um dann vor Presse und Publikum sagen zu können: ›O ja, wir haben uns mit dem Dalai Lama getroffen.‹ Aber er [Charles] ist da ganz offen. Die Tibeter machen eine sehr schwierige Zeit durch, und jemanden wie ihn zu haben bedeutet uns eine Menge.«[21]

Im Dezember 2014 lehnte der Vatikan ein Treffen zwischen dem Dalai Lama und Papst Franziskus ab und verwies auf die »heikle Situation« mit China. Der Prinz hat sich nie von solchen Bedenken leiten lassen. Er traf den Dalai Lama zum ersten Mal auf einer Konferenz im Jahr 1991, hatte ihn einmal in Highgrove zu Gast und dreimal in seinen Londoner Residenzen. (Der Dalai Lama, der nur allzu gerne lacht, hat den Prinzen immer gut unterhalten.) 2004 gab der Prinz einen Empfang für den Dalai Lama im St James's Palace. Premierminister Tony Blair begründete seine Weigerung, den Dalai Lama bei jenem Londoner Aufenthalt zu treffen, mit Terminproblemen. 2008 hatte der Prinz den Dalai Lama erneut zu Gast. Blairs Nachfolger Gordon Brown ging einem Treffen mit dem Dalai Lama in Downing Street ebenfalls aus dem Weg und optierte für eine halbstündige Unterredung am Rande einer Konferenz zwischen Angehörigen verschiedener Religionen. 2009 traf Charles sich privat mit dem chinesischen Staatspräsidenten Hu Jintao und sprach als Erstes die tibetische Frage an. Während der jüngsten Großbritannienreise des Dalai Lama im Jahr 2012 kehrte Tibets spiritueller Führer in den St James's Palace zurück, gab dem Prinzen einen Stups unter das Kinn, drückte seine Hand und bezeichnete ihn als sehr engen Freund, »gleich von Anfang an spürte ich: so ein netter Mensch. Stets hat er sich als ein ganz wundervoller, sensibler, herzensguter Mensch erwiesen.«[22]

Als Charles 1989 seine ersten Vorstöße in die Außenpolitik unternahm, wusste man amtlicherseits schon von seiner Besorgnis über Präsident Ceaușescus gezielte Zerstörung traditioneller Dörfer in Rumänien. »Black Spider Memos« waren im Ministerium eingegangen, so auch eines an den damaligen Außenminister Geoffrey Howe. »Ich glaube wirklich, die Situation in Rumänien sollte oberste Priorität für die Agenda der europäischen Staaten haben. Wofür sind so viele unserer tapferen Landsleute denn schließlich im letzten Krieg gefallen? Nur um ein System der Tyrannei und des Elends gegen ein anderes ausgetauscht zu sehen?«[23]

Frustriert von Howes Zögerlichkeit, bediente der Prinz sich der gleichen Waffe, die er bereits wirkungsvoll, wenn auch etwas wahllos in seinem Kampf gegen den Modernismus eingesetzt hatte. In seiner Rede zur Eröffnung der Ausstellung Build a Better Britain kritisierte er zunächst die »besserwisserischen Bauherren« Großbritanniens, um dann unvermittelt Ceaușescus »umfassende Zerstörung des kulturellen und menschlichen Vermächtnisses seines Landes« zu attackieren. Sodann erklärte er »für die, die darauf abonniert sind, Schlagzeilen aus den unwahrscheinlichsten Quellen zu verfertigen«, dass er keinen Vergleich zwischen den Konflikten in Großbritannien und den Exzessen des rumänischen Despoten anstellen wolle, und begann, dem Publikum die Tragweite von Ceaușescus »Systematisierung der Dörfer« zu schildern: »Es ist schwierig, finde ich, schweigend dabei zuzusehen, wie die bäuerlichen Traditionen und alten Bauten einer benachbarten europäischen Gesellschaft platt gewalzt werden, um Platz zu machen für eine eintönige und tödliche Pseudo-Modernität.«

Damals hatte er sich noch nicht angewöhnt, auf sein eigenes Fleckchen Erde in Transsilvanien zu verweisen, und der Kontext war ja auch zu ernst für Vampirscherze. Doch ging er kurz auf seine familiäre Verbindung zu jener Region ein: »Ob Sie es glauben oder nicht, ich habe einen kleinen persönlichen Anteil an dieser zunehmenden Tragödie, denn das Grab meiner Urururgroßmutter – Claudina Gräfin Rhédey, die ungarische Großmutter meiner Urgroßmutter Queen Mary – liegt im Dorf Singiorge de Padure [Sângeorgiu de Pădure] und ist von Zerstörung bedroht.«[24]

Die öffentliche Reaktion des Außenministeriums auf die Intervention des Prinzen – ein Sprecher behauptete, man habe im Voraus davon gewusst – stand in deutlichem Kontrast zu den Debatten hinter den Kulissen, bei denen sowohl die Klugheit als auch die verfassungsmäßige Angebrachtheit jener Einmischung infrage gestellt wurde. Doch bei seiner Anprangerung von Zuständen, die bislang kaum Beachtung gefunden hatten, gewann der Prinz einen Verbündeten von unerwarteter Seite. Er hatte sich bei der Regierung dafür eingesetzt, dass man Ceaușescu den Ritterkreuz-Orden aberkannte, der ihm bei seinem Staatsbesuch 1978 von der Queen verliehen worden war. Paul Flynn, erst seit knapp zwei Jahren Labour-Hinterbänkler und fleißige Geißel der Monarchie, erklärte sich zum ersten und einzigen Mal mit Charles solidarisch. Die Regierung stimmte schließlich zu und strich Ceaușescu noch im gleichen Jahr von der Liste der Ordensträger. Doch mittlerweile waren solche kleinen Gesten irrelevant geworden. Das rumänische Volk, voller Wut über die zahllosen Menschenrechtsverletzungen des Regimes, die in der Erschießung von Demonstranten gipfelten, stürzte den Diktator. Am Weihnachtstag wurden Ceaușescu und seine Frau von einem Erschießungskommando hingerichtet.

Das hätte eine neue Blüte für die ländlichen Traditionen in Rumänien bedeuten können, wäre Ceaușescus Sturz nicht mit weit größeren geopolitischen Verwerfungen zusammengefallen. Einst hatte er gesagt, Rumäniens wertvollste Exportgüter seien »Öl, Juden und Deutsche«, denn sein Regime verkaufte Ausreisevisa nach Israel und Deutschland an jüdische Rumänen und Siebenbürger Sachsen.[25] Bis zu dem Umsturz war die Zahl der Siebenbürger Sachsen, die das Land verlassen durften, auf 12 000 pro Jahr beschränkt. Als der Ostblock zerbrach, betonte die auf Vereinigung abzielende deutsche Regierung das »Recht auf Rückkehr« aller Deutschen in ein Land, das die meisten von ihnen noch nie gesehen hatten. 1990 gab es noch rund 90 000 Siebenbürger Sachsen in Rumänien; bis 1996 war ihre Zahl auf 20 000 gesunken, nicht nur wegen der Verlockung des deutschen Wohlstands, sondern auch wegen der Unruhen daheim, ausgelöst durch die Spannungen zwischen der ungarischen Minderheit und rumänischen Nationalisten. Die Gebäude, für deren Erhaltung Charles sich eingesetzt hatte, standen leer; die bäuerliche Kultur, die er von fern bewunderte, verfiel. Roma besiedelten das Gebiet und brachten andere Prioritäten und Traditionen mit sich.

Ein junger Brite namens William Blacker wurde Zeuge dieser Entwicklung, als er kurz nach der rumänischen Revolution durch die Karpaten reiste. 1997 fasste er seine Befürchtungen in einem Pamphlet zusammen: »Die Not der Siebenbürger Sachsen und ihrer Wehrkirchen«, herausgegeben mithilfe des Mihai Eminescu Trust und, wie Blacker sagt, »dank eines netten Typen von Kall Kwik an der King's Road. Es war alles fotokopiert, nur das Deckblatt war gedruckt, und dann haben wir es eigenhändig zusammengeheftet. Es war wirklich alles ganz schlicht.«[26] Eins der fünfhundert Exemplare, die auf diese Weise produziert wurden, fiel auch dem Prinzen in die Hände. »Jetzt will er nach Rumänien fahren. Wegen Ihnen haben wir einen riesigen Berg mehr Arbeit«, seufzte einer von Charles' Privatsekretären, als er Blacker zufällig in einem Londoner Theater traf. »Er bereute es, Prinz Charles das Pamphlet je gezeigt zu haben. Aber ich dachte im Stillen: Schon gut. Der Mann hat das natürlich scherzhaft gemeint.«[27]

Den Mitarbeitern des Prinzen vergeht manchmal das Lachen, wenn er sich für eine gute Sache nach der anderen erwärmt, oft nur aufgrund eines flüchtigen Gesprächs oder eines BBC-Beitrags. »Hast du schon von seiner Geothermie-Idee gehört?«, seufzt ein Assistent dem anderen vor. Oder: »Neuerdings interessiert er sich auch noch für WEEE« – gemeint ist wohl die EU-Richtlinie für die Entsorgung von elektrischen und elektronischen Geräten. Manchmal wechselt der Boss ganz plötzlich die Spur, aber meistens bleibt er hartnäckig am Ball, fordert Berichte zum Fortschritt der Projekte und rasches Handeln.

Spaziert man durch die rumänischen Dörfer Viscri oder Zalanpatak, kann man sehen, was passiert, wenn man einem Prinzen ein Pamphlet in die Hand drückt. Die Anwohner sind begeistert von Charles' (begrenzten) Rumänischkenntnissen und von seinem Eifer, das Land voranzubringen. In Großbritannien kann der Prinz bevorzugte Lieferanten oder Dienstleister mit royalen Gütesiegeln auszeichnen. In Rumänien schmückt sein Name alle möglichen Unternehmen, zu denen er gar keine Verbindung hat. Es ist eine Geste der Anerkennung und auch ein Zeichen, dass seine Bemühungen, die Region für den Tourismus zu erschließen, bereits Früchte tragen, wenn auch nicht immer so, wie er es sich wünschen würde.

Sein erster Besuch fand 1998 statt, zu einer eher düsteren Zeit in seinem Leben. Seitdem ist er oft und gern in das Land zurückgekehrt, mindestens für ein paar Tage jedes Jahr. Meist sind es Privatreisen zu seinem Haus bei dem abgelegenen Dorf Zalanpatak, einem kleinen Anwesen am Ende einer langen Zufahrt, die im Sommer von Wildblumen gesäumt ist und im Winter schneebedeckt. Camilla hat ihn auf diesen Reisen nie begleitet. Er verbringt gern ein bisschen Zeit mit Freunden dort, aber es ist auch sein persönlicher Berg Athos, ein Ort des Rückzugs. Er begibt sich nirgendwohin ohne gewisse Sicherheitsvorkehrungen, und wie immer sind Mitarbeiter und Bedienstete zur Hand, gewöhnlich auch jede Menge Leute, die mit seinen rumänischen Hilfsprojekten zu tun haben. Doch er brüht sich selbst seinen Tee auf, kann in Ruhe malen und unternimmt lange Wanderungen in der weithin unberührten Natur.

Eine besondere Kindheitserfahrung der Queen war es, inkognito mit der Londoner Untergrundbahn zu fahren. Für ihren Sohn ist die Freiheit, die er in Rumänien genießt, ein seltener Luxus. Dominic Richards, der Direktor seiner Architekturstiftung, erinnert sich, wie er das erste Mal spontan beschloss, mit einem der Londoner Mietrāder zu Clarence House zu radeln. Als Richards die Sicherheitskontrolle am Tor passierte, empfand er plötzlich eine tiefe Traurigkeit. »Er (der Prinz) kann das nie machen. Es geht einfach nicht. Die Leute verstehen das nicht, er arbeitet so hart, sein Terminplan ist so kontrolliert, aber was er nicht hat, ist die persönliche Freiheit, die für mich eine Milliarde Dollar aufwiegt.«[28]

Sein ganzes Erwachsenendasein über hat Charles versucht, Fluchtwege aus seiner durchgeplanten Existenz zu finden, hinaus in die wilde, natürliche Welt, in der er eine andere Art von Ordnung wahrnimmt. 1977 wollte Laurens van der Post mit ihm eine siebenwöchige Tour durch die Kalahari unternehmen. Van der Posts BBC-Serie *The Lost World of the Kalahari* und später auch das gleichnamige Buch waren ein Riesenerfolg in Charles' Kindheit. Das Außenministerium durchkreuzte van der Posts Plan wegen des zunehmenden Konflikts um Rhodesien, und so schrumpfte die wochenlange Tour zu einem Kurztrip nach Kenia. Die Reise in die Kalahari fand zehn Jahre später doch noch statt, auf gerade einmal vier Tage verkürzt.

So sah das lebenslange Muster der prinzlichen Reisen aus: Kostproben, ein paar Tage hier, ein paar Tage dort, immer mit Bediensteten, Sicherheitsbeamten und anderen im Schlepptau. Wenn ein Prinz in die Wildnis entschlüpft, und jemand ist dabei, der ihn beobachtet, ist es dann überhaupt noch Wildnis? Als Charles 1993 zum Leeren Viertel reiste, der Wüste Rub al-Chali auf der Arabischen Halbinsel, folgten Jonathan Dimbleby und ein Filmteam ihm auf dem Fuße durch die Sanddünen. »Das Problem bei dieser Art von Reisen ist, dass man plötzlich irgendwohin geflogen wird und dort landet, buchstäblich für eine halbe Stunde, dann kehrtmacht und schon wieder retour fliegt«, sagte Charles, etwas betrübt, zu seinen Beschattern.[29] Bei seinem offiziellen Besuch in Indien im November 2013 platzte ihm schließlich der Kragen. Mit seinem Schwager Mark Shand, Gründer und Vorstand der Naturschutz-Organisation Elephant Family, war er zweieinhalb Stunden durch den Dschungel von Kerala gefahren, um Elefanten in freier Wildbahn zu sehen. Am Wasserloch wimmelte es von Polizei und Militär, die dafür sorgten, dass kein Terrorist in die Schutzzone vordrang – aber auch kein Dickhäuter.

Am nächsten Zielort kam Charles in strömendem Regen an, stapfte im weißen Leinenanzug und in weißen Schuhen durch den Schlamm und trat sogar unter dem Schirm vor, damit Arthur Edwards und andere Fotografen die Bilder machen konnten, die sie brauchten. Er lächelte zwar, sagt aber mit zusammengebissenen Zähnen: »Bei jeder Gelegenheit in meinem Leben, wo ich diese Dinge durchgemacht habe, ist es dasselbe gewesen – die Security macht alles kaputt ... Es ist Murphys Gesetz.«[30]

Nur auf dem Anwesen von Balmoral und in Transsilvanien kann der Prinz sich regelmäßig und zuverlässig den Massen entziehen, wobei das in Rumänien immer schwieriger wird. Die ersten Häuser, die er dort erwarb – mittels einer Tochtergesellschaft der Prince of Wales Charitable Foundation –, befinden sich in Viscri und Mălâncrav. 2002 verkaufte er das Haus in Mălâncrav wieder und hält sich auch nicht mehr in Viscri auf, weil er in gewisser Weise zu erfolgreich bei der Förderung des Tourismus war und selbst zu einer Touristenattraktion wurde.

Die Anwesen in Zalanpatak und Viscri können angemietet werden. Um die Logistik kümmert sich Graf Tibor Kálnoky, Spross eines ungarisch-transsilvanischen Adelsgeschlechts, der erfolgreich den Familienstammsitz zurückgefordert hat und mit dem Prinzen zusammenarbeitet, um altehrwürdige Gebäude und die natürliche Umwelt durch anspruchsvollen Ökotourismus zu erhalten. Kálnokys Website beschreibt die »reiche Biodiversität« des Landhauses in Zalanpatak, wo Gäste »von diskretem Personal und dem Ökologen vor Ort« betreut werden. Reiseveranstalter ohne prinzliches Siegel gehen da anders vor. Die Agentur Touring Romania bietet als Auftakt ihres Urlaubspakets »Leben wie ein König« eine Nacht in Zalanpatak an. Der Rest liest sich so: »Nach einem Gute-Nacht-Schlaf im Bett von Prinz Charles genießen wir die Schönheit der Gegend. Nach dem Lunch fahren wir nach Micloşoara, einem weiteren Lieblingsort von Prinz Charles. Wenn er nach Micloşoara kommt, besucht der Prinz seinen guten Freund Graf Kálnoky. Hier verbringen wir eine Nacht. Wir haben viel Zeit, um die Schönheit der Gegend und die wunderbaren Speisen der traditionellen rumänischen Küche zu genießen, die Prinz Charles so schätzt. Nach dem Frühstück fahren wir an einen anderen Lieblingsort von Seiner Hoheit – Viscri, das Dorf, wo der Prince of Wales ein Haus kaufte. Viscri war ein eingerostetes Dorf, bis Prinz Charles seinen Fuß hineinsetzte. Das Dorf wurde wiedergeboren, und die Leute haben Geschmack am Tourismus entwickelt.«[31]

Es ist wieder ein Beispiel für Murphys Gesetz: Der Tourismus als Motor der Entwicklung ist schwer zu kontrollieren und droht manchmal genau die Dinge zu zerstören, die er sich zu fördern bemüht. So verschandelt man die Natur mit scheußlichen Hotels und rodet unberührten transsilvanischen Wald, um Skipisten zu errichten. Nichts könnte dem Prinzen ferner liegen, denn er betrachtet diese Region als eines der letzten Modelle traditioneller Nachhaltigkeit, wo alte landwirtschaftliche Methoden die Natur zu höherer Entfaltung bringen, statt sie zu zerstören. »Das Entscheidende in Rumänien und besonders in Transsilvanien ist für mich, dass wir so viel lernen können von diesem letzten Winkel in Europa, wo man echte Nachhaltigkeit findet, vollkommene Resilienz und die Erhaltung ganzer Ökosysteme zum Wohle der Menschheit und der Natur, und davon sollten wir noch eine Menge lernen, bevor es zu spät ist«, sagt er in der Dokumentarsendung *Wild Carpathia*.

Der Interviewpartner hakt vorsichtig nach: »Vermutlich ist es deshalb so wichtig, es für die Zukunft zu erhalten?« Der Prinz nimmt in seiner charakteristischen Art die Kritik schon vorweg, die seine Worte hervorrufen könnten. »Und die Leute werden sagen: ›Ja, ja, Sie versuchen doch nur, alles in Aspik zu konservieren und den Fortschritt aufzuhalten‹ – aber glauben Sie denn nicht, wir sollten mittlerweile ein wenig dazugelernt haben, nach allem, was bei der Agrarindustrie schiefgelaufen ist?«[32]

So, wie Kanada das Testgelände für seine Ideen geworden ist, wie es künftig unter seiner Regentschaft weitergehen könnte, erlaubt Rumänien ihm, sich mit den Fragen auseinanderzusetzen, die ihm keine Ruhe lassen: Wie soll man Tradition mit Innovation verbinden, bewahren, ohne einzuengen, in einem Wort – einem seiner Lieblingswörter – *Harmonie* erlangen? Anders als im Vereinigten Königreich stößt er in Rumänien kaum auf Widerstand und erhält viel Anerkennung für seine Aktivitäten. »Ehrlich, ich habe hier nie jemanden erlebt, der etwas gegen ihn hat; alle lieben ihn. Alle wollen ihn treffen, alle wollen ihn interviewen, alle finden ihn großartig«, sagte Craig Turp, ein Engländer, der in Bukarest lebt und die Stadtführer *In Your Pocket* herausgibt.[33] Turp, als eine Ausnahme der Regel, nutzt oft seinen Blog, um sich über den Prinzen lustig zu machen. »Ist ja schön und gut, für ein, zwei Tage ein rumänisches Dorf zu besuchen und alles toll zu finden (besonders, wenn man selbst eine bequeme Unterkunft hat), doch es ist etwas ganz anderes, sein Leben lang in so einem Dorf wohnen zu müssen«, schrieb Turp, als der Prinz 2011 nach Transsilvanien reiste. »Aber was weiß denn einer der privilegiertesten Menschen der Welt schon vom Elend?«[34]

Im Gespräch zeigt Turp sich dann doch dem Prinzen wohlgesinnter, als man seinem Blog nach annehmen würde. »Es gibt ein paar Dinge, die ich wirklich an ihm mag«, sagt er. Turp kennt das rumänische Landleben und die dort herrschende Armut gut – seine Schwiegereltern sind Kleinbauern in den Nordkarpaten. Er kritisiert nicht, dass der Prinz sich in rumänische Belange einmischt, sondern dass er es in zu begrenztem Umfang tut und sein Augenmerk scheinbar nur auf die früheren siebenbürgischen Enklaven richtet. Turp würde sich wünschen, dass Charles seinen Einfluss nutzt, um auf die ländliche Armut in Gegenden aufmerksam zu machen, die nicht mit Bauten der Siebenbürger Sachsen gesegnet sind. Auch scheint es ihm fraglich, ob Luxustourismus wirklich die Nachhaltigkeit fördert.

Laut Justin Mundy, Direktor des International Sustainability Unit (ISU), ist Charles sich sehr wohl bewusst, dass der Tourismus allein keine Lösung ist. »Es geht ihm darum herauszufinden, was die Hauptfaktoren bei der Problematik ländlicher Armut sind und wie in diesen ländlichen Gemeinden der Zuwachs an Fertigkeiten und Resilienz gefördert werden kann, nicht allein um sicherzugehen, dass die dörfliche Architektur ihre ökonomische Integrität bewahrt und daher sinnvoll eingesetzt wird, sondern auch, um das komplexe Mosaik landwirtschaftlicher Aktivitäten möglichst zu erhalten.«[35]

Mundy ist einer der einflussreichsten Berater des Prinzen. Ein Mann der leisen Töne, betätigte er sich einst als graue Eminenz in den Hinterzimmern der Regierung Blair und tritt auch jetzt nicht in den Vordergrund, obwohl er manche der ambitioniertesten Projekte des Prinzen leitet. So sorgte er dafür, dass die Überzeugung des Prinzen, der Regenwald sei lebendig wertvoller als tot, auch praktisch umgesetzt wurde. Unter seiner Ägide hatte die ISU wichtige Forschungsarbeit geleistet, um sichere und nachhaltige Nahrungssysteme zu schaffen; es wurden konkrete Vorschläge gemacht, um Industriezweigen wie der Fischerei zu anderen Strukturen zu verhelfen, die sowohl den Arbeitern als auch der Umwelt nutzen. Mundy sitzt in seinem Büro in Clarence House mit Jeremy Staniforth zusammen, einem ISU-Berater, der auch die rumänische Regierung berät und jeden Monat etwa eine Woche in Bukarest verbringt. »Wir haben es geschafft, das Umweltministerium und das Ministerium für Tourismus an einen Tisch zu bringen, sodass sie nun langsam Programme für umweltfreundlichere Systeme entwickeln ... Manche Dörfer in den Karpaten wurden dazu auserkoren, eine Art Agro-Ökotourismus auszuprobieren. Man hat Rad- und Wanderwege angelegt. Da es dort massenhaft Schafe gibt, versuchen wir die Käsesorten qualitativ zu verbessern, damit die Leute ihren Schafskäse nicht nur zu Hause essen, sondern auch welchen produzieren, der außerhalb Rumäniens vermarktet oder an die Hotels verkauft werden kann. Wenn man ins Hotel geht, sieht man zurzeit nur Butter aus Deutschland und anderen westeuropäischen Ländern«, sagt Staniforth.[36]

In seiner Funktion als Berater der Regierung in Bukarest kennt Staniforth nicht nur die Strukturprobleme, sondern auch die politische Landschaft, die es mitunter schwierig macht, die Entwicklung Rumäniens voranzubringen. Ceaușescu hatte alle Verwaltungsebenen ausgeschaltet, die zwischen der abgehobenen Regierung und den Dörfern im Lande hätten vermitteln können, und diese mittlere Ebene ist nie so ganz wiederhergestellt worden. Also wird noch oft von oben entschieden, nicht nur aus Bukarest, sondern auch aus dem fernen Brüssel, seit Rumänien 2007 der Europäischen Union beigetreten ist. NGOs versuchen das Vakuum zu füllen, doch sie blockieren sich manchmal gegenseitig und schaffen es nicht immer, eine gemeinsame Linie zu finden, was nötig wäre, um ihre Ziele zu erreichen. Auf seinen Rumänienreisen macht der Prinz oft in Bukarest Station, um mit dem Premierminister oder dem Präsidenten zu reden. »Ich kann nur betonen, was für eine große Hilfe es ist, dass Prinz Charles sich in dieser Weise für uns einsetzt. Sein Interesse an dem Land hat wesentlich dazu beigetragen, dass die Menschen in Rumänien begreifen, wie wichtig ihre historischen Gebäude und Traditionen sind«, sagt William Blacker, der gegenwärtig die anglo-rumänische Stiftung für traditionelle Architektur leitet, die er 2009 ins Leben gerufen hat.[37] »Weil er [Charles] völlig unpolitisch ist, funktioniert es auch«, meint Staniforth. »Sein Wunsch ist es einfach nur, etwas zu erhalten, aber nicht in Aspik konserviert. Er ist nicht unrealistisch. Ihm ist klar, dass die Leute vorankommen müssen und dass die Nachhaltigkeit auch ökonomische, finanzielle Aspekte hat.«[38]

Trotz allem klingt einer von Turps Vorwürfen im Gedächtnis nach: dass Charles das bäuerliche Leben in Rumänien romantisiert. Indem er praktikable Wege findet, diese Leute in ihrer Lebensweise zu unterstützen, hilft er auch, sie dort zu halten, wo sie sind. Die Frage ist, was ihn dazu motiviert.

»Das größte Problem für mich ist, dass der Prinz ein bäuerliches Rumänien liebt, das seine Weltsicht bestätigt«, sagt Turp. Er hat Charles' Buch, *Harmonie*, »aus ironischer Perspektive« gelesen und entdeckt darin »diese Idee, dass es eine natürliche Ordnung der Dinge gibt, wo alle ihren Platz kennen. Genau das findet er im bäuerlichen Rumänien. Das ist eine Welt, wie sie in Westeuropa wohl schon seit ein paar hundert Jahren nicht mehr existiert. Der Bauer ist noch ganz und gar Bauer, der Schlossherr ist noch ganz und gar Schlossherr. Der Bauer hat im Grunde keinen Ehrgeiz, gesellschaftlich aufzusteigen.«[39]

Dies greift Elaine Days Vorwurf auf, Charles sei der Ansicht, »die Leute sollen sich nicht über ihren Stand erheben«.[40] All die Menschen, für die er Ausbildungsmöglichkeiten, Arbeitsplätze und eigene Unternehmen zu schaffen hilft, wären da sicher anderer Meinung. Der Prince's Trust und viele seiner anderen Wohltätigkeitsorganisationen und Initiativen zielen darauf ab, die Ungleichheit abzumildern, die ihn in prächtige Paläste und die Armen draußen vor sein Tor setzt.

Doch die Ansicht, dass Charles die alte Ordnung aufrechterhalten will, entbehrt nicht jeglicher Grundlage. Die inhärenten Widersprüche in seinen Zielen sind auf die miteinander verknüpften Geschichten des Empire und der ökologischen Bewegung zurückzuführen. Der Prinz als Philosoph bezieht seine Ideen aus überraschenden Quellen.

Kapitel 11

Harmonien und Disharmonien

Charles scheint zu tanzen. Er trägt einen doppelreihigen Anzug im matten Grau von Möwenflügeln und eine kleine purpurrote Blume im Knopfloch. Seine Schnürschuhe aus altem Leder sind in vierter Ballettposition auf den Rasen des St James's Palace gepflanzt, während er den Oberkörper zur Seite dreht. Sein rechter Arm vollführt geschmeidig einen großen Bogen. Drei Männer und vier Frauen stehen in lockerem Halbkreis um ihn herum. Im flirrenden Schatten einer hundertvierzig Jahre alten Londoner Platane warten weitere Gruppen von Gästen, dass der Gastgeber sich ihrem Kreise zugesellt.

Der Prinz sieht naturimmanente Muster in allem, eine verborgene Geometrie in Blumen, die ein Echo finden in der grandiosen Architektur der Kathedrale von Chartres und in der fünfzackigen Umlaufbahn der Venus. Das ist nicht wirklich verwunderlich, denn zeit seines Lebens haben Helfer die Menschen, die er treffen soll, in ordentlichen Formationen aufgestellt, bevor er eintrifft. Der Halbkreis ist eine freundlichere Form als die gerade Linie, er erlaubt den Leuten, miteinander zu plaudern, bis der Prinz hinzutritt, und bietet ihm die Möglichkeit zu schnellem Rückzug, sollte er die Gelegenheit denn ergreifen wollen, was er fast nie tut.

Es gibt einen straffen Zeitplan auch für dieses gesellige Ereignis an einem Nachmittag im Juni 2014, eingepasst in eine Woche voller programmatischer Reden und der Veröffentlichung seines jährlichen Magazins, bevor Charles nach Schottland aufbricht, um seine Eltern in Dumfries House willkommen zu heißen. Und dieser Zeitplan sieht vor, dass er die erste Gästegruppe schon wieder verlassen müsste. Er ist immer noch im Gespräch mit den Swarovskis, deren Unternehmen seit dem neunzehnten Jahrhundert geschliffenes Glas zu (kommerziellem) Gold macht. Just als der Prinz sich zum Gehen wendet, stellt Nadja Swarovski, das erste weibliche Vorstandsmitglied der Firma, ihm noch eine Frage, und er hält mitten im Schritt inne.

Seine Antwort bezieht sich auf die Biomimetik, das Thema dieser Zusammenkunft, weitet sich aber rasch zur Darlegung einer Philosophie, die für Charles die Welt erklärt und einer unbelehrbaren Welt so einiges über Charles. Dieses Erklärungsmodell besteht zu einem Drittel aus Anklagen und zu zwei Dritteln aus verklärendem Glauben. Im Kern geht es darum: Das moderne Denken – genauer, die modernistische Denkweise – spaltet uns von der Natur ab und damit auch von der Dreifaltigkeit der platonischen Werte, die sie verkörpert, dem Guten, Wahren und Schönen. Das Ergebnis ist Entfremdung und Zerstörung. Doch es bleibt – gerade noch – Zeit, wieder Zugang zu den ursprünglichen Werten zu finden, indem man »Circuli virtuosi« schafft, sich fortsetzende Kreise des Guten. Es ist einer dieser Kreise, den der begeisterte Prinz nun Nadja Swarovski mit seiner tänzerischen Bewegung veranschaulicht.

Die Biomimetiker, so erklärt er ihr, haben erkannt, was die »materialistische Wissenschaft« übersieht: dass die Natur seit Urzeiten ihr eigenes Forschungs- und Entwicklungsprogramm ablaufen lässt, mangelhafte Formen verwirft und nur die besten bewahrt. Indem man sich dieser Formen bedient, kann man Dinge herstellen, die im Einklang mit der Natur und deswegen energiesparender und biologisch abbaubar sind – genau wie Fell, Schuppen, Federn, Knochen und Pflanzliches besser, klüger, wahrer und schöner sind. Die Schaffung eines Marktes für biomimetische Produkte wird eine vertiefte Wahrnehmung der Natur und ihrer Schöpfungen bewirken, und dazu die Erkenntnis, dass das Aussterben einer Lebensform immer den Verlust einer natürlichen, über Jahrmillionen entwickelten Lösung bedeutet, die oft technologisch ausgefeilter ist als alles, was Menschen sich selbst ausdenken können. Produkte und Dienstleistungen, die auf der unsichtbaren Grammatik der Harmonie basieren, werden mehr und mehr Nachfrage finden; also werden Unternehmen, die Produkte und Dienstleistungen auf Basis der Biomimetik anbieten, naturgemäß florieren – zum gemeinsamen Vorteil aller, von den Mikroorganismen und potenziell gefährdeten Arten bis hin zu den kommerziellen Organisationen und Konsumenten, vielleicht sogar Swarovskis Kundschaft.

In diesem Fall predigt er, wenn nicht zu den schon Bekehrten, dann zumindest zu solchen, die offen genug für das Potenzial der Biomimetik sind, um es ergründen zu wollen. Swarovskis Designer arbeiten mit Professor Andrew Parker zusammen, denn der Forschungsleiter in der Abteilung für Biowissenschaft am Naturhistorischen Museum und leitende Forschungsbeauftragte am Green Templeton College in Oxford ist spezialisiert auf photonische Strukturen und Augen, Evolution, Entwicklung und Biomimetik. Ziel ist es, die berühmten Swarovski-Kristalle mit den leuchtenden Farben des Kolibris zu versehen. Dafür werden Strukturfarben aus transparenten, lichtbrechenden und widerspiegelnden Materialien verwendet, inspiriert von den Mikrostrukturen in den Kolibrifedern. So kann auf umweltschädigende Pigmente verzichtet werden, und die optischen Effekte sind atemberaubend.

Zuvor hatten die Gäste sich im Prince Philip House an der Mall versammelt. Professor Parker und sein Geschäftspartner Alastair Lukies, ein früherer Rugbyspieler, der die Mobile-Banking-Gesellschaft Monitise gegründet hat, stellten dort ihre neue Biomimetikfirma Lifescaped vor. Parker erläuterte den wissenschaftlichen Teil, und Lukies missionierte, nicht für das Christentum, obwohl er seinen Glauben mehr als einmal erwähnte, sondern für das kommerzielle Potenzial der Biomimetik und deren Fähigkeit, die Welt zum Besseren zu wandeln. »Es geht um Profit und Philanthropie«, sagte er. »Es geht nicht um Wettbewerb, sondern um *Kooperation.*« Charles unterstützt Lifescaped; weder Parker noch Lukies verwahrten sich gegen seine formale Beteiligung an der Firma.

Bei der Gründung von Duchy Originals hatte der Prinz einen anderen »Circulus virtuosus« im Auge: Er wollte einen Markt für nachhaltig produzierte Güter schaffen, um Kleinbauern zu fördern, ihre frei weidenden Herden zu bewahren und die Tier- und Pflanzenwelt zu schützen, die in Feldern und Buschwerk ohne Pestizide und Herbizide gedeiht. Außerdem sollte der Verbraucher die Gewissheit haben, dass er Bioprodukte wie Haferkekse, Rindfleisch oder das traditionell gebraute Old Ruby Ale genießen kann, die frei sind von Chemikalien oder den Produkten industrialisierter Landwirtschaft.

Der Prince's Trust basiert auf der Idee, Teufelskreise in ihr Gegenteil zu verwandeln, vom Circulus vitiosus zum Circulus virtuosus. Der zerstörerische Weg von kindlicher Vernachlässigung, Verhaltensauffälligkeit, Bildungsferne, Perspektivlosigkeit, Verbrechen, Drogen, Alkoholabhängigkeit wird umgelenkt in eine neue Bahn, in der die Aussicht auf ein besseres Leben die Motivation stärkt, alles dafür Notwendige zu tun. In Rumänien hofft Charles, einen Circulus virtuosus ins Leben zu rufen, indem er seine Bekanntheit dazu verwendet, das Bewusstsein für die Umwelt, die historische Architektur und Tradition zu fördern und den Ökotourismus anzukurbeln, der all diese Werte bewahren hilft und der örtlichen Bevölkerung nützt. Gleichzeitig spornt er die Regierung und Nicht-Regierungsorganisationen dazu an, diese positive Entwicklung zu erleichtern.

Jeder Circulus virtuosus operiert innerhalb eines sich ausweitenden Rings konzentrischer Kreise – nach dem gleichen Muster, in dem auch Teufelskreise sich überschneiden und an Dynamik gewinnen. Mit seinem Empfang zum Thema Biomimetik versucht Charles, die Verheißung dieser Wissenschaft zu verbreiten und die Gefahren aufzuzeigen, wenn die Natur ignoriert wird. Der Prinz will zu gemeinsamem Denken ermuntern, das »ein integriertes Gesamtbild bezüglich der Wassersicherheit, Energiesicherheit, Nahrungssicherheit« schaffen soll, wie er Nadja Swarovski erklärt. Er sorgt sich explizit wegen der Gefahren eines ungebremsten Bevölkerungswachstums in Verbindung mit dem Klimawandel.

Die meisten der Maßnahmen, die seine International Sustainability Unit zur Abschwächung des Klimawandels vorschlägt, basieren auf Prinzipien aufgeklärten Eigennutzes in Form von engmaschigen Circuli virtuosi, die das Bewahren profitabler machen als das Zerstören. Ohne Überwachung greifen Industrien und Länder störend in die Ökosysteme ein, die der Prinz als die fundamentalsten Circuli virtuosi überhaupt ansieht, da sie sich selbst erhalten, bis eine feindselige oder nachlässige Entwicklung ihr natürliches Gleichgewicht zerstört.

»Im Augenblick sind wir dabei, die üppige Vielfalt des Lebens und der Ökosysteme, die es erhalten, zu zerstören«, schreibt Charles in seinem Werk *Harmonie* und meinte »die Wälder und die Prärien, die Savannen, Moore und Marschen, die Meere, Seen, Flüsse und Bäche«. Die Zerstörung summiere sich, sie greife »störend in das komplizierte Gleichgewicht ein, das das Klima unserer Erde reguliert, von dem wir so direkt abhängig sind«. Der Grund dafür, dieses Buch zu schreiben (wie für fast alles, was er in vier Jahrzehnten als Philanthrop und Initiator von Hilfsprojekten unternommen hat), liege darin, dass er das Gefühl gehabt habe, die Verantwortung den künftigen Generationen und der Erde gegenüber nicht wahrzunehmen, »wenn ich nicht den Versuch machte, auf all dies hinzuweisen und Möglichkeiten aufzuzeigen, wie wir die Welt wieder heilen können«.[1]

Er schrieb das Buch mit Ian Skelly von der BBC und dem prominenten Umweltschützer Tony Juniper, früher Direktor von Friends of the Earth, der für die ISU und andere Institute tätig ist. »Tony und ich verfassten erst einen Entwurf«, sagt Skelly, »wobei bestimmte Teile des Buchs Tony zufielen und andere mir. Anschließend schickten wir los, was wir geschrieben hatten, und dann kam es völlig überschrieben zurück, mit Vorschlägen hier, Vorschlägen da. Der Prinz schreibt rot zwischen die Zeilen, die Texte sind voll mit roter Handschrift, und das habe ich dann also eingearbeitet, hier und da noch etwas recherchiert, noch mal mit einer bestimmten Person gesprochen und diesen oder jenen Gedanken mit hineingenommen. Dann wanderte die neue Textfassung noch ein paar Mal hin und her, und manchmal kam sie schon am gleichen Vormittag zurück. Einmal waren wir ganz kurz vor einem Abgabetermin, und er hörte buchstäblich nicht auf zu kritzeln, überflog zwischen zwei Terminen noch ein paar Seiten, kritzelte im Korridor, oft auch im Wagen. Mit der Zeit konnte man dann kaum noch auseinanderhalten, wer was geschrieben hatte. Eigentlich war es eine kombinierte Aktion, und er war ganz klar einer der drei Verfasser.«[2]

Mehr noch, das 2010 erschienene Buch ist in der charakteristischen Sprache des Prinzen verfasst, in der ersten Person geschrieben und offensichtlich als sein Glaubensbekenntnis gedacht. Trotz der Vorbehalte seines Herausgebers bestand er auf dem Titel *Harmonie* und schuf auch einen Dokumentarfilm des gleichen Titels mit den US-Filmemachern Julie Bergman Sender und Stuart Sender. Der Film hatte 2012 Premiere. »Das Wort geht auf das altgriechische *harmonia* zurück, das im Wesentlichen bedeutet, Dinge zusammenzufügen, und das ist es, worum es ihm geht«, sagt Skelly. »Die Natur ist zusammengefügt, sie bildet ein harmonisches System. Das heißt nicht unbedingt, dass sie perfekt im Gleichgewicht ist, aber es gibt diese merkwürdige Suche nach dem Gleichgewicht, und selbstredend ist alles auf nahezu unglaubliche Weise miteinander verbunden. Das Buch ist unser Versuch, etwas zu erklären, das so komplex ist in seiner Verbundenheit, dass wir es gar nicht recht zu fassen vermögen, aber man kann Muster daraus ableiten und sehen, dass es tatsächlich diesen erstaunlichen Zusammenhang zwischen den Dingen gibt.«[3]

Die Danksagungsliste am Ende des Buchs offenbart gleichfalls recht erstaunliche Zusammenhänge: Charles' inoffiziellen Kreis von Beratern. Dieser schließt nicht nur Andrew Parker mit ein, sondern auch Mosaraf Ali und Michael Dixon, zwei Vertreter der alternativen und komplementären Medizin, sowie Keith Critchlow, der an der Prince's School of Traditional Arts lehrt. Sein Lebenslauf auf der Website des Instituts liest sich wie folgt: »Professor Critchlow hat viele Bücher und wissenschaftliche Beiträge über Kosmologie, Architektur sowie Geometrie publiziert, die er als Karma Yoga begreift, darunter Titel wie *Order in Space, Time Stands Still* und *Islamic Patterns: An Analytical and Cosmological Approach*. Er selbst drückt es so aus: ›Alle authentische akademische Forschung beruht auf dem gleichzeitigen Streben nach dem Wahren, dem Schönen und dem Guten – wenn irgendetwas davon separat betrieben wird, entsteht ein Ungleichgewicht.‹ Weiterhin widmet er sich der Erforschung von fünffachen und zehnfachen Symmetrien, ein Gebiet, das ihn seit vielen Jahren interessiert.«[4] Charles steuerte das Vorwort zu einem anderen von Critchlows Büchern bei, *The Hidden Geometry of Flowers*. »Es ist eine traurige Tatsache«, bemerkt der Prinz, »dass unsere moderne Sicht der Dinge die Geometrie nicht als eine Sprache erkennt, durch die wir die göttliche Ordnung wahrnehmen können ... Das in einer Blume verborgene Muster befähigt auch alles Leben, einen aktiven Gleichgewichtszustand zu erlangen, den wir ›Harmonie‹ nennen und der die Voraussetzung ist für jedes der lebenserhaltenden Systeme der Erde.«[5]

Charles' alles übergreifende Suche – die Motivation hinter allem, was er tut – zielt auf die Wiederherstellung der Harmonie. Es zeugt von grausamer Ironie des Schicksals, dass seine Mission ihn häufig in Konflikte und Disharmonie stürzt. Er fühlt sich verletzt durch die Kontroversen, die er auslöst, oft zu seiner eigenen Verblüffung. Als Fan der BBC-Serie *Blackadder* identifiziert er sich nicht mit dem ränkeschmiedenden Titelhelden oder mit dem dümmlichen Prinzen, sondern mit dem glücklosen Baldrick, einem Mann aus dem Volk, dessen »gewitzte Pläne« verlacht werden, sich aber oft als richtig erweisen. Wie Baldrick gelangt Charles manchmal über fragwürdige Wege zu den richtigen Schlussfolgerungen. Und wie Baldrick ist er durchaus auch mal einfach auf dem Holzweg.

Im November 1948 sandte General Jan Smuts ein Telegramm an König George VI.: »Wir beten, dass der Prinz ein Segen für unser Commonwealth und die Welt sein möge.«[6]

Smuts war einige Monate vor Charles' Geburt als Premier von Südafrika zurückgetreten und hatte nur noch zwei Jahre zu leben, doch sein Einfluss hat das ganze Leben des Prinzen über fortgewirkt, wie er auch noch immer in der Umweltbewegung spürbar ist. Smuts war nicht nur Politiker und Militärstratege; er war auch ein sehr bewanderter Amateurbotaniker, Ökologe und Begründer des Holismus. Seine Philosophie legte er in dem 1926 erschienenen Buch *Holism and Evolution* dar. Die Natur neige dazu, Ganzheiten zu gestalten, schrieb er. »Die Ganzheit ist nicht nur ein mechanisches System … sie ist mehr als die Summe ihrer Teile.« Dieser Gedanke war dem langsam zerfransenden Konzept des Empire sehr dienlich und wurde zum nachträglich rechtfertigenden Prinzip der 1910 unter der Ägide der britischen Krone vollzogenen Union von Transvaal, Natal, dem Oranje-Freistaat und der Kap-Provinz zu Südafrika. Ebenso lag der Ganzheitsgedanke auch einigen von Smuts' Rassenvorstellungen zugrunde. Obwohl er die Apartheid ablehnte, war er der Ansicht, die schwarze Bevölkerung solle nur ganz allmählich mit sozialen und politischen Rechten betraut werden: ausgehend von einer natürlichen Hierarchie, »in der sich die menschlichen Rassen von den untersten bis zur höchsten erstrecken« – dem weißen Mann. Das Zitat stammt aus einem von Smuts' privaten Briefen und wurde von Peder Anker in seinem Buch *Imperial Ecology* verwendet.

Smuts griff hierin eine ältere Theorie auf, nämlich die »von der Harmonie der Natur und der einfachen Menschen und dem schlichten Leben auf dem Lande im Gegensatz zur industrialisierten Welt«, sagt Anker, Professor für Wissenschaftsgeschichte und Umweltforschung in Harvard. »Im Grunde ist es eine alte romantische Idee, die auf Rousseau zurückgeht. Sie wissen schon, das Leben des edlen Wilden, zu dem man nie mehr zurückkehren kann. Aber man kann sich bemühen, zu dem neuen edlen Wilden zu werden.«[7]

Die Formulierung findet sich erstmals 1670 in John Drydens Drama *Almanzor and Almahide, or The Conquest of Granada*, als der Held Almanzor sich seinem Rivalen Mahomet Boabdelin entgegenstellt, dem er auf den Thron von Granada zurückverholfen hat. »Gehorcht wird von den Untertanen dir / Doch wisse, ich gehorche einzig mir / Ich bin so frei wie die Natur den Menschen rief / Eh' das

Gesetz ihn zwang in Knechtschaft tief / Als noch der edle Wilde durch die Wälder lief.«[8]

Almanzors Identität ist alles andere als festgelegt. Als Kind von afrikanischen Eingeborenen geraubt und aufseiten der »Mohren« gegen die Spanier kämpfend, entdeckt er erst spät im Drama, dass er in Wirklichkeit ein spanischer Adliger ist. Die Vorstellung vom edlen Wilden hat im Lauf der Zeit mindestens ebenso viele Verwandlungen durchlaufen. Der Essayist Michel de Montaigne fand ihn im sechzehnten Jahrhundert unter Menschenfressern: »Jene Menschen sind Wilde im gleichen Sinne, wie wir die Früchte *wild* nennen, welche die Natur aus sich heraus und nach ihrem gewohnten Gang hervorbrachte, während wir in Wahrheit doch eher die *wild* nennen sollten, die wir durch unsere künstlichen Eingriffe entwertet und der allgemeinen Ordnung entzogen haben.«[9] Rousseau verbreitete das Konzept vom »Menschen im Naturzustand«: »Alles ist gut, wie es aus den Händen des Schöpfers der Dinge hervorgeht; alles entartet unter den Händen des Menschen.«[10]

Dies scheint auch der Grundgedanke von *Harmonie* zu sein, aber Charles wendet sich gegen Rousseaus These, »dass es einen Konflikt gibt zwischen dem ›natürlichen‹ und dem ›sozialen‹ Zustand des Menschen«.[11] Der Prinz ist überzeugt, dass der Mensch im Naturzustand – Adam vor dem Sündenfall – seinem Wesen nach gut ist. Es ist die Welt nach der Aufklärung – eine Welt, die von Denkern wie Rousseau korrumpiert ist –, die sich zwischen den Menschen und seine bessere Natur gedrängt hat.

Man versteht, warum der Prinz Rousseau mit Misstrauen begegnet. Der Philosoph hatte mit seinem Werk zum Gedankengut der Französischen Revolution beigetragen. Sein Vermächtnis zeigt sich auch in den Grundprinzipien eines Phänomens, das Charles mindestens ebenso grauenhaft findet wie das Schicksal der Bourbonen: die modernistische Architektur. Ihr Gründervater, Le Corbusier, wurde wie Rousseau in der Schweiz geboren und lebte laut Anker »als eifriger Rousseau-Leser im Sommer in einer kleinen Hütte, um sich in den Zustand des edlen Wilden zurückzuversetzen«. Modernisten und Anti-Modernisten haben einiges an Ideologie gemein, was sie aber nicht zusammenbringt, sondern noch tiefer entzweit. »Auch bei vielen anderen modernistischen Architekten findet man die Vorstellung vom einfachen Leben und von der klaren, schlichten Struktur als Befreiung von der Last der Zivilisation«, sagt Anker.[12]

2008 hielt Charles eine Ansprache bei der jährlichen Verleihung der Medienpreise durch den Verband der Auslandspresse in London. Seine Zuhörerschaft erwartete die üblichen Floskeln über die Bedeutung des investigativen Journalismus und Reportagen aus Konfliktbereichen oder vielleicht, falls dem Prinzen danach sein sollte, einen reuigen Blick zurück auf seine Beziehung zur britischen Presse. Stattdessen bekamen vierhundert Journalisten, Schauspieler, Manager und Politiker praktisch einen Vorgeschmack auf *Harmonie* und die einigende Philosophie hinter all den Benefizinitiativen des Prinzen. Der Thronerbe zählte Beispiel um Beispiel auf für die Schäden, die der Modernismus anrichtet: Technologieabhängigkeit, Konsumsucht, »toxische« Hochhäuser, »Un-Wohlsein«, und er sprach sogar, recht gewagt, von einer »fundamentalen Entfremdung von der Natur – von der organischen Ordnung der Dinge, die in der Natur erkennbar ist; von den Strukturen und zyklischen Prozessen der Natur und von ihren Gesetzen, die uns jene natürlichen Grenzen auferlegen«.[13]

Für manche im Publikum klang die »organische Ordnung« verdächtig nach dem Konzept von der Ordnung der Erbfolge, die ihn über sämtliche Anwesenden im Saal stellte. »Er sprach sich dafür aus, dass die Monarchie Teil der natürlichen Ordnung der Dinge sei«, sagt Will Hutton, Ökonom, Autor und früherer Redakteur beim *Observer*. Craig Turp gelangt in seinem Blog *Bucharest Life* zu ähnlichen Schlüssen: »Leute: Prince Charles liebt Rumänien nicht einfach als solches«, schrieb Craig 2010. »Es ist eine bestimmte Lebensweise in einer bestimmten Gegend des Landes, das nur zufällig Rumänien heißt, auf die er abfährt: eine Lebensweise, die ihn an vorindustrielle Zeiten erinnert, als es in der Gesellschaft noch eine natürliche Ordnung gab. Jeder kannte seinen Platz, es gab null soziale Mobilität, und die Untergebenen riskierten keine kesse Lippe.«[14]

Charles kennt solche Interpretationen. In seiner Rede vor dem Verband der Auslandspresse versuchte er dieser Art von Kritik zuvorzukommen, wobei er sich auf typische Weise defensiv gab: »Sie glauben vielleicht, ich hätte irgendeine merkwürdige und reaktionäre Obsession, zu einer Art pseudo-mittelalterlicher, rustikaler Vergangenheit zurückzukehren. Tatsächlich will ich aber nur sagen, dass wir einfach nicht mit den uns bedrängenden Umweltkrisen zurande kommen können, wenn wir uns allein auf schlaue technologische ›Lösungen‹ verlassen.«[15] Allerdings ist die Philosophie des Prinzen wesentlich komplexer als das. »Wir dachten … wir würden einen Film über Umweltthemen drehen, aber das Thema reichte weit darüber hinaus«, sagt Stuart Sender, Regisseur und Koproduzent des Films *Harmony*, sichtlich beeindruckt von dem Anspruch und der Tragweite der prinzlichen Philosophie.[16]

Das Glaubenssystem, das im Film und weit umfassender noch im Buch dargelegt wird, gründet auf der Annahme, dass jeder Mensch vom Wesen her gut sei, und beschreibt eine holistische Sicht der Welt, in der alles mit einem goldenen Faden verbunden ist. Auch ist der Prinz überzeugt, dass die Menschheit von alters her mit Weisheit erfüllt ist, die sie aber im Mahlstrom des modernen Lebens zu verlieren droht. In *Harmonie* beschreibt er die Zerstörung, die der Tsunami vom Dezember 2004 im Indischen Ozean angerichtet hat und deren Folgen er ein Jahr danach bei einem Besuch in Sri Lanka selbst beobachten konnte. Ein Frühwarnsystem, bemerkt er, sei mittlerweile entwickelt worden. Aber ist diese technologische Maßnahme auch die beste Lösung? Es habe, gibt Charles zu bedenken, »bereits ein Frühwarnsystem gegeben, das von denen, die es zu deuten verstanden, genutzt wurde«. Die Sentinelesen, ein indigenes Volk der Jäger und Sammler, lebten auf einer der Südlichen Andamaneninseln ohne Strom oder irgendeine moderne Methode, die sie vor der Flutwelle hätte warnen können. Dennoch zogen sie sich in ein höher gelegenes Gebiet zurück, »von der Natur selbst auf die Gefahr hingewiesen«, schlussfolgert Charles.[17]

Dem Prinzen erscheint die Zivilisation oft als die Schlange, die sich zwischen den Menschen und die ursprüngliche Harmonie gedrängt hat. Er würde nie vom »edlen Wilden« sprechen, aber die Ikonografie ist leicht durchschaubar. Dies bringt ihm Ärger ein, denn das Konzept wurde seit jeher zur Rechtfertigung des menschlichen Schicksals als Mühsal und Plage verwendet. In Smuts' Holismus wird der Wilde als »Buschmann, der glücklich im Busch lebt« dargestellt, sagt Peder Anker. »Denn da gehört er hin, und da lebt er in Einklang mit sich und der Welt. Und darum braucht man ein Bantustan, eine Art Reservat für diese Leute, damit sie dort in ihrer Harmonie existieren können. Was aus der Sicht des Buschmanns die reine Unterdrückung ist.«[18]

Laurens van der Post, ein wichtiger Lehrmeister des Prinzen, hatte Smuts' Holismus in seiner südafrikanischen Heimat an der Quelle aufgesogen und mit anderen Theorien vermengt, besonders denen des Schweizer Psychiaters C. G. Jung. Van der Post vertrat Jungs Konzept des kollektiven Unbewussten, das die Menschen verbindet, ob sie nun Buschmänner in der Kalahari oder Prinzen in Palästen sind. Der Schatz der gemeinsamen Erinnerung und Erfahrung wird manchmal zugänglich durch Träume. In *Vorstoß ins Innere*, van der Posts fantasievoll ausgeschmückter Rückschau auf seine 1949 unternommene Expedition zu den Nyika- und Mulaje-Plateaus, trifft der Autor einen Briten namens Michael Dowler (ein Pseudonym), der mit vier afrikanischen Dienern zusammenlebt. »Je besser ich Michael kennenlernte, umso stärker wurde mein Eindruck, dass er an diese Kinder der afrikanischen Natur das Nachdenken und die Zuneigung wendete, die er gerne seinem eigenen unerfüllten Ich gegeben hätte, wenn nicht die Hemmungen von Jahrhunderten sogenannter europäischer zivilisierter Werte gewesen wären.«[19]

Van der Post war ein Scharlatan; sein Biograf J.D.F. Jones weist nach, dass er grundsätzlich seine Leistungen übertrieb und zwanghaft flunkerte, ganz abgesehen davon, dass er seine Verführungskünste nach allen Richtungen einsetzte. 1952 verführte van der Post ein vierzehnjähriges südafrikanisches Mädchen, das er eigentlich auf einer Reise nach England behüten sollte, und hielt sie in London weiter als seine Mätresse, bis sie schwanger wurde – ein Geheimnis, das erst nach seinem Tod aufgedeckt wurde. Er führte viele Menschen an der Nase herum, denn er war ebenso berühmt wie faszinierend. Seine brillanten Geschichten sicherten ihm eine große Fangemeinde. Einem Prinzen, der in dieses kalte Paradies auf dem Planeten Windsor eingesperrt war, musste van der Posts Vitalität überaus attraktiv erscheinen. Und indem van der Post das kollektive Unbewusste noch einmal hervorhob, lieferte er Charles genau das, was ihm am meisten fehlte, nämlich die Gewissheit über eine inhärente Verbindung zu den Menschen – und nicht nur zu jenen von blauem Blut, sondern zu ganz einfachen, guten, unverdorbenen Leuten. Van der Posts Anekdote über die Figur, die er Michael Dowler nennt, kommt zu dem Schluss: »Wir haben ja alle ein dunkles Wesen in uns, einen Neger, einen Zigeuner, einen Ureinwohner mit abgewandtem Rücken, und, ach! Viele von uns kommen einer Begegnung mit ihm nur in der Weise nah, dass sie durch die schwarzen Menschen Afrikas derartige stellvertretende Freundschaften mit ihm schließen.«

Dies klang sicher weniger anstößig im Kontext einer Zeit, in der die Rassentrennung institutionalisiert und die Überlegenheit des weißen Mannes pseudowissenschaftlich untermauert war. Charles hat sich da ebenso weiterentwickelt wie die gesamte Kultur. Er romantisiert vielleicht die Vorstellung von einer unverdorbenen Menschheit, doch er ist ebenso wenig Rassist (oder Sexist) wie der Großteil der gebildeten, wohlhabenden weißen Briten, was natürlich nicht heißt, dass er völlig frei davon wäre. Doch anders als viele gebildete, wohlhabende weiße Briten hat er regelmäßig Kontakt zu Abkömmlingen anderer Völker und Kulturen. Auch fördert das Glaubenssystem des Prinzen seine löbliche Entschlossenheit, Arbeitsmöglichkeiten für frühere Straftäter zu schaffen und unterprivilegierten jungen Leuten zu helfen, ihr Potenzial zu entwickeln. Und er versucht, die Arbeitslosigkeit unter schwarzen britischen Männern einzudämmen, die immer schon doppelt so hoch war wie die ihrer weißen Leidensgenossen.

Die zweifelhafte Herkunft einer guten Idee widerlegt sie ebenso wenig wie ihre Fehlinterpretation. Doch Charles' Philosophie wird immer ein problematischer Beigeschmack anhaften; bisweilen wirkt sie wie eine differenziertere Version des Kreationismus. Geschuldet ist dies der mystischen Ontologie frei nach Smuts und Jung. Diese übernahm er nicht nur von Laurens van der Post und Kathleen Raine, der Dichterin und Gründerin der Temenos-Akadamie, sondern auch von Queen Mum, seiner geliebten Großmutter, die Smuts gut kannte, und von Prinz Philip, dem Vater, dem er es nie so ganz recht machen konnte. Obwohl Prinz Philips Engagement für den Umweltschutz wohlbekannt ist, lenkt seine brüske, gern auch rücksichtslose Art oftmals von seinen spirituellen Interessen ab. Er hat die Alliance of Religions and Conservation gegründet und spricht mitunter von der spirituellen Dimension der natürlichen Welt.[20]

»Ich habe mich schon immer für Jung und seine Ideen interessiert, und Philip genauso«, sagte Alexandra Hamilton, Herzogin von Abercorn, eine Freundin des Herzogs von Edinburgh, 2004 zu Gyles Brandreth. »Prinz Philip ist immer auf der Suche nach Ideen, nach Sinn und tieferer Bedeutung. Wir haben hochinteressante Gespräche über Jung geführt.«

Hochinteressante Gespräche waren nicht gerade kennzeichnend für Charles' erste Hochzeitsreise. Während die königliche Jacht ihn und seine junge Braut nach Italien und Griechenland trug, überließ er Diana sich selbst.[21] Er sonnte sich an Deck, vertieft in van der Posts *Jung and the Study of Time*. Van der Post hatte den Prinzen schon gelehrt, seine Träume zu notieren. Charles' selbst ernannter Guru glaubte nicht an die Freud'sche Analyse, derzufolge Träume die verkappte Erfüllung verdrängter Wünsche darstellen; er vertrat das Jung'sche Konzept, dass Träume Bruchstücke eines Ur-Wissens in sich tragen, welches die Zivilisation willkürlich zerstört.

Der führende britische Botaniker Arthur Tansley begann 1922 eine Analyse bei Sigmund Freud. Bald darauf fing er an, ebenfalls über Psychologie zu schreiben und zu dozieren. Ansonsten widmete er sich bis zu seinem Lebensende der Rivalität zwischen verschiedenen botanischen Schulen in Großbritannien und Südafrika. 1924 trafen sich die britischen und die südafrikanischen Botaniker – üppig mit

Geldmitteln ausgestattet dank Smuts' Schirmherrschaft – auf der Imperial Botanical Conference in London, die von Tansley geleitet wurde. Peder Ankers Buch *Imperial Ecology* untersucht, auf welche Weise der fachliche Wettstreit half, die Botanik und weitere Disziplinen zu einer Wissenschaft zu vereinen, die den Bedürfnissen des Empire gerecht zu werden vermochte.

Im Gegensatz zu Smuts definierte Tansley sich als »Materialist«: »Alle lebenden Organismen können als Maschinen angesehen werden, die Energie von einer Form in eine andere verwandeln.« 1935, in einem Traktat, in dem er den von ihm verachteten Holismus kritisierte, prägte er den Begriff »Ökosystem«: »Ökosysteme gibt es in den verschiedensten Arten und Größen. Sie bilden eine Kategorie der vielfältigen physikalischen Systeme des Universums, die sich von dem Universum als Ganzes bis hinab zum Atom erstrecken.«[22]

Ökosysteme sind in der Ökologie wohl so etwas wie eine Glaubenssache, doch ihre Definition und Funktionsweise sind nach wie vor Gegenstand erbitterter Debatten. Obwohl vor allem als Circulus virtuosus der Selbstregulierung angesehen – als Mechanismus des Ausbalancierens –, wird auch dieses Paradigma angezweifelt. »Die Metapher der natürlichen Balance ist nicht angemessen für das technische Verständnis, das sich über die Jahrzehnte aus der Wissenschaft von der Ökologie herausgebildet hat«, sagt Dr. Steward T.A. Pickett, Pflanzen-Ökologe an der University of Illinois, Urbana. »Das natürliche Gleichgewicht ist einer unserer alles beherrschenden Mythen … Diese Vorstellungen von der Harmonie und dem Gleichgewicht der Natur sind klassische Konzepte der alten Griechen. Aber sie sind nicht sehr zweckdienlich, wenn man versucht, den Reichtum an Dynamik und Kontingenz zu vermitteln, den man in der Natur findet.«[23]

Ausgehend von einem empirischen Wissenschaftsbegriff, sind Materialisten den Holisten abhold, die, wie der Ur-Holistiker Smuts, den materialistischen Ansatz als reduktiv ablehnen und bestrebt sind, dem Spirituellen mehr Raum zu geben. »Wenn wir die Natur erforschen und deuten, so müssen wir der Erfahrung, die wir von ihr haben, treu bleiben«, schrieb Smuts. »Wir wollen die Natur nicht auf eine Art aus unseren eigenen Begriffen geschaffenes Prokrustesbett bringen und hier und dort das abschneiden, was uns für unsere subjektiven Maße überflüssig, unnötig oder sogar nicht-existent zu sein scheint … Auf diese Weise kann ein großer Teil von dem, was wir heute als endgültige Erkenntnis zu haben glauben, noch einmal fragwürdig werden; die als unumstößlich angesehenen Ergebnisse der Wissenschaft des neunzehnten Jahrhunderts können noch einmal unsicher werden.«[24]

Diese Ideen hat Charles sich zu eigen gemacht; und genauso, wie der Anblick von brutalistischen Wohntürmen seinen Widerwillen gegen die modernistische Architektur geprägt hat, erscheinen ihm die hässlichen Auswüchse der Technologie und Medizin symptomatisch für das Unvermögen der Materialisten, eine spirituelle Dimension anzuerkennen. Indem er sich dem materialistischen Denken entgegenstellt, hofft er, die unumstößlichen Ergebnisse der Wissenschaft des zwanzigsten Jahrhunderts könnten noch einmal ins Wanken geraten, auf dass in der Wissenschaft des einundzwanzigsten Jahrhunderts Raum werde – nicht etwa für das Gottes-Elementarteilchen, sondern für Gott.

Dies verprellt einen Gutteil seiner potenziellen Anhängerschaft. Aber viele seiner Kritiker – nicht zuletzt jene aufgeklärten Bürger, die in den britischen Medien als »*Guardian*-Leser« bezeichnet werden – teilen seine Besorgnis über die industrialisierte Welt. Der technologische Fortschritt verhieß einst Weltraumträume, in denen alle Menschen in Städten lebten, in windschnittigen Wolkenkratzern voller Haushaltsroboter, mit sprechenden Kühlschränken voller mysteriöser Nahrungsmittel. Diese frohen Futuristen sollten dann in fliegenden Maschinen zur Arbeit brausen, falls überhaupt noch irgendjemand in diesen Utopien arbeitete.

Teilweise hat diese Vision sich auf tragische Weise bewahrheitet. In Argentinien, Australien, Belgien, Brasilien, Kanada, Dänemark, Finnland, Frankreich, Norwegen, Schweden, Großbritannien und den USA leben achtzig Prozent der Bevölkerung in Stadtgebieten. In China, Russland und sogar Rumänien lebt mehr als die Hälfte der

Einwohner in Städten.[25] Doch viele solcher urbanen Ballungszentren ermöglichen nur ihren reichsten Bewohnern ein angenehmes Leben. São Paulo ist die größte Stadt der südlichen Hemisphäre und auch eine der staugeplagtesten. Ihre reichen Bewohner sind auf den Himmel ausgewichen: Nirgends sonst auf der Welt herrscht eine solche Helikopterdichte. Auf den Dächern der Wohn- und Bürotürme befinden sich Landeplätze für Hubschrauber, sodass die elitäre Minderheit sich niemals auf das Straßenniveau hinabbegeben muss, sondern die Dauerstaus locker überfliegen kann, ebenso wie die chaotischen Favelas, wo Arbeitslosigkeit weit alltäglicher ist als ein geregeltes Einkommen.

Ähnlich krasse Diskrepanzen entwickeln sich überall auf der Welt, wenn die reicheren Bevölkerungsschichten sich von den Problemen der niederen Einkommensgruppen abkoppeln. Es entsteht eine übernationale Apartheid der Wohlhabenden, die länger und gesünder leben als ihre ärmeren Landsleute. Zugleich schrumpft diese Kluft allmählich wieder, aber nur, weil das Wohlleben seinen eigenen Tribut fordert und die durch sauberes Wasser und medizinische Spitzentechnologie verlängerten Lebensspannen durch ein Phänomen untergräbt, das Kurt Hahn »Spektatoritis« nannte: ein ungesunder sesshafter Lebensstil in Verbindung mit Tabak, Alkohol und kalorienreichem, nährstoffarmem Essen. Fettleibigkeit, bis vor Kurzem noch ein Anzeichen städtischer Armut, verbreitet sich nun auch unter den Wohlhabenden. Nahrungsmittel- und Pharmakonzerne blühen und gedeihen. Im Juli 2014 gaben die US-Zentren für Krankheitskontrolle und Vorbeugung bekannt, dass die Hälfte aller Amerikaner mindestens ein chronisches Leiden hat, das für ihren schlechten Gesundheitszustand verantwortlich ist, zu Behinderung und Tod führt und die meisten medizinischen Kosten verursacht.

Der Prinz versucht seit Jahren, diese Probleme aus unterschiedlichen Richtungen anzugehen, etwa durch Benefizinitiativen, die Stadtkinder wieder mit der ländlichen Umgebung in Berührung bringen, zu physischer Aktivität anregen und ein Bewusstsein für Nahrungsquellen wecken sollen. Durch sein Engagement für die nachhaltige Landwirtschaft versucht er zugleich eine bessere Ernährungsweise zu fördern und die Teufelskreise der Agrarindustrie zu bekämpfen. In *Harmonie* nennt er als Negativbeispiel die US-Rindfleischindustrie, die Geld für Ammoniak ausgeben muss, um das Fleisch von Kolibakterien zu reinigen, die Tiere in Mastbetrieben immer wieder befallen. Vor drei Jahrzehnten griff er in die Debatte über die Gesundheitsvorsorge ein, um einen anderen Teufelskreis zu bekämpfen: Er setzte sich bei den zuständigen Stellen dafür ein, dass die Ursachen chronischer Leiden besser erkannt und behoben würden, bevor diese Leiden behandelt werden müssten und folglich Kosten verursachten – Kosten, die sich bei der hochtechnologischen Apparatemedizin heutzutage kein Gesundheitssystem mehr leisten kann. Unaufhörlich warnt der Prinz vor der Torheit, alle Beschwerden mit Pillen beseitigen zu wollen, wo doch die Patienten und Steuerzahler viel mehr Vorteile davon hätten, wenn diese Probleme an der Wurzel gekappt würden.

Durch seinen Einsatz gegen die Übermacht globaler Konzerne tut der Prinz, was wenige Regierungen wagen und wenige Einzelpersonen mangels Einflussmöglichkeiten in Angriff nehmen können. Doch die Art und Weise, wie er sich einsetzt, ist für manche schwer erträglich. Auch wenn sie in vielen Punkten mit ihm übereinstimmen (wie die Autorin), so sind sie (wie die Autorin) nicht recht einverstanden mit den Wegen, auf denen er zu seinen Einsichten gelangt, vor allem nicht mit den mystischen Aspekten des Holismus. Für manche Leute, die dem Prinzen nahestehen, bedeutet sein Eintreten für komplementäre und alternative Therapien einen Rubikon, den sie nicht überschreiten können. »Ich würde alles für ihn machen, nur keine alternative Medizin«, sagt William Castell.[26]

Anhänger der weitreichenderen Visionen des Prinzen bedauern es vielleicht auch, dass seine Botschaften oft durch die Art ihrer Präsentation überlagert werden, ob es nun um Architektur oder Gesundheit geht. Der Prinz hat sich so lautstark zugunsten der integrativen Medizin geäußert – einer Mischung von konventionellen und alternativen Ansätzen –, dass sich ein Teil seiner Zuhörerschaft hier ganz bewusst die Ohren zuhält.

Kapitel 12

Gibt es Alternativen?

Eine leichte Brise weht über die Küste von Suffolk und tändelt mit kleinen Kumuluswolken, die nie so ganz die Sonne verdecken oder die für die Jahreszeit ungewöhnliche Wärme mindern. Es scheint wie ein Verbrechen gegen die Natur, an diesem Märzvormittag drinnen zu bleiben, aber Edzard Ernst hat Wichtiges zu besprechen. Er glaubt, dass der Prinz »Quacksalberei ins britische Gesundheitswesen einschmuggelt«.[1] Sein Zerwürfnis mit dem Prinzen führte zu Ernsts vorzeitiger Emeritierung als Großbritanniens erster Professor für komplementäre Medizin an der Universität Exeter. Er behauptet, manche der vom Prinzen propagierten Therapien seien nicht nur nutzlos, sondern sogar schädlich für die Patienten.

Wie Peter Ahrends wurde Ernst in einem vom Nazismus entstellten Deutschland geboren, doch Ernst ist jünger als der Architekt und vom gleichen Jahrgang wie Charles. Ernst und sein royaler Gegner haben mehr gemein als ihr Alter und ihre deutschen Wurzeln; sie sind beide im Glauben an die alternative Medizin aufgewachsen. Die Homöopathie war die geniale Erfindung des deutschen Arztes Samuel Hahnemann, der postulierte, dass »jede wirksame Arznei im menschlichen Körper eine Art eigenes Krankheitsbild hervorruft, und je stärker die Arznei, desto ausgeprägter und heftiger die Krankheit. Wir sollten es der Natur gleichtun, die manch chronische Beschwerde mit einem diese überlagernden Leiden heilt, und für die Krankheit, die wir heilen wollen, besonders wenn sie chronisch ist, eine Arznei verschreiben, der die Kraft innewohnt, eine andere, künstliche Krankheit hervorzurufen, der früheren so ähnlich wie möglich, dann wird die frühere Krankheit geheilt sein: heilt Gleiches nur mit Gleichem.«[2]

Die britische Königsfamilie versucht, Gleiches mit Gleichem zu heilen, seit Königin Adelaide, die deutsche Gemahlin von König William IV., um 1830 die Dienste des deutschen Arztes und Homöopathen Johann Ernst Stapf in Anspruch nahm. Die Königinmutter, Queen Mum, ermunterte ihren Enkel, die Homöopathie ernst zu nehmen. Die Königin konsultiert nach wie vor einen Homöopathen.

Der Prinz schätzt nicht nur die Homöopathie, sondern eine ganze Bandbreite von alternativen Therapien. »Er rät uns immer, Dr. Ali zu konsultieren«, sagt ein Mitglied seines inneren Zirkels. Es handelt sich um Mosaraf Ali, einen Arzt, der laut seiner Website »ein Experte in ayurvedischer Medizin und Naturopathie mit einer ganzheitlichen Vision« ist. Mosarafs Website schmückt sich auch mit einem Zeugnis von Charles (»Dr. Ali hat uns den großen Dienst erwiesen, den Weg für die kommenden Jahrhunderte zu weisen«) und führt den Prinzen auf in einer Liste mit »Referenzen von berühmten Leuten«, die auch Morgan Freeman, Sylvester Stallone, Samuel L. Jackson, Andrew Lloyd Webber und Kate Moss mit einschließt. In einer zweiten Liste von Personen, die Ali behandelt hat, werden Michael Douglas, Ernie Els, Colin Montgomerie, Claudia Schiffer, Richard Branson, Michael Caine und Boris Becker genannt.[3]

Die Ärzte, die am Hof praktizieren und Mitglieder der Königsfamilie auf ihren Reisen begleiten, sind nicht nur in konventioneller Medizin qualifiziert, sondern auch in alternativen und ganzheitlichen Therapieformen bewandert. Sie vertreten einen integrativen Ansatz, der in Deutschland schon als Mainstream angesehen wird. Im Herkunftsland von Edzard Ernst nutzen drei Viertel der Bevölkerung mindestens eine Form von alternativen Heilmethoden, die höchste Quote in der westlichen Welt. »Die alternative Medizin, besonders die Homöopathie, passt einfach in das teutonische Zurück-zur-Natur-Image und erfreut sich eines ungebrochenen Zulaufs«, sagt Ernst.[4]

Ernst trat nach dem Medizinstudium seinen ersten Posten in einer homöopathischen Klinik in Deutschland an. 1993 kam er an die Universität Exeter, um vertiefte Forschungen auf seinem medizinischen Fachgebiet zu betreiben. Bislang war sein Spezialgebiet die Rheologie gewesen – die Fließeigenschaften des Blutes –, doch er hatte auch an die dreißig Abhandlungen über alternative Therapien verfasst. Er sei überrascht gewesen, dass es unter Komplementär- und Alternativ-Medizinern im Vereinigten Königreich so viel Widerstand gegen seine Berufung nach Exeter gab. In Deutschland pflegten ausgebildete Ärzte wie er einen integrativen Behandlungsansatz zu fördern, der weder konventionelle noch alternative Therapien ausschloss und Faktoren wie Ernährung und Bewegung mit einbezog. In Großbritannien dagegen wurden strenge Trennlinien gezogen zwischen dem Mainstream und den weitgehend unregulierten Randgebieten, von denen viele, wie er sagt, als »antiwissenschaftlich« erscheinen. Dies ist auch ein Vorwurf, den er gegen Charles richtet.

Zur Veranschaulichung weist er auf eine Passage in *Harmonie* hin, in der es um die Fibonacci-Sequenz geht. Im dreizehnten Jahrhundert entdeckte der italienische Mathematiker Leonardo Pisano Fibonacci ein immer wiederkehrendes Muster in der Natur, eine Folge, in der jede Zahl von drei aufwärts die Summe der zwei vorhergehenden ist, also 1,2,3,5,8,13 und so weiter. »Wenn jede dieser Zahlen in Zoll oder Zentimetern gemessen und dies auf einem Blatt Papier aufgezeichnet wird, ergibt sich ein Kästchenmuster«, erklärt der Prinz. »Und wenn man die Ecken dieser Kästchen verbindet, ergibt sich eine wohlbekannte Form – eine Spirale.«[5]

Charles zufolge ist die Spirale, die sich überall in so vielen Abwandlungen findet, ein Beweis für die »heilige Geometrie«. Ernst, dessen Spezialgebiet der Blutfluss ist, macht sich über eine Passage in *Harmonie* lustig, in der behauptet wird, die Spiralform manifestiere sich in allen Flüssen, auch im Blutkreislauf. »Ich war fasziniert, als ich zum ersten Mal mit der Arbeit des österreichischen Försters und Erfinders Viktor Schauberger in Berührung kam, der in den 1920er-Jahren nachwies, dass Flüsse nicht im Schwall fließen, sondern sich in

Wirbeln fortbewegen«, schreibt der Prinz in Zusammenarbeit mit seinen Koautoren. Ebenso verhalte sich das Blut. Auf diese Weise werde die Reibung verringert, »und dementsprechend verringert sich auch der ungeheure Druck auf die Venen und Arterien. Würde das Blut nicht so ›wirbeln‹, würden unsere Adern platzen und unsere Fingerspitzen verbrennen.«[6]

Dazu meint Ernst: »Prince Charles hegt seltsam romantische Vorstellungen von der menschlichen Physiologie: Das Blut fließt ganz sicher nicht in Spiralen, und in den Adern gibt es alles, nur keinen ›ungeheuren Druck‹.« Dieser Abschnitt aus *Harmonie* wurde ohne Nennung der Autoren per Mail Spezialisten in Hämodynamik und Gefäßbiologie an Top-Universitäten zugesandt, doch die Bitte um Stellungnahme förderte für dieses Buch nur wenig Erhellendes zum Thema Blutkreislauf zutage. »Sicherlich wird es Wirbel an unterschiedlichen Stellen innerhalb des arteriellen Systems und zu unterschiedlichen Zeiten innerhalb des Herzzyklus geben«, antwortet Dr. Malachy O'Rourke, Dozent an der School of Mechanical and Materials Engineering am University College Dublin, mit Spezialgebiet Fließmechanik. Doch er fügt hinzu: »Die Reibung wird durch die Tatsache reguliert, dass unsere Arterien sich ausdehnen und zusammenziehen, während das Blut hindurchfließt. Wirbelstrukturen werden mit Arteriosklerose und anderen Krankheiten des Herzgefäßsystems wie Aneurysma und Stenose in Zusammenhang gebracht.«[7] »In manchen Arterien/Venen (aber nicht allen) zeigt das Blut einen spiralförmigen Fluss (im Gegensatz zum laminaren Fluss, wo es in ›Schichten‹ parallel zur Gefäßwand fließt), und dieser Spiralfluss neigt tatsächlich dazu, den Druck auf die Gefäßwände zu reduzieren. Aber dass ›unsere Adern andernfalls platzen und unsere Fingerspitzen verbrennen würden‹, scheint mir übertrieben«, mailt Georgios Mitsis, Spezialist für zerebrale Hämodynamik und Selbstregulierung des Blutflusses an der McGill University in Montreal.[8]

Andere Korrespondenten weisen darauf hin, dass der österreichische Förster und Biomimetiker, den Charles lobt, auf vielen Websites als »verkanntes Genie« gepriesen wird, ein häufiges Gütesiegel für

Populärwissenschaftler. Verschiedenen Biografien zufolge nutzte Schauberger die Biomimetik, um eine »Forellenturbine« zu entwickeln, basierend auf der Beobachtung, wie die Fische springen; angeblich wurde dies zum Hauptantriebsmechanismus der fliegenden Untertassen, die er für die Nazis zu entwickeln suchte.

Schaubergers Arbeit wurde vielfach herangezogen, um Menschen auf der Suche nach Heilung unsinnige Mittel anzudrehen. Das Internet ist voll von solchen Circuli vitiosi: Pseudowissenschaftliche Erkenntnisse werden als Unsinn entlarvt und dann wieder aufgegriffen, um dann plötzlich als so fortschrittlich zu gelten, dass ihnen die verdiente Anerkennung versagt bleibe. Laienhafte Skepsis kommt als besondere Verbrauchermündigkeit zu Ehren, nur um besonders teures Schlangenöl vermarkten zu können. Versuche, das Schlangenöl als Betrug zu entlarven, untermauern den Mythos der Unterdrückung dieses Produkts durch das Establishment, das zu borniert sei, um die Wahrheit zu erkennen.

Charles' Empfänglichkeit für solche Argumente könnte durch das Gefühl verstärkt worden sein, dass er selbst in so einem Teufelskreis feststeckt. Im Dezember 1982, siebzehn Monate vor seiner Brandrede am Royal Institute of British Architects, hielt er eine Ansprache vor der British Medical Association, die fast genauso viel Zündstoff barg. Er schalt die konventionelle Medizin für ihren »objektiven, statistischen, computerisierten Ansatz in der Heilkunde. Wenn Krankheit als objektives Problem ohne Berücksichtigung persönlicher Faktoren angesehen wird, dann kann die Lösung nur in Operationen und immer stärkeren Medikamenten liegen.« Er verwies auf das reale Dilemma der medizinischen Versorgung für die Massen und sprach wichtige Fragen in Bezug auf den zunehmenden Einfluss der Pharmafirmen auf die Gesundheitspolitik an, um den anwesenden Doktoren schließlich zu einer ganzheitlicheren – holistischen – Herangehensweise zu raten. »Auch wenn viele Ihrer Zunft sicher ganz wundervolle Ärzte sind, sollten Sie den Menschen doch stärker vermitteln, inwiefern ihre Gesundheit von ihrem Verhalten, ihrer Ernährung und ihrer Umwelt abhängt.«[9]

Dies war nicht nur vernünftig, es musste auch mal gesagt werden. Aber Charles kleidete seine Rede in polarisierende Begriffe und begann gleich mit einer Anklage: »Ich denke oft, dass einer der unschönsten Aspekte verschiedener Zünfte und Körperschaften in dem tiefen Misstrauen bis hin zur Feindseligkeit liegt, das sie allem Unorthodoxen oder Unkonventionellen gegenüber hegen«, sagte er. »Vermutlich ist es unvermeidlich, dass das, was anders ist, starke Abwehrgefühle bei der Mehrheit hervorruft, deren anerkanntes Wissen infrage gestellt wird oder deren Lebensweise und Gebräuche von etwas Fremdartigem beleidigt werden. Vermutlich liegt es auch in der menschlichen Natur, dass wir oft unfähig sind zu sehen, wie leicht das, was heute noch unorthodox ist, morgen schon konventionell sein kann. Vielleicht müssen wir es einfach als Gottes Willen akzeptieren, dass das unorthodoxe Individuum zu Jahren der Frustration, des Gespötts und der Erfolglosigkeit verurteilt ist, um seine ihm bestimmte Rolle im großen Ganzen auszufüllen, bis seine Zeit gekommen ist und die Menschheit bereit ist, seine Botschaft zu empfangen; eine Botschaft, die er wahrscheinlich selbst nur schwer erklären kann, die aber, wie er weiß, aus viel tieferer Quelle entspringt als das bewusste Denken.«[10]

Obwohl der Prinz klarstellte, dass mit dem »unorthodoxen Individuum« der Heiler Paracelsus gemeint war, spiegeln diese Worte zugleich seine eigene Erfahrung. Auch er hat Jahre der Frustration, des Gespötts und der Erfolglosigkeit hinter sich: Seine Interventionen säen meist nur Zwietracht statt Harmonie und setzen ihn Angriffen aus, die ihn in seiner Überzeugung bestärken, dass etwas getan werden muss. Wenn er dann seine Stellung nutzt, um sich gegen Kritiker durchzusetzen, bietet er ihrer Kritik nur noch mehr Angriffsfläche. Das ist Charles' persönlicher Teufelskreis, und Edzard Ernst wurde eine Zeit lang in diesen Mahlstrom hineingerissen.

Der Professor war nicht untätig, seit er die Universität Exeter im Mai 2011 verlassen hatte. Er hat *A Scientist in Wonderland* verfasst, seine Erinnerungen, die im Februar 2015 erschienen sind. Dort legt er seine Version der Ereignisse dar, die zu seinen öffentlichen Strei-

Der ewige Gärtner: Charles auf Highgrove 1986

Die offizielle Residenz in London: Clarence House

Ein beliebter Rückzugsort: Birkhall in Schottland

Zu Hause ist dort, wo das Herz sich wohl fühlt: Charles und Camilla 2009 in Llwynywermod

Gerettet: Dumfries House im schottischen East Ayrshire

Ökotourismus in Rumänien: Das Anwesen Zalanpatak in Transsilvanien

Vorsichtiges Herantasten: Charles im Gespräch mit Michael Elliott, *links*, und Mark Malloch Brown, die beide – anders als einige ihrer Kollegen vom *Economist* – keine noble Privatschule besucht haben.

Fröhliches Terzett: Der Dalai Lama zu Gast bei Charles und Camilla, 2012

Eine andere Art von Anwesen: Besuch einer Wohnanlage in London

Diplomatisches Fettnäpfchen: Charles bei der Übergabe Hongkongs mit dem chinesischen Staatspräsidenten Jiang Zemin, *links*, und Tony Blair. In seinem Reisetagebuch bezeichnet er die chinesischen Staatsvertreter als »schreckliche alte Wachsfiguren«.

Im Visier: William und Harry zogen die Kritik der Presse auf sich, als sie im Vorfeld einer Konferenz zum Schutz der Wildtiere auf die Jagd gingen. Das Bild zeigt sie mit ihrem Vater auf dem Weg zur Veranstaltung. *Im Hintergrund* Kristina Kyriacou und Justin Mundy

Seltene Rassen: William und Charles 2004 auf der Duchy Home Farm

Flink zu Fuß: Charles als Repräsentant britischer Tanzkünste während seiner Mexiko-Reise 2014

Blut auf dem Tanzboden: Charles' Teilnahme an einem Schwertertanz in Saudi-Arabien 2014 stieß auf heftige Kritik.

Die Kontroverse durchwatet: Besuch der Hochwassergebiete in Somerset 2014.

Der Erbe: William am Kontrollpult eines Sea-King-Hubschraubers 2011.

Der Ersatzmann: Harry als Soldat in Afghanistan 2008

Zwei Familien, vier Generationen: Kate mit George bei dessen Taufe 2013. *Im Uhrzeigersinn*: Königin Elizabeth, Philip, Charles, Camilla, Harry, Pippa Middleton, James Middleton, Carole und Michael Middleton und William

Ganz in seinem Element: Charles mit Sense bei der Heckenpflege auf der Duchy Home Farm 2005.

tigkeiten mit Charles führten. Wie er da in seinem Haus in Suffolk sitzt, wirkt Ernst wie das Stereotyp eines Professors mit seinem leichten deutschen Akzent, seinem akkuraten Schnurrbart und der leicht zerstreuten Miene. Wenn er zu Teilen der Geschichte kommt, die ihn aufregen, rührt er Schauberger'sche Wirbel in seinen Tee.

Seine Abteilung wurde im Jahr 2000 in die neue Peninsula Medical School integriert, die den Universitäten von Exeter und Plymouth University unterstand. Dies, sagt er, war der Beginn des Problems. Schon 2003 entdeckte Ernst eine Anzeige in einem Rundschreiben der Prince's Foundation for Integrated Health: »Die Peninsula Medical School zielt darauf ab, die erste medizinische Fakultät im Vereinigten Königreich zu werden, an der ganzheitliche Medizin auf postgraduiertem Niveau gelehrt wird.« Ernst sagt, seinen Informationen zufolge sei der Kurs von Dr. Michael Dixon, einem Befürworter der ganzheitlichen Medizin, für den Lehrplan empfohlen worden, und bei der Finanzierung habe der Prinz geholfen. Geld für ein Forschungsstipendium kam von der Barcapel Foundation, einer gemeinnützigen Körperschaft, die alternative und komplementäre Therapien unterstützt, und von den Nelsons, einem Familienbetrieb, der Original-Bachblüten und Nelson's Homeopathy herstellt.

Ernsts Teelöffel rührt schneller, während er seinen Zwist mit der Prince's Foundation im Jahr 2005 beschreibt. Es ging um *Complementary Health Care*, einen von der Stiftung herausgegebenen Patientenführer, den Ernst vor Journalisten als »überoptimistisch und irreführend« bezeichnete. Im gleichen Jahr brachte Ernst Befürworter des Smallwood Report gegen sich auf; dem zugrunde lag eine unter der Ägide des Prinzen geführte Untersuchung, »welchen Beitrag komplementäre Therapien zur medizinischen Versorgung im Vereinigten Königreich leisten könnten«.[11] Ernst hatte dazu seine Erkenntnisse über die Auswertungen von siebenundzwanzig populären Formen alternativer Therapien beigetragen, die alle keine eindeutige Wirkung gezeigt hatten. Seine Forschungsarbeit zu alternativen Therapien bildete die Grundlage für das 2008 erschienene Buch *Trick or Treatment*, das er zusammen mit Simon Singh schrieb. Dabei gelangte er zu dem Ergebnis, dass die meisten solcher Therapien bestenfalls Placebo-Effekte hatten.

In dem Manuskript des Smallwood Report wurden Ernsts Schlussfolgerungen nicht berücksichtigt. Außerdem fand er, dass es gefährliche Empfehlungen enthielt – wie zum Beispiel die Verwendung von homöopathischen Mitteln gegen Asthma. Also forderte er, seinen Namen daraus zu entfernen.

Ernst erklärt, dass er kurz vor der Veröffentlichung der endgültigen Fassung einen Anruf von Mark Henderson erhielt, dem Wissenschaftsredakteur der *Times*. »Ich kannte Mark von vielen Zusammentreffen her, und wir hatten ein ganz gutes Vertrauensverhältnis, und er sagte: ›Wieso tauchen Sie denn nicht in diesem Dokument auf?‹ Ich sagte: ›Ich stand ja drin, doch ich wollte, dass sie meinen Namen streichen. Aber leider kann ich nichts weiter dazu mitteilen, weil ich mich zu voller Diskretion verpflichtet habe.‹ Und er sagte: ›Das brauchen Sie auch nicht – ich habe das Dokument vor mir.‹ Es war ihm zugespielt worden, und er las mir Passagen daraus vor, sodass ich wusste, dass es ihm wirklich vorlag. Und er sagte: ›Sie brauchen ja nichts über den Inhalt zu sagen, aber erzählen Sie mir doch ein bisschen was zu der Methodologie und warum Sie einen Rückzieher gemacht haben.‹ Also habe ich ihm das ganz unverblümt geschildert, und am nächsten Tag stand es auf der Titelseite der *Times*.«[12] Der Artikel zitierte Ernst nicht nur als harschen Kritiker des Reports, sondern auch mit der persönlichen Ansicht, der Prinz habe damit seine verfassungsmäßige Rolle überzogen.

Ernst sagt, am folgenden Tag habe er eine E-Mail von Christopher Smallwood erhalten, dem Autor des Reports, der ihm Vertrauensbruch vorwarf. Diese Anschuldigung wurde in einem Brief an die *Times* von Richard Horton wiederholt, dem Herausgeber des medizinischen Journals *The Lancet*, und ebenso in einem Schreiben mit dem Briefkopf von Clarence House, das Michael Peat an den Vizekanzler der Universität Exeter sandte. Ernst zitiert es in seinen Erinnerungen: »Ich schreibe Ihnen als Privatsekretär des Prince of Wales und als Vorstand seiner Stiftung für ganzheitliche Medizin«, heißt es da. »Professor Edzard Ernst hat einen Vertrauensbruch bezüglich des Report-Manuskripts zur Wirksamkeit bestimmter komplementärer Therapien begangen, das ihm von Mr Christopher Smallwood zugeschickt wurde. Der Report wurde vom Prince of Wales in Auftrag gegeben. Mr Smallwood schickte Professor Ernst ein vorläufiges und noch unvollständiges Manuskript des Reports zur Durchsicht. Die begleitende E-Mail betonte die Notwendigkeit absoluter Diskretion in dieser Angelegenheit. Professor Ernst stimmte implizit der Durchsicht des Reports auf dieser Basis zu, doch wie Sie vermutlich gesehen haben, teilte er seine Ansichten darüber dann der landesweiten Presse mit. Ich füge die Kopie eines Briefs vom Herausgeber des *Lancet* bei, der von der *Times* veröffentlicht wurde und den Fall sehr gut zusammenfasst. Ebenso füge ich die Kopie einer E-Mail bei, die Professor Ernst von Mr Smallwood zugeschickt wurde. Es tut mir leid, Sie damit behelligen zu müssen, doch ich fand, diese Angelegenheit sollte Ihnen zur Kenntnis gebracht werden.«[13]

Die Mitarbeiter des Clarence House versichern, Peat habe seinen Brief nicht auf Geheiß des Prinzen gesandt, sondern auf Bitten der Treuhänder der Foundation for Integrated Health (die Mitarbeiter merken an, dass Peat einen Briefkopf der Stiftung hätte verwenden sollen). Die Universität reagierte mit einer Untersuchung, die dreizehn Monate in Anspruch nahm. Es wurde beschlossen, kein Disziplinarverfahren gegen Ernst durchzuführen, sondern ihm eine Warnung zu erteilen, dass er Sanktionen riskiere, sollte so etwas noch einmal vorkommen.

Was ihn aber nicht davon abhielt, an dem Fernseh-Feature *Charles: the Meddling Prince* teilzunehmen, das 2007 gesendet wurde und einen siebzehnseitigen Widerspruch aus Clarence House nach sich zog. Zwei Jahre später attackierte Ernst Duchy Originals und dessen Gründer wegen des Vertriebs einer sogenannten Detox-Tinktur. »Prinz Charles trägt zur Un-Gesundheit der Nation bei, indem er so tut, als könnten wir uns alle den Bauch vollschlagen, dann seine Tinktur nehmen und wieder in bester Form sein. Unter dem Banner der ganzheitlichen und integrativen Medizin, die er propagiert, leistet er nur der Quacksalberei Vorschub«, erklärte Ernst gegenüber dem *Guardian*.[14] Inzwischen waren die Geldmittel für Ernsts Forschungsabteilung in Exeter versiegt. Er habe seinen Abschied nehmen wollen, um die Abteilung zu retten, sagt er, aber stattdessen wurde sie 2011 von der Universität abgeschafft.

Im Jahr zuvor war George Gray, der Finanzvorstand der Prince's Foundation for Integrated Health, wegen Betrugs ins Gefängnis gewandert, was den Todesstoß für die Stiftung bedeutete; 2012 wurde sie aufgelöst. Grays Kollegen traf keine Schuld. Der medizinische Leiter der Stiftung, Michael Dixon, wurde dann zum Vorstand des College of Medicine berufen, das keine formelle Verbindung zum Prinzen und seinen karitativen Organisationen unterhält, aber ähnliche Ziele verfolgt. Laut Dixon ist Charles nach wie vor entschlossen, die Erforschung alternativer und komplementärer Therapien zu fördern: »Der Prinz ist sich darüber im Klaren, dass die Überprüfbarkeit der Wirksamkeit und Sicherheit solcher Therapien gewährleistet sein muss, und hat oft die Wichtigkeit auch gerade der Kosteneffizienz betont, doch es erweist sich als unendlich schwierig, die entsprechenden Forschungsgelder aufzutreiben«, bekennt Dixon.[15] In diesem letzten Punkt würde Ernst ihm sicher zustimmen.

Der National Liberal Club, 1882 von Großbritanniens viermaligem Premier William Gladstone gegründet, ist in einem opulenten neugotischen Gebäude angesiedelt. Von seiner Terrasse aus blickt man auf einen lauschigen Garten und sieht jenseits davon zwei Ströme fließen: den Londoner Verkehr entlang der Uferstraße und dahinter den sonnengesprenkelten Wasserlauf der Themse. Michael Dixon ist ein nicht-politisches Clubmitglied und zeigt seinen Gästen gern das Wahrzeichen des Clubs, das hinter Glas aufbewahrt wird: die originale Gladstone Bag, zu Ehren des Politikers kreiert, doch auch ein Modell für die Taschen, die viele konventionelle – und weniger konventionelle – Ärzte mit sich herumtragen. Dixon stellt seine eigene Doktortasche neben einem Terrassentisch ab und beginnt über den Prinzen zu sprechen. »Es ist erstaunlich«, sagt er. »Ich habe einige staatliche Organisationen geleitet und immer viel mit der Presse zu tun gehabt, wo man mich immer anständig behandelt hat. Aber sobald es um meine Zusammenarbeit mit dem Prinzen geht, ist es immer, als wollten sie mir was am Zeug flicken. Jeder möchte eine Story mit einem neuen Aufhänger, aber Hauptsache, negativ.«[16]

Trotzdem ist Dixon entspannt und zugänglich. Wichtige Punkte betont er nicht, indem er die Stimme erhebt, sondern indem er die Arme wie ein Gekreuzigter ausbreitet. Ganz offensichtlich eine vertraute Haltung für den Doktor, der so oft zum Blitzableiter wurde – nicht nur für den Zorn der Mediziner auf den Prinzen, sondern auch für Kollegenschelte aus dem Gesundheitswesen. Denn als Vorstand der NHS Alliance, einer unabhängigen Dachorganisation, die ihre eigene Vision von medizinischer Versorgung vertritt, setzt Dixon sich für einen Bürokratieabbau im National Health Service ein, in dessen Folge mehr Verantwortung auf regionale Ärzteverbände übertragen werden sollte. Außerdem ist er ein leidenschaftlicher Verfechter der ganzheitlichen Medizin und bietet in seiner Praxis in Devon eine große Bandbreite an alternativen Therapien an, nach dem Motto: »Wir behandeln den Menschen, nicht nur die Symptome.«[17]

»Zehn Jahre lang war ich ein extrem orthodoxer Allgemeinarzt, und dann hatte ich eine Art Burn-out, weil es so vieles gab, von Rückenschmerzen, chronischer Müdigkeit oder chronischen Infekten bis hin zum Reizdarm-Syndrom, auf das die moderne Medizin einfach keine wirkliche Antwort hat«, sagt Dixon. »Die Kluft zwischen dem, was ich den Patienten anbieten konnte, und dem, was sie von mir erwarteten, wurde immer größer.« Bei einer Fortbildung zu alternativen Heilmethoden fand er einen Weg, diese Kluft zu überbrücken und sein »Arsenal«, wie er sagt, aufzustocken. Kurz darauf bat ihn die Frau eines örtlichen Richters, eine christliche Heilerin, den Patienten seiner Praxis ihre Dienste anzubieten. »Ich sagte: ganz bestimmt nicht. Ich werde in meiner properen NHS-Praxis doch keine Hexerei gutheißen. Aber sie blieb hartnäckig, setzte sich durch und hat seither viel Gutes für unsere Patienten bewirkt«, erinnert sich

Dixon. »Schließlich dachte ich, wir sollten die Sache wohl besser mal wissenschaftlich untersuchen.«[18]

Die Studie verglich die Resultate von Patienten, die sich sechs Monate lang konventionellen Heilmethoden unterzogen hatten, bevor sie an die Heilerin verwiesen wurden, mit Resultaten von Patienten, die ebenfalls sechs Monate lang krank gewesen waren, die Heilerin aber nicht konsultiert hatten. Der ersten Gruppe ging es besser, doch die Studie zog Kritik auf sich, weil sie den Placebo-Effekt nicht ausgeschlossen hatte: Vielleicht war es den Patienten ja nur besser gegangen, weil sie glaubten, dass ihnen geholfen würde. Die Kritik »fand ich eigentlich immer ganz lustig, weil wenn Placebo der Effekt ist, den ein Mensch auf den anderen hat, na ja, dann ist es das eben«, sagt Dixon. »Als Arzt etwas ausrichten zu können war überaus befriedigend – mit jemandem zu reden, der akute Schmerzen hat und diese dann lindern zu können oder ganz zum Verschwinden zu bringen. Also vollendete ich den eingeschlagenen Weg durch die Akupunktur, die Kräutermedizin und so weiter – und er hat mich stets darin unterstützt.«[19]

»Er« – Charles – ermutigte Dixon, nach Indien zu reisen, um sich in ayurvedischer Medizin fortzubilden. Für Dixon ist er eine Vorbildfigur: »Was er auch sagt, er meint es wirklich so. Der Rest der Welt sagt das, was opportun scheint, um anderen ein bestimmtes Bild von sich zu vermitteln ... Ich glaube, wir haben unglaubliches Glück mit ihm, weil er sich wirklich kümmert, fast so, dass es wehtut, er leidet mit seinem Volk, und er regt sich unheimlich auf, wenn er meint, dass es irgendwo ungerecht zugeht oder dass Chancen vertan werden.« Wieder breitet Dixon die Arme aus. »Oft bekomme ich Anrufe, wenn alle Leute Weihnachten oder Silvester oder sonst was feiern, und er ist immer noch am Arbeiten. Er ist unglaublich fleißig und ernsthaft, und die Gesundheit ist fast so etwas wie sein ureigenes Gebiet. Wenn er kein Prinz wäre, wäre er sicherlich Arzt geworden. Ich sehe ihn in erster Linie als den heilenden Prinzen.«[20]

Dixon verweist auf eine Geschichte aus der Zeit eines früheren Charles, als Analogie für die Weisheit, die er darin sieht, dass sein

Charles das medizinische Establishment herausfordert. »Während der Großen Pest im Jahr 1665 flohen die Herren Doktoren aus London, und zurück blieben nur die Apotheker, die dann hingingen und sich um die Kranken kümmerten, so gut sie konnten. Sicher waren ihre diagnostischen Grundlagen nicht so gut wie die der Doktoren, aber sehr viele diagnostische Grundlagen gab es zu jener Zeit ohnehin nicht. Wie auch immer, nach der Pest kehrten die Doktoren nach London zurück und sagten: Hinweg mit euch, ihr wisst ja gar nicht, was ihr tut.«[21]

Wie so vieles bei der Debatte um die alternative Medizin ist die Anekdote unterschiedlich interpretierbar. Manche Historiker meinen, die Apotheker wären nicht aus noblen Gründen in London geblieben, sondern um Profit aus ihren Patentmitteln zu schlagen. Die Antipathie zwischen Apothekern und Ärzten glomm so hitzig wie das Feuer, das schließlich half, die Epidemie unter Kontrolle zu bringen; zugleich spiegelt sie die Polaritäten der gegenwärtigen Auseinandersetzung zwischen der konventionellen und der alternativen Medizin. »Nathaniel Hodges, ein Doktor, zog eine gewisse Befriedigung aus der Tatsache, dass diese ›Anfacher der Pestflamme‹ selbst zu Opfern der Epidemie wurden … Er war sehr streng in seiner Verurteilung jener ›Chymiker und Quacksalber‹, die ›ebenso wenig von Wissenschaft wie von Arznei verstanden‹ und doch ›einem Jeglichen diesen oder jenen Unrat unter dem Deckmantel eines klingenden Namens gaben‹«, schreibt Stephen Porter in *The Great Plague*.[22]

Für Dixon sind jene Apotheker Symbolfiguren für den ganzheitlichen Ansatz, den er und der Prinz in die Zunft der Mediziner einzubringen hoffen – ein Ansatz, der davon ausgeht, dass die konventionelle Medizin möglicherweise nicht alle Antworten parat hat. »In gewisser Weise sagt Charles, der vielleicht einmal Charles III. sein wird, dass die Schulmedizin ihre Patienten oftmals im Stich lässt«, erklärt Dixon. »Denn ganz ehrlich, wenn Sie chronisch müde sind und nicht anämisch und keine Schilddrüsenunterfunktion haben, dann kann ein Schulmediziner nur sagen: ›Tja, ich habe nichts Ernstes gefunden, also dann, viel Glück.‹«[23]

Elizabeth Buchanan, die frühere Privatsekretärin des Prinzen, erzählt eine Geschichte über den Boss. Bei einer Wanderung in Wales traf Charles eine Frau, die kurz zuvor eine Krebsdiagnose erhalten hatte. Er wies Buchanan sofort an, dafür zu sorgen, dass die Frau ins Bristol Cancer Help Centre überwiesen wurde. Diese karitative Einrichtung, später zum Gedenken an eine ihrer Gründerinnen in Penny Brohn Cancer Care umbenannt, praktiziert den ganzheitlichen Ansatz, auf ihrer Website beschrieben als »eine einmalige Kombination von Behandlungen, Therapien und Techniken, einschließlich Lebensstilmaßnahmen wie gesundes Essen, Bewegung, Stressbewältigung, inneres Gleichgewicht, und eine ganze Reihe von komplementären Methoden, die parallel zur schulmedizinischen Krebsbehandlung Anwendung finden«.[24] Charles ist der Schirmherr dieser Einrichtung.

Buchanan gräbt diese Anekdote aus, um die sich sorgende Seite des Prinzen hervorzuheben. Anscheinend ließ der Boss die Frau nicht nur in das Therapiezentrum einweisen, sondern hielt sich auch über ihren Zustand auf dem Laufenden. »Er ist so empathiefähig«, sagt Buchanan, »und so freundlich. Er kümmert sich einfach immer, im Großen wie im Kleinen. Auch das, finde ich, unterscheidet ihn von anderen Leuten.«[25]

Die Geschichte hat noch einen interessanten Aspekt, der in der Historie des Krebsbehandlungszentrums liegt. 1990 erlitt sein Ruf schweren Schaden, als die vorläufigen Ergebnisse einer Studie publik wurden, der zufolge Patientinnen, die mit Brustkrebs ans Bristol Cancer Help Centre kamen, ein dreimal höheres Rückfallrisiko hatten und ein doppelt so hohes Sterberisiko wie diejenigen, die nur mit konventionellen Methoden behandelt wurden. Deutlich wurde hier impliziert, dass die Maßnahmen im Bristol Centre den Krebs verschlimmerten oder die Widerstandskraft der Patientinnen schwächten.

Tatsächlich aber war die Studie nicht repräsentativ, da sie nicht in Betracht zog, dass die Frauen, die ans Bristol Cancer Help Centre kamen, meist an fortgeschrittenen oder schwer behandelbaren Krebsformen litten und sich erst an diese Klinik wandten, nachdem sie die Möglichkeiten der Schulmedizin bereits ausgeschöpft hatten.

Die Therapien am Bristol Centre konnten sie zwar nicht heilen, aber sie mögen ihnen für den Rest ihrer Zeit zu einer besseren Lebensqualität verholfen haben. Manche Teilnehmerinnen der Studie waren so überzeugt davon, dass ihr Krebszentrum falsch dargestellt worden war, dass sie die Bristol Survey Support Group gründeten. In dem Buch *Fighting Spirit* findet man ihre gesammelten Darlegungen. Sheila Hancock, Schauspielerin und selbst Patientin am Bristol Cancer Help Centre, steuerte das Vorwort bei. »Es heißt, alle wüssten, wo sie waren, als sie hörten, dass Kennedy tot war. Zu meiner Schande muss ich gestehen, dass ich es nicht mehr weiß«, schrieb sie. »Doch ich weiß sehr gut, wo ich war, als ich erfuhr, dass sich mein Sterberisiko angeblich verdoppelt hatte, weil ich mich am Bristol Cancer Help Centre gegen Brustkrebs behandeln ließ. Damals erholte ich mich im Krankenhaus von einer Gallenoperation, und ich traute meinen Augen nicht, als ich sah, wie genüsslich die Mediziner die komplementäre/alternative Medizin verteufelten, wobei sie kaum den Unterschied kannten. Es war, als könnten sie jetzt endlich dem lange aufgestauten Groll gegen Frauen, die vom rechten Pfad der Schulmedizin abgewichen waren, freien Lauf lassen. Für mich, die ich mich in meinem Klinikbett besonders verletzlich fühlte, waren ihre Äußerungen zutiefst verstörend.«[26]

Das polarisierende Ökosystem der Gesundheitsdebatte hält sich in einer Balance der Extreme: das Konventionelle steht gegen das Alternative, die Macht der Pharmagiganten gegen die Profiteure der Schlangenöl-Industrie, Rationalisten gegen die Fürsprecher einer spirituellen Dimension. Das Debakel um das Bristol Cancer Help Care Centre dämonisierte nicht nur einen legitimen Ansatz der medizinischen Versorgung, sondern vertiefte auch die Verwirrung hinsichtlich der Vor- und Nachteile von komplementären Therapien und ließ Krebspatienten in ihrer Not zu einer potenziellen Beute für die falschen Versprechungen von Quacksalbern werden. Ungünstig ist außerdem, dass auch als vorteilhaft anerkannte alternative Therapien wie Yoga und Pilates keinen Verbandsstatuten unterliegen, die sicherstellen würden, dass die Praktizierenden den Standards genügen, die von unabhängiger Seite festgelegt würden. Die Patienten sind dabei oft die Verlierer.

Wie üblich lässt der Prinz seine Beziehungen spielen, um seine Ideen zu propagieren. In Peter Hain, der den Kabinetten von Tony Blair und Gordon Brown angehört hatte, fand er einen seltenen Verbündeten, der sich ebenfalls für die integrative Medizin einsetzte. Charles war »ständig frustriert, dass er kein Gesundheitsministerium dafür erwärmen konnte, und so fand er mich, wie er mir einmal selbst sagte, einmalig unter dem Gesichtspunkt, dass ich jemand war, der ihm in dieser Sache tatsächlich recht gab und dies möglicherweise umsetzen würde«, sagte Hain in einer Dokumentarsendung der BBC. »Als ich von 2005 bis 2007 Staatssekretär für Nordirland war, freute der Prinz sich zu hören, dass ich praktisch tun konnte, was ich wollte, da ich dort ja nun das Sagen hatte. Ich konnte ein Versuchsprojekt für komplementäre Medizin beim National Health Service einführen, und es brachte ausgezeichnete Ergebnisse, das Wohlbefinden der Leute erfuhr eine deutliche Besserung. Als er davon hörte, war der Prinz so begeistert, dass er die Waliser Regierung und die Regierung in Whitehall zu überzeugen versuchte, das Gleiche für England und Wales in die Wege zu leiten, aber ohne Erfolg.«[27]

Ernst reagierte auf dieses Interview mit einem unwirschen Blogeintrag, in dem er die Legitimität des Versuchsprojekts infrage stellte. »Also«, schreibt Ernst, »ist die ganze ›Versuchsprojekt‹-Geschichte ein irrelevanter alter Hut? Sicher nicht! Ihre wahre Bedeutung liegt nicht darin, dass ein paar Amateure irgendwelche Pseudo-Behandlungen mittels der unseriösesten Forschungsergebnisse des Jahrhunderts in den NHS einzuschmuggeln versuchen. Nein, das Bedeutsame daran ist meiner Meinung nach, dass es zeigt, wie Prinz Charles wieder einmal die Grenzen seiner verfassungsmäßigen Rolle überschreitet.«[28]

Solche Kritik wird Charles wohl kaum beirren, nicht nur, weil das Konzept seiner verfassungsmäßigen Rolle so dynamisch ist wie die Natur und ihre Ökosysteme. Der Prinz ist unbeirrbar, weil er an das glaubt, was er vertritt – nicht nur an die alternative und komplementäre Medizin und das Potenzial der Biomimetik, sondern an das größere Ganze, das auch das Unsichtbare und Unbekannte mit einschließt. Er ist ein Prinz Hamlet, der verkündet, dass es mehr Dinge zwischen Himmel und Erde gibt, als unsere Schulweisheit sich träumen lässt. »Wir leben in einer Kultur, die nicht wirklich an die Seele glaubt«, sagt Ian Skelly. »Man wird für eine Art Sonderling gehalten, wenn man so spricht, aber wenn man sich einzeln mit Leuten unterhält, sprechen sie auf sehr spirituelle Weise über Liebe, über Gefühle. Kulturell haben wir das in einen Winkel verbannt, es spielt keine Rolle in der rein wirtschaftlich ausgerichteten Mainstream-Mentalität.«[29] Auch dies ist etwas, das der Prinz zu ändern beabsichtigt.

Kapitel 13

Der König schütze Gott

Trotz ausländischer Wurzeln und globalisierter Kultur ist die Königin selbst so ur-englisch wie des originale Ribena-Fruchtsaft-Konzentrat. Die Engländer aus der sogenannten schweigsamen Generation kennzeichnen sich ebenso durch das Unausgesprochene aus wie durch Worte und Taten, und die stillen Aktionen der Monarchin sprechen Bände. Ihre Kinder ließ sie von Nannys großziehen, und ihre Hunde behandelt sie wie Prinzen. Sie liebt Pferde und hat sie stets einfühlsam behandelt. Sie kleidet sich, als sei das Leben ein ständiger Kirchenbasar. 2003 verdingte sich Ryan Parry, Jungreporter beim *Daily Mirror*, für zwei Monate als Lakai im Buckingham-Palast und konnte dort keine Laster entdecken, keine verborgenen Leidenschaften, keine dunkle Seite der königlichen Existenz. Das Frühstück der Königin und des Prinzgemahls ist eine gesetzte Angelegenheit mit Haferflocken aus Tupperware-Behältern und einem alten Roberts-Radio, das die Konversation belebt. Einzig und allein Prinzessin Anne zeigte eine kleine Schwäche, nämlich für überreife Bananen, und Prinz Andrew machte sich einen Spaß daraus, immer wieder einen Plüschaffen an den unmöglichsten Stellen im Palast zu hinterlassen.

Die Extravaganzen, die Parry dokumentierte, wirkten weder zwanghaft noch besonders frohgemut. Die Überfülle an Dienerschaft und ödem Zeremoniell erschien eher wie ein Relikt aus staubiger Geschichte denn als Symptom von Prunksucht. Es bedarf eines Teams aus zehn Bediensteten – zwei Lakaien, zwei Küchenhelfern, zwei

Köchen, zwei Mundschenken, einem Pagen und einer Kaffee-Mamsell –, um das Kaffeetablett der Königin herzurichten, zu servieren und wieder abzuräumen. »Die Mamsell wartete zweieinhalb Stunden, um einen Kaffeetopf von einer Wärmeplatte zu nehmen und in eine Silberkanne umzugießen. Die händigte sie dann mir aus. Meine Rolle bestand darin, das Tablett die zwanzig Meter zum Pagenraum zu tragen und es dem Pagen zu übergeben, der es dann weitere acht Meter zur Königin in ihrem Esszimmer beförderte«, berichtet Parry.[1] Seltsam muten die metrischen Maßeinheiten in dieser Aussage an; Elizabeth II. bemisst ihr Königreich von jeher in Zoll, Fuß und Ellen.

Als Kirchenoberhaupt leistet sie der Church of England gute Dienste, indem sie mit Attributen aufwartet, die seit der Reformation in hohem Ansehen stehen. Sie ist fromm, aber auf eine stille, unspektakuläre Weise. Sie nimmt regelmäßig an Gottesdiensten teil, aber nicht so häufig, dass es auffallen würde. Als Mutterkirche des Anglikanismus fordert die Church of England keine strenge Observanz ihrer Riten. Britische Premierminister »berufen sich nicht auf Gott«, wie Tony Blairs Medienberater Alastair Campbell sagt.[2] Bevor David Cameron in die Downing Street 10 einzog, verglich er seinen Glauben mit dem »FM-Empfang in den Chilterns: Er kommt und geht. Das gilt für viele Leute in der Church of England. Wir sind voller Zweifel, im Grunde aber gläubig, doch wir heften uns das nicht ans Revers.«[3] Sobald er im Amt war und manche Würdenträger der Kirche durch die Einführung der Schwulenehe brüskiert hatte, versuchte Cameron, sich einen kirchenfreundlichen Anstrich zu geben. »Die Leute, die eine säkuläre Neutralität befürworten, sind sich nicht über die Konsequenzen dieser Neutralität im Klaren oder über die Rolle, die der Glaube bei der Verankerung eines ethischen Kodex im Bewusstsein der Menschen innehat«, schrieb er in einem Artikel für die *Church Times*, nur um dann gleich zurückzurudern: »Allerdings ist der Glaube weder notwendig noch ausreichend für ein ethisches Bewusstsein. Viele Atheisten und Agnostiker richten sich nach einem ethischen Kodex – und es gibt Christen, die das nicht tun.«[4]

Der Anglikanismus ist allem Ostentativen abhold. Der größte innerkirchliche Konflikt der heutigen Zeit offenbarte sich in der Kluft zwischen den Anhängern von Gene Robinson, einem selbstbewussten Schwulen, der 2003 von der liberalen Episkopalen Kirche zum Bischof von New Hampshire geweiht wurde, und den erbitterten Gegnern schwuler Pastoren, die sich besonders lautstark in den Gemeinden Afrikas und Asiens zu Wort meldeten. Die Generalsynode ist das Parlament der Church of England; die alle zehn Jahre stattfindende Lambeth Conference bestimmt die Grundlinien der anglikanischen Kirchenpolitik. Der Erzbischof von Canterbury versucht, oftmals scheiternd, die Debatte zu koordinieren, anstatt wie der Papst ex cathedra Doktrinen zu verkünden.

Solche Unterschiede zum römisch-katholischen Glauben sind bezeichnend. Die Gründung der Church of England bedeutete einen Bruch mit dem Vatikan, nachdem Henry VIII. sich mit Papst Clemens VII. überworfen hatte, da dieser sich weigerte, die Ehe des Königs mit Katharina von Aragón zu annullieren. Sobald die Glorious Revolution Großbritanniens letzten katholischen Herrscher James II. verjagt hatte, wurde die Verbindung der Church of England mit den – stets anglikanischen – britischen Monarchen für alle Zeit gesetzlich geregelt, während der Kolonialismus die Vorherrschaft des Anglikanismus und der Monarchie in alle Welt exportierte. Die Church of England ist die etablierte Staatskirche; ihre Bischöfe sind bei der Erlassung von Gesetzen beteiligt. Der Krönungseid verpflichtet den Monarchen, »die Institution der Church of England unverbrüchlich zu erhalten, und ebenso deren Lehre, Gottesdienst, Regeln und Leitung, wie durch Gesetz in England verankert«. Weiterhin obliegt es ihm, »den Bischöfen und Geistlichen von England und den ihrer Obhut anheimgegebenen Kirchen, alle Rechte und Privilegien zu erhalten, die ihnen von Rechts wegen zukommen«. Der Monarch ist der Verteidiger des Glaubens, der die Kirche vor Eindringlingen und Weihrauchschwingern schützt. Diese Rolle wird Charles wohl nie ganz leichtfallen.

Die interessanteste Aussage in Jonathan Dimblebys 1994 entstandenem Dokumentarfilm über Charles ging fast unter in dem Sturm der Entrüstung, den eine andere Veröffentlichung ausgelöst hatte. Dimblebys Film und Buch gerieten ins turbulente Kielwasser von Andrew Mortons Diana-Biografie, als es plötzlich nur noch darum ging, was der Prinz zu den Untreue-Anschuldigungen seiner Frau sagen würde. »Ich wollte auf keinen Fall, dass es zu einer Art Wettrüsten zwischen uns käme, denn das andere Buch war so ein Frust für mich … Ich wusste, dass die Frage, ob er treu war oder nicht, nun zum Thema gemacht wurde, und ich musste irgendwie damit umgehen«, sagt Dimbleby. Er musste in der Ehe herumstochern, »sonst wäre der ganze Rest des Films davon überlagert worden, dass ich es unterlassen hatte«.[5] Doch er tastete sich behutsam vor: »Waren Sie – haben Sie versucht, sich treu und ehrenhaft gegenüber Ihrer Frau zu verhalten, als Sie den Bund der Ehe mit ihr eingingen?«

»Ja, absolut«, sagte der Prinz. »Und waren Sie es?«, hakte Dimbleby nach. »Ja«, wiederholte der Prinz, »bis sie [unsere Ehe] unwiderruflich zerrüttet war, obwohl wir uns beide bemüht hatten.«[6] Dies bestätigte, dass es tatsächlich drei Personen in der Ehe der Windsors gegeben hatte, und warf Fragen auf, die noch immer in konservativen Ecken schwelen: ob der Prinz demzufolge als Galionsfigur der Church of England tauglich sei. Aber die verblüffendere Aussage war schon an früherer Stelle in Dimblebys Film zu vernehmen: Während einer Diskussion über sein Interesse an Weltreligionen äußerte der Prinz, es gebe »gemeinsame Fäden, die uns alle in einem großen und bedeutsamen Gewebe vereinen«. »Heißt das, Sie fühlen sich spirituell und intellektuell gut aufgehoben zwischen all diesen Religionen und nicht ausschließlich der Church of England und dem Protestantismus verpflichtet?«, fragt Dimbleby. »Ja«, antwortet der Prinz. »Ich meine, es gibt da sehr viel Gemeinsames, wenn man anfängt, die Verbindung zu verstehen, und das kann überaus hilfreich sein. Ich bin einer von jenen, die auf der Suche sind. Ich möchte gern einen Pfad, wenn ich ihn denn finden kann, durchs Dickicht verfolgen.« Und mit dieser Erklärung drohte Charles geradewegs in ein Dornengestrüpp zu schlittern.

»Ich persönlich würde die Rolle des Monarchen lieber als eine des Verteidigers von Glauben im weitesten Sinne sehen, nicht *des* Glaubens per se, denn damit ist nur eine bestimmte Glaubensrichtung gemeint, was meiner Ansicht nach eine Menge Probleme schafft«, erklärt Charles, »und das schon seit Hunderten von Jahren. Die Menschen haben sich dieser Dinge wegen bis aufs Blut bekriegt, was mir als besonders unsinnige Form von Energieverschwendung erscheint, wo wir doch eigentlich alle miteinander das gleiche Ziel vor Augen haben. Also würde es mir eher darum gehen, nicht *den* Glauben zu verteidigen, sondern *das* Glauben, gilt doch heute das ganze Konzept des Glaubens an irgendetwas jenseits dieser Existenz schon fast als altmodisch und irrelevant.« Der künftige Koautor von *Harmonie* beginnt seine im Werden begriffene Philosophie zu skizzieren, er überlegt, dass ein Monarch »Verteidiger des Göttlichen« sein könnte. »Das Muster des Göttlichen, das, wie ich glaube, in uns allen angelegt ist, das aber, weil wir Menschen sind, auf viele unterschiedliche Weisen ausgedrückt werden kann.« Um keinen Zweifel an seiner Botschaft aufkommen zu lassen, nennt er einige der anderen Religionen, die er als König verteidigen möchte. »Ich war immer der Meinung, dass die katholischen Untertanen der Krone ebenso wichtig sind wie die anglikanischen und die protestantischen. Gleichfalls scheinen mir auch die islamischen Untertanen oder die hinduistischen Untertanen oder die zoroastrischen Untertanen von großer Wichtigkeit.« In Charles' Theologie sind alle Gläubigen gleich, wenn auch nicht auf gleicher Höhe mit der Krone.

Diese Überlegungen entfachten zwar nicht so viel Presserummel wie sein Eingeständnis des Ehebruchs, doch sie sorgten für Betroffenheit im Lambeth Palace. »Als Thronerbe muss der Prinz jedes Bürgers eingedenk sein, unabhängig von der Konfession oder Hautfarbe«, erklärte der Erzbischof von Canterbury, George Carey, gegenüber der BBC. »Ich glaube, das wollte er damit sagen.«[7]

Carey meinte, dass kleine Abänderungen an der Krönungszeremonie – aber nicht am Krönungseid – dem Wunsch des Prinzen entsprechen würden, allen Glaubensrichtungen den gleichen Stellenwert zukommen zu lassen. In seiner Charles-Biografie, die im gleichen Jahr erschien, verwarf Dimbleby Careys »wortklauberische Interpretation« und berief sich auf einen Abschnitt des Interviews mit dem Prinzen, der in der BBC-Sendung gestrichen worden war. Darin kommt der Prinz nochmals auf das Thema der Gemeinsamkeit zwischen den Religionen zurück. »Die großen nahöstlichen Religionen – das Judentum, der Islam, das Christentum, die alle der gleichen geografischen Region entstammen – haben vieles gemeinsam … Es gibt Aspekte des Hinduismus und des Buddhismus … die sehr tiefe Verbindungen zum Islam, zum Christentum und zum Judentum aufweisen.« Ferner beklagt der Prinz das Schisma in der Christenheit zwischen den orthodoxen, katholischen und protestantischen Kirchen. »Ich glaube, sie hatten vor langer Zeit sehr viel mehr gemein als heute – was ich schade finde.«[8] Careys Versuch, das Feuer zu löschen, hatte die Flammen nur angefacht. Charles war keineswegs blindlings in ein Dornengestrüpp geschlittert. Er hatte seine Ansichten sehr dezidiert geäußert, wie üblich gern bereit, darüber zu debattieren, und wurde darin getreulich von seinem Biografen sekundiert. »Ich habe mich wirklich [über Carey] geärgert«, sagt Dimbleby. »Ich wusste, was der Prinz meinte, wir hatten uns ja lange darüber unterhalten.«[9]

Careys Vorgänger wird ebenfalls gewusst haben, was der Prinz meinte, auch wenn er es vielleicht nie recht begreifen konnte. Robert Runcie war von 1980 bis 1991 Erzbischof von Canterbury. Er zelebrierte die Trauung von Charles und Diana, und ein paar Jahre später wurde er vom Prinzen zum Lunch mit ihm und seiner unglücklichen Gattin gebeten. Und zwar »mit der Begründung: ›Es war alles ein bisschen viel für Diana, denn mit der Religion hat sie es nicht so. Und wir dachten, wir sollten mit Ihnen darüber sprechen, weil Sie uns getraut haben‹«, wie Runcie seinem Biografen Humphrey Carpenter erzählte.

In den Gesprächen mit Carpenter, die 1993 aufgenommen wurden (vor den Enthüllungen Dimblebys, aber nach dem vernichtenden Buch von Morton und der Trennung des Prinzenpaars), deutete Runcie seine Bedenken hinsichtlich der Glaubensfestigkeit des Prinzen an. Er erzählte Carpenter von einer Diskussion, in der die Frage aufgeworfen wurde, ob Charles' nunmehr öffentliches Privatleben ihn von der Nachfolge auf den Thron und vom Amt des Kirchenoberhaupts ausschließen würde. »Es kommt ganz darauf an«, entgegnete Runcie seinen Gesprächspartnern, »ob der Prinz sich während der nächsten fünf bis zehn Jahre bei dem britischen Volk beliebt machen kann. Auch würde es helfen, wenn er die Church of England etwas mehr lieben würde.« Carpenter gegenüber ging er noch ausführlicher auf das Thema ein. »Das ist eins der Dinge, die ich enttäuschend fand – dass er so ernüchtert davon war ... ich glaube, er hatte sich schon von der Church of England abgekehrt, bevor ich ins Amt berufen wurde.«[10]

Für Runcie mangelt es den Ansichten des Prinzen an Konsistenz. Der Geistliche fand Charles' liberale Haltung bei Themen wie Armut in den Städten unvereinbar mit seinem konservativen Impuls, sich allen Bestrebungen zu verschließen, die Kirche durch Modernisierung ihrer liturgischen Sprache attraktiver zu machen. (Charles kämpft nach wie vor dagegen an, zum Beispiel äußerte er 2012: »Man kann sich schwer dem Verdacht entziehen, dass der Tonfall der Sprache so stark verändert wurde, nur um den hohen Ton herunterzuschrauben – in der verfehlten Annahme, wir Übrigen würden nicht verstehen, worum es geht, wenn das Wort Gottes ein bisschen zu hoch für uns wäre. Aber das Wort Gottes *soll* ein bisschen zu hoch für uns sein.«[11]) Auch irritierte Runcie die mystische Ader des Prinzen. »Ich glaube, er wurde stark von der Spiritualität eines Laurens van der Post geprägt«, meinte Runcie abschließend. »Die Kirche von England nahm er wohl nicht so sehr ernst.«[12]

Der Bischof von London, Richard Chartres, versteht seinen alten Freund aus Studienzeiten da viel besser. »Wenn die Leute aus dem Prinzen nicht herausbekommen können, was sie hören wollen, dann erfinden sie es einfach und sagen mit der größten Selbstsicherheit: ›Also, natürlich wird er keine christliche Krönung wollen, er ist ja Verteidiger des Glaubens *im weitesten Sinne*, und nicht auf einen Glauben festgelegt.‹ Nun, als intelligenter Mensch ist er sich völlig darüber im Klaren, dass man kein Verteidiger des Glaubens sein kann, wenn man selbst keinen Glauben hat, sondern von irgendeiner höheren Warte auf die ganze Szene herabblickt. Natürlich weiß er wie alle vernünftigen Leute, dass Glaubensgemeinschaften eine wichtige Rolle für den sozialen Zusammenhalt und die moralische Festigung ihrer Mitglieder innehaben, ebenso wie sie die Bereitschaft zu ehrenamtlichem Engagement stärken. Immer versucht er deutlich zu machen, dass er sehr viel Sympathie für die Welt der Religion hegt, für die Welt des Glaubens, weil er ganz klar sieht, wie sehr sie mit einer Weltsicht übereinstimmt, bei der Menschen keine Unterdrückung anstreben, sondern sich ihrer Verbindung mit dem Wohlergehen des ganzen Planeten und der ganzen Menschheit bewusst sind. Jedenfalls ist die Vorstellung grundfalsch, dass er sich keiner Glaubensrichtung zugehörig fühle. Er ist ein überzeugter Christ.«[13]

Die eigenen Ansichten des Bischofs von London sind auch nicht immer leicht miteinander zu vereinbaren. Als er sich am theologischen College von Cuddesdon einschrieb, wirkte er auf den damaligen Rektor – Runcie – »eher rechtslastig«: »Richard konnte fabelhaft mit der Oberschicht umgehen. Und dahinter steckten ein genau abwägender Verstand, große Beredsamkeit, beeindruckende Präsenz.« Chartres »vertrat eine altmodische bedrohliche Religion«, sagte Runcie zu Carpenter.[14] Und doch hat der gleiche Chartres als Runcies Kaplan eine Rede geschrieben, die der Erzbischof bei einer Gedenkfeier für die Gefallenen des Falklandkrieges hielt. Die Rede verprellte Margaret Thatcher und ihre Regierung, da sie an die Toten auf beiden Seiten erinnerte und »denen, die zu Hause bleiben, sich höchst kriegerisch gebärden und selbst nicht betroffen sind« einen Seitenhieb versetzte.[15] Seit 1995 Bischof von London, tritt Chartres als Pfeiler des Establishments auf. Er leitete den Gottesdienst bei Williams Konfirmation und seiner Trauung, bei der Gedenkfeier zu Dianas zehntem Todestag und bei der Beisetzung von Baroness Thatcher. Doch den Demonstranten der Occupy-Bewegung, die an den Stufen der St Paul's Cathedral campierten, ließ er Schokolade zukommen. Auch äußerte er sich besorgt über die Auswirkungen eines entfesselten Kapitalismus. »Seit etwa fünfzehn Jahren sage ich immer wieder, dass die Aussicht auf ein Wachstum ohne Grenzen, ohne anderes Ziel als den Wachstumsprozess als solchen, nicht nachhaltig und eine brüchige Grundlage für unsere Zivilisation ist. Doch lange hat das keinerlei Resonanz gefunden, keiner hat hingehört«, erklärte er 2013.[16]

Als Umweltschützer fährt Chartres ein Hybrid-Auto, wenn er überhaupt fährt. Einer Journalistin, die ihn fragte, ob er irgendwelche weltlichen Hobbys habe, antwortete er: »Ich muss zugeben, und das ist mir recht peinlich, dass ich mich sehr für die Geschichte der Landwirtschaft interessiere.« Im gleichen Interview sprach er auch von der Einsamkeit in einer Führungsrolle. »Glauben bedeutet nicht, gute Ideen zu haben, sondern die Fähigkeit zum Zuhören, was für einen Bischof sehr schwierig sein kann.«[17] Die Worte klingen vertraut. »Eines der wichtigsten Dinge ist zuzuhören«, sagt der Prinz. »Man kann nicht die ganze Zeit nur auf die Leute einreden.«[18]

Die Gemeinsamkeiten zwischen Chartres und Charles gehen über eine ähnliche Wortwahl hinaus. Sie sind sich einig in der Furcht vor ungebremstem Wachstum, in einer Faszination für die Landwirtschaft und der Freude an der reichen Sprache des anglikanischen Gebetbuchs; auch sind sie fast gleichaltrig (der Bischof ist nur sechzehn Monate älter) und haben beide eine akademische Bildung genossen. Vor allem aber wissen sie, was es heißt, an der Schwelle zu einem Topjob zu verharren, in einem Alter, wo andere schon mit der Rente liebäugeln. 2012 verzichtete Chartres auf die Kandidatur zum Amt des Erzbischofs, angeblich aus Sorge, dass er mit vierundsechzig zu alt für solch eine Verantwortung sei. Die polarisierende Prägnanz seiner Ansichten könnte auch dazu beigetragen haben, dass es weniger Unterstützung für seine Kandidatur gab als erwartet.

Wie sein Freund wird er oft missverstanden. Weit davon entfernt, inkonsequent oder widersprüchlich zu sein, haben der Bischof und der Prinz einen Hang zu komplexen Glaubenssystemen. »Man kann ein loyales Mitglied der Church of England sein und die außerordentliche Qualität des spirituellen Lebens in anderen Traditionen zu schätzen wissen«, sagt Chartres und setzt hinzu, dass das Buch *Har-*

monie »ein sehr wichtiger Beitrag« sei, besonders »im gegenwärtigen Moment, da wir auf der Suche sind nach einem globalen Austausch zwischen allen Arten traditionellen Wissens. Und jeder, der wie ich in einer geistlichen Institution tätig ist, sollte wohl einige Demut empfinden angesichts des vergleichsweisen Erfolgs von Ökonomen und Wissenschaftlern bei der Entwicklung der Art von globalem Gedankenaustausch, den wir brauchen, um den Perspektiven und Gefahren zu begegnen, die nicht auf einen Erdteil oder einen Staat zu beschränken sind.«[19]

Es gibt philosophische Divergenzen, auf die Chartres nicht näher eingeht, aber im Wesentlichen sind er und der Thronfolger sich einig. Beide sind Traditionalisten und Radikale innerhalb des Establishments, gleichermaßen geneigt, es herauszufordern, wie es aufrechtzuerhalten. Sie spiegeln sich gegenseitig, weil sie sich als alte Freunde seit Jahren in ihrem Denken beeinflussen und bei interreligiösen Initiativen zusammenarbeiten, wie in letzter Zeit auch bei der Kampagne des Prinzen zum Schutz von orthodoxen Christen im Nahen Osten. Der Bischof preist den Prinzen für »seine Energie, seine Arbeitswut – und es geht hier nicht um das gelegentliche Halten von Reden zu unverfänglichen Themen, es geht um das Einwirken auf Institutionen, um eine anhaltende Veränderung herbeizuführen, und zwar auf Gebieten, die für die Mehrheit anfangs kaum von Interesse waren«. Als Beispiele führt Chartres Business in the Community und den Prince's Trust an. »Dies sind institutionelle Antworten auf eine Reihe von Problemen, die durch sein Engagement von Grund auf angegangen werden und durch seine unablässigen Bemühungen, die nötigen Geldmittel aufzutreiben, auch nachhaltige Veränderung erfahren ... Er nimmt nichts auf die leichte Schulter. Es besteht eine Kohärenz in all seinen Interessen, sie zieht sich durch die Temenos Academy und *Harmonie* und den Prince's Trust, es ist eine einheitliche Perspektive, und sie ist von Grund auf spirituell.«[20]

In den Anfängen seiner Geschichte wurde das Städtchen Shrewsbury, ein englischer Marktflecken an der walisischen Grenze, von den Walisern besetzt. Heutzutage ist es das Hauptquartier einer kleinen Kampagne gegen den Prince of Wales. »Ich hatte ein schönes Leben, bis auf die Tatsache, dass Charles Windsor mein Zeitgenosse war«, sagt Frederick Phipps, pensionierter Strafvollzugsbeamter.[21] Seit er von der Entscheidung erfuhr, Charles die Heirat mit Camilla zu gestatten, sammelte Phipps Unterschriften für eine Petition (es sind zwölf, und sie stammen von seinen Mitbewohnern im Heim), sandte eine Reihe von Protestschreiben an den Erzbischof von Canterbury und an seinen Parlamentsabgeordneten. Schließlich richtete er sogar folgenden Brief an die Queen: »Ich schrieb dem Erzbischof, um das Recht des Prince of Wales anzufechten, nach Ihrem Ableben König zu werden, und zwar aus dem gleichen Grund, aus dem Ihr Onkel, Edward VIII., auf den Thron hatte verzichten müssen: wegen seines Entschlusses, eine Geschiedene zu heiraten, Mrs Simpson. Also sollte auch der künftige Charles III. von der Thronfolge ausgeschlossen werden, weil er eine ehebrecherische Beziehung zur jetzigen Herzogin von Cornwall unterhält ... Wenn Ihr Sohn König wird, wird die Church of England dadurch zum Gespött gemacht.«[22]

Dieser Brief an die Königin war Phipps' letzter Versuch, doch noch Beachtung für sein Anliegen zu finden, nachdem er schon eine Abfuhr des Lambeth Palace kassiert hatte: »Man muss zur Kenntnis nehmen, dass wir in einer Erbmonarchie leben«, schrieb Andrew Nunn, als Sekretär für den erzbischöflichen Briefverkehr zuständig. »Demzufolge wird der Prince of Wales den Thron erben, wenn Ihre Majestät stirbt – ein Ereignis, das hoffentlich noch lange auf sich warten lässt. Die Alternative zu dieser Regelung wäre eine Republik mit einem gewählten Staatsoberhaupt. Zurzeit gibt es aber kein ernsthaftes Ansinnen in dieser Richtung. Wenn Sie und die anderen Anti-Monarchisten [in Phipps' Altenheim] den Republikanismus propagieren wollen, so sollten Sie dies mittels Ihres Parlamentsabgeordneten tun, nicht mittels Ihres Erzbischofs.« Nunn schließt mit den Worten: »Nun, da ich Ihre lange Korrespondenz mit dem Lambeth Palace beende, darf ich Ihnen die Gebete des Erzbischofs anempfehlen.«[23]

Phipps beteuert, seine Mitbewohner seien alles andere als Anti-Monarchisten. Er selbst sei auch nur Republikaner geworden, »weil ich die Vorstellung [dass der Prinz König wird] einfach nicht ertrage«. Phipps, der vom Katholizismus zur Church of England konvertierte, erwägt, aus der Kirche auszutreten, »die so etwas [Charles' Heirat mit Camilla] zulässt … Ich glaube an das Neue Testament, ich bete zu Jesus Christus, aber was habe ich noch in der Church of England zu suchen? Ich finde Papst Franziskus ganz interessant. Kann sein, dass ich wieder dorthin zurückkehre.«[24] Zu dem Briefwechsel befragt, schrieb Nunn, dass Phipps' Korrespondenz mit dem Erzbischof sich über eine erhebliche Zeit erstreckt habe. »Mr Phipps schreibt dem Erzbischof, wie schon seinem Vorgänger, seit vielen Jahren, wobei er sich oft in herabwürdigender Weise über den Prince of Wales, die Herzogin von Cornwall und andere auslässt. Mein Brief vom 31. Mai 2013 verfolgte den Zweck, die Korrespondenz zwischen ihm und dem Büro des Erzbischofs ein für alle Mal zu beenden. Die Anspielung auf den Republikanismus war boshaft, aber ich war verärgert.« Er beschließt die E-Mail mit einem Satz in Anführungszeichen: »›Fluch Ihnen, wenn Sie das publik machen.‹«

Die Verlobung des Prinzen mit Camilla Parker Bowles im Februar 2005 ließ Fragen laut werden, die das Paar umrauten, seit die Beziehung ans Licht der Öffentlichkeit gelangt war: Wie würde man die Trauung abhalten, verbot die Church of England doch die Heirat mit Geschiedenen, wenn deren frühere Ehepartner noch lebten und die Heirat »der Absegnung einer alten Untreue« gleichkam? Und was würde die Heirat für die Stellung des Prinzen als Repräsentant und künftiges Oberhaupt der Kirche bedeuten?

Die erste Frage war schnell beantwortet – zu schnell nach Meinung der Kritiker. Die Trauung würde als standesamtliche Zeremonie vorgenommen werden, gefolgt von einem kirchlichen Segen. »Diese Vereinbarungen haben meine volle Unterstützung und sind vereinbar mit den Wiederverheiratungs-Richtlinien der Church of England, die der Prince of Wales voll und ganz akzeptiert, als bekennender Anglikaner und als zukünftiges Oberhaupt der Church of

England«, äußerte der damalige Erzbischof von Canterbury, Rowan Williams, in einer Erklärung.[25]

Die Umgehung eines momentanen Problems führte zu neuen Divergenzen. Zwei Statuten – der Marriage Act von 1836 und der Marriage Act von 1949 – schienen Mitglieder der königlichen Familie von standesamtlichen Trauungen auszuschließen, der erste Gesetzeserlass ausdrücklich, der zweite mittels des Paragrafen 79(5), laut dem »nichts in diesem Erlass irgendein Gesetz oder Brauchtum anfechten« solle, »die Eheschließung von Mitgliedern des Königshauses betreffend«. Allgemein wurde dies so verstanden, dass der Bann noch in Kraft war. Im Jahr 1992, dem *annus horribilis* der Queen, umging Prinzessin Anne diese mögliche Falle, indem sie sich die liberaleren Statuten der Church of Scotland zunutze machte und sich mit ihrem zweiten Ehemann Timothy Laurence in der Kirche von Crathie nahe Balmoral trauen ließ. Charles und Camilla akzeptierten das Argument, dass die zukünftige Stellung des Prinzen als Oberhaupt der Church of England eine ähnliche Lösung ausschließe.

Zwei aufeinanderfolgende Labour-Regierungen kamen ihm zu Hilfe. Blairs Lordkanzler und Justizminister Lord Falconer gab folgende Erklärung ab, basierend auf juristischem Rat, den er eingeholt hatte: »Aus unserer Sicht bestätigt Paragraf 79(5) des Act of Marriage von 1949 tradierte Verfahrensweisen in Bezug auf königliche Eheschließungen, zum Beispiel die Existenz gebräuchlicher Formen der Trauung und amtlicher Registrierung. Gleichfalls bestätigt wird darin die Wirksamkeit des Royal Marriages Act von 1772, der die Zustimmung des Monarchen für bestimmte Eheschließungen voraussetzt. Jedoch bedeutet der Paragraf nicht, dass königliche Eheschließungen von der Anwendung des Teil III ausgeschlossen wären, der Ziviltrauungen gestattet. Wie der Titel des Paragrafen 79 (Aufhebungen und Ausnahmen) zeigt, handelt es sich hier um eine Ausnahme, keinen Ausschluss. Wir sind uns bewusst, dass in der Vergangenheit andere Sichtweisen gegolten haben, halten diese jedoch für übertrieben vorsichtig.« Er fügte hinzu, dass der Human Rights Act verlange, »Gesetze wann immer möglich auf eine Weise auszulegen, die vereinbar ist mit dem Recht auf Eheschließung«.[26]

Im Jahr 2008, lange nachdem die Konfetti über dem glücklichen Paar niedergeflattert waren und Gordon Brown in Downing Street eingezogen war, wies sein Justizminister Jack Straw eine Anfrage ab, in der Informationen über den juristischen Rat gefordert wurden, auf den sich Falconers damalige Entscheidung gründete. Der Journalist Michael Jones, der die Anfrage gestellt hatte, zweifelte Falconers Auslegung des Marriage Act an und äußerte die Befürchtung, »dass Lord Falconers Umdeutung des Gesetzes von 1949 und sein fragwürdiger Verweis auf den Human Rights Act der Änderung von Gesetzen per ministerielles Dekret in diesem Land Vorschub leistet, ohne dass es dazu einer parlamentarischen Bestätigung oder Billigung des Hofes bedarf, geschweige denn der Offenlegung diesbezüglicher Beratung«.[27] Jones' Versuch, mit seiner Anfrage beim Information Commissioner in Berufung zu gehen, scheiterte ebenfalls, aufgrund der »besonderen Vertraulichkeit der Beratungslage« und weil »das Thema die Rechte bestimmter Personen betrifft«.[28]

Diese Entscheidung schob jedem weiteren Herumstochern in den näheren Umständen der Heirat einen Riegel vor. Diese Heirat hat Charles' Leben verändert. Er ist so zufrieden, wie jemand mit seiner Wesensart überhaupt sein kann. Menschen, die ihn gut kennen – und besonders solche, die mit ihm den Stürmen früherer Dekaden getrotzt haben –, fragen sich, wie viel besser noch alles gewesen wäre, wenn er und Camilla sich nie getrennt hätten.

Die Zeremonie – beide Zeremonien – waren fröhliche Feierlichkeiten. Offiziell getraut wurden Charles und Camilla im April 2005 in der Windsor Guildhall, wo sie in Anwesenheit ihrer Kinder und anderer Verwandter Eheringe aus walisischem Gold wechselten, bevor sie zur St George Chapel bei Schloss Windsor fuhren, wo Rowan Williams einen Gottesdienst mit Hochzeitssegen zelebrierte. An dieser Zeremonie nahmen auch die Königin und Prinz Philip teil, Freunde wie Nicholas Soames, ferner Würdenträger und Abgesandte ausländischer Königshäuser, darunter einige Saudis, und Rumäniens exilierte Kronprinzessin Margareta mit Prinz Radu. Einer fehlte: Richard Chartres, der bei Charles' Hochzeit mit Diana zugegen gewesen war. Zwar freute er sich für seinen alten Freund und war sehr angetan von Camilla, machte sich vermutlich aber auch Sorgen wegen der möglichen Folgen für die Church of England und der Aushöhlung der Tradition. Seine Entscheidung war die Konsequenz einer Haltung, die der Prinz unter anderen Umständen wohl geteilt hätte.

Kapitel 14

Heilige Räume

Charles hat manche Berufsgruppen gegen sich aufgebracht und wird von ihnen häufig der Arroganz bezichtigt. Dabei ist er ein Mensch, der seit jeher mit Unsicherheit zu kämpfen hat. Seine Schüchternheit ist nicht aufgesetzt. Besonders vehement klingt er, wenn er seine Ängste überspielt – mit anderen Worten, wenn er sich in dezidierter Weise zu kontroversen Sachverhalten äußert. Er gibt zu, dass ihm immer etwas flau im Magen ist, wenn er eine Rede halten muss. »Ich habe ihm Mut zugesprochen – er wird sich wahrscheinlich nicht daran erinnern. So in dem Stil: ›Sie sind kein Student mehr, Sie sind hier jetzt der Fachmann‹«, sagt Ian Skelly. »Ich glaube, er hat sich immer als Lernender zu Füßen großer Meister gesehen, und wie der Schwan in der Geschichte vom hässlichen Entlein ist er sich nie so ganz darüber im Klaren, dass er längst flügge geworden ist.«[1]

Noch lange nicht flügge war Charles in den späten Siebzigern, als er Laurens van der Post bei ihrem gemeinsamen Freund Captain Robin Sheepshanks in Suffolk kennenlernte. Die beiden schienen sich bestens zu ergänzen: ein Prinz auf Sinnsuche und ein begnadeter Erzähler, der auf alles eine Antwort hatte; der eine unsicher, aber in glanzvollster Stellung, der andere ein Selfmademan von stupender Weltgewandtheit. »Es gab viele Telefonate (und einen Code: das Telefonklingeln wurde unterbrochen und sogleich wiederholt, worauf Laurens sich mit einem respektvollen ›Sir!‹ meldete«, erzählt van der Posts Biograf J.D.F. Jones. »Es gab kleine Dinnerpartys in London, und Laurens wurde nach Highgrove eingeladen, dem Landsitz des Prinzen in Gloucestershire, oder nach Sandringham, der königlichen Residenz in East Anglia, und jedes Jahr auch einmal nach Balmoral in Schottland.«[2] Van der Post gefiel sich in dem Glauben, dass seine Verbindung mit Charles einem höheren Zweck diene, wie er Arianna Huffington in einem Brief anvertraute: »Ich bin manchmal fast geneigt zu denken, ich diene wie ein Ritter der Tafelrunde oder des Heiligen Grals dem Auftrag, mit Leuten wie Prinz Charles den Geist der Menschheit zu verteidigen.«[3]

In den Achtzigern und Neunzigern brachte van der Post seinen Protegé mit einem ganzen Netzwerk von Menschen und Ideen in Kontakt. In der Dichterin Kathleen Raine fand Charles eine anregende, sehr viel ältere Freundin. Der Meinungsaustausch mit ihr faszinierte ihn und gab ihm Halt. Raine hatte die der »Kunst und Imagination« gewidmete Zeitschrift *Temenos* gegründet (das Wort bedeutet »heiliger Raum«), zusammen mit Keith Critchlow und Brian Keeble, Autor und Herausgeber, und Philip Sherrard, der die *Philokalia* übersetzt hatte, Schriften vom Berg Athos aus dem vierten und fünften Jahrhundert, die Charles gerne in seiner Zufluchtsstätte Highgrove liest. Nachdem van der Post den Prinzen auf die Zeitschrift hingewiesen hatte, machte er ihn bei einem Dinner im Kensington Palace mit Raine bekannt. »Ich dachte, der arme Junge – was immer ich für ihn tun kann, das werde ich tun, denn er ist sehr einsam«, sagte sie später.[4]

Van der Post starb 1996, drei Monate nach Charles' Scheidung, und ließ seinen jungen Freund in einem Dschungel zurück, undurchdringlicher als jede Wildnis, die sie zusammen durchstreift hatten. Während jener düsteren Jahre wurde ihm jeder, der ihm vertrauenswürdig schien, zu einer Stütze, und sein Bedürfnis, einen tieferen Sinn im Leben zu suchen, nahm zu. Oft fand er sich bei Raine in Chelsea ein, zu Tee und Kuchen und langen Gesprächen über »Blumen und Gärten ... den überhandnehmenden Technologiekult und Materialismus der modernen Welt ... Kunst und Architektur, Musik und Gedichte«.[5] Immer ging es auch um ihr gemeinsames Vorhaben, die Welt für alte Weisheiten zu sensibilisieren.

Bei ihrem ersten Dinner hatte sie einen der Vertreter des Perennialismus zitiert, den Kunsthistoriker Ananda Kentish Coomaraswamy: »Man braucht vier Jahre, um die beste Universitätsausbildung zu erhalten, aber vierzig, um darüber hinwegzukommen.«[6] Dass diese Botschaft bei dem ersten akademisch gebildeten Prinzen von Wales gut ankam, sagt einiges darüber aus, wie unergiebig die Zeit in Cambridge und Aberystwyth für ihn gewesen sein muss.

1990 gründete Raine mit Unterstützung von Charles die Temenos-Akademie, die sie ab 1992 eine Zeit lang leitete. Das Ziel der Akademie und ihrer Zeitschrift, neu aufgelegt als *Temenos Academy Review*, war die Verbreitung der Philosophia perennis – das Konzept einer universellen Wahrheit, die allen Weltreligionen zugrunde liegt und auf die weder die Church of England noch eine andere religiöse Gemeinschaft einen alleinigen Anspruch hat. »Die Kunst der Imagination blüht und gedeiht … im Temenos – der Stätte jenes heiligen Zentrums, sei es nun Tempel, Synagoge, Kirche, Moschee oder die unsichtbare, heilige Zufluchtsstätte des Herzens«, erklärte Raine in einem Statement, das noch immer die Temenos-Website ziert. »Da das Wissen universell ist, versuchen wir, aus allen Traditionen zu lernen.«[7]

2003, im Alter von fünfundneunzig Jahren, wurde die immer noch rüstige Raine von einem zurücksetzenden Auto vor ihrem Haus angefahren und starb. In einem Brief an die Abonnenten der *Temenos Academy Review* versprach der trauernde Prinz, »dafür zu sorgen, dass die große, universelle Botschaft der Philosophia perennis in einer zunehmend unsicheren und gedankenlosen Welt erhalten bleibt«. Als Schirmherr und Förderer der Akademie, der bei ihren Veranstaltungen Reden hält, Beiträge für ihre Zeitschrift verfasst und sich für die Spendenbeschaffung einsetzt, hat er sein Versprechen gehalten.[8] Charles nahm teil an Raines Beisetzung im engsten Kreis und sprach bei einem Gedenkgottesdienst, der später im St James's Palace abgehalten wurde. Dabei offenbarte er, dass Raine stets Mitgefühl mit ihm empfand und seine Rolle als Thronerbe für die »schwerste Aufgabe in England« hielt. Er zitierte ihren Ratschlag: »Lieber, lieber Prinz, geben Sie dem Gesindel nicht nach, nicht um ein Jota, stehen Sie fest auf dem heiligen Grund des Herzens. Man muss den bösen Mächten in ihrer Welt auf einer höheren Ebene entgegentreten und darf sich nicht auf ihre Ebene hinabbegeben.« Als Abschluss seiner Trauerrede wandelte er einen Satz aus *Hamlet* ab: »Möge Gott ihrer lieben Seele Frieden schenken, mögen Engelscharen singen sie zur Ruh.«[9]

Einst so geplagt wie der Prinz von Dänemark, gelangte der Prinz von Wales durch seine Verbindung mit Raine und van der Post zu einer Weltsicht, in der alles in gewisser Weise einen Sinn ergab. Diese Vision hat er unablässig ausgebaut und dabei an Selbstvertrauen gewonnen, im Einklang mit seinem persönlichen Glück. »Seit ich ihn kenne, ist er viel selbstbewusster geworden«, sagt Skelly, gegenwärtig Vorstand der Temenos-Akademie, »auch was das Philosophische betrifft. Er hat etwas Weises an sich.«[10] Charles erinnert sich mit Zuneigung und Dankbarkeit an seine Mentoren. So mancher im britischen Establishment, auch im Buckingham-Palast, betrachtet ihr Vermächtnis mit tiefem Argwohn.

Zum Preis von 800 Pfund bietet die Temenos-Akademie ein Diplom in Philosophia perennis an. Dafür absolviert man einen einjährigen Studiengang, eingeteilt in drei Trimester und drei Fächer: Metaphysik, Mystizismus und visionäre Imagination. Temenos-Vorlesungen sind frei zugänglich für die Akademiemitglieder und die Öffentlichkeit und »können eine erstaunliche Bandbreite an Themen umfassen«, wie der Prinz sagt. »Aber zumeist verdeutlichen sie die Krise in unserer kollektiven Wahrnehmung. Sie zeigen, dass vor der Ära der Moderne eine weit ganzheitlichere Weltsicht vorherrschte.« In einer langen Videobotschaft, die 2013 für eine Temenos-Konferenz aufgezeichnet wurde, spricht er von der Notwendigkeit, »das Sosein der Dinge« zu erkennen, die Grenzen des rationalen Denkens und »die Weisheit, die nicht der reduktionistischen Analyse entspringt, sondern der Kontemplation und letztlich der Offenbarung«. Er beendet seine Botschaft mit der Ermunterung zum Handeln. Temenos »hält eine wichtige Flamme am Leben. Es ist eine Form von Gebet in Aktion.«[11]

Der Prinz übertreibt nicht, wenn er von einer großen Bandbreite an Themen spricht. Das Programm der Akademie aus dem Jahr 2014 bot Vorträge über *Hamlet,* Bob Dylans Album *Blood on the Tracks* und eine Audienz mit Vandana Shiva, von der eine Bronzebüste im Park von Highgrove steht. Sie gilt als Beraterin des Prinzen zum Thema Nachhaltigkeit und verurteilt in ihren Vorträgen sowohl die Gentechnik als auch die Globalisierung.[12]

Im Juli 2014 hielt der Komponist Patrick Hawes, der die *Highgrove Suite* für den Prinzen schuf, einen musikgeschichtlichen Vortrag, in dem er das Zeitalter der Aufklärung als »Verdunkelung« bezeichnete: Von da an habe die Menschheit begonnen, sich zu sehr auf den Verstand und zu wenig auf die Seele zu verlassen, und die Musik der westlichen Welt habe sich zu ihrem Nachteil von ihren Wurzeln im christlichen Choralgesang entfernt. Schließlich stellte Hawes drei provozierende Fragen: »Ist es falsch, einen Mord zu begehen?«, »Sollte ein Mörder die Todesstrafe bekommen?«, »Ist Jesus der Sohn Gottes?«

Laut Ian Skelly war dies allerdings kein typischer Temenos-Vortrag. Viele Referenten bei Temenos sprechen über religiöse Themen, doch zum Predigen neigen sie dabei selten. In der Akademie sucht man eher nach gemeinsamen Anschauungen und spirituellem Miteinander, doch die Versammlungen können mitunter schon an einen Gottesdienst erinnern. An einem langen, regnerischen Abend im März 2014 verlas Dr. Margaret Barker, Bibelforscherin und vom Erzbischof selbst promovierte Theologin, eine Abhandlung mit dem Titel »Jesus in der Offenbarung des Johannes«. Ihre Theorie weicht in markanter Weise von der üblichen Lesart der christlichen Überlieferung ab. Laut Barker ist das Alte Testament nicht der Text, den die Urchristen kannten, und das Christentum ursprünglich ein Ableger der sogenannten Tempel-Tradition. Diese sah den Tempel als Mikrokosmos der Schöpfung an, als Garten Eden, Adam als den ersten Hohepriester und Jesus als Hüter der Bräuche im ersten Tempel von Jerusalem. Bevor Barker sprach, wurde eine Kerze angezündet und dem »Licht der Welt« gewidmet.

Barkers klangvoller Vortrag hatte noch einiges von dem Kanzelton ihrer Zeit als Methodistenpredigerin. Ihre Zuhörerschaft in Cordanzügen oder langen Röcken reichte von Endvierzigern bis zu Endsiebzigern. Auf den ersten Blick unterschied sie sich also nicht von einer Gemeinde der Church of England, doch bei näherem Hinsehen bemerkte man etliche Kupferarmreifen, eine alternative Therapie gegen Rheuma, oder auch rote Flechtarmbändchen, mit denen Anhänger der Kabbala den bösen Blick abwehren. Bei der lebhaften Fragestunde nach dem Vortrag erörterte man die Verbindungen, die laut der Tempel-Theologie zwischen dem Christentum und den anderen abrahamitischen Religionen bestehen.

Dies ist ein charakteristisches Thema der Temenos-Jünger und ihr Kerngedanke. Der Perennialismus – Philosophia perennis – geht zurück auf Marsilio Ficino, einen italienischen Priester des fünfzehnten Jahrhunderts, der von dem Prinzen in *Harmonie* dafür gepriesen wird, dass er »viele Maler, Schriftsteller und Musiker überall in Europa dazu anregte, sich wieder mit der Natur und den ewigen Prinzipien zu verbinden, die in ihr zum Ausdruck kommen«.[13] Ficino formulierte eine Idee, die für manche Religionen (und Philosophen) noch immer blasphemisch klingen mag und die zu einer Zeit, da Wissen als göttliche Offenbarung galt, auch recht gewagt war: »Gültige Religion unterscheidet sich nicht von wahrer Philosophie.«[14] Er übersetzte Platon und andere antike Philosophen und zitierte aus ihren Werken, um das Christentum mit philosophischen Traditionen zu versöhnen.

In *Harmonie* verfolgt der Prinz »einen goldenen Faden der Weisheit von Pythagoras und Platon bis zu Shakespeare und Ficino, von Giorgione, Bach und Händel bis zu Wordsworth, Poussin und Blake – alle diese bedeutendsten Künstler haben unmissverständlich zum Ausdruck gebracht, dass der Welt eine Harmonie zugrunde liegt, die erhalten werden muss«.[15] Seltsamerweise verfolgt der Prinz den Faden nicht bis zu einem bedeutenden Philosophen des zwanzigsten Jahrhunderts, dem Franco-Ägypter René Guénon, oder zu dem Schweizer Metaphysiker Frithjof Schuon, der in Amerika lebte.

Beide verweben Bestandteile der islamischen Esoterik, vor allem des Sufismus, im Sinne einer traditionalistischen, universellen Religion, die viel mit der Philosophia perennis gemein hat.

Schuon gründete einen Sufi-Orden, die Alawiyya, die er später in Maryamiyya unbenannte. Martin Lings, Ordensmitglied und Konvertit, der sich auch Abu Bakr Siraj Ad-Din nannte, wurde Akademiemitglied bei Temenos und hielt Vorträge über Guénon und Schuon. Er starb 2005 mit sechsundneunzig Jahren. 2009 gab es bei Temenos eine Gedenkfeier zu Lings' Hundertstem, bei der das Akademiemitglied Seyyed Hossein Nasr eine Ansprache hielt. Der iranischstämmige Amerikaner Nasr, Professor für Islamwissenschaft an der George Washington University, hatte schon lange den Faden des islamischen Traditionalismus aufgegriffen und ihn nicht nur mit dem westlichen Denken verwoben, sondern auch in Teile der islamischen Welt zurückgeleitet.

Lings und Nasr sind nicht nur durch Temenos mit dem Prinzen verbunden: Beide hielten auch Gastvorlesungen bei dem Visual Islamic and Traditional Arts Programme, das von Keith Critchlow initiiert wurde und seit 1993 in die verschiedenen Inkarnationen der Prince's School of Traditional Arts eingegliedert war. Der Prinz verfasste Beiträge für *Sacred Web*, eine zweimal jährlich erscheinende Zeitschrift mit dem Schwerpunkt Traditionalismus, und sandte Videobotschaften an ihre Konferenzen. »Obwohl ich leider nicht bei Ihnen sein kann, möchte ich doch betonen, dass ich mich immer freue, die neueste Ausgabe von *Sacred Web* zu erhalten, weil ich dort so oft auf höchst inspirierende Artikel stoße, reich an Gehalt und vielseitig in ihrer Thematik«, ließ er 2006 die Teilnehmer wissen. »Außerdem verdanke ich es der Temenos-Akademie, deren Schirmherr ich bin, dass ich Zugang fand zu den Werken einiger Ihrer Kollegen – Menschen wie Professor Seyyed Hossein Nasr, und natürlich der verstorbene Dr. Martin Lings, den wir alle so vermissen.«

Im Jahr 2014 schickte Charles erneut eine Videobotschaft an eine *Sacred-Web*-Konferenz. Der Ehrengast war Nasr, und er leitete seinen Vortrag mit einer Anekdote ein, die fast nach van der Post klang.

Ein Eingeborener soll definieren, was er unter heilig versteht. Er antwortet: »Wenn ihr den Fisch fragt: ›Was ist Wasser?‹, wird er fragen: ›Wie kann ich euch sagen, was Wasser ist?‹ Alles ist heilig.«[16]

Die nachfolgenden Redner attackierten den Säkularismus, den sie als Bedrohung für das menschliche Lebensglück und die Natur ansahen. Diese Themen sind jedem im Umkreis des Prinzen vertraut, ebenso wie die enge Verbindung zwischen dem islamischen Traditionalismus und dem Umweltschutzgedanken. »Prinz Charles ist eher Antimodernist als Traditionalist«, schreibt der Historiker Dr. Mark Sedgwick in seinem Buch *Against the Modern World*, das dem Einfluss des Traditionalismus im zwanzigsten Jahrhundert nachspürt. Doch Sedgwick fügt hinzu, es könne auch »mit dem Traditionalismus zu tun haben, dass sein [des Prinzen] Verhältnis zum Islam so viel positiver ist als sonst in der britischen Öffentlichkeit üblich«.[17]

In *Harmonie* zählt der Prinz vielleicht nicht alles auf, was sein Denken beeinflusst, doch er zitiert einen Sufi-Aphorismus: »Obwohl es viele Lampen gibt, ist es alles das gleiche Licht.«[18] Dies ist eine Sicht der Religion, die manche Offiziellen im Palast des Erzbischofs von Canterbury wie am Hofe ängstigt. Sie wird oft als New-Age-Gedankengut missverstanden und nährt Verschwörungstheorien, denen zufolge der Prinz sich heimlich zum Islam oder zur Orthodoxie bekehrt haben soll. Diese Sicht der Religion aber ist das Fundament für die Entschlossenheit des Prinzen, ein Verteidiger eines universellen Glaubens zu sein, nicht nur Verteidiger des *einen* Glaubens. Doch sie ist auch das Fundament seines Glaubens, und dieser ist anglikanisch, wenn er auch mehr der High-Church-Variante und der Mystik zugeneigt ist als der vieler seiner Glaubensgenossen. Das Nachtgebet gehört zu den festen Gewohnheiten des Prinzen. Mit Charles würde die Church of England ein Oberhaupt gewinnen, das seine Pflichten wie seine Religion außerordentlich ernst nimmt.

Vorrangig unter diesen Pflichten, so wie er sie interpretiert, sind die interreligiösen Initiativen, die der Krone, dem Land und seiner etablierten Kirche helfen, mit den zunehmend aus anderen Kulturen stammenden Einwohnern zurechtzukommen. 2011 förderte die Volkszählung in England und Wales eindeutige Zahlen zutage: 59,3 Prozent der Bevölkerung bezeichneten sich als Christen, während es ein Jahrzehnt zuvor noch 71,1 Prozent gewesen waren. Der muslimische Anteil der Bevölkerung wuchs von drei Prozent im Jahr 2001 auf 4,8 Prozent an und ist in manchen innerstädtischen Bezirken in weit größerem Maße präsent – 34,5 Prozent im Londoner Stadtteil Tower Hamlets. Über 22 Prozent der Londoner praktizieren eine andere Religion als die christliche.[19] Ein ähnlicher Prozentsatz, etwas geringer in London, etwas höher innerhalb England und Wales, fühlt sich keiner Glaubensrichtung zugehörig.

Diese Veränderungen sind eine konkrete Herausforderung für das, was Politiker den sozialen Zusammenhalt der Gemeinschaft nennen. In Regionen mit hoher Arbeitslosigkeit nimmt der Wettbewerb um die knappen Ressourcen oft sektiererische und rassistische Züge an, die von populistischen Bewegungen angefacht und ausgebeutet werden. Die Islamophobie wächst ebenso wie die auf junge Muslime und britische Konvertiten einwirkende Anziehungskraft von Formen des Islam, die unvereinbar sind mit einem friedlichen Multikulturalismus. Die Quote der Verbrechen aus Hass auf Andersgläubige steigt ständig. Der Mord an Lee Rigby im Mai 2013, verübt von zwei Briten nigerianischer Abstammung, die zum Islam konvertiert waren, diente prompt als Vorwand für eine ganze Serie von Attacken, die sich nicht nur gegen Muslime, sondern auch gegen Angehörige anderer Glaubensgemeinschaften richteten. Religiöse Konflikte, deren Wurzeln in fernen Kulturen liegen, werden auf britischen Straßen ausgetragen.

Um dem Problem zu begegnen, muss man laut Charles »die Leute daran erinnern, was wir alle gemeinsam haben«. Genau das versucht er in Ansprachen, Zusammenkünften und allen möglichen Initiativen zu erreichen; zu diesem Zweck besucht er immer wieder Kirchen verschiedener Konfessionen, Synagogen, Moscheen und Tempel, in Großbritannien und anderswo.[20] »Ich kann Ihnen gar nicht sagen, was für eine Freude es ist, heute hier mit Ihnen den Gottesdienst zu feiern«, sagte er vor einer Gemeinde in der Jesus House Church in North London. Es war im Jahr 2007 und zufällig an seinem Geburtstag, als er dem Gottesdienst beiwohnte, um die Arbeit von Kirchen mit überwiegend schwarzer Gemeinde zu würdigen. Eine Umfrage zwei Jahre zuvor hatte ergeben, dass Menschen afrikanischen oder karibischen Ursprungs zwar nur zwei Prozent der britischen Bevölkerung ausmachten, aber sieben Prozent der Kirchgänger landesweit und in London sogar zwei Drittel der aktiven Gemeindemitglieder.[21] »Großbritannien ist solch ein gastfreundliches Land für so viele Menschen unterschiedlicher Herkunft, aber letztlich ist es doch so, dass man nicht gastfreundlich sein kann ohne Heim, in unserem Fall ein christliches Heim, wo man Menschen willkommen heißen kann«, sagte Charles. »Und Sie heißen die Menschen auf Ihre eigene wunderbare Art willkommen. Sie alle sind ein großartiges Beispiel dafür, wie so viele Menschen, deren Familien aus dem Commonwealth stammen, die christliche Kirche im Vereinigten Königreich mit neuem Leben erfüllen und damit den Kreis schließen, der vor langer Zeit mit den Missionaren aus Großbritannien begann. Also haben wir Ihnen viel zu verdanken.«[22]

Viele Initiativen zielen darauf ab, verschiedene Religionsgemeinschaften zusammenzubringen. 2006 eröffnete der Prinz das St Ethelburga's Centre for Peace and Reconciliation, vom Bischof von London in einer Londoner Kirche eingerichtet, die nach einem Bombenanschlag der IRA wieder aufgebaut worden war. »Man lehnt sich nicht einfach zurück und sagt, jeder Glaube ist wunderbar; man engagiert sich, man schließt Freundschaften, man wählt eine Methode wie zum Beispiel *Scriptural Reasoning*, Nachdenken anhand der Schrift, wozu man sich mit Sikhs, mit Juden, mit Muslimen zusammensetzt«, sagt Chartres. »Wir nehmen uns irgendein drängendes Problem der Gegenwart vor, und dann holen wir uns Rat aus unseren heiligen Schriften, ohne zu streiten, nur indem wir aufmerksam zuhören und miteinander sprechen. Stets geht man daraus noch tiefer überzeugt von seiner eigenen christlichen Identität hervor und zugleich noch mehr von Respekt erfüllt.«[23]

»Die königliche Familie und besonders Prinz Charles verstehen sich besser als alle anderen auf den interreligiösen Dialog«, sagt Lord Sacks.[24] Zum Zeitpunkt des Gesprächs im August 2013 war Jonathan Sacks Oberrabbiner der United Hebrew Congregations of the Commonwealth. Zum ersten Mal begegnete er Charles siebzehn Jahre zuvor nach der Beerdigung des ermordeten israelischen Premiers Jitzchak Rabin in einem Privatjet nach London. Die damaligen Vorsitzenden der wichtigsten britischen Oppositionsparteien, Tony Blair für Labour und Paddy Ashdown für die Liberaldemokraten, waren ebenfalls an Bord. Der Prinz hatte sich in ein Buch vertieft, und Blair wollte wissen, was er denn lese. Es war die hebräische Bibel, und alsbald waren sie alle in eine Diskussion verwickelt, die ein breites Spektrum an Themen umfasste. Sacks erinnert sich, wie beeindruckt er war, nicht nur von Charles' theologischen Kenntnissen, sondern auch von seiner Sicht der Dinge. »Er hatte alles so gründlich durchdacht«, sagt Sacks. »Wenn man eine Weile mit ihm spricht, wird einem bald klar, wie visionär seine Überlegungen sind. Sein Denken erstreckt sich über ein sehr breites Spektrum, es ist eine ganzheitliche Weltsicht.«

Der Rabbi erinnert sich auch an die Verletzlichkeit des Prinzen. »Es war nicht zu übersehen, wie sehr er unter Beschuss stand, es war die schwierigste Zeit für ihn.«[25] Der bedrängte Ritter hatte die Zugbrücke hochgezogen, und wie Kathleen Raine fühlte auch Sacks den Impuls, seine Schanzen zu durchbrechen, um ihm seine Einsamkeit zu erleichtern. Sacks ist immer noch ein wenig verwundert darüber, wie gut es ihm gelang, einen Kontakt zu dem Prinzen aufzubauen, der für beide bis heute bedeutsam ist. Im Juni 2013 hielt Charles bei einem Dinner für Sacks eine Rede auf seinen »treuen Freund«: »Da wir beide in Israels Geburtsjahr geboren sind, ist mir bewusst, dass wir beide natürlich schon das offizielle Pensionsalter erreicht haben. Aber ich hoffe, Sie werden mehr davon haben als ich.« Er riskierte sogar einen jüdischen Witz vor einer jüdischen Zuhörerschaft, als er Sacks' Bemühungen würdigte, zweiundsechzig orthodox jüdische Gemeinden in der United Synagogue unter einen Hut zu bringen.

»Wie heißt es so schön? Bringt man zehn Juden in einem Raum zusammen, hat man schnell elf Meinungen. Und um Alan Bennetts Bemerkung über den Prince of Wales abzuwandeln: Oberrabbiner zu sein ist nicht so sehr ein Amt als vielmehr ein Dilemma, also haben Sie mein volles Mitgefühl.«[26]

Sacks hatte als Oberrabbiner tatsächlich heftige Angriffe auf sich gezogen, nicht nur vonseiten der Vertreter des liberalen Judentums, die sich gegen die orthodoxe Auslegung wandten, sondern auch vonseiten streng orthodoxer Juden, die ihm religiösen Relativismus vorwarfen. Eine Passage in seinem Buch *Wie wir den Krieg der Kulturen noch vermeiden können* wurde so interpretiert, dass er alle Religionen ebenso hoch schätze wie das Judentum. »Wenn wir in nächster Nähe zum von uns Verschiedenen leben wollen [...], brauchen wir mehr als einen Kodex von Rechten [...]. Wir werden begreifen müssen, dass genauso, wie unsere natürliche Umwelt auf eine reiche Artenvielfalt angewiesen ist, auch unsere menschliche Umwelt unbedingt eine kulturelle Vielfalt braucht, denn es gibt keine Zivilisation, die alle spirituellen, ethischen und künstlerischen Ausdrucksformen der Menschheit insgesamt umfassen könnte.«[27] Wie Charles wurde auch ihm unterstellt, von seinem Glauben abzuweichen, nur weil er den Wert anderer Religionen anerkannte. In Wahrheit aber äußerte er einfach nur vernünftige Argumente gegen den Dogmatismus: »Wenn man nun zudem meint, der Glaube sei das, was uns zu Menschen macht, dann folgt daraus, dass diejenigen, die den eigenen Glauben nicht teilen, nicht voll und ganz Menschen sind.«[28] Außerdem sprach er sich keineswegs für die Austauschbarkeit von Religionen aus, sondern für ihre Besonderheit.

Das ist genau die Sicht des Prinzen, wenn auch laut Richard Chartres oft verschmolzen mit »einem großbürgerlichen Religionsverständnis, das sich überall die besten Häppchen herauspickt: ein bisschen kalifornischer Buddhismus hier, ein bisschen Sufismus dort – eine Religion nach Gusto, die den eigenen Geschmack vergöttlicht«. Dies, sagt der Bischof, »bringt aber nichts, denn man muss sich ernsthaft für einen Weg entscheiden, und so Gott will, wird man einen Standpunkt finden, von dem aus man sich mit allen, die Gott lieben, anfreunden kann … Man braucht einen Weg, der einen zu einem Punkt der Einheit bringt, der Balance, aus der heraus man ohne Verzerrungen oder Hintergedanken lieben kann, wertschätzen kann. Das ist absolut grundlegend; jeder, der meint, den anderen einer vernichtenden Kritik unterziehen zu müssen, zeigt nur, wie wenig Fortschritte er auf seinem eigenen Weg gemacht hat. Das ist ein Zeichen von spiritueller Unreife. Und so freue ich mich darüber, dass der Prince of Wales den Islam schätzt.«[29]

Sichtbarer Ausdruck dieser Affinität zum Islam sind die vielen Reisen des Prinzen in muslimische Länder und seine Begeisterung für die islamische Kunst und Kultur. Die Journalistin Yasmin Alibhai-Brown, eine ismaelitische Muslimin, Republikanerin und kein Fan von Charles, räumt eine gewisse widerwillige Bewunderung für seinen Zugang zum Islam ein sowie für seinen Anspruch, ein Repräsentant der Bürger des Vereinigten Königreichs in all ihrer religiösen Vielfalt und kulturellen Verschiedenheit zu sein. »Zweifellos lässt er sich genauso ungern in eine enge englische Identität einzwängen wie damals Diana. Sie hatten mehr gemein, als ihnen bewusst war«, sagt sie. Die Prinzessin war »die erste Person im britischen Establishment, für die eine Nähe zu Menschen anderer Herkunft absolut selbstverständlich war. Sie verfolgte keine Strategie, sie wollte kein Gutmensch sein, sie versuchte nicht, irgendwem einen Gefallen zu tun … Diese Weigerung, sich festzulegen, hat der Prinz auch in sich.« Was laut Alibhai-Brown bedeutet, »dass es Aspekte in seiner Persönlichkeit gibt, die etwas Wichtiges fortsetzen, vor allem zu einer Zeit, da England immer ausländerfeindlicher wird, mit der UKIP und so weiter. Es gibt nur wenige, die davon nicht eingeschüchtert sind, sodass man allgemein nicht mehr auf so wohlmeinende Art von anderen Kulturen spricht oder sich mit ihnen auseinandersetzt und sagt, sie können uns etwas lehren. Dass er das tut, rechne ich ihm hoch an. Ich will nicht, dass er König wird, ich will eine Revolution. Sie sollen abhauen und sich irgendwo in ein kleines Schloss zurückziehen wie die indischen Maharadschas nach der Unabhängigkeit. Aber trotzdem, alle Achtung.«[30]

Alibhai-Brown hat Charles' Ansprache zur Eröffnung der Jameel Gallery am Victoria and Albert Museum gehört. »Es war eine ganz erstaunliche Rede über den Islam, seine Ästhetik, seine Werte, er schien die Thematik wirklich durchdrungen zu haben und fühlt sich vielem davon sehr stark verbunden.« Sie hat auch die Prince's School of Traditional Arts besichtigt. »Es war verblüffend. Junge Leute aus der ganzen Welt, auch aus arabischen Ländern, lassen sich dort beibringen, wie man mit Kacheln arbeitet, Mosaiken macht, Decken verkleidet, Brunnen gestaltet. Vor allem aber lernen sie, die Ästhetik der Abstraktion anhand all der vielen islamischen Muster zu begreifen.«[31] 2006 exportierte der Prinz dieses Expertenwissen in ein Land, das einstmals so reich daran war. Die Turquoise Mountain Foundation in Kabul will das traditionelle Kunsthandwerk in Afghanistan neu beleben und ein historisches Viertel der Stadt wieder aufbauen. Erst im Jahr 2010 gestatteten die Sicherheitsbeauftragten dem Prinzen, seine eigene Stiftung dort zu besuchen. Auf der gleichen Reise besuchte er auch die britischen Truppen in Helmand, einer vorgeschobenen Operationsbasis, im Hauptquartier der Lashkar Gah Taskforce und in Camp Bastion. Anders als sein Sohn Harry genoss er die hektische Betriebsamkeit, die sein Besuch auslöste.

Die Verbindung zum Islam hält er hauptsächlich durch das Oxford Centre for Islamic Studies, wo er sich laut dem Direktor Farhan Nizami als »sehr aktiver Förderer« betätigt. Prinz Charles ist es zu verdanken, dass die Liste der Vortragenden an dem Institut so vielfältig ist wie die Gästeliste im St James's Palace: von der Ikone der Versöhnung, Nelson Mandela, bis hin zu Vertretern repressiver Regime wie dem saudischen Außenminister Saud Al-Faisal, der die Zuhörer nicht darüber im Unklaren ließ, dass sein Land »gerüstet ist, Einfluss und Autorität auszuüben, um die moralische Tradition und die Reinheit des Islam zu erhalten«.[32]

1993 hielt Charles am Oxford Centre for Islamic Studies seine Rede zum Thema »Der Islam und der Westen«. 2010 ermahnte er dort die muslimische Welt, sich wieder stärker mit dem Umweltgedanken zu befassen, der für ihn untrennbar zum Islam gehört. Nizami beschreibt diese Interpretation des Islam als »wahrhaft erhellend ... er ermutigte uns, ganz neu darüber nachzudenken, was der Islam uns zu sagen hat«.[33] Am Islamzentrum gibt es jährlich eine durch Benefizmittel des Prinzen ermöglichte Sommerakademie, das Young Muslim Leadership Programme, das darauf abzielt, Verständnis und Verbindungen zwischen muslimischen und anderen Gemeinden in Großbritannien zu fördern.

Wie sein Schirmherr ist das Oxford Centre for Islamic Studies einiges an Kontroversen gewöhnt. Die Bauarbeiten an dem neben dem Magdalen College gelegenen Gebäude begannen 2002 und sollten 2004 beendet sein. Stattdessen dauerten sie zehn Jahre länger; immer wieder gab es Lücken im Budget und Unstimmigkeiten in der Planung. Nicht alle waren angetan von einem Minarett zwischen Oxfords verträumten alten Collegetürmen; man befürchtete, seiner Lage wegen könnte das Islamzentrum für ein College der Universität gehalten werden. Die Website dagegen weist es als »ein anerkannt unabhängiges Zentrum an der Universität von Oxford« aus, eine aus Benefizmitteln finanzierte Lehranstalt, die mit der Universität zusammenarbeitet, aber eine eigenständige Einheit bildet. Richard Gombrich, emeritierter Professor für Sanskrit an der Faculty of Oriental Studies der Universität Oxford, beklagt, es gebe »ein verbreitetes Missverständnis, das Islamzentrum gehöre zu Oxford. Das ist mehr als unpassend. Universitäten sind keine Orte, an denen man Moscheen baut.«[34]

Die Finanzierung des Centre warf ebenfalls Fragen auf, besonders, nachdem 2011 die großzügigen Zuwendungen Muammar Gaddafis an die London School of Economics publik wurden, worauf deren Direktor Sir Howard Davies seinen Hut nehmen musste. Das Oxford Centre for Islamic Studies hatte kein libysches Geld genommen, doch unter den Geldgebern gab es prominente Saudis wie König Fahd, und 1989 hatte auch die Familie bin Laden 150 000 Pfund gespendet. Ein Report des Centre for Social Cohesion hinterfragte die Verbindung zwischen Spendenaufkommen und Einflussnahme in britischen Lehranstalten, deren akademische Unabhängigkeit durch den Erhalt großer Summen drohe untergraben zu werden. Die Rede des saudi-arabischen Außenministers Al-Faisal am Oxford Centre for Islamic Studies wurde als Beispiel dafür zitiert, wie sich solche Verpflichtungen auswirken könnten. Ebenso kritisch beleuchtete der Report die Auswahl von Schirmherren in der Vergangenheit und der Gegenwart, weil sie auch Ultrakonservative wie Abdullah Omar Nasseef einschloss, Professor an der König-Abdul-Aziz-Universität in Dschidda und früherer Generalsekretär der Islamischen Weltliga, die eng mit dem Salafismus und Wahhabismus verbunden ist.[35] »Wir sind an allen Strömungen und Aspekten der muslimischen Kultur und Zivilisation interessiert und legen großen Wert darauf, den internationalen akademischen Dialog zu fördern«, sagt Nizami.[36]

Charles' traditionalistische Neigungen führen dazu, dass er manche Spielarten des Islam akzeptiert, die viele Muslime und Nicht-Muslime nie akzeptieren würden. Es gibt einen Moment zu Beginn des *Harmony*-Films, wo der Prinz vor einer idyllischen Landschaft spricht und seine Worte von lyrischer Hintergrundmusik untermalt werden. »Es gibt immer noch die Chance, gerade noch, das Ruder herumzureißen und wiederherzustellen, was wir verloren haben. Somit auch, unseren Kindern und ihren Enkeln eine Welt zu hinterlassen, in der es sich ebenso gut leben lässt und die auch jene noch erhalten kann, die ihnen nachfolgen«, sagt er. »Wir haben diese außerordentliche Fähigkeit, mit den inneren Mustern der Natur verbunden zu sein, was wir eigentlich das Spirituelle nennen; es besteht ein ungeheures Bedürfnis, uns wieder in Beziehung zu bringen zu den Dingen, die im wahrsten Sinne heilig sind.« Die Bilder, die den letzten Satz begleiten, zeigen einen buddhistischen Tempel in Lhasa, einen Eingeborenen mit Federkopfschmuck, eine christliche Kirche und das Portal eines islamischen Gebäudes, vor dem eine verschleierte Frau steht. Nur ihre Hände und Augen sind zu sehen. Alle vier Bilder erscheinen als gleichwertige Symbole der Verbindung zur »zeitlosen« Tradition und durch diese Tradition zur natürlichen und spirituellen Welt.

Einem Insider zufolge ist der Prinz nicht einverstanden mit dem in Frankreich und Belgien geltenden Verbot der Ganzkörperverschleierung. Charles betrachtet diese Gesetze als eine Verletzung der Menschenrechte, da das Verbot nur die Trägerin kriminalisiere, anstatt den Brauch zu hinterfragen. Wobei allerdings zweifelhaft ist, ob er ein solches Hinterfragen überhaupt für angebracht hält. Die Aspekte der Ideologie des Prinzen, die für Liberale so verstörend wirken, sichern ihm Einfluss in Winkeln, die andere nie erreichen könnten, und unterstreichen seine Fähigkeiten als Brückenbauer.

Dennoch steht zu befürchten, dass die Kluft zwischen dem Prinzen und manchen liberaler gesinnten Untertanen der Krone nicht zu überbrücken ist, auch wenn sie viele seiner Sorgen und Anliegen teilen.

Kapitel 15

Glücklich und in aller Munde

Eine kleine Begebenheit in Kanada wirft ein Schlaglicht auf die Beziehung zwischen dem Prinzen und seiner Herzogin. Am ersten vollen Tag des Besuchs hat sich der königliche Tross geteilt, wobei Charles zu den Halifax Public Gardens fährt, um eines der typischen königlichen Rituale vorzunehmen, das feierliche Setzen eines Bäumchens mit einer Schaufel Erde. 1939 führte König George VI. dieselbe symbolische Handlung bei einem Baum aus, der jetzt hoch über seinem Enkel emporragt. Camilla hat sich in einen unwirtlicheren Teil von Halifax begeben, um eine Ansprache vor Frauen zu halten, die mithilfe einer Einrichtung namens Alice Housing der Misshandlung durch ihren Partner entkommen sind.

Der sorgfältig von kanadischen Beamten und Mitarbeitern des Hofes ausgearbeitete Zeitplan sieht vor, dass der Prinz die Baumpflanzung rasch hinter sich bringt. Anschließend folgt ein Rundgang über den Seaport Farmers' Market, den Großmarkt am Hafen, bevor er sich wieder mit seiner Gattin vereinigt, um einer von mehreren Vorführungen schottischer Volkstänze beizuwohnen, die die Provinz Nova Scotia für das Paar einstudiert hat. Aber Charles verspätet sich wieder mal ein wenig. Während eines Spaziergangs im Park bleibt er immer wieder stehen und spricht mit den Leuten, sagt nicht nur Hallo und geht weiter, sondern lässt sich in Gespräche verwickeln und gerät so immer mehr in Verzug. Camilla dagegen hält sich wie üblich an den festgesetzten Zeitplan, obwohl sie sich auf die Menschen einlässt und bei diesem Termin aufmerksam den bedrückenden Berichten von ehelicher Gewalt lauscht. So kommt es, dass sie vor ihrem Gatten den überdachten Markt erreicht und die Gelegenheit nutzt, um sich kurz in einen Nebenraum zu flüchten und sich etwas zu erholen. Wie vielen Menschen, die nicht als Mitglieder der Königsfamilie aufgewachsen sind, setzen ihr die endlosen Pflichttermine, die stets zu zeigende freundliche Miene und das ständige Händeschütteln zu.

Nach zehn Minuten fühlt sie sich ausreichend frisch, um wieder Herzogin zu sein, und begibt sich auf ihren eigenen Rundgang durch die Marktstände. Charles, der nicht bemerkt hat, dass Camilla vor ihm eingetroffen ist, wandelt unterdessen auf einer anderen Route durch die Marktgassen. Er ist etwas angeschlagen – auf dieser Reise wird er großzügig britische Schnupfenviren unter den Völkern Kanadas verbreiten –, aber dennoch geht er einmal mehr ganz in seinem Job als Prinz auf, unterhält sich mit den Marktleuten, nimmt hier und da Proben von Marmelade und Kuchen entgegen. Er bemerkt seine Frau nicht, bis die beiden Gruppen aufeinandertreffen. Als er Camilla erblickt, bleibt er zunächst überrascht stehen, doch dann huscht ein anderer Ausdruck über sein bleiches Gesicht: Freude. »Oh«, sagt er entzückt. »Du.«

Halten wir dieses Bild fest. Das ist gar nicht so einfach angesichts der Fülle von lautstark konkurrierenden, zum Teil auch böswilligen Bildern und Geschichten. Damit ist nicht gesagt, dass alle anderen Darstellungen der Beziehung des Paares jeder Grundlage entbehren. Der Rashomon-Effekt – wonach ein von verschiedenen Personen beobachtetes reales Geschehen gleichermaßen glaubhafte, sich jedoch offenkundig widersprechende Geschichten hervorbringen kann – scheint in ihrem Fall besonders wirksam zu sein.

Auch die Erkenntnis, dass sämtliche Wahrheiten über ein Paar, dessen Liebe zueinander die ersten Ehen der beiden zerstört hat, unter einer dicken Schicht von Nonsens begraben liegen, hilft nicht viel weiter. Viele der absurdesten Geschichten stammen aus Quellen, die meilenweit von ihren Protagonisten entfernt sind. Der Erste Zusatzartikel zur Verfassung der Vereinigten Staaten schützt das Recht des Einzelnen, sich durch Veröffentlichung und Verbreitung von Informationen, Gedanken und Meinungen auszudrücken, und lässt keinerlei Einschränkung, Behinderung oder Verfolgung durch die Regierung zu. Diese ehrwürdige Klausel hat eine denkbar seltsame Erscheinung hervorgebracht: die sogenannte Regenbogenpresse, sensationsgierige Blätter, die für sich genommen fast bizarrer sind als die vorgeblich wahren Ereignisse, über die sie berichten.

Zuweilen bringen sie auch echte Nachrichten. Der *National Enquirer* veröffentlichte das Squidgygate-Transkript, noch bevor die britischen Medien den Mut dazu fanden. In der Sensationspresse wurden auch Bilder vom Paradies veröffentlicht, es wurde über Invasionen von Außerirdischen berichtet, regelmäßig wurde Elvis für lebendig erklärt und noch häufiger eine Schwangerschaft der Herzogin von Cambridge verkündet. Verschwörungen um Diana sind ein Dauerbrenner. Im März 2014 lautete eine der Schlagzeilen, die sich der *Globe* einfallen ließ, um die Aufmerksamkeit potenzieller Käufer auf sich zu ziehen: *Dianas Mörder versteckt sich in Russland – William wütet:* »*Liefert ihn aus!*«

Ein Hauch von innerer Logik wohnte auch diesem Ammenmärchen inne. Russland hatte sich geweigert, Edward Snowden an die Vereinigten Staaten auszuliefern, und würde sich daher wohl auch nicht ohne Weiteres dazu bewegen lassen, Dianas Mörder der britischen Justiz zu übergeben – sollte es ihn denn geben. Prinz William war tatsächlich erbost oder hätte es zumindest sein können. Der russische Präsident und die britischen Royals seien sich in herzlicher Abneigung zugetan, behauptete das Blatt mit zufälliger Hellsichtigkeit. (Weniger als einen Monat später machten Charles' kritische Anmerkungen zu Putins Krim-Abenteuer weltweit Schlagzeilen.)

Im Juli gewann der *Globe* der Verschwörung einen neuen, noch abwegigeren Aspekt ab: *Camilla schockiert Kate:* »*Charles hat Diana ermordet – und ich bin die Nächste!*« Ein gelber Kasten lieferte einen Hinweis auf das mutmaßliche Motiv des Prinzen: *350-Mio.-Dol-*

lar-Scheidung artet aus! Dies bezog sich auf eine Ausgabe vom selben Monat, in der behauptet wurde, die Queen habe Charles befohlen, sich von Camilla scheiden zu lassen. In derselben Ausgabe fand sich die Enthüllung: *Papst Franziskus liegt im Sterben.*

In früheren Zeiten vertraute die Mehrzahl der Menschen, die das Glück hatten, in einer Demokratie zu leben, einigermaßen darauf, dass die Regierung die Wahrheit sagt. Jedermann las Zeitschriften wie den *Globe* in dem Bewusstsein, dass es sich um Unterhaltung und nicht um Nachrichten handelt. Dies führte noch im Jahr 2007 dazu, dass eine zutreffende Sensationsnachricht monatelang unbeachtet blieb. Im Oktober jenes Jahres enthüllte der *National Enquirer*, John Edwards, eine der Hoffnungen der Demokraten für die Präsidentschaftswahlen und seit dreißig Jahren verheiratet mit seiner unheilbar an Krebs erkrankten Frau Elizabeth, hätte eine Affäre mit einer Mitarbeiterin seines Wahlkampfteams gehabt. Die Masse der Nachrichtenmedien ignorierte die Geschichte entschlossen, während das Sensationsblatt der Sache weiter nachging und ein Foto von Edwards' schwangerer Geliebter Rielle Hunter veröffentlichte. Erst im August 2008, nachdem er schon lange aus dem Rennen um die Nominierung ausgeschieden war, räumte Edwards die Affäre ein, und es dauerte bis 2010, bis er sich zur Vaterschaft von Hunters Tochter bekannte.

Hätte der *Enquirer* die Geschichte nur ein paar Jahre später gebracht, hätte sie sich mit Sicherheit wie ein Lauffeuer ausgebreitet, selbst wenn die seriösen Nachrichtenmedien sie nicht aufgegriffen hätten. Sie wäre nämlich sofort bei Twitter, Facebook, Storify aufgetaucht, und man hätte sie in BuzzFeed-Style-Listen auf zahllosen Infotainment-Websites ausgeschlachtet: »Zehn Fotos von John Edwards mit verschlagener Miene« – »Fünf Anzeichen dafür, dass es wirklich die Tochter des in Ungnade gefallenen Ex-Senators ist«. In unseren Tagen würde es wohl allen mit Reizwörtern gespickten Meldungen ähnlich ergehen, woher auch immer sie stammen. Die Verbraucher glauben alles und zweifeln alles an, sie sind immer weniger in der Lage, zwischen Junkfood und wertvoller Nahrung zu unterscheiden. So kommt es, dass ein kaum messbarer, aber nicht unerheblicher Teil der Weltbevölkerung überzeugt ist, Charles strebe zum zweiten Mal eine Scheidung an, möglicherweise auf Befehl der Queen, oder er schrecke nur davor zurück, weil Camilla schmutzige Enthüllungen über die Königsfamilie in der Hinterhand hält (ein weiteres beliebtes Internet-Thema).

Ist es von Bedeutung, dass ein Prinz, der dem Erbe der Aufklärung misstraut, selbst unter einer um sich greifenden Gegenaufklärung leiden muss? Eine Bedeutung haben diese gegenaufklärerischen Tendenzen sicherlich, deren Gifthauch sämtliche Taten und Beweggründe von Charles in ein trübes Licht taucht. Dies besonders im Zusammenwirken mit der seriösen Berichterstattung, die für sich genommen schon durch alte Behauptungen und halb vergessene Ressentiments gespalten ist. Was Camilla betrifft: In früheren Jahrhunderten wäre sie vielleicht zur Strafe für ihren Ehebruch an den Schandpfahl gebunden und von Passanten beschimpft und bespuckt worden, doch die heutige Form der Erniedrigung, die ihr zuteilwurde, war nicht weniger öffentlich und beinahe ebenso brutal.

Seit dem Augenblick, in dem ihre außereheliche Liaison mit dem Prinzen aufgedeckt wurde, begegnete ihr die britische Presse nicht nur mit Verachtung, sondern auch mit Spott. »So, wie sie bei Sainsbury's ihren Einkaufswagen durch die Reihen schob, wirkte [Camilla] nicht wie eine Frau, die im Mittelpunkt eines königlichen Liebesskandals steht«, berichtete der *Daily Mirror* im Jahr 1993.[1] Doch als Camilla sich nach Wochen zum ersten Mal der Weltöffentlichkeit stellte, lieferte sie eine Antwort auf eine oft gestellte Frage: »Was findet eigentlich Prinz Charles an ihr? Mit ihrem übergroßen Kopftuch und ihren stinknormalen Klamotten sah sie genau aus wie Ihre Majestät ... seine Mama.« Und hier noch ein Auszug aus einer *Daily-Express*-Ausgabe jener Zeit: »Besonders Frauen, die ja aus verschiedenen Gründen bei der Beurteilung des Aussehens anderer Frauen viel gemeiner sein können als Männer, fiel es sehr schwer zu glauben, dass Prinz Charles die mit einem Pferdegesicht geschlagene Camilla der modebewussten Diana vorziehen könnte, es sei denn, dies hinge mit seiner Leidenschaft für Pferde zusammen.«[2] Das Sperrfeuer der

Artikel spiegelte die öffentliche Ablehnung wider und verstärkte sie gleichzeitig. Eine oft zitierte Geschichte, wonach Camilla auf dem Parkplatz eines Supermarkts von zornigen Diana-Fans mit Brötchen beworfen worden sei, war offenbar reine Erfindung. In Clarence House hegt man den Verdacht, jemand habe eine Doppelgängerin von Camilla angeheuert, um diese und andere Szenen zu inszenieren.

Camilla ertrug ihren traurigen Ruf in den Schlagzeilen schweigend. »Es heißt, sie sei hart im Nehmen«, meint Lucia Santa Cruz. »Sie ist aber nicht hart im Nehmen. Sie ist erstaunlich stark, und das ist etwas anderes. Sie ist eine gefestigte Persönlichkeit. Sie hat einen sehr guten Familienhintergrund. Sie hat sehr gute Eltern, sie hat eine Schwester, die ihr nahesteht. Sie besitzt eine Kraft, wie Menschen aus sehr, sehr soliden Familien sie oft besitzen, und sie ist äußerst belastbar. Sie hat sehr viel Würde, was die ganze Sache in gewisser Weise für sie um vieles schlimmer gemacht hat. Sie wurde auf die übelste Art und Weise öffentlich heruntergemacht. Sie konnte nichts tun, um sich aus ihrer Lage zu befreien. Sie hat nie den Mund aufgemacht; sie hat sich nie verteidigt.«[3]

Eine gewisse Unterstützung bekam sie immerhin. Mark Bolland, von 1996 bis zu seinem nicht ganz freiwilligen Rückzug im Jahr 2002 im Mitarbeiterstab des Prinzen, widmete sich nach dem Tod Dianas der Aufgabe, eine größere öffentliche Anerkennung für die Geliebte des Prinzen zu erreichen. Ein Teil der Strategie sah erste gemeinsame Auftritte von Charles und Camilla vor, statt wie zuvor den Kameras immer nur auszuweichen. Das öffentliche Bekenntnis ihrer Beziehung im Januar 1999 auf den Stufen des Ritz nach der Feier des fünfzigsten Geburtstags von Camillas Schwester Annabel Elliot zog »an die zweihundert Fotografen und Journalisten an ... die das Ereignis miterleben wollten. Dazu waren im Vorfeld sechzig Leitern in Dreierreihe vor dem Hotel aufgestellt worden«, berichtete die BBC. »Fernsehübertragungswagen parkten in den Seitenstraßen um das Londoner Hotel, gleißendes Scheinwerferlicht beleuchtete die Szene. Außerdem stand abseits vom Medienpulk noch eine Menschenmenge von mehreren Hundert Schaulustigen.«[4] Ihr erster öffentlicher

Kuss – ein Küsschen auf die Wange – fand im Juni 2001 bei einer anderen Geburtstagsparty statt, bei der der fünfzehnte Jahrestag der National Osteoporosis Society begangen wurde.

Der zweite Teil der Strategie sollte in den Kreisen des Hofes weit mehr Irritation hervorrufen. Mitglieder der Windsor-Familie hegten den Verdacht, Bolland habe negative Geschichten über sie an die Presse durchsickern lassen, um Charles im Vergleich dazu besser dastehen zu lassen. Diesen Vorwurf scheint Bolland in einem Interview des Jahres 2005 gelten zu lassen. »Es ging immer nur um Camilla«, sagte er zu Sholto Byrnes vom *Independent*. »Es ging darum, dass sich die Königin und der Buckingham-Palast weigerten, die Beziehung ernst zu nehmen und dem Prinzen zu helfen, die Sache zu regeln. Darum drehte sich alles.«

»Es erscheint mir äußerst ungewöhnlich, dass Angestellte des Hofes Informationen herausgeben, die sich gegen andere Mitglieder der regierenden Familie richten«, meint Byrnes. »Das Team, das damals zusammenarbeitete, hat wahrscheinlich die Sache zu nah an sich herangelassen und sich zeitweise von Emotionen mitreißen lassen«, räumt Bolland ein. »Wir gerieten in eine Art Prince-of-Wales-Bunker innerhalb des Hauses Windsor. Doch in gewisser Weise spiegelte das seine Haltung wider.«[5] Bolland ist seit mehr als einem Jahrzehnt nicht mehr im Dienst des Prinzen, doch die Bunkermentalität und der scharfe Konkurrenzkampf zwischen rivalisierenden Kreisen innerhalb des Hofes sind geblieben. Bolland mag zu seiner Verschärfung beigetragen haben, entfacht hat er ihn nicht. Diese Spannungen sind zumindest teilweise das Ergebnis der harten Kämpfe, die Charles als junger Mann durchstehen musste, um die Erblast des Buckingham-Palasts abzuschütteln.

In demselben Interview blickt Bolland voraus auf die Hochzeit von Charles und Camilla im darauffolgenden Monat. »Bei dem Film, bei dem ich mitgewirkt habe, läuft jetzt der Abspann«, sagt er, als könne die Heiratsurkunde die Kontroverse um die Beziehung ersticken.[6] Stattdessen wurde die von Clair Williams, Standesbeamtin des Bezirks Windsor, ausgestellte Urkunde selbst zum Anlass einer Kontroverse. Immerhin war sie Beleg und Symbol der ersten standesamtlichen Trauung in der königlichen Familie.

Charles und Camilla gaben sich am 9. April 2005 das Jawort, ein Tag später als ursprünglich geplant. Der Tod von Papst Johannes Paul II. am 2. April machte die kurzfristige Verschiebung notwendig; der Prinz hatte eingewilligt, die Königin bei der Beerdigung in Rom zu vertreten. In einem Teil der Medien wurde dies als Zeichen von oben gewertet, dass ein Fluch über der Vermählung liege.

Obwohl sie mit der Hochzeit faktisch Princess of Wales wurde, hat Camilla den Titel mit seinen unglücklichen Anklängen abgelegt. Kaum hatte das Paar seine Flitterwochen in Birkhall angetreten, als schon die ersten Gerüchte über eine Scheidung kursierten. Genährt wurden diese von Publikationen, die sich im Unterschied zu amerikanischen Sensationsblättern zu den berichterstattenden Medien zählen, und von Journalisten, die bereits früher für echte Knüller über die königliche Familie gesorgt hatten. Diana hatte ein solches Faible für Richard Kay vom *Daily Mail*, dass sie ihm substanzielle Einblicke in ihr Leben gewährte. Nach ihrem Tod vergalt Kay ihr das Vertrauen, indem er sich weigerte, eine Biografie zu schreiben und alles zu offenbaren. »Ich stand ihr sehr nahe, und ich habe auch deshalb kein Buch über sie geschrieben, weil man ihr so übel mitgespielt hat. Hauptsächlich waren dies Leute, die für sie gearbeitet haben oder die ihre Freunde waren. Und sie hatten es alle eilig, ihre Erinnerungen so schnell wie möglich auf den Markt zu werfen, während ich immer das Gefühl hatte: Für mich wäre das Problem nicht, was ich in einem Buch schreiben würde, sondern was ich auslassen würde.«[7]

Im Jahr 2010, fünf Jahre nach der zweiten Heirat des Prinzen, veröffentlichte Kay mit seinem Kollegen Geoffrey Levy einen langen Artikel mit dem Titel »Warum das Leben von Charles und Camilla heute in so getrennten Bahnen verläuft«. Darin ist von »einer sehr seltsamen Ehe« die Rede, die unter Zwang im Hinblick auf die mögliche Thronfolge des Prinzen geschlossen wurde. Hätte er Camilla nicht geheiratet, wäre das laut dieser Version ein größeres Hindernis für Charles' Königtum gewesen, als wenn er sie geheiratet hätte, und keiner von beiden hätte diese Ehe gewollt. Dieser Interpretation würden sich weder der Journalist Michael Jones noch Frederick Phipps, der regelmäßige Briefpartner des Erzbischofs von Canterbury, anschließen, und auch einige Medienberichte legen eine andere Sicht nahe. An dem Abend, an dem die Verlobung angekündigt wurde, war Camilla »aufgeregt wie ein junges Mädchen«, sagt Robin Boles, Vorstandschef von In Kind Direct, eine der Organisationen des Prinzen, die überschüssige Waren von Firmen an wohltätige Vereinigungen verteilt.[8]

Kay und Levy behaupten, Mitarbeiter von Charles und Camilla würden regelmäßig aneinandergeraten. Auch die Gewohnheiten des Paares passten nicht zusammen, der Prinz stoße sich mit seiner »zwanghaften Ordnungsliebe« an der »allseits bekannten Unordentlichkeit« der Herzogin. Eine »ältere Dame von Stand, die Camilla von Kindesbeinen an kennt«, steuerte einen markigen Kommentar bei: »Wenn eine Frau dreißig Jahre lang die Geliebte eines Mannes war und ihn dann heiratet, verändert das die Beziehung zwangsläufig. Sie lieben sich immer noch, daran zweifle ich nicht, doch das Zusammenleben als verheiratetes Paar ist schwierig für zwei so unabhängige Menschen, die immer die physischen Aspekte des Lebens genossen haben. Dem Sex zwischen Geliebten wohnt eine gewisse elektrische Spannung inne, die sich wohl oder übel nach einigen Jahren Ehe auflöst.«

Ein »reifer Mitarbeiter des Hofes« lieferte den Autoren einen weiteren möglichen Grund für die angebliche Abkühlung beim Thronfolger: »Camilla liebt es über alles, ihre Enkel um sich zu haben, und sie redet andauernd von ihnen, doch Charles kann den Lärm und die Unordnung, die kleine Kinder erzeugen, einfach nicht ertragen.« Infolgedessen zöge es der Prinz vor, sich in die traute Einsamkeit seiner eigenen Residenzen zurückzuziehen, während die Herzogin ihre Enkel in Ray Mill bei Laune halte, ihr Zufluchtsort in Wiltshire seit der Scheidung von Andrew Parker Bowles im Jahre 1995. Die Unzufriedenheit würde noch gesteigert durch die offensichtliche Unlust Camillas, ihre Pflichten als Mitglied der Königsfamilie zu erfüllen. »Fürs Erste«, so schließt der Artikel, »scheint die Ehe nicht wirklich bedroht zu sein, weil es sich um ein Arrangement handelt, mit dem anscheinend beide Seiten zufrieden sind. Und dennoch – wer hätte je geglaubt, dass die ältere Frau, für die ein Kronprinz eine junge und schöne Gattin verließ, es mittlerweile vorzieht, so viel Zeit fern von ihm in ihrer eigenen Welt zu verbringen?«[9]

Die Autoren taten gut daran, sich nicht festzulegen. Im April 2014, als das Paar neun Jahre verheiratet war und die Freude des Prinzen über seinen ersten eigenen Enkel mit Händen greifbar war, veröffentlichten Kay und Levy einen zweiten langen Artikel über den Stand der Beziehung. Darin wird Camillas »erbarmungsloser« und »unaufhaltsamer Aufstieg« innerhalb der Königsfamilie beschrieben, mit dem Fazit, sie scheine »sich in ihrer Rolle, die ihr so spät im Leben zugefallen ist, komfortabel eingerichtet zu haben«. Auch negative Folgen seien zu vermerken: Die wachsende Wertschätzung der Queen für Camilla habe neue Spannungen erzeugt. »Edward ist wütend, weil Sophie jetzt vor Camilla einen Knicks machen muss … Davon unberührt gleitet die ehemalige *maitresse en titre* mühelos neben dem Prinzen dahin, streicht ihm mal über die Stirn oder redet sanft auf ihn ein. Wenn sie am Ende zur Königin Camilla gekrönt wird – wird es sein Triumph oder ihrer sein?«[10]

»Die Kernaussage des [ersten] Artikels, wonach ihre Beziehung funktioniert, wenn sie nicht so eng aufeinanderhocken, ist immer noch richtig«, schreibt Kay in einer E-Mail. »Camilla hält sich tatsächlich am liebsten in Ray Mill auf, wo sie ihre Enkelkinder um sich scharen kann, während der Prinz seine gewohnte Umgebung in Highgrove schätzt, ohne von lärmenden Stiefenkeln gestört zu werden … Was ihre Beziehung betrifft, habe ich jetzt eher den Eindruck, dass ihre Verbindung irgendwie noch stärker geworden ist.«[11]

Hier zeigt sich der Rashomon-Effekt. Aus einem bestimmten Blickwinkel kann man natürlich die Zeit, die Camilla und Charles getrennt verbringen, als Symptom einer nicht funktionierenden Ehe interpretieren. Aus einer anderen Sicht ist sie ein Zeichen der Stabilität, sowohl für die Beziehung als auch für die seelische Befindlichkeit beider Partner. Der Prinz wird niemals sorgenfrei sein, doch er hat die nötigen Zutaten, um seine Gemütslage im Gleichgewicht zu halten: Camilla, seine Familie, seine Gärten, seinen Glauben, seine Zufluchtsorte und – vielleicht mehr als alles andere – seine Arbeit. Als ich ihm die Standardfrage eines Biografen stellte: »Was macht Ihnen Freude?«, setzte er zu einer umständlichen Antwort an, in der es um die Möglichkeit ging, Dinge wieder zusammenzufügen und zu retten, die aufgegeben wurden oder bereits dem Verfall und der Zerstörung anheimgefallen waren. Seine Assistentin Kristina Kyriacou soufflierte ihm sichtlich amüsiert: »Ihr Enkel, Sir.« Er lachte und lieferte eine konventionellere – und völlig aufrichtig wirkende – Antwort: »Eine so wundervolle Frau zu haben. Und jetzt natürlich auch einen Enkel.«[12] »Wir alle, seine Freunde, haben ihn bekniet, es etwas langsamer angehen zu lassen«, sagt Emma Thompson. »Inzwischen glaube ich, dass das sehr schlecht für ihn wäre. Ich glaube, er würde irgendwie vor die Hunde gehen.«[13]

Auch Camilla braucht Raum, um ihren eigenen Interessen nachzugehen. »Sie lebt viel stärker in ihrer eigenen Welt, als die Leute glauben«, meint Lucia Santa Cruz. »Sie ist sehr zufrieden, wenn sie mit sich allein ist. Sie ist eine erstaunliche Leserin; sie liest wirklich sehr viel. Jedes Mal, wenn ich einen neuen Autor entdecke und sie frage: »Hast du schon … gelesen?«, dann sagt sie Ja. Sehr schwierig, ihr ein Buch zu schenken. Sie liebt es, im Garten zu werkeln, wie sie es nennt. Also, sie ist gern allein, und das bedeutet, dass sie ein reiches Innenleben hat. Damit schützt sie sich auch, glaube ich. Sie könnte jederzeit von der Bildfläche verschwinden und allein, ganz für sich und glücklich sein. Sie ist sehr gern allein in ihrem Haus.«[14]

Treten sie zusammen auf, strafen der Prinz und Camilla die Berichte über Spannungen Lügen. Sie haben ihre gemeinsamen Scherze, über die sie insgeheim lachen, sie kopieren die Körpersprache des anderen (obwohl Camilla noch nicht die typische Angewohnheit der Windsors angenommen hat, die Hände hinter dem Rücken zu verschränken). »Sie ist grandios, so unkompliziert, sie ist ein Segen für ihn«, meint Patrick Holden.[15] Ben Elliot glaubt, dass dies auch umgekehrt gilt: Der Prinz sei ein Segen für Camilla. »Er liebt sie wirklich. Sie gehen so liebevoll miteinander um. So manches Paar, wenn es schon derart lange zusammen ist ...« Elliot macht eine Pause und fährt dann fort: »Er ist so lieb zu ihr.«[16]

Was es durchaus gibt, sind anhaltende kleine Differenzen. Camilla mag einfache Küche, gegrillten Fisch, gedämpftes Gemüse. Charles hat eine Vorliebe für deftige Puddings und Wild. Es gibt auch potenziell brisantere Streitfragen. Camilla macht sich die philosophische Welt des Prinzen nicht vollkommen zu eigen und hat gelegentlich ihre Zweifel an seinen Ansichten, doch wenn jemand ihm widerspricht, ist das etwas anderes: »Sie verhält sich völlig loyal gegenüber seinen Vorlieben und Abneigungen«, sagt Lucia Santa Cruz. »Wenn wir etwa über Bio-Produkte, die Lösung für weltweite Probleme oder die Grenzen der Ökologie angesichts der Bedürfnisse wachsender Bevölkerungszahlen diskutieren, dann wird sie stets sagen: ›In diesem Punkt hat er aber recht.‹«[17]

Ein Insider von Clarence House rühmt, Camilla sei diejenige, die dem Prinzen bisher am meisten Halt geboten habe: »Sie ist eine liebevolle und fürsorgliche Mutter, und sie hat nie aus den Augen verloren, wie wichtig die Familie ist, wie wichtig es ist, sie in der Nähe zu haben. So bleibt sie geerdet, mit diesem Sinn für die praktischen Dinge des Lebens, den sie sonst vielleicht verlieren könnte. Es ist ein Anker für sie. Ich bin immer wieder überrascht, wie klug sie ist ... Auf jeden Fall lebt sie nicht in einer Traumwelt.«

Mittlerweile hat sich eine effektive Partnerschaft zwischen den beiden herausgebildet. Oft treten sie wie ein Komiker-Duo auf: Die Herzogin gibt dabei den liebenswürdigen Ernie Wise, während der Prinz den gewitzten, aber auch leichter entflammbaren Eric Morecambe verkörpert. Camilla hat die für Mitglieder der Königsfamilie übliche Reihe von Ehrenämtern übernommen, sie ist Schirmherrin oder Präsidentin von Tierschutzverbänden, Stiftungen für Parks und Gärten, Veteranenvereinen und der Girl's Brigade in Schottland, der Krebshilfeorganisation Maggie's Cancer Caring Centre, von Hospizen und Krankenhäusern, Opernvereinen und Orchestern. Manche

Schirmherrschaften, wie die über den Charleston Trust oder das Museum für angewandte Kunst in Ditchling, kämen ihrem Kunstsinn und ihrer Lust am Lesen entgegen, meint Amanda Macmanus, eine der beiden Teilzeit-Privatsekretärinnen Camillas und eine Frau mit einer ebenso lebenslustigen Ausstrahlung wie die Herzogin selbst.[18]

Camillas Humor überdeckt ihre von Santa Cruz beschriebene Stärke und Belastbarkeit, mit der sie den heftigen Angriffen wegen ihrer Rolle bei der Zerrüttung der ersten Ehe des Prinzen widerstehen konnte. Im Jahr 1995, auf dem Höhepunkt dieser Attacken, übernahm die damalige Mrs Parker Bowles die Schirmherrschaft über die National Osteoporosis Society, nachdem sie miterleben musste, wie ihre Mutter an dieser Krankheit starb. »Wir sahen mit Entsetzen zu, wie sie praktisch vor unseren Augen zusammenschrumpfte«, erinnerte sich Camilla später. »Der Hausarzt meiner Mutter war freundlich und einfühlsam, aber er konnte wenig tun, um ihre Schmerzen zu lindern.«[19] Der Vorsitzende der Gesellschaft setzte darauf, was damals nicht ganz ohne Risiko war, dass Camillas Engagement eine positive Aufmerksamkeit für die Ziele der Wohltätigkeitsorganisation erzeugen würde.

In jüngerer Zeit hat die Herzogin in aller Stille auch einer Reihe von Initiativen und Kampagnen ihre Unterstützung gewährt, die sich von denen ihres Gatten oder anderer Mitglieder der königlichen Familie unterscheiden. Dabei geht es um Fragen, die in den Augen der Royals eher brisant erscheinen könnten. So etwa unterstützt sie gemeinnützige Kreditgenossenschaften, um damit auf die Probleme von Verschuldung und Wucherkrediten aufmerksam zu machen, von denen die einkommensschwachen Bevölkerungsschichten besonders hart betroffen sind. Sie engagiert sich für mehrere Organisationen, die sich um Opfer von Vergewaltigung und sexuellem Missbrauch kümmern. Das Festival *WOW – Women of the World* im Londoner Southbank Centre hat sie seit seinen Anfängen mit einem jährlichen Empfang für Teilnehmer und Organisatorinnen gefördert. Beim WOW-Empfang des Jahres 2014 bekundete sie ihre offizielle Unterstützung für die von der Gruppe *Daughters of Eve* initiierte Kampagne gegen die weibliche Genitalverstümmelung. »Wenn Sie mich fragen, besitzt die Herzogin Mut, das ist bei ihr angeboren«, meint Jude Kelly, die künstlerische Leiterin des Southbank Centre und Gründerin von WOW. »Sie hat keine Scheu, über Gerechtigkeit zu reden. Sie ist der Meinung, dass die Monarchie dazu da ist, Fortschritte zu erzeugen, und sie ist bereit, gewissen Themen zu mehr Aufmerksamkeit zu verhelfen.«[20]

Aus einem wohlsituierten, aber auch erdverbunden gebliebenen Elternhaus stammend und abgehärtet durch die öffentlichen Anfeindungen, ist die Herzogin kein Kind von Traurigkeit. Bei einem früheren WOW-Empfang entdeckte sie eine Freundin, die australische Schriftstellerin Kathy Lette, die sich auf Krücken durch die Menge bewegte. »Was ist denn mit dir passiert?«, fragte Camilla. »Ich bin von meinem Lover runtergefallen«, erwiderte Lette. Camilla lachte schallend.

Ihr Verhalten kann eher selten als königlich bezeichnet werden. Laut Richard Kay und Geoffrey Levy geht man dennoch sowohl in Clarence House als auch im Buckingham-Palast und in weiteren Kreisen der Königsfamilie davon aus, dass Camilla eines Tages neben ihrem König nicht als »Prinzgemahlin« – die Bezeichnung, die von Mitarbeitern des Hofes in der ersten Phase ihrer Rehabilitierung ins Gespräch gebracht wurde –, sondern als Königin auf dem Thron Platz nehmen wird. Dass dies Charles' Wille entspricht, bezweifelt niemand. »Ich glaube, dass sie ihm sehr guttut«, meint Robin Boles. »Sie sollte Königin werden. Nach dem Gesetz hindert sie nichts daran, Königin zu sein. Darauf würde ich jede Wette abschließen.«[21]

Doch diese Wette ist nicht so sicher, wie es zunächst aussieht. Im Allgemeinen empfinden Menschen, die sie persönlich kennenlernen, Sympathie für Camilla. Sie wirkt authentisch, wie Nicholas Soames mit der ihm eigenen Überschwänglichkeit erläutert. »Es gibt nicht die geringste Spur von Falschheit an der Herzogin von Cornwall zu entdecken. Sie gibt nicht vor, etwas zu sein, was sie nicht ist. Sie ist, was mein Vater ›eine verdammt gute Seele‹ genannt hätte. Sie ist unglaublich, sie ist großartig, und das schätzen die Leute an ihr. Die meisten Menschen mögen es, wenn jemand authentisch rüberkommt. Sie ist einfach richtig gut zu haben, freundlich, sie mag die Menschen. Genau wie die Großmutter des Prinzen, die in hochherrschaftlicher Umgebung aufwuchs, aber sehr gut mit ›einfachen Leuten‹ umgehen konnte, wie das die Presse in ihrer herablassenden Art gerne bezeichnet.«[22] Das Problem ist: Die meisten dieser »einfachen Leute« kennen Camilla nicht persönlich, und viele erinnern sich an ihre Vorgängerin.

Bei den Meinungsumfragen scheinen sich die Beliebtheitswerte für Charles zu verbessern. Laut einer Umfrage vom Mai 2013 erwartet eine knappe Mehrheit, dass er ein guter König sein wird. Es gibt weniger Zustimmung für die Variante, die Krone direkt an William zu übertragen. Doch bei derselben Umfrage zeigte sich auch, dass Camilla als einziges Mitglied der königlichen Familie das Ansehen der Monarchie schmälert. 46 Prozent waren dafür, ihr nur den Status einer Prinzgemahlin zu gewähren, während lediglich 16 Prozent sich eine Königin Camilla vorstellen konnten.[23] Eine andere Umfrage von Anfang 2014 bestätigt diese Ergebnisse.

Im Verlauf des berühmten Camillagate-Telefongesprächs sagte Charles zu seiner Geliebten: »Ich bin so stolz auf dich.« – »Red keinen Unsinn. Ich habe nie etwas geleistet, worauf ich stolz sein könnte«, entgegnete Camilla. Er beharrte darauf, sie widersprach. Dann sagte er einen Satz, der häufig als Beweis für seine Egozentrik herhalten musste: »Deine größte Leistung ist, mich zu lieben.« – »Ach, Liebling«, sagte sie darauf, »leichter, als von einem Stuhl zu fallen.« Die folgende Antwort von Charles gibt Einblick in ihre damalige Situation: »Du erträgst all diese Erniedrigungen und Torturen und Verleumdungen.« – »Ach, Liebling«, antwortete sie. »Sei doch nicht so dumm. Für dich würde ich alles ertragen. Das ist Liebe. Das ist die Kraft der Liebe.«

Charles zu lieben ist immer noch eine Leistung, eine Kraftprobe, die sie stets aufs Neue besteht. Für den Prinzen sind ihre diesbezüglichen Erfolge von unschätzbarem Wert, und das nicht nur, weil er inzwischen seit mehr als vier Jahrzehnten erfahren hat, was Liebe bedeutet. »Er ist heute ein ganz anderer Mensch. Er war fürchterlich unglücklich. Das ist er nicht mehr«, meint Emma Thompson.[24]

»Always look on the bright side of life.« Schau immer auf die Sonnenseite des Lebens. Der »traurige Prinz« erwies sich bislang als unfähig, diesen Rat zu befolgen. Zwei Mal haben ihn jedoch Kameras dabei beobachtet, wie er die Zeile mitsang. In Jonathan Dimblebys Dokumentation von 1994 ist zu sehen, wie der Rockmusiker Phil Collins von der Stiftung des Prinzen betreute jugendliche Arbeitslose dirigiert und ein zögernder Charles vorgibt, in den Refrain mit einzustimmen. »When you're chewing on life's gristle / Don't grumble, give a whistle / And this'll help things turn out for the best / And always look on the bright side of life!«[25] Die Zeilen erhielten eine überraschend eindringliche Wirkung, als sie von den Jugendlichen und dem an einem Tiefpunkt angelangten Prinzen intoniert wurden.

Der Song von Eric Idle diente ursprünglich zur Untermalung der Schlussszene von *Das Leben des Brian* von Monty Python, in der der Held, ein jüdischer Messias wider Willen, im von den Römern besetzten Judäa gekreuzigt wird. Brian hängt am Kreuz inmitten einer Reihe weiterer Gefangener, die alle wie er zum Kreuzestod verurteilt wurden, als Idle am benachbarten Kreuz zu singen beginnt, worauf alle in den Refrain einstimmen. Als der Film 1979 in die Kinos kam, wurde er als blasphemisch bezeichnet, es gab heftige Proteste und Boykottaktionen. Mancherorts wurde er per Gerichtsurteil ganz verboten. Aberystwyth – die Stadt, in der Charles ein einsames Jahr an der Universität verbrachte – benötigte dreißig Jahre, um das Verbot aufzuheben.

Am 12. November 2008, im letzten Jahr des von Aberystwyth verhängten Banns, trat Idle ein weiteres Mal mit dem Lied auf. Gegeben wurde ein Auszug aus *Schwanensee*, als Idle unvermutet im weißen Tutu und mit Federkopfschmuck aus einer Schar von Ballerinas auftauchte. Sein Auftritt leitete das Finale von *We Are Most Amused* ein, eine Londoner Gala zugunsten des Prince's Trust, mit der zugleich der unmittelbar bevorstehende sechzigste Geburtstag des Gründers gefeiert wurde. Wieder einmal richteten sich die Kameras auf den im

Publikum sitzenden Charles, und diesmal war zu sehen, wie er aus voller Kehle mitsang.

Vieles hatte sich verändert, seit der Prinz vierzehn Jahre zuvor zaghaft mit den Jugendlichen mitgesungen hatte. Der Song hatte ein neues Publikum und einige zusätzliche Zeilen als Teil von *Spamalot* gewonnen, einem erfolgreichen Musical nach dem Film *Die Ritter der Kokosnuss*, ebenfalls von Monty Python. Der jährliche Ausstoß von Treibhausgasen hatte einen Anstieg um die 30 Prozent zu verzeichnen. Die Menschheit hatte sich in noch nie da gewesenem Maße vermehrt, 1,1 Milliarden Weltbürger waren neu hinzugekommen. Allein das Vereinigte Königreich bescherte Ihrer Majestät vier Millionen neue Untertanen, womit die Bevölkerung auf 61 Millionen anwuchs. Digitale Technik hatte sich in allen Teilen des Königreiches und weit darüber hinaus durchgesetzt, hatte manche Industrien in Brachen verwandelt und neue entstehen lassen. Die Mittel, mit denen die Menschen kommunizieren, und die Art ihrer Kommunikation hatten sich verändert. Der weltweite Wohlstand war angestiegen, was sich zum Teil aber auch als Chimäre erwies. Weniger als zwei Monate vor der Gala hatten die einst mächtigen Lehman Brothers Konkurs angemeldet. Die Menschen setzten immer weniger Vertrauen in die meisten Institutionen. Im Gegenzug erlebten die Monarchie und ihr Thronfolger so etwas wie eine Renaissance. Auf der einen Seite flankiert von Camilla, inzwischen Herzogin von Cornwall und seine teure Gattin, auf der andern von seinem jüngeren Sohn Harry, wirkte Charles in Hochstimmung und schüttelte sich vor Lachen bei den Zeilen, die Idle überraschend für diese spezielle Aufführung eingefügt hatte. »If Spamalot is hot and you like it or p'raps not / A bunch of knights in search of holy grails / When you're sixty years of age and your mum won't leave the stage / It's good to know you're still Prince of Wales!«[26]

In seinem siebten Lebensjahrzehnt ist Charles immer noch auf der Suche nach seinen Heiligen Gralen. Seine Mum steht nach wie vor auf der Bühne, doch er weiß, dass der Moment ihres Abgangs unaufhaltsam näher rückt. Es ist keine Aussicht, die er herbeisehnt, da jeder Krönung notwendigerweise ein Begräbnis vorausgehen wird. »Always look on the bright side of death«, fuhr Idle fort. »Just before you draw your terminal breath / For life's a piece of shit, when you look at it / Life's a laugh and death's a joke it's true / You'll see it's all a show. Leave 'em laughing as you go / Just remember that the last laugh is on you.«[27]

Der Prinz könnte das Thema Tod niemals mit solcher Sorglosigkeit behandeln, weder im Hinblick auf seine Mutter noch auf ihn selbst oder wen auch immer. Es ist schwierig genug, nur die Sonnenseite des Lebens zu betrachten. Doch er hat Camilla zu seiner Rechten und Harry zu seiner Linken. William ist glücklich verheiratet und hat selbst einen Sohn und Thronfolger, und so scheint für Charles die Welt in Ordnung zu sein wie noch nie zuvor.

Kapitel 16

Könige von morgen

Wenn Charles zu einem Rundgang durch sein Seelenleben einläd, sollte man tunlichst Gummistiefel mitbringen oder im Lagerraum am Seiteneingang von Dumfries House welche ausleihen. Selbst an milden Tagen – und in diesem Winkel von East Ayrshire ändert sich das Wetter so rasch wie die Laune des Prinzen – kann der Marsch recht matschig werden. Ansonsten stets ein rücksichtsvoller Gastgeber, wartet der Prinz auf niemanden, der meint, auch hier nicht auf seine Louboutins verzichten zu können. Und so muss eine der geladenen Damen rasch einsehen, dass ihre dünnen Absätze dem Gelände nicht gewachsen sind, und zum palladianischen Herrenhaus zurückkehren. Die restliche Gruppe stapft weiter, die königliche Bergziege gibt das Tempo vor. Die meisten sind jünger als er, doch nur sein Gutsverwalter Oliver Middlemiss kann mühelos mit ihm Schritt halten. Charles ist nicht mehr der Jüngste, die Zeit drängt. Vor ihm liegen wüste Äcker, bröckelnde Nebengebäude, endlose Weiten mit dem Potenzial, Leben zu verändern – auf praktische, sichtbare Art, aber auch auf einer abstrakteren Ebene, indem man die Menschen wieder mit der Natur und der Vergangenheit zusammenführt. Sieht man *Harmonie* als Charles' Manifest an, dann ist das Landgut Dumfries zu dessen realer Verkörperung geworden, die Landkarte seiner Seele, lustige kleine Gartenpavillons inklusive.

Unter den Gästen, die diese gewundenen Wege erkunden, ist auch die Gruppe von »Bond-Schurken« – wohlhabende und potenzielle

Spender für Charles' Stiftungen –, die am Abend an der Tafel des Prinzen in Dumfries House mit ihm zusammen gespeist haben. Es gab Risotto mit Erbsen und breiten Bohnen aus dem ummauerten Garten, pochierte Hühnereier, in der Pfanne gebratenen wilden Wolfsbarsch, Kartoffelpüree und handgepflücktes Gemüse aus Dumfries House (genau die Art von Gericht, die Camilla liebt), sowie herbstliches Pflaumen-Crumble mit Vanillesoße (eher nach Charles' Geschmack). Dazu wurden ein Puligny-Montrachet Les Meix Olivier Leflaive 2010, ein Sarget de Gruaud Larose Saint-Julien 2006 und ein Laurent Perrier Rosé serviert. Am Ende des Mahls schritt ein Dudelsackspieler in voller festlicher Montur – Kilt, Jacke, Felltasche, Plaid und Federmütze – zwei Mal um den langen ovalen Tisch. Er spielte ein Medley aus traditionellen schottischen Melodien, darunter den »Skye Boat Song«, die Geschichte von Bonnie Prince Charlie, »dem Burschen, der zum König geboren war«.

Die Gesprächsthemen waren vielfältig beim Aperitif im Tapestry Room, während des Essens und bei Kaffee und Digestifs im North Drawing Room. Hätte jemand nach dem Konzept hinter dem laufenden Projekt zur Renovierung des herrschaftlichen Hauses und Umwandlung des zugehörigen Geländes gefragt, hätten Charles, Camilla und Fiona Lees, Chefin des Council von East Ayrshire, bereitwillig Auskunft geben können, zusammen mit den wichtigsten Mitgliedern der Stiftung Dumfries House, darunter ihr Vorsitzender Michael Fawcett. Wie nicht anders zu erwarten, geht es darum, einen Circulus virtuosus zu erzeugen. Die zeitlose Schönheit von Dumfries House bleibt erhalten, sie lockt Touristen zum Besuch des Landguts und der weiteren Umgebung an, womit wiederum ein Teil der Kosten für Restaurierung und Unterhalt gedeckt werden können und die gesamte Gegend einen Aufschwung erfährt.

Dumfries House, das wichtigste erhaltene Frühwerk des Architekten Robert Adam, wurde zwischen 1754 und 1759 für den verwitweten William Dalrymple-Crichton, den 5. Grafen von Dumfries, erbaut. Dieser hoffte, damit eine überaus attraktive junge Frau zur Heirat zu bewegen. Sie aber schlug seine Avancen aus, obwohl der

Graf sein Liebesnest mit einem gewaltigen Himmelbett und weiteren Möbelstücken des schon damals berühmten Möbeltischlers Thomas Chippendale ausstatten ließ. Der abgewiesene Aristokrat heiratete stattdessen eine Cousine und starb acht Jahre nach seinem Einzug, ohne einen Erben zu hinterlassen. In den folgenden Jahrhunderten war das Herrenhaus Schauplatz weiterer bitterer Enttäuschungen wie auch aufregender Ereignisse. Die späteren Besitzer scheuten weder Mühe noch Kosten, bauten im neunzehnten Jahrhundert einen Gebäudeflügel an und ließen die erste Generation jener mit Wasserspülung versehenen modernen Einrichtungen installieren, die von Briten mitunter auch als »Throne« bezeichnet werden (und deren Verbreitung Thomas Crapper zu verdanken ist). Die finanziellen Mittel für diese extravaganten Luxusgüter verdankte man der Industriellen Revolution. Die Butes besaßen einen größeren Anteil an den Kohlefeldern des südlichen Wales und verpachteten die Abbaurechte; der 2. Marquis von Bute nahm eine Hypothek auf Dumfries House auf und steckte das Geld in den Bau von Hafenanlagen in Cardiff. Eine Investition, die sich über die Jahre hübsch auszahlte, die Schatztruhen der Familie füllte und die schließlich den Bau eines größeren Familiensitzes ermöglichte, Mount Stuart auf der Isle of Bute.

In jüngster Zeit gab es dann aber doch einen herben Rückschlag, als dem 7. Marquis, dem Rennfahrer Johnny Dumfries, eine Rechnung über die fällige Erbschaftssteuer für beide Besitztümer ins Haus flatterte. Im April 2007 bot er Dumfries House samt Grund und Boden zum Verkauf an. Möbel und Inventar sollten separat auf einer Auktion veräußert werden.

Mount Stuart konnte er finanziell absichern, indem er den Familiensitz für die Öffentlichkeit zugänglich machte. Was Dumfries House betraf, so hatte er gehofft, dass der National Trust for Scotland einspringen würde, doch die notorisch klamme Stiftung lehnte ab. Ein örtlicher Bauunternehmer, ein ehemaliger Bergmann namens John Campbell, wollte das elegante Bauwerk Robert Adams' in ein Wellnesshotel verwandeln. Die Chippendale-Möbel, in Blasenfolie verpackt, standen schon bereit für die Reise zu den Auktionsräumen von Christie's in London. Das war der Augenblick, in dem sich Charles einschaltete.

Es war eine typische Entscheidung, ausgelöst durch Leidenschaft und Intuition, eine Idee, die den passenden Rahmen für ihre Verwirklichung suchte, auf nichts gegründet, nicht ausformuliert, scheinbar undurchführbar, umstritten und visionär. Der Ausgangspunkt dafür war Charles' Überzeugung, dass Haus und Einrichtung nicht getrennt werden durften, dass vielmehr das Ganze der Nation vollständig als Ensemble erhalten werden müsste. Ohne das Objekt in Augenschein genommen zu haben und ohne über genügend Geld zu verfügen, um mit Campbells Angebot gleichzuziehen, geschweige denn es zu überbieten, brachte er rasch ein Konsortium zusammen, welches das höchste Gebot von 45 Millionen Pfund abgab. Darin eingeschlossen war ein Kredit von 20 Millionen Pfund, abgesichert durch seine wohltätige Stiftung und gegründet auf den angenommenen Entwicklungswert eines Geländeteils, der für eine Wohnsiedlung im Poundbury-Stil, genannt Knockroon, ausersehen wurde. Campbell, der sich inzwischen mit seiner Familie auf einer Kreuzfahrt in der Karibik befand, ahnte nichts von diesen fieberhaften Schachzügen und glaubte, eine gute Chance für den Zuschlag zu haben. »Ich hab den Anwalt angerufen und gefragt: ›Wie ist es gelaufen?‹ Daraufhin hat er gesagt: ›Sie haben es nicht gekriegt, und Sie werden nie erraten, wer es gekriegt hat‹«, erzählt Campbell, als er mir gegenüber in der Bar des Dumfries Arms sitzt, seinem Hotel in Cumnock, dem von Dumfries House aus nächstgelegenen Städtchen.

Campbell findet, es habe auch seine guten Seiten, von einem Prinzen ausgebootet worden zu sein, der wenig Ahnung von solchen Geschäften hatte. Cumnock ist eine heruntergekommene Stadt in einer Gegend, die durch die Schließung sämtlicher Untertageminen und der meisten Tagebaugruben schwer getroffen wurde. Charles' Eingreifen für den Erhalt von Dumfries House bringt Campbells Hotel Woche für Woche Reservierungen, das Dumfries Arms mit seinen 26 Zimmern ist für etwa zwanzig Nächte im Jahr vollständig ausgebucht. Der Besitzer ließ es von 2009 bis 2011 modernisieren. »Mein

Buchhalter hat mich gefragt, weshalb ich zwei Millionen Pfund für eine Renovierung in Cumnock ausgebe«, sagt Campbell. »Ich habe ihm geantwortet: ›Prinz Charles hat sich hier eingenistet, also kann das keine falsche Entscheidung sein.‹«[1]

Und trotzdem ist die Lage in der Region in mancherlei Hinsicht nicht nur schlecht; sie erscheint geradezu hoffnungslos. Bei einer Fahrt durch die Umgebung wird einem bewusst, dass hier ein ganzes Ökosystem zusammengebrochen ist. Verlassene Häuser, Geschäftsgebäude und Fabriken allerorten. Verwahrloste Grundstücke markieren die Gräber von Schulen und Wohnhäusern, die abgerissen wurden, um sie nicht einem gefährlichen Verfall preiszugeben. Eine Treppe führt einen öden Hang hinauf.

Bei der Eröffnung des frisch restaurierten ummauerten Gartens auf dem Gelände von Dumfries House im Juli 2014 hielt der Prinz eine kurze Ansprache. »Wie sich wohl jeder vorstellen kann, der diesen Garten vor Beginn der Arbeiten gesehen hat, stellte es eine beträchtliche Herausforderung dar, die Anlage zu restaurieren. Es ist immer schön, wenn man dazu ein paar Zahlen parat hat, deshalb: Seit 2011 wurden bei diesem Projekt 47 000 handgemachte Ziegel, 37 000 Betonblöcke, 9500 Tonnen Schotter für die Wege, 5000 Tonnen Erdboden, zwei Kilometer Decksteine und acht Kilometer Spalierdraht verwendet«, sagte er.[2] Weniger harmlose statistische Angaben ließ er aus: Fünf Bezirke von Auchinleck und Cumnock gehören zu den ärmsten von ganz Schottland; 18 Prozent der Einwohner in der Umgebung werden offiziell als sozial benachteiligt eingestuft; die rapide ansteigende Arbeitslosigkeit wird nur durch die schrumpfende Bevölkerung abgebremst.[3] Angesichts dieser Zahlen hätte er auf die im Haus und auf dem Gelände geschaffenen fünfzig Vollzeit- und zwanzig Teilzeitjobs verweisen können. Außerdem werden auf dem Anwesen kostenlose Lehrgänge für verschiedene Arten von Handwerk angeboten, mit dem Ziel, Langzeitarbeitslosen wieder zu Arbeit zu verhelfen. Einer davon ist »Get Into Hospitality«, ein fünfwöchiges intensives Ausbildungsprogramm in der Küche von Dumfries House. An die 70 Prozent der Absolventen finden danach sofort einen Arbeitsplatz. Die dreiundzwanzigjährige Sarah-Jane Clark aus dem nahen Kilmarnock war fast achtzehn Monate arbeitslos, als sie sich einschrieb. »Ich war mir nicht so sicher, ob Kochen mein Ding ist. Aber als ich es dann in der Küche ausprobieren durfte, war es mir sofort klar ... Es war das erste Mal, dass ich Selbstvertrauen bei einem Job fühlte«, sagt sie.[4] Sie hat inzwischen eine Lehrstelle bei einem Koch und will später in den Catering-Bereich.

Der Prinz – der in Schottland immer als Herzog von Rothesay, einer seiner zahlreichen Titel, auftritt – hat bei einigen seiner wohltätigen Stiftungen nachgefragt, was sie für die weitere Umgebung tun könnten. Einer der ersten Pläne betraf die Renovierung des Rathauses von New Cumnock, einem Ballungsgebiet, das noch stärker von der Krise getroffen wurde als sein älterer Namensvetter. In dem umgestalteten Gebäude wird es Räume für Begegnungen geben, IT-Anwendungen, eine Bühne, Hobby- und Bastelräume: nichts Aufwendiges und doch ein nicht unbedeutender Gewinn für einen Ort, in dem man eher an Schließungen als an Neueröffnungen gewöhnt ist.

Gette Fulton leitet eine Einrichtung, die man in New Cumnock am wenigsten erwarten würde: ein öffentliches Freibad, das nur drei Monate im Jahr geöffnet ist. Sie meint, seitdem Charles sich in der Region engagiert habe, habe sich die Stimmung verbessert. Die Entwicklung von Knockroon hat sie beeindruckt. »Sind Sie in den Häusern dort gewesen? Da sieht man, was alles getan werden kann ... Die Leute werden sagen, das ist eine aufstrebende Gegend.« Fulton war erst kürzlich zum ersten Mal auf dem Anwesen von Dumfries House; die früheren Besitzer hätten Mauern errichtet, um das niedere Volk fernzuhalten: »Man wurde abgeschreckt, sich dem Anwesen zu nähern«, meint sie.[5] Charles baut, um Besucher anzuziehen, nicht um sie zu vertreiben, und er will Vorposten errichten, die positive Auswirkungen auf die Gemeinde haben sollen.

Dies ist die seltsame, bestrickende Geografie, die er seinen »Bond-Schurken« vorführt: ein im Aufbau befindliches Projekt, von dem er nicht erwartet, dass es zu seinen Lebzeiten fertiggestellt wird; ein Arboretum, das in diesem matschigen Frühstadium eher ein Bild des Jammers abgibt, in Wirklichkeit aber seinen Optimismus widerspiegelt; Ableger vieler seiner Stiftungen und Initiativen; ein Mini-Poundbury; ein Outdoor Centre, wo man lernen kann, nach den Prinzipien von Gordonstoun gemeinsam Probleme zu lösen; Werkstätten, die jungen Menschen handwerkliche Fähigkeiten vermitteln. Diese kamen bereits auf dem Anwesen zum Einsatz, um ländliche Follies zu bauen. Schülergruppen streifen im Küchengarten umher; Stadtkinder, die noch nie ein Gemüse in seinem Urzustand gesehen haben, werden angeregt, sich die Hände schmutzig zu machen. Im Zentrum des Ganzen erhebt sich ein vollkommenes Beispiel der Architektur des achtzehnten Jahrhunderts mit einer einmaligen Sammlung von Möbeln, die wieder in Ehren gehalten werden.

Dies sind nur kleine Buhnen, die gegen die vorherrschende Gezeitenströmung errichtet werden. Doch für Menschen, die hilflos zusehen müssen, wie Existenzgrundlagen zerstört und Gemeinschaften platt gewalzt werden, bedeuten sie viel. Nichts davon wäre möglich gewesen ohne die Spenden von Leuten wie David Brownlow, einem der Dinnergäste. Eine tadellose Erscheinung, eines wahren Bond-Schurken würdig, doch wie Charles darauf erpicht, über gute Taten zu reden, statt den Untergang des Planeten zu beschwören. Im Jahr 2005 hat der Prinz ihn kennengelernt und überredet, seine Stiftungen zu unterstützen. Der erfolgreiche britische Selfmade-Unternehmer schätzt, dass er seither etwa 3,5 Millionen Pfund und monatlich drei bis vier Tage seiner Arbeitszeit beigesteuert hat, um Dumfries House zu erhalten. Seine Freigebigkeit trug dazu bei, das Dumfries-Projekt aus einer frühen Krise zu retten, als die Bodenpreise und die Zuversicht mit Beginn der Bankenkrise in den Keller sanken. Knockroon schien eine Totgeburt zu sein, es dauerte seine Zeit, die Zweifler zu widerlegen. Doch die Familien, die mittlerweile in die weiß verputzten Häuser eingezogen sind, wirken ebenso zufrieden wie die Einwohner von Poundbury. Kritiker beschuldigten den Prinzen, sein sorgloses Draufgängertum bringe das Imperium seiner wohltätigen Stiftungen in Gefahr. Doch bis Herbst 2011 war der Kredit abbezahlt, und schon bald wurden mit Cafés, einem Restaurant und einem Bed & Breakfast auf dem Gelände neue Einnahmequellen erschlossen. Dennoch ist das nur Kleingeld angesichts der Kosten des Projekts und der weiterreichenden Ambitionen des Prinzen.

So spricht Charles weiterhin reiche Personen und potenzielle Sponsoren an, nicht nur um Gelder für bestimmte Einrichtungen zu sammeln, sondern auch um eine finanzielle Basis zu schaffen, die in den kommenden Jahren für regelmäßige Einkünfte sorgen wird. Ähnliche Bemühungen sind auch für seine übrigen Stiftungen und Initiativen im Gange. Denn sie könnten in Schwierigkeiten geraten, wenn ihr Gründer nicht mehr über sie wachen kann, weil er an einem höheren Ort weilt, sei es auf dem Thron oder im Jenseits, auf das sein anglikanischer Glaube ihn hoffen lässt. Im Geschäftsjahr 2014 haben seine wohltätigen Stiftungen 131 Millionen Pfund an Spenden von Privatleuten und Unternehmen gesammelt, zusätzlich zu öffentlichen Zuwendungen.

»Er ist permanent beim Spendensammeln«, sagt Ben Elliot, Leiter der Quintessentially Foundation. Seit er selbst diese wohltätige Stiftung gegründet hat, weiß er, wie viel Kraft solche Bemühungen kosten. Elliot war Gast bei dem Dinner in Dumfries House im September 2013 und brachte einen polnischen Adligen mit, der herausfinden wollte, ob sich der Modellversuch des Prinzen eventuell auf die Besitztümer seiner Familie übertragen ließe. »Es gibt so viele Dinge, um die sich der Prinz kümmert, sei es nun Dumfries House oder irgendein anderes seiner Projekte, es ist wie eine Maschine, die unglaublich viel Energie verbraucht.«[6]

Doch die Maschine verleiht umgekehrt auch dem Prinzen Energie, und im Juli 2014 brachte sie zudem moralischen Zuspruch von höchst ungewohnter Seite. Die Königin und der Herzog von Edinburgh reisten an, um an der Einweihung des Gartens in Dumfries House teilzunehmen. Charles ist sein ganzes Leben hindurch von seiner Mutter großzügig mit Medaillen, Orden und Titeln bedacht worden, und es wurde nicht von ihm erwartet, dies mit sentimentalen Dankesbekundungen zu entgelten. Doch diesmal hatte er die Gelegenheit, ihr etwas zurückzugeben, indem er den Garten nach ihr benannte. Selbst die Stimmung Prinz Philips, der sich bisher nicht sehr beeindruckt von manchen Leistungen seines Sohnes gezeigt hatte, entsprach bei diesem Anlass dem Wetter, das sich in den Stunden des königlichen Besuchs über East Ayrshire verbreitet hatte: trocken, etwas böig, aber warm.

Fiona Lees begleitete die Royals bei ihrem Rundgang über das Anwesen. »Tausende von Menschen profitieren von der Arbeit Seiner Königlichen Hoheit … eine bessere Hilfestellung für die Erneuerung konnten wir nicht erwarten, und es gibt kein besseres Beispiel für eine vom Sinn für das Erbe durchdrungene Erneuerung«, schrieb sie später in einer E-Mail. »Ein Lichtstrahl ist auf unsere Gemeinden gefallen, und darauf sind sie überaus stolz.«[7] Das war zu Recht auch der Prinz an diesem Tag.

Asbest. Gentechnisch veränderte Lebensmittel. Ich frage den Prinzen, ob er in Tony Blairs Konzept einer »Stakeholder Society« (»Tätigkeitsgesellschaft«) oder in der »Big Society«, David Camerons geringfügiger Modifikation dieses Programms, irgendwelche Spuren jener Art von bürgerlichem Engagement erkennen kann, für das er sich seit Jahren starkmacht. Die Miene des Prinzen verdüstert sich, und er zählt technische Errungenschaften auf, die zur Lösung von Problemen entwickelt wurden und stattdessen neue Probleme geschaffen haben. Wie so oft hat er mit mindestens der Hälfte seiner Aussagen unbestreitbar recht; über die andere Hälfte könnte man mühelos debattieren, bis die genetisch veränderten Milchkühe nach Hause kommen. »Was ich sagen will: Man muss die Dinge genau betrachten, jedes für sich, und nicht glauben, man könne mit schnellen Lösungen weiterkommen«, sagt er.[8] Sein linker Mundwinkel zeigt nach unten.

Ein Prinz – und vor allem einer, der mehr als sechzig Jahre in der verfassungsmäßigen Vorhölle geschmort hat – denkt in anderen Zeiträumen als ein normaler Sterblicher, geschweige denn ein Politiker. Er stürzt sich in Projekte wie Dumfries, die auf unvorhersehbar lange Sicht angelegt sind, und glaubt an Formeln, die ihren Wert über Jahrhunderte, ja sogar über Jahrtausende bewiesen haben: so etwa der goldene Schnitt in der Architektur; Muster der Natur, die von Biomimetikern übertragen und nachgebaut werden; althergebrachte Zuchtrassen bei Rindern und, natürlich, bei Schafen. Er vertraut bei der Problemlösung auf gewissenhaftes Gruppendenken, er hält es für sinnvoll, verschiedene Konstellationen von Menschen zu versammeln, um in aller Ruhe über Möglichkeiten nachzudenken, Ideen auszuprobieren, manchmal auch zu scheitern und aus diesem Prozess Gewinn zu ziehen, ebenso wie aus dem letztendlichen Erfolg. Dies ist eine Technik, die er in Gordonstoun gelernt hat und die in viele Programme des Prince's Trust und seiner übrigen Stiftungen eingeflossen ist. Die Teilnehmer an Übungen zur Teamentwicklung im Tamar Manoukian Outdoor Residential Centre auf dem Dumfries-Gelände müssen zusammenarbeiten, um ein mit dreizehn Löchern versehenes Rohr mit Wasser zu füllen, auf diese Weise eine Gummiente an die obere Öffnung zu bringen und die an ihr befestigte Botschaft entnehmen zu können. Manchmal sind es Glückwünsche. Oft ist es nur ein Hinweis darauf, welche Aufgabe als Nächstes ansteht.

Im April 2013 besuchten William und Kate die Eröffnung des Zentrums, das nach seiner Förderin benannt ist, einem Mitglied der prominenten armenischen Familie. »Fasse dich kurz«, sagte William zu seinem Vater, als dieser sich räusperte, um seine Ansprache zu beginnen. Es war scherzhaft gemeint, doch da Kate noch ihr ungeborenes Baby trug und eine schneidende Kälte in der Frühlingsluft lag, wären weitschweifige Erörterungen seines Vaters durchaus fehl am Platz gewesen.

Überhaupt neigt William dort, wo sein Vater gerne ausführlicher wird, eher zur Knappheit. Immerhin gibt es ein paar wenige Interviews, in denen er seine Gefühle zeigt: einmal, als er auf Fragen über seine Mutter antwortete, und ein anderes Mal, als er sichtlich schlucken musste beim Anblick von Filmbildern eines Nashorns, das von Wilderern tödlich verwundet worden war und verblutete. Die Sequenz wurde kurz nach der Geburt von George für eine Dokumentation aufgenommen, die auf die Notlage gefährdeter Wildtierarten aufmerksam machen sollte. »Die letzten Wochen waren für mich eine ganz neue emotionale Erfahrung – Gefühle, die ich vorher so nie gekannt hatte«, sagte der frischgebackene Vater. »Auch wenn es erst eine kurze Zeit her ist, merke ich, dass mich jetzt eine Menge Dinge stärker berühren. Bei solchen Szenen spürt man, wie viel Mitgefühl und Mitleid bei Tierschutz und Umwelt eine Rolle spielen. Es ist einfach überwältigend. Man sollte meinen, ein so großes Tier, das es schon so lange gibt, müsste doch Fähigkeiten besitzen, um der Gefahr zu begegnen, gefangen und ausgerottet zu werden, aber das ist ein Irrtum. Das Ganze macht mich wütend, aber ich habe auch die große Hoffnung, dass wir das bewältigen werden, als Menschheit insgesamt. Je öfter wir dieses Problem ansprechen und je mehr Bildung es gibt ... ich würde nicht hier stehen, wenn ich nicht überzeugt wäre, dass wir eine Chance zum Erfolg haben. Wahrscheinlich ist das Wildern heute so schlimm wie noch nie, aber ich bin nicht der Typ, der aufgibt.«[9]

In diesem Moment klang er wie sein Vater, ohne jedoch dessen Niveau an sprachlicher Gewandtheit und auflockerndem Humor zu erreichen. In den meisten Fällen zeigt sich William nicht sehr gesprächig gegenüber Journalisten, er strahlt eine Verachtung für diese zunehmend gefährdete Spezies aus, die mindestens ebenso tief zu gehen scheint wie sein Mitgefühl für Nashörner. Manche Hofberichterstatter vermuten, William gebe der Presse eine Mitschuld am Tod seiner Mutter. Man vergisst dabei, dass er sich sicherlich gut erinnern kann, wie die Presse während seiner Kindheit mit seiner Mutter umgesprungen ist und was sie ihr damit angetan hat. Dennoch ist Williams Wortkargheit auch einem Prozess geschuldet, den sein Vater gleichfalls durchlaufen hat. Durch die Abgrenzung von seinen Eltern wurde Charles zu dem Menschen, der er heute ist. Durch die Abgrenzung von seinem Vater ist William seiner königlichen Großmutter ähnlicher geworden, verschlossen und vorsichtig. Auch bevorzugt er Taten gegenüber Worten.

William ist heute auch sein eigener Herr. Bis vor nicht allzu langer Zeit hielten die Berater von Clarence House an der Vorstellung fest,

Charles würde das Imperium seiner Stiftungen an seine Söhne übergeben, sobald er den Thron erbt. Im Namen Prince's Trust müsste man das Apostroph nur eine Stelle nach rechts rücken. »Es wäre schön, wenn es diese Kontinuität gäbe«, meint ein Insider. Doch keiner der »Jungs«, wie William und Harry, beide in den Dreißigern, vom Hofpersonal immer noch genannt werden, zeigt eine größere Neigung, den Trust zu übernehmen oder sich mit dem restlichen Wildwuchs abzugeben. Sie tauchen pflichtbewusst bei Veranstaltungen des Prince's Trust oder zu Anlässen wie der Eröffnung des Outdoor Centre in Dumfries House auf. Auch haben sie ihren Vater zu einer Tierschutzkonferenz im Februar 2014 begleitet. Doch ansonsten widmen sie sich ihren eigenen Karrieren, gründen ihre eigenen Organisationen und demonstrieren ihre Unabhängigkeit auch auf andere Art und Weise.

Zuweilen zeigt sich das darin, dass sie ebenfalls ihre Fehler machen. Die Tierschutzkonferenz wurde von der Enthüllung überschattet, dass die Jungs gerade erst von einem Jagdausflug in Spanien zurückgekehrt waren. Sie hatten keine gefährdeten Wildtiere abgeschlachtet, nur Wildschweine und Hirsche, doch war das zeitliche Zusammentreffen dieser Umstände nicht gerade ideal. Die Mitarbeiter im Kensington Palace wurden von der Nachricht überrascht. Die Jungs hatten sie nicht über ihre Pläne informiert, und selbst wenn sie es getan hätten, »hätten wir ihnen zwar abgeraten, doch sie hätten unseren Rat ignoriert«, meint ein Insider. Die Entschlossenheit, mit der die Prinzen ihre eigenen Wege gehen, erinnert an den jungen Charles. Die Wege jedoch sind andere.

Ab dem Frühjahr 2015 wagt sich William an ein Experiment. Der in der Thronfolge an zweiter Stelle stehende Prinz wird versuchen, einem bürgerlichen Beruf nachzugehen: als Pilot eines Rettungshubschraubers, wenn auch mit mehr Flexibilität bei der Arbeitszeit, sodass er weiterhin seine Pflichten als Mitglied der königlichen Familie erfüllen kann. Sein Gehalt will er für wohltätige Zwecke spenden, was wiederum zeigt, wie ungewöhnlich es ist, wenn ein Royal nach einem Stückchen normalen Lebens strebt. Auch Kate hat begonnen, auf eigenen Wegen zu wandeln, indem sie die Königin gelegentlich vertritt. Ihre erste Verpflichtung im Ausland ohne ihren Mann, eine Reise nach Malta, war für den September 2014 geplant, doch William sprang für seine Frau ein, da sie wegen schwerer Schwangerschaftsübelkeit unpässlich war.

Im selben Monat beging Harry seinen dreißigsten Geburtstag im Anschluss an die Invictus Games, eine Sportveranstaltung für kriegsversehrte Militärangehörige aus dreizehn Ländern, die auf seine Initiative im ehemaligen Londoner Olympiapark ausgetragen wurde. Die Reaktionen in der Presse waren wohlwollend. Die britischen Boulevardblätter mögen Harry – einstweilen. »Er ist der beliebteste Royal bei den *Sun*-Lesern«, meint Arthur Edwards, der für die Royals zuständige Fotograf der Zeitung. »Sie haben das Gefühl, dass er genauso tickt wie sie, und das ist das höchste Kompliment. Er ist ein Lausbub.«[10] Bei den Invictus Games wurde ein Rugby-Match in Rollstühlen veranstaltet, an dem Harry, seine Cousine Zara und deren Ehemann Mike Tindall, ein ehemaliger Profi-Rugbyspieler, teilnahmen. Viele befürchteten einen ähnlich peinlichen Reinfall, wie ihn eine frühere Generation von Royals mit *The Grand Knockout Tournament* erlitten hatte, wurden jedoch eines Besseren belehrt. Bei den Spielen standen die Wettkämpfe der behinderten Teilnehmer im Mittelpunkt des Interesses, nicht das Herumtollen von Mitgliedern der Königsfamilie. Doch der Erfolg dieser Veranstaltung kann Harrys größere existenzielle Probleme nicht lösen, ebenso wenig wie seine heutige Beliebtheit bei der Boulevardpresse ihn vor einem künftigen Gefühl der Überflüssigkeit bewahren kann. Denn seit der Geburt seines Neffen George steht Harry bei der Thronfolge nur noch an vierter Stelle.

Auch ist es Harry noch nicht gelungen, eine vernünftige und kluge Partnerin zu finden, die gleichzeitig wiederum nicht so klug ist, dass die Aussicht auf ein Leben auf dem Planeten Windsor sie zu einem Rückzieher veranlassen würde. Sein Bruder benötigte fast ein Jahrzehnt sowie eine öffentliche Trennung von Kate, bevor er sich sicher genug fühlte, die Ehe einzugehen. Sein Vater brauchte noch viel länger, um so etwas wie Erfüllung zu finden. Diana ist dies nie gelungen.

Diese Geschichte bestimmt immer noch die Entscheidungen ihrer Söhne. »William scheint sich Norfolk [als seinen Landsitz] ausgesucht zu haben, und dabei hat sein Vater so lange mit dem Bau [von Highgrove] zugebracht, dass er es sicherlich sehr gerne sähe, wenn einer seiner Söhne später dort einziehen würde. Für einen Vater ist das wie ein Sinnbild der Unsterblichkeit«, sagt ein Insider. »Es repräsentiert seinen Einsatz für die nachhaltige Landwirtschaft und für die Welt der Botanik, die Welt der Natur, und dann gibt es dort noch seinen islamischen Garten, es ist also ein Sinnbild seiner Interessen.«

Auf Highgrove lasten aber auch die Schatten einer schwierigen Vergangenheit. Es ist der Ort, wo die Jungs einen Teil ihrer besten, aber auch verstörendsten Zeiten verbracht haben. Schlecht gerüstet, um mit seiner ersten Ehe und ihrem Scheitern fertigzuwerden, stand Charles danach vor der plötzlichen Herausforderung, Kinder großzuziehen, deren Verbitterung über seine Ablehnung ihrer Mutter nach deren Tod noch von Trauer und weiterem Groll überdeckt wurde. Diese Aufgabe bewältigte Charles allerdings mit gutem Erfolg. Bei Dianas Trauerfeier hielt ihr Bruder eine Lobrede, die einen kaum verhüllten Seitenhieb auf die elterlichen Fähigkeiten der Royals enthielt. »Ich gelobe, dass wir, deine Blutsverwandten, alles in unserer Macht Stehende tun werden, um die fantasievolle Art und Weise fortzuführen, mit der du diese beiden außergewöhnlichen jungen Männer geleitet hast, auf dass ihre Seelen nicht nur von Pflicht und Tradition erdrückt werden, sondern sich offen entfalten können, so wie du es dir vorgestellt hast«, sagte Graf Spencer. Anthony Holden, der Biograf des Prinzen, vertrat die Ansicht, Dianas Einfluss sei bereits knappe drei Monate nach ihrem Tod ausgelöscht worden. Damals besuchte Harry mit seinem Vater ein Wohltätigkeitskonzert in Südafrika, bei dem auch Nelson Mandela zugegen war und die Spice Girls auftraten. Trotz milder Temperaturen trug der dreizehnjährige Harry auf diesem Popkonzert Anzug und Krawatte.

Zweifellos hat Charles seine Söhne im Sinne der Bewahrung von Pflicht und Tradition erzogen – und ihnen seine Vorliebe für gut geschnittene Anzüge vermittelt, obwohl die Jungs eher den Einreiher vorziehen. Doch er hat sich auch wirklich um sie gekümmert. Stets war er darum bemüht, ihnen statt der eher harten Schule, die seine eigenen Eltern für ihn bevorzugt hatten, mehr Liebe und Wärme angedeihen zu lassen. Gemeinsam mit Diana hatte er bestimmt, dass sie so weit wie möglich vor den Augen der Öffentlichkeit geschützt werden und so viel Zeit wie möglich mit ihren Eltern verbringen sollten. Man schickte sie nicht nach Gordonstoun, sondern wählte die Schule in Eton, nur einen Katzensprung von Windsor Castle entfernt. Charles widerstand der Versuchung, zu Lebzeiten seiner Frau schlecht über sie zu reden, und ermunterte die Jungs nach ihrem Tod, an sie zu denken und den Kontakt zu ihren Freunden aufrechtzuerhalten. Die Beziehungen zwischen Vater und Söhnen sind nicht ohne Spannungen und Schwierigkeiten, doch im Endeffekt ist die Bindung stärker geworden. Erwartungsgemäß zeige sich das besonders auffällig in ihrem gemeinsamen Sinn für Humor, sagt Ben Elliot, »mal machen sie sich über ihn, mal er sich über sie lustig. Es sind Neckereien, die oft ein Zeichen für gute Beziehungen sind. Nicht nur über spärlicher werdende Haarpracht oder dergleichen. Ich habe ihn auch schon gesehen, wie er und sein jüngerer Sohn auf wirklich liebevolle Weise miteinander herumalberten.«[11] »Sie empfinden so viel Liebe füreinander«, meint Emma Thompson.[12]

Als William heiratete und eine Familie gründete, begann sich das Gleichgewicht der Kräfte zu verändern. Nun konnte er das Bild einer idealen Familie vorweisen, und das gehörte schon immer zu den Spezialitäten der Monarchie. William und Kate scheinen für die Zukunft der Windsor-Dynastie zu stehen: ein potenzieller künftiger König, glücklich mit einer Königin verheiratet und bereits mit zwei Kindern gesegnet: Prinz George wurde am 22.07.2013 geboren, Prinzessin Charlotte Elizabeth Diana erblickte am 2.05.2015 das Licht der Welt. Sie sind unbefleckt von Skandalen, unbelastet von Misserfolgen. Ihre Beliebtheit ist dadurch in solchem Maße angewachsen, dass die Ansprüche des Ersten in der Thronfolge davon bedroht sein könnten. »Die Leute bewundern die Königin so sehr, weil sie ohne jeden Makel ist – sie zeigt ihre Gefühle nicht – und man sagt andererseits, dass

Prinz William ein moderner Royal ist, und irgendwie steht Prinz Charles dazwischen und wird von beiden Seiten kritisiert«, so Patrick Holden. »Doch auf seine ganz eigene Weise definiert auch er die neue Rolle der Monarchie, und in meinen Augen tut er dies auf eine brillante Art und Weise.«[13]

Holden hält die Medienberichte über Eifersüchteleien unter den Prinzen für übertrieben. Gewiss habe Charles sich in seiner Gegenwart manchmal bedrückt über die Fähigkeit seines Sohnes und seiner Schwiegertochter geäußert, die Massen anzuziehen und Schlagzeilen zu erzeugen. Doch viel öfter habe er erlebt, mit welch grenzenlosem Stolz der Prinz auf die jüngere Generation blickt. Er lerne ständig von seinen Kindern, bemerkt Charles während des Gesprächs vor dem Dinner in Dumfries House. Er sei immer wieder erstaunt, wie viel sie über die Welt wüssten, was er nicht wisse. Umgekehrt hat er versucht, sie an Kunst und Kultur heranzuführen, wie es seine Großmutter bei ihm getan hat. Zumindest an jene Kunst und Kultur, die ihm etwas bedeutet.

Es macht ihm offensichtlich auch Spaß, seinen Jungs die nötige Schauspielkunst beizubringen, die das königliche Zeremoniell erfordert. »Die Rolle ist eine Rolle, und es ist etwas, was man die ganze Zeit und mit vollem Einsatz spielen muss«, meint Emma Thompson.[14] Im September 2013 übten Charles und sein älterer Sohn stundenlang in Birkhall, wie man einen Ritterschlag durchführt, bevor William dies zum ersten Mal in der Öffentlichkeit vollziehen sollte. Es galt zu vermeiden, dass er womöglich jemanden mit dem Schwert verletzte.

Während Vater und Sohn übten, genossen Camilla und Kate die Ruhe in Balmoral, zumindest wenn George nicht für Unterbrechung sorgte. Seine Geburt hat die Familie noch enger zusammengeführt. Die Jungs akzeptieren Camilla nicht nur, sie sind ihr durchaus liebevoll zugeneigt, da sie sehen, wie sehr sie die Stimmung ihres Vaters gehoben hat. Diana bleibt unvergessen, doch sie trennt und herrscht nicht länger. »Seine Königliche Hoheit bemerkte neulich in Zusammenhang mit seinem Enkel etwas, was ich unglaublich aufschlussreich fand, er sagte: Das Allerwichtigste ist, ein offenes Herz zu haben«, erzählt Patrick Holden.[15]

Die Herzen sind offen. Es herrscht Harmonie. Die Frage bleibt: zuerst der Prinz, dann sein ältester Sohn und anschließend George? Zum Teil liegt die Antwort nicht in der Hand der Königsfamilie, sondern wird durch soziale und wirtschaftliche Entwicklungen bestimmt, die möglicherweise den Restwert der Monarchie steigern oder aber endgültig zunichtemachen werden. Doch zum größeren Teil tragen die Royals selbst die Verantwortung für ihr Schicksal, und dies gilt besonders für den nächsten Throninhaber. Die Queen hat den Thron gesichert, für Charles warm gehalten hat sie ihn nicht. Möglicherweise wird ihr Sohn lange genug leben, um ihr auf den Thron zu folgen, doch wahrscheinlich wird er nicht lang genug leben, um sein Erbe mittels dieser Art von vorsichtigem, sich herantastendem Wandel sichern zu können, die so charakteristisch für seine Mutter war. Seine größte Herausforderung wird sein, für Kontinuität zu stehen und gleichzeitig die Monarchie neu zu definieren, sie nach seinen eigenen Vorstellungen zu formen und sie gleichzeitig für seine Nachfolger zu stabilisieren. Er hat dieses Projekt bereits in Angriff genommen, hat ein mögliches neues Modell des Königtums vorgestellt, welches die zeremoniellen Aspekte der Rolle mit einer sehr viel aktiveren Art der Wohltätigkeit verschmilzt, als es die alte Form der bloßen Schirmherrschaft darstellt.

Nachdem er den Rundgang über das Gelände von Dumfries House mit seinen »Bond-Schurken« beendet hat, kehrt der Prinz zum Herrenhaus zurück. Dort steht eine Unterredung mit Fiona Lees, der Verwaltungschefin des Council von East Ayrshire, und seiner Beraterin Kristina Kyriacou an. In einem kleinen Wohnzimmer im ersten Stock sitzen die drei beisammen und sprechen über Strategien, wie die dringendsten Probleme der Gegend anzugehen sind, wie man am besten die Wirtschaft ankurbelt und was man mit den stillgelegten Tagebaubergwerken anstellen soll, von denen die Landschaft übersät ist und die sich mit kontaminiertem Wasser füllen. »Dafür brauchen wir Leute, die uns mit Gedanken und Ideen unterstützen«, sagt Lees.

Der Prinz stimmt zu. »Wenn Sie viele Menschen in einem Raum versammeln, entstehen Verbindungen. Dass dies so wenig praktiziert wird, ist irgendwie unerklärlich«, sagt er.[16]

Ausblick

Wenn nicht … entweder die Philosophen Könige werden in den Staaten, oder die jetzt so genannten Könige und Herrscher anfangen, echt und gründlich Philosophie zu treiben, und dies in eines zusammenfällt, politische Macht und Philosophie, wenn nicht die meisten von denen, die sich jetzt nur einem von beidem zuwenden, zwangsweise ausgeschlossen werden, gibt es … kein Ende der Missstände in den Staaten, ja nicht einmal für das Menschengeschlecht. Auch kann die Verfassung, die wir eben entworfen haben, bestimmt nie zuvor Wirklichkeit werden und das Licht der Sonne sehen.
Platon, *Politeia*

Im April 2014 bat mich ein Rundfunkredakteur, an einer geradezu surrealen Veranstaltung teilzunehmen. Man plante, ein Interview als Teil eines vorfabrizierten Nachrufs aufzunehmen für den Fall, dass der Prinz sterben sollte, ohne freundlicherweise die Nachrichtenagenturen vorab davon in Kenntnis zu setzen. In einem Raum im ersten Stock eines Londoner Pubs mit dem Namen »Peasant« (der Bauer) – die Wahl des Ortes geschah nicht in ironischer Absicht – antwortete ich auf Fragen eines Journalisten, die mir dabei helfen sollten, Charles' Persönlichkeit und Wirken zu rekapitulieren. Es fiel mir damals schwer, dies in wenigen Worten auf den Punkt zu bringen, und selbst nachdem hier nun alles auf Buchlänge erörtert wurde, ist es nicht einfach, zu einer ausgewogenen Würdigung zu gelangen.

So vieles wurde über den Prinzen geschrieben oder gesagt, so vieles aber auch aus dem einen oder anderen Grund verzerrt dargestellt. Dieses Buch hat hoffentlich besagte Gründe aufgezeigt und einige Verzerrungen zurechtgerückt. Andererseits bin ich sicher, dass seine Veröffentlichung von manchen als Anlass genommen werden wird, um neue Fehleinschätzungen und Zerrbilder seines Protagonisten zu produzieren.

Dass Charles das Opfer solcher Verzerrungen ist, bedeutet nicht, dass er und seine Umgebung nicht auch zum Teil selbst dafür verantwortlich wären. Er knüpft ständig Verbindungen zwischen Menschen und Ideen, der Vergangenheit, Gegenwart und Zukunft, dem Materiellen und dem Spirituellen – goldene Fäden, die alles miteinander verweben. Das gehört zu seinen größten Begabungen. Was er nicht immer wahrnimmt, sind wichtige Verbindungen zwischen dem, was er tut oder was in seinem Namen geschieht, und wie sich dies auf die allgemeine Wahrnehmung auswirkt.

Eine häufig zu hörende Anschuldigung gegen den Prinzen, wonach er zu wenig tue, ist offenkundig falsch. Eine andere lautet: Wäre nicht er als Aktivist und karitativer Unternehmer tätig, würden andere Unternehmer diese Lücke füllen. Auch dies erschien mir immer zweifelhafter, je mehr ich mich in die Einzelheiten und den Umfang seiner Tätigkeit eingearbeitet habe. Der Prince's Trust und seine anderen wohltätigen Stiftungen und Initiativen spiegeln die Persönlichkeit des Prinzen nahezu perfekt wider. Immer wieder wurde er falsch dargestellt und falsch verstanden. In welcher Form dies geschah, wurde in diesem Buch ausführlich analysiert. Doch nicht selten erntet Charles Kritik in der Presse, weil er sie verdient oder ein Aspekt seiner Organisation sie rechtfertigt. Oder weil Leute legitimerweise andere Ansichten haben, über die sie nicht direkt mit ihm diskutieren können – und die sie nicht so leicht öffentlich machen können, es sei denn, sie versuchen, dabei so viel Lärm zu erzeugen wie er.

Zu oft äußern die Menschen in seiner Umgebung das, was er ihrer Meinung nach hören will, und nicht das, was er hören sollte. Er ist nicht immer in der Lage, die ganze Dynamik einer Situation zu begreifen. Er ist umgeben von Personen, die ihn zu ermutigen suchen, von denen sich manche aber auch in seine Gunst bringen wollen und nur zu genau wissen, auf welche Weise ihnen das gelingt.

Charles war schon immer ein »Verteidiger des Glaubens« – Glaube an die Natur und die ewigen Weisheiten wie auch an das Christentum –, und so wird er niemals alternative Glaubensrichtungen oder Bewegungen wie den Modernismus akzeptieren, die ihm ein Gräuel sind. Er begreift nicht, dass viele Menschen, mit denen er im Lauf der Jahre aneinandergeraten ist, ebenso von Leidenschaft, Ehrgeiz und guten Absichten angetrieben werden wie er selbst.

Es hat keinen Sinn zu fordern, er möge sein Glaubenssystem, an dessen Errichtung er zeitlebens gearbeitet hat, über Bord werfen. Er wäre dazu genauso wenig imstande, wie ich als Atheistin in der Lage wäre, mich diesem Glaubenssystem anzuschließen. Ich befinde mich vielleicht nicht in vollständiger Harmonie zu *Harmonie*, aber ich habe mit eigenen Augen die positiven Ergebnisse der Philosophie des Prinzen gesehen, jene Circuli virtuosi, die Charles zu erzeugen versteht. Zuweilen löst er auch Circuli vitiosi aus, und in dieser Schlussbetrachtung will ich versuchen, Wege aufzuzeichnen, wie er sich in Zukunft vor dieser Tendenz schützen könnte, zu seinem eigenen Nutzen und zum Nutzen der Institution, die er repräsentiert.

Ich tue dies nicht als Monarchistin, sondern als Pragmatikerin. Ich glaube, dass alle Menschen gleich geboren werden, mit Ausnahme der Eingeborenen des Planeten Windsor, die mit einem riesigen Nachteil auf die Welt kommen, belastet von Erwartungen und Pflichten. Wenn ich ein Land von Grund auf neu erfinden müsste, dann würde es eine Republik sein. Ich bin in einem solchen Land geboren, doch die meiste Zeit meines Lebens habe ich im Vereinigten Königreich Großbritannien und Nordirland verbracht. Über die Jahre hinweg habe ich den Dienst an der Allgemeinheit, den manche – nicht alle – Mitglieder der Königsfamilie leisten, schätzen gelernt, ich habe ihren Pomp und auch ihre Komödien miterlebt. Mittlerweile begreife ich aber auch, welch einen Umsturz ihre Abschaffung bedeuten würde. Monarchie ist ein Anachronismus, doch das System funktioniert trotzdem überwiegend recht gut. »Wenn man zu viele Dinge wegwirft«, sagt der Prinz, »stellt man am Ende fest, dass sie einen Wert hatten.«[1]

Republikaner sind überzeugt, dass der Zeitpunkt des Wechsels von der Königin zu ihrem Sohn – falls er überhaupt stattfindet – jener Moment sein wird, in dem die Krone der größten Gefahr ausgesetzt ist. Sie haben vermutlich nicht unrecht. Doch andere britische Republikaner sind auch der Meinung, dass der Übergang von Monarch zu gewähltem Staatsoberhaupt rasch und schmerzlos über die Bühne gehen könnte – man müsse lediglich »Ihre Majestät die Königin« oder, sehr viel wahrscheinlicher, »Seine Majestät der König« durchstreichen und durch »Präsident« ersetzen. Die Commonwealth-Staaten haben bereits in ihren Verfassungen Regelungen eingebaut, auf welche Weise der nicht im Lande residierende Monarch vertreten wird. Ihre nationale Identität ist nicht so eng mit der Marke Windsor verwoben. Trotz des William-und-Kate-Effekts steht zu vermuten, dass Australien, Jamaika oder Neuseeland nach dem Tod der Königin Schritte einleiten werden, um sich aus dem überkommenen System zu lösen – vielleicht sogar noch früher. Auf lange Sicht steht nicht nur das Oberhaupt des Commonwealth infrage, sondern dessen Zweck überhaupt.

Falls das Vereinigte Königreich anfängt, seine verfassungsmäßige Ordnung umzugestalten, wird darüber mit Sicherheit sehr viel mehr gestritten werden. »Wenn man die Krone loswerden will, muss man eine neue Verfassung schreiben«, meint Graham Smith von der britischen Bewegung Republic. »Die Hauptsache bei der Verfassung ist, dass das Volk der Souverän ist und alle Macht von ihm ausgeht. Wenn also die Verfassung dem Landesfürsten keine Macht zuweist, dann muss diese beim Volk verbleiben. Wir könnten sagen, gut, es gibt gewisse Machtbefugnisse, die bei der Krone waren und die jetzt bei der Regierung sind, gewisse Befugnisse, die jetzt beim Parlament sind, gewisse Befugnisse, die jetzt beim Staatsoberhaupt sind, und alles andere ist einfach nicht mehr da. Sie können das regeln, wie immer Sie wollen.«[2]

Bei diesem Punkt bin ich weiterhin skeptisch. Große Verfassungsänderungen sind schwierig, sie benötigen Zeit und verbrauchen Energien, die man besser für andere Dinge aufbringen könnte. Sie bergen auch das Risiko ungewollter Auswirkungen und müssen folglich gründlich durchdacht und genau geplant werden. Es gibt in dieser Hinsicht, wie der Prinz bemerkt, keine schnellen Lösungen. Die Gründe für den fortwährenden Streit unter britischen Politikern darüber, wie man das Oberhaus reformieren sollte – und seit dem schottischen Referendum auch darüber, wie die Macht im Vereinigten Königreich stärker regional verteilt werden soll – liegen nicht nur darin, dass überkommene Vorrechte jeden Fortschritt verhindert hätten. Die Architekten der Reform wollen ein offensichtlich mangelhaftes System wie das Oberhaus ersetzen, besetzt mit den Nutznießern einer reinen Klientelpolitik sowie der verbliebenen Zahl von erblichen Peers, die allein der Zufall der Geburt berechtigt, Gesetze zu erlassen, zu ändern und abzulehnen. Es ist allerdings nicht auszuschließen, dass das Ergebnis der Reform ebenso offenkundige Mängel aufweisen wird.

Das gegenwärtige britische Oberhaus bildet trotz all seiner Schwächen eine sinnvolle Ergänzung zum Unterhaus. Seine Mitglieder müssen sich nicht um Wahlen kümmern, weshalb ihr Zeithorizont viel weiter reicht. Sie sind unabhängiger von Parteizugehörigkeiten, und ihr Erfahrungshorizont ist breiter gefächert als bei den Mitgliedern des Unterhauses. »Weil man hier seinen Sitz auf Lebenszeit hat, ist man nicht so stark an seine Partei gebunden«, sagt der Labour-Peer Tony Berkeley. »Weil in den dreißig Jahren, die manche Leute hier ihren Sitz haben, jede Partei ihre Politik ändert. Das ist bei allen Parteien so. Und die älteren Mitglieder sagen, hört auf, ihr macht es alle falsch, und sie haben die Möglichkeit, ihre Ansicht zu äußern, sie stimmen nicht so oft dafür. Sie enthalten sich. Und sie reden ein bisschen öfter Klartext.«[3]

Bei möglichen Alternativmodellen drohen diese nutzbringenden Unterschiede zu verschwinden. Die repräsentative Demokratie ist eine wertvolle Sache, doch nicht jeder ihrer konstituierenden Teile muss sich auf direkte Wahlen gründen, damit das System als genuin demokratisch betrachtet werden kann.

Bei der jährlichen Hauptversammlung von Republic im Mai 2014 zitierte Graham Smith aus der Rede, die Tony Benn vor seinem Abschied als Labour-Abgeordneter im Parlament hielt. Benn hatte 1963 auf seinen erblichen Adelsstand verzichtet, um einen Sitz im Unterhaus einnehmen zu können, und kam in seiner parlamentarischen Abschiedsrede auf die Gründe für seine damalige Entscheidung zu sprechen, wobei er fünf Fragen für jede regierende Institution aufzählte: »Welche Macht haben Sie? Von wem haben Sie sie erhalten? Welche Interessen vertreten Sie dabei? Wem gegenüber sind Sie rechenschaftspflichtig? Und wie können wir Sie wieder loswerden?« Benn folgerte: »Wenn man die Leute, von denen man regiert wird, nicht wieder loswerden kann, lebt man nicht in einem demokratischen System.«[4] Das gegenwärtige Oberhaus ist vom Wählerwillen unabhängig, aber es soll einer Reform unterzogen, vielleicht sogar abgeschafft werden, sobald sich das Parlament über einen gangbaren Weg einig wird. Bei den Debatten auf der Jahresversammlung von Republic wird jedoch kaum erkannt, dass sich die Monarchie in einer ähnlichen Position befindet, selbst wenn der Monarch über die Gesetzgebung konsultiert wird und die letzte Unterschrift unter ein Gesetz setzen müsste, das den Thron abschafft. Wenn dieser Fall eintritt, ist nicht zu erwarten, dass ein Windsor-König die Unterschrift verweigern oder die Tore des Palasts verbarrikadieren wird.

Die Delegierten zahlten vier Pfund, um die Jahresversammlung von Republic zu besuchen. Für weitere drei Pfund konnte man eine Broschüre mit dem Titel »Wie gewinnen wir die Auseinandersetzung« erwerben, die mit starken Worten die prinzipielle Lächerlichkeit einer Monarchie im einundzwanzigsten Jahrhundert darlegt. Anschließend aber wird aufgezeigt, wie komplex jeder Systemwechsel sein wird, dass er die Gefahr einer Spaltung der Gesellschaft heraufbeschwört, die Gefahr eines weiteren Vakuums in einer Zeit der schwindenden Werte. In der Broschüre wird die Idee der Monarchie als Brennpunkt der nationalen Identität oder als Halt in Zeiten des

Wandels abgelehnt. Gleichzeitig wird aber die Frage umgangen, wie das Land mit diesem besonderen Wandel umgehen sollte.

Zum Teil könnte das charakteristisch für die Basis der Anhängerschaft von Republic sein. Zu der Jahresversammlung kamen sechzig bis siebzig Menschen, die auch auf einem Vortrag der Temenos Academy nicht weiter auffallen würden. Will heißen, die meisten Teilnehmer wirkten gut betucht und wortgewandt – grauhaarige, weißhäutige Engländer. Sie tranken Tee und diskutierten auf sanftmütige Art. Ein Delegierter namens Cliff Cottrill bedauerte, dass sein Versuch, eine Zusammenkunft von Gleichgesinnten in einem Birminghamer Pub zu organisieren, nur mäßigen Erfolg gehabt habe: »Zwei Leute tauchten auf, und davon war einer mein Sohn.« Alle Anwesenden kamen sofort mit Ideen, wie man es beim nächsten Mal besser machen könne. Es sind die nettesten und höflichsten Monarchiegegner, die man sich vorstellen kann.

Repräsentativ für das Vereinigte Königreich mit seinen vielen Spannungen sind sie jedenfalls nicht. Smith meinte später, die Hauptversammlung sei auch nicht wirklich repräsentativ für seine Organisation gewesen. Republic sei »vielfältiger geworden … Nehmen Sie unsere aktive Protestbewegung, die sind im Schnitt viel jünger. Oder nehmen Sie unsere Kampagnen-Teams, da sind die meisten unter vierzig. Bei Weitem sogar. Ich bin gerade vierzig geworden und unter denen, die aktiv mitmachen, einer der Älteren. Und als ich angefangen habe, war ich ungefähr vierzig Jahre jünger als alle anderen, da hat sich also eine Menge gewandelt.«[5]

Smith organisiert diesen Wandel seit 2005 in leitender Position, nachdem Republic durch das Vermächtnis eines Anhängers in die Lage versetzt wurde, einen Geschäftsführer in Vollzeit zu beschäftigen. Unter ihm ist die Vereinigung auf rund 4500 Mitglieder angewachsen, die einen Jahresbeitrag von acht Pfund zahlen. Weitere 30 000 haben sich eingetragen, um über die Website kostenlose Information zu erhalten. Klug gestaltete Kampagnen rund um die Hochzeit von William und Kate und vor der Geburt von Baby George unter dem Slogan »Gleich geboren« haben Smith und Republic eine größere Resonanz bei den Medien eingebracht. Jetzt konzentrieren sie sich auf den Verfechter der Monarchie, der in den Augen der Verfechter der Republik das schwächste Glied ist. So wollen sie laut Smith »dem Thronwechsel zuvorkommen. Der entscheidende Moment wird eintreten, wenn wir es schaffen, innerhalb kurzer Zeit eine breite Bewegung gegen Charles zu erzeugen, im Sinne von: ›Dieser Typ ist ein Problem‹.«

Er hegt keine großen Hoffnungen, die Krönung verhindern zu können, doch er erwartet, dass König Charles den Republikanern Argumente liefern wird, wenn er einmal auf dem Thron sitzt. »Die Leute konnten sich David Cameron nicht als Premierminister vorstellen, bis er es auf einmal war. Und ich glaube, dasselbe wird bei Charles passieren, und die Leute werden sagen: ›He, warte mal, gerade haben wir unser Staatsoberhaupt ausgewechselt, und ich durfte nicht mal wählen.‹ Und das ist eigentlich ein starkes Stück. Ich glaube, die Leute sehen das zunächst theoretisch und sagen: ›Na ja, eigentlich brauch ich die ja nicht zu wählen‹, aber wenn dann vor ihren Augen jemand ins Amt erhoben wird und sie nie gefragt wurden, dann denken sie vielleicht doch anders darüber.«[6]

Das beste Mittel, eine Opposition gegen die Monarchie zu mobilisieren, bestehe darin, die Leute wütend zu machen, meint Smith. Er glaubt, dass der mutmaßlich nächste König seine Untertanen gehörig auf die Palme bringen wird.

Im Folgenden einige Gedanken, wie Charles es zuwege bringen könnte, mehr geliebt und weniger gehasst zu werden.

Niccolò Machiavelli, gefeierter Staatsphilosoph im Italien der Renaissance, bekundete, dass sich Schafe und Königtum nicht gut vertragen. In seiner berühmten Abhandlung *Der Fürst* führt er die Geschichte des Kaisers Maximinus an, der von seinen Untertanen verachtet wurde, weil er einst das Vieh gehütet hatte. Man kann dies wohl kaum als abschreckendes Beispiel auf einen Prinzen im einundzwanzigsten Jahrhundert beziehen, der Schafe mag, doch Machiavelli bietet zugleich einen geeigneteren Rat: »Verächtlich wird der, welcher für wankelmütig, leichtsinnig, weibisch, feig und unentschlossen gilt, davor muss ein Fürst sich also hüten wie vor einer Klippe und danach trachten, dass in seinen Handlungen Größe, Mut, Ernst und Stärke zutage treten. Mischt er sich in die Privatangelegenheiten seiner Untertanen ein, so muss er […] sich in solchem Ansehen erhalten, dass niemand es wagt, ihn zu täuschen noch zu bestricken.«[7] Abgesehen von der Warnung vor dem Weibischen ist dies ein so zeitloses Stück Weisheit, wie es sich ein den ewigen Wahrheiten zugetaner Prinz als Anleitung nur wünschen kann.

Es gibt noch einen weiteren goldenen Rat, den der Thronfolger sich zu Herzen nehmen könnte: Machiavelli rät den Fürsten, ihre Diener und Soldaten unter Kontrolle zu halten. In den Reihen der Diener und Soldaten des Prinzen – seiner Höflinge und der Bodentruppen, die seine Vision in seinen Stiftungen und Initiativen umsetzen – finden sich einige der begabtesten und engagiertesten Leute, denen ich je begegnet bin. Sie stehen mit ebenso viel Leidenschaft hinter ihrem Boss, wie er selbst für seine Aktivitäten aufbringt. Je stärker er kritisiert wird, desto dichter schließen sie einen schützenden Ring um ihn und senken ihre Lanzen gegen die feindliche Außenwelt – zu der aus ihrer Sicht auch einige Kreise der Royals gehören. Diese Tendenz hat sich verstärkt, seit der Buckingham-Palast eine Umstrukturierung herbeizuführen sucht, um die Monarchie für den Wechsel vorzubereiten. Zieht man das Alter der Königin und die Langlebigkeit ihrer Mutter in Erwägung, könnten bis dahin jedoch noch zehn bis zwanzig Jahre vergehen. In näherer Zukunft könnte es eher dazu kommen, dass der Prinz zum Prinzregenten wird.

In jedem Fall sollte dies eine Zeit sein, in der man sich vorbereitet, in der man zuhört und die Dinge offen zur Kenntnis nimmt. Eine Belagerungsmentalität ist da eher hinderlich. Der Prinz muss sicherstellen, dass alle, die für ihn arbeiten, ihm sowohl die schlechten als auch die guten Nachrichten überbringen und keiner von ihnen danach strebt, vermeintlich gesichtete Drachen an seiner Stelle zu eliminieren. Die Feuer speienden Ungeheuer besitzen möglicherweise Argumente, die der rastlose Ritter durchaus mit Gewinn vernehmen könnte. Und falls nicht, ist er gewandt genug, selbst das Schwert zu schwingen, und eher zu schnell bereit, es einzusetzen.

In Clarence House ist man irritiert über manche Bemühungen, in den Angelegenheiten des Prinzen herumzuwühlen. Mitarbeiter hegen den Verdacht, dass die erklärten Motive dieser Vorstöße – Druck zu machen für mehr Transparenz und Verantwortlichkeit – lediglich den Wunsch tarnen, die Monarchie oder wenigstens den Thronfolger loszuwerden. Alan Rusbridger vom *Guardian* macht keinen Hehl aus seiner republikanischen Gesinnung. Andere Nachrichtenmedien zielen mit ihren Untersuchungen auf kleineren Gewinn: einen Scoop zu landen. Die Undurchsichtigkeit der Verhältnisse bei den Royals führt dazu, dass schon kleinere Details einen gewissen journalistischen Wert besitzen.

»Es ist schon erstaunlich, wie groß der Einfallsreichtum ist. Es kommt mir vor, als erfänden die Leute Szenen und schrieben Drehbücher für seltsame Theaterstücke, die keinen Bezug zur Realität haben, keinen Bezug haben zu dem, was ich denke oder was ich tue«, klagte Charles gegenüber Jonathan Dimbleby vor mehr als zwanzig Jahren. »Alle sagen, es gäbe ein Recht, alles zu wissen. Ich bin da anderer Meinung. Es gibt überhaupt kein Recht, alles zu wissen.«[8] Doch selbst damals, vor Edward Snowden, aber nach Andrew Morton – und angenommen, der Prinz hätte sich nicht einem Biografen offenbart als Teil eines Projekts, das er selbst initiiert hatte – hätte die Sehnsucht des Prinzen nach mehr Privatsphäre kaum Chancen auf Verwirklichung gehabt. Mittlerweile dringt das Tageslicht noch stärker in die Paläste der Windsors ein, was dem Ansehen der Monarchie schädlich ist. Das hat die Aversion »dieser Dracula-Familie« gegen das Sonnenlicht verstärkt, obwohl sie doch besser daran tun würde, einige der Läden selbst aufzuklappen, bevor andere sie gewaltsam aufstemmen.

Das heißt nicht, dass die Royals sich der Auffassung jener anschließen sollten, die das öffentliche Interesse definieren als alles und jedes, was die Öffentlichkeit interessiert. Die Windsors haben das Recht, ihr persönliches Privatleben zu führen. Noch soll hier eine

Lanze dafür gebrochen werden, dass jedes Gespräch und jede Kommunikation automatisch einer genauen Prüfung unterzogen werden. Der Erfolg mancher Missionen des Prinzen und mancher Gespräche, die er führt (etwa im Nahen Osten), wäre gefährdet, wenn die Weltöffentlichkeit darüber Bescheid wüsste. Schwerer ist einzusehen, weshalb seine Mitarbeiter sich legitimen journalistischen Anfragen entziehen sollten oder weshalb ihr Dienstherr ein höheres Maß an Schutz gegenüber den Gesetzen zur Informationsfreiheit genießen sollte als ein Minister der Regierung. Bagehots geflügeltes Wort über das Mysterium der Monarchie gilt nicht mehr in Snowdonia. Das Mysterium ruft Zwist hervor. Ein heftiger Streit zwischen Mitarbeitern von Clarence House und Buckingham-Palast mit der BBC verzögerte die für Januar 2015 geplante Ausstrahlung einer zweiteiligen Sendung (mit dem Titel »Reinventing the Royals«) über das Medienmanagement des Königshauses und verstärkte den Eindruck, dass Charles das Licht der Öffentlichkeit scheue. Viel besser wäre es für ihn, das Tageslicht einzulassen, um die durchaus vorhandene Magie zu beleuchten, die aus der Nähe betrachtet letztlich größeren Eindruck macht, wie der vom Prince's Trust geförderte Magier Dynamo regelmäßig demonstriert.

Quellen aus Clarence House beteuern, der Prinz habe die Auseinandersetzung mit dem *Guardian* nicht gesucht und hätte es schon vor langer Zeit vorgezogen, seine Briefe zu veröffentlichen, als es darüber zum Streit kommen zu lassen. Nichts hindert ihn daran, nach den Wahlen vom Mai 2015 die neue Regierung zu bitten, die Regeln für seine Korrespondenz gemäß dem Gesetz zur Informationsfreiheit an jene anzugleichen, die für andere öffentliche Amtsträger und Organe gelten.

Ein Palast-Insider meint dazu, die Mitglieder des Königshauses könnten eine solche Linie nicht befürworten, weil sie eben nicht dem Wechsel der politischen Generationen unterworfen seien. Die Queen mache jetzt schon seit mehr als sechzig Jahren stoisch ihren Job. Eine Veröffentlichung von Dokumenten aus der Frühzeit ihrer Regierung würde der Tatsache zu wenig Rechnung tragen, dass sie und ihre Mitarbeiter mit den Jahren selbst eine Entwicklung durchlaufen haben. Allerdings gibt es wenig Anzeichen, dass Prinz Philip die Regeln der politischen Korrektheit verinnerlicht oder sich mit den diesbezüglichen Fragen auseinandergesetzt hat. Seinem Sohn aber ist es weit besser gelungen, mit der Zeit zu gehen. Gewiss hinkt er manchmal etwas hinterher, doch ebenso oft ist er ihr um einige Schritte voraus.

Charles bietet sich hier eine weitere Gelegenheit, Führungsqualität zu beweisen, indem er die Grenzen zwischen privater und öffentlicher Sphäre des Hoflebens neu absteckt und klärt. Seine Ansichten über die meisten Dinge sind bereits in der Öffentlichkeit bekannt, dargelegt in *Harmonie* und in seinen gesammelten Reden. Seine Berater können keinen Gewinn aus dem Versuch ziehen, diese Ansichten zu bagatellisieren oder seine Philosophie zu verschleiern. Die am höchsten zu preisende Tugend in Zeiten des allgemeinen Misstrauens ist Authentizität.

Der Prinz würde gut daran tun, mehr Einblick in seine Aktivitäten zu gewähren – ob es nun um sein Wirken als Mitglied der Königsfamilie geht oder um seine Stiftungen, besonders, da beide Bereiche sich zunehmend verbinden und miteinander verschmelzen. Er könnte auch ins Auge fassen, nicht nur für seine Sache das Wort zu ergreifen, sondern auch persönlich auf Fragen zu antworten. Bisher überlässt er es seinen Mitarbeitern wie dem Ersten Privatsekretär William Nye, seinen Jahresbericht zu präsentieren und seinen Standpunkt vor dem Rechnungsausschuss des britischen Unterhauses zu vertreten. Dabei kann Charles, wie ich aus eigener Erfahrung weiß, der gewandteste und überzeugendste Anwalt in eigener Sache sein.

Er sollte sich auch einmal unvoreingenommen ansehen, wie es Tony Berkeley ergangen ist. Berkeley – ein ungewöhnlicher Zeitgenosse, im Besitz eines auf Lebenszeit verliehenen und zugleich eines ererbten Titels; sein voller Name lautet Anthony Fitzhardinge Gueterbock, 18. Baron Berkeley und Baron Gueterbock – reichte 2011 einen Initiativantrag zur Meeresgesetzgebung ein und erhielt daraufhin einen Brief von der Geschäftsstelle des Oberhauses: »Sehr geehrter Lord Berkeley, der Antrag zur Seeschifffahrt, den Sie am 5. Juli gestellt haben, würde die Interessen des Prince of Wales berühren. Es wird demnach erforderlich sein, das Einverständnis des Prince of Wales einzuholen, damit er im Parlament behandelt werden kann … Das Government Whips' Office (Vertreter der Regierung) im Oberhaus und die parlamentarische Abteilung des Verkehrsministeriums können Auskunft über die notwendigen Schritte geben.«[9] Aufgrund einer obskuren verfassungsmäßigen Regelung besitzt Charles ein Vetorecht bei allen Gesetzentwürfen, die Auswirkungen haben könnten auf »die rechtmäßigen Einkünfte, das persönliche Eigentum oder andere Interessen« des Herzogtums Cornwall, und mit Blick auf die große Bandbreite seiner Geschäfte verfügt es über nicht unbeträchtliche Macht. Weniger klar ist, ob Charles sie je benutzt hat, um eine Gesetzesvorlage abzublocken oder zu verändern. Diese Information unterliegt aufgrund derselben Regel der Geheimhaltung.

Die Besonderheit des Herzogtums Cornwall ist nicht ganz leicht zu verstehen. Es arbeitet wie ein Unternehmen, wird aber nicht besteuert wie ein Unternehmen. »Wenn etwas wie eine Ente aussieht, wie eine Ente quakt und wie eine Ente schwimmt, dann sollte man eigentlich annehmen, dass es eine Ente ist«, erklärte Nick Smith, Labour-Abgeordneter für den walisischen Wahlkreis Blaenau Gwent im Juli 2013 bei einer Anhörung des Rechnungsausschusses im Unterhaus. »Angesichts der Tatsache, dass das Herzogtum Cornwall sich verhält und aussieht wie ein Unternehmen, mit Einkünften aus komplexen Investitionen, und dass es wie ein Unternehmen quakt, mit einem Verwaltungsrat, in dem ein paar Leute mit Rang und Namen aus der Bankenwelt sitzen, würden viele meiner Wähler auf den ersten Blick sagen, das Herzogtum sollte Körperschaftsteuer und Kapitalertragsteuer zahlen. Finden Sie nicht auch, dass meine Wähler ganz vernünftig denken?«[10]

Nein, entgegnete William Nye, einer von drei Zeugen, die damals auftraten. »Das Herzogtum ist eine sehr ungewöhnliche Organisation. Es ist ein privater Landbesitz; es ist kein Unternehmen. Es ist ein privater Landbesitz, der sich in vielerlei Hinsicht nicht von anderen Landgütern unterscheidet und der in ein oder zwei Punkten vielleicht nicht wie ein privates Landgut arbeitet. Einige der Dinge, die Sie erwähnt haben, Mr Smith, machen es dennoch nicht zu einem Unternehmen. Es gibt tatsächlich einen Verwaltungsrat. Es ist ein beratendes Gremium, das den Herzog von Cornwall berät ... Grundsätzlich handelt es sich um eine Reihe von Besitztümern, die dem Herzog von Cornwall gehören. Die Tatsache, dass es eine große Zahl von Besitztümern umfasst und dass es eine Menge Geld wert ist, macht es *per se* noch nicht zu einem Unternehmen. In der Grundsatzvereinbarung [über die Besteuerung des Königshauses, 1993 geschlossen] wird festgestellt, dass es sich nicht um ein Unternehmen handelt und somit nicht der Körperschaftsteuer unterliegt.«

Der Rechnungsausschuss hatte schon bei einer Anhörung im April 2005 vergeblich versucht, den steuerlichen Status von Prinz Charles in den Griff zu bekommen und das Wesen des Herzogtums näher zu fassen. Erneut geriet er ins Schwimmen, obwohl Nye es mit einer anderen Definition des Herzogtums versuchte. »Es ist in mancher Hinsicht ein bisschen wie eine Stiftung, obwohl es formalrechtlich gesehen keine Stiftung ist. Es ist in mancher Hinsicht ein bisschen wie ein Familienunternehmen, aber es ist nicht ausschließlich ein Geschäftsunternehmen. Es ist ein Grundbesitztum, das ein unveräußerliches Erbe, eine Art von Fideikommiss umfasst, obwohl es ein etwas komplizierter Fideikommiss ist. Es trägt Züge eines sozialen Unternehmens, insoweit es, obwohl kommerziell tätig, fähig ist, eine langfristig verantwortete Betrachtung darüber anzustellen, was den Interessen des Herzogtums allgemein dient, das heißt dem Vermögen des Herzogs [von Cornwall] und künftiger Herzöge, sowie dem der Gemeinden und Pächter. In dieser Hinsicht trägt es Züge eines sozialen Unternehmens.«

Als sich die Anhörung dem Ende näherte, unternahm Richard Bacon, konservativer Abgeordneter von South Norfolk, noch einen Versuch, Klarheit zu schaffen: »Wenn es aussieht wie ein privater herzoglicher Grundbesitz, der dem Thronfolger ein Einkommen sichern soll, und es quakt wie ein privater herzoglicher Landbesitz, der dem Thronfolger ein Einkommen sichern soll, können wir dann annehmen, dass es sich möglicherweise um einen privaten herzoglichen Grundbesitz handelt, der dem Thronfolger ein Einkommen sichern soll?« – »Ich denke, das sollte möglich sein«, gab Nye trocken zurück.[11] Die ungeschriebenen verfassungsmäßigen Regelungen Großbritanniens, auf Präzedenzfälle und Gepflogenheiten gegründet, die in früheren Zeiten womöglich einleuchtend erschienen, wirken heute vorsätzlich unklar und obskur.

Der Ausschuss verlangte Veränderungen, um das Herzogtum im einundzwanzigsten Jahrhundert ankommen zu lassen. »Eine größere Transparenz ist notwendig«, heißt es in seinem Bericht aus dem Jahr 2013. »Das Herzogtum genießt Steuerfreiheit, obwohl es eine Reihe von geschäftlichen Unternehmungen betreibt. Diese Steuerbefreiung verschafft ihm einen unfairen Vorteil gegenüber seinen Wettbewerbern, die Körperschaft- und Kapitalertragsteuer zahlen müssen.«[12] Es gibt vorläufig keinerlei Anzeichen, dass die Empfehlungen des Berichts befolgt würden. Das bedeutet, dass der Status des Herzogtums und die Privilegien, für die es steht, weiterhin die außergewöhnlichen Errungenschaften überschatten, die Charles mit dessen Erträgen zuwege gebracht hat.

Tony Berkeley reagierte auf den Brief der Geschäftsstelle des Oberhauses, indem er einen weiteren Initiativantrag in der ersten Kammer einbrachte. Dieser sollte Widersprüchlichkeiten zwischen dem verfassungsmäßigen Status des Prinzen und der Position anderer Untertanen Ihrer Majestät bereinigen, sollte das System leichter verständlich machen und das Herzogtum auf eine Stufe mit seinen Konkurrenten auf dem Markt stellen. Berkeley meint dazu, ihm sei bewusst, dass der Entwurf noch überarbeitet werden muss und in jedem Fall nur eine Chance hat, Gesetz zu werden, wenn die Regierung ihn unterstützt. Doch er möchte diesen Prozess nutzen, um eine Diskussion anzufachen. »Es würde mich wirklich freuen, wenn das Herzogtum diese Veränderungen freiwillig einleitet«, erläutert er. »Entweder macht es die Regierung, oder aber das Herzogtum setzt sich selbst aktiv dafür ein, dass die Gesetze geändert werden.«

Ein Kollege aus dem Oberhaus, der Charles auf einer Jagdpartie getroffen hatte, erzählte Berkeley, der Prinz habe ihn gefragt: »Ist dieser Berkeley ein Spinner?« Berkeley wirkt eigentlich ganz vernünftig und stellt klar, dass er auch kein verkappter Republikaner ist. »Ich will eine transparente und schlankere Monarchie«, sagt er.[13]

Für die Windsors wird es in jedem Fall besser sein, Reformen selbst in die Wege zu leiten, als sie sich auferlegen zu lassen. Die geringe Zahl von erklärten Republikanern im Parlament täuscht darüber hinweg, wie rasch sich die Stimmung ändern könnte. Ein nebulöser Patriotismus – und mehr ist es nicht, was die Unterstützung der Monarchie bei vielen Abgeordneten nährt – würde in der Gluthitze dauerhafter öffentlicher Empörung dahinschmelzen.

Der Punkt, an dem sich diese Empörung immer wieder entzünden kann (besonders in Zeiten wirtschaftlicher Ungewissheit und knapper Finanzen), betrifft die Kosten für den Unterhalt der Royals, ihre Schlösser, ihre Kutschen, ihre Ausflüge und Reisen mit dem Hubschrauber oder dem Privatzug. Auch für diejenigen, die noch an die Wichtigkeit der Monarchie glauben, muss das nutzbringende Wirken der Königsfamilie stets die Kosten, die sie verursacht, aufwiegen.

Als Charles im Dezember 2013 zum Begräbnis Nelson Mandelas reiste, kosteten Hin- und Rückflug 255 000 Pfund. Diese Summe, die im Anhang zum Jahresbericht 2013–14 des Buckingham-Palasts auftaucht, erscheint absurd hoch, wenn man davon ausgeht, dass der Prinz auch einen normalen Linienflug hätte buchen können. Seine Mitarbeiter betonten auf der Pressekonferenz zu seinem eigenen Jahresbericht, wegen der kurzen Frist und der Schwierigkeit, nach Qunu in KwaZulu-Natal zu gelangen, seien private Charterflüge die einzige praktikable Lösung gewesen. Mitglieder seines Stabs, die Charles begleiteten, erklären, dass er sich keinen übertriebenen Komfort gegönnt habe. Meine eigenen Überseereisen mit Royals, auch meine Reise mit Charles und Camilla nach Kanada im Mai 2014, waren nicht luxuriös. Im vorderen Teil des Fliegers der kanadischen Luftwaffe gab es zwar eine enge private Kabine, doch abgesehen vom Prinzenpaar saßen alle unter ähnlichen Bedingungen wie in der Economy Class während der Achtzigerjahre. (Journalisten und Fotografen zahlten der kanadischen Regierung 1800 Dollar pro Person für diesen sehr schlichten Transport.)

Nach Darstellung der Mitarbeiter sind es nicht zuletzt die Sicherheitsvorkehrungen, die den Ablauf der königlichen Reisen prägen und den mitreisenden Tross immer mehr aufblähen. Für die Wagenkolonnen müssen speziell ausgebildete Polizeifahrer eingesetzt werden, um die Wege im Voraus zu erkunden und den Tross zu begleiten, wenn der Staatsbesuch beginnt. Charles und Camilla reisen mit Kammerdienern, Mitarbeitern, einem Friseur und aufwendigen Garderoben zu solchen Besuchen an. Dies gehört zur üblichen Prunkentfaltung, mit der Majestät ausgestrahlt werden soll.

Dennoch spricht vieles dafür, Wege zu finden, wie man mit kostengünstigeren Mitteln Majestät ausstrahlen könnte. Im Jahr 1994, auf einem Höhepunkt der Turbulenzen um das Königshaus, fasste John Major den Beschluss, die einundvierzig Jahre alte königliche Jacht *Britannia* nicht mehr wieder in Betrieb zu nehmen, wenn die nächste größere Reparatur anstehen würde. Wie die Royals selbst ist die Jacht ein Sinnbild für das Vereinigte Königreich, und wie das Ansehen der Königsfamilie wurde auch sie zunehmend marode. »Wir mussten entscheiden, ob sie es wert war, fünfzig Millionen Pfund auszugeben, oder genauer gesagt, ob es eine gute Idee wäre, mitten in einer tiefen Rezession und angesichts der niedergedrückten Stimmung in der Gesellschaft fünfzig Millionen Pfund dafür auszugeben«, sagt der ehemalige Premier.[14] Im Wahlkampf 1997 machten sich die Konservativen dafür stark, einen Ersatz für die *Britannia* zu schaffen. Doch die Labour-Partei gewann die Wahlen und strich rasch die Mittel für die Jacht. Sie erlebte eine Wiedergeburt als Touristenattraktion in Edinburgh. Man sagt, die stoische Queen habe bei der Zeremonie zur Außerdienststellung des Schiffes Tränen vergossen. Sie könnte bald Grund haben, über den Verlust des königlichen Eisenbahnzuges zu weinen, wenn das britische Volk demnächst wieder wählt: Der mit neun Wagen bestückte Zug ist so teuer, als rolle er auf vergoldeten Schienen, und könnte damit ein willkommenes Einsparungsobjekt für jede neue Regierung sein. Der Rechnungsausschuss hat bereits eine entsprechende Empfehlung ausgesprochen. Im Jahr 2014 erklärte der Buckingham-Palast dem Ausschuss, der Zug werde so lange in Betrieb bleiben, »wie das rollende Material ordnungsgemäß funktioniert, was seiner Einschätzung nach weitere fünf bis zehn Jahre sein wird. Dagegen sind noch keine anderen Optionen oder Ersatzlösungen entwickelt worden, da der königliche Zug seiner Auffassung nach ein sicheres Beförderungsmittel darstellt, besonders bei Nachtreisen zu den am frühen Morgen stattfindenden königlichen Verpflichtungen.«[15]

Die Mitarbeiter des Prinzen argumentieren ähnlich und beharren darauf, diese Art des Reisens sei ihr Geld wert, und das in höherem Maße, als es die Kosten für einzelne Reisen vermuten ließen. Charles nutze den Zug nicht für Solo-Reisen, sondern als mobiles Hotel mit Konferenzmöglichkeit. Ein ehemaliges Kabinettsmitglied schwärmt, der Zug sei, wie die Monarchie selbst, ein wirklicher Aktivposten, ein bisschen exzentrisch, aber ungeheuer britisch. Für viele Menschen ist jedoch der Prinz, wenn er den Zug nimmt, einfach auf dem falschen Gleis unterwegs. Eine zweitägige Reise nach York und Harrogate schlug im Juli 2013 mit 23 219 Pfund zu Buche; im Vormonat kostete eine regionale Tour in der Grafschaft Worcester 19 578 Pfund. Dagegen nutzen seine beiden Söhne nicht nur für ihre Privatreisen Linienflüge: Im Mai 2014 flog Harry für einen zweitägigen offiziellen Besuch mit der Billigfluggesellschaft EasyJet nach Estland, und im Dezember nahm William für ein Treffen mit Präsident Obama im Weißen Haus den Shuttle-Flug der US Airways von New York nach Washington.

Viele seiner Gegner glauben, Charles stünde für den Status quo. In Wahrheit schlägt er schon jetzt einige bedeutsame Veränderungen vor. Er will als König an der Spitze einer Monarchie stehen, die schlanker ist, wie es Lord Berkeley fordert.

Auch wenn der Prinz eher dazu neigt zu konservieren, als zu amputieren, auch wenn ihm Rationalisierungen und Umstrukturierungen ein Gräuel sind, ist sein Blick doch auf ferne Horizonte gerichtet. Sein Tatendrang soll zum Nutzen künftiger, noch ungeborener Generationen dienen. Indem er seine Rolle als Mitglied der Königsfamilie ausfüllt, hat er nicht nur ein Modell für sein eigenes potenzielles Königtum formuliert, er verfolgt zugleich die Absicht, die Zukunft der Monarchie zu sichern. Ihm ist bewusst, dass er und die Seinen sich auch weiterhin anpassen müssen, um zu überleben, und dass als Teil dieses Prozesses die Windsor-Familie auf Linie gebracht werden muss, indem ältere und eher unbedeutende – oder problematische – Mitglieder aufs Altenteil gesetzt werden. Auch denkt er darüber nach, wie das Erbe der königlichen Residenzen besser erhalten werden könnte, wie man sie als Orte für offizielle staatliche Anlässe bewahren und gleichzeitig anders nutzen und stärker der Öffentlichkeit zugänglich machen könnte.

Nichts davon wird geschehen, solange die Königin regiert, die stets mit der treuen Ergebenheit ihres Sohnes rechnen kann, und solange ihr Gemahl noch lebt, dem er immer noch eine Mischung aus Liebe, Angst und Respekt entgegenbringt. Doch nach der Krönung des neuen Königs – zelebriert vom Erzbischof von Canterbury, in dessen Wortwahl sich die Wertschätzung des neuen Monarchen für alle Glaubensrichtungen spiegeln wird – werden seine Geschwister, Nichten, Neffen, Cousinen und Cousins vermutlich weiter in den Hintergrund treten. Am Hofe von König Charles III. und Königin Camilla wird die engere Familie von der Zahl und den Fähigkeiten her ohne Weiteres ausreichen, um die einiges Stehvermögen erfordernden royalen Aufgaben zu bewältigen – stets lächeln bei Veranstaltungen und Ansprachen, Orden anheften, Bänder durchschneiden, Flaschen gegen die Bordwand von Schiffen krachen lassen, scherzhaft plaudern – und dies auf einer endlosen Rundreise durch die Britischen Inseln und die Commonwealth-Staaten.

Der »King's Trust«, wie er dann wohl heißen wird, kann sicherlich weiterhin auf das Engagement seines Gründers zählen, auch wenn dieser weniger Zeit finden wird, um Spenden zu sammeln oder Preise an Absolventen der Stiftungsprogramme zu verleihen. Die meisten seiner wohltätigen Stiftungen und Initiativen werden wohl in irgendeiner Form überleben; einige wenige könnten vielleicht in Schwierigkeiten geraten.

Charles wird niemals neutral sein, wie er auch nie Parteipolitiker sein wird. Der Prinz ist im guten wie im schlechten Sinne – und nach meiner Einschätzung häufiger im guten – ein Mann mit einer Mission, ein Ritter auf der Suche nach dem Gral. Seine übergreifenden Ziele – den geliebten Planeten und die Monarchie retten – liegen so ziemlich allen seinen Aktivitäten zugrunde, wobei sie sich gelegentlich auch widersprechen. Er akzeptiert, dass es ihm nicht mehr im gleichen Maße möglich sein wird, sich für die gute Sache einzusetzen, doch auch wenn er dann nicht mehr ganz so häufig das Wort ergreifen und nicht mehr ganz so energisch intervenieren kann, wird es als Ersatz seine wöchentliche Audienz mit dem Premierminister geben. Ob er diese Audienzen nutzen wird, um sich für weitere Reformen der Monarchie und mehr Transparenz einzusetzen, hängt davon ab, ob es ihm gelingen wird, den Planeten Windsor wie seine Mutter auf einer erdnahen Umlaufbahn zu halten.

Auch wenn es nicht mehr dazu kommen sollte, dass er König wird, so hinterlässt Charles dennoch schon jetzt ein beachtliches Lebenswerk. Für die Recherchen zu diesem Buch habe ich mich durch Unmengen von Material gewühlt – Bücher, Artikel, Pamphlete, Dokumente. Ich habe so ziemlich alle seine Schriften studiert, die veröffentlicht wurden, dazu alle Reden, die ich in die Hände bekommen konnte. Ich habe die skurrile schwarze Spinne genau unter die Lupe genommen. Ich habe viele Menschen interviewt, die verschiedene Episoden oder Teilbereiche seines vielfältigen Lebens hautnah miterlebt haben, ich habe versucht, mir ein eigenes Bild jenseits der widerstreitenden Behauptungen seiner Befürworter wie seiner Kritiker zu machen, indem ich beiden Lagern aufmerksam zugehört habe. Ich habe ihn so genau beobachtet, wie er und Clarence House es zuließen. Mit der Zeit habe ich angefangen, seine Leistungen zu bewundern, die Fehltritte zu bedauern, die diese untergraben, und den Kopf über Teile seiner Philosophie zu schütteln. Ich stimme einigen seiner Ansichten zu, lehne andere wiederum ab. Ich habe mit ihm gelacht und ihn, gar nicht so selten, sogar ausgelacht und fast jeden Tag ein Kichern unterdrückt angesichts von Situationen, die sich in seiner Umgebung abspielten. Sein Planet ist der komischste Ort, den ich je besucht habe, und der seltsamste zugleich. Ich mag den Prinzen. Ich habe Mitleid mit dem Kind, das er einst war. Ich bin froh darüber, dass Charles die Spannungen in seinem persönlichen Leben lösen konnte und somit, wie es scheint, besser in der Lage ist, mit den verschiedenen Belastungen und Pflichten seiner Position fertigzuwerden und sich dem heiligen Gral, den er so oft beschrieben, aber kaum je erblickt hat, weiter anzunähern: der Harmonie.

Er und seine Mitarbeiter sind verständlicherweise darüber frustriert, dass manche seiner besten Leistungen nicht anerkannt werden. In diesem Buch wurde ein wenig in diese unbeachteten Ecken geleuchtet, wobei aber auch einige Dinge in den Blick gerieten, die Clarence House vielleicht lieber im Dunkeln gelassen hätte. Meine Absicht war durchweg, ein faires und getreues Bild des Prinzen zu zeichnen, so unvoreingenommen wie möglich, und neue Einblicke zu gewähren. Ich habe mich auch darum bemüht, die Geschäftsbeziehung zwischen Monarch und Untertanen zu verdeutlichen, damit diese Untertanen besser ermessen können, ob sie bei dem Geschäft gut genug wegkommen und wie sich die Rechnung unter einem König Charles III. verändern könnte – denn verändern würde sie sich mit Sicherheit. Zwei Jahre lang habe ich den Prinzen beobachtet, und das waren lange Jahre (»Ich kann es kaum erwarten, nicht mehr über Sie nachdenken zu müssen«, habe ich einmal dem verwunderten Objekt meiner Aufmerksamkeit gestanden). In dieser Zeit ist meine Achtung für die positiven Seiten, die er seiner Rolle abgewinnen konnte, gewachsen, und ich habe besser verstanden, auf welche Weise er der Monarchie eine neue Bedeutung verleihen möchte. Doch meine Nachforschungen haben mich auch die negativen Seiten deutlicher erkennen lassen und mir bewusst gemacht, dass dieser Prozess auch scheitern könnte.

Wie Don Quichotte und Hamlet hat der Prinz es durchaus mit handfesten Gegnern zu tun, doch nicht selten kämpft er auch mit

Schatten und Schreckgespenstern. Ein fröhlich und unbekümmert dahinlebender Prinz hätte niemals so viele Schlachten geschlagen, die Meinungen derart polarisiert oder solche Leidenschaften geweckt. Der Mann, der zum »König der Herzen« geboren wäre, wollte nie den Weg des geringsten Widerstandes gehen. »Oft denke ich, es kann kein Zufall sein, dass ein Mann mit einem so profunden Sinn für Dienst und Verantwortung auf diesem Planeten zu dieser Zeit eine solche Stellung innehat«, sagt Patrick Holden. »Er ist ein Visionär, er ist ein bemerkenswerter Mensch.«[16] »Wenn ich etwas über ihn sagen müsste, dann vor allen Dingen, dass er authentisch ist«, meint Fiona Reynolds. »Es ist alles wirklich tief empfunden, und das ist, glaube ich, was ich am meisten bewundere. Großer Gott, wenn er ein leichtes Leben gewollt hätte, wäre er nicht diesen Weg gegangen, doch weil er mit solcher Leidenschaft bei der Sache ist, hat er manchmal auch sehr unpopuläre Anliegen unterstützt, und zwar aus echter innerer Überzeugung.«[17] »Ich möchte viel lieber einen König haben, der sich kümmert und interessiert ist und versucht, Menschen zu helfen, als jemanden, der völlig indifferent ist, der nur die Zeremonien abspult und dem alles andere egal ist«, sagt John Major.[18] Emma Thompson liefert ein pointiertes Resümee: »All diese Bewegungen, die er jahrelang angeführt und unterstützt hat und die jetzt allmählich fast mehrheitsfähig werden, sind ein Beispiel dafür, wie schwer es der Presse dieses Landes fällt, auch nur das Geringste gut zu finden, was die Königsfamilie tut, sofern es nicht nur darum geht, nett zu Kindern oder zu kleinen Pelztierchen zu sein. Die Presse hätte ihn nie durch den Dreck gezogen, wenn er sich um Esel oder Hunde gekümmert hätte.«[19]

Prinz Charles hat nicht viel für Esel oder Hunde getan. Einige Berufszweige werden vielleicht sagen, er habe auch für sie nicht viel getan; vielmehr habe er ihnen aktiv geschadet. Es wird immer Kritiker geben, die ihn als Parasiten, als Exzentriker, als Pflanzenflüsterer abtun. Er weiß, was er erreichen will, aber da es schon nicht leicht ist, Verständnis für seine Ziele zu wecken, ist es umso schwerer, die Heiligen Grale zu finden. »Es sind die Enkel der Menschen, um die ich mir Sorgen mache«, sagt er bekümmert. »Doch das Problem ist, wenn man so langfristig denkt, dann verstehen die Anderen nicht immer, wovon man die ganze Zeit redet.«[20]

Anhang

Anmerkung der Autorin

Im Oktober 2013 erschien auf der Homepage des Nachrichtenmagazins *TIME* eine kurze Meldung, die rasch weltweit für Schlagzeilen sorgte. Diese Schlagzeilen erzählen wiederum ihre ganz eigene Geschichte: vom sachlichen »Prinz Charles hat es nicht eilig mit der Thronübernahme«[1] über das reißerische »Regentschaft ist wie Gefängnis, fürchtet Prinz Charles«[2] bis hin zur Kehrtwende: »Gefängnis-Zitat abgestritten«[3]. Ich hatte die ursprüngliche Meldung für die Homepage geschrieben, um auf die neueste Ausgabe des *TIME Magazine* aufmerksam zu machen, die als Titelgeschichte mein Porträt des Prinzen brachte.[4] Der Teaser beinhaltete eines der wichtigsten Ergebnisse des umfangreichen Artikels: dass Charles mit Leidenschaft seiner karitativen Arbeit nachgeht und in diesem Bereich einer der erfolgreichsten Menschen der Welt ist. Anstatt untätig dazusitzen und zu warten, bis er König wird, widmet er sich der Aufgabe, bis dahin so viel zu erreichen wie nur irgend möglich. Mein Text lautete: »Was man über Prinz Charles zu wissen meint, entspricht oft nicht der Wahrheit ... Ich traf auf einen Mann, der im Gegensatz zu dem von ihm gezeichneten Zerrbild keineswegs den Moment der Thronbesteigung herbeifiebert, sondern rastlos daran arbeitet, noch möglichst viel zu erreichen, ehe sich ›die Gefängnistore schließen‹, wie es ein Angehöriger seines Haushalts nennt. Da die Königin mit 87 Jahren allmählich ihre Arbeit reduziert, übernimmt der Prinz mehr und mehr Aufgaben von ihr, was natürlich Auswirkungen auf sein Netzwerk von Stiftungen, Initiativen und Projekten haben könnte.«[5]

Auch ohne Werbung auf der Homepage hätte die Titelgeschichte genügend Aufsehen erregt, zumal Charles darin als Charmeur porträtiert wurde, der seine Freundin, die Schauspielerin Emma Thompson, zu der augenzwinkernden Bemerkung veranlasste, mit ihm zu tanzen sei »besser als Sex«. (Diese verkürzte Wiedergabe ihrer Aussage war dem Platzmangel geschuldet. Wer weiß, was die Boulevardzeitungen aus dem Zitat in voller Länge gemacht hätten: »Er ist ein ganz toller Tänzer, der beste überhaupt. Nicht in der Disko, sondern beim richtigen Tanzen. Ich habe vorher noch nie einen Tanzpartner gehabt, der wirklich führen konnte. Aber mit ihm bin ich locker, ich kann mich entspannen, und das ist ein tolles Gefühl, besser als Sex. Er ist ein ausgesprochen charismatischer und männlicher Tänzer.«)[6]

Nach den Maßstäben der königlichen Pressestelle gewährte man mir großzügig Zugang zu dem Prinzen, wenn auch nicht vergleichbar mit den Bedingungen, die einem *TIME*-Journalisten im Umgang mit einem Staats- oder Regierungschef eingeräumt werden. Doch es genügte, um mich in das Objekt meiner Begierde gründlich einzufühlen und von ihm ausreichend begutachtet zu werden. Bevor man mir für das Projekt grünes Licht gab, bat Charles mich zu einem Treffen, und wir führten ein informelles Gespräch. In den darauffolgenden sechs Monaten heftete ich mich an seine Fersen, vergaß am Schluss nur noch selten den Hofknicks bei seinem Erscheinen, lauschte seinen Reden – und seinen Witzen –, besuchte seine Residenzen, geriet hinter ihm außer Atem, wenn er mit großen Schritten matschige Felder überquerte, hörte ein privates Konzert in seinem walisischen Rückzugsort, mischte mich bei diversen Werbeveranstaltungen für seine Stiftungen und Initiativen unter die Zuhörer, durfte an einem Abend im Jahr 2012 im schottischen Anwesen Dumfries House mit ihm zu Abend essen, verfolgte eines seiner privaten Treffen (und wurde unweigerlich in die Diskussion einbezogen), interviewte eine ansehnliche Zahl ihm nahestehender Menschen, organisierte ein Fotoshooting des Fotografen Nadav Kander mit ihm (das Ergebnis war ein exzellentes Bild, das auf dem Cover von *TIME* erschien) und traf ihn schließlich in seinem Wohnzimmer in Birkhall zu einem offiziellen Gespräch.

Seine Mitarbeiter in Clarence House, seiner Londoner Residenz, waren mit dieser Unterredung einverstanden, sofern sie nicht als »Interview« bezeichnet wurde und der Prinz vor der Veröffentlichung Einsicht in seine Zitate bekam. Einige seiner aufschlussreichsten Sätze endeten so denn im Papierkorb, desgleichen aber auch völlig unschuldige Bemerkungen. Die Wege eines Monarchen sind unergründlich. Neu verfasste Zitate, die den Sinn der ursprünglichen verändert hätten, habe ich nicht verwandt. Ungefähr die Hälfte der Interviewten, und das galt besonders für Angestellte der königlichen Haushalte oder Charles' Stiftungen und Initiativen, hatten sich ausbedungen, ihre Kommentare über »Seine Königliche Hoheit« oder »den Boss« vorher einzusehen, und strichen wie der Prinz sowohl Harmloses als auch Kontroverses. Andere Quellen entschieden sich, anonym zu bleiben.

Ähnliche Bedingungen galten auch bei vielen der Interviews, die zusätzlich für dieses Buch geführt wurden. Hinzu kam eine weitere Unterhaltung mit dem Prinzen, die aufgezeichnet wurde. Im Januar 2014 fuhr ich nach Dumfries House, wo ich Charles auf einem fünfstündigen Rundgang über das Anwesen begleitete. Doch ich ergriff auch sonst viele Gelegenheiten, ihn aus der Nähe zu sehen. So begleitete ich ihn und die Herzogin von Cornwall im Mai desselben Jahres bei ihrem offiziellen Besuch in Kanada.

Es gilt als nicht statthaft, aus privaten Gesprächen der Royals wörtlich zu zitieren. Was als privates Gespräch gilt, ist allerdings nicht eindeutig definiert. Ich zitiere ganz bewusst aus einigen Unterhaltungen, die Clarence House als privat einstufen würde (etwa die Gespräche in der walisischen Fleischereikooperative), um zu vermitteln, wie Charles mit den Menschen spricht und wie er mit ihnen in Kontakt tritt. Ich habe jedoch darauf geachtet, keine Bemerkungen zu verwenden, die Material für Schlagzeilen wären, entweder weil sie seine Ansichten missverständlich wiedergegeben oder weil sie, aus dem Zusammenhang gerissen, ein falsches Bild vermittelt hätten.

Normalerweise würde man sich beim Schreiben einer Biografie auf bereits vorhandenes Material stützen, um eventuelle Lücken zu füllen. Aus Gründen, die ich im Folgenden genauer erläutern werde, ist das bei Charles jedoch schwierig. Weil viele der veröffentlichten Sekundärquellen oft nicht zuverlässig sind, habe ich meine umfangreiche Lektüreliste durch Interviews mit Menschen ergänzt, die Charles gut kennen. Eine ihm nahestehende Person schickte mir nach dem Interview eine erfrischende Mail und meinte darin, dass ich das Wesen des Prinzen offenbar gut verstanden hätte. Das hoffe ich doch.

Ich konnte außerdem auf umfangreiches Recherchematerial zurückgreifen, das ich im Laufe von drei Jahrzehnten über die Royals gesammelt habe: Ich habe vier Titelgeschichten für die Zeitschrift TIME geschrieben, war Koautorin eines TIME-Buches und Redakteurin der TIME-Titelgeschichte über Königin Elizabeth, für welche ich auch Prinz Andrew interviewt habe. Zwei Jahre zuvor hatte ich ihn bereits auf eine seiner Handelsmissionen nach Peking begleitet und interviewt, und befasste mich seit den Diana-Jahren mit dem Königshaus. Durch jede Begegnung mit Prinz Charles, seinen Angehörigen, Mitarbeitern und Freunden konnte ich mein Verständnis vertiefen. Kontrollierter Zugang ist besser als die einzige Alternative, die der Mehrheit der Biografen bleibt, nämlich gar kein Zugang.

Die Queen hat nie ein wie auch immer geartetes Interview gegeben, ihre Kinder und Enkelkinder taten es höchst selten. Per Gesetz ist es verboten, Gespräche oder andere Formen der Kommunikation mit der Königin, mit Prinz Charles und dem zweiten Thronfolger, Prinz William, zu veröffentlichen. Königliche Angestellte unterschreiben Geheimhaltungsverpflichtungen. Pressereferenten der Royals beziehen fast nie Stellung zu Berichten, die sie in den immer stärker schrumpfenden Bereich des rein Privaten einordnen. Aufgrund dieser Politik kommt es gelegentlich zu gravierenden Falschmeldungen, wenn sich Journalisten auf fehlerhafte Aussagen von vertraulichen Quellen stützen, um das wenige aufzuwerten, was sie von verschwiegenen königlichen Mitarbeitern erfahren. Reporter mit weniger Skrupeln interpretieren die höfische Zurückhaltung als Lizenz zur Erfindung oder Ausschmückung von Geschichten, die der Palast für ein offizielles Dementi als zu trivial oder zu reißerisch empfinden würde. Außerdem geht man davon aus, dass die Königsfamilie nicht gerichtlich dagegen vorgehen werde. Deshalb kursiert jede Menge Unsinn über die Royals. Fehlerhafte Darstellungen und Erfindungen, gegen die nicht vorgegangen wird, werden immer wieder aufgegriffen und wirken dadurch mit der Zeit glaubhafter. Greifen genügend Presseorgane die Story auf, erscheint sie als eine von vielen Quellen zitierte Tatsache. In unserem Medienzeitalter ist die Jagd auf Nachrichten zu einer »Stillen Post« in großem Stil verkommen, bei der Geschichten wie die über die Frühstückseier des Prinzen mit jeder neuen Meldung noch ein Stück mehr durchgequirlt werden.

Im Jahr 2012 griff Clarence House zu der ungewöhnlichen Maßnahme, auf seiner Homepage eine Spalte mit häufig gestellten Fragen zu veröffentlichen, um mit dem in der Presse verbreiteten Unsinn aufzuräumen. »Lässt sich der Prinz tatsächlich sieben Eier zum Frühstück kochen, obwohl er nur eins isst, wie in Jeremy Paxmans Buch *On Royalty* behauptet wird?«, fragt die Homepage. »Nein, weder in der Vergangenheit noch in der Gegenwart, weder zum Frühstück noch zu einer anderen Mahlzeit.« Paxman, ein angesehener BBC-Journalist, hatte eine Information aufgegriffen, die ihm von einem Freund des Prinzen zugetragen worden war. Nach einem Tag auf der Jagd bereiteten Charles' Angestellte für die Gäste »eine Unmenge gekochter Eier zu. Wenn ihm Nummer fünf zu flüssig erschien, griff er zu Nummer sechs oder sieben.« Paxman fügte hinzu, dies erscheine ihm »derart lächerlich und extravagant, dass man es einfach glauben muss«.[7]

Dennoch hat diese Geschichte offenbar eine reale Grundlage. Wendy Berry, ehemals Hauswirtschafterin in Highgrove, veröffentlichte ihre Erinnerungen an die Zeit in Charles' Diensten und beschreibt voller Stolz, dass sie ihm bei der Rückkehr von der Jagd perfekt gekochte Eier servierte. Die ersten setzte sie auf, sobald er eintraf; wenn man jedoch feststellte, dass sich einer der Jagdgäste verspätet hatte, begann sie etwas später mit einer neuen Runde und entsorgte die erste. Nirgendwo wird erwähnt, dass Charles sie darum gebeten hätte oder von der Verschwendung wusste, die er höchstwahrscheinlich genausogut tadelns- wie lobenswert gefunden haben könnte. Seine Lebensweise ist, wie vieles an ihm, voller Widersprüche. Verglichen mit fast jedem Normalsterblichen, lebt er auf großem Fuß, doch neben dem Pomp des royalen Lebens – den Banketten, den Unmengen von Schnittblumen, einem höheren Einkommen als die meisten anderen Familienangehörigen – pflegt er eine von seinen Eltern übernommene, in der strengen schottischen Privatschule Gordonstoun erlernte und letztlich auch von seinem Umweltbewusstsein geprägte Genügsamkeit. Er drosselt die Heizungen in seinen Wohnungen auf kühle Temperaturen, trägt manchmal mehrfach geflickte Kleidung und leitete während eines heißen Sommers sein Badewasser durch einen blauen Plastikschlauch aus dem Badezimmer im St James's Palace direkt in den darunterliegenden Park. »Wenn man sich mit ihm zum Tee verabredet, lässt er die Reste einpacken und verzehrt sie zur nächsten und zur übernächsten Mahlzeit«, erklärte Clive Alderton, ein ehemaliger Privatsekretär, der aus dem Außenministerium an Clarence House abgestellt worden war und heute Ihrer Majestät als Botschafter in Marokko dient. »Der Gedanke, dass sechs Eier weggeworfen werden, ist schlichtweg unvorstellbar. Wenn es sechs gekochte Eier gab, wurden fünf für etwas anderes verwendet, und wenn ein halbes ungegessen übrig blieb, wurde es zum späteren Verzehr aufgehoben. Ich habe selten jemanden erlebt, der so sparsam ist, nicht im Sinn von Knickerigkeit, sondern als Gegenpol zu Verschwendung, besonders der Verschwendung von Lebensmitteln.«[8]

Dennoch hielt sich die Geschichte über die Eier als seine Frühstücksmarotte, diente sie doch wie auch andere Halbwahrheiten über Charles, den verwöhnten Prinzen, als Beispiel für seine Verschwendungssucht: So wurde behauptet, dass ihm ein Kammerdiener die Zahnpasta auf die Bürste drückte oder dass er den Diener anwies, die Flasche zu halten, während er seine royale Urinprobe abgab. All diese Berichte haben irgendwo einen wahren Kern. Michael Fawcett, eine der interessantesten und umstrittensten Gestalten aus Charles' engerem Kreis, arbeitete mehrere Jahre als sein Kammerdiener. Als der Prinz wegen eines Unfalls den Arm in der Schlinge tragen musste, half er ihm bei Aufgaben, die einhändig nicht zu bewältigen waren. Vor und nach diesem kurzen Intermezzo erledigt Charles derartige Dinge allein. »Man kommt nur sehr schwer dagegen an«, sagt Elizabeth Buchanan, eine ehemalige Privatsekretärin des Prinzen. »Natürlich kann man die Sache dementieren, [aber] wie erniedrigend ist es zu erklären, dass der Prince of Wales sich nicht die Zahnpasta auf die Bürste drücken lässt.«[9]

Verzerrungen wie diese wirken harmlos, in der Summe aber entsteht dadurch das Bild eines Luxuslebens, das sich nur schwer wieder geraderücken lässt. Die meisten Menschen glauben zumindest einen Teil der sich im Umlauf befindenden Falschmeldungen über die Royals, auch weil aus den Hirngespinsten gelegentlich Fakten werden. In den neunzehn Monaten nach ihrer Hochzeit wurde der Herzogin von Cambridge Woche für Woche eine Schwangerschaft zugeschrieben, bis die Realität die Fiktion eingeholt hatte (obwohl sich die auf der Titelseite von mindestens drei verschiedenen Zeitschriften angekündigten Zwillinge nicht bewahrheiten wollten). Nachdem Kate im Juli 2013 einen Sohn bekommen hatte, wurden neue Schwangerschaftsgerüchte, erneut mit Zwillingen, dementiert, tauchten aber während des offiziellen Neuseelandbesuchs wieder auf. Dann boten eine Weinprobe und eine Fahrt mit dem Wildwasserboot Kate die Gelegenheit, den Gerüchten den Garaus zu machen, wenn auch nur vorübergehend. Kaum war im September 2014 ihre zweite Schwangerschaft bekannt gegeben worden – die Erklärung sprach offiziell von »einem Kind« –, hieß es, sie erwarte zwei Mädchen.

Wenn es keine Neuigkeiten zu berichten gibt, wandeln Reporter ihre Nachrichten ab, um erneut Aufmerksamkeit zu erzeugen. Als Kate, bis dahin meist als heilige Madonna und Inbegriff der jungen Mutter porträtiert, im März 2014 gemeinsam mit William auf die Malediven flog, ohne den damals siebenmonatigen George mitzunehmen, schlug die *Daily Mail* versuchsweise einen anderen Ton an. »Protestwelle begleitet Urlaub der Royals«, hieß es in ihrer Print- und Onlineausgabe. »Die Entscheidung [des Paares] rief in den sozialen Netzwerken Mumsnet, Netmums und Twitter Stürme der Entrüstung hervor.«[10] Dies war jedoch ein künstlich erzeugter Sturm im Wasserglas. Dass Netmums einen Artikel postete, in dem es um Kommentare zur königlichen Sause bat, geschah nur auf Wunsch der *Daily Mail*. Davor hatte es keine Debatte gegeben. Außerdem führte der Thread bei den 1,2 Millionen Mitgliedern der Site kaum zu Reaktionen. Unter den insgesamt 42 Kommentaren waren nur zwei wirklich negative. Nach dem Protest von Netmums, dass die Geschichte nicht korrekt sei, löschte die *Mail* ihren Link zu Netmums auf ihrer Homepage. Und was war mit dem Entrüstungssturm auf Mumsnet? Den gab es nicht, meinte Katie O'Donovan, Leiterin der Pressestelle der Homepage. An E-Mails bekamen sie etwas über 300, was nach den Maßstäben von Mumsnet »nun wirklich kein ›Sturm‹ ist. Sie enthielten auch keine einhellige Verurteilung des Paares, und wir müssen festhalten, dass etwa ein Drittel nach Veröffentlichung der Meldung der *Mail* eintraf (also als Reaktion zu verstehen ist).«[11] Der Großteil der Twitter-Reaktionen dürfte ebenfalls durch den Artikel hervorgerufen worden sein, der sie vorwegnahm.

So etwas entsteht nicht einfach nur durch zynischen Journalismus. Die Monarchie hat mit dem Problem zu kämpfen, dass viele ihrer Handlungen keinen großen Nachrichtenwert haben, solange alles in Ordnung ist. Die Royals brauchen aber Pressereaktionen auf ihre Arbeit. Nicht nur, weil man ihnen sonst Untätigkeit vorwerfen könnte, sondern auch, weil sie im Rahmen ihrer Tätigkeit die Aufmerksamkeit der Öffentlichkeit oft auf sinnvolle Anliegen lenken oder sich für Länder einsetzen wollen, die sie repräsentieren. Und so gibt es ein ständiges Gerangel zwischen den Pressestellen der Paläste, die die Reporter gern mit unergiebigen Besuchen, Reden und Fototerminen zufriedenstellen würden, und den Medien, die darunter etwas Verwertbares finden müssen.

Unter den Zeitungen Großbritanniens hat sich allein die elitäre *Financial Times* für die auf der Hand liegende Lösung entschieden, über solche Termine nicht zu berichten. Der letzte Chefredakteur des *Independent*, Amol Rajan, hat hingegen eine Rückbesinnung auf die ursprünglichen Grundsätze der Zeitung eingeleitet, die bequemerweise gut zu ihrem eng bemessenen Redaktionsetat passen: Es soll nur dann über Ereignisse im Königshaus berichtet werden, wenn sie »von verfassungsmäßiger Bedeutung« sind und wenn es »im angemessenen Rahmen bleibt«.[12] Die Taufe des kleinen George, über die sich viele Blätter auf der Titelseite ausließen, fand beim *Independent* denn auch nur unter »Kurznachrichten« Erwähnung.

Wenn Medien für die Berichterstattung über die Royals teure Teams unterhalten, müssen auch regelmäßig Ergebnisse auf den Tisch kommen. Im Januar 1985 schickte der *Guardian* einen jungen Reporter nach Australien, um über Charles' und Dianas Besuch des Landes zu schreiben. Alan Rusbridger, heute Herausgeber der Zeitung, erinnert sich an »den schrecklichsten Auftrag, den ich jemals hatte … Es war irgendwie demütigend für die Journalisten. Wir wurden in Bussen von einem Ort zum anderen gekarrt, standen hinter einem Tisch und warteten, dass etwas geschah. Dann kamen das Band und die Schere zum Einsatz, und anschließend wurde man im Bus wieder zurückgefahren. Wir waren etwa dreißig im Tross und hatten die Aufgabe, uns am Ende des Tages etwas aus den Fingern zu saugen, was nicht so banal war wie das gerade erwähnte Ereignis. Und weil sie alles verkörperten, was man [an den Royals] hasste, aber zugleich diese Faszination erzeugten, schilderte ich schließlich in vier Artikeln aus Australien, wie es ist, wenn man über sie schreibt.«[13] Bevor Diana auf der königlichen Bildfläche erschien, blieb Journalisten der seriösen Presse eine solche Schmach erspart. Ihre Herausgeber überließen die Berichterstattung über die Royals der Regenbogenpresse, die sich gemessen an den heutigen Standards eher zurückhielt. »Haben Sie auch meinen linken Gehörgang erwischt?«, rief Prinz Philip 1962 beim Segeln in Schottland einem hartnäckigen Fotografen zu.[14] Einige populäre Blätter veröffentlichten daraufhin neben seiner Bemerkung ein Bild seines linken Ohrs.

Anspruchsvollere Medien gaben sich mit derartigen Lappalien nicht ab. Als Anthony Holden, Journalist der ehrbaren *Sunday Times*, 1977 über den Besuch des Prinzen in Kanada schreiben wollte, fragte ihn das Objekt seines Interesses verdutzt: »Was um alles in der Welt machen Sie denn hier?«[15] Als einziger Reporter im Gefolge hatte Holden, wie auch später im selben Jahr auf der Reise durch Südamerika, nahezu ungehinderten Zugang zu Charles. Er schrieb im Abstand von zehn Jahren drei Biografien über den Prinzen, die auch von seiner wachsenden Distanz zu ihm und seinen Pressereferenten zeugen. Dies beruhte allerdings auf Gegenseitigkeit, nachdem Holden in seinem zweiten Buch die Spannungen in der königlichen Ehe geschildert hatte, die bis zu den stürmischen Ereignissen im Jahr 1992 im Wesentlichen vertuscht worden waren. Holdens Bücher dokumentieren zugleich auch das veränderte Pressemanagement der Windsors. Heutzutage kann ein Journalist nicht mehr auf ein spontanes Abendessen und Vieraugengespräch mit Charles hoffen. Als nach Charles' Heirat mit Diana die Hofberichterstattung für die meisten Medien aus wirtschaftlichen Gründen ein Muss geworden war, war Holden »während der Zweihundertjahrfeier in Australien 1988 … einer von zweihundert Reportern und Fotografen, von denen stattliche siebzig aus Großbritannien eingeflogen worden waren, die das Paar lediglich aus mit Seilen abgesperrtem Sicherheitsabstand sehen durften«.[16] Bei Kates und Williams Reise auf den australischen Kontinent gab es mehr als vierhundertfünfzig akkreditierte Journalisten.

So hat sich allmählich eine ungute Distanz zwischen Königshaus und den Medien entwickelt. Die Monarchie spielt eine Rolle, aber es ist allein die republikanische Presse, die dieser Tatsache konstant Rechnung trägt. In der Mehrheit beschränkt sich die Berichterstattung über das Königshaus auf gehirnlose Schaumschlägerei, bei der die Windsors eher wie die Besetzung einer lebenslangen Reality-TV-Show behandelt werden – und dies mit der verborgenen Missgunst, die aller Pressearbeit über Prominente eigen ist. Geschichten werden auch noch aus dem dünnsten Material gesponnen.

Doch das Verhältnis zwischen Royals und Reportern war nicht immer so belastet. In den 1990er-Jahren offenbarte sich der Prinz seinem Biografen Jonathan Dimbleby, dessen Buch und Film Standardwerke für die Forschung sind, die aber nie auf den neuesten Stand gebracht wurden. Inzwischen ist Charles eine Art »wiedergeborene Jungfrau« – daher seine Vorbehalte, »Interviews« zu geben. Ich musste große Überzeugungskraft aufwenden, bis Clarence House und der Prinz einsahen, dass ihm ein Porträt im *TIME Magazine* eher nutzen als schaden würde. Ich versprach ihm eine inhaltliche Auseinandersetzung und Ausgewogenheit anstelle von Lobhudelei – wodurch in dem Artikel zwangsläufig auch Passagen enthalten sein mochten, die ihnen nicht gefallen würden. Doch mit Lobhudelei, so mein Gegenargument, kann man keine Änderung in der öffentlichen Meinung herbeiführen.

Diese Meinung ist in großen Teilen noch immer sehr von Diana geprägt. Sie verstand die Macht der Bilder und geschickt platzierter verletzender Indiskretionen. Auch sie pflegte besondere Beziehungen zu gewissen Kreisen in der Medienwelt, und ihre Freunde, die alten wie die neuen, brachten Fakten über die Versäumnisse ihres Gatten unter die Leute. Sein Lager wehrte sich, doch ihm fehlte neben dem Geschick auch eine Führungsperson mit Dianas Glanz und ihrem Killerinstinkt. Eine nicht unbeträchtliche Minderheit der Briten hängt noch heute einer Idee an, die sie 1995 in ihrem grandiosen subversiven Interview für das BBC-Magazin *Panorama* äußerte. Ihr Mann wolle im Grunde womöglich gar nicht König werden, deutete sie an. »Als Prince of Wales hat er jetzt weit größere Freiheiten; als König wäre er etwas stärker eingeschränkt.« Ob sie wünsche, dass Prinz William anstelle des gegenwärtigen Prince of Wales der Queen auf den Thron folge, fragte der Interviewer Martin Bashir. »Ich wünsche mir, dass mein Mann seinen Seelenfrieden findet, und ja, daraus folgt Weiteres«, antwortete die Prinzessin und lächelte leicht bei diesem Satz, der aus ihrem Mann erst recht einen Gejagten machte.

Achtzehn Jahre später nahm ich einen anderen verbreiteten Mythos unter die Lupe: dass Charles frustriert sei über das lange Leben seiner Mutter oder ihren Unwillen, abzudanken und ihm den »Job an der Spitze« zu überlassen, wie Diana es nannte. In Gesprächen mit Insidern – Freunden, Angehörigen des Haushalts, Mitarbeitern der Stiftungen – wurde mir jedoch immer wieder bestätigt, dass genau das Gegenteil der Fall sei – vor allem, weil der Prinz nicht gut mit dem Tod umgehen könne. Obwohl ihm seine religiösen und philosophischen Überzeugungen eigentlich Trost schenken sollten, ist seine Trauer um ihm nahestehende Menschen noch immer erstaunlich lebendig: seine Großmutter, sein Großonkel Louis Mountbatten, Mentoren wie Laurens van der Post und die Schriftstellerin Kathleen Raine. Charles fürchtet den Tod seiner Eltern.

Daher betrachtet der Prinz das Älterwerden der Königin mit Sorge, zumal man bereits vor Beginn meiner Recherchen für den *TIME*-Artikel in Clarence House inoffiziell damit begonnen hatte, Charles auf die Übernahme einer größeren Reihe traditioneller königlicher Pflichten vorzubereiten. Dies bedeutete, seine bereits bestehenden Aufgaben und seine Engagements zu drosseln. Anstatt sich mit neuen Spendern zu treffen und neuen Anliegen zu befassen, musste er einige seiner Mitarbeiter zwangsläufig freistellen. Dies widersprach nicht nur seiner üblichen Haltung, sondern führte auch zu bösem Blut unter den Höflingen, die ihre Existenz bedroht sahen.

Charles stellte jedoch seine Pflichten über seine persönlichen Wünsche. Und so kam es, dass ihn ein Mitglied seines Haushalts mit dem Jugendlichen in William Wordsworths »Ode: Intimations of Immortality« verglich, für den sich beim Erwachsenwerden die Gefängnistore schließen.

Dies war zwar eine zutreffende Beobachtung meines Informanten, doch ich hatte nicht damit gerechnet, dass der Geist Dianas in den Mauern des Palasts auch heute noch akute Nervenschmerzen auslöst. Clarence House ließ unverzüglich etwas dementieren, was mein Artikel gar nicht behauptet hatte, weil es nicht der Wahrheit entsprach: dass Charles selbst die ungenannte Quelle war. »Dies entspricht nicht der Ansicht des Prince of Wales und sollte ihm nicht zugeschrieben werden, da er diese Worte nie geäußert hat«, hieß es in der Erklärung. »Der Prinz hat die Königin pflichtbewusst sein Leben lang unterstützt und seine offiziellen Pflichten und seine Wohltätigkeitsarbeit stets miteinander vereinbaren können.«

Das Dementi gab der Geschichte unbeabsichtigterweise einen neuen Schub, sodass sie sich heute zu all den früheren Berichten mit dem Tenor »Charles will gar nicht König werden« gesellt, um künftig, aus dem Zusammenhang gerissen, hin und wieder ausgegraben zu werden.

In Wahrheit aber möchte Charles König werden. Nur ist das, wie ich herausfand, noch das bescheidenste seiner Ziele.

Catherine Mayer
London, 2015

Dank

Dieses Buch wurde von den beiden besten Eds der Buchbranche betreut: meinem Agenten Ed Victor und Ed Faulkner, dem stellvertretenden Verlagsleiter von Ebury, der das Buch in Auftrag gab. Vielen Dank an alle, die am Projekt mitgearbeitet haben, sei es beim Imprint WH Allen oder in der weiten Welt von Penguin Random House, besonders aber an Elen Jones und auch an Shone Abhyanbkar und Rae Shirvington. Ein großes, aber sorgfältig interpunktiertes Hurra an die Korrektorin Mary Chamberlain.

Hannah McGrath hat nicht nur unermüdlich Recherchen betrieben, sie war auch eine wertvolle Zuhörerin und Kritikerin. Freunde und Kollegen gaben mir alle möglichen nützlichen Tipps und überraschten mich in einigen Fällen, indem sie ein bisher unvermutetes Faible für alles Königliche offenbarten.

Schreiben ist eine unsoziale Tätigkeit, und ich kann mich glücklich schätzen, dass mich mein Ehemann, meine Eltern, Stiefeltern, Schwestern, Stiefschwestern, Wahlschwestern, mein Neffe, meine Patenkinder und wunderbaren Freunde weiterhin ertragen. Sara Burns überredete mich regelmäßig zu Spaziergängen an die frische Luft. Nicola Jennings spornte mich immer wieder an, indem sie mir regelmäßig vom Fortschritt ihrer Doktorarbeit berichtete – mich daran erinnernd, wie viele Hunderttausend Wörter sie schon gespeichert hatte, bevor ich überhaupt angefangen hatte –, und lud mich dann zu einem gemeinsamen Urlaub vom Schreiben nach Frankreich ein.

Meinen ersten Entwurf beendete ich unter ihrem Dach, kurz bevor sie selbst ihr Manuskript einreichte.

Michael Elliott tauchte auf den vorausgegangenen Seiten nur ein Mal auf, bei einem Mittagessen mit dem Prinzen. Mike und ich kennen uns schon seit unserer gemeinsamen Zeit beim *Economist* in den Achtzigern. Später, als leitender Redakteur bei TIME, drängte er mich, immer wieder bei Clarence House nach einem direkten Kontakt zu Charles anzufragen. Mehrere andere TIME-Redakteure betreuten die Titelgeschichte aus dem Jahr 2013, die zu diesem Buch führte, darunter Radhika Jones, Bobby Ghosh und der brillante und liebenswürdige Jim Frederick, der unerwartet im Juli 2014 mit nur zweiundvierzig Jahren verstarb. Ein weiterer Todesfall im April letzten Jahres – ein adoptiertes Familienmitglied, erst fünfundzwanzig und ein Supertalent wie Jim – ließ mich für einige Tage zweifeln, ob ich nicht mit dem Schreiben aufhören und mich mehr um die Menschen kümmern sollte, die ich liebe. Stattdessen stürzte ich mich wieder in die Arbeit, und das machte es mir möglich, jeweils für ein paar Stunden zu vergessen. Nun aber möchte ich seiner gedenken. Ich habe keinen Garten, in dem ich Schreine errichten könnte, wie der Prinz es tut. Diese wenigen Worte müssen herhalten.

Es gibt viele Menschen in Clarence House, Buckingham-Palast und Kensington Palace, Menschen, die für Charles' Stiftungen arbeiten, Menschen aus dem Kreis seiner Freunde, Mitarbeiter und Bekannten – selbst einige seiner »Bond-Schurken« –, denen ich zu großem Dank verpflichtet bin. Alle haben es ertragen, dass ich sie über einen langen Zeitraum hinweg mit Beschlag belegt und mit meinen Fragen belästigt habe. Manche werden im Text mit Namen genannt; andere zogen es vor, anonym zu bleiben. Diese Menschen kennenzulernen war eine der angenehmsten Begleiterscheinungen bei den Recherchen für diese Biografie. Besonders möchte ich Kristina Kyriacou erwähnen, die das TIME-Projekt betreut hatte und danach feststellen musste, dass sie mich nicht so rasch wieder loswerden würde.

Zu guter Letzt – wäre Prinz Charles nicht eine so unendlich faszinierende Persönlichkeit, würde es dieses Buch nicht geben. Daher geht mein letzter und größter Dank an ihn. Weder ist dies eine autorisierte Biografie, noch stießen meine Pläne auf Begeisterung seinerseits, doch ließ er auch nicht die Zugbrücke hochziehen.

Schließlich muss ich noch meine enttäuschte Patentochter um Verzeihung bitten: Es tut mir leid, aber dies ist ein Buch über *den* Prinzen, nicht über Prince. Nächstes Mal.

Auswahlbibliografie

Anker, Peder, *Imperial Ecology: Environmental order in the British Empire, 1895–1945*, London 2001
Arbiter, Dickie, *On Duty with the Queen*, London 2014
Bartlett, Mike, *King Charles III*, London 2014
Bedell Smith, Sally, *Diana in Search of Herself: Portrait of a troubled princess*, New York 1999 (Sally Bedell Smith, *Diana: Auf der Suche nach sich selbst*, München 2000)
Bedell Smith, Sally, *Elizabeth the Queen: The life of a modern monarch*, New York 2012
Benson, Ross, *Charles: The untold story*, New York 1993 (Ross Benson, *Charles: Die Biographie des Prinzen von Wales*, Bergisch Gladbach 1994)
Bernard, Philippa, *No End to Snowdrops*, London 2009
Blair, Tony, *New Britain: My vision of a young country*, London 1996 (Tony Blair, *Meine Vision*, Stuttgart 1997)
Bogdanor, Vernon, *The Monarchy and the Constitution*, Oxford 1995
Bower, Tom, *Fayed: The unauthorized biography*, London 1998
Boyd, William, *School Ties*, London 1985
Bradford, Sarah, *Diana*, London 2007
Bradford, Sarah, *Queen Elizabeth II: Her life in our times*, London 2012 (Sarah Bradford, *Elizabeth II.: Ihre Majestät die Königin*, Bergisch Gladbach 1996)
Brandreth, Gyles, *Breaking the Code: Westminster diaries*, London 2000
Brandreth, Gyles, *Charles & Camilla*, London 2006 (Gyles Brandreth, *Charles & Camilla*, Frankfurt am Main 2006)
Brown, Tina, *The Diana Chronicles*, London 2007 (Tina Brown, *Diana: Die Biographie*, München 2007)
Burden, Peter, *News of the World? Fake sheikhs and royal trappings*, London 2008
Burrell, Paul, *A Royal Duty*, London 2004 (Paul Burrell, *Im Dienste meiner Königin*, München 2003)

Campbell, Alastair, *Diaries Volume One: Prelude to power*, London 2011
Campbell, Alastair, *Diaries Volume Two: Power and the people*, London 2011
Campbell, Alastair, *Diaries Volume Three: Power and responsibility*, London 2012
Cannadine, David, *Class in Britain*, London 2000
Carpenter, Humphrey, *Robert Runcie: The reluctant archbishop*, London 1996
Clayton, Tim und Phil Craig, *Diana: Story of a princess*, London 2001
Cohen, David, *Diana: Death of a goddess*, London 2005 (David Cohen, *Diana: Tod einer Göttin*, München 2004)
Cohen, Nick, *You Can't Read this Book*, London 2012
Colley, Linda, *Acts of Union and Disunion*, London 2014
Crawford, Marion, *The Little Princesses*, London 2012 (Marion Crawford, *Die kleinen Prinzessinnen*, Bern 1950)
Critchlow, Keith, *The Hidden Geometry of Flowers: Living rhythms, form and number*, London 2011
Cunningham, Hugh, *The Invention of Childhood*, London 2012
Cywinski, Sara, *Kate: Style princess*, London 2011 (Sara Cywinski, *Kate und Pippa*, Berlin 2012)
Davenport-Hines, Richard, *An English Affair: Sex, class and power in the age of Profumo*, London 2013
Davies, Dan, *In Plain Sight: The life and lies of Jimmy Savile*, London 2014
Davies, Nick, *Flat Earth News*, London 2009
Davies, Nick, *Hack Attack*, London 2014
Dimbleby, Jonathan, *The Prince of Wales: A biography*, London 1994
Doyle, William, *The French Revolution: A very short introduction*, Oxford 2001
Duffel, Nick, *The Making of Them: The British attitude to children and the boarding school system*, London 2000
Goodall, Sarah und Nicholas Monson, *The Palace Diaries: Twelve years with HRH Prince Charles*, London 2012 (Sarah Goodall und Nicholas Monson, *Palastgeflüster. Bekenntnisse einer königlichen Sekretärin*, Berlin 2006)
Gottlieb, Anthony, *The Dream of Reason*, London 2000
Hardman, Robert, *Our Queen*, London 2011
Heywood, Colin, *A History of Childhood*, Cambridge 2001
Hoey, Brian, *Mountbatten: The private story*, London 2013
Holden, Anthony, *Prince Charles: A biography*, New York 1979 (Anthony Holden, *Charles: Die Biographie*, Frankfurt a.M. 1990)
Holden, Anthony, *Of Presidents, Prime Ministers & Princes: A decade in Fleet Street*, London 1984
Holden, Anthony, *A Princely Marriage: Charles and Diana, the first ten years*, London 1991
Holden, Anthony, *Charles: A biography*, London 1998
Hollingsworth, Mark und Sandy Mitchell, *Saudi Babylon: Torture, corruption and cover-up inside the House of Saud*, London 2012

HRH The Prince of Wales, *A Vision of Britain: A personal view of architecture*, London 1989 (HRH The Prince of Wales, *Die Zukunft unserer Städte*, München 1990)

HRH The Prince of Wales, *The Old Man of Lochnagar*, London 1991 (HRH The Prince of Wales, *Der alte Mann von Lochnagar*, Hamburg 1993)

HRH The Prince of Wales, *Harmony: A vision for our future*, London 2010

HRH The Prince of Wales mit Tony Juniper und Ian Skelly, *Harmony: A new way of looking at our World*, London 2010 (HRH The Prince of Wales mit Tony Juniper und Ian Skelly, *Harmonie: Eine neue Sicht unserer Welt*, München 2010)

Hutchins, Chris und Peter Thompson, *Diana's Nightmare: The family*, London 2011

Hutton, Will, *Them and Us: Changing Britain, why we need a fairer society*, London 2010

Jephson, Patrick, *Portraits of a Princess: Travels with Diana*, London 2004

Jobson, Robert, *William and Kate: The love story*, London 2010

Jones, J. D. F., *Storyteller: The many lives of Laurens van der Post*, London 2002

Joseph, Claudia, *Kate: The making of a princess*, London 2010 (Claudia Joseph, *Prinzessin Kate: Die neue Königin der Herzen*, München 2011)

Jung, Carl G., *Man and his Symbols*, London 1978 (Carl G. Jung, *Der Mensch und seine Symbole*, Olten 1979)

Junor, Penny, *Prince Harry: Brother, Soldier, Son*, London 2014

Kear, Adrian und Deborah Lynn Steinberg, *Mourning Diana: Nation, culture, and the performance of grief*, London 1999

Kelley, Kitty, *The Royals*, New York 1997 (Kitty Kelley, *Die Royals*, Düsseldorf/München 1997)

Kiste, John Van der, *Childhood at Court 1819–1914*, Stroud 2003

Knatchbull, Timothy, *From a Clear Blue Sky*, London 2009

Knevitt, Charles, *One's Life: A cartoon biography of HRH The Prince of Wales*, London 1988

Knevitt, Charles, *From Pecksniff to the Prince of Wales: 150 years of Punch on architecture, planning and development, 1841–1991*, London 1991

Lacey, Robert, *A Brief Life of the Queen*, London 2012

Lang, Andrew, *Pickle the Spy: Or, the incognito of Prince Charles*, London 2012

Levine, Tom, *Die Windsors*, Frankfurt a.M. 2005

Lorimer, David, *Radical Prince: The practical vision of the Prince of Wales*, Edinburgh 2004

Machiavelli, Niccolò, *The Prince*, London 2013 (Niccolo Machiavelli, *Der Fürst*, Frankfurt a.M. 1990)

MacMillan, Margaret, *The War that Ended Peace: How Europe abandoned peace for the First World War*, London 2013

Marr, Andrew, *The Diamond Queen*, London 2011

Marr, Andrew, *The Real Elizabeth: An intimate portrait of Queen Elizabeth II*, New York 2012

Mayer, Catherine, *The Royal Family: Britain's resilient monarchy celebrates Elizabeth II's 60-year reign*, New York 2012

McKinnon, Don, *In the Ring: A Commonwealth memoir*, London 2013

Morton, Andrew, *Diana: Her true story*, London 1992 (Andrew Morton, *Diana 1961–1997. Ihre wahre Geschichte in ihren eigenen Worten*, München 1997)

Morton, Andrew, *William and Catherine: Their lives, their wedding*, London 2011

Paxman, Jeremy, *On Royalty*, London 2007

Peat, Sir Michael und Edmund Lawson QC (Hg.), *Report to His Royal Highness the Prince of Wales*, 13. März 2003

Pimlott, Ben, *The Queen: A biography of Elizabeth II*, London 1996

Pimlott, Ben, *The Queen: Elizabeth II and the monarchy*, London 2012

Price, Lance, *Where Power Lies*, London 2010

Republic Campaign Ltd, *How to Win the Argument: Challenging common arguments made in favour of the monarchy*, London 2010

Republic Campaign Ltd, *60 Inglorious Years: A provocative reassessment of the Queen's Record*, London 2012

Richards, Jeffrey, Scott Wilson und Linda Woodhead, *Diana: The making of a media saint*, London 1999

Routledge, Paul, *Gordon Brown: The biography*, London 1998

Sampson, Anthony, *The Changing Anatomy of Britain*, London 1982

Sedgwick, Mark J., *Against the Modern World: Traditionalism and the secret intellectual history of the twentieth century*, Oxford 2004

Shawcross, William, *Queen Elizabeth: The Queen Mother*, London 2009

Singh, Simon und Edzard Ernst, *Trick or Treatment?*, London 2008

Snell, Kate, *Diana: Her last love*, London 2013

Spicer, Michael, *The Spicer Diaries*, London 2012

Starkey, David, *Crown and Country: A history of England through the monarchy*, London 2010

Straw, Jack, *Last Man Standing: Memoirs of a political survivor*, London 2012

Stubbs, David, *The Prince Charles Letters: A future monarch's correspondence on matters of the utmost concern*, London 2011

Thatcher, Margaret, *The Downing Street Years*, London 1993 (Margaret Thatcher, *Downing Street No. 10: Die Erinnerungen*, Düsseldorf 1993)

Turner, Alwyn W., *Crisis? What Crisis?: Britain in the 1970s*, London 2008

Turner, Graham, *Elizabeth: The woman and the Queen*, London 2002

Voltaire, *Candide*, New York 1918 (Voltaire, *Candide oder Die beste aller Welten*, Stuttgart 1960)

Watson, Tom und Martin Hickman, *Dial M for Murdoch*, London 2012

Wharfe, Ken und Robert Jobson, *Diana: Closely guarded secret*, London 2003

Whittle, Peter, *Monarchy Matters*, London 2011

Wilson, Christopher, *A Greater Love: Prince Charles's twenty-year affair with Camilla Parker Bowles*, London 1995

Wilson, Christopher, *The Windsor Knot: Charles, Camilla and the legacy of Diana*, London 2002 (Christopher Wilson, *Camilla: Die Geschichte einer großen Liebe*, Berlin 2006)

Wright, Peter und Paul Greengrass, *Spycatcher*, London 1987 (Peter Wright und Paul Greengrass, *Spycatcher: Enthüllungen aus dem Secret Service*, Frankfurt a.M. 1988)

Ziegler, Philip, *Mountbatten*, London 1985

Bildnachweis

Teil 1

1. Oben: Getty Images /Keystone-France/Gamma-Keystone. Unten: Rex Features/Reginals Davis
2. Oben: Corbis/Adam Woolfitt. Unten: Corbis/Hulton-Deutsch Collection
3. Oben: Rex Features/Clive Limpkin/Associated Newspapers. Mitte: Getty Images/Hulton Archive. Unten: Rex Features
4. Oben: Corbis/Douglas Kirkland. Unten: Getty Images/Tim Graham
5. Oben: Rex Features/News Group. Unten: Getty Images/Odd Andersen/AFP
6. Oben: Rex Features/Reginald Davis. Unten links: Getty Images/Lisa Sheridan/Studio Lisa. Unten rechts: Getty Images/Arthur Edwards
7. Oben links: Press Association Images/Sean Dempsey. Oben rechts: Alamy/WENN UK. Unten: Press Association Images/PA News
8. Oben: Rex Features/Thomas Abrahams/Associated Newspapers. Mitte links: Getty Images/David Cairns/Express. Mitte rechts: Rex Features/Eddie Boldizsar. Unten: Rex Features/Kent Gavin

Teil 2

1. Oben: Getty/Tim Graham. Unten links: Alamy/Arcaid Images. Unten rechts: Alamy/Duncan Shaw
2. Oben: Getty Images/Chris Jackson. Unten: Getty Images/Helena Smith
3. Oben: Getty Images/Katie Garrod. Unten: mit freundlicher Genehmigung von Mark Malloch Brown
4. Oben links: Topfoto/PA Photos. Oben rechts: Getty Images/Gareth Cattermole/ AFP. Unten: Press Association/Dylan Martinez/AP
5. Oben: Getty Images/John Stillwell. Unten: Getty Images/Mark Cuthbert/ UKPress
6. Oben: Getty Images/Chris Jackson. Unten links: Getty Images/Fayez Nureldine/AFP. Unten rechts: Getty Images/Max Mumby/Indigo
7. Oben: Getty Images/John Stillwell. Unten: Getty Images/Anwar Hussein Collection/ROTA/WireImage
8. Oben: Corbis/Jason Bell/epa. Unten: Corbis/Pool Photograph

Anmerkungen

Vorwort

1 Interview Martin Bashirs mit Diana in *Panorama*, Erstausstrahlung auf BBC 1, 20. November 1995.
2 Interview der Autorin mit Timothy Knatchbull, West London, 18. Februar 2014.
3 Interview der Autorin mit Emma Sparham, 7. August 2013.
4 Interview der Autorin mit Ben Elliot, Central London, 27. Mai 2014.
5 Interview der Autorin mit Ian Skelly, Central London, 16. April 2014.
6 Interview der Autorin mit Oberrabbiner Jonathan Sacks, North London, 20. August 2013.
7 Gespräch der Autorin mit dem Prince of Wales, Birkhall, Schottland, 26. September 2013.
8 Interview der Autorin mit Lucia Santa Cruz, 25. März 2014.
9 Interview der Autorin mit Oberrabbiner Jonathan Sacks, North London, 20. August 2013.
10 Gespräch der Autorin mit dem Prince of Wales, Birkhall, Schottland, 26. September 2013.
11 Interview der Autorin mit Emma Thompson, 16. September 2013.
12 Pressestunde im St James's Palace, 25. Juni 2014.
13 Herman Matthijs, *De Kostprijs van de Monarchie in Europa*, Universität Gent und Freie Universität Brüssel, April 2012.
14 Bertrand Russell, »Is There a God?« in: *Collected Papers of Bertrand Russell*, Band 11: *Last Philosophical Testament,* 1943–68. Hg. von John Slater und Peter Köllner, Routledge 1997.
15 Homepage des Prince of Wales: http://www.princeofwales.gov.uk/the-prince-of-wales/promoting-and-protecting/raising-issues.
16 The Prince of Wales mit Tony Juniper und Ian Skelly, *Harmonie: Eine neue Sicht unserer Welt*, aus dem Englischen von Erika Ifang, Riemann Verlag 2010.

17 Jonathan Dimbleby (Präsentation und Koproduktion): *Charles: The Private Man, the Public Role*, Dokumentation für ITV, Erstausstrahlung 30. Juni 1994.
18 The Prince of Wales, *Harmony: A Vision for Our Future*, Harper, HarperCollins 2010.
19 Interview der Autorin mit Patrick Holden, Central London, 6. August 2013.
20 Interview der Autorin mit Emma Thompson, 16. September 2013.
21 Alan Bennett, *The Madness of George III*, Faber and Faber 1995.
22 CVM/Don Anderson-Umfrage, März 2012.
23 Simon Wong, »Key: NZ becoming a republic ›inevitable‹«, 3 News Online, 8. April 2014.
24 Ipsos-MORI Almanach 2012.
25 British Social Attitudes 30, NatCen Social Research 2013, AAP Newswire, 16. April 2014.
26 Leserbrief an *The Times* von Gerald Vinestock, Lancaster, erschienen 17. April 2014.
27 Andrew Marr (Autor und Moderator), *The Diamond Queen*, Folge 1, BBC, Erstausstrahlung 6. Februar 2012. Interview, aufgezeichnet im Jahr 2011.
28 Gespräch der Autorin mit dem Prince of Wales, Birkhall, Schottland, 26. September 2013.
29 Interview mit Prince Andrew durch J. F. O. McAllister und Catherine Mayer für *TIME*, 2006.
30 Trevor McDonald (Präsentation), *The Prince of Wales: Up Close*, Dokumentation für ITV, Erstausstrahlung 16. Mai 2006.
31 Office of National Statistics. Armut bedeutet hier, dass die verfügbaren Mittel unter 60 Prozent des Durchschnittseinkommens liegen.
32 Trevor McDonald (Präsentation), *The Prince of Wales: Up Close*, Dokumentation für ITV, Erstausstrahlung 16. Mai 2006.
33 Michael Elliott, »Why the Royals Miss Diana«, *TIME*, 17. November 2002.
34 Interview der Autorin mit Elizabeth Buchanan, Central London, 5. März 2014.
35 Walter Bagehot, *The English Constitution*, Band III (*The Monarchy*), 1867.
36 Gespräch der Autorin mit dem Prince of Wales, Birkhall, Schottland, 26. September 2013.
37 Interview der Autorin mit Elizabeth Buchanan, Central London, 5. März 2014.

Kapitel 1: Ein Tag aus seinem Leben

1 Interview der Autorin mit Julia Cleverdon, Clarence House, 25. Juli 2013.
2 Interview der Autorin mit Timothy Knatchbull, West London, 18. Februar 2014.

3 Gespräch der Autorin mit dem Prince of Wales, Birkhall, Schottland, 26. September 2013.
4 Andrew Alderson, »Prince Charles: Wind farms are horrendous«, *Sunday Telegraph*, 8. August 2004.
5 Memo an Oliver Everett, zitiert in Jonathan Dimbleby, *The Prince of Wales: A Biography*, Kapitel 13, Little Brown & Company 1994.
6 Interview der Autorin mit Elizabeth Buchanan, Central London, 5. März 2014.
7 Zitiert in der Homepage des Prinzen, Stand Mai 2014: http://www.princeofwales.gov.uk/the-prince-of-wales/royal-duties.
8 Brief von Sir Michael Peat an das Fernsehmagazin *Dispatches*, Channel 4, 5. März 2007.
9 *In Private in Public*, moderiert von Alastair Burnet, produziert von Stewart Purvis für ITV, 1986.
10 Anthony Sampson, *The Changing Anatomy of Britain*, Kapitel 1: »Monarchy: the Surviving Tribe«, Book Club Associates, 1982.
11 Edward Mirzoeff (Regie und Produktion), *Elizabeth R: A Year in the Life of the Queen*, BBC, Erstausstrahlung 6. Februar 1992.
12 *In Private in Public*, moderiert von Alastair Burnet, produziert von Stewart Purvis für ITV, 1986.
13 Interview der Autorin mit Patrick Holden, Central London, 6. August 2013.
14 Andrew Pierce, »Prince Charles's Duchy Originals in multi-million pound deal with Waitrose«, *Daily Telegraph*, 10. September 2009.
15 Interview der Autorin mit Elizabeth Buchanan, Central London, 5. März 2014.
16 Interview der Autorin mit Fiona Reynolds, Central London, 29. Mai 2014.
17 Jonathan Dimbleby, *The Prince of Wales: A Biography*, Kapitel 22, Little Brown & Company 1994.
18 Gespräch der Autorin mit dem Prince of Wales, Birkhall, Schottland, 26. September 2013.
19 Interview der Autorin mit Clive Alderton, 17. September 2013.
20 Interview der Autorin mit Emma Thompson, 16. September 2013.
21 Jonathan Dimbleby, *The Changing Anatomy of Britain*, Kapitel 1: »Monarchy: the Surviving Tribe«, Book Club Associates 1982.
22 Zitat eines Mitarbeiters.
23 Jonathan Dimbleby, *The Prince of Wales: A Biography*, Kapitel 20, Little Brown & Company 1994.
24 Interview der Autorin mit John Major, South London, 23. Oktober 2014.
25 Rede des Prince of Wales auf dem Prince's Accounting for Sustainability Forum, 12. Dezember 2013.
26 Rede des Prince of Wales auf dem Prince's Charities Investor Engagement Event, 27. Juni 2013.

27 Rede des Prince of Wales vor dem Lincolnshire Young Farmers Club im Riseholme Agricultural College, 29. November 2011.
28 The Prince of Wales mit Tony Juniper und Ian Skelly, *Harmonie: Eine neue Sicht unserer Welt,* aus dem Englischen von Erika Ifang, Riemann Verlag 2010.
29 Jonathan Dimbleby, *The Prince of Wales: A Biography,* Kapitel 3, Little Brown & Company 1994.
30 Gespräch der Autorin mit dem Prince of Wales, Birkhall, Schottland, 26. September 2013.
31 Interview der Autorin mit Emma Thompson, 16. September 2013.

Kapitel 2: Im Schatten der Mutter

1 Interview der Autorin mit John Major, South London, 23. Oktober 2014.
2 Vernon Bogdanor, *The Monarchy and the Constitution,* Kapitel 4: »The Appointment of a Prime Minister«, Oxford University Press 1995.
3 Interview der Autorin mit John Major, South London, 23. Oktober 2014.
4 Graham Smith, »Election 2010: The Queen could write herself out of the script«, *Guardian,* 4. Mai 2010.
5 *The Cabinet Manual: A guide to laws, conventions and rules on the operation of government,* Erstauflage Oktober 2011.
6 Interview der Autorin mit John Major, South London, 23. Oktober 2014.
7 Ebd.
8 »Nigel Farage attacked over Romanians ›slur‹«, BBC Online, 18. Mai 2014.
9 Interview der Autorin mit dem Bischof von London, Old Deanery, 23. April 2014.
10 Andrew Marr (Autor und Moderator), *The Diamond Queen,* Folge 1, BBC, Erstausstrahlung 6. Februar 2012.
11 Robert Barr, »Lockerbie begins burial after Flight 103 service«, Associated Press, 5. Januar 1989.
12 Anthony Sampson, *The Changing Anatomy of Britain,* Kapitel 1: »Monarchy: the Surviving Tribe«, Book Club Associates 1982.
13 Anthony Holden, *Charles: A Biography,* Kapitel 2: »No, Not You Dear«, Bantam Press, 1998.
14 Interview der Autorin mit Prinz Andrew, Peking, April 2004.
15 Edward Mirzoeff (Regie und Produktion), *Elizabeth R: A Year in the Life of the Queen,* BBC, Erstausstrahlung 6. Februar 1992.
16 William Shawcross, *Queen Elizabeth, the Queen Mother: The Official Biography,* Kapitel 13: »The Queen at War«, Macmillan 2009.
17 *A Jubilee Tribute to the Queen by the Prince of Wales,* BBC, Erstausstrahlung 1. Juni 2012.
18 Interview der Autorin mit John Major, South London, 23. Oktober 2014.
19 Rede der Königin in der Guildhall, 24. November 1992.

20 Hansard, Protokoll des Unterhauses, 7. Dezember 1992.
21 »Palace tours ›inhuman‹«, BBC Online, 27. März 2000.
22 Gordon Rayner, »Queen's treasurer accused of ›shocking complacency‹ over crumbling palaces by MPs«, *Daily Telegraph*, 14. Oktober 2013.
23 Edward Mirzoeff (Regie und Produktion), *Elizabeth R: A Year in the Life of the Queen*, BBC, Erstausstrahlung 6. Februar 1992.
24 Ben Pimlott, *The Queen: Elizabeth II and the Monarchy*, Sonderausgabe zum diamantenen Kronjubiläum, Kapitel 1, Harper Press, Erstauflage 1996.
25 »Hacking trial: Police ›told to leave Queen's nuts‹«, BBC Online, 12. Dezember 2013.
26 Robert Lacey, *The Life and Reign of Elizabeth II*, Free Press 2002.
27 Andrew Marr (Autor und Moderator), *The Diamond Queen*, Folge 1, BBC, Erstausstrahlung 6. Februar 2012. Interview, aufgezeichnet im Jahr 2011.
28 Philip Ziegler, Mountbatten: the Official Biography, Kapitel 24: »Post-Surrender Tasks«, Collins 1985.
29 Ebd.
30 William Boyd, *School Ties*, Einleitung, Penguin 1985.
31 Robert Skidelsky, *English Progressive Schools*, Harmondsworth, Penguin 1969.
32 *The Duke: Portrait of Prince Philip*, moderiert von Trevor McDonald, Back2Back Productions für ITV, Erstausstrahlung 12. Mai 2008.
33 Jonathan Dimbleby, *The Prince of Wales: A Biography*, Kapitel 20, Little Brown & Company 1994.
34 Interview der Autorin mit Timothy Knatchbull, West London, 18. Februar 2014.
35 Ebd.
36 Ebd.
37 Timothy Knatchbull, *From a Clear Blue Sky*, Hutchinson 2009.
38 Interview der Autorin mit Timothy Knatchbull, West London, 18. Februar 2014.

Kapitel 3: Ein Prinz unter Menschen

1 Gespräch der Autorin mit dem Prince of Wales, Birkhall, Schottland, 26. September 2013.
2 Alan Titchmarsh, »Birkhall, Balmoral Estate, Aberdeenshire«, *Country Life*, 14. November 2013.
3 John Vidal, »Charles designs ›healing garden‹«, *Guardian*, 16. Mai 2002.
4 Alan Titchmarsh, »Birkhall, Balmoral Estate, Aberdeenshire«, *Country Life*, 14. November 2013.
5 Interview der Autorin mit dem Bischof von London, Old Deanery, 23. April 2014.

6 Gespräch der Autorin mit dem Prince of Wales, Birkhall, Schottland, 26. September 2013.
7 Plato, *The Republic,* übersetzt von Benjamin Jowett, The Internet Classics Archive.
8 Jonathan Dimbleby, *The Prince of Wales: A Biography,* Kapitel 5, Little Brown & Company 1994.
9 Anonymer Schüler, zitiert in Ross Benson, *Charles: The Untold Story,* Kapitel 3, St Martin's Press 1993.
10 »Kurt Hahn – ein wirkungsmächtiger Pädagoge«, aus: *Pädagogisches Handeln, Wissenschaft und Praxis im Dialog 5 (2001),* Heft 2, S. 65–76.
11 Rede von Dr. Kurt Hahn beim Jahrestreffen des Outward Bound Trust, 20. Juli 1960.
12 Gespräch der Autorin mit dem Prince of Wales, Birkhall, Schottland, 26. September 2013.
13 BBC Radio 4, 1. März 1969.
14 *The David Frost Show,* Folge 1, Staffel 1, Group W Productions, Erstausstrahlung 7. Juli 1969.
15 Interview der Autorin mit Lucia Santa Cruz, 25. März 2014.
16 Interview der Autorin mit Timothy Knatchbull, West London, 18. Februar 2014.
17 William Shawcross, *Queen Elizabeth the Queen Mother: The Official Biography,* Kapitel 23: »Poetry and Pain 1981–1999«, Macmillan 2009.
18 Interview der Autorin mit Nicholas Soames, Portcullis House, 11. Februar 2014.
19 Zitiert in Philip Ziegler, *Mountbatten: The Official Biography*, Kapitel 51: »The Shop-steward of Royalty«, Collins 1985.
20 Ebd., Brief Mountbattens an den Prinzen, 21. April 1979.
21 Jonathan Dimbleby, *The Prince of Wales: A Biography,* Kapitel 14, Little Brown & Company 1994.
22 Interview der Autorin mit Emma Thompson, 16. September 2013.
23 Interview der Autorin mit dem Bischof von London, Old Deanery, 23. April 2014.
24 Interview der Autorin mit Elizabeth Buchanan, Central London, 5. März 2014.
25 Interview der Autorin mit Andrew Wright, Clarence House, 2. August 2013.
26 Interview der Autorin mit Clive Alderton, 17. September 2013.
27 Alan Lascelles mit Duff Hart-Davis, *King's Counsellor: Abdication and War: The Diaries of Sir Alan Lascelles,* Weidenfeld & Nicolson 2006.
28 Lee Aitken, »Edward Goes His Own Way«, *People,* 26. Januar 1987.
29 Jonathan Dimbleby, *The Prince of Wales: A Biography,* Kapitel 12, Little Brown & Company 1994.
30 Andrew Morton und Mick Seamark, *Andrew: The Playboy Prince,* Kapitel 1: »Andymania«, Corgi 1983.

31 Interview der Autorin mit Prinz Andrew, Peking, April 2004.
32 »US Embassy cables: Prince Andrew rails against France, the SFO and the Guardian«, *Guardian*, 29. November 2010.
33 Interview der Autorin mit Nicholas Soames, Portcullis House, 11. Februar 2014.
34 Gaby Hinsliff und Burhan Wazir, »Word by word, Sophie digs herself deeper into trouble«, *Observer*, 8. April 2001.
35 Andy Beckett, »It's a royal cock-up«, *Guardian*, 5. März 2002.
36 *The Grand Knockout Tournament*, BBC North West, Knockout Ltd, Erstausstrahlung 12. August 1987.
37 Ivan Waterman und Daniel Roseman, »Was this the day when royalty lost the plot?«, *Independent*, 21. April 1996.

Kapitel 4: Der Herzbube

1 Interview der Autorin mit Nicholas Soames, Portcullis House, 11. Februar 2014.
2 Ebd.
3 Brief Mountbattens an den Prinzen vom 14. Februar 1974, zitiert in Philip Ziegler, *Mountbatten: The Official Biography*, Kapitel 51, Collins 1985.
4 Jonathan Dimbleby, *The Prince of Wales: A Biography*, Kapitel 12, Little Brown & Company 1994.
5 Interview der Autorin mit Lucia Santa Cruz, 25. März 2014.
6 Eintrag im Schiffstagebuch von Prinz Charles vom 25. März 1974, zitiert in Jonathan Dimbleby, *The Prince of Wales: A Biography*, Kapitel 12, Little Brown & Company 1994.
7 Brief Mountbattens an den Prinzen vom 14. Februar 1974, zitiert in Philip Ziegler, *Mountbatten: The Official Biography*, Kapitel 51, Collins 1985.
8 Camillagate-Transkript, aufgenommen angeblich am 18. Dezember 1989.
9 Interview der Autorin mit Lucia Santa Cruz, 25. März 2014.
10 Interview der Autorin mit Emma Thompson, 16. September 2013.
11 Interview der Autorin mit Lucia Santa Cruz, 25. März 2014.
12 Angela Rippon und Andrew Gardner, »Interview with Diana Spencer and the Prince of Wales«, Erstausstrahlung auf BBC und ITN am 28. Juli 1981.
13 Andrew Morton, *Diana 1961–1997. Ihre wahre Geschichte in ihren eigenen Worten*, S. 36, Droemer Knaur 1997.
14 Interview der Autorin mit Lucia Santa Cruz, 25. März 2014.
15 Interview der Autorin mit Timothy Knatchbull, West London, 18. Februar 2014.
16 Humphrey Carpenter, *Robert Runcie: The Reluctant Archbishop*, Kapitel 12: »What the Job Is«, Hodder & Stoughton 1996.
17 Ebd.

18 Marion Crawford, *The Little Princesses,* Kapitel 6: »The Outbreak of War«, St Martin's Press 2003.
19 Stephen Fry, *More Fool Me: A Memoir,* Penguin 2014.
20 *Diana – Her Story: The Book that Changed Everything*, Dokumentarsendung, Sky Arts, Erstausstrahlung 23. September 2012.
21 Tim Clayton und Phil Craig, *Diana, Story of a Princess,* Kapitel 10: »Secret Squirrel«, Coronet, Hodder & Stoughton 2001.
22 Squidgygate-Transkript, aufgenommen angeblich am 31. Dezember 1989.
23 Camillagate-Transkript, aufgenommen angeblich am 18. Dezember 1989.
24 Bericht zur Selbstkontrolle der Presse von David Calcutt QC, cm 2135, HMSO, dem Parlament vorgetragen durch den Staatsminister für das nationale Kulturerbe, Januar 1993.
25 Squidgygate-Transkript, aufgenommen angeblich am 31. Dezember 1989.
26 Interview der Autorin mit Anthony Holden, Central London, 17. April 2014.
27 *Diana – Her Story: The Book that Changed Everything*, Dokumentarsendung, Sky Arts, Erstausstrahlung 23. September 2012.
28 *Princess Diana: Behind the Panorama Interview*, Dokumentarsendung, BBC, Erstausstrahlung 8. November 2005.
29 Interview der Autorin mit Jonathan Dimbleby, London, 28. März 2014.
30 Ebd.
31 E-Mail von Jonathan Dimbleby, 15. November 2014. Tim Clayton und Phil Craig, *Diana: Story of a Princess*, Kapitel 6: »Mood Swings«, Coronet, Hodder & Stoughton 2001.
32 Interview der Autorin mit dem Bischof von London, Old Deanery, 23. April 2014.
33 *Panorama*, BBC, Erstausstrahlung 20. November 1995.
34 Interview der Autorin mit Nicholas Soames, Portcullis House, 11. Februar 2014.
35 Mike Bartlett, *King Charles III*, Akt 3, Szene 4, Nick Hern Books 2014.
36 »Princess dismisses bulimia reports with joke«, *Scottish Herald*, 5. November 1993.
37 *Panorama*, BBC, Erstausstrahlung 20. November 1995.
38 Interview der Autorin mit Emma Thompson, 16. September 2013.
39 Chris Logan und Andrew Alderson, »Diana ›took Charles to cleaners‹ in divorce, says his banker«, *Sunday Telegraph*, 25. Juli 2004.
40 »Minister denies row over Diana«, *Scottish Herald*, 5. März 1997.
41 Interview der Autorin mit Nicholas Soames, Portcullis House, 11. Februar 2014.

Kapitel 5: Unter Wölfen

1 Interwiew der Autorin mit Andrew Wright, Clarence House, 2. August 2013.
2 Interview der Autorin mit Elizabeth Buchanan, Central London, 5. März 2014.
3 Telefoninterview der Autorin mit Amelia Fawcett, 25. September 2013.
4 Michael Peat und Edmund Lawson QC, »Report to His Royal Highness the Prince of Wales«, 13. März 2003.
5 David Leigh, »Royals deny rumours about Prince Charles«, *Guardian*, 7. November 2003.
6 Andrew Alderson, »Prince Charles ›set to sue‹ Palace aide over scandal«, *Sunday Telegraph*, 9. November 2003.
7 Mary Riddell, »Blackadder bites back«, *British Journalism Review*, Bd. 15, Nr. 2, 2004.
8 »Charles' school comments defended«, BBC Online, 18. November 2004.
9 »Prince hits back in memo row«, *Daily Mail*, 23. November 2004.
10 Peter Foster, »Has the puppet-master of St James's finally pulled one string too many?«, *Daily Telegraph*, 1. Dezember 2001.
11 Mary Riddell, »Blackadder bites back«, *British Journalism Review*, Bd. 15, Nr. 2, 2004.
12 Bearbeitete Auszüge aus Prince Charles' Reisetagebuch, *Daily Telegraph*, 23. Februar 2006.
13 Mark Bollands vollständige Zeugenaussage, Aussage vom 18. Januar 2006, veröffentlicht im *Guardian* vom 22. Februar 2006.
14 Ebd.
15 Richard Kay und Geoffrey Levy, »Camilla and the blonde private secretary who's paid the price for being too close to Prince Charles«, *Daily Mail*, 13. Juni 2008.
16 Interview der Autorin mit Elizabeth Buchanan, Central London, 5. März 2014.
17 Interview der Autorin mit Emma Thompson, 16. September 2013.
18 J. D. F. Jones, *Storyteller: The Many Lives of Laurens van der Post*, Kapitel 37: »My Prince«, Scribner 2001.
19 Ebd.
20 Dan Davies, *In Plain Sight: The Life and Lies of Jimmy Savile,* Kapitel 37: »It's Obscene«, Quercus Editions 2014.
21 Ebd., Kapitel 45: »Am I Saved?«.
22 Ebd., Kapitel 23: »Nostalgic Memories«.
23 E-Mail von Dan Davies, 14. April 2014.
24 Dan Davies, *In Plain Sight: The Life and Lies of Jimmy Savile,* Kapitel 54: »Runners Are Junkies«, Quercus Editions 2014.
25 Squidgygate-Transkript, angeblich aufgenommen am 31. Dezember 1989.

26 Sarah Goodall und Nicholas Monson, *Palastgeflüster. Bekenntnisse einer königlichen Sekretärin,* Kapitel 3: »Zum Thema Essen und Abnehmen«, Ullstein 2006.
27 *Jimmy Savile: The Power to Abuse, Panorama*, BBC, Erstausstrahlung 2. Juni 2014.
28 *Queen and Country*, Dokumentarserie, Buch und Präsentation William Shawcross, BBC, Erstausstrahlung 1. Mai 2002.
29 Interview der Autorin mit Nicholas Soames, Portcullis House, 11. Februar 2014.
30 Suzanne Moore, »Magic? Charles can't work a light switch«, *Mail on Sunday*, 16. März 2003.
31 »Diana inquest: Queen ordered palace to be swept for bugs over spy fears«, *Mail* Online, 12. Februar 2008.
32 Richard Palmer, »Tories blocked royal phone-tapping probe«, *Daily Express*, 13. Februar 2008.
33 Tom Bower, *Fayed: The Unauthorized Biography,* Kapitel 17: »The Last Blonde«, Macmillan 1998.
34 Louise Radnofsky und Agenturen, »Nazi Philip wanted Diana dead, Fayed tells inquest«, *Guardian*, 18. Februar 2008.

Kapitel 6: Vertrauen und Zuversicht

1 Paul Bloding für Reuters, 7. Mai 1975.
2 John Rea-Price, Leiter des Sozialamts Islington, zitiert in Adam Nicholson: *25 Years of the Prince's Trust*, The Prince's Trust 2001.
3 Interview der Autorin mit Jon Snow, Central London, 21. März 2014.
4 Alwyn W. Turner: Crisis? What Crisis? Britain in the 1970s, Aurum Press 2008.
5 Rede von Enoch Powell auf dem Parteitag der Conservative Party in Birmingham, 20. April 1968.
6 Brief von Prinz Charles an Lord Mountbatten, zitiert in Jonathan Dimbleby, *The Prince of Wales: A Biography,* Kapitel 7, Little Brown & Company 1994.
7 Gespräch der Autorin mit dem Prince of Wales, Birkhall, Schottland, 26. September 2013.
8 Der Prince of Wales, zitiert in Adam Nicholson: *25 Years of the Prince's Trust*, The Prince's Trust 2001.
9 Interview der Autorin mit William Castell, Wellcome Trust, London, 19. März 2004.
10 Interview der Autorin mit Nicholas Soames, Portcullis House, 11. Februar 2014.
11 Jennifer Shelton, »Sheila Ferguson's Cinderella story«, *Cambridge News*, 16. Dezember 2011.

12 Interview der Autorin mit Martina Milburn, Hauptgeschäftsstelle des Prince's Trust, 30. Juli 2013.
13 Interview der Autorin mit William Castell, Wellcome Trust, London, 19. März 2004.
14 Interview der Autorin mit Julia Cleverdon, Clarence House, 25. Juli 2013.
15 Hattie Collins, »The ace in the pack«, *Guardian*, 1. April 2006.
16 Interview der Autorin mit James Sommerville, 6. August 2013.
17 Interview der Autorin mit Charles Dunstone, 17. März 2014.
18 John Pervin, zitiert in Adam Nicholson, *25 Years of the Prince's Trust*, The Prince's Trust 2001.
19 Interview der Autorin mit Tom Shebbeare, Central London, 9. Juli 2014.
20 Interview der Autorin mit Shaun McPherson, 26. März 2014.
21 Ebd.
22 Ebd.
23 Interview der Autorin mit Martina Milburn, Hauptgeschäftsstelle des Prince's Trust, 30. Juli 2013.
24 Ebd.
25 Der Prince of Wales, zitiert im *International Herald Tribune*, 18. November 1978.

Kapitel 7: Regent im Wartestand

1 »UK storms are divine retribution for gay marriage laws, says UKIP councillor«, *Guardian* Online, 18. Januar 2014.
2 Chris Smith, »Difficult choices, as the flood waters rise«, *Sunday Telegraph*, 2. Februar 2014.
3 Gespräch der Autorin mit dem Prince of Wales, Birkhall, Schottland, 26. September 2013.
4 Jim Waterson, »21 Pictures of Politicians in Wellies Staring at Floods«, BuzzFeed, 11. Februar 2014.
5 Jonathan Jones, »Prince Charles upstages Cameron, from his wooden throne in flooded Somerset«, *Guardian*, 5. Februar 2014.
6 Theresa May, »The lessons I learned from the report on the summer riots«, *Mail on Sunday*, 18. Dezember 2011.
7 »London riots: Charles and Camilla hear victims' tales«, BBC Online, 17. August 2011.
8 Interview der Autorin mit David Lammy, Tottenham, 5. April 2014.
9 »Pride of Britain Awards 2011: Gina Moffatt named Prince's Trust Young Achiever for turning her life around«, *Mirror* Online, 3. Oktober 2011.
10 Interview der Autorin mit David Lammy, Tottenham, 5. April 2014.
11 Nicholas Watt, »Secret meeting unites republican MPs«, *Guardian*, 24. Januar 2002.

12 Craig Woodhouse, »Republicans provoke Labour«, *Evening Standard*, 17. Februar 2012.
13 Paul Flynn, »King Charles doomed«, in seinem Blog: »Read My Day«, 18. Dezember 2009.
14 Interview der Autorin mit John Major, South London, 23. Oktober 2014.
15 Interview der Autorin mit Nicholas Soames, Portcullis House, 11. Februar 2014.
16 Interview der Autorin mit Emma Thompson, 16. September 2013.
17 Alastair Campbell und Richard Stott, Hg., *The Blair Years: Extracts from the Alastair Campbell Diaries*, Hutchinson 2007; und »Alastair Campbell diaries: Secret war between Tony Blair and Prince Charles« (Auszüge aus Band 2 der Tagebücher), *Guardian*, 1. Juli 2011.
18 »Alastair Campbell Diaries: Secret war between Tony Blair and Prince Charles« (Auszüge aus Band 2 der Tagebücher), *Guardian*, 1. Juli 2011.
19 »Prince sparks GM food row«, BBC Online, 1. Juni 1999.
20 Zitiert in Elinor Goodman, *The Royal Activist*, Radiobeitrag, BBC Radio 4, Erstausstrahlung 29. Juni 2014.
21 Corey Charlton, »Wills and Kate plan Chinese charm offensive to repair damage of Prince Charles's ›appalling old waxworks‹ jibe«, *Mail on Sunday*, 31. August 2014.
22 Interview der Autorin mit William Castell, Welcome Trust, London, 19. März 2014.
23 Nicholas Watt, »Tony Blair defends ›helpful‹ Prince Charles after diary reveals tensions«, *Guardian*, 4. Juli 2011.
24 Homepage des Prince of Wales, Stand Mai 2014: http://www.princeofwales.gov.uk/the-prince-of-wales/promoting-and-protecting/raising-issues
25 *Charles at 60: The Passionate Prince*, Dokumentation von BBC 1, Erstausstrahlung 12. November 2008.
26 Interview der Autorin mit Alan Rusbridger, Redaktion des *Guardian*, 31. März 2014.
27 Tony Blair, *A Journey,* Kapitel 17, Arrow Books, 2011.
28 Erlass des Attorney General's Office, vertreten durch Dominic Grieve, QC MP, 16. Oktober 2012.
29 British Social Attitudes 30, NatCen Social Research 2013.
30 Clive Goodman in seiner Kolumne »Blackadder«, *News of the World*, 6. November 2005.
31 Vikram Dodd, »Met Police loaned horse to Rebekah Brooks«, *Guardian*, 29. Februar 2012.
32 Paul Dacre, »The future for self regulation?«, Vortrag in Seminar 3: Levenson Inquiry, Supporting a free press and high standards – Approaches to Regulation, 12. Oktober 2011.
33 Keith Allen (Regie und Moderation), *Unlawful Killing*, Sphinx Entertainment, Allied Stars and Associated Rediffusion Television, 2011.

34 British Social Attitudes 30, NatCen Social Research 2013.
35 Rob Evans, »Ministers spend £ 250 000 on Prince Charles letters legal row«, *Guardian*, 28. März 2014.

Kapitel 8: Architektur-Kontroversen

1 Gespräch der Autorin mit dem Prince of Wales, Birkhall, Schottland, 26. September 2013.
2 Interview der Autorin mit Peter Ahrends, London, 2. Mai 2014.
3 Gespräch der Autorin mit dem Prince of Wales, Birkhall, Schottland, 26. September 2013.
4 Aus dem Vorwort von HRH the Prince of Wales zu Keith Critchlow, *The Hidden Geometry of Flowers*, Floris Books 2011.
5 John Taylor, »Prince of the City: Charles Takes on London's Architects«, *New York Magazine*, 19. März 1990.
6 Eine Rede des Prince of Wales zur 150-Jahr-Feier des Royal Institute of British Architects (RIBA), Gala-Abend am Hampton-Court-Palast, 17. Mai 1984.
7 Ebd.
8 Interview der Autorin mit Peter Ahrends, London, 2. Mai 2014.
9 Thomas Hine, »New Wing vindicates Prince Charles«, *Philadelphia Inquirer*, 10. Juli 1991.
10 Eine Rede des Prince of Wales beim jährlichen Festessen des Corporation of London Planning and Communication Committee, Mansion House, London, 1. Dezember 1987.
11 Stephen Adams, »Prince of Wales's emotional Chelsea Barracks letter revealed«, *Daily Telegraph*, 24. Juni 2010.
12 »Exclusive: Prince Charles on the Environment, the Monarchy, His Family, and Islam«, *Vanity Fair* (Auszug aus Bob-Colacello-Profil), 6. Oktober 2010.
13 Interview der Autorin mit Dominic Richards und Hank Dittmar, London, 21. August 2013.
14 Robert Booth, »»Prince Charles's meddling in planning ›unconstitutional‹, says Richard Rogers«, *Guardian*, 15. Juni 2009.
15 Gespräch der Autorin mit dem Prince of Wales, Birkhall, Schottland, 26. September 2013.
16 Telefoninterview der Autorin mit Ewen Miller, 10. September 2013.
17 Ebd.
18 Ebd.
19 Amanda Baillieu, »Liverpool Ferry Terminal wins Carbuncle Cup 2009«, *Building Design*, 28. August 2009.
20 The Prince of Wales, *Die Zukunft unserer Städte*, München 1990.
21 Ebd., Einleitung.

22   Interview der Autorin mit Dominic Richards und Hank Dittmar, London, 21. August 2013.
23   Amanda Baillieu, »Liverpool Ferry Terminal wins Carbuncle Cup 2009«, *Building Design*, 28. August 2009.
24   Justin McGuirk, »Prince Charles's Poundbury fire station is a daft mess«, *Guardian*, 31. März 2009.
25   Jonathan Dimbleby, *The Prince of Wales: A Biography*, Kap.23, Little Brown & Company 1994.
26   Oliver Wainright, »Poundbury houses at St John's Way by Francis Roberts Architects«, *Building Design*, 4. Juli 2012.
27   Interview der Autorin mit Ewen Miller, 10. September 2013.
28   Gespräch der Autorin mit dem Prince of Wales, Birkhall, Schottland, 26. September 2013.
29   Leonard Moseley, Disney's World, Kap. 22: »The Wounded Bear«, Stein and Day 1985.
30   Interview der Autorin mit John Ivall, 26. Juni 2014.
31   Interview der Autorin mit Timothy Knatchbull, London, 18. Februar 2014.
32   Ebd.
33   Interview der Autorin mit Bewohnern von Highbury Gardens, 18. September 2013.
34   Jonathan Prynn, »Charles: We need homes for young Londoners«, *Evening Standard*, 26. März 2014.
35   Michael Spicer, *The Spicer Diaries*, Kap. 9: »Margaret Thatcher – her downfall«, Thomas Dunne Books, St Martin's Press 2012.

Kapitel 9: Der Ritter des Commonwealth

1   »Royal flashback: Princess Diana charms Canada«, Reportage von 1983, wiederveröffentlicht im *Toronto Star*, 29. Juni 2011.
2   Professor Dr. Herman Matthijs, *De Kostprijs van de Monarchie in Europa*, Universität Gent und Freie Universität Brüssel, April 2012.
3   Interview der Autorin mit Shelly Glover, Winnipeg, 21. Mai 2014.
4   »Marianne Ferguson née Echt, Polish Immigrant, *Andania*, February 20, 1939«, in: *Tales from My Home Town, Danzig*, verf. 1942, Canadian Museum of Immigration am Pier 21.
5   Rebecca English, »›Putin is behaving just like Hitler‹, says Charles. Prince's controversial verdict on Russian leader's invasion of Ukraine«, *Daily Mail*, 20. Mai 2014.
6   »Vladimir Putin condemns Prince Charles's ›Nazi‹ remarks«, BBC Online, 24. Mai 2014.
7   Interview der Autorin mit Dominic Richards und Hank Dittmar, London, 21. August 2013.
8   Interview der Autorin mit Amelia Fawcett, 25. September 2013.

9 Don McKinnon, In the Ring, Kap. 2: »A Gracious Presence«, Elliott and Thompson Ltd 2013.
10 Elinor Goodman, *The Royal Activist*, Dokumentarsendung BBC Radio 4, Erstsendung 29. Juni 2014.
11 Rede von Commonwealth Secretary General Kamalesh Sharma, Festakt zum Commonwealth Day, Marlborough House, London, 11. März 2013.
12 Josh Vissier, »Prince George boosts popularity of the monarchy in Canada (provided Charles isn't king) poll«, *National Post*, 25. Juli 2013.
13 Harry M. Miller u. Peter Holder, *Confessions of a Not-So-Secret Agent*, Hachette Australia 2009.
14 Anthony Holden, Of Presidents, Prime Ministers and Princes, Weidenfeld & Nicolson 1984.
15 Brief an Nicholas Soames, 4. Februar 1988, zitiert in: Jonathan Dimbleby, *The Prince of Wales: A Biography*, Kap. 21, Little Brown & Company 1994.
16 Eine Rede des Prince of Wales beim Festakt zum Australia Day, Darling Harbour, Sydney, Australien, 28. Januar 1994.
17 E-Mail von Greg Baker, 2. Juni 2014.
18 Telefon-Interview der Autorin mit Joelle Foster, 19. Juni 2014.
19 Mark Prigg, »›Does one look like a glasshole in these?‹ Prince of Wales tries out Google Glass as he visits Canada's ›innovation alley‹«, *Mail Online*, 21. Mai 2014, updated 22. Mai 2014.
    Als »glasshole« werden, wie das US-Magazin *The Atlantic* ausführt, Leute bezeichnet, die das Google Glass »im nicht sozial akzeptierten Rahmen benutzen« – Angeber auf gut Deutsch. (Anmerkung der Redaktion)

Kapitel 10: Eine Trumpfkarte im Ausland

1 »Islam and the West«, eine Rede des Prince of Wales im Sheldonian Theatre, Oxford, 27. Oktober 1993.
2 Interview der Autorin mit Farhan Nizami, London, 22. August 2013.
3 »Islam and the West«, eine Rede des Prince of Wales im Sheldonian Theatre, Oxford, 27. Oktober 1993.
4 E-Mail von Farhan Nizami, 8. August 2014.
5 Richard Freeman und William F. Wertz, Jr., »Charles of Arabia: The British Monarchy, Saudi Arabia, and 9/11«, *Executive Intelligence Review*, Bd.41, Nr. 21, 23. Mai 2014.
6 Austausch auf Stormfront, 3. September 2008.
7 Mark Hollingsworth und Sandy Mitchell, *Saudi Babylon: Torture, Corruption and Cover-Up Inside the House of Saud*, Kap. 2: »Caught in Al-Qaeda's Wave of Terror«, Mainstream Publishing 2005.
8 Jack Malvern, »›My feud with Salman Rushdie is all in the past‹, says John le Carré«, *The Times*, 12. November 2012.

9 Paul Elie zitiert Martin Amis in: »A Fundamental Fight«, *Vanity Fair*, Mai 2014.
10 Interview der Autorin mit Lucia Santa Cruz, 25. März 2014.
11 Brian Whitaker, »Prince Charles, the Islamic dissident«, *Guardian*, 27. März 2006.
12 Eine Rede des Prince of Wales an der Imam Muhammad bin Saud Universität, Riad, Saudi-Arabien, 25. März 2006.
13 Brian Whitaker, »Prince Charles, the Islamic dissident«, *Guardian*, 27. März 2006.
14 George Galloway, Kommentar, Press TV, 20. Februar 2014.
15 »Galloway denies Saddam ›fawning‹«, BBC Online, 16. November 2004.
16 Richard Norton-Taylor, »The future British king, Saudi princes, and a secret arms deal«, *Guardian*, 24. Februar 2014.
17 Interview der Autorin mit Farhan Nizami, London, 22. August 2013.
18 http://www.yerevanmylove.com.
19 Interview der Autorin mit Vahan Hovhanessian, Armenische Botschaft, Kensington, 25. Februar 2014.
20 Kate Holton, »›Dissident‹ Charles snubbed Chinese banquet: court«, Reuters, 21. Februar 2006.
21 Interview der Autorin mit Thubten Samdup, London, 27. März 2014.
22 Jill Reilly, »Shall I leave you two chaps to it then? Duchess of Cornwall on the sidelines as the Dalai Lama chats and holds hands with his ›best friend‹ Prince Charles«, *Daily Mail*, 20. Juni 2012.
23 Der Prinz zu Geoffrey Howe, 1. Februar 1989, zitiert in Jonathan Dimbleby, *The Prince of Wales: A Biography*, Kap. 20, Little Brown & Company 1994.
24 Eine Rede des Prince of Wales bei der Eröffnung der Ausstellung Build a Better Britain, The Business Design Centre, Islington, London, 27. April 1989.
25 »Jetzt bin ich hier, jetzt reicht's mir«, *Der Spiegel*, 22. August 1988.
26 Interview der Autorin mit William Blacker, 26. Februar 2014.
27 Ebd.
28 Interview der Autorin mit Dominic Richards, London, 21. August 2013.
29 Jonathan Dimbleby, *Charles: The Private Man, the Public Role*, Dokumentarfilm für ITV, Erstausstrahlung 30. Juni 1994.
30 Vicky Smith, »Soggy Prince Charles blames excessive security for hitting his chances of seeing wild elephants in India«, *Mirror*, 12. November 2014.
31 http://www.touringromania.com/tours/long-tours/live-like-a-king-prince-of-Wales-favorite-places-in-romania-private-tour-8-days.html.
32 Charlie Ottley: *Wild Carpathia*, Episode 1, Travel Channel, Erstausstrahlung 8. November 2011.
33 Interview der Autorin mit Craig Turp, *Bucharest Life*, 2. Juli 2014.
34 Craig Turp, »Prince Charles & Romania«, *Bucharest Life*, 16. Mai 2011.

35 Interview der Autorin mit Justin Mundy und Jeremy Staniforth, Clarence House, 11. März 2014.
36 Ebd.
37 Interview der Autorin mit William Blacker, 26. Februar 2014.
38 Interview der Autorin mit Justin Mundy und Jeremy Staniforth, Clarence House, 11. März 2014.
39 Interview der Autorin mit Craig Turp, 2. Juli 2014.
40 »Charles' school comments defended«, BBC Online, 18. November 2004.

Kapitel 11: Harmonien und Disharmonien

1 The Prince of Wales mit Tony Juniper und Ian Skelly, *Harmonie: Eine neue Sicht unserer Welt,* München 2010.
2 Interview der Autorin mit Ian Skelly, London, 16. April 2014.
3 Ebd.
4 http://www.psta.org.uk/ research/publications/keithcritchlow.
5 Vorwort zu Keith Critchlow, *The Hidden Geometry of Flowers: Living Rhythms, Form and Number,* Floris Books 2011.
6 Eigener Korrespondent und AAP, »The Empire and the world rejoice«, *Melbourne Argus,* 16. November 1948.
7 Interview der Autorin mit Peder Anker, 18. März 2014.
8 John Dryden, *The Works of John Dryden,* Bd. 4 (von 18), *Almanzor and Almahide, Marriage-a-la-Mode, The Assignation,* Erstaufführung 1670, Project Gutenberg eBook der Ausgabe von 1808, hrsg. März 2005.
9 Michel de Montaigne, *Essays,* 1575, Erstes Buch, »Über die Menschenfresser«, München 2000.
10 Jean-Jacques Rousseau, *Emil,* Erstes Buch, Braunschweig 1789–1791.
11 The Prince of Wales mit Tony Juniper und Ian Skelly, *Harmonie: Eine neue Sicht unserer Welt,* München 2010.
12 Interview der Autorin mit Peder Anker, 18. März 2014.
13 Eine Rede des Prince of Wales beim Festakt der Foreign Press Association Media Awards, Sheraton Park Lane Hotel, London, 25. November 2008.
14 »Romanians: Never happier than when doing back-breaking work«, *Bucharest Life,* www.bucharestlife.net, 20. Oktober 2010.
15 Eine Rede des Prince of Wales beim Festakt der Foreign Press Association Media Awards, Sheraton Park Lane Hotel, London, 25. November 2008.
16 Diskussion beim Aspen Ideas Festival; Linda Tischler interviewt Julie Bergman Sender, Stuart Sender und Jay Harman, 1. Juli 2013.
17 The Prince of Wales mit Tony Juniper und Ian Skelly, *Harmonie: Eine neue Sicht unserer Welt,* München 2010.
18 Interview der Autorin mit Peder Anker, 18. März 2014.
19 Laurens van der Post, *Vorstoß ins Innere – Afrika und die Seele des 20. Jahrhunderts,* München 1966.

20 Interview von Victoria Finlay mit Prince Philip für die Alliance of Religions and Conservation, Juli 2003.
21 Gyles Brandreth, »Portrait of a Marriage«, *Sunday Telegraph*, 5. September 2004.
22 Peder Anker, *Imperial Ecology: Environmental Order in the British Empire, 1895–1945*, Harvard University Press 2001.
23 Interview der Autorin mit Steward Pickett, 20. März 2014.
24 Gen. J.C. Smuts, *Die holistische Welt*, Berlin 1938, S. 17.
25 Weltbank 2013.
26 Interview der Autorin mit Sir William Castell, Welcome Trust, London, 19. März 2004.

Kapitel 12: Gibt es Alternativen?

1 Interview der Autorin mit Edzard Ernst, Suffolk, 3. März 2014.
2 William F. Bynum und Vivian Nutton, *Essays in the History of Therapeutics*, Editions Rodopi 1991.
3 http://www.drmali.com/.
4 Interview der Autorin mit Edzard Ernst, Suffolk, 3. März 2014.
5 The Prince of Wales mit Tony Juniper und Ian Skelly, *Harmonie: Eine neue Sicht unserer Welt*, München 2010.
6 Ebd.
7 E-Mail von Malachy O'Rourke, 3. Juli 2014.
8 E-Mail von Professor Georgios Mitsis, 8. Juli 2014.
9 Eine Rede des Prince of Wales, »Complementary Medicine«, The British Medical Association, London, 14. Dezember 1982.
10 Ebd.
11 Christopher Smallwoods Report über ganzheitliche Gesundheit, Presseveröffentlichung Clarence House, 16. Oktober 2005.
12 Interview der Autorin mit Edzard Ernst, Suffolk, 3. März 2014.
13 Brief von Sir Michael Peat an Professor Steve Smith, Vizekanzler der Universität Exeter, 22. September 2005, zitiert in: *Scientist in Wonderland: A Memoir of Looking für Truth and Finding Trouble*, unveröffentl. Manuskript.
14 Sarah Boseley, »›Make-believe and outright quackery‹ – expert's verdict on prince's detox potion«, *Guardian*, 11. März 2009.
15 E-Mail von Michael Dixon, 10. August 2014.
16 Interview der Autorin mit Michael Dixon, National Liberal Club, Westminster, London, 30. April 2004.
17 Website der College Surgery, Devon: http://www.collegesurgery.org.uk.
18 Interview der Autorin mit Michael Dixon, National Liberal Club, Westminster, London, 30. April 2004.
19 Ebd.

20 Ebd.
21 Ebd.
22 Stephen Porter, *The Great Plague*, Kap. 2, »The Great Plague in London«, Amberley Publishing 2009.
23 Interview der Autorin mit Michael Dixon, National Liberal Club, Westminster, London, 30. April 2004.
24 http://www.pennybrohncancercare.org.
25 Interview der Autorin mit Elizabeth Buchanan, London, 5. März 2014.
26 Heather Goodare, *Fighting Spirit: The stories of women in the Bristol breast cancer survey*, Hrsg. Heather Goodare, Scarlet Press 1996.
27 Zitiert in *The Royal Activist*, BBC Radio 4, Erstausstrahlung 29. Juni 2014.
28 Edzard Ernst, »How Prince Charles disrespects his constitutional role«, http://edzardernst.com, 30. Juni 2014.
29 Interview der Autorin mit Ian Skelly, London, 16. April 2014.

Kapitel 13: Der König schütze Gott

1 Rosie Cox, *The Servant Problem: the Home Life of a Global Economy*, Kap. 5, »The new ›upstairs, downstairs‹«, I.B. Tauris & Co 2006.
2 Colin Brown, »Campbell interrupted Blair as he spoke of his faith: ›We don't do God‹«, *Sunday Telegraph*, 4. Mai 2003.
3 Nicholas Watt und Patrick Wintour, »Our next prime minister?«, *Guardian*, 16. Juli 2008.
4 David Cameron, »My faith in the Church of England«, *Church Times*, 16. April 2014.
5 Interview der Autorin mit Jonathan Dimbleby, London, 28. März 2014.
6 *Charles: The Private Man, the Public Role*, Dokumentarfilm von Jonathan Dimbleby für ITV, Erstausstrahlung 30. Juni 1994.
7 Jonathan Dimbleby, *The Prince of Wales: A Biography*, Kap. 26, Little Brown & Company 1994.
8 Ebd.
9 Interview der Autorin mit Jonathan Dimbleby, London, 28. März 2014.
10 Humphrey Carpenter, *Robert Runcie: The Reluctant Archbishop*, Kap. 12: »What the Job Is«, Hodder & Stoughton 1996.
11 Tribut des Prinzen als Schirmherr der Prayer Book Society zur 350-Jahr-Feier des Book of Common Prayer.
12 Humphrey Carpenter, *Robert Runcie: The Reluctant Archbishop*, Kap. 12: »What the Job Is«, Hodder & Stoughton 1996.
13 Interview der Autorin mit dem Bischof von London, the Old Deanery, 23. April 2014.
14 Humphrey Carpenter, *Robert Runcie: The Reluctant Archbishop*, Kap. 11: »Now Your Troubles Start«, Hodder & Stoughton, 1996.

15 Peter Walker, »Richard Chartres, the formidable bishop leading Lady Thatcher's funeral«, *Guardian*, 16. April 2013.
16 Martin Vander Weyer, »Bishop of London Richard Chartres on bankers, Occupy and Justin Welby«, *Spectator*, 11. Mai 2013.
17 Anna Tims, »A working life: the Bishop«, *The Guardian*, 19. August 2011.
18 Gespräch der Autorin mit dem Prince of Wales, Birkhall, Schottland, 26. September 2013.
19 Interview der Autorin mit dem Bischof von London, the Old Deanery, 23. April 2014.
20 Ebd.
21 Interview für dieses Buch, geführt von Hannah McGrath, 15. Juli 2014.
22 Brief von Frederick Phipps aus Shrewsbury an die Queen, 15. März 2014.
23 Brief von Andrew Nunn an Frederick Phipps, 31. Mai 2013.
24 Interview für dieses Buch, geführt von Hannah McGrath, 15. Juli 2014.
25 Jane Little, »The Church, Charles and Camilla«, BBC Online, 23. Februar 2005.
26 »Lord Chancellor's statement in full«, BBC Online, 23. Februar 2005.
27 Eingabe von Michael F. Jones beim ICO, 23. November 2008.
28 Freedom of Information Act 2000 (Section 50), Bescheid seitens des Justizministeriums an Kläger Michael Jones, 31. März 2010.

Kapitel 14: Heilige Räume

1 Interview der Autorin mit Ian Skelly, London, 16. April 2014.
2 J.D.F. Jones, *Storyteller: the Many Lives of Laurens van der Post*, Kap. 37: »My Prince«, Scribner 2001.
3 Brief an Arianna Huffington, 23. April 1996, ebd.
4 Janet Watts, Nachruf auf Kathleen Raine, *Guardian* Books, 8. Juli 2003.
5 Philippa Bernard, *No End to Snowdrops: A Biography of Kathleen Raine*, Kap. 11, »Temenos«, Shepheard-Walwyn 2009.
6 David Lorimer, *The Radical Prince: The Practical Vision of the Prince of Wales*, Kap. 4: »Sense of the Sacred«, Floris Books 2003.
7 http://www.temenosacademy.org/temenos_home.html.
8 Philippa Bernard, *No End to Snowdrops: A Biography of Kathleen Raine*, Kap. 12, »India«, Shepheard-Walwyn 2009.
9 Ebd.
10 Interview der Autorin mit Ian Skelly, London, 16. April 2014.
11 Videobotschaft des Prince of Wales, aufgenommen für die Temenos-Konferenz im St. Hilda's College, Oxford, 13.-15. September 2013.
12 Michael Specter, »Seeds of Doubt: An activist's controversial crusade against genetically modified crops«, *New York Magazine*, 25. August 2014.
13 The Prince of Wales mit Tony Juniper und Ian Skelly, *Harmonie: Eine neue Sicht unserer Welt*, München 2010.

14 Mark Sedgwick, *Against the Modern World: Traditionalism and the Secret Intellectual History of the Twentieth Century*, Kap. 1, »Traditionalism«, Oxford University Press 2004.
15 The Prince of Wales mit Tony Juniper und Ian Skelly, *Harmonie: Eine neue Sicht unserer Welt*, München 2010.
16 Jenny Uechi, »Sacred Web Conference contemplates the role of religion in a secular age«, *Vancouver Observer*, 27. April 2014.
17 Mark Sedgwick, *Against the Modern World: Traditionalism and the Secret Intellectual History of the Twentieth Century*, Kap. 11, »Europe after 1968«, Oxford University Press 2004.
18 The Prince of Wales mit Tony Juniper und Ian Skelly, *Harmonie: Eine neue Sicht unserer Welt*, München 2010.
19 Religion in England und Wales, Umfrage von 2011, statistische Erhebungen für die Bezirke England und Wales, Office for National Statistics, hrsg. 11. Dezember 2012.
20 Gordon Rayner, »Prince of Wales ›abused and ridiculed‹ over his attempts to promote interfaith dialogue«, *Daily Telegraph*, 6. April 2011.
21 Cindi John, »Black worshippers keep the faith«, BBC Online, 1. August 2005.
22 Eine Rede des Prince of Wales bei einem Besuch der Jesus House Church zur Würdigung der Arbeit von Kirchen mit schwarzer Mehrheit, Brent Cross, London, 14. November 2007.
23 Interview der Autorin mit dem Bischof von London, Old Deanery, 23. April 2014.
24 Interview der Autorin mit Oberrabbiner Jonathan Sacks, London, 20. August 2013.
25 Ebd.
26 Eine Rede des Prince of Wales bei dem Festessen zu Ehren des Oberrabbiners, 24. Juni 2013.
27 Jonathan Sacks, *Wie wir den Krieg der Kulturen noch vermeiden können*, Kap. 3, »Die Würde der Verschiedenheit«, Gütersloh 2007.
28 Ebd.
29 Interview der Autorin mit dem Bischof von London, Old Deanery, 23. April 2014.
30 Interview der Autorin mit Yasmin Alibhai-Brown, London, 1. April 2014.
31 Ebd.
32 Robin Simcox, »A Degree of Influence: The funding of strategically important subjects in UK universities«, Centre for Social Cohesion 2009.
33 Interview der Autorin mit Farhan Nizami, London, 22. August 2013.
34 »Dreaming spires face minaret eclipse«, *Times* Higher Education, 7. Juli 1997.
35 Robin Simcox, »A Degree of Influence: The funding of strategically important subjects in UK universities«, Centre for Social Cohesion 2009.
36 E-Mail von Farhan Nizami, 8. August 2014.

Kapitel 15: Glücklich und in aller Munde

1 Harry Arnold, »It's Camilla, looking just like One's mum«, *Daily Mirror*, 6. März 1993.
2 Heather McGlone und Rosemary Carpenter, »Why Camilla has such a hold on Charles«, *Daily Express*, 16. Januar 1993.
3 Interview der Autorin mit Lucia Santa Cruz, 25. März 2014.
4 »Charles and Camilla go public«, BBC Online, 29. Januar 1999.
5 Sholto Byrnes, »Mark Bolland: Marital aide«, *Independent*, 30. März 2005.
6 Ebd.
7 Interview der Autorin mit Anthony Holden und Richard Kay, Central London, 17. April 2014.
8 Interview der Autorin mit Robin Boles, Hauptbüro von In Kind Direct, 21. August 2013.
9 Richard Kay und Geoffrey Levy, »Why Charles and Camilla are now living such separate lives«, *Daily Mail*, 29. Juni 2010.
10 Richard Kay und Geoffrey Levy, »From ›that wicked woman‹ to Her Majesty's secret weapon: Camilla's the only one who stops Charles sulking about Kate and George's popularity«, *Daily Mail,* 18. April 2014.
11 E-Mail von Richard Kay, 22. Juli 2014.
12 Gespräch der Autorin mit dem Prince of Wales, Birkhall, Schottland, 26. September 2013.
13 Interview der Autorin mit Emma Thompson, 16. September 2013.
14 Interview der Autorin mit Lucia Santa Cruz, 25. März 2014.
15 Interview der Autorin mit Patrick Holden, Central London, 6. August 2013.
16 Interview der Autorin mit Ben Elliot, Central London, 27. Mai 2014.
17 Interview der Autorin mit Lucia Santa Cruz, 25. März 2014.
18 Interview der Autorin mit Amanda Macmanus, Clarence House, 9. April 2014.
19 Emma Soames, »Camilla's dearest cause«, *Daily Telegraph*, 20. November 2006.
20 »Duchess of Cornwall supports efforts to end female genital mutilation«, Press Association, 27. Februar 2014.
21 Interview der Autorin mit Robin Boles, Central London, 21. August 2013.
22 Interview der Autorin mit Sir Nicholas Soames, Portcullis House, 11. Februar 2014.
23 Umfrage von YouGov für die *Sunday Times*, Umfang: 1945 Erwachsene, 9./10. Mai 2013.
24 Interview der Autorin mit Emma Thompson, 16. September 2013.
25 »Wenn du an den Knorpeln des Lebens zu knabbern hast, / Lass das Maulen, versuch's mit einem Pfiff, / Und du wirst sehen, alles wird gut / Und schau immer auf die Sonnenseite des Lebens!« (Anmerkung des Übersetzers)

26 »Wenn *Spamalot* heiß ist und du es magst oder auch nicht, / Ein Haufen Ritter auf der Suche nach Heiligen Gralen, / Wenn du sechzig bist und deine Mama nicht von der Bühne abtreten will, / Dann ist es gut zu wissen, dass du immer noch Prince of Wales bist!« (Anmerkung des Übersetzers)

27 »Schau immer auf die Sonnenseite des Todes, / Bevor du deinen letzten Atemzug tust, / Denn das Leben ist nur ein Stück Scheiße, genau betrachtet / Das Leben ist ein Lacher und der Tod ein Witz. / Du wirst sehen, es ist alles nur Show. Lass sie nur lachen, wenn du gehst. / Denk daran, das letzte Lachen geht auf dich.« (Anmerkung des Übersetzers)

Kapitel 16: Könige von morgen

1 Interview der Autorin mit John Campbell, Cumnock, 20. Januar 2014.
2 Rede des Prince of Wales bei der Eröffnung des Queen Elizabeth Garden, Dumfries House, 2. Juli 2014.
3 Schottischer Index für Mehrfachbenachteiligung 2012.
4 Interview der Autorin mit Sarah-Jane Clark, Dumfries Estate, 21. Januar 2014.
5 Interview der Autorin mit Gette Fulton, Cumnock, 20. Januar 2014.
6 Interview der Autorin mit Ben Elliot, Central London, 27. Mai 2014.
7 E-Mail von Fiona Lees, 7. Juli 2014.
8 Gespräch der Autorin mit Prinz Charles, Birkhall, Schottland, 26. September 2013.
9 Jane Treays, »Prince William on why conservation and Africa are burning passions he was born to pass on«, *Radio Times*, 15. September 2013.
10 Gespräch mit der Autorin während der Kanada-Reise, Mai 2014.
11 Interview der Autorin mit Ben Elliot, Central London, 27. Mai 2014.
12 Interview der Autorin mit Emma Thompson, 16. September 2013.
13 Interview der Autorin mit Patrick Holden, Central London, 6. August 2013.
14 Interview der Autorin mit Emma Thompson, 16. September 2013.
15 Interview der Autorin mit Patrick Holden, Central London, 6. August 2013.
16 Gesprächsrunde mit Prinz Charles, Fiona Lees und Kristina Kyriacou, 13. September 2013.

Ausblick

1 Gespräch der Autorin mit dem Prince of Wales, Birkhall, Schottland, 26. September 2013.
2 Interview der Autorin mit Graham Smith, Central London, 29. Mai 2014.
3 Interview der Autorin mit Tony Berkeley, House of Lords, 3. April 2014.

4 Protokollarische Aufzeichnungen Unterhaus (Hansard Debates for the House of Commons), 22. März 2001.
5 Interview der Autorin mit Graham Smith, Central London, 29. Mai 2014.
6 Ebd.
7 Niccolò Machiavelli, *Der Fürst*, Kapitel 19, übers. F. von Oppeln-Bronikowski, Insel Verlag.
8 *Charles: The Private Man, the Public Role,* von Jonathan Dimbleby präsentierte und koproduzierte Dokumentation, ITV, Erstausstrahlung 30. Juni 1994.
9 Robert Booth, »Prince of Wales: a private individual's effective veto over public legislation«, *The Guardian,* 30. Oktober 2011.
10 Public Accounts Committee (Rechnungsausschuss) – Minutes of Evidence (Protokoll der Anhörung), HC 475.
11 Ebd.
12 Public Accounts Committee (Rechnungsausschuss), House of Commons (Unterhaus), The Duchy of Cornwall (Herzogtum Cornwall), HC 2013-2014.
13 Interview der Autorin mit Tony Berkeley, House of Lords, 3. April 2014.
14 Interview der Autorin mit John Major, South London, 23. Oktober 2014.
15 Public Accounts Committee (Rechnungsausschuss), House of Commons (Unterhaus), The Sovereign Grant, Thirty-ninth Report of Session (39. Sitzungsbericht) 2013–14, Januar 2014.
16 Interview der Autorin mit Patrick Holden, Central London, 6. August 2013.
17 Interview der Autorin mit Fiona Reynolds, Central London, 29. Mai 2014.
18 Interview der Autorin mit John Major, South London, 23. Oktober 2014.
19 Interview der Autorin mit Emma Thompson, 16. September 2013.
20 Gespräch der Autorin mit dem Prince of Wales, Birkhall, Schottland, 26. September 2013.

Anmerkung der Autorin

1 Estelle Shirbon, »›Prince Charles in no hurry to become king‹ – *TIME* magazine«, Reuters, 25. Oktober 2013.
2 Natalie Evans, »Prince Charles fears becoming king will be like ›Prison‹«, *Mirror,* 25. Oktober 2013.
3 »Prince Charles ›Prison‹ Claim Denied«, Homepage der BBC, 25. Oktober 2013.
4 Catherine Mayer, »Heart of a King«, *TIME,* Erscheinungstag 4. November 2013 (im Handel und online bereits Oktober 2013).
5 Catherine Mayer, »Exclusive: Prince Charles, Born to be King But Aiming Higher«, time.com, 24. Oktober 2013.
6 Interview der Autorin mit Emma Thompson, 16. September 2013.

7 Jeremy Paxman, *On Royalty*, Kapitel 12: »The End of the Line?«, Viking, 2006.
8 Interview der Autorin mit Clive Alderton, 17. September 2013.
9 Interview der Autorin mit Elizabeth Buchanan, Central London, 5. März 2014.
10 Valerie Elliott, »Royals jet off into a storm of protest as they leave George at home during Maldives getaway«, *Daily Mail*, 8. März 2014.
11 E-Mail von Katie O'Donovan, 1. April 2014.
12 E-Mail von Amol Rajan, 7. Mai 2014.
13 Interview mit Alan Rusbridger, Redaktion des *Guardian*, Central London, 31. März 2014.
14 *Cumberland Evening Times*, 22. August 1962.
15 Anthony Holden, *Charles: A Biography*, Bantam Press im Haus der Transworld Publishers, 1998, © Anthony Holden.
16 Anthony Holden, *Charles: A Biography*, Weidenfeld & Nicolson, 1988, © Anthony Holden.

Register

Abbott, Tony 26
Abdullah, König von Saudi-Arabien 275
ABK 228, 231 f., 234, 237, 240
Abu Dhabi 87, 278
Accounting for Sustainability 153
Adam, Robert 383 f.
Adelaide, Königin 316
Adlington, Romy 110
Afghanistan 110, 360
Afrika 187, 308 f.
Ahrends, Peter 228 f., 231 f., 234 f., 315
Alderton, Clive 52, 107, 428
Alexandra, Prinzessin 25, 84, 192
Ali, Mosaraf 302, 316
Alibhai-Brown, Yasmin 359 f.
Alice Housing 364
al-Qaida 275
al-Shabab 271
Al-Thani, Scheich Hamad bin Jassim bin Jabr 236
Amin, Idi 187
Amis, Martin 277
Amnesty International 279
Andreas, Prinz 88
Andrew, Prinz 25, 32, 75 f., 84, 93, 109–114, 116 f., 125, 135, 162, 168, 332, 426
Anker, Peder 304 ff., 308, 311
Anne, Prinzessin 25, 47, 75, 78, 84, 86, 90, 93, 116 f., 135, 171, 332, 344
Arabischer Frühling 271

Arbiter, Dickie 141
Architektur 33, 142, 228–248, 294 f., 305 f., 312
Armenien 30, 282 ff.
armenisch-orthodoxe Kirche 283
Aserbaidschan 271, 284
Ashdown, Paddy 357
Asō, Tarō 61
Assad, Bashar al 60 f., 282
Assange, Julien 181
Atkinson, Rowan 116, 162
Attlee, Clement 258
Aufklärung 351
Aung San Suu Kyi 60
Australien 26, 28, 56, 179, 257 f., 263 ff., 403, 431 f.
Ayde, John 174

Bacon, Richard 413
BAE Systems 280
Bagehot, Walter 36, 172, 410
Bahrain 271, 278
Baker, Greg 267 f.
Baker, Norman 208
Baldwin, Stanley 108 f.
Balmoral, Schloss 60, 291, 397
Ban Ki-Moon 62
Bandar bin Sultan, Prinz 282
Barcapel Foundation 321
Barker, Margaret 351 f.

Barlow, Gary 165
Barroso, José Manuel 61
Bartlett, Mike 144
Bashir, Martin 144, 433
Beatrice of York 117
Beatrix, Königin der Niederlande 145
Benn, Tony 405
Bennett, Alan 25, 358
Berg Athos 96, 289, 348
Berkeley, Baron Tony 404, 411, 414 f., 417
Berlusconi, Silvio 61
Bernhardt, Sarah 108
Berry, Wendy 428
Beyoncé 191
Bignell, Geoffrey 147
bin Laden, Osama 271
bin Naif, Mohammed 282
Biomimetik 298 ff., 318 f., 331, 391
Blackadder-Kolumne 222
Blacker, William 288, 295
Blair, Tony 68 f., 163, 176, 193, 204, 212 ff., 218, 221, 285, 294, 330, 333, 344, 357, 390
Bloomberg, Michael 72
Bogdanor, Vernon 68
Boko Haram 271
Boles, Robin 372, 377
Boleyn, Anne 60
Bolland, Mark 158 f., 162 ff., 212, 284 f., 369 f.
Bongo Ondimba, Ali 62
Boyd, William 89
Bradbury, Tom 222
Branagh, Kenneth 146
Brandreth, Gyles 310
Branson, Richard 195 f., 316
Bristol Cancer Help Centre 328 f.
Bristol Survey Support Group 329
Britannia (Jacht) 416
Britisches Empire 26, 258, 304, 311
British Medical Association 319
British National Party 72
Brooks, Rebekah 224 f.
Brown, Gordon 70, 285, 330, 345
Brown, Harold 156

Brownlow, David 388
Buchanan, Elizabeth 36 f., 43, 50, 103, 107, 153, 164, 328, 429
Buckingham-Palast 60, 77, 82 ff., 174
Build a Better Britain 286
Burke, Kim 250
Burrell, Paul 156, 174
Burton, Richard 228
Business in the Community (BITC) 154, 165, 194, 207, 341
Butler, Richard Austin (»Rab«) 68, 103
Byrnes, Sholto 370

Cameron, David 68, 70 ff., 202, 204, 208, 214, 223 f., 333, 390, 407
Camilla, Herzogin von Cornwall 25, 41, 46, 53, 55, 59, 63 f., 96, 103, 107 ff., 127–132, 134, 137, 139, 143 f., 148, 150, 161 ff., 177, 180, 207, 211, 222, 249–254, 260 f., 265, 267, 289, 342–346, 364–378, 380 f., 383, 397, 415 f., 418, 425
Camillagate 139 f., 173, 223, 378
Campaign Against the Arms Trade (CAAT) 280
Campaign for Wool 215
Campbell, Alastair 212 f., 215, 333
Campbell, John 384 ff.
Campbell, Naomi 159
Candy, Christian 236
Candy, Nick 236
Carey, George Leonard, Erzbischof von Canterbury 60, 278, 336 f.
Carpenter, Humphrey 337 ff.
Carré, John le 276
Castell, Sir William 189, 193, 215, 314
Catherine, Herzogin von Cambridge (»Kate«) 24, 25–29, 56 f., 96, 144, 222, 250, 253, 262, 267, 366, 391, 393 f., 396 f., 403, 406, 429 f., 432
Cazalet, Peter 104
Ceaușescu, Nicolae 286 f., 295
Charleston Trust 376
Chartres, Richard, Bischof von London 73, 96, 102 f., 107, 143, 278, 338 ff., 346, 356, 358

Checketts, David 186, 189
Chew, Robert 99
China 112 f., 163, 212, 215, 284 ff., 312
Chippendale, Thomas 10, 384
Church of England 20 f., 333 ff., 338, 340, 342 ff., 346, 354
Churchill, Lady Randolph 108
Churchill, Winston 68, 122
Cig Mynydd Cymru 39, 48, 52, 58
Civil List (Zivilliste) 81, 88
Clarence House 14, 17 f., 52, 55, 60, 83, 151 ff., 160, 165, 180, 216 f., 220, 278, 294, 322 f., 369, 377, 392, 409 f., 419 f., 425, 427 f., 433 f.
Clark, Sarah-Jane 387
Clemens VII., Papst 334
Cleverdon, Julia 36, 40, 103, 165, 194, 216
Clinton, Hillary 61
Collins, Phil 379
Commonwealth of Nations 25, 29 f., 44 f., 52 f., 56, 75, 211, 257 ff., 262–266, 356, 403, 418
Commonwealth Realms 12, 20, 26, 211, 250
Conservative Party 70, 211
Coomaraswamy, Ananda Kentish 349
Cope, Janet 168
Cornwall, Herzogtum 18, 48, 55, 60, 81, 107, 147, 240 f., 412 f.
Correa, Charles 232
Cottrill, Cliff 406
Coulson, Andy 223, 225
Crapper, Thomas 384
Crawford, Marion 136 f., 180
Cristina, Prinzessin 28
Critchlow, Keith 230, 302 f., 348, 353
Cromwell, Thomas 151

Dacre, Paul 225
Dalai Lama 30, 60, 211, 214 f., 284 ff.
Dalrymple-Crichton, William 383
Davey, Peter 235
Davies, Dan 167 f.
Davies, Sir Howard 361
Day, Elaine 159 f., 296
Dearlove, Richard 174

Diana, Princess of Wales 13, 22, 27, 33, 35, 56 f., 74, 80, 106, 108 f., 116, 118–123, 130–150, 156, 166–176, 180, 217, 226, 248, 250 f., 253 f., 257, 274, 310, 335, 337, 339, 346, 359, 366, 368 f., 371, 391 f., 394 ff., 426, 431 ff.
Dimbleby, Jonathan 56, 124, 130 f., 137, 141 ff., 220, 241, 274, 281, 290, 335, 337, 379, 409, 433
Dimbleby, Richard 137
Disney, Walt 242
Dittmar, Hank 237, 240, 244, 257
Dixon, Michael 302, 321, 324 ff.
Djemal, Tanya 182 f., 201
Douglas-Home, Alec 68
Dowler, Milly 224
Dryden, John 9, 304
Duchy Home Farm 48 ff.
Duchy Originals 49 f., 300, 323
Duggan, Mark 206
Dumfries House 10, 54, 60, 161, 382–391, 393, 398, 425
Dumfries, Johnny 384
Dunn, Linda 254
Dunstone, Sir Charles 195
Dynamo (Magier) 194, 410

Ebbw Fawr Learning Community 57 ff.
Economist 32 f., 35 f.
Eden, Anthony 67 f.
Edward VII., König 108
Edward VIII., König 67, 105, 108 f., 132, 135, 171, 256, 342
Edward, Prinz 25, 75, 84, 92 f., 110, 112, 115 ff., 162, 373
Edwards, Arthur 253, 270, 291, 394
Edwards, Elizabeth 367
Edwards, John 367
Elba, Idris 194
Elizabeth II., Königin 13 f., 19 f., 22, 24 f., 29, 31, 41, 44, 47, 63 ff., 66–94, 98, 101, 111, 121, 125 f., 132 f., 136 f., 141, 145, 147 f., 152, 156, 171 f., 174, 177, 180, 189, 209, 219, 251, 259, 262 f., 274, 287, 290, 332 f., 342, 344 f., 367 f., 371, 373,

473

380f., 389, 392, 396, 398, 403, 408, 410, 416, 418, 424, 426, 433 ff.
Elizabeth R: A Year in the Life of the Queen 47, 85
Elizabeth, Königinmutter (Queen Mum) 47, 77, 104ff., 159, 251, 254, 310, 316, 378, 408, 434
Elliot, Annabel 369
Elliot, Ben 14, 374f., 389, 396
Elliott, Michael 35, 437
Emmaus 46
English, Rebecca 253 ff.
Epstein, Jeffrey 113f.
Ernst, Edzard 315 ff., 320–324, 330
Eugenie of York 117
Evans, Rob 217, 219

Fahd, König von Saudi-Arabien 273, 361
Falconer of Thoroton, Charles Baron 344f.
Farage, Nigel 73
Fawcett, Dame Amelia 154f., 257
Fawcett, Michael 155ff., 160ff., 383, 429
Fayed, Dodi 174ff., 274
Fayed, Mohamed 175f.
Fellowes, Jane 174
Fellowes, Lord 174, 176
Ferguson, Marianne 254f., 260
Ferguson, Sheila 190
Fibonacci, Leonardo Pisano 317
Ficino, Marsilio 352
Flaherty, Jim 62
Flynn, Paul 209, 287
Foreign and Commonwealth Office (FCO) 273
Foster, Joelle 268f.
Foster, Peter 162
Franziskus, Papst 278, 285, 343, 367
Freedom of Information Act 217 ff., 426
Freeman, Richard 274
Freud, Sigmund 310
Front National 72
Frost, David 102
Fry, Stephen 137
Fulton, Gette 387
Futurpreneur 268

Gaddafi, Muammar 361
Galloway, George 279
Gapes, Mike 255
Geidt, Sir Christopher 79
George III., König 81, 190
George IV., König 107
George V., König 76
George VI., König 32, 78, 87, 251, 254, 303, 364
George, Prince of Cambridge 24, 96, 262, 391, 394, 397f., 406, 430f.
Gerson, Alan 275
Get Into Hospitality 386
Gfoeller, Tatiana 113
Ghazi, Prinz von Jordanien 278
Gilbey, James 139f.
Gladstone, William 324
Glover, Shelly 252
Gombrich, Richard 361
Goodall, Sarah 169f.
Goodman, Clive 222f., 225
Gordonstoun School 88f., 97–101, 110, 122, 166, 185, 189, 194, 388, 391, 428
Government Communications Headquarters (GCHQ) 31, 173f., 177, 179
Gower, Patrick 56
Graham, Suzie 95
Gray, George 154, 324
Grieve, Dominic 219f.
Guardian 37, 113, 157f., 217–221, 223, 410
Guénon, René 352f.
Gunning, Dave 267

Hahn, Kurt 88f., 91, 97, 99ff., 186, 313
Hahnemann, Samuel 315
Hain, Peter 330
Hamas 271
Hamilton, Alexandra 310
Hancock, Sheila 329
Harmonie: Eine neue Sicht unserer Welt 21, 42, 58, 160, 216f., 273, 295, 301f., 305ff., 314, 317f., 340f., 352, 354, 382, 402, 411
Harmony 307, 362
Harper, Stephen 252f.

Harris, Karine 197
Harry, Prinz 11, 24 f., 57, 59, 87, 100, 110, 117 f., 120, 133, 144, 146 ff., 152, 256, 360, 380 f., 393–397, 417
Harvard, Dai 56
Harwood, Ronald 14
Hastings, Max 138
Hawes, Patrick 351
Henderson, Mark 322
Henry VIII., König 60, 151, 334
Highgrove House 17, 48 f., 60, 95 f., 167, 348, 351, 373, 395
Hinds, Samuel 61
Hisbollah 271
Hitler, Adolf 109, 255 f.
Hodge, Margaret 84
Hodges, Nathaniel 327
Holden, Anthony 140 f., 264, 395, 432
Holden, Patrick 22, 49, 63, 103, 167, 374, 397 f., 421
Holismus 21, 273, 304, 307 f., 311, 314, 319
Hollingsworth, Mark 275
Homöopathie 135, 315 ff., 322
Hongkong 163, 210, 212
Horton, Richard 322
Hovhanessian, Vahan, Bischof 283
Howe, Earl 147
Howe, Geoffrey 286
Hu Jintao 286
Huffington, Arianna 348
Hughes, Ted 211
Human Rights Act 218, 344 f.
Hunter, Rielle 367
Hussein, Saddam 273, 279
Hutton, Will 306
Huxley, Aldous 233

Idle, Eric 379 ff.
In Kind Direct 372
Indien 258, 260, 290
Intergovernmental Panel on Climate Change (IPCC) 274
International Sustainability Unit (ISU) 62, 294, 301
Invictus Games 25, 394

Irak 68, 221, 225, 271, 273, 278 f., 282
Iran 271, 276, 279
Irisch-Republikanische Armee (IRA) 92, 356
Islam 271 ff., 276 ff., 280, 337, 353 ff., 359 ff.
Islamischer Staat (IS) 271, 282
Ivall, John 243

Jamaika 26, 257, 403
James II., König 85, 334
James, Viscount Severn 117
Jelinek, Matt 183 f., 201
Jenkin, Patrick 234
Jephson, Patrick 141
Jiang Zemin 212, 284
Jobs, Steve 195
Johannes Paul II., Papst 371
Johnson, Boris 208, 247
Jones, J. D. F. 308, 347
Jones, Jonathan 205
Jones, Michael 345, 372
Judentum 278, 288, 337, 356 ff.
Jung, Carl Gustav 308, 310
Juniper, Tony 21, 301
Junor, Penny 143

Kalnóky, Graf Tibor 291 f.
Kanada 179, 249–257, 260 ff., 264–270, 364 f., 415 f., 425
Kander, Naday 425
Karekin II., Patriarch 283
Katar 278
Katharina von Aragón 334
Kay, Richard 164, 371 ff., 377
Keeble, Brian 348
Kelly, Jude 377
Kensington Palace 23 f., 147, 152 f.
Keppel, Alice 108, 128
Key, John 27
Khan, Hasnat 175, 274
Khomeini, Ayatollah 271, 276
King George's Jubilee Trust 189
Kirkland, Mell 250 f.
Klimawandel 51, 301
Knatchbull, Amanda 93, 129 f.

Knatchbull, John 92
Knatchbull, Nicholas Timothy 92
Knatchbull, Patricia 92
Knatchbull, Timothy 13, 40, 92 f., 98, 104, 129, 134, 243 f.
Knatchbull, Timothy Nicholas 92
Knight, Andrew 139
Konstantin I., König von Griechenland 88
Koralek, Paul 228
Krier, Léon 240 f.
Kyriacou, Kristina 165, 374, 398

Labour Party 68, 208 f., 211 f., 279, 344, 416
Lambeth Palace 276, 334, 336, 342
Lammy, David 206
Lancaster, Sir Alan 85
Landwirtschaft 47 ff., 52 f., 58, 199, 214 f., 292, 294 ff., 300, 340, 395
Langtry, Lillie 108
LaRouche, Lyndon 274
Lascelles, Sir Alan 108
Lawson, Edmund 156 f.
Lees, Fiona 383, 390, 398
Lehman Brothers 380
Lette, Kathy 377
Leveson, Brian 225
Levy, Geoffrey 164, 371 ff., 377
Liberal Democrats 70, 208
Lifescaped 299 f.
Lings, Martin 353
Livingstone, Ken 237
Llwynywermod Farm 40, 59 f., 63
Llywelyn ap Gruffudd, Prince of Wales 39
Lockerbie 74
Luder, Owen 231
Lukies, Alastair 299 f.

Machiavelli, Niccolò 407 f.
MacKay, Peter 250
MacLachlan, Sue 267
Macmanus, Amanda 376
Macmillan, Harold 68
Maggie's Cancer Caring Centre 375
Mahmood, Mazher 113, 115
Mail on Sunday 158, 163 f., 284

Major, John 57, 68 f., 71 f., 80, 121, 209, 259, 416, 421
Mandela, Nelson 360, 395, 415
Manning, Bradley 226
Mantel, Hilary 151
Margaret, Prinzessin, Gräfin von Snowdon 106, 136
Margareta von Rumänien 346
Marriage Act 344 f.
Marten, Henry 77
Martin, Simon 165
Materialismus 273, 298, 311 f., 348
Matthijs, Herman 252
Maximinus, Kaiser 407
Maxwell, Nicholas 93
Maxwell, Paul 93
May, Theresa 206
McCorquodale, Lady Sarah 156, 175
McGlashan, Alan 166 f.
McGlashan, Sasha 167
McGuirk, Justin 240
McKinnon, Don 259
McPherson, Shaun 197 ff.
Meacher, Michael 214
Medizin, alternative 154, 314–331, 352
Menschenrechte 30, 211, 215, 218, 258, 279, 287, 363
Merkel, Angela 61 f.
Metropolitan Police 39, 224
Michael von Kent, Prinz und Prinzessin 25
Middlemiss, Oliver 382
Mihai Eminescu Trust 288
Milburn, Martina 103, 191, 200
Miliband, Ed 208, 255
Miller, Ewen 238 ff.
Miller, Harry M. 263 f.
Mills, Diedre 26
Minogue, Kylie 60
Mirren, Helen 74
Mirvis, Ephraim 278
Mitchell, Sandy 275
Mitsis, Georgios 318
Modernismus 230, 233, 286 f., 298, 305 f., 312, 354, 402
Moffatt, Gina 207

Montaigne, Michel de 305
Monty Python 52, 205, 379 f.
Moore, Suzanne 173
Morton, Andrew 80, 111, 121, 131, 138 ff., 143, 335, 337, 409
Mountbatten, Louis 76, 87, 92 f., 105 f., 108, 123 ff., 128 ff., 167, 187, 244, 258, 434
Mulcaire, Glenn 222 f.
Mundy, Justin 294
Murdoch, Rupert 86, 138 f., 180, 224 f.

Nasr, Seyyed Hossein 353
Nasseef, Abdullah Omar 362
National Enquirer 366 f.
National Health Service (NHS) 226, 228, 325, 330
National Liberal Club 324
National Osteoporosis Society 370, 376
National Security Agency (NSA) 179
National Trust 51, 384
Neuseeland 27 f., 56, 179, 257, 264, 403
News International 138 f., 224
News of the World 86, 180, 222–226
Nichols, Vincent 278
Nixon, Richard 171
Nizami, Farhan 272 f., 280, 360 ff.
Nordirland 177, 284, 402
Norton-Taylor, Richard 280
Nunn, Andrew 342 f.
Nye, William 19, 411 ff.

O'Donovan, Katie 430
O'Mallie, Shehnaz 245
O'Rourke, Malachy 318
Obama, Barack 221, 417
Obasanjo, Olusegun 87, 259
Oberhaus 218 f., 404 f., 411 f., 414 f.
Oberster Gerichtshof 37, 159, 220 f., 261
Occupy 192, 339
Ogilvy, Sir Angus 192 f.
Operation Entrepreneur 254
Osman, Sally 152
Oxford Centre for Islamic Studies 272, 360 ff.

Paracelsus 320
Parker Bowles, Andrew 128 f., 372
Parker, Andrew 299 f., 302
Parry, Ryan 332 f.
Patel, Rajan 182 ff., 201
Paterson, Owen 203 f.
Paul, Henri 174, 176
Paxman, Jeremy 427
Peat, Michael 44, 50, 156 ff., 322 f.
Penny Brohn Cancer Care 328
Perennialismus 21, 349 f., 352 f.
Pervin, John 196
Philip, Herzog von Edinburgh, Prinz 25, 64 f., 72, 75 f., 79, 84, 86–92, 94, 101, 105, 109, 123, 126, 130, 136, 167, 189, 256, 310, 332, 345, 389 f., 411, 418, 431
Phillips, Mark 135
Phillips, Peter 117
Phipps, Frederick 342 f., 372
Pickett, Steward T. A. 311
Pinochet, Augusto 211
Platon 89, 97, 352, 400
Porphyrios Associates 245
Porter, Stephen 327
Post, Ingaret van der 166
Post, Laurens van der 106, 133, 166, 290, 308 ff., 338, 347 f., 350, 353, 434
Pound, Stephen 209
Poundbury 50, 239–244, 388
Powell, Enoch 187
Pratt, George 185
Prescott, John 237
Press Complaints Commission (PCC) 140
Press TV 279
Prince of Wales Charitable Foundation 107, 154, 291
Prince of Wales Community Venture 194
Prince of Wales Institute of Architecture 194, 246
Prince of Wales Intelligence Community Awards 177
Prince's Countryside Fund 204
Prince's Drawing School 207, 246
Prince's Foundation for Architecture and the Building Arts 246

Prince's Foundation for Building
 Community 237, 246
Prince's Foundation for Children and the
 Arts 207
Prince's Foundation for Integrated Health
 154, 321, 323 f.
Prince's Initiative for Mature Enterprise 208
Prince's Rainforest Project 61 f.
Prince's School of Traditional Arts 207, 230,
 246, 302, 353, 360
Prince's Teaching Institute 207
Prince's Trust 14, 33 f., 46 f., 51, 54, 103, 151,
 160, 182 ff., 188–200, 207, 229, 250, 265,
 268, 296, 300, 341, 379, 391, 393, 401,
 410
Prince's Trust Volunteers 194
Prince's Youth Business International 268
Prince's Youth Business Trust 193
Prudential 48
Putin, Wladimir 255 f., 268, 366

Quintessentially Foundation/Group 14, 389

Rabin, Jitzchak 357
Radu, Prinz von Rumänien 346
Raine, Kathleen 211, 310, 348 ff., 357, 434
Rajan, Amol 431
Ratcliffe, Stephen 275 f.
Reenan, Cyril 138 f., 173
Reid, Sir Alan 79
Reilly, Becky 203
Republic (republikanische Vereinigung) 69,
 208, 403, 405 f.
Republikaner, britische 22, 31, 37, 70, 205,
 208 f., 342 f., 403, 415
Reynolds, Fiona 50, 421
Rhédey, Claudina Gräfin 287
Richards, Dominic 237, 246, 290
Rigby, Lee 279, 355
Roberts, Hugh 83
Roberts, Virginia 113 f.
Robertson, Geoffrey 259
Robinson, Gene 334
Rodway, Christopher 275
Rogers, Lord Richard 230 f., 235 ff., 248

Rook, Jean 74
Rose, Stuart 216
Ross, Diana 190
Rousseau, Jean-Jacques 304 f.
Royal Family 171
Royal Institute of British Architects (RIBA)
 231 f., 238
Royal Navy 76, 190
Rudd, Kevin 61
Rumänien 18, 30, 52, 60, 152, 286–296, 300,
 306, 312
Runcie, Robert, Erzbischof von Canterbury
 120, 135, 144, 276, 337 ff.
Rusbridger, Alan 37, 217 f., 409, 431
Rushdie, Salman 276 f.
Russell, Bertrand 19
Russland 255 f., 266, 312, 366

Sacks, Lord Jonathan 15, 17, 357 f.
Sacred Web 353
Samdup, Thubten 285
Sandringham 47, 60, 79
Santa Cruz, Lucia 16, 103, 124, 127 ff., 134,
 211, 277, 369, 374 ff.
Sarah, Herzogin von York 112 f., 116, 135,
 168 f.
Sarkozy, Nicolas 61
Sarkissjan, Armen 283
Saud Al-Faisal, Prinz 62, 360, 362
Saudi-Arabien 30, 270 f., 273 ff., 278 ff., 282
Save the Children 116, 186
Savile, Jimmy 60, 133, 167–171, 226
Schauberger, Viktor 317, 319, 321
Schiiten 271, 276, 279
Schottland 71, 284, 404
Schuon, Frithjof 352 f.
Secombe, Harry 190
Sedgwick, Mark 354
Seeing is Believing 154, 165
Sender, Julie Bergman 302
Sender, Stuart 302, 307
Shand, Mark 14, 291
Sharma, Kamalesh 259
Shawcross, William 104
Shebbeare, Tom 193, 196

Sheepshanks, Robin 347
Sherrard, Philip 348
Shiva, Vandana 167, 351
Silvester, David 73, 202
Simpson Miller, Portia 26
Simpson, John 235
Simpson, Wallis 132, 342
Singh, Simon 321
Skelly, Ian 15, 21, 301 f., 331, 347, 350 f.
Skidelsky, Robert 89
Skinner, Dennis 82
Smallwood Report 321 ff.
Smallwood, Christopher 322 f.
Smith, Andrew 280
Smith, Chris 203 f.
Smith, George 156, 158
Smith, Graham 69 f., 403, 405 ff.
Smith, Maggie 14
Smith, Matt 41
Smith, Nick 412 f.
Smuts, Jan 77, 303 f., 308, 310 f.
Snow, Jon 186
Snowden, Edward 179, 181, 226, 366, 409
Soames, Sir Christopher 61, 91
Soames, Sir Nicholas 61, 91, 103 f., 108, 114, 121 ff., 132, 143 f., 148, 172, 190, 210, 216, 264, 345, 377
Sommerville, James 195
Sophie, Gräfin von Wessex 25, 114 f., 117, 162, 373
Sovereign Grant 18 f., 83
Spanien 28, 211
Sparham, Emma 14
Spencer, Graf Charles 22, 395
Spicer, Michael 247 f.
Spitting Image 49, 137
Squidgygate 139 f., 168, 173, 223, 366
St Ethelburga's Centre for Peace and Reconciliation 356
St James's Palace 60, 83, 153, 177, 195
Staniforth, Jeremy 294 f.
Stapf, Johann Ernst 316
Step Up to Serve 165
Stephenson, Angela 245
Stoker, Bram 30

Stoltenberg, Jens 61
Straw, Jack 345
Südafrika 77, 199, 228, 303 f., 310, 395
Sufismus 353 f., 358
Sun 138, 180, 224
Sunniten 271, 276
Sustainable Food Trust 22, 49
Swarovski, Nadja 298 ff.
Syrien 61, 68, 278, 282

Tamar Manoukian Outdoor Centre 388, 391, 393
Tamarisk 60
Tansley, Arthur 310 f.
Tayler, Kieron 184, 201
Teach First 58 f.
Temenos Academy 230, 310, 341, 349–353
Temple, Jon 208
Tennant, David 41
Teresa, Mutter 145, 149
Terry, Quinlan 236
Thatcher, Margaret 34, 47, 68 f., 167, 192, 230, 247 f., 276, 339
The Grand Knockout Tournament 115, 394
Thomas, Celia 53 ff.
Thomas, John 53 f.
Thompson, Emma 11, 17, 23, 53, 64, 103, 107, 129, 146, 166, 211, 270, 374, 379, 396 f., 421, 424
Tibet 212, 285 f.
Tindall, Mike 394
Tindall, Zara 117, 394
Tottenham 192, 205 ff.
Tovey, David 182 f.
Traditionalismus 341, 353 f., 362
Treason Felony Act 218
Tryon, Lady Dale »Kanga« 126 f., 131, 263
Türkei 284
Turp, Craig 293, 295, 306
Turquoise Mountain Foundation 360

United Kingdom Independence Party (UKIP) 72, 87, 359
Unruhen (in englischen Städten) 192, 205 ff.

Unterhaus 208, 404 f., 411 f.
USA *siehe* Vereinigte Staaten von Amerika

Vatikan 285, 334
Vereinigte Staaten von Amerika 154, 179, 199, 212, 221, 257, 260 f., 266, 271, 366
Vereinte Nationen 148
Verteidiger des Glaubens 21, 334, 338 f., 402
Victoria, Königin 60, 76, 108
VisualSpection 269
Vlad III., Woiwode 30

Waitrose 50
Wales 45 f., 58, 284, 330, 355
Way Ahead Group 80, 82
Welby, Justin, Erzbischof von Canterbury 278
Wellbeing of Women 145
Wellcome Trust 189
Wertz, William F. 274
Whitaker, Brian 278
Whitlam, Gough 263
Wikileaks 113, 226

William IV., König 316
William, Prinz 24, 25-29, 56 f., 59, 96, 100, 110, 115, 117 f., 120, 133, 144-148, 152, 157, 162, 215, 219, 222, 250, 253, 262, 267, 339, 366, 378, 381, 391-398, 403, 406, 417, 426, 430, 432 f.
Williams, Clair 370
Williams, Jeff 251
Williams, Rowan, Erzbischof von Canterbury 60, 344 f.
Wilson, Harold 69, 101
Windsor, Lady Louise 117
Windsor, Schloss 80 ff.
Wise, Greg 211
Wordsworth, William 434
Wren, Christopher 233
Wright, Andrew 107, 151

Yerevan My Love 282, 284
Young, David 192
Yudhoyono, Susilo Bambang 61

Zoellick, Robert 62